LEONARDO DA VINCI

ATLAS ANATOMICUS

THE ROYAL COLLECTION OF WINDSOR

MARTIN KEMP

MARIO RENDE

LEONARDO DA VINCI

ATLAS ANATOMICUS

THE ROYAL COLLECTION OF WINDSOR

SCRIPTA MANEANT EDITORE

Leonardo Da Vinci

Atlas Anatomicus

The Royal Collection of Windsor

Autore / Author
Martin Kemp

Con testi di / With texts by
Martin Kemp, Mario Rende, Giampaolo Guida

Direttore editoriale / Editorial Director
Federico Ferrari

Impaginazione / Layout
Gianni Grandi

Redazione / Editing
Laura Lopardo, Asia Graziano

Traduzione dall'inglese all'italiano a cura di / Translation from English to Italian by
Laura Lopardo, Asia Graziano

Crediti Fotografici / Credits
Royal Collection Trust / © His Majesty King Charles III 2023

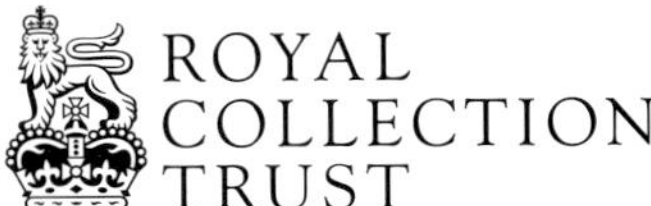

Volume realizzato da / Volume made by
Scripta Maneant editore
Via dell'Arcoveggio, 74/2
40129 - Bologna - Italy
Tel. +39 051 223535
www.scriptamaneant.it
segreteria@scriptamaneant.it

© Scripta Maneant 2025

Tutti i diritti riservati. Nessuna parte di questo libro può essere riprodotta, trasmessa, diffusa in qualsiasi forma o con qualsiasi mezzo elettronico o meccanico – incluse copie fotostatiche, copie su supporti magnetico-ottici, sistemi di archiviazione e di ricerca delle informazioni, reti telematiche – senza l'autorizzazione dell'editore. / All rights reserved. No part of this book may be reproduced, transmitted, disseminated in any form or by any electronic or mechanical means - including photostatic copies, copies on magnetic-optical media, systems for archiving and searching information, telematic networks - without authorization publisher.

ISBN: 979-12-80717-16-0

[p. 6] *Dimostrazioni della spalla e del petto, con un "diagramma a corde".* Penna e inchiostro, gessetto nero e lavatura su carta, 29,2 × 19,8 cm. RL 19003v / K&P 137v. Dettaglio, intero p. 166.
Demonstrations of the head and shoulder and breast, with a "cord diagram". Pen and ink, black chalk, and wash on paper, 29.2 × 19.8 cm. RL 19003v / K&P 137v. Detail, entire p. 166.

[p. 7] *Muscolatura del collo e delle spalle di un uomo.* Penna e inchiostro, gessetto nero e lavatura su carta, 29,2 × 19,8 cm. RL 19003r / K&P 137r. Dettaglio, intero p. 165.
The musculature of a man's neck and shoulders. Pen and ink, black chalk and wash on paper, 29.2 × 19.8 cm. RL 19003r / K&P 137r. Detail, entire p. 165.

[p. 8] Bronchi, trachea e canali spinali, con polmoni, fegato, stomaco, milza e diaframma. Penna e inchiostro, gessetto nero su carta, 19,4 × 14,2 cm. RL 19054v / K&P 53v. Dettaglio, intero p. 218.
The bronchii and the trachea, and the spinal channels, with the lungs, liver, stomach, spleen and diaphragm. Pen and ink, black chalk on paper, 19.4 × 14.2 cm. RL 19054v / K&P 53v. Detail, entire p. 218.

[p. 9] L'utero e il feto di una mucca, la geometria della placenta congiunta, l'apporto di sangue e la sezione di una placenta e della parete uterina. Penna e inchiostro, gessetto nero su carta, 19,4 × 14,2 cm. RL 19055r / K&P 52r. Dettaglio, intero p. 316.
The womb and foetus of a cow, the geometry of the conjoined placenta, the blood supply, and section of a placenta and uterine wall. Pen and ink, black chalk on paper, 19.2 × 14.2 cm. RL 19055r / K&P 52r. Detail, entire p. 316.

Nota dell'editore

Editor's Note

"Si potrebbe anzi sostenere che le sue tavole anatomiche non appartengono alla scienza medica". Con queste parole, nella sua bellissima introduzione a questo volume, Martin Kemp ci mette in guardia. L'analisi nei fogli anatomici conservati a Windsor rivela molto di più. I preziosi disegni sono frammenti grafici ed artistici di un complessivo trattato filosofico se non addirittura spirituale che parte dalla riproduzione minuziosa degli aspetti meccanici dell'uomo quale cruciale e rivelatrice creatura "massima" della Natura, e dunque di Dio.

L'esposizione in "sale" tematiche invita il lettore ad immergersi in queste affascinanti osservazioni nella modalità propria delle esposizioni museali e galleristiche, un modo che, guidati dal Prof. Kemp, consente un approccio sensoriale che travalica i limiti della specificità per andare dal dettaglio all'intero, da cuore, muscoli e tendini al cosmo e alla natura del Creatore. Un trattato di filosofia visuale che richiama le dinamiche delle più ambiziose installazioni della recente arte contemporanea, in cui la tecnologia rivela significati oltre il materico e ridisegna la mappa del nostro rapporto con la natura e col divino.

Federico Ferrari
Direttore editoriale
Scripta Maneant

"Indeed, it could be argued that his anatomies do not belong in medical science". With these words, in his beautiful introduction to this volume, Martin Kemp warns us. The analysis in the anatomical sheets preserved at Windsor reveals much more. The precious drawings are graphic and artistic fragments of an overall philosophical and even spiritual treatise that starts from the meticulous reproduction of the mechanical aspects of man as the crucial and revealing "ultimate" creature of Nature, and therefore of God.

The exhibition in thematic "rooms" invites the reader to immerse himself in these fascinating observations in the manner typical of museum and gallery exhibitions, a manner that, guided by Prof. Kemp, allows for a sensorial approach that transcends the limits of specificity to go from the detail to the whole, from the heart, muscles and sinews to the cosmos and the nature of the Creator. A treatise of visual philosophy that recalls the dynamics of the most ambitious installations of recent contemporary art, in which technology reveals meanings beyond the material and redraws the map of our relationship with nature and the divine.

Federico Ferrari
Editorial Director
Scripta Maneant

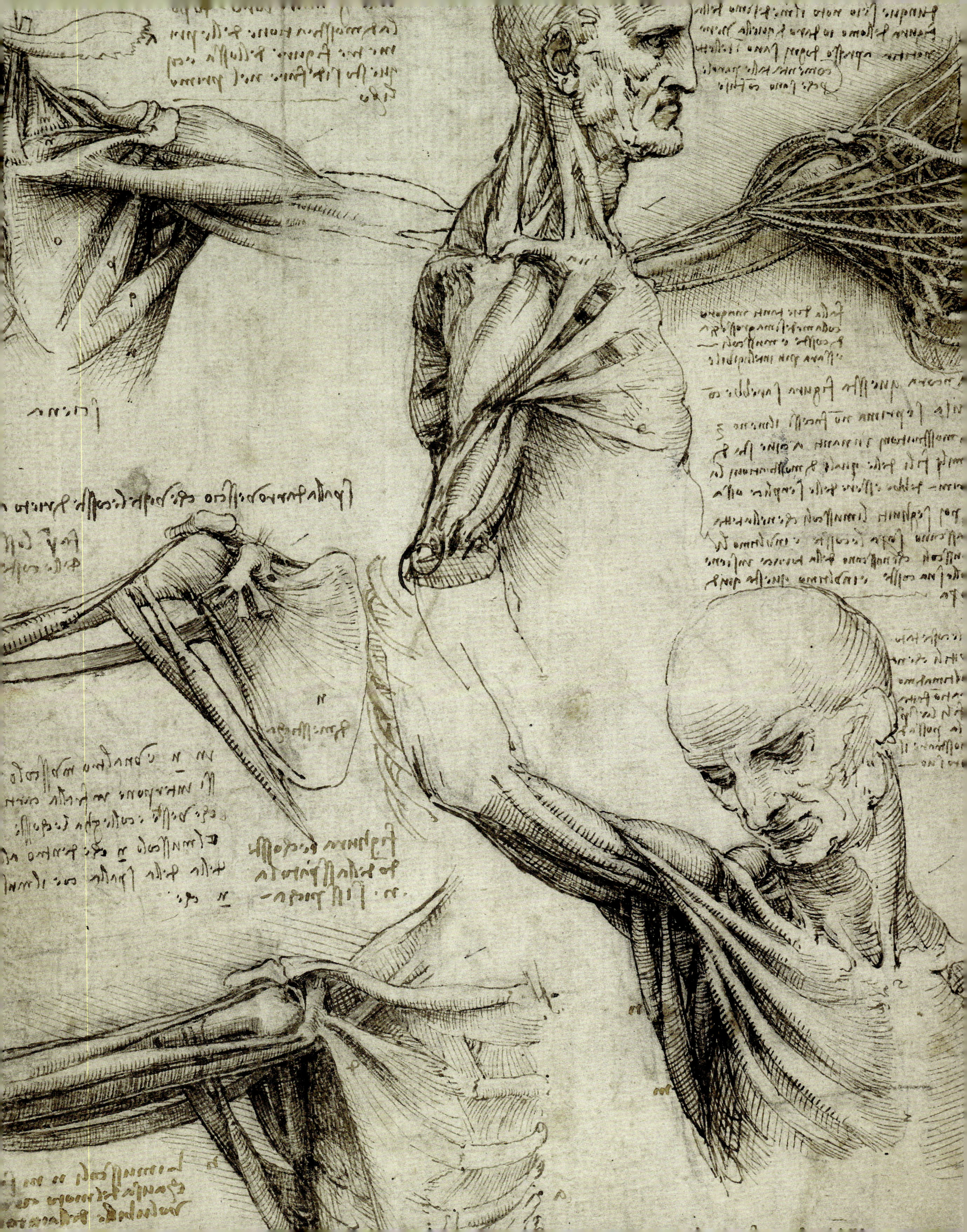

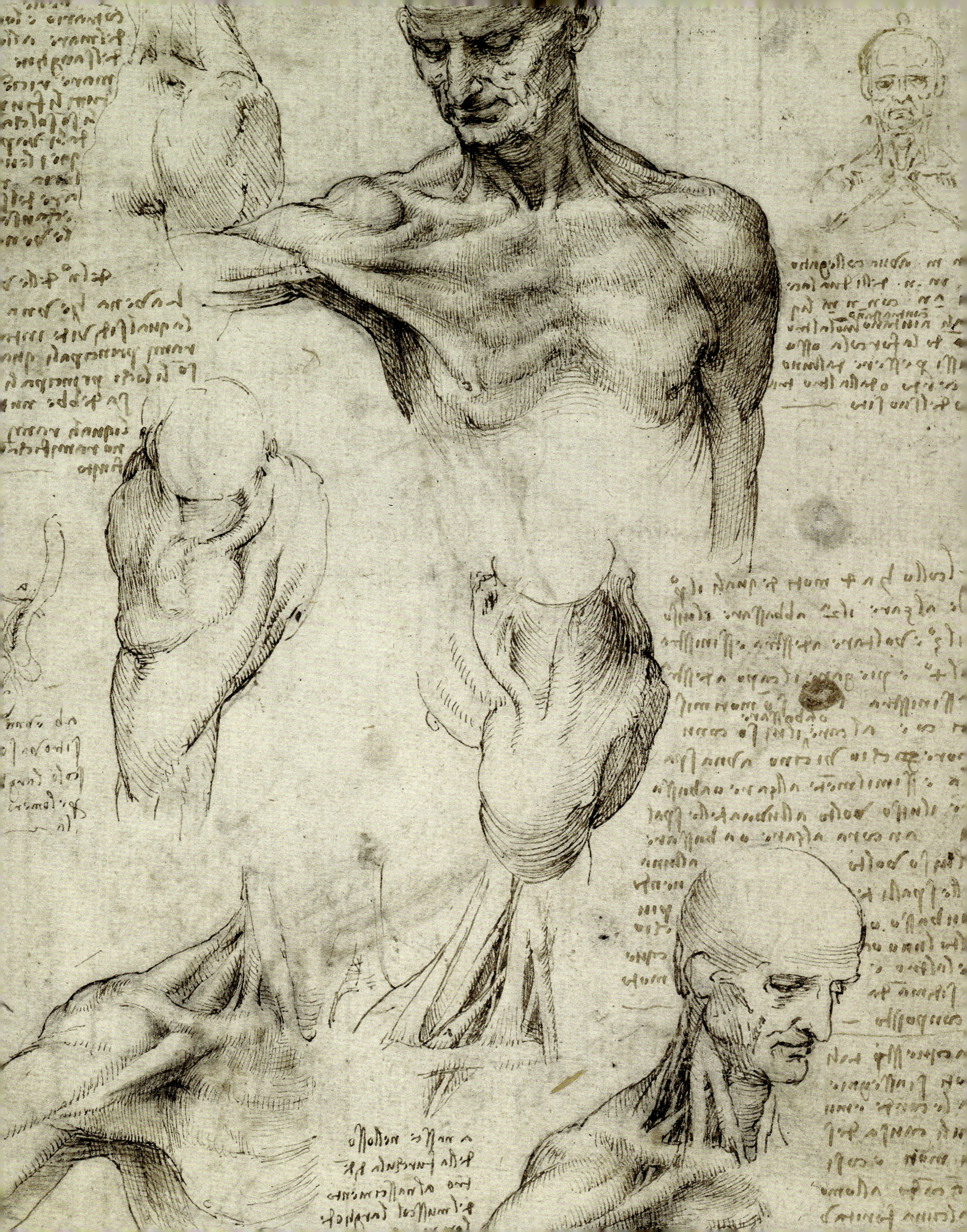

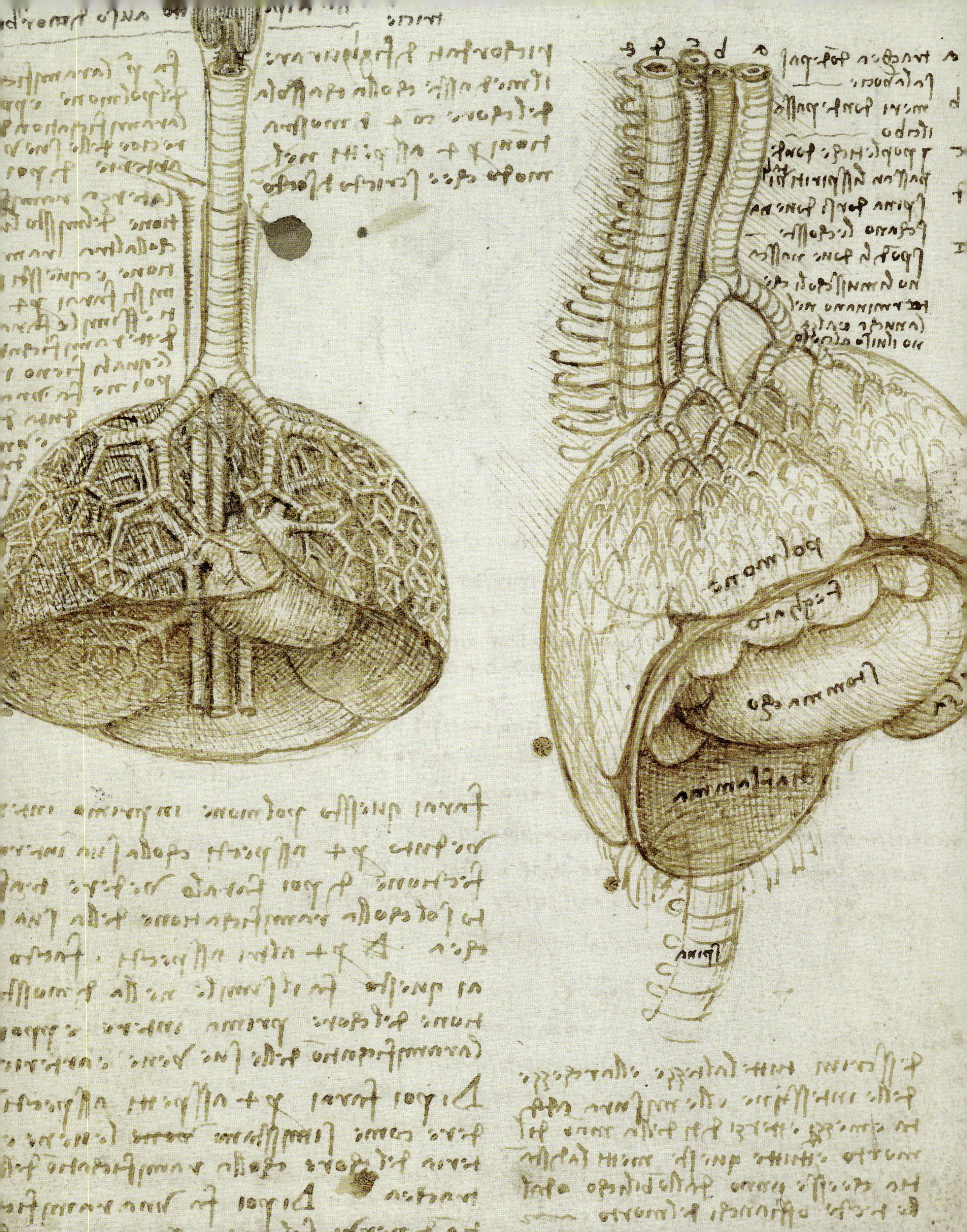

[illegible]

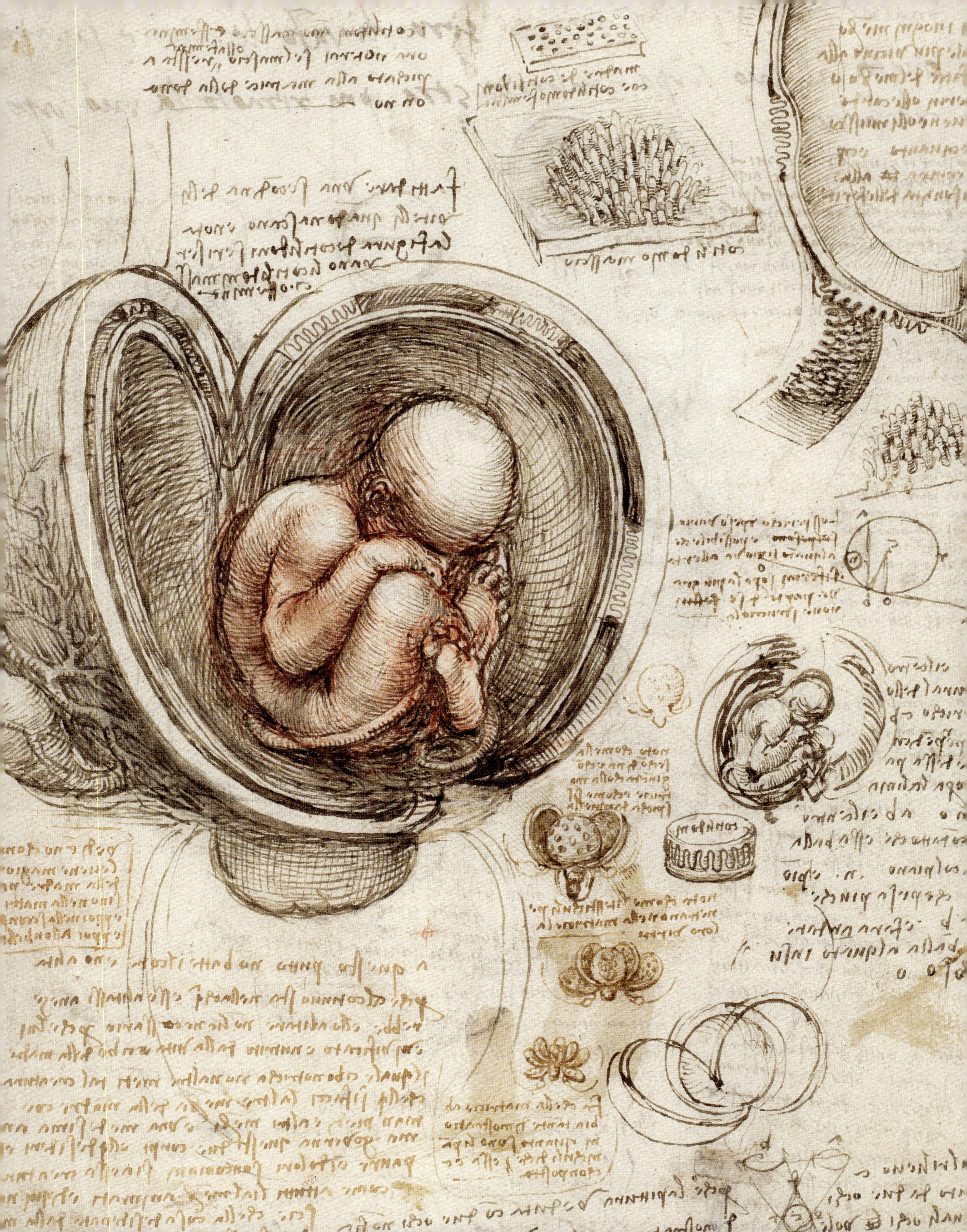

Ringraziamenti

Acknowledgements and Thanks

Martin Kemp

Quando Federico Ferrari mi ha contattato in merito alla possibilità di una nuova edizione dei disegni anatomici di Leonardo conservati a Windsor, ne sono stato al contempo attratto e dubbioso: attratto dalla prospettiva di lavorare di nuovo con Scripta Maneant, il cui impegno in libri pregiati è rinomato, e dubbioso perché in merito è già stata pubblicata più di una buona edizione. Mi spiegò che voleva pubblicare i disegni suddividendoli in gruppi corredati da commento, con un'introduzione generale. Questa visione editoriale mi ha spinto a ripensare il modo in cui i disegni anatomici di Leonardo siano abitualmente concepiti e quindi ad organizzarli *visivamente*, come se si trattasse di una mostra divisa in più sale. I gruppi di disegni, qui esposti, sono concepiti in base a ciò che ritengo essere il pensiero di Leonardo e al loro sviluppo. L'esplorazione leonardiana degli argomenti anatomici è stata plasmata dalla sua filosofia del corpo umano e, più in generale, della natura, anziché da esigenze legate alla pratica medica contemporanea. Accogliendo il suggerimento di Federico e rielaborando la presentazione dei disegni, ho scoperto una nuova modalità comunicativa di Leonardo con noi posteri a distanza di mezzo millennio.

When I was approached by Federico Ferrari about the possibility of a new edition of Leonardo's anatomical drawings at Windsor, I was both attracted and dubious – attracted by the prospect of working again with Scripta Maneant, whose commitment to very handsome books is renowned, and dubious because there has been more than one good edition. He explained that he wanted to package the drawings in sets punctuated by commentaries, and with an overarching introduction. I took this as an invitation to re-think the way we experience the anatomies, organising them *visually*, rather in the manner of an exhibition with different rooms. The organisation I devised was informed by chronology and by bodily systems, but not dogmatically so. The sets are devised according to what I discern to be Leonardo's ways of thinking, and the development of those ways. His exploration of themes was shaped by his philosophy of the human body and more broadly of nature, rather than serving the needs of contemporary medical practice. I found, in other words, that reworking the mode of presentation, as Federico suggested, resulted in a different way for Leonardo to speak to us after half a millennium.

[A fronte]
Feto in un utero aperto, interdigitazioni della placenta e dell'utero,diagrammi degli strati dell'utero, sfera su un pendio e diagramma ottico. Penna e inchiostro, gessetti nero e rosso e lavatura su carta,
30,4 × 22,0 cm. RL 19102r / K&P 198r. Dettaglio, intero p. 324.

[Opposite]
Foetus in an opened womb, interdigitations of the placenta and womb, diagrams of the layers of the womb, a sphere on a slope and optical diagram. Pen and ink, black and red chalks and wash on paper.
30.4 × 22.0 cm. RL 19102r / K&P 198r. Detail, entire p. 324.

Oltre Federico Ferrari di Scripta Maneant, che ha concepito questa edizione supportandola pazientemente, vorrei ringraziare anche Laura Lopardo per lo scrupoloso lavoro organizzativo e redazionale, compreso il diligente controllo della foliazione dei disegni e delle fonti delle citazioni. Ha portato ordine nel disordine. Desidero inoltre ringraziare Giorgio Armaroli e Gianni Grandi per l'impegno profuso nella realizzazione di questo magnifico volume.

Il mio team di supporto, composto da Caroline Dawnay e Kat Aitken di United Agents, e la mia assistente personale, Judd, che si accertano che i miei progetti rimangano in carreggiata. Con un progetto che pone grossi problemi organizzativi, non ultimo la coesistenza di cinque o più sistemi di numerazione diversi nei vari cataloghi, Judd ha lavorato a stretto contatto con me controllando sempre la corretta corrispondenza tra immagine e didascalia. Ha anche riportato alcune delle citazioni chiave di Leonardo.

L'Introduzione, che espone la natura del mio approccio, è stata letta da Samantha Jessel e Tania Corriea, e sono grato che sia risultata chiara anche a lettori critici, seppur non specialisti.

In addition to Federico Ferrari at Scripta Maneant, who conceived this edition and provided patient support throughout, sincere thanks should go to Laura Lopardo, for her scrupulous organisational and editorial work, including her diligent checking of the folios for images and the sources of quotations. She brought order into disorder. I should also like to acknowledge Giorgio Armaroli and Gianni Grandi for their efforts to create such a handsome volume.

My support team of Caroline Dawnay and Kat Aitken at United Agents, and my Personal Assistant, Judd, ensure that my projects remain on track. With a project that poses big organisational problems, not least with five or more different numbering systems in the various catalogues, Judd has worked closely with me checking that we had the right image and caption in each case. She also copied out some of the key Leonardo quotes.

The Introduction, that set out the key to my approach, was read by Samantha Jessel and Tania Corriea, and I am grateful that it made sense to critical readers who were not specialists.

Prefazione con un brevissimo cenno sulla storia dei disegni

Preface with a Very Brief Outline of the History of the Drawings

NELL'AMBITO DI QUELLE CHE chiamiamo scienze, cinque sono i campi di indagine ai quali Leonardo ha dedicato la sua attenzione per tutto l'arco della sua carriera. Si tratta della scienza dei corpi in movimento, dell'acqua, della geologia, dell'anatomia e dell'ottica. Per noi sono aree di specializzazione distinte, ma per Leonardo erano aspetti connessi ad un'unica ricerca, a suo avviso, centrale e costante: comprendere la natura stessa della creazione divina. Erano tematiche nodali della vita degli esseri umani e del "corpo" della Terra. Senza movimento tutto sarebbe inerte. La geologia cerca di definire la natura e la storia del mondo che abitiamo, l'anatomia rivela il meraviglioso funzionamento della creatura al vertice della creazione divina e l'ottica non solo testimonia la divina geometria della luce, ma anche *come* questa geometria venga vista, anche alla luce di quelle che sono le fallibilità della vista. Questo volume esaminerà gli studi anatomici di Leonardo in questo ampio contesto, delineando anche la sua personalissima visione del corpo umano.

Il primo testimone dei taccuini anatomici di Leonardo fu Antonio de' Beatis il quale, al seguito del cardinale d'Aragona, lo incontrò nel 1517. Leonardo era allora ospite del re di Francia, Francesco I, presso il maniero di Clos Lucé. Il segretario del cardinale annota nel suo diario di viaggio che scesero a piedi dalla collina di Amboise per incontrare il famoso eclettico; il bel resoconto di Antonio è riportato nell'Introduzione che segue.

Dopo la morte di Leonardo, avvenuta in Francia nel 1519, la maggior parte del suo lascito composto da scritti e disegni

FIVE OF LEONARDO'S ACTIVITIES in what we call the sciences occupied his attention across the range of his career. These involved the science of moving bodies, water, geology, anatomy and optics. For us, they are distinct areas of specialisation. For Leonardo, they were aspects of his central quest to understand the very nature of God's creation. They were literally at the heart of the life of humans and of the body of the Earth. Without motion everything would be inert. Geology strives to define the nature and history of the world that we inhabit; anatomy discloses the wondrous functioning of the creature that stands at the summit of God's creation; and optical science not only bears witness to the divine geometry of light but also *how* this geometry is seen, including the fallibilities of sight. This book will be looking at Leonardo's anatomical studies predominantly in this broad context. It will also give a sense of his highly personal vision of the body.

The first recorded witness of Leonardo's anatomical notebooks was Antonio de' Beatis, who visited him in the retinue of the Cardinal of Aragon in 1517. Leonardo was prestigiously housed in the manor house of Clos Lucé by the French King, Francis I. The cardinal's secretary records in his travel diary that they walked down the hill in Amboise to see the renowned polymath. We will quote from Antonio's nice account in the Introduction that follows.

After Leonardo's death in France in 1519, most of his written and drawn legacy passed into the hands of Francesco

passò nelle mani di Francesco Melzi, figlio del conte Melzi, che viveva in una bella villa vicino a Milano. Melzi era il più impegnato e il più istruito tra gli allievi di Leonardo e voleva mostrare ai conoscenti i preziosi manoscritti del suo maestro. Sappiamo che Giorgio Vasari, biografo degli artisti, ebbe accesso ai disegni anatomici per la seconda edizione ampliata delle *Vite* nel 1568. Vasari racconta che:

"[Leonardo] *Attese di poi, ma con maggior cura, alla notomia degli uomini, aiutato e scambievolmente aiutando in questo Messer Marc'Antonio della Torre, eccellente filosofo, che allora leggeva in Pavia e scriveva di questa materia e fu de' primi (come odo dire) che cominciò a illustrare con la dottrina di Galeno le cose di medicina, et a dar vera luce alla notomia, fino a quel tempo involta in molte e grandissime tenebre d'ignoranza.*

Et in questo si servì maravigliosamente dell'ingegno, opera e mano di Lionardo, che ne fece un libro disegnato di matita rossa e tratteggiato di penna [dove disegnò cadaveri] che egli di sua mano scorticò e ritrasse con grandissima diligenza, dove egli fece tutte le ossature et a quelle congiunse poi con ordine tutti i nervi, e coperse di muscoli i primi appiccati all'osso, et i secondi che tengono il fermo, et i terzi che muovano, et in quegli a parte per parte di brutti caratteri scrisse lettere, che sono fatte con la mano mancina a rovescio, e chi non ha pratica a leggere non l'intende, perché non si leggono se non con lo specchio.

Di queste carte della notomia degl'uomini n'è gran parte nelle mani di Messer Francesco da Melzo, gentiluomo milanese, che nel tempo di Lionardo era bellissimo fanciullo e molto amato da lui, così come oggi è bello e gentile vecchio, che le ha care e tiene come per reliquie tal carte insieme con il ritratto della felice memoria di Lionardo.

E chi legge quegli scritti, par impossibile che quel divino spirito abbi così ben ragionato dell'arte e de' muscoli e nervi e vene, e con tanta diligenza d'ogni cosa".

Melzi si impegnò nel riordino del variegato *corpus* del maestro e, inoltre, assemblò e revisionò quello che postumo divenne il *Trattato sulla Pittura* di Leonardo. Il figlio ed erede di Melzi affidò poi la maggior parte dei manoscritti allo scultore milanese Pompeo Leoni, il quale trattò l'eredità di Leonardo con molta premura accorpando un gran numero di fogli sciol-

Melzi, son of Count Melzi who lived in a fine villa near Milan. Melzi was the most dedicated and best educated of Leonardo's pupils. He was ready to show acquaintances the treasured manuscripts of his master. We know that Giorgio Vasari, biographer of the artists, was given access to the anatomical drawings for the second and expanded edition of the *Lives* in 1568. Vasari recounts that:

"Leonardo... applied himself to the anatomy of men, assisting and collaborating with Messer Marcantonio della Torre, excellent philosopher, who was then lecturing in Pavia and writing on anatomy, and was the first (as I have heard) who began to illustrate the teachings of Galen on medical matters, bringing anatomy into the light, which until this time had been enveloped by many great shadows of ignorance. In this Marcantonio was marvellously served by the mind, labours and hand of Leonardo, who compiled a book drawn in red chalk and with texts written in pen, in which he drew cadavers which he had dissected with his own hand and portrayed with the greatest diligence. He drew all the bony parts and joined all the nerves to these in due order, overlaying them with the first insertions of the muscles, and the second layer that holds the bones firm and the third that move them. In these, part by part, he wrote texts in ugly characters, made with the left hand in reverse, and those who are not familiar with them cannot understand them, because they cannot be read without a mirror. These pages on the anatomy of men are for the most part in the hands of Messer Francesco Melzi, Milanese gentleman, who in Leonardo's time was a very beautiful young man, much loved by him, just as today he is a beautiful and kind old man who guards the pages with care, like relics, together with a portrait of Leonardo of happy memory. For someone who reads these writings, it seems impossible that this divine spirit could have understood so well the art of the muscles, nerves and vessels, and applied equal diligence to every part".

Melzi strove to bring some order into Leonardo's diverse legacy and was responsible for assembling and editing what posthumously became Leonardo's *Treatise on Painting*. Melzi's son and heir off-loaded the greater part of the manuscripts to the Milanese sculptor, Pompeo Leoni, who treated the legacy with respect, mounting a

ti in bei volumi. Alla morte di Leoni, avvenuta in Spagna nel 1608, i manoscritti andarono dispersi e molti scomparvero. I collezionisti inglesi furono particolarmente attivi nell'acquisizione di materiale leonardesco. Nel 1660, il conte di Arundel acquistò un grande volume contenente vari argomenti di studio e, sempre allo stesso anno, risale un documento che attesta la presenza dei volumi conservati a Windsor nella collezione di Carlo II. I disegni anatomici di Leonardo suscitarono grandi elogi da parte di Walter Carleton, medico di Carlo I e Carlo II, che li considerò studi preparatori per il fondamentale *De humani corporis fabrica* di Andrea Vesalio, pubblicato nel 1543. Da quel momento in poi, i manoscritti anatomici rimasero nella Royal Collection. La loro pubblicazione è stata alquanto incostante, ma dopo l'apparizione, nel 1898, di una serie di volumi in facsimile recanti anche le trascrizioni delle note la levatura degli studi anatomici di Leonardo si è resa fruibile anche al grande pubblico. Le edizioni principali sono elencate e commentate in Edizioni moderne.

La presente edizione illustra tutti i fogli di Windsor che trattano specificamente argomenti anatomici. I versi dei fogli privi di illustrazioni o testi sono stati esclusi. Le didascalie e i titoli delle sezioni sono miei contributi, pensati per perseguire lo scopo del libro. La numerazione dei fogli segue la tradizionale forma "R(oyal)L(ibrary)". I numeri di inventario più recenti dei disegni sono segnalati come "R(oyal) C(ollection) I(nventory) N(umber)" e aggiungono un "9" prima del numero RL. L'indicazione dei fogli come recto e verso segue la nomenclatura di Windsor, per quanto tali denominazioni siano spesso convenzionali e non sempre indichino l'effettiva sequenzialità di realizzazione. La concordanza tra i numeri di Windsor e quelli di questa edizione permette al lettore di identificare il disegno di cui si parla nelle varie edizioni.

large number of loose sheets in handsome volumes. On Leoni's death in Spain in 1608 the manuscripts were dispersed and many disappeared. English collectors were particularly active in acquiring Leonardo material. One large volume of diverse studies was acquired by the Earl of Arundel by 1660. We now have a record from the same year that the volumes at Windsor were in Charles II's collection. The anatomical drawings received fulsome praise from Walter Carleton, physician to Charles I and Charles II, who judged that they were preparatory studies for Andreas Vesalius's seminal *De humani corporis fabrica* in 1543. From that point onwards, the anatomical manuscripts remained in the Royal Collection. There was intermittent interest in publishing them, but it was not until a series of facsimile volumes with transcriptions appeared from 1898 onwards that their extent became publicly available. The main editions are listed and annotated in Modern Editions below.

The present edition illustrates all the pages at Windsor that specifically treat of anatomical matters. Blank *versos* are not illustrated. The captions and section titles are mine, designed to operate in keeping with the aim of the book. The numbering of the folios follows the traditional "R(oyal)L(ibrary)" form. The more recent inventory numbers for the drawings are signalled as "R(oyal) C(ollection) I(nventory) N(umber) and add a "9" before the RL number. The labelling of pages as *recto* and *verso* follows those at Windsor, though the designations are often conventional rather than signalling their actual sequence of compilation. A concordance of the Windsor numbers and the numbers in this edition allows the reader to identify which drawing is being discussed across the various editions.

(p. 16)
Due sezioni solide di un cranio, con analisi delle proporzioni.
Penna e inchiostro, gessetto nero su carta, 18,8 x 13,4 cm.
RL 19057r / K&P 43r. Dettaglio, intero p. 96.

(p. 17)
Due crani, uno sezionato per mostrare il seno mascellare.
Penna e inchiostro, gessetto nero su carta, 18,8 x 13,4 cm.
RL 19057v / K&P 43v. Dettaglio, intero p. 97.

(p. 16)
Two solid sections of a skull, with analysis of proportions.
Pen and ink, black chalk on paper, 18.8 x 13.4 cm.
RL 19057r / K&P 43r. Detail, entire p. 96.

(p. 17)
Two crania, one sectioned to show the maxillary sinus.
Pen and ink, black chalk on paper, 18.8 x 13.4 cm.
RL 19057v / K&P 43v. Detail, entire p. 97.

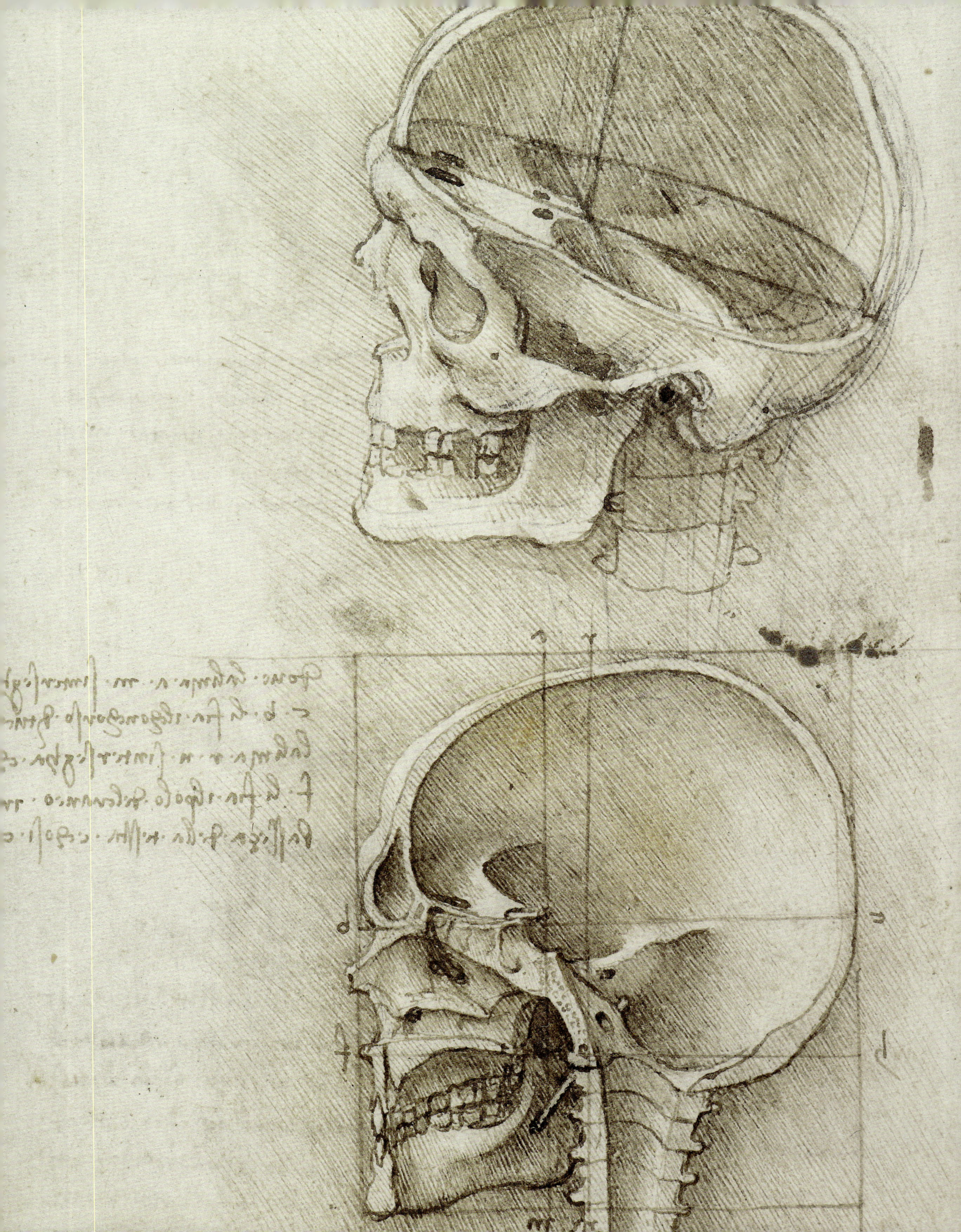

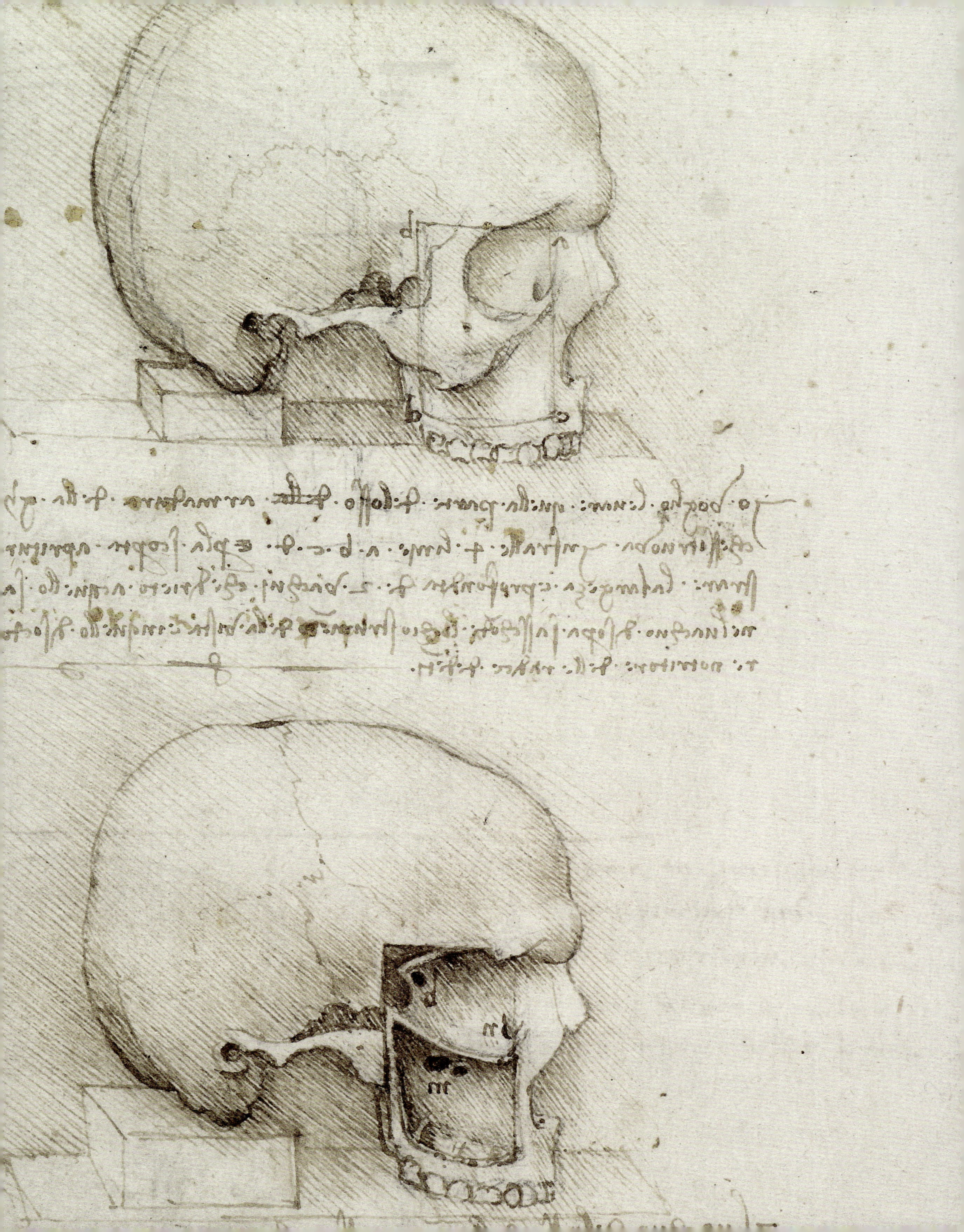

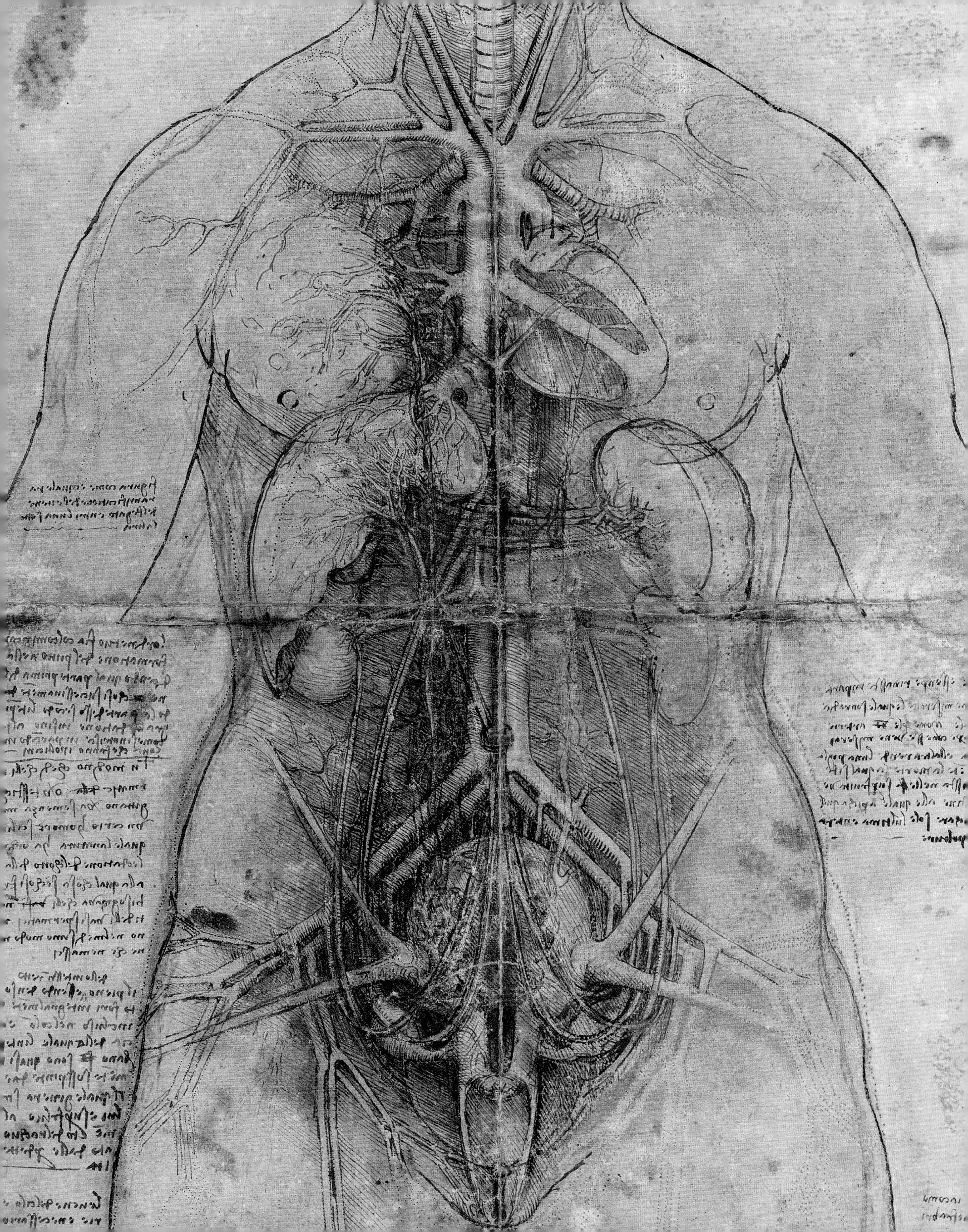

Introduzione
L'anatomia come filosofia naturale

Introduction
Anatomy as Natural Philosophy

I DISEGNI ANATOMICI DI LEONARDO costituiscono la più straordinaria visione del funzionamento del corpo umano di ogni epoca. I testi e i disegni che seguono presentano questa visione in modo molto diverso rispetto alle altre edizioni che analizzano invece le anatomie leonardiane come un passo fondamentale nella scienza medica – sebbene abbiano avuto un impatto alquanto circoscritto sull'evoluzione dell'illustrazione anatomica nel corso dei secoli. In questa sede non si guarderà alle sue anatomie come a un contributo latente alla scienza medica, ma come a creazioni "culturali" ed estremamente personali che trattano ampiamente e diffusamente temi filosofici e teologici, soprattutto quando Leonardo descrive il funzionamento del corpo umano come una macchina meravigliosa.

Si potrebbe anzi sostenere che le sue tavole anatomiche non appartengono alla scienza medica. Negli scritti sopravvissuti sono pochi gli indizi che confermerebbero un suo interesse attivo nei confronti della medicina; se per medicina intendiamo le conoscenze e gli interventi utili ai bisogni delle persone malate. Sebbene circa quattro quinti dei manoscritti di Leonardo siano andati perduti, ci aspetteremo che un suo interesse per le procedure mediche emergesse comunque nei vari disegni e appunti pervenuti. L'assenza di questioni mediche all'interno dei suoi disegni è quindi degna di attenzione e raramente messa in evidenza.

LEONARDO ANATOMICAL DRAWINGS COMPRISE the most remarkable vision of the workings of the human body from any period. The essays and illustrations that follow present this vision in a different way from other editions, which centre on his anatomies as a key step in medical science – even it was a step that exercised limited impact on the course of anatomical illustration over the centuries. The aim here is not to look at his anatomies as a latent contribution to medical science, but to examine the drawings as "cultural" and highly personal creations, speaking in a broad way about the philosophical and theological themes that Leonardo signals on many occasions when he is ostensibly working out how the body functions as a wondrous machine.

Indeed, it could be argued that his anatomies do not belong in medical science. The writings that survive give little hint that he is concerned with medicine at all; that is, if we mean by medicine the knowledge and interventions that served the needs of ailing people. Although upwards of four-fifths of Leonardo's manuscripts have been lost, we would expect any direct concern with medical procedures to erupt somewhere in the diverse drawings and discussions that survive. This absence of medical matters from his drawings is remarkable and rarely emphasised.

[A fronte]
Apparato vascolare, bronchiale, urogenitale e riproduttivo della donna.
Penna e inchiostro, gessetti nero e rosso e lavatura gialla su carta, 47,6 x 33,2 cm.
RL 12281r / K&P 122r. Dettaglio, intero p. 252.

[Opposite]
Vascular, bronchial, urinogenital and reproductive systems of a woman.
Pen and ink, black and red chalks and yellow wash on paper, 47.6 x 33.2 cm.
RL 12281r / K&P 122r. Detail, entire p. 252.

Nell'elenco in cui stila per la prima volta gli argomenti che intende trattare nel suo libro sull'anatomia (vedi oltre), Leonardo annovera anche questioni mediche eppure nelle ricerche che svolgerà tali questioni non trovano seguito. E, se si esclude l'argomento relativamente terrestre del passaggio della luce tra il Sole, la Terra e la Luna, che implica l'osservazione della "luce terrestre" riflessa sulla superficie ruvida della Luna, anche l'astronomia è assente nei suoi scritti. Quest'ultima assenza potrebbe essere legata all'appropriazione da parte degli astrologi di questioni astronomiche per la formulazione di previsioni metafisiche, e ciò avrebbe contrariato Leonardo. D'altronde, l'artista critica duramente l'astrologia considerandola un'attività intrapresa e creduta da sciocchi. Probabile che nutrisse un analogo scetticismo per le affermazioni di medici e chirurghi? Leonardo era un cultore dell'evidenza e, forse, erano ben poche le prove concrete che confermassero la fondatezza e il successo delle affermazioni mediche. Ad ogni modo, per un medico la maggior parte delle rivelazioni di Leonardo sulle forme e funzioni interne del corpo avrebbe avuto un'utilità piuttosto limitata. Conoscere, ad esempio, la vera forma dei ventricoli del cervello (XII, 1), non sarebbe servito nelle procedure di *trepanning* (trapanazione del cranio praticata per liberare dalla follia diabolica o per pulire ferite di guerra).

La mancanza di questioni legate alla medicina pratica potrebbe trovare spiegazione nel fatto che Leonardo lavori come artista per artisti? Questa ipotesi, molto comune, può essere scartata guardando il suo primo disegno anatomico sopravvissuto, raffigurante il sistema vascolare di un uomo malinconico (I, 1). Il disegno affronta al contempo questioni fisiologiche e filosofiche, ben distinte dall'aspetto esteriore del corpo umano. Come vedremo, le illustrazioni che possono considerarsi una guida pratica per gli artisti anatomici sono una minoranza. Leonardo ha sempre nutrito un grande interesse per gli aspetti legati all'anima e alla natura della vita però, non essendo propenso a definire la natura dell'anima, si è dedicato intensamente ad indagare e dimostrare le forme e funzioni create dalla natura (o Dio) per l'anima e per la sua permanenza nella bella, funzionale prigione del corpo.

Molte sue osservazioni sono precedute da: "la natura fa ..." o "la natura ha disposto..." o "la natura intende..." o " la natura

When Leonardo first lists topics for his book on human anatomy (quoted below), he includes various medical issues, but these are not followed up in his later researches. A comparable absence in his writings is the lack of astronomy, beyond the relatively terrestrial topic of the passage of light between the sun, earth and moon, which involves the observation of reflected "earth light" on the moon's rough surface. It may be that the annexing of astronomy by astrologers for metaphysical predictions deterred Leonardo. He certainly gives astrology a severe beating as a pursuit undertaken by fools and believed by fools. Did he harbour a similar disrespect for the claims of a physicians and surgeons? Leonardo was a devotee of evidence, and perhaps saw little hard evidence that the doctors' interventions were well-founded and successful. In any event, most of Leonardo's revelations of the inner forms and functions of the body would have been of very limited service to the medical practitioner. Knowing, for example, the true shape of the ventricles in the brain (XII, 1), would not readily serve the alarming procedures of trepanning (drilling into the cranium to release devilish insanity or to cleanse military wounds).

Is the absence of practical medicine explained by the fact that he is working as an artist for artists? This common assumption can be immediately dismissed by looking at his earliest surviving anatomy, the demonstration of the vascular system of a melancholy man (I, 1). It addresses physiological-cum-philosophical issues very distinct from the external appearance of the human body. The number of illustrations that might be regarded as providing practical guidance for anatomically-minded artists is in a minority as we will see. From the first he is much concerned with aspects of the soul and the nature of life. He is not inclined to define the nature of the soul, but he is deeply involved in demonstrating the forms and functions invented by nature (or God) to serve the soul during its residence in the beautiful and functional prison of the body.

He repeatedly prefaces an observation by saying, "nature does this...", or "nature has placed...", or nature intends...", or "nature gives...", or "nature decrees...".

dà..." o "la natura decreta...". Talvolta menziona anche la "necessità", quel principio che assicura l'obbedienza automatica e istintiva alle leggi della natura. Non mancano occasioni in cui attribuisce il merito dell'intero sistema al Creatore. Al di là del funzionamento della legge naturale sulla Terra e delle leggi geometriche del Cosmo, esisteva il "motore primo", l'agente diretto di Dio che imprime il moto all'intero sistema. E, oltre questa entità, c'era il regno ineffabile di Dio e i Cieli radiosi.

A prescindere dalla motivazione che sottende alla trascuratezza degli aspetti più medici, gli studi anatomici di Leonardo possono essere classificati come "filosofia naturale" o "filosofia applicata" o, persino, "teologia applicata". Essi mostrano le meraviglie meccaniche e fisiologiche della creazione divina suprema. Le ripetute lodi di Leonardo espresse nei riguardi della "macchina" divina collocano decisamente questo *corpus* di appunti e disegni all'interno di un programma umanista. Umanista è anche il suo rispetto per gli "antichi", soprattutto per il filosofo greco Galeno di Pergamo, per quanto la divulgazione di gran parte del pensiero galenico sia stata mediata, prima del 1510 circa, da autorità cristiane ed islamiche. Tale debito è ben approfondito in altre pubblicazioni e in questa sede non sarà trattato. Nelle sue prime indagini (I e II) si evincono significative tracce di conoscenza tradizionale. Questi disegni testimoniano i continui conflitti con il sapere della tradizione e la sua intensa battaglia con la realtà disordinata, e spesso ripugnante, dell'interno di un corpo sezionato.

Le ricerche anatomiche di Leonardo – almeno per quanto concerne i fogli pervenuti – si articolano in cinque periodi e indagini principali. Il primo riguarda gli studi sul cranio del 1489 e studi connessi, intrapresi durante la sua permanenza a Milano. Il secondo è relativo agli studi anatomici del "centenario", probabilmente risalenti all'inverno del 1507, basati sull'unica dissezione di un cadavere completo d'uomo pienamente documentata e praticata nell'ospedale fiorentino di Santa Maria Nuova. In seguito riporteremo l'incredibile testimonianza oculare di Leonardo sulla "*dolce morte*" del vecchio. Alcuni fogli sono intitolati specificamente "*del vechio*" e un buon numero di altri disegni attinge più in generale dai dati visivi esperiti in questa dissezione. Il terzo periodo si incentra sull'ottimistica dichiarazione di voler "*questa vernata del 1510* [...] *spedire*

Sometimes he cites "necessity", the principle that ensures automatic obedience to the laws of nature. He also credits the Creator of the whole system on a number of occasions. Over and above the operation of natural law on earth and the geometrical laws of the cosmos was the "prime mover", the direct agent of God, which sets the whole system into motion. Beyond this was the ineffable realm of God and the radiant heavens.

Whatever the reason for his neglect of medicine, his anatomical studies may justly be classified as "natural philosophy", or "applied philosophy" or even "applied theology". They demonstrate the mechanical and physiological wonders of God's supreme creation. His repeated praise for the divine "machine" set his body of drawings and notes firmly within a humanist agenda. It is also humanist in his respect for the "ancients', above all the Greek philosopher, Galen of Pergamon, even if most of his knowledge of Galen before 1510 or so was transmitted via Christian and Islamic authorities. Such indebtedness is well covered in existing publications, and is not our prime concern here. There are significant traces of received wisdom, particularly in his earliest investigations (I and II). The drawings bear witness to continued struggles with traditional knowledge and his intense battle with the messy and often repellent reality of a dissected body's interior landscape.

There are five key phases and focusses in Leonardo's anatomical researches – at least in terms of those pages that have survived. The first involves the 1489 skull studies and associated drawings, undertaken when he was in Milan. The second is the anatomy of the "centenarian", probably in the winter of 1507, his only fully documented dissection of a complete human corpse, undertaken in the Florentine hospital of Santa Maria Nuova. We will cite in full Leonardo's remarkable eye-witness of account of the old man's "sweet death". A number of sheets are specifically headed "del vechio" ("on the old man"), and a good number of other drawings draw more generally on the visual data he accumulated from that dissection. The third centres on his optimistic declaration that he intends "in this winter of

tutta tal notomia" – nello specifico concludere i notevoli studi e disegni di ossa e muscoli. Durante il quarto periodo Leonardo studia e indaga la vita del feto nel grembo materno e come "*un'anima coverna due corpi*". Il quinto riguarda le meravigliose analisi del diaframma e del cuore basate su materiale animale e tra i vari fogli, dedicati a questi studi, uno reca "*Addì 9 di gennaio 1513*" (XIV, 18). Nel 1513 Leonardo si recò a Roma per lavorare in Vaticano e continuò a praticare dissezioni, come sappiamo dalla disputa nata con i fabbricanti di specchi tedeschi che denunciarono le attività empie dell'artista presso i suoi committenti medicei.

Queste cinque divisioni sono declinate nelle sedici sezioni tematiche che seguono, in cui l'esposizione segue l'ordine cronologico anche se non in maniera fortemente dogmatica. I disegni esposti variano notevolmente nel numero a seconda delle sezioni. In coda ad ogni testo di sezione una nota relativa alla datazione delle tavole trattate. Gli studi anatomici sono presentati come in un percorso espositivo in cui i temi di fondo di cronologia e argomento vengono esposti in maniera istintiva per un effetto visivo più cogente e coinvolgente. Per quanto possibile, le prime e le ultime opere di ogni sezione sono state scelte per il loro impatto visivo. Il lessico dei testi e dei titoli è pensato per rendere al meglio lo spirito dell'impresa personale di Leonardo, escludendo quindi la sobria terminologia propria della scienza anatomica moderna. Non si intende correre al fianco di Leonardo in una tradizionale gara rinascimentale con l'obiettivo di superare la tradizione e correggere il senso comune. Per Leonardo avere ragione o torto non aveva importanza. Tale aspetto è ben esposto in altre pubblicazioni. Come dice l'antica Sibilla Delfica, il grande obietto della conoscenza umana è *nosce te ipsum* (conoscere se stessi).

In questa sede, l'obiettivo è capire perché gli studi anatomici di Leonardo abbiano questo aspetto e quale sia la cifra che li rende unici e personalissimi nella storia della rappresentazione anatomica. Ci concentreremo soprattutto sulle sue modalità illustrative. È straordinario il modo in cui inventa o sfrutta ogni modalità di rappresentazione anatomica ben prima dell'avvento dei raggi X – accettando il fatto che i microscopi, pur mostrando cose non altrimenti visibili, registrano l'immagine secondo criteri prestabiliti.

1510 to finish all this anatomy" – most specifically his remarkable demonstrations of bones and muscles. The fourth is his quest to understand the life of a foetus in a womb, and how "one soul governs two bodies". The fifth is a group of studies that centres on his grand analyses of the diaphragm and heart, based on animal material, one sheet of which is dated "on the 9th day of January 1513" (XIV, 18). It was in 1513 that Leonardo went to Rome to work in the Vatican, where he continued his dissections, as we know from his dispute with German mirror-makers, who denounced his ungodly activities to his Medici patrons.

These five main divisions extend across the seventeen thematic sections that follow, which means that the order is strongly but not dogmatically chronological. The number of items in each section, vary greatly. A note on dating is presented in the texts of each section. The illustrations are here presented somewhat in the manner of an exhibition, in which the underlying themes of chronology and topic are presented instinctively according to what makes the most cogent visual effect. As far as possible, the first and last works in each section have been chosen for their visual impact. The vocabulary of the texts, not least in their titles, are designed to give the spirit of Leonardo's personal endeavour rather than using the sober terms of modern anatomical science. We are not running Leonardo in a conventional Renaissance race to overcome tradition and correct received wisdom. Leonardo cared a great deal whether he was right or wrong. This aspect is well covered in other publications, and is outlined here by Professor Mario Rende, who provides valaublе interpretations from the perspective of a contemporary master of anatomy, confirming that Leonardo can still conduct a profitable dialogue with science today, not only with respect to the detailed structures of the human body but also in terms of an overarching vision of wonder at the majesty of the human machine. As the ancient Delphic Sibyl is recorded as saying, the great goal of human knowledge is nosce te ipsum (to know thyself).

La parola chiave usata da Leonardo quando mostra le meraviglie interne del corpo umano è "*dimostrazione*", termine con cui indica un'illustrazione puntuale e mirata delle forme alla luce delle loro funzioni. Le "dimostrazioni" rappresentano una sintesi che nasce dall'osservazione delle strutture corporee oggetto di studio e dalla conoscenza del comportamento della natura nella sua interezza (vedi il caso, ad esempio, del moto dei fluidi). Poi, ci sono casi in cui alcune strutture sono desunte dalle loro funzioni predeterminate, come quando inventa un impianto idraulico neurologico che trasporta gli "spiriti" dell'uomo dal midollo spinale al pene durante la copulazione (II, 1).

Gli studi si potrebbero definire disegni autoptici, cioè rappresentazioni realizzate avendo dinanzi a sé un corpo aperto? Nessuno di essi rientra ovviamente in questa categoria, eccetto forse alcune illustrazioni dei muscoli costali e del diaframma che presentano una qualità visiva insolitamente carnosa (VIII, 20 e 21). Inoltre, alcuni disegni recano segni di colla che indicano la presenza di piccoli fogli di carta applicati un tempo sulle tavole. Potrebbe forse trattarsi di schizzi approssimativi realizzati durante le dissezioni (XI, 20)? Tenendo conto che senza l'ausilio di conservanti il tempo gioca un ruolo fondamentale nella dissezione di un corpo, è probabile che Leonardo per fissare ciò che osservava nella sala di dissezione abbia tempestivamente fatto degli schizzi e preso appunti. Poi, una volta elaborate in "dimostrazioni", le annotazioni approssimative sono state rimosse – da Leonardo stesso oppure dai successivi collezionisti.

Quanto detto solleva anche la questione di quanti corpi abbia effettivamente sezionato. La prima attestazione che parla dei taccuini anatomici di Leonardo reca la firma di Antonio de' Beatis, il quale visitò l'artista ad Amboise al seguito del cardinale d'Aragona nel 1517. All'epoca Leonardo era ospite di prestigio presso il re di Francia, Francesco I, e Antonio racconta nel suo diario di viaggio l'incontro con il famoso eclettico nel castello di Clos Lucé: "*Questo gentilhuomo ha composto de notomia tanto particularmente con la demostratione de la pictura, sì de membri, come de muscoli, nervi, vene, giunture d'intestini, et di quanto si può ragionare tanto di corpi de huomini come di donne, de modo non è stato mai anchora facto da altra persona. Il che habbiamo visto oculatamente; et già lui disse haver facta notomia de più de XXX corpi tra mascoli et femine de ogni età*".

The aim here is to understand why Leonardo's anatomies look like they do, and what constitutes their unique and highly personal character in the history of representation. Above all, we will be concentrating on his modes of illustration. It is extraordinary that he invents or exploits every mode of anatomical representation before the advent of X-rays – accepting that while microscopes showed things not otherwise visible, they recorded appearance in established ways.

Leonardo's key term when he displays the interior wonders of the human body is "dimostrazione". By this he signals the purposeful illustration of forms in the light of their functions. The "demonstrations" were synthesised from observed bodily structures and knowledge of how nature as a whole behaves (as, for instance, in the motion of fluids). Some of the structures are assumed from their predetermined functions, as when he invents a piece of neurological plumbing to conduct the "spirits" of the man from his spinal cord and into his penis during copulation (II, 1).

Might any of the studies be called dissection drawings; that is to say on-the-spot portrayals of what he saw in the opened body? None obviously come into that category, apart perhaps some of his illustrations of the muscles of the ribs and the diaphragm, which have an unusually fleshy quality (VIII, 20 and 21). Paste-marks on few drawings indicated that smaller pieces of paper were once stuck to them. Did these contain rough sketches actually made during dissection (XI, 20)? It is likely that he made rapid drawings and notes of what he could see in the dissecting room, bearing in mind that time was the essence in dissecting a body without preservatives. Once worked up into finished "demonstrations", the rough notations were disposable – either by Leonardo himself or later collectors.

This also raises the question of how many bodies he actually dissected. The first recorded witness of Leonardo's anatomical notebooks was Antonio de' Beatis, who visited him in Amboise while in the retinue of the Cardinal of Aragon in 1517. Leonardo was prestigiously housed by the French King, Francis I. Antonio records in his travel diary that they visited the renowned polymath in his Chateau of Clos Lucé: "This gentleman has writ-

L'affermazione che Leonardo abbia sezionato più di trenta cadaveri umani è poco credibile. D'altronde, persino per i docenti di anatomia era difficile trovare corpi per ragioni pratiche, legali e religiose. Negli appunti dell'artista solo una dissezione umana completa è direttamente attestata: quella del vecchio. Esistono, poi, alcune prove a sostegno della sua stessa affermazione di aver sezionato un bambino per determinare le differenze rispetto al "*vechio*". Molte serie di disegni, tra cui quelle del cervello, dell'utero e del cuore, si basano chiaramente su materiale animale. Per sua stessa dichiarazione, alcuni studi sulle ossa e sui muscoli si basano sulle scimmie. Le analisi del diaframma riportano osservazioni fatte su un cane. Gli studi più incredibili sull'utero si basano apertamente su materiale animale, una o più mucche. Così come, il pensiero che i disegni sul cuore abbiano come base di studio quello di un bue è confermato dagli stessi appunti di Leonardo. D'altronde, si presumeva che le strutture di tali mammiferi differissero da quelle umane solo nella disposizione, ma non nella conformazione di base. Avere mecenati potenti avrebbe potuto sì aiutare Leonardo a ottenere i permessi necessari, ma non per ben trenta autopsie umane. E, se l'artista informò Antonio di aver praticato quel numero di dissezioni, è probabile che il diarista abbia pensato erroneamente si trattasse di sole dissezioni umane. Potrebbe invece essere un dato più verosimile gli oltre dieci corpi sezionati di cui parla Leonardo stesso (vedi oltre), per quanto anche questo dato potrebbe essere esagerato.

La varietà di dimostrazioni realizzate da Leonardo è straordinaria e abbraccia sia il descrittivo pittorico sia la figurazione schematica. È in grado sia di rappresentare i muscoli della spalla con una veridicità tale da farci sentire testimoni oculari sia di figurare le fasce muscolari in oggetto come delle "corde" in modo da mostrare le "linee di forza" di ciascun muscolo nell'insieme tridimensionale (X, 23). Leonardo spazia quindi in questo spettro di linguaggi grafici anche all'interno di uno stesso disegno, passando da una dimostrazione "realistica" dei muscoli a un "diagramma a corde" senza soluzione di continuità. Molte sono le varietà illustrative adottate da Leonardo: forme anatomiche reali molto dettagliate; "ingrandimenti" di caratteristiche specifiche; forme anatomiche sollevate oppure completamente separate l'una dall'altra come si trattasse di immagini "esplose", è

ten in great detail on anatomy with illustrations of the members, muscles, nerves, veins, joints, intestines, and of whatever else can be discussed in the bodies of men and women, in a manner that has never yet been done by anyone else. All this we have seen with our own eyes; and he said that he had dissected more than thirty bodies, both male and female of all ages".

The claim that Leonardo dissected more than thirty human corpses is scarcely credible. Even professional teachers of anatomy found bodies hard to come by, for a number of practical, legal and religious reasons. Only one complete human dissection is directly recorded in Leonardo's notes: that of the "old man". There is some evidence to support his own claim that he had dissected a child to determine how its appearance differed from the "old man". Many of his set-piece sets of drawings of the brain, the womb and the heart demonstrably rely on animal material. He records himself that some of his studies of bones and muscles relied upon monkeys. His analyses of the diaphragm cited observations made on a dog. His most impressive studies of the womb are openly based on a cow or cows. And the observation that the heart drawings are based on that of an ox is confirmed in his own notes. It was assumed that advanced mammals differed from man in arrangement but not in basic structures.

Having powerful patrons would have helped Leonardo to obtain permissions, but not for as many as thirty human autopsies. If Leonardo informed Antonio that he had undertaken that number of dissections, the diarist may have assumed wrongly that all of them were human. Leonardo's own claim of over ten bodies, quoted below, is nearer the mark, and even this may be exaggerated.

His range of demonstrations is extraordinary, extending from descriptively pictorial to diagrammatically schematic. For example, he can portray an array of shoulder muscles with such veracity that we seem to be eyewitnesses, while in the same series he reduces the muscles to "cords" so that we can understand the "lines of force" of each muscle in the three-dimensional ensemble (X, 23). He moves across this spectrum of graphic means even in the same drawing, as when a "realistic" demonstration of

il caso dei disegni sulle vertebre del collo; forme anatomiche che ruotano davanti ai nostri occhi in sequenza, a volta più rigorosa a volte più libera; diagrammi di linee che rendono espliciti la dinamica di un sistema e l'azione delle forme anatomiche; sezioni anatomiche varie e molto innovative, verticali, orizzontali, composte, mediane e laterali. Le sue amate analogie tra forme e fenomeni differenti, eppure correlati in natura, sono tracciate con tale convinzione che l'analogia visiva diventa una sorta di prova, come nella rappresentazione del cuore come seme (XI, 3).

Sfogliando le tavole anatomiche, si assisterà anche a un graduale aumento di appunti, tanto che alcune schede non conterranno illustrazioni. Questa tendenza riflette analisi più approfondite sul funzionamento fisiologico dei sistemi analizzati. Nei primi disegni, Leonardo partiva dal presupposto che il vedere e il rappresentare veicolassero già la spiegazione. Questo fiducioso ideale non poteva però essere perseguito negli studi relativi al funzionamento del cervello, del cuore e di altri organi estremamente articolati, alla cui complessità formale si accompagnano funzioni intricate che necessitano discussioni e spiegazioni più dettagliate.

Inoltre, le analogie tra microcosmo (o "mondo minore") e sistema mondiale collocano la nostra esistenza e il funzionamento della nostra anima e del nostro corpo nel contesto più ampio della natura, intesa in senso lato. Leonardo cita espressamente Tolomeo, il grande geografo e cosmologo alessandrino, per la sua ambiziosa mappatura del mondo minore e di quello maggiore (come vedremo più avanti). I sistemi di rappresentazione di Leonardo dialogano costantemente con le varie modalità di figurare forma e funzione anche negli altri poliedrici ambiti della sua carriera: architettura, ingegneria, geologia e storia naturale, nei quali escogitò sempre nuovi modi di illustrare e raccontare. La familiarità nei confronti delle novità espresse da Leonardo ci può indurre a considerarle come scontate. Invece, l'originalità visionaria di Leonardo è assolutamente notevole, senza precedenti e ineguagliata. Nella storia della rappresentazione scientifica non esistono documenti che offrano immagini così entusiasmanti dell'intreccio dinamico tra teoria esistente, osservazione diretta, tra-

muscles transitions into a "cord diagram" in a seamless manner. Sometimes we see detailed representations of actual forms. We "zoom in" to specific features. We see forms lifted away, and sometimes fully separated from each other as "exploded" images, as in the vertebrae of the neck. A form rotates before our eyes, either in strict sequence of more freely. The action of anatomical forms is expressed in line diagrams of the dynamics of the system. Sections of varied and very novel kinds are deployed, vertical, horizontal, compound, median and lateral. His beloved analogies between different but related forms and phenomena in nature are drawn with such conviction that visual analogy becomes a form of proof as in in his demonstration of the heart as seed (XI, 3).

We will witness a general trend of increasing numbers of words. Some sheets contain no illustrations. This trend reflects the more sophisticated analyses of the functioning and physiology of the systems he is presenting. In his early drawings, he assumes that to see and represent is in effect to explain. This confident ideal could not be sustained as he journeys into the brain, heart and other hugely complex organs whose formal complexity is matched by intricate functions that needed to be debated and explained at length.

Above all, analogies between the microcosm (or "lesser world") and the whole world system sets our existence and the functioning of our soul and body in the greater context of nature as whole. He specifically cites Ptolemy, the great Alexandrian geographer and cosmologist, for his ambition to map the lesser and greater worlds (as we will see below). His systems of representation are in constant dialogue with his ways of representing form and function in other areas of his diverse activity: architecture, engineering, geology and natural history, in all of which he devised new ways of showing and telling. Familiarity tends to make us take such innovations for granted, as just what he did. In fact, their visionary originality is wholly remarkable, unprecedented and unequalled. There are no documents in the history of scientific representation that present a more thrilling picture of the dynamic interweaving of existing theory, first-hand observation, the visual

sposizione visiva di cause ed effetti, e uso della rappresentazione per analizzare e comunicare, e per interrogare le ipotesi più accreditate fino a confutarle. Gli errori commessi da Leonardo in queste tavole, come la presenza di pori invisibili nel setto cardiaco, non scalfiscono l'emozione di accompagnarlo nella sua eroica ricerca.

Leonardo persegue propositi anatomici ambiziosi in termini di forme minime osservabili, così come in termini di grandi strutture generali. All'inizio concepisce l'anatomia come uno studio umanistico onnicomprensivo di forme, funzioni e sentimenti umani nel contesto mondo che abitiamo. Poi, riconosce che alcuni comportamenti, malattie, emozioni, sensazioni e azioni umane esulano dall'anatomia.

Non c'è modo migliore per introdurre quanto segue che leggere alcune delle sue stimolanti riflessioni e indicare quali "attività" intraprese o sperava di intraprendere nel corso della sua carriera di anatomista dalla *forma mentis* filosofica.

modelling of causes and effects, the use of depiction to analyse and communicate, and to interrogate cherished assumptions to the point of destruction. The fact that Leonardo got some things wrong, like the presence of invisible pores in the septum of the heart, does nothing to diminish the excitement of accompanying him on his heroic quest.

Leonardo sets his anatomical ambitions at the highest level, in terms of the tiniest observable forms and the great overarching structures. At the start he envisages anatomy as the all-embracing, humanist study of human forms, functions and feelings in the world that we inhabit. Even Leonardo came to recognise that some human behaviours, maladies, emotions, sensations and actions lay outside what could feasibly be encompassed by anatomy.

There can be no better way to introduce what follows than to quote some of his motivating ideas and to indicate the kinds of task he undertook or hoped to undertake at various stages of his career as an anatomist of a philosophical mindset.

[A fronte]
I vasi del fegato "del vecchio".
Penna e inchiostro su carta, 19,1 x 13,5 cm.
RL 19051v / K&P 60v. Dettaglio, intero p. 242.

[Opposite]
The vessels of the liver of the "old man".
Pen and ink on paper, 19.1 x 13.5 cm.
RL 19051v / K&P 60v. Detail, entire p. 242.

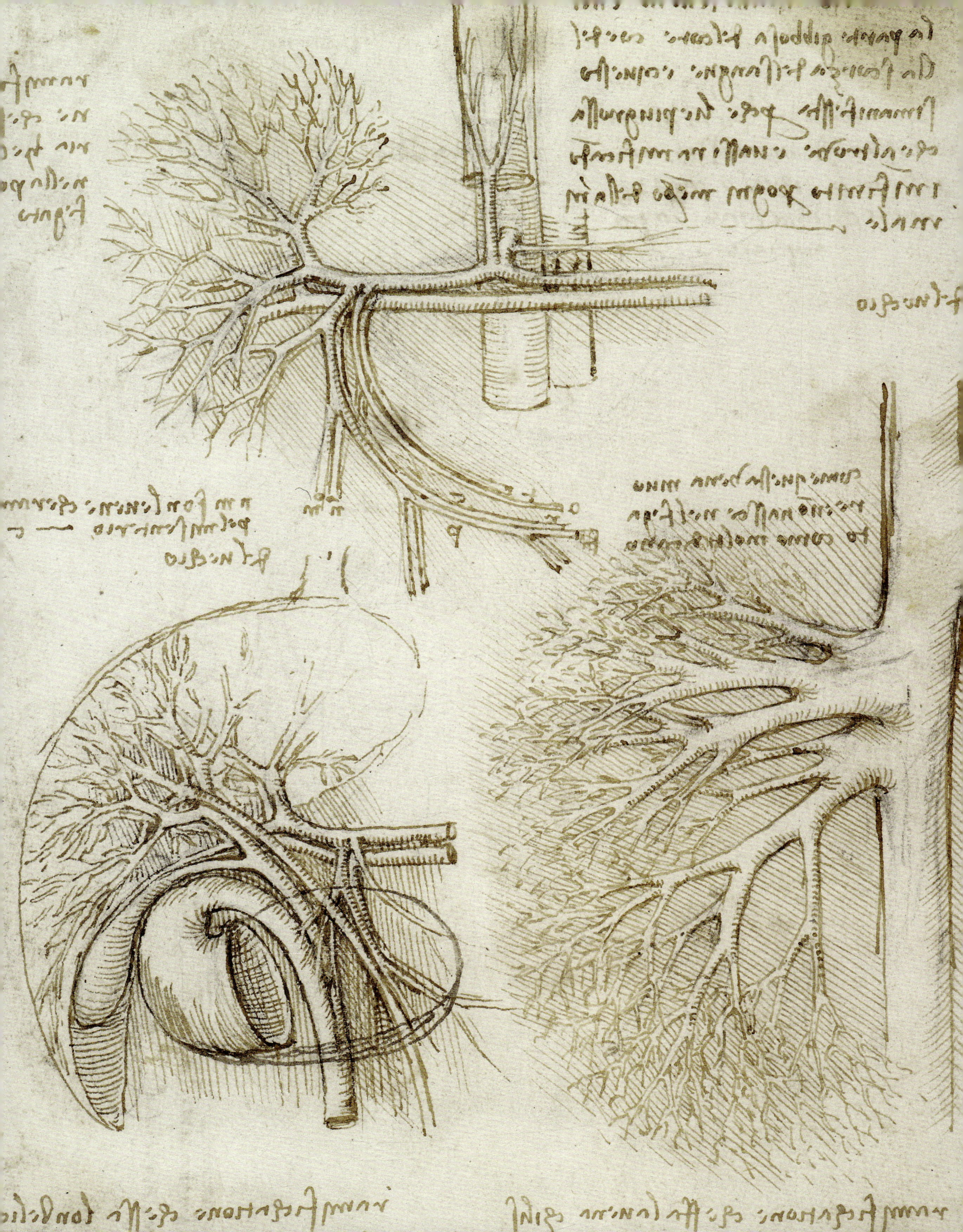

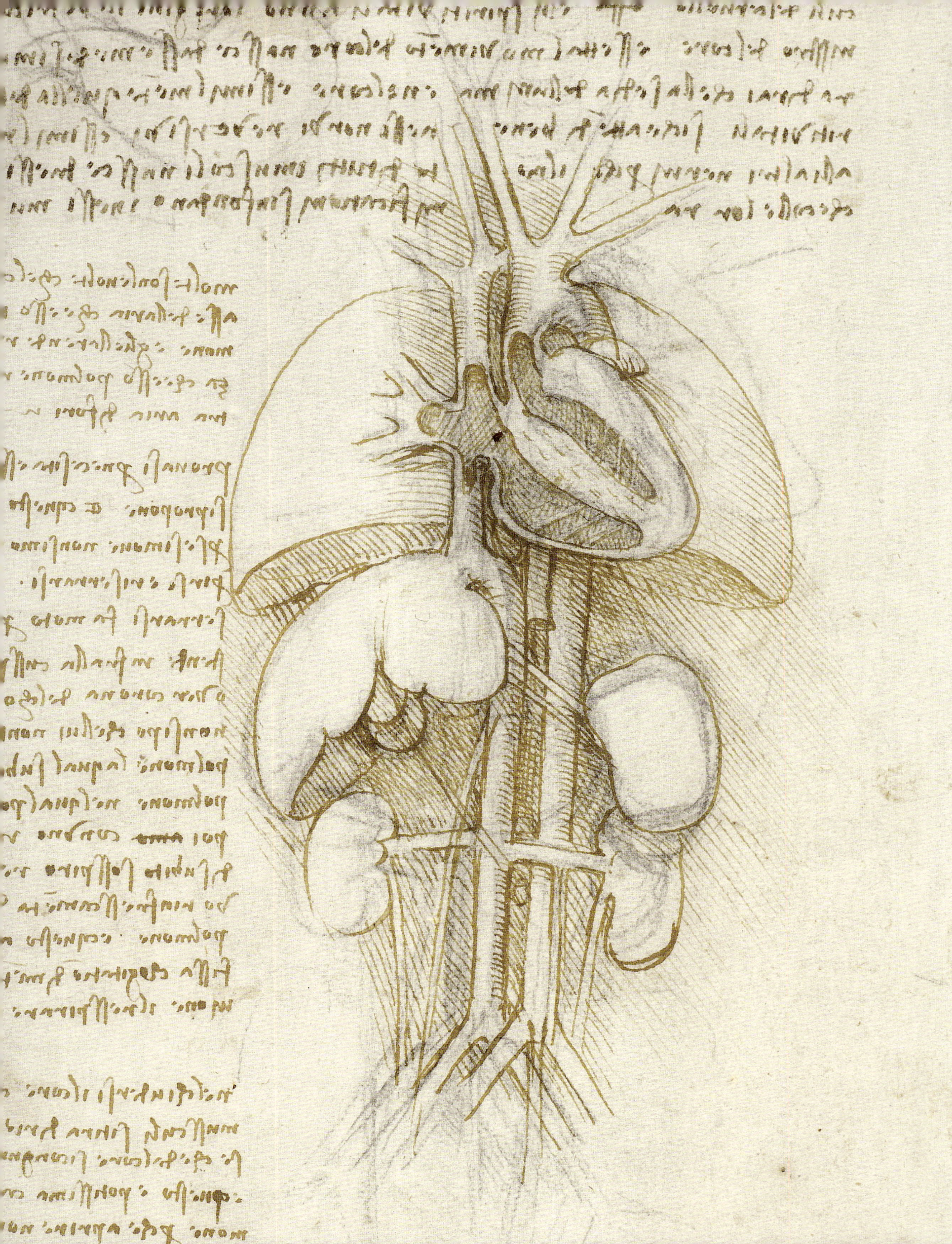

A parole sue

In his Own Words

"L'OMO È DETTO DALLI antiqui mondo minore, e certo la dizione d'esso nome è bene collocata, imperò che, siccome l'omo è composto di terra, acqua, aria e foco, questo corpo della terra è il simigliante. Se l'omo ha in sé osso, sostenitori e armadura della carne, il mondo ha sassi sostenitori della terra. Se l'omo ha in sé il laco del sangue, dove cresce e discresce il polmone nello alitare, il copro della terra ha il suo Oceano mare, il quale ancora lui cresce e discresce ogni sei ore per lo alitare del mondo. Se dal detto lago di sangue diriva vene che si vanno ramificando per lo corpo umano, similmente il mare Oceano empie il corpo della terra d'infinite vene d'acqua. manca al corpo della terra i nervi, i quali non vi sono, perché i nervi sono fatti al proposito del movimento, e il mondo sendo di perpetua stabilità, non v'accade movimento, e non v'accadendo movimento, i nervi non vi sono necessari; ma in tutte l'altre cose sono molto simili."

(Parigi, Institut de France, *MS A*, f. 55v)

La perfezione della creazione, il feto e l'anima

"Ancora che lo ingegno umano in invenzioni varie rispondendo con vari strumenti a un medesimo fine, mai esso troverà invenzione più bella né più facile, né più breve della natura, perché nella sua invenzioni nulla

"BY THE ANCIENTS MAN was termed a lesser world, and certainly the use of this name is well bestowed, because, in that man is composed of water, earth, air and fire,w his body is a similitude for the world: just as man has in himself bones, the support and framework of his flesh, the world has the rocks that support the earth; just as man has in himself the lake of the blood, in which the lungs increase and decrease during breathing, so the body of the earth has its oceanic sea which likewise increases and decreases every six hours with the breathing of the world; just as in that lake of blood the vessels originate, which make ramifications throughout the human body, similarly the oceanic sea fills the body of the earth with infinite veins of water. The nerves are lacking in the body of the earth. The nerves are not to be seen there because the nerves are made for the purpose of motion, and the world being perpetually stable, motion does not occur, and with motion not occuring the nerves are not necessary there. But in all the other things they are very similar."

(Paris, Institut de France, *MS A*, f. 55v)

The perfection of creation, the foetus and the soul

"Although human ingenuity by various inventions with different instruments obeys the same end, it will never design an invention more beautiful, simpler or more economical than Nature, because in her inventions nothing is lacking and noth-

(A fronte)
Dimostrazione del cuore e dei vasi del torace e dell'addome, che servono fegato, cistifellea e reni.
Penna e inchiostro, gessetto nero su carta, 27,5 x 19,0 cm.
RL 19112r / K&P 105r. Dettaglio, intero p. 237.

(Opposite)
Demonstration of the heart and vessels of the thorax and abdomen, serving the liver, gall bladder and kidneys.
Pen and ink, black chalk on paper, 27.5 x 19.0 cm.
RL 19112r / K&P 105r. Detail, entire p. 237.

manca e nulla è superfluo, e non va con contrappesi quando essa fa li membri atti al moto nelli corpi delli animali, ma vi mette dentro l'anima d'esso corpo componitore, cioè l'anima della madre che, prima, compone nella matrice la figura dell'omo e, al tempo debito, desta l'anima che di quel debbe essere abitatore, la qual prima resta addormentata e in tutela dell'anima della madre, la qual nutrisce, vivifica per la vena umbilicale con tutti li sua membri spirituali. E così seguita insin che tale umbilico li è giunto colla secondina e li cotiledoni, per la quale il figliolo si unisce colla ma<dre> e questi son causa che una volontà. Un sommo desiderio, una paura che abbia la madre o altro dolor mentale, ha potenzia più nel figliolo che nella madre, perché spesse sol le volte che il figliolo ne perde la vita, ecc.

E il resto della difinizione dell'anima lascio nelle mente de' frati, padri de' popoli, li quali, per ispiritat'azione san tutti li segreti."

(XIII, 1, c. 1510)

La "dolce morte" del vecchio

"E questo vecchio di poche ore innanzi la sua morte mi disse lui passare cento anni, e che non si sentiva alcun mancamento nella persona altro che debolezza. E così, standosi a sedere sopra un letto nello 'spedale di Santa Maria Nova di Firenze, sanza altro movimento o segno d'alcuno accidente, passò di questa vita. E io feci notomia per vedere la causa di sì dolce morte, al quale trovai venire meno per mancamento di sangue e arteria che notria il core e li altri membri inferiori, li quali trovai molto aridi, 'stenuati e secchi. La qual notomia discrissi assai diligentemente e con gran facilità, per essere privato di grasso e di omore, che assai impedisce la cognizione delle parte. l'altra notomia fu d'un putto di due anni, nel quale trovai ogni cosa contraria a quella del vecchio. L'arteria e la vena che ne' vecchi s'astende infra la milza e 'l fegato, si fa di tanta grossezza di pelle ch'ella serra il transito del sangue che viene dalle bene miseraiche, per le quali esso sangue trascorre al fegato e al core e alle due vene maggiori, e, per conseguenza, per tutto il corpo. E tali vene, oltre allo ingrossamento di pelle, crescano in lunghezza, e sì s'attorcigliano a uso di biscia e il fegato perde l'omore del sangue che da questa li era porto. Onde esso fega-

ing is superfluous. She does not resort to counterweights when she makes organs suitable for motion in the bodies of animals, but places the soul there, the composer of the body; that is to say the soul of the mother which first composes in the womb the form of man, and in due time awakens the soul that is to be its inhabitant. This soul first remains asleep under the guardianship of the soul of the mother who nourishes it and vitalises it there through the umbilical vein with all is spiritual organs; and thus it continues as long as this umbilical cord is joined to it by the foetal membrane and by the cotyledons through which the foetus is united to the mother. And this is the cause why a wish of the mother, as an exceedingly great desire, or if the mother has a great fright or any other mental pain, has more power in the child than in the mother, for there are many times when the child accordingly loses its life etc.

The rest of the definition of the soul I leave to the minds of friars, fathers of the people who by inspiration know all the secrets."

(XIII, 1, c. 1510)

The "sweet death" of the old man

"And this old man, a few hours before his death, told me that he was over a hundred years old, and that he felt nothing wrong with his body other than weakness. And thus, while sitting on the bed in the hospital of Santa Maria Nuova in Florence, without any movement or sign of any mishap, he passed from this life. And I made an anatomy to see the cause of so sweet a death, which I found to be a fainting away through lack of blood to the artery which nourishes the heart and the other parts below, which I found very dry, thin and withered. I performed this dissection very diligently and with great ease because of the absence of fat and humours which greatly hinder the recognition of the parts. The other dissection was of a child of two years, in which I found everything contrary to that of the old man. The artery and vein which in the old extend between the spleen and liver generates so thick a coat that it closes the passage of blood from the mesenteric veins through which blood passes to the liver and heart and to the two great vessels, and thus through the whole body. And these veins as well as thickening the coat, grow in length and become twisted like a snake, and the liver loses the humours of the blood which were carried there by the vein, whence the liv-

to si dissecca e fassi a modo di crusca congelata, sì in colore come in materia, in modo che poca confregazione che sopra esso si faccia, essa materia cede in minute particule come segatura, e lascia le vene e arterie."

[XI, 2, c. 1507-8]

Il valore dei disegni anatomici

"E tu che di' esser meglio il vedere fare la notomia che vedere tali disegni, diresti bene se fussi possibile vedere tutte queste cose che in tal disegni si dimostrano in una sola figura, nella quale con tutto il tuo ingegno non vedrai e non arai la notizia se non d'alquante poche vene, delle quali io, per averne vera e piena notizia, ho disfatti più di dieci corpi umani, destruggendo ogni altri membri, consimando con minutissime particule tutta la carne che d'intorno a esse vene si trovava sanza insanguinarle, se non d'insensibile insanguinamento delle vene capillare. E un sol corpo on bastava a tanto tempo che bisognava procedere di mano i' mano in tanti corpi che si finissi la intera cognizione, la qual ripricai due volte per vedere le diferenzie.

E se tu arai l'amore a tal cosa, tu sarai forse impedito dallo stomaco; e se questo non t'impedisce, tu sarai forse impedito dalla paura coll'abitare nelli tempi notturni in compagnia di tali morti squartati e scorticati e spaventevoli a vederli; e se questo non t'impedisce, forse ti mancherà il disegno bono, il qual s'appartiene a tal figurazione; e se tu arai il disegno, e' non sarà accompagnato dalla prespettiva; e se sarà accompagnato, e' ti mancherà l'ordine delle dimostrazion geometriche e l'ordine delle calculazion delle forze e valimento de' muscoli. O forse ti mancherà la pazienza, ché tu non sari diligente. Delle quale se i' me tutte queste cose sono state o no, i cento venti libri da me composti ne daran sentenzia del sì o del no. Nelli quali non sono state impedito né d'avarizia o negligenzia, ma sol dal tempo. Vale."

[XII, 3, c. 1510]

Il primo progetto per l'"Ordine del Libro"

"Quest'opera si debbe principiare alla concezione dell'omo e descrivere il modo della matrice, e come il putto l'abita, e in che grado lui risegga in quella, e 'l modo dello vivificarsi e cibarsi e 'l suo accrescimento. E che

er is desiccated and becomes like congealed bran both in colour and substance, so that when only a little friction is made on it this substance falls away minute particles like sawdust, leaving behind the veins and arteries."

[XI, 2, c. 1507-8]

The value of anatomical drawings

"You who say it is better to see a dissection than to see these drawings would be right, if it were possible to see all those things which in such drawings are demonstrated in the single figure. In dissection, with all your ability, you will not see nor obtain knowledge of more than a few vessels; to obtain that true and full knowledge, I have dissected more than ten human bodies, destroying all other organs, and taking away in its minutest particles all the flesh which was to be found around the vessels without causing them to bleed, except for the imperceptible bleeding of the capillary vessels. And one single body was not sufficient for enough time, so that it was necessary to proceed little by little with as many bodies as would render a complete knowledge. This I repeated twice in order to observe the differences.

Though you may have a love for such things, you will perhaps be impeded by your stomach; and if this does not impede you, you will perhaps be impeded by the fear of living through the night hours in the company of quartered and flayed corpses, fearful to behold. And if this does not impede you, perhaps you will lack the good draughtsmanship which such a depiction requires; and even if you have the skill in drawing, it may not be accompanied by a knowledge of perspective; and if it were so accompanied, you may lack the methods of geometrical demonstration and of calculating the forces and strengths of the muscles; or perhaps you will lack patience so that you will not be diligent. Whether all these things were found in me or not, the 120 books composed by me will give the verdict, yes or no. In these I have been impeded neither by avarice nor negligence but only by time. Farewell."

[XII, 3, c. 1510]

The first plan for the "Order of the Book"

"This work should begin with the conception of man, and describe the form of the womb, and how the child lives in it, and to what stage it resides in it, and in what way it is given life and food. Also, its growth, and what interval there is be-

intervallo sia da uno grado d'accrescimento a uno altro, e che cosa lo spinga fori del corpo della madre, e per che cagione qualche volta lui venga fori del ventre di sua madre innanzi al debito tempo.

Poi discriverai quali membra sieno quelle che crescano, poi che 'l putto è nato, più che l'altre, e dà la misura d'un putto d'un anno.

Poi discrivi l'omo cresciuto e la femmina, e sue misure, e nature di complessione, colore e filosomie [la fisionomia].

Dipoi descrivi come li è composto di vene, nervi, muscoli e ossa. Questo farai nell'ultimo de' libro.

Dipoi figura in quattro storie, quattro universali casi delli omini: cioè letizia, con vari atti di ridere, e figura la cagion de' riso; pianto, in vari modi, colla sua cagione; contenzione, con vari movimenti d'uccisioni, fughe, paure, ferocità, ardimenti, 'micidi e tutte cose appartenenti a simil casi.

Dipoi figura una fatica con tirani, spingere, portare, fermare, sostenere e simili cose.

Attitudine. Dipoi discrivi de attitudine e movimento.

Effetti. Dipoi prospettiva, per l'offizio dell'occhio; e dell'auldito, dirai di musica. E discrivi delli altri sensi.

Sensi. Di pii discrivi la natura de' cinque sensi."

(VIII, 27, c. 1489)

tween one stage of growth and another; and what is it that pushes it out of the body of the mother, and for what reason it sometimes comes out of the mother's belly before due time. Then you will describe which parts grow more than others after the infant is born, and give the measurements of a child of one year. Next describe the grown man and woman, and their measurements, and the nature of their constitution, colour and physiognomy [the configuration of facial features].

Then describe how the man and woman are composed of veins, nerves, muscles and bones. This you will do at the end of the book.

Then in the full drawings you will depict the four universal conditions of man, that is: joy, with different ways of laughing, and draw the cause of the laughter; weeping in different ways, with their cause; fighting, with the different movements of killing; flight, fear, ferocity, boldness, murder, and everything belonging to such events. Then draw labour, with pulling, pushing, carrying, stopping, supporting and similar things. Attitudes: then describe attitudes and movement. Effects: then optics through the function of the eye; on hearing, I shall speak of music, Senses: then describe the nature of the five senses."

(VIII, 27, c. 1489)

Un piano successivo per l'"Ordine del Libro"

"Questa mia figurazione del corpo umano ti sarà dimostra non altrementi che se tu avessi l'omo naturale innanzi. E la ragion sie che se tu vuoi bene conoscere le parte dell'omo notomizzato tu lo volti, o lui o l'occhio tuo, per diverso aspetto, quello considerando di sotto e di sopra e dalli lati voltandolo e cercando l'origine di ciascun membro. E in tal modo la notomia naturale t'ha saddisfatto alla tua notizia. Ma tu hai a intendere che tal notizia non ti lascia saddisfatto. Con ciò sia che la grandissimo confusione misti con vene, arterie, nervi, corde, muscoli, ossi, sangue, il quale tigne di sé ogni parte d'un medesimo colore, e le vene che di tal sangue si vòtano non sono cognosciute per la lor diminuizione; e la integrità delli panniculi nel cercare le parte che dentro a loro s'includano, si vengano a rompere e la lor trasparenzia tinta di sangue

A late plan for the "Order of the Book"

"This my configuration of the human body will be demonstrated to you just as if you had the real man before you. The reason is that if you want to know thoroughly the anatomical parts of man you must either turn him or your eye in order to examine him from different aspects, from below, from above, and from the sides, turning him round and investigating the origin of each part; and by such a method your knowledge of real anatomy is satisfied. But you must understand that such knowledge will not leave you satisfied on account of the very great confusion which results from the mix-up of membranes with veins, arteries, nerves, tendons, muscles, bones, and blood which itself dyes every part the same colour. The vessels emptied of this blood are not recognisable because of their diminished size. And the integrity of the membranes is broken in searching for those parts which are enclosed within them, and their transparency stained with

non ti lascia cognoscere le patte coperte da loro per la similitudine del loro colore insanguinato, e non poi avere la notizia dell'un che tu non confonda e destrugga l'altro.

Adunque è necessario fare più natomie, delle quale tre te ne bisogna per avere piena notizia delle vene e arterie, destruggendo con somma diligenzia tutto il rimanente; e altre tre per avere la notizia delli panniculi; e tre per le corde e muscoli e legamenti; e tre per li ossi e cartilagini; e tre per la nato mia delle ossa, la quali s'hanno a segare e dimostrare quale è buso e quale no, quale è midolloso, quel è spugnoso e quale è grosso dal fori al dentro, e quale è sottile; e alcuno ha in alcuna parte gran sottigliezza e in alcuna è grosso, e in alcuna busa, o piena d'osso, o midollosa, o spugnosa. E così tutte queste cose saranno alcuna volta trovate 'n medesimo osso, e alcuno osso fia che non ha nessuna. E tre te ne bisogna fare per la donna, nella quale è grand misterio mediante la matrice e suo feto.

Adunque per il mio disegno ti fia noto ogni parte e ogni tutto mediante la dimostrazione di tre diversi aspetti di ciascuna parte. perché quando tu arai veduto alcun membro dalla parte dinanzi con qualche nervo, corda o vena che nasca dalla opposita parte, e' ti fia dimostro il medesimo membro volto per lato, o dirieto, non altrementi che se tu avessi i' mano il medesimo membro e andàsilo voltando di parte in parte insino a tanto che tu avessi pieni notizia di quello che tu desideri sapere. E così, similmente, ti fia posto inanzi in tre o quattro dimostrazioni di ciascun membro per diversi aspetti in modo che tu resterai con vera e piena notizia di quello che tu voi sapere della figura dell'omo."

[X, 45, c. 1511]

"Adunque qui, con quindici figure intere, ti sarà mostro la cosmografia del minor mondo, col medesimo ordine che innanzi a me fu fatto da Tolomeo nella sua Cosmografia. E così, dividerò poi quelle membra, come lui divise il tutto in provincie. E poi, dirò l'uffizio delle parti per ciascun verso, mettendoti dinanzi alli occhi la notizia di tutta la figura e valitudine dell'omo in quanto a moto locale, mediante le sue parte.

blood does not let you recognise the parts covered by them, because of the similarity of their blood-stained colour, and you cannot attain knowledge of the one without confusing and destroying the other.

Therefore it is necessary to perform more dissections; you need three to acquire full knowledge of the veins and arteries, destroying with the utmost diligence all the rest, and another three to obtain knowledge of the membranes, and three for the tendons, muscles and ligaments, three for the bones and cartilages and three for the anatomy of the bones which have to be sawn through in order to demonstrate which is hollow and which not, which is full of marrow and which spongy, and which is compact from the outside inwards and which cancellous. And some are very thin in one part and thick in another; and another part of the bone is hollow or full of marrow or spongy. Thus, all these things may sometimes be found in one and the same bone, and in some bones there may be none of them. And three need to be made of a woman in whom there is great mystery on account of her uterus and its foetus. Therefore my plan you will come to know every part and every whole through the demonstration of three different aspects of each part, for when you have seen any part from the front, with those nerves, tendons and veins which arise from the side in front of you, the same part will be shown to you turned to its side or its back, just as though you had the very same part in your hand and went on turning it round from one side to another until you had obtained full knowledge of what you want to know. And so in a similar way there will be placed before you three or four demonstrations of each part from different aspects in such a way that you will retain a true and full knowledge of all that you want to know about the configuration of man."

[X, 45, c. 1511]

"Therefore, the cosmography of the lesser world [microcosm] will be shown to you here complete in fifteen figures in the same order as was used by Ptolemy before me in his Cosmography. And, therefore, I shall divide the parts as he divided the whole, into provinces, and then I shall describe the function of the parts from each side, placing before your eyes the knowledge of the whole shape and strength of man in so far as he has local movement by means of his parts.

E così piacessi al nostro altore che io potessi dimostrare la natura delli omini e loro costumi nel modo che io descrivo la sua figura."

[X, 45, c. 1511]

Alcune dimostrazioni necessarie

"*Una dimostrazione del zirbo* [il tessuto che tiene in posizione gli organi addominali] *sanza budella / una dimostrazione d'ossa segate / una dimostrazione d'ossa semplice / una dimostrazione d'ossa e nervi / una dimostrazione d'ossa e vene / una dimostrazione di nervi e muscoli / una dimostrazione di vene e muscoli / una dimostrazione d'ossa e intestine / una dimostrazione del misenterio e muscoli / una dimostrazione de' membra e muscoli spirituali / una dimostrazione di femina / una dimostrazione di ossa, nervi e vene / una dimostrazione di nervi sola / una dimostrazione d'ossa sola / una dimostrazione di nervi in ossa segate / una dimostrazione di nervi in ossa chiuse / una dimostrazione d'ossa, e de' nervi che insieme le congiungano, li quali nervi sono cortissimi e, massime, quelli che congiungano li spondili di dentro.*"

[XI, 11, c. 1506-7]

"*Questo braccio dal gomito a insino al b si debbe fare in quattro moti, cioè in somma altezza e in somma bassezza, e indirieto quanto si po'; e così innanzi. E, se ti pare, farlo in più modi e sarà più intellegibile l'offizio di ciascun muscolo. E questo fia bono per li statuari, li quali debbono pronunziare più li muscoli che son causa de' moti de' membri che quelli che in tal moto non si adoprano.*"

[X, 12, c. 1510-11]

"*La prima dimostrazione della mano sarà fatta della sue ossa semplice. La seconda delle legature e varie incatenazioni di nervi che le conlega insieme. la terza fia delli muscoli che nascano sopra esse ossa. La quarta dia delle prime corde che si posano sopra essi muscoli e vanno a dare il moto alle punte delle dita. La quinta sarà quella che mostra il secondo grado delle corde che muove tutti li diti e termina nelli penultimi pezzi delli ossi de' diti. La sesta*

And would that it might so please our Creator, that I were able to demonstrate the nature of man and his customs in the way that I describe his shape."

[X, 45, c. 1511]

Some necessary demonstrations

"A demonstration of the omentum [the tissue that holds abdominal organs in place] without the intestine / a demonstration of the sawn bones / a demonstration of the bones, complete / a demonstration of the bones and nerves / a demonstration of the bones and veins / a demonstration of the nerves and muscles / a demonstration of the veins and muscles / a demonstration of the bones and intestines / demonstration of the mesentery [the tissue that attaches the intestines to the rear wall of abdomen] and the muscles / a demonstration of the spiritual [thoracic] parts] / a demonstration of the female / a demonstration of the bones, nerves and veins / a demonstration of the nerves alone / a demonstration of the bones alone / a demonstration of the tendons on sawn bones, / a demonstration of the tendons on bones / a complete demonstration of the bones and ligaments which join each other together, which ligaments are very short, particularly those that join the vertebrae."

[XI, 11, c. 1506-7]

"The arm above the elbow must be drawn in four motions; that is, fully raised and fully lowered and backwards as far as possible and likewise forwards. And if it happens that you draw it in a variety of ways, the purpose of each muscle will be better understood. And this will be good for the sculptors, who need to exaggerate the muscles that are the cause of the motions of the limbs, above those that are not used in these motions."

[X, 12, c. 1510-11]

"The first demonstration of the hand will be of its bones alone. The second, of the ligaments in various interconnections of tendons that join them together. The third will be of the muscles that arise on these bones. The fourth will be of the first tendons that are placed on these muscles, and give movement to the fingertips. The fifth will show the second rank of tendons, which move all the fingers and terminate on the penultimate piece of bone of the fingers. The sixth

fia quella che dimostrerà li nervi che danno il sentimento alli diti della mano. La settima sarà quella che dimostrerrà le vene e le arterie e che danno il nutrimento e lo spirito alli diti. La ottava e ultima sarà la mano vestita di pelle, e questa si figurerà di vecchio e di giovane e di puttino e a ciascuna si darà misura di lunghezza, grossezza e larghezza di ciascuna parte."

(X, 18, c. 1510-11).

Dissezione del cervello

"Disfarai la sustanzia del cervello insino alli confini della dura madre che s'interpone infra esso osso basilare e la sustanzia del cervello. Dipoi nota tutti li lochi dove essa dura madre penetra l'osso basilare colli nervi da lei vestiti insieme colla pia madre. E questa tal notizia con certezza acquisterai quando con diligenzia alzerai essa pia madre a poco a poco, cominciando dalli stremi, e notando di parte in parte la situazione de' predetti preforamenti, cominciando prima dal destro o sinistro lato, quello interamente figurando, e poi seguirai l'opposita parte, le quale ti darà notizia se l'anteceden è ben situata o no. E ancora ti farà intendere se la destra parte è simile alla parte sinistra; e se tu la trovi variata, rivedine le altre natomie, se tal varierà è universale in tutti li omini e donne."

(XII, 4, c. 1509)

Nervi degli arti

"De nervo che è cagione del moto dalla spalla al gomito / del moto che è dal gomito alla mano / dalla giuntura della mano al nassimento de' diti / dal nassimento de' diti al loro mezzo / e dal mezzo all'ultimo nodo.

Del nervo che è cagione del moto della coscia / e dal ginocchio al piè, e dalla giuntura del piè ai diti / e così ai lor mezzi / e del girare d'essa gamba."

(VI, 2, c. 1489)

Mantenere la forma del corpo

"Ricordati di non mutare mai li termini di nessun membro per alcuno muscolo che tu levassi per iscoprirne un altro. E se tu pure levi muscoli, de' quali l'un de'

will show the nerves that give sensation to the fingers of the hand. The seventh will show the veins and arteries, that give nourishment and spirit to the fingers. The eighth and last will be the hand clothed with skin, and this will be drawn for an old man, a young man and a child; and for each will be given the measurements of length, thickness and width for each of its parts."

(X, 18, c. 1510-11)

Dissecting the brain

"Ease away the brain substance from the borders of the *dura mater* which lies between the basilar bone and the brain substance. Then note all the places where the dura mater penetrates the basilar bone with nerves sheathed within it together with the *pia mater*... Diligently raise the pia mater, commencing from the edges and noting bit by bit the situation of the aforesaid perforations, commencing first from the right or left side, and drawing this in its entirety; then the opposite side, which will give you knowledge of whether the first was correctly situated or not; furthermore, you will come to understand whether the right side is the same as left. And if you find the differences, review the other dissections to see whether such a variation is universal in all men and women."

(XII, 4, c. 1509)

Nerves of the limbs

"On the nerve which causes movement from the shoulders to the elbow / on movement from the elbow to the hand / from the wrist to the beginning of the fingers / from the beginning of the fingers to their middle / and from the middle to the last joint / on the nerve which causes movement of the thigh / and from the knee to the foot and from the ankle to the toes and also to their middle / and of the rotation of the leg."

(VI, 2, c. 1489)

Retaining the form of the body

"Remember never to change the outlines of any limb because of some muscle which you have lifted off in order to expose another. And if indeed you remove muscles, the borders

sua termini sia termine d'una parte del membro donde tu lo spicchi, allora tu debbi segnare con ispessi punti, il termine di quel membro che tu discrivi non resti cosa monstruosa per averle tolto le sue parti. E, oltre a questo, ne segue maggiore cognizione del tutto, perché levatoli la parte tu vedi nel tutto la vera figura della parte donde essa fu levata."

(XI, 49, c. 1506-7)

Le ultime parole

"O scrittore, con quali lettere scriverai tu con tal perfezione la intera figurazione qual fa qui il disegno?"

(XVI, 3, c. 1513)

"E tu che vogli con parole dimostrare la figura dell'omo con tutti li aspetti della sua membrificazione, removi da tre tale openione, perché quanto più minutamente descriverai, tanto più confonderai la mente del lettore e più lo removerai sdalla cognizione della cosa descritta."

(X, 26, c. 1510-11)

"So bene che, per non essere io litterato, che alcuno prosuntuoso gli parrà ragionevolmente potermi biasimare coll'allegare io essere omo sanza lettere. Gente stolta! Non sanno questi tali ch'io potrei, sì come Mario rispose contro a' patrizi romani, io sì rispondere, dicendo: «Quelli che dall'altrui fatiche se medesimi fanno ornati, le mie a me medesimo non vogliano concedere». Diranno che, per non avere io lettere, non potere ben dire quello di che voglio trattare. Or non sanno questi che le mie cose son più da esser tratte dalla sperienzia, che d'altrui parola; la quale fu maestra di chi bene scrisse, e così per maestra la piglio e quella in tutti i casi allegherò."

(Milano, Biblioteca Ambrosiana, *Codex Atlanticus*, f. 327v)

of which form the contour of a limb from which you have detached it, then you must mark with dots the boundary of that limb ... And do this so that the shape of that limb which you are describing may not be left a monstrous thing through having its parts taken away. Besides this, one gets a greater knowledge of the whole because having lifted off the part you can see the true shape of the whole from which the part was removed."

(XI, 49, c. 1506-7)

The Last Words

"With what words, O writer, will you describe with similar perfection the entire configuration which the drawing here does?"

(XVI, 3, c. 1513)

"You who claim to demonstrate in words the shape of man from every aspect dismiss such an idea, because the more minutely you describe the more you will lead away from the thing described".

(X, 26, c. 1510-11)

"I well know that, not being a learned man, certain presumptuous persons will think that they may reasonably deride me with the allegation that I am a man without letters. Stupid fellows! Do they not know that I might reply as Marius did in answering the Roman patricians, by saying that they who adorn themselves with the labours of others, will not concede to me my very own: they will say that, not having learning, I will not properly speak of that which I wish to explain. But do they not know that my subjects are to be better illustrated from experience than by yet more words? Experience has been the mistress of all those who wrote well, and, thus as mistress, I will cite her in all cases."

(Milan, Biblioteca Ambrosiana, *Codex Atlanticus*, f. 327v)

[p. 38]
Metodo di sezionamento del cuore per rivelare il setto, studi dell'esterno del cuore, del suo apporto di sangue e delle tre cuspidi della valvola polmonare.
Penna e inchiostro su carta blu, 28,8 x 41,3 cm (A+B).
RL 19073-4v / K&P 166v A. Dettaglio, intero p. 358.

[p. 39]
Studi dell'esterno del cuore e dei suoi maggiori vasi sanguigni, con arterie coronarie e geometria della valvola polmonare.
Penna e inchiostro su carta blu, 28,8 x 41,3 cm (A+B).
RL 19073-4v / K&P 166v B. Dettaglio, intero p. 358.

[p. 40]
Studi sul sistema vascolare del fegato.
Penna e inchiostro, gessetto nero su carta, 19,2 x 14,1 cm.
RL 19039v / K&P 61v. Dettaglio, intero p. 224.

[p. 38]
Method of sectioning the heart to reveal the septum, studies of the exterior of the heart, its blood supply and the three cusps of the pulmonary valve.
Pen and ink on blue paper, 28.8 x 41.3 cm (A+B).
RL 19073-4v / K&P 166v A. Detail, entire p. 358.

[p. 39]
Studies of the exterior of the heart, and its major vessels, with the coronary arteries and the geometry of the pulmonary valve.
Pen and ink on blue paper, 28.8 x 41.3 cm (A+B).
RL 19073-4v / K&P 166v B. Detail, entire p. 358.

[p. 40]
Studies of the vascular system of the liver.
Pen and ink, black chalk on paper, 19.2 x 14.1 cm.
RL 19039v / K&P 61v. Detail, entire p. 224

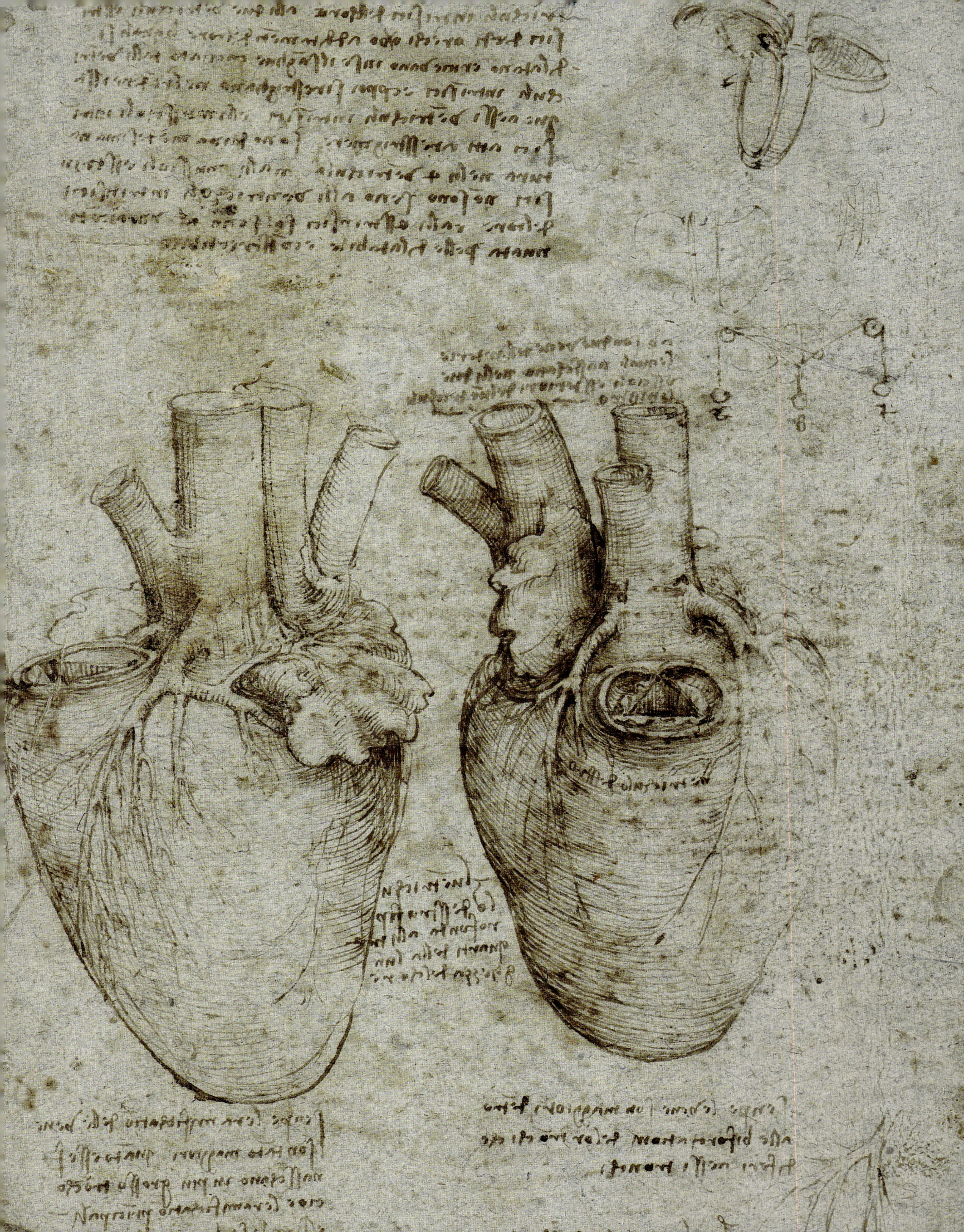

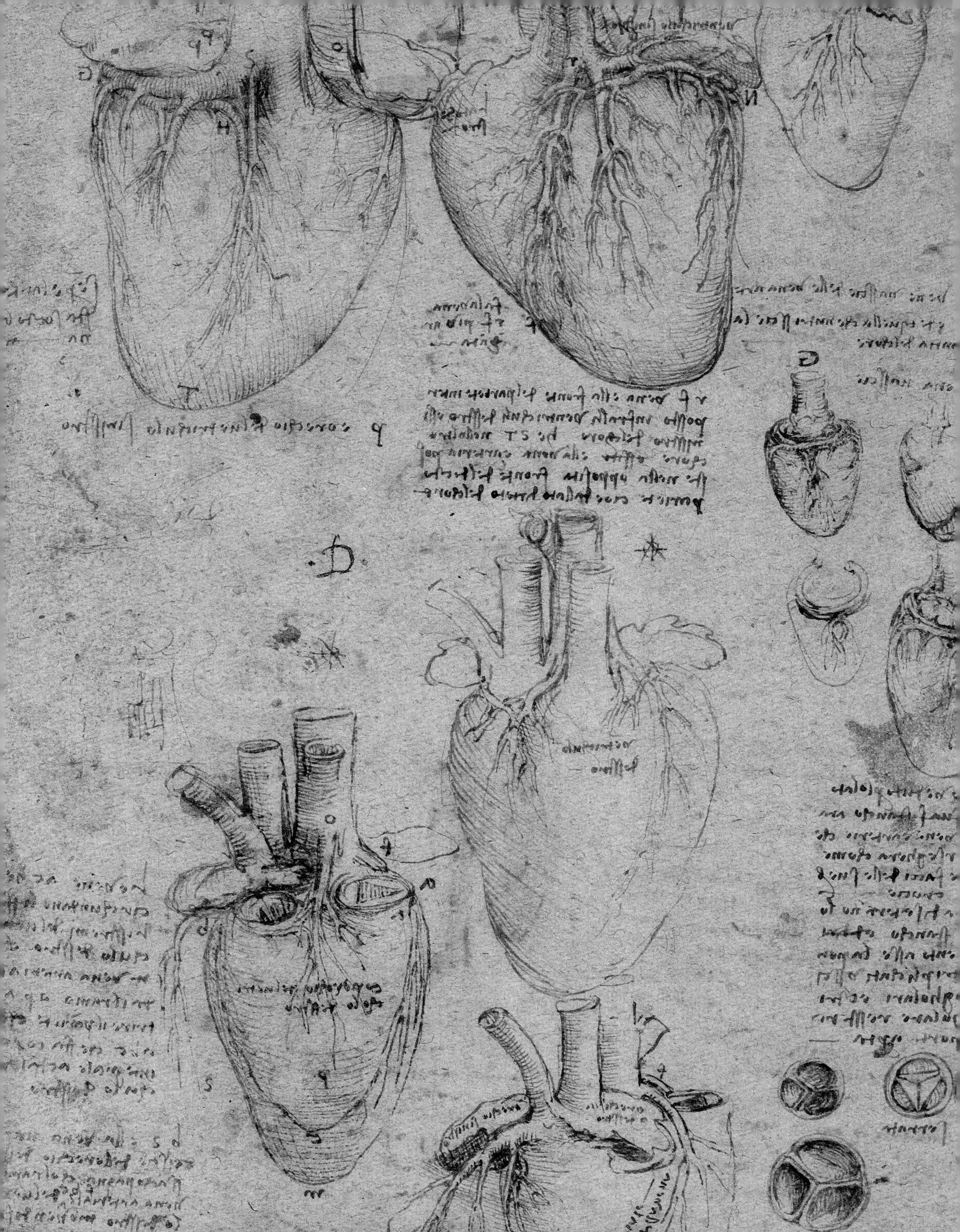

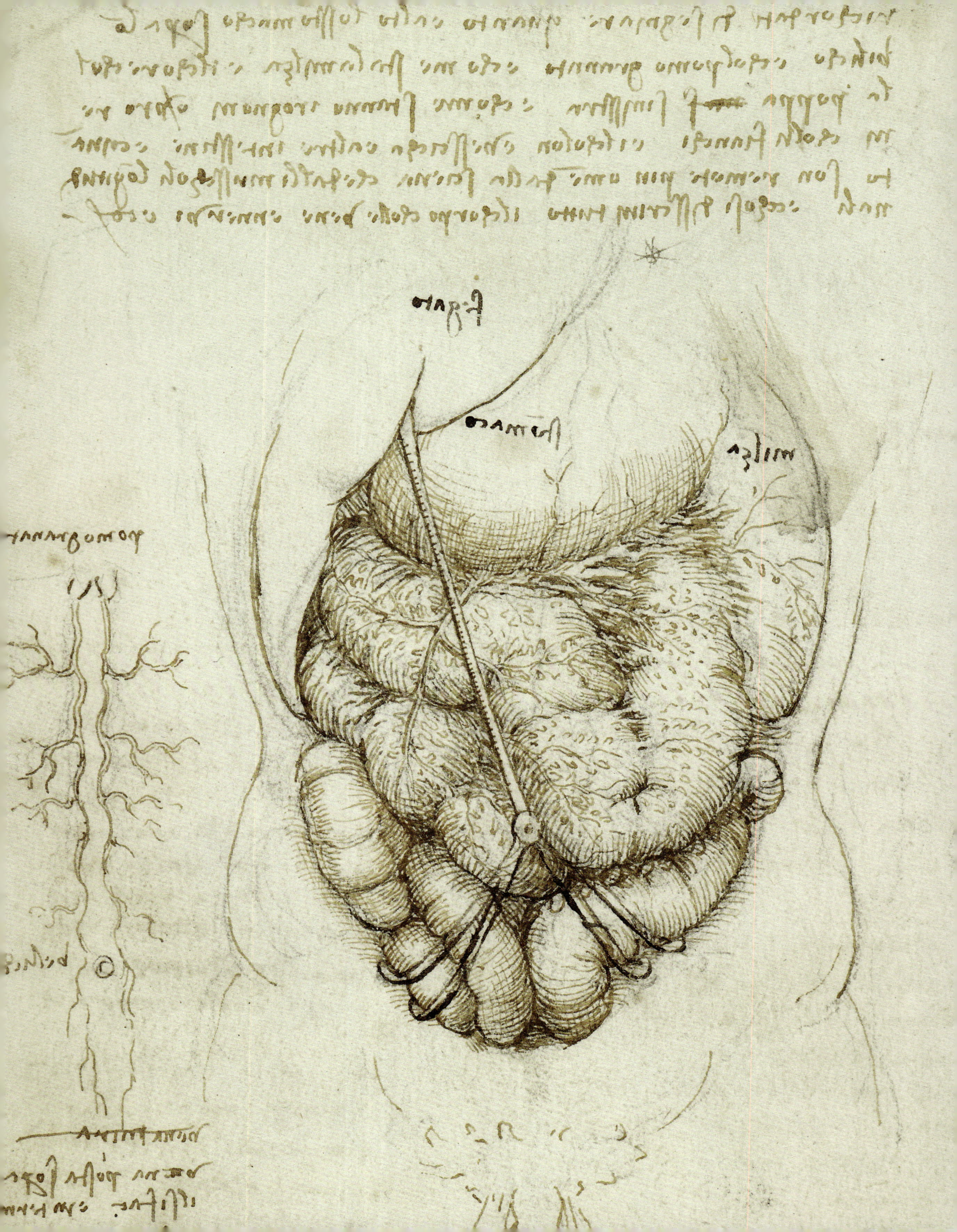

figato

stomaco

milza

bellico

La varietà dell'universale

Variety of the Universal

Mario Rende

I DISEGNI ANATOMICI DI Leonardo da Vinci suscitano sempre nel lettore una grande ammirazione, indipendentemente se sia o meno esperto in medicina. Il disegno è pulito, moderno e comprensibile. Non c'è mai il ribrezzo o quel senso funebre del *memento mori* che spesso hanno i disegni di altri anatomici della sua epoca come quando, per evidenziare i muscoli più esterni, rappresentano un uomo in piedi che tristemente tiene in mano la propria pelle ormai flaccida (gli spellati). Non ci sono le rovine di antichi templi a cui il cadavere si appoggia sconsolato. Anche nelle raffigurazioni degli organi interni, il lettore riceve un senso di meraviglia e ammirazione per la Natura che così ci ha costruiti. Questo primo impatto è certamente dato dall'abilità unica di Leonardo pittore. Anche se Leonardo, archetipo dell'uomo rinascimentale, eccelse in molti campi, tuttavia i nostri occhi contemporanei vedono qualunque sua opera sempre con il filtro visivo e mentale dell'artista che ha dipinto la *Monna Lisa* e non dell'ingegnere o del geologo o dell'anatomico. Cercare di far cadere questo condizionamento per ammirare come tali le sue altre capacità scientifiche non è una impresa semplice perché la grandezza del Leonardo pittore è potente e onnipresente. D'altro canto non è neanche possibile eliminare la sua abilità nel disegnare che anzi rappresentò il suo strumento preferito di indagine e comunicazione in ogni settore della Scienza dove lui si impegnò. L'arte fu anche il suo vero mezzo di sostentamento e il tramite della sua libertà di essere un cittadino europeo, di poter essere a servizio degli Sforza così come dei loro nemici francesi. Lui stesso non si definisce

LEONARDO DA VINCI'S ANATOMICAL drawings always arouse great admiration in the reader, regardless of whether he is a medical expert or not. The drawing is clean, modern and comprehensible. There is never the revulsion or that funereal sense of *memento mori* that drawings by other anatomists of his time often have, as when, to highlight the outermost muscles, they depict a standing man sadly holding his own now-flabby skin (the skinned). There are no ruins of ancient temples on which the body leans disconsolately. Even in the depictions of the internal organs, the reader is given a sense of wonder and admiration for Nature who has thus constructed us. This first impact is certainly given by Leonardo's unique skill as a painter. Although Leonardo, the archetypal Renaissance man, excelled in many fields, nevertheless our contemporary eyes always see any of his works through the visual and mental filter of the artist who painted the *Mona Lisa* and not the engineer or geologist or anatomist. Trying to drop this conditioning in order to admire his other scientific skills as such is not an easy task because the greatness of Leonardo the painter is powerful and omnipresent. On the other hand, neither is it possible to eliminate his ability to draw, which was indeed his favourite tool of investigation and communication in every field of science in which he engaged. Art was also his true means of livelihood and the means of his freedom to be a European citizen, to serve the Sforza family as well as their French enemies. He himself did not call himself a painter

pittore ma *"omo sanza lettere" (Codex Atlanticus, f. 327v)*, cioè un uomo non accademico che non conosce il latino o il greco, ma solo il volgare. Credo che questo suo modo di presentarsi sia anche una chiave di lettura importante per comprendere alcuni aspetti del Leonardo anatomico.

Considerando i documenti che Leonardo ci ha lasciato, fra i vari ambiti scientifici da lui investigati, l'Anatomia è stato il suo interesse maggiore anche se paradossalmente il più nascosto e il meno noto ai suoi contemporanei che soprattutto gli diedero delle committenze in ambito artistico o ingegneristico. Le iniziali tracce documentate di questo suo interesse iniziano poco dopo il 1480 con il suo primo periodo milanese quando comincia a scrivere quello che, negli anni successivi, diventerà il suo *Trattato sulla Pittura*. Rispetto a tutti gli altri trattati del genere, Leonardo si concentra nel cercare di dare una base scientifica del dipingere e di analizzare in modo matematico le proporzioni del corpo umano, in quanto questo "*contiene in sé più universalità e varietà di cose*" (*Trattato sulla Pittura*, f. 14v, §27). In questi anni, i suoi disegni anatomici mostrano una rapida progressione sia nella precisione grafica che nel comprendere gli obiettivi del suo progetto. Si passa da una figura maschile nella classica posizione medioevale (I, 1) alla famosa immagine di una emisezione di un uomo e di una donna nell'atto del coito (II, 1) fino ad arrivare allo straordinario studio del cranio (VI, 1 e altri) e dei muscoli dell'arto inferiore (IV, 8). In questo primo periodo Leonardo mette in grafica le credenze anatomiche dell'epoca dove ancora si riteneva che il sistema venoso nascesse dal fegato e nel pene arrivassero tre canali: dal midollo spinale (l'elemento animale), dal cuore (l'elemento spirituale) e dai testicoli (l'elemento materiale). Tuttavia, Leonardo inizia anche a proporre un approccio anatomico completamente diverso. Nella figura dei muscoli dell'arto inferiore, ad esempio, per la prima volta in una tavola anatomica si vede una sezione trasversale per l'analisi delle masse muscolari, esattamente come si fa oggi nelle TAC. Il capolavoro figurativo più innovativo di questo periodo rimane lo studio sul cranio. La figura del 1489 del cranio emisezionato sagittalmente (VI, 10) con una ulteriore sezione coronale di un emilato è ancora oggi una delle figure iconiche dell'anatomia umana. Qui Leonardo fa contemporaneamente vedere le strutture del cranio a varia profondità, evidenziando

but *"omo sanza lettere" (Codex Atlanticus, f. 327v)*, that is, a non-academic man who did not know Latin or Greek, but only the vernacular. I believe that this way of presenting himself is also an important key to understanding certain aspects of the anatomical Leonardo.

Considering the documents Leonardo has left us, of the various scientific fields he investigated, Anatomy was his greatest interest even if paradoxically the most hidden and the least known to his contemporaries who mainly gave him commissions in the fields of art or engineering. The earliest documented traces of his interest begin shortly after 1480 with his first Milanese period when he began to write what, in later years, would become his *Treatise on Painting*. Compared to all other treatises of its kind, Leonardo concentrated on trying to provide a scientific basis for painting and to analyze the proportions of the human body in a mathematical way, as it "contains in itself more universality and variety of things" (*Treatise on Painting*, f.14v, §27). During these years, his anatomical drawings show a rapid progression both in graphic precision and in understanding the objectives of his project. We move from a male figure in the classical medieval position (I, 1) to the famous image of a man and woman in the act of coitus (II, 1) to the extraordinary study of the skull (VI, 1 and others) and the muscles of the lower limb (IV, 8). In this early period, Leonardo put into graphic form the anatomical beliefs of the time where it was still believed that the venous system originated from the liver and in the penis three channels arrive: from the spinal cord (the animal element), the heart (the spiritual element) and the testicles (the material element). However, Leonardo also began to propose a completely different anatomical approach. In the figure of the muscles of the lower limb, for example, for the first time in an anatomical table one sees a cross-section for the analysis of muscle masses, exactly as is done today in CT scans. The most innovative figurative masterpiece of this period remains the skull study. The 1489 figure of the sagittally-hemisectioned skull (VI, 10) with an additional coronal section of a person with hemiparesis is still one of the iconic figures of human anatomy. Here Leonardo simultaneously shows the structures of the skull at various depths, highlighting both the outermost and innermost structures, such

sia le strutture più esterne che quelle più interne, come i seni mascellare e frontale, la cavità orbitaria e le arcate dentarie comprese le radici. In un'altra figura (VI, 9) evidenzia molto bene la base cranica attraverso due tagli, uno sagittale e l'altro trasversale. Traccia poi all'interno della scatola cranica aperta degli assi che si incontrano al di sopra della sella turcica dello sfenoide, sede dell'ipofisi, che Leonardo identifica come il punto d'incontro di tutti i sensi. La sua descrizione del cranio è straordinariamente innovativa per l'epoca, non solo per l'approccio visuale ma anche perché nella figura del cranio a secco, che quindi non contiene altre strutture se non quelle ossee, sovrappone correttamente strutture vascolari e nervose presenti solo nel cadavere prima della decomposizione delle parti molli: l'arteria temporale superficiale, l'arteria mascellare, l'arteria infraorbitaria, l'arteria meningea media, il ramo meningeo dell'arteria occipitale e i nervi ottici che formano il chiasma. Conseguentemente, Leonardo per questo studio, apparentemente solo sul cranio, deve aver lavorato in contemporanea sia sulla testa di cadaveri, dove ha identificato e seguito il percorso di alcuni vasi e nervi, sia su crani a secco su cui ha poi sovrapposto gli stessi elementi vascolari e nervosi dando così un senso funzionale alla presenza dei forami del cranio. È una tecnica di sovrapposizione tra strutture ossee e strutture viscerali assolutamente nuova nel panorama dell'illustrazione anatomica dell'epoca. Tutto questo ci dice che alla fine del decennio del 1480 Leonardo ha già praticato diverse dissezioni che l'hanno reso più esperto e sicuro tecnicamente.

Se si accetta questa ipotesi allora ha molto più senso l'entusiasmo che chiaramente traspare nella sua nota del 2 aprile c. 1489 dove scrive un brogliaccio degli obiettivi che dovrà porsi nello scrivere il suo trattato di anatomia (cit. p. 24 - VIII, 27).

Quanto descrive Leonardo in questo suo sommario ha numerosi elementi di sorprendente novità rispetto all'ambiente accademico e anatomico dell'epoca dove il testo più diffuso era l'*Anathomia* (1316) del bolognese Mondino de' Liuzzi (libro che Leonardo possedeva). Il primo punto innovativo e di distacco rispetto al mondo accademico coevo è la sua prospettiva di osservare e misurare l'anatomia dell'uomo partendo dal suo sviluppo embriologico. A questo si aggiunge un secondo ele-

as the maxillary and frontal sinuses, the orbital cavity and the dental arches including the roots. In another figure (VI, 9) he highlights the skull base very well through two cuts, one sagittal and the other transverse. He then traces inside the open skull box axes that meet above the sella turcica of the sphenoid, seat of the pituitary gland, which Leonardo identifies as the meeting point of all the senses. His description of the skull is extraordinarily innovative for the time, not only because of the visual approach but also because in the figure of the dry skull, which therefore contains no structures other than bones, he correctly superimposes vascular and nervous structures present only in the cadaver before the decomposition of the soft parts: the superficial temporal artery, the maxillary artery, the infraorbital artery, the middle meningeal artery, the meningeal branch of the occipital artery and the optic nerves forming the chiasma. Consequently, Leonardo for this study, apparently only on the skull, must have worked simultaneously both on the heads of cadavers, where he identified and followed the path of certain vessels and nerves, and on dry skulls on which he then superimposed the same vascular and nerve elements, thus giving a functional sense of the presence of the foramina of the skull. It is a technique of superimposing bony and visceral structures that is absolutely new in the panorama of anatomical illustration of the time. All this tells us that by the end of the 1480s Leonardo had already practised several dissections that made him more technically proficient and confident.

If one accepts this hypothesis, then the enthusiasm that clearly transpires in his note of 2 April c. 1489 where he writes an outline of the objectives he should set himself in writing his treatise on anatomy makes much more sense (quote p. 24 - VIII, 27).

What Leonardo describes in his summary has numerous elements of surprising novelty compared to the academic and anatomical environment of the time where the most popular text was the *Anathomia* (1316) by the Bolognese Mondino de' Liuzzi (a book that Leonardo owned). The first innovative point of departure from the academic world of the time is his perspective of observing and measuring the anatomy of man starting from his embryological development.

mento di novità: una volta compresa la struttura, bisogna studiare anche la sua funzione. Il principio per cui è la funzione che fa la struttura e non viceversa è in realtà un'acquisizione che si consolida relativamente di recente nel lungo, antico e complesso percorso degli studi anatomici. In qualche modo questo concetto viene sintetizzato da Darwin con la sua dimostrazione struttura/funzione negli uccelli con il becco lungo e in quelli con il becco corto. All'epoca di Leonardo si dava per scontato che la Natura o un Dio facesse prima la struttura e assegnasse successivamente a questa una sua funzione.

Spiazzante per l'anatomico e l'antropologo di oggi il concetto che lui esprime quando parla dei "*quattro universali casi delli omini*" (cit. p. 24 - VIII, 27), cioè quando afferma che qualunque essere umano esprime in maniera identica delle emozioni di base attraverso la contrazione di alcuni muscoli del proprio corpo. Dobbiamo aspettare fino agli anni Sessanta per avere, attraverso gli studi di Paul Ekman, la definizione che esistono sette espressioni facciali di specifiche emozioni che non sono determinate dalla cultura di un individuo o dal luogo o dalle tradizioni, ma sono universali e uguali per tutte le etnie umane, indicando quindi una loro origine biologica e non culturale: rabbia, disgusto, tristezza, disprezzo, paura, sorpresa e gioia. Di queste, Leonardo nel 1489 ne individua già quattro. Infine, è innovativo come lui desidera esplorare i sensi, cercando di capire come questi funzionino in base ad una stimolazione esterna e non per un loro *motu proprio* interno. In sintesi, così come descritto, questo suo sommario avrebbe portato a un trattato di anatomia innovativo da almeno due punti di vista. Con i suoi disegni propone un approccio visivo verso il lettore in cui la rappresentazione grafica del corpo non è solo un bel disegno, ma è la stessa Conoscenza che usa il disegno per comunicare. Ancora oggi, i disegni di un atlante anatomico riescono a chiarire quello che una fotografia non riesce. In Leonardo il disegno diventa esso stesso un metodo scientifico. Consideriamo che tutti i testi precedenti, come quello di Mondino, erano essenzialmente narrativi, con poche figure schematiche. Il testo era per lo più didascalico e non di rivelazione di nuove scoperte. Il secondo aspetto innovativo è nell'approccio funzionale e non statico al corpo umano partendo dal suo sviluppo embrionale.

To this is added a second new element: once the structure is understood, its function must also be studied. The principle that it is function that makes structure and not vice versa is actually a relatively recent acquisition in the long, ancient and complex course of anatomical studies. To some extent, this concept is summarized by Darwin with his structure/function demonstration in long-billed and short-billed birds. In Leonardo's time, it was taken for granted that Nature or a God would first make the structure and then assign a function to it.

Striking for anatomist and anthropologist of today is the concept he expresses when he speaks of the "*four universal cases of the little people*" (quote p. 24 - VIII, 27), that is when he states that any human being identically expresses basic emotions through the contraction of certain muscles in their body. We have to wait until the 1960s to have, through Paul Ekman's studies, the definition that there are seven facial expressions of specific emotions that are not determined by an individual's culture or place or traditions, but are universal and the same for all human beings, thus indicating their biological and not cultural origin: anger, disgust, sadness, contempt, fear, surprise and joy. Of these, Leonardo already identified four in 1489. Finally, it is innovative how he wishes to explore the senses, trying to understand how they function on the basis of external stimulation and not by their own internal *motu proprio*. In short, as described, this summary of his would lead to a treatise on anatomy that is innovative in at least two respects. With his drawings, he proposed a visual approach to the reader in which the graphic representation of the body is not just a beautiful drawing, but it is Knowledge itself that uses drawing to communicate. Even today, drawings in an anatomical atlas can clarify what a photograph cannot. In Leonardo, drawing itself becomes a scientific method. Consider that all previous texts, such as Mondino's, were essentially narrative, with few schematic figures. The text was mostly didactic and not about revealing new discoveries. The second innovative aspect is in the functional rather than static approach to the human body starting from its embryonic development.

A questo punto dobbiamo interrogarci sul perché Leonardo sia arrivato a formulare queste prospettive e a fornire quelle soluzioni. Credo che dobbiamo da subito spazzare via l'elemento del "genio superiore", quasi un nietzschiano *Übermensch* dell'anatomia che proclama la morte di tutte le teorie del passato. Questo sarebbe sbagliato, non solo perché malgrado gli aspetti innovativi Leonardo ancora rappresenta alcuni principi di Galeno o della tradizione del tempo, ma anche perché molti degli altri anatomici suoi contemporanei non erano certamente di scarse capacità e con poche intuizioni (a breve sulla scena apparirà Vesalio). Personalmente, credo che la prospettiva di vedere in Leonardo un outsider non accademico, non addottorato in nessun ateneo, l'abbia in qualche modo preservato dagli ingabbiamenti mentali tipici dell'*ipse dixit* della tradizione accademica nella trasmissione da maestro a discepolo all'interno di una stessa scuola. Era quindi uno spirito libero e non condizionato anche nei suoi studi anatomici. Non sapremo mai come sarebbe stato l'anatomico Lionardo da Vinci se si fosse formato in un'accademia con i contemporanei Gabriele Zerbi (anatomico all'ateneo di Bologna) o con Alessandro Benedetti (anatomico all'ateneo di Padova). Sicuramente avrebbe dato all'anatomia umana un determinante contributo, ma forse non così smarcante e innovativo da come invece appare nel riassunto della sua futura opera. In aggiunta, ultimo ma non per importanza, la sua formazione artistica e le sue solide basi di architetto e ingegnere gli hanno certamente permesso una maggiore apertura di pensiero e di applicazione di quelle basi tecniche alla "macchina" del corpo umano che erano meno culturalmente presenti negli anatomici addottorati.

Tuttavia, se queste sono solo congetture, il dato storico è che Leonardo alla ribalta del 1490 appare già preparato tecnicamente nelle dissezioni e lanciato mentalmente a degli obiettivi morfologici assolutamente nuovi. Con questa premessa, ci saremmo aspettati entro qualche anno successivo l'uscita del suo trattato, ma così non fu. Da quanto appare nei documenti dopo il 1490 Leonardo abbandona gli studi anatomici precedenti e si impegna nel dipingere il *Cenacolo*, nel collaborare con Luca Pacioli e nel continuare a scrivere il *Trattato sulla Pittura*. Di quegli anni rimangono disegni di studio della figura umana o del cavallo. Poi Leonardo lascia Milano e ritorna a Firenze dopo aver sostato

At this point we must ask ourselves why Leonardo came to formulate these perspectives and provide these solutions. I believe we must immediately sweep away the element of the 'superior genius', almost a Nietzschean Übermensch of anatomy proclaiming the death of all theories of the past. This would be wrong, not only because despite the innovative aspects Leonardo still represents some of the principles of Galen or the tradition of the time, but also because many of his other contemporaries anatomists were certainly not of poor ability and few insights (Vesalius will soon appear on the scene). Personally, I believe that the prospect of seeing in Leonardo a non-academic outsider, not an undergraduate at any university, somehow preserved him from the mental cages typical of the *ipse dixit* of academic tradition in the transmission from master to disciple within the same school. He was thus a free and unconditioned spirit even in his anatomical studies. We will never know what the anatomist Lionardo da Vinci would have been like if he had trained in an academy with his contemporaries Gabriele Zerbi (anatomist at the University of Bologna) or Alessandro Benedetti (anatomist at the University of Padua). He would certainly have made a decisive contribution to human anatomy, but perhaps not as groundbreaking and innovative as he appears in the summary of his future work. In addition, last but not least, his artistic training and his solid foundation as an architect and engineer certainly allowed him a greater openness of thought and application of those technical bases to the 'machine' of the human body that were less culturally present in the anatomical adept.

However, if these are only conjectures, the historical fact is that Leonardo at the turn of the century in 1490 already appeared technically prepared in dissections and mentally launched towards absolutely new morphological goals. With this in mind, we would have expected his treatise to be published within a few years, but this was not the case. From what appears in the documents after 1490, Leonardo abandoned his previous anatomical studies and became involved in painting the *Last Supper*, collaborating with Luca Pacioli and continuing to write the *Treatise on Painting*. Drawings of studies of the human figure and the horse remain from those years. Then Leonardo left Milan and returned to Florence af-

a Venezia e Mantova. A Firenze inizia a lavorare alla *Gioconda* e la Signoria lo incarica di realizzare la pittura murale ad olio della *Battaglia di Anghiari*. Nel 1506 scrive il *Codice sul volo degli uccelli* in cui progetta un'incredibile macchina volante. Non abbiamo idea se contemporaneamente si applicò ad altre dissezioni, ma se lo fece non ne rimane traccia né nei disegni né nei documenti. Come è possibile questa sua interruzione d'interesse proprio nel momento in cui un ispirato Leonardo anatomico doveva realizzare il suo trattato? Lo stesso Vasari, nel suo famoso testo agiografico e laudativo degli artisti più eccelsi, scrive di Leonardo: "*Perciò che egli si mise a imparare molte cose e, cominciate, poi l'abbandonava... Vedesi bene che Lionardo per l'intelligenza de l'arte cominciò molte cose e nessuna mai ne finì... E tanti furono i suoi capricci...*". Questa sua naturale incostanza, così lontana dalla determinazione di artisti come Michelangelo, ha fatto ipotizzare che Leonardo fosse un soggetto iperattivo, sofferente della cosiddetta sindrome ADHD (Attention Deficit and Hyperactivity Disorder) (BRAIN 2019: 142; 1842-1846). Gli autori dell'articolo scientifico sostengono che "*l'ADHD rappresenti l'ipotesi più convincente e scientificamente plausibile per spiegare la difficoltà di Leonardo nel portare a termine i propri lavori. I documenti storici indicano che impiegava fin troppo tempo per pianificare i suoi progetti ma poi mancava di perseveranza*". Credo che questa ipotesi sia una prospettiva valida che nulla toglie alla sua genialità, ma che anzi ci fa comprendere meglio la sua umanità e alcuni risvolti della sua attività scientifica e di artista.

Durante l'inverno tra il 1507-08, Leonardo è a Firenze dove nell'ospedale conosce un vecchio centenario che morirà poco dopo aver parlato con lui e sul quale praticherà una dissezione. È un incontro fondamentale per il Leonardo anatomico perché ridarà vita al periodo più importante e fruttuoso dei suoi studi anatomici. Le risultanze della dissezione del "vecchio", databili attorno al 1508, sono straordinarie e occupano diversi fogli dove descrive in modo dettagliato i vasi del collo e della spalla (XI, 17), il sistema vascolare del fegato e le sue vie biliari (XI, 38), lo stomaco (XI, 14), il decorso del nervo vago e frenico di destra (XI, 46) e il plesso brachiale (XI, 44). Non è compito di questa introduzione soffermarsi nei dettagli anatomici che quelle tavole offrono, ma è importante

ter stops in Venice and Mantua. In Florence he began work on the *Mona Lisa* and the Signoria commissioned him to paint the mural painting in oil of the *Battle of Anghiari*. In 1506 he wrote the *Codex on the Flight of Birds* in which he designed an incredible flying machine. We have no idea whether he applied himself to other dissections at the same time, but if he did, no trace of it remains either in the drawings or in the documents. How is this interruption of interest possible at the very moment when an inspired anatomist Leonardo was to produce his treatise? Vasari himself, in his famous hagiographical and laudatory text on the most excellent artists, writes about Leonardo: "*So he set about learning many things and, once he had begun, he then abandoned them... You can see that Leonardo began many things for the intelligence of art and never finished any... And so many were his whims...*". This natural inconstancy of his, so far from the determination of artists such as Michelangelo, has led to speculation that Leonardo was a hyperactive subject, suffering from the so-called ADHD (Attention Deficit and Hyperactivity Disorder) syndrome (BRAIN 2019: 142; 1842-1846). The authors of the scientific article claim that "*ADHD represents the most convincing and scientifically plausible hypothesis to explain Leonardo's difficulty in completing his work. Historical documents indicate that he took far too long to plan his projects but then lacked perseverance*". I believe that this hypothesis is a valid perspective that in no way detracts from his genius, but rather gives us a better understanding of his humanity and some aspects of his work as a scientist and artist.

During the winter of 1507-08, Leonardo was in Florence where, in the hospital, he met an old centenarian man who would die shortly after talking to him and on whom he would perform a dissection. It is a fundamental encounter for the anatomical Leonardo because it will bring to life the most important and fruitful period of his anatomical studies. The results of the dissection of the 'old man', datable to around 1508, are extraordinary and occupy several sheets where he describes in detail the vessels of the neck and shoulder (XI, 17), the vascular system of the liver and its biliary tract (XI, 38), the stomach (XI, 14), the course of the right vagus and phrenic nerve (XI, 46) and the brachial plexus (XI, 44). It is not the task of this introduction to dwell on the anatomical

almeno citare che qui Leonardo descrive per la prima volta la cirrosi epatica con l'ipertensione portale e l'aterosclerosi. Sempre attorno al 1508 Leonardo produce disegni anatomici sui visceri dell'addome, della pelvi così come dei disegni dettagliati sul sistema nervoso periferico e dei nervi cranici. Rispetto ai suoi precedenti, questi nuovi disegni appaiono ancor più precisi e dettagliati, le descrizioni più approfondite, come se negli anni precedenti non ci fosse stata una vera interruzione della sua attività settoria, ma che Leonardo avesse fatto molta più pratica. Da anatomico professionista, che ha appreso dal proprio Maestro le tecniche della dissezione fin da studente, di fronte a queste ultime tavole e a tutte quelle che Leonardo farà tra il 1510-11 (*Manoscritto A*) non posso che rimanere stupefatto e porre a me stesso e al lettore alcune domande e considerazioni che non ho trovato sviluppate nei numerosi testi che parlano di Leonardo anatomico. Bisogna premettere per i non addetti ai lavori che praticare una dissezione anatomica su un cadavere umano necessita di tempo, di una preparazione teorica ben salda, di abilità tecnica, di specifica strumentazione, adeguata sia per i dettagli fini che per i tagli più grandi, e infine di un'ottima illuminazione a luce fredda. Le strutture non sono colorate come negli atlanti e sono sempre avvolte in fasce di vario spessore. In tutto questo, se devo fare una dissezione su cadavere non fissato (come quelli usati da Leonardo) il tempo gioca un ruolo fondamentale perché devo essere in grado di finire la dissezione prima che i processi putrefattivi alterino definitivamente le strutture.

Leonardo non poteva certamente possedere strumentazione adeguata né frigoriferi né luce fredda. È interessante notare che lo stesso Leonardo cita e disegna i suoi strumenti di dissezione (XII, 3): un bisturi, una pinza e una sega da osso. È per me motivo di stupore guardare oggi i suoi disegni dei vasi del collo, del sistema vascolare del fegato, ammirare la sua fine dissezione del nervo vago e frenico e non comprendere come Leonardo sia riuscito a fare dissezioni così accurate e precise nelle sue condizioni così immensamente precarie. A questo mio stupore aggiungo anche un altro elemento: quando incido io so quello che troverò sotto, conosco gli strati che dovrò evidenziare, so dove passa un nervo o una arteria, conosco dove tagliare una fascia e quanto spessa sia, conosco

details that those drawings offer, but it is at least important to mention that here Leonardo describes cirrhosis of the liver with portal hypertension and atherosclerosis for the first time. Also, around 1508, Leonardo produced anatomical drawings of the viscera of the abdomen and pelvis as well as detailed drawings of the peripheral nervous system and cranial nerves. Compared to his earlier ones, these new drawings appear even more precise and detailed, the descriptions more in-depth, as if there had been no real break in his activity of dissection in the preceding years, but that Leonardo had had much more practice. As a professional anatomist, who had learnt dissection techniques from his Master since he was a student, in front of these last drawings and all those that Leonardo made between 1510-11 (*Manuscript A*), I cannot but be astonished and ask myself and the reader some questions and considerations that I have not found developed in the numerous texts that speak of Leonardo as an anatomist. It must be premised for the uninitiated that doing an anatomical dissection on a human cadaver requires time, solid theoretical preparation, technical skill, specific instrumentation, adequate for both fine details and larger cuts, and finally, excellent cold light illumination. The structures are not coloured as in the atlases and are always wrapped in bands of varying thickness. In all this, if I have to do a dissection on an unfixed cadaver (such as those used by Leonardo) time plays a key role because I have to be able to finish the dissection before putrefactive processes permanently alter the structures.

Leonardo certainly could not have possessed adequate instrumentation, neither refrigerators nor cold light. Interestingly, Leonardo himself mentions and draws his dissection instruments (XII, 3): a scalpel, pliers and a bone saw. It is a source of amazement to me to look today at his drawings of the vessels of the neck, the vascular system of the liver, to admire his fine dissection of the vagus and phrenic nerve and not to understand how Leonardo was able to make such accurate and precise dissections in his immensely precarious condition. To my amazement I would add another element: when I incise, I know what I will find underneath, I know the layers I will have to highlight, I know where a nerve or an artery passes, I know where to cut a fascia and how

cosa si può nascondere sotto uno strato di grasso. Leonardo non poteva ovviamente avere queste conoscenze precise, ma solo una miscellanea di generiche idee poste tra la tradizione e la sua diretta esperienza. Il suo bisturi tagliava, incisione dopo incisione, come una nave che esplorava dei nuovi mondi senza sapere cosa e quando avrebbero trovato. Come Leonardo possa aver fatto tutto questo in così breve tempo e alla luce di qualche torcia, come possa aver disegnato o preso appunti mentre dissezionava il cadavere, per me rimane un mistero a cui umilmente mi inchino. Per questa ragione, all'inizio della mia introduzione ho invitato il lettore a vedere i disegni di Leonardo senza pensare all'artista, ma ammirando il Leonardo anatomico che riusciva a fare dissezioni e a rappresentare i suoi risultati in un modo che nessun altro anatomico della sua epoca, e per diversi secoli successivamente, sarebbe riuscito a fare. Nei trattati su Leonardo anatomico manca questa prospettiva e cioè considerare come un anatomico professionista di oggi possa giudicare e ammirare tutta la preparazione e l'abilità tecnica che sta dietro alle dissezioni di Leonardo e non solo il suo magnifico e preciso disegno o se quanto rappresentato sia o non sia corretto.

Con i disegni della dissezione del centenario e gli altri disegni sui vasi e i visceri si chiude il blocco che in precedenza veniva chiamato *Manoscritto B* e Leonardo, probabilmente attorno al 1509, scrive un ulteriore proemio al suo trattato di anatomia in cui, rispetto al brogliaccio di intenzioni del 1489, appare chiaramente la sua maggiore sicurezza, la piena coscienza delle sue capacità tecniche da vero anatomista, superiori a quelle degli anatomici accademici dell'epoca, concludendo simpaticamente con un arrivederci (*vale*) al suo futuro lettore (cit. pp. 23-24 - XII, 3).

Con questo proemio, per Leonardo si apre una nuova e più grande stagione di dissezioni. Dal 1510 al 1511 crea più di 250 disegni in diciotto fogli che oggi vengono raggruppati come *Manoscritto A*. È l'apice del Leonardo anatomico sia per la precisione del disegno che per le descrizioni molto più dettagliate rispetto al passato. In questo periodo Leonardo era prima tornato a Milano (1506-08) e da qui si era trasferito a Vaprio d'Adda, vicino Pavia, nella villa di Francesco Melzi, il suo discepolo prediletto. Qui conosce Marco Antonio Della Torre, professore di Anatomia a Pavia dove era giunto dopo

thick it is, I know what can be hidden under a layer of fat. Leonardo obviously could not have this precise knowledge, but only a miscellany of generic ideas placed between tradition and his direct experience. His scalpel cut, incision after incision, like a ship exploring new worlds without knowing what and when they would find. How Leonardo could have done all this in such a short time and by the light of a few torches, how he could have drawn or taken notes while dissecting the corpse, remains for me a mystery to which I humbly bow down. This is why, at the beginning of my introduction, I invited the reader to view Leonardo's drawings without thinking of the artist, but admiring the anatomical Leonardo who was able to do dissections and represent his results in a way that no other anatomist of his time, and for several centuries afterwards, would be able to do. The treatises on Leonardo the anatomist lack this perspective and that is to consider how a professional anatomist of today can judge and admire all the preparation and technical skill behind Leonardo's dissections and not just his magnificent and precise drawing or whether what is represented is or is not correct.

The Manuscript, formerly called *Manuscript B,* closes with the drawings of the dissection of the centenarian man and the other drawings on the vessels and internal organs, and Leonardo, probably around 1509, wrote a further proem to his treatise on anatomy in which, compared to the 1489 draft of intentions, his greater confidence clearly appears, the full awareness of his technical abilities as a true anatomist, superior to those of the academic anatomists of the time, concluding sympathetically with a farewell (*vale*) to his future reader (quote pp. 23-24 - XII, 3).

With this proem, a new and greater season of dissections opens for Leonardo. From 1510 to 1511, he created more than 250 drawings in eighteen sheets that are today grouped together as *Manuscript A*. It is the pinnacle of anatomical Leonardo both for the precision of the drawing and for the much more detailed descriptions than before. During this period, Leonardo had first returned to Milan (1506-08) and from there moved to Vaprio d'Adda, near Pavia, to the villa of Francesco Melzi, his favourite disciple. Here he met Marco Antonio Della Torre, professor of Anatomy at Pavia where he

la chiusura dell'Università di Padova in seguito alla sconfitta della Serenissima nella battaglia di Agnadello (1509) da parte della Lega di Cambrai.

In tutti i trattati su Leonardo anatomico, questo incontro avvenuto nell'inverno tra il 1510-11 viene identificato come il momento fatale dove il genio dell'artista incontra e si fonde con il genio dell'anatomia, già esperto in dissezioni. Che l'incontro fra i due sia avvenuto e che sicuramente Leonardo ebbe modo di scambiare esperienze e conoscenze anatomiche con Della Torre, credo non ci siano dubbi. Tuttavia, nessuno saprà mai come effettivamente fu la collaborazione fra i due. In un famoso disegno anatomico del 1511 con la descrizione di un feto *in situ* nell'utero (XV, 19) Della Torre viene citato una sola volta ed esclusivamente come un "memo" di Leonardo che si doveva ricordare di dargli un libro sull'acqua. Quindi, non sapremo mai l'entità e la modalità della relazione scientifica e di dissezione anatomica fra i due. È utile tuttavia considerare un altro aspetto: all'epoca, contemporanei a Della Torre, c'erano Gabriele Zerbi a Bologna e Alessandro Benedetti a Padova. Mentre di Zerbi e di Benedetti si conservano numerose opere e trattati di anatomia, di Della Torre non ritroviamo che qualche trascrizione di lezioni da parte di un suo studente, niente altro. Nessun suo trattato anatomico. Al contrario, Leonardo stesso fra i suoi libri aveva i trattati di Benedetti e di Zerbi. Tutto questo fa una differenza e non credo di essere il primo che sospetta che la fama di Della Torre derivi più dalla fortuna di aver incrociato nella sua vita un personaggio come Leonardo, incontro poi più che amplificato da Vasari, che non per luce propria di anatomico. Posso tuttavia immaginare che il rapporto fu sicuramente utile a Leonardo perché le sue note appaiono più dettagliate, più accademiche.

Inoltre, possiamo anche immaginare che attraverso Della Torre Leonardo ebbe accesso con maggiore facilità a cadaveri da dissezionare. In questo terzo periodo anatomico, Leonardo predilige indagare il sistema osseo e quello muscolare, che erano fra gli aspetti più frequentati dagli anatomici dell'epoca rispetto agli organi interni che erano più complessi da gestire in un trattato. In ogni caso, questo fu un periodo fondamentale e l'apice del disegno anatomico di Leonardo,

had arrived after the closure of Padua University following the defeat of the Venetian Republic at the Battle of Agnadello (1509) by the League of Cambrai.

In all treatises on Leonardo the anatomist, this meeting that took place in the winter of 1510-11 is identified as the fateful moment where the genius of the artist met and merged with the genius of anatomy, already an expert in dissections. That the meeting between the two took place and that Leonardo certainly had the opportunity to exchange anatomical experience and knowledge with Della Torre, I think there is no doubt. However, no one will ever know what the collaboration between the two actually looked like. In a famous anatomical drawing from 1511 with a description of a fetus *in situ* in the uterus (XV, 19) Della Torre is mentioned only once and exclusively as a 'memo' from Leonardo that he had to remember to give him a book on water. Thus, we will never know the extent and manner of the scientific and anatomical dissection relationship between the two. However, it is useful to consider another aspect: at the time, contemporaries of Della Torre were Gabriele Zerbi in Bologna and Alessandro Benedetti in Padua. While numerous works and treatises on anatomy are preserved of Zerbi and Benedetti, all we find of Della Torre are a few transcriptions of lectures by one of his students, nothing else. None of his anatomical treatises. On the contrary, Leonardo himself had Benedetti's and Zerbi's treatises among his books. All this makes a difference and I do not think I am the first to suspect that Della Torre's fame derived more from the good fortune of having crossed paths in his life with Leonardo, an encounter later more than amplified by Vasari, than from his own light as an anatomist. I can however imagine that the relationship was certainly useful to Leonardo because his notes appear more detailed, more academic.

We can also imagine that through Della Torre, Leonardo had easier access to cadavers for dissection. In this third anatomical period, Leonardo preferred to investigate the bone and muscular systems, which were among the most popular aspects for anatomists of the time, compared to the internal organs that were more complex to handle in a treatise. In any case, this was a fundamental period and the pinnacle of Leonardo's anatomical drawing, so much so that

tanto da fargli scrivere: "*E questa vernata del 1510 credo spedire tutta tal notomia*" (X, 31). Ricordiamo che Leonardo studiava l'anatomia da autodidatta e possedeva nella sua libreria diversi testi anatomici, dal classico testo di Mondino de' Liuzzi al canone di Avicenna così come il fascicolo di medicina di Ketham. Come già detto possedeva anche gli stessi testi di anatomia di Zerbi e Benedetti. Era quindi ben aggiornato e sicuramente anche lui ha risentito del nuovo fermento culturale nel mondo anatomico di allora che poi trovò la sintesi di eccellenza nell'opera di Vesalio. A Padova fu proprio Benedetti che fece costruire il primo teatro anatomico con idee ben differenti rispetto a quelle di Mondino. Anche senza essere un accademico, possiamo immaginare che Leonardo venne influenzato da quel nuovo modo di vedere il corpo umano, l'anatomia e i suoi testi didattici.

Egli fu il primo a stabilire un nuovo modo per rappresentare il corpo umano e le sue parti, non più attraverso la narrazione delle parole, ma con il disegno. In pratica avvia la tradizione dell'atlante di anatomia. E questa è un'enorme novità scientifica che lui stesso comprende quando scrive che la sua opera darà: "*la vera notizia della figura umana, la quale è impossibile che gli antichi e i moderni scrittori ne potessero mai dare vera notizia, sanza un'immensa e tediosa e confusa lunghezza di scrittura e di tempo; ma, per questo brevissimo modo di figurarla*" – ossia tramite disegni – "*se ne darà piena e vera notizia. E acciò che tal benefizio ch'io do agli uomini non vada perduto, io insegno il modo di ristamparlo con ordine*" (X, 39).

Le immagini di Leonardo che sono incluse nel *Manoscritto A* sono fra le più chiare e impattanti per il lettore, quelle più famose. Certamente Leonardo è diventato più esperto, ma riflettiamo anche che il soggetto stesso del disegno (ossa e muscoli superficiali) è meno complesso rispetto agli organi interni e, soprattutto, più facilmente identificabile anche per il lettore non esperto. In aggiunta, la tematica del sistema muscolo-scheletrico ben si inserisce in quel mondo di meccanica a lui così ben congeniale. Anche oggi le lezioni di anatomia su questa parte vengono sempre anticipate dal ricordo delle leggi fisiche delle leve, potenza e fulcro. Tuttavia, anche in questo periodo Leonardo continua ad essere frammentario come quando mette insieme in un unico foglio l'anatomia della faringe/laringe con quella della muscolatura dell'arto inferiore.

he wrote: "*In this winter of 1510, I think I will finish all this anatomy*" (X, 31). Let us remember that Leonardo studied anatomy as a self-taught student and had several anatomical texts in his library, from Mondino de' Liuzzi's classic text to Avicenna's canon as well as Ketham's medicine booklet. As already mentioned, he also possessed the same anatomy texts as Zerbi and Benedetti. He was therefore well up-to-date and certainly also felt the effects of the new cultural ferment in the anatomical world of the time that later found its synthesis of excellence in the work of Vesalius. In Padua, it was Benedetti who built the first anatomical theatre with very different ideas to Mondino's. Even without being an academic, we can imagine that Leonardo was influenced by that new way of seeing the human body, anatomy and his didactic texts.

He was the first to establish a new way of representing the human body and its parts, no longer through the narration of words, but through drawing. He basically started the tradition of the anatomy atlas. And this is an enormous scientific novelty that he himself understands when he writes that his work will give: "*the true knowledge and news about the human being that it is impossible to have been provided by ancient and modern writers without being too tedious and long-winded in their written treatises; this way of figurating the truths I have arrived at*" – that is through drawings – "*will give the right and correct tidings of it. And so that this benefit which I offer to mankind may not be lost, I indicate the way to print it in order*" (X, 39).

The Leonardo' drawings included in *Manuscript A* are among the clearest and most impactful for the reader, the best known. Certainly, Leonardo became more expert, but let us also reflect that the subject matter of the drawing itself (superficial bones and muscles) is less complex than the internal organs and, above all, more easily identifiable even for the non-expert reader. In addition, the subject of the musculoskeletal system fits well into the world of mechanics so congenial to him. Even nowadays, anatomy lessons on this part are always preceded by a reminder of the physical laws of levers, power and fulcrum. However, even in this period Leonardo continues to be fragmentary, as when he puts together the anatomy of the pharynx/larynx with that of the musculature of the lower limb in a single sheet.

Malgrado tutto questo, malgrado lo sforzo e le sue intenzioni, Leonardo non pubblicherà mai il suo trattato di anatomia umana. La storia è ben nota: dopo la sua morte i suoi disegni passano al suo allievo Melzi e alla sua morte vendute allo scultore Pompeo Leoni e da lui, dopo varie vicende, perdite e passaggi, molti disegni finirono nella collezione dei reali d'Inghilterra, i Windsor. Il mondo medico e anatomico seppe poco o nulla dei suoi disegni fino a quando nel 1773 l'anatomico e ginecologo William Hunter, fratello del più famoso chirurgo dell'epoca John Hunter, vide i suoi disegni e ne fu colpito.

Se consideriamo la qualità dei suoi disegni, se consideriamo che Leonardo inventa una nuova tecnica di rappresentare il corpo umano, certamente anche oggi possiamo essere d'accordo con Hunter così come possiamo anche essere d'accordo con studiosi come Clayton e Philo che se Leonardo avesse pubblicato il suo trattato, la storia dell'Anatomia non sarebbe stata più divisa in "pre-Vesalio e post-Vesalio", ma in "pre-Leonardo e post-Leonardo". Tuttavia la Storia non si fa mai con i se e Leonardo, pur tenendo molto a cuore questi suoi studi anatomici, non riuscì mai a concretizzare con ordine e disciplina quanto invece fece Vesalio nel 1543 con la sua *De humani corporis fabrica*. Leonardo ebbe intuizioni anatomiche straordinarie come i suoi studi sul cuore e sulla circolazione, ma tutto questo non basta a farlo diventare il più grande anatomico dell'epoca perché non riuscì a trasmettere compiutamente quanto scopriva. Ebbe una tecnica di dissezione sicuramente superiore a tutti gli anatomici dell'epoca, ma le sue tecniche dissettorie non le trasmise a nessun allievo. Se lo avesse fatto, se avesse avuto più contatti con il mondo anatomico accademico dell'epoca, con Zerbi o Benedetti e non con il più mediocre Della Torre, forse questo passaggio di conoscenza anatomica e le sue innovative tecniche, attraverso un suo allievo, avrebbero sorpassato l'ostacolo dato dalla sua sindrome ADHD e avremmo avuto un'altra storia dell'Anatomia Umana. Da anatomico e dissettore di oggi posso solo rammaricarmi e immaginare quanta accelerazione concettuale e grafica Leonardo avrebbe apportato al mio settore se solo fosse stato capace di trasmetterle ad altri così come fece per la pittura. Ma queste sono solo ipotesi o semplici fantasie. In ogni caso, tutto questo nulla toglie alla meraviglia e al piacere che si ha vedendo, da anatomici

Despite all this, despite his efforts and intentions, Leonardo never published his treatise on human anatomy. The story is well known: after his death his drawings passed to his pupil Melzi and on his death they were sold to the sculptor Pompeo Leoni and from him, after various vicissitudes, losses and passages, many drawings ended up in the collection of the English Royal Family, the Windsors. The medical and anatomical world knew little or nothing about his drawings until in 1773 the anatomist and gynecologist William Hunter, brother of the most famous surgeon of the time, John Hunter, saw his drawings and was impressed.

If we consider the quality of Leonardo's drawings and the fact that he invented a new technique of representing the human body, nowadays we can certainly agree with Hunter and also with scholars such as Clayton and Philo, according to whom, if Leonardo had published his treatise, the history of Anatomy would no longer have been divided into 'pre-Vesalius and post-Vesalius', but into 'pre-Leonardo and post-Leonardo'. However, history is never made with ifs and Leonardo, although he took his anatomical studies to heart, never managed to realise with order and discipline what Vesalius did in 1543 with his *De humani corporis fabrica*. Leonardo had extraordinary anatomical intuitions such as his studies on the heart and circulation, but all this was not enough to make him the greatest anatomist of his time because he failed to fully convey what he discovered. He had a dissection technique that was certainly superior to all the anatomists of the time, but his dissection techniques he did not pass on to any students. If he had done so, if he had had more contact with the academic anatomical world of the time, with Zerbi or Benedetti and not with the more mediocre Della Torre, perhaps this passing on of anatomical knowledge and his innovative techniques through one of his pupils would have overcome the obstacle given by his ADHD syndrome and we would have had another history of Human Anatomy. As an anatomist and dissector of today, I can only regret and imagine how much conceptual and graphic acceleration Leonardo would have brought to my field if only he had been able to transmit them to others as he did for painting. But these are only hypotheses or mere fantasies. In any case, none of this detracts from the wonder and pleas-

o semplici lettori, la modernità dei suoi disegni e il suo modo laico di vedere il corpo umano ("*La definizione dell'anima lascio alle menti de' frati, padri de' popoli, li quali per ispirazione san tutti li segreti*" - *Codex Atlanticus*, f. 119). Ancora oggi dà meraviglia il suo considerare il corpo umano, come è fatto e funziona, come un elemento sincrono con la Natura nella Natura: "*Così come un essere umano è concepito di ossa e di carne, anche il mondo ha le rocce che tengono unite la terra, e così come l'uomo ha nel corpo il sangue e i polmoni che si sollevano e si abbassano, anche il corpo della terra ha le maree che si sollevano e si abbassano come se anch'esse respirassero*" (vedi Antonio Vitale, *Leonardo, per sempre. Un genio plurale*).

Se forse il suo ADHD non ci ha permesso di vedere in Leonardo il vero iniziatore dell'Anatomia moderna, tuttavia ci ha permesso di ricevere da lui così tanto senso della Bellezza del corpo che nessun altro anatomico precedente e successivo ci ha donato.

Dedico questo mio breve saggio al mio Maestro, Prof. Nicolò Miani (1926-2017)

Professore di Anatomia Umana presso l'Università Cattolica del Sacro Cuore di Roma.

ure one gets from seeing, as anatomists or mere readers, the modernity of his drawings and his secular way of seeing the human body ("*The definition of the soul I leave to monks, the fathers of the people, who by inspiration know all the secrets*" - *Codex Atlanticus*, f. 119). Even nowadays, his view of the human body, as it is made and functions, as a synchronous element with Nature in Nature, is astonishing: "*Just as a human being is conceived of bones and flesh, so too the world has rocks that hold the Earth together, and just as a human being has blood and lungs in his body that rise and fall, so too the body of the Earth has tides that rise and fall as if they too were breathing*" (see Antonio Vitale, *Leonardo, per sempre. Un genio plurale*).

While his ADHD may not have allowed us to see in Leonardo the true initiator of modern Anatomy, it has nevertheless allowed us to receive from him so much of a sense of the Beauty of the body that no other anatomist before or since has given us.

I dedicate this short essay to my Master, Prof. Nicolò Miani (1926-2017)

Professor of Human Anatomy at the Università Cattolica del Sacro Cuore in Rome.

Un occhio di riguardo

An Eye for

Giampaolo Guida

FIN DAI PRIMI ALBORI della civiltà umana, l'Arte ha assunto un ruolo fondamentale e del tutto precipuo: quello di porsi come tramite tra immanente e trascendente.

Prima ancora della Filosofia e di ogni Scienza, l'uomo ha trovato nel gesto artistico la via più diretta per accedere al "fuori da sé", all'anima, a Dio forse.

Soltanto successivamente, elaborando in misura razionale l'intuizione dell'arte, l'uomo è giunto alla sistemazione per così dire scientifica, del proprio pensiero.

La medicina fra tutte le scienze è quella che più di ogni altra ha manifestato, e continua ancor oggi a mostrare, la sua ascendenza artistica.

Non a caso l'espressione Arte Medica è giunta fino alla nostra era di esasperato tecnicismo e superspecializzazione, con intatta valenza.

Profonda e autentica perché radicata nell'*humus* fertile e fruttifero dell'essenza umana.

Le origini della medicina greca, sulla quale la nostra attuale si fonda, risalgono attraverso Ippocrate, ad Asklepio e allo stesso Apollo, proprio a volerne significare la discendenza divina.

Ippocrate di Kos altro non aveva fatto all'inizio se non riconoscere e assimilare l'immane potenza vivificatrice che la natura benedetta di quell'isola sapeva trasmettere.

Allo stesso modo Galeno, Avicenna e con loro una nutrita schiera di scienziati dotati di "occhio artistico" seppero leggere la verità sfogliando ammirati le pagine del libro della Natura.

FROM THE EARLIEST DAWN of human civilisation, Art has assumed a fundamental and altogether primary role: that of acting as an intermediary between the immanent and the transcendent.

Even before Philosophy and every Science, man has found in the artistic gesture the most direct way to access the 'outside of himself', the soul, God perhaps.

Only later, by rationally elaborating the intuition of art, did man come to the accommodation, so to speak scientifically, of his own thought.

Of all the sciences, medicine is the one that more than any other has shown, and continues to show today, its artistic ancestry.

It is not by chance that the expression Medical Art has come down to our era of exasperated technicality and super-specialisation, with intact value.

Deep and authentic because it is rooted in the fertile and fruitful *humus* of the human essence.

The origins of Greek medicine, on which our current one is based, go back through Hippocrates, to Asklepios and Apollo himself, precisely to signify its divine descent.

In the beginning, Hippocrates of Kos had done nothing other than recognise and assimilate the immense life-giving power that the blessed nature of that island could transmit.

In the same way, Galen, Avicenna and with them a host of scientists with an 'artistic eye' were able to read the truth as they turned the pages of Nature's book in admiration.

Ed ecco che ad ore 3 di notte del 15 Aprile 1452, schiude il suo sguardo al mondo il Genio forse più grande di tutti.

Leonardo da Vinci.

Mi piace pensare che quello sguardo predestinato abbia ritrovato nella bellezza sublime del paesaggio toscano lo stimolo indispensabile allo sviluppo del suo formidabile potenziale indagatore.

Indagine i cui effetti possiamo fortunatamente continuare ad ammirare nell'opera che il Maestro ci ha lasciato.

Tutto però prende origine da quel momento, da quel meraviglioso incontro tra una Natura sublime e generosa, quanto perfetta, e un occhio capace di coglierne l'intima essenza.

Forse il segreto di Leonardo è tutto qui racchiuso nel semplice ma, per le conseguenze che comporta, preziosissimo aforisma: "*Non fa' scienza sanza sperienza*".

Sperimentare dunque sempre, in continuazione, senza dare mai nulla per scontato e definito se non prima passato al vaglio rigoroso dei sensi, supportati dal setaccio critico del ragionamento.

L'attitudine ad osservare, scrutare, indagare ed elaborare, diviene ben presto una necessità fisica oltre che spirituale, che spinge Leonardo ad occuparsi di ogni aspetto della natura, della vita.

Si tratta di un'esigenza, mi si perdoni l'audacia del termine, in un certo qual modo schizofrenica, caleidoscopica, la quale spinge il Maestro ad occuparsi contemporaneamente di innumerevoli problemi nella ricerca spasmodica forse del piacere, o meglio, dell'orgasmo intellettuale.

Ho sempre immaginato l'occhio di Leonardo come quello multifocale di certi insetti capaci di visione distinta di più particolari in un solo istante, senza la necessità di doversi soffermare su ognuno in successione.

Tale multiformità di interessi e indirizzi ha da sempre suscitato comprensibilissime critiche nei confronti del Da Vinci, colpevole a detta di molti, di non saper portare fino in fondo una ricerca, un progetto, un'opera.

Di non sistemare in maniera organica e definita il suo pensiero.

Di iniziare mille lavori contemporaneamente per non portarne poi alcuno ad effettivo compimento.

Su questo in fondo si basa la contrapposizione, a suo sfa-

And so, at 3 a.m. on 15 April 1452, perhaps the greatest Genius of all opened his eyes to the world.

Leonardo da Vinci.

I like to think that that predestined gaze found in the sublime beauty of the Tuscan landscape the indispensable stimulus to develop its formidable investigative potential.

An investigation whose effects we can fortunately continue to admire in the work that the Master left us.

Everything, however, originates from that moment, from that marvellous encounter between a Nature that is as sublime and generous as it is perfect, and an eye capable of capturing its intimate essence.

Perhaps Leonardo's secret is all here enclosed in the simple but, for all its consequences, very precious aphorism: *"Do not do science without experience".*

Therefore, always experimenting, continuously, never taking anything for granted or defined unless it has first been rigorously sifted by the senses, supported by the critical sieve of reasoning.

The aptitude to observe, scrutinise, investigate and elaborate, soon becomes a physical as well as spiritual necessity, which drives Leonardo to concern himself with every aspect of nature, of life.

It is a need, pardon the audacity of the term, in a certain schizophrenic, kaleidoscopic way, which drives the Master to deal simultaneously with innumerable problems in the spasmodic search perhaps of pleasure, or rather, of the intellectual orgasm.

I have always imagined Leonardo's eye as the multifocal one of certain insects capable of distinct vision of several details in a single instant, without the need to dwell on each one in succession.

This multiformity of interests and addresses has always provoked understandable criticism of Da Vinci, guilty, according to many, of not knowing how to carry a research, a project, a work through to the end.

Of not arranging his thought in an organic and defined manner.

Of starting a thousand works at the same time and then not completing any of them.

This is basically the basis of the contrast, to his detriment,

vore, con l'altro grande Genio rinascimentale, Michelangelo, tetragono e solidissimo, capace di portare a termine da solo e nella maniera travolgente a tutti nota, l'impresa titanica della Sistina.

Tutto ciò potrebbe effettivamente trarre in inganno.

La questione però si risolve molto semplicemente.

Leonardo se lo può permettere.

Perché egli possiede quel contatto diretto, quella via preferenziale nella lettura del libro della Natura, che è l'intuizione artistica.

Essa non può fallire perché vibra con la medesima frequenza del respiro naturale. Del soffio Divino.

Tale palpito lo si può ben percepire nelle sorprendenti tavole anatomiche da lui create.

A volte semplici schizzi, nei quali però sempre si scorge la verità.

Esaminiamo, ad esempio, i disegni della raccolta Windsor, relativi all'apparato respiratorio.

A margine della pagina scritta, in alto a destra, Leonardo traccia un'immagine della gabbia toracica che è al tempo stesso descrizione anatomica precisa ed esauriente, se pure apparentemente solo abbozzata, ma anche esplicativa della fisiologia e addirittura della fisiopatologia.

La dinamica ventilatoria emerge infatti prepotentemente dalla tensione che diaframma e muscoli intercostali stanno esercitando sulle coste, quasi in sequenza filmata, innalzandole e dilatandone la spaziatura intercostale.

Pare quasi di percepire la pressione negativa che l'atto inspiratorio sta creando in quel torace.

E forse, azzardo, si tratta pure di un polmone già enfisematoso.

Mi rendo conto di spingermi troppo oltre.

Il polmone, in fondo, non lo si vede neppure.

Resta però indubbio il fatto che il disegno di Leonardo non sta rappresentando un puro esercizio riproduttivo, mirabile ma statico.

Esso contiene in sé il mistero della vita, il sembiante del movimento fisiologico o fisiopatologico.

Ancora una volta il soffio Divino.

Non è certo mio compito qui, esaminare in maniera analitica tutte le tavole anatomiche.

with the other great Renaissance Genius, Michelangelo, tetragonous and very solid, capable of completing alone and in the overwhelming manner known to all, the titanic undertaking of the Sistine Chapel.

This could indeed be misleading.

However, the matter is resolved very simply.

Leonardo is able to afford it.

Because he possesses that direct contact, that preferential path in reading the book of Nature, which is artistic intuition.

It cannot fail because it vibrates with the same frequency as the natural breath. Of the Divine breath.

This palpitation can be clearly perceived in the astonishing anatomical plates he created.

Sometimes mere sketches, in which, however, one can always discern the truth.

Let us examine, for example, the drawings in the Windsor collection, relating to the respiratory system.

In the margin of the written page, in the top right-hand corner, Leonardo traces an image of the rib cage that is both a precise and exhaustive anatomical description, albeit apparently only sketchy, and also explanatory of the physiology and even the pathophysiology.

Indeed, the ventilatory dynamic emerges forcefully from the tension that the diaphragm and intercostal muscles are exerting on the ribs, almost in a filmed sequence, raising them and dilating the intercostal spacing.

You can almost feel the negative pressure that the inspiratory act is creating in that chest.

And perhaps, I hazard, it is also an already emphysematous lung.

I realise I am going too far.

The lung, after all, cannot even be seen.

There is no doubt, however, that Leonardo's drawing is not a purely reproductive exercise, admirable but static.

It contains within itself the mystery of life, the semblance of physiological or physiopathological movement.

Once again, the Divine breath.

It is certainly not my task here to analytically examine all the anatomical tables.

Ancora tuttavia vorrei fornire qualche spunto a mio avviso particolarmente significativo.

Rimango attonito davanti alla cura con la quale Leonardo descrive l'anatomia delle vie ottiche in relazione, sempre costante, con la funzione visiva.

Ancora una volta l'occhio, probabile chiave di volta nello sviluppo del genio leonardiano.

Forse proprio perché consapevole della straordinarietà del suo saper vedere, del suo saper cogliere il nucleo, l'essenza di quanto gli si presenta davanti, egli ha trovato la via per descrivere strutture di una complessità e raffinatezza tali da creare problemi nella loro evidenziazione, anche ad un moderno e ben equipaggiato anatomista.

Eppure Leonardo manifesta di avere ben chiara la disposizione del chiasma, dei tratti ottici, fors'anche dei corpi genicolati e delle radiazioni corticali. Come abbia egli potuto, rimane un mistero.

Oppure no.

Il suo occhio era semplicemente in grado di guardarsi.

La necessità di indagare il mistero della vita doveva inevitabilmente portare Leonardo ad occuparsi della creazione, sviluppo e nascita di una nuova vita.

Ancora una volta la sua capacità di penetrazione risulta essere stupefacente.

Dallo spaccato anatomico dell'atto coitale, alla perfetta formazione di un nuovo essere umano all'interno della "matrice" uterina, Leonardo dimostra nuovamente di possedere in maniera completa e assoluta, la statica anatomica e la dinamica fisiologica, fuse nella loro naturale logica.

In più si percepisce il coinvolgimento emotivo del primordiale rapporto madre-figlio, in Leonardo sempre presente.

Basti pensare alla tenerezza della mano della *Vergine delle Rocce* elevata sul capo del Bambino, o alla dolce avvolgenza della Madonna che si riverbera nello sguardo compiaciuto di sant'Anna, culmine sublime di raddoppiata maternità.

Ecco dunque come un disegno anatomico, per definizione freddo e per alcuni inquietante, viene a trasudare estatica commozione quando filtrato dall'anima dell'Artista.

Ricordo ancora l'emozione viscerale provata quando, studente di anatomia, mi ritrovai davanti il modello in ce-

However, I would still like to provide some insights that I consider particularly significant.

I am astonished at the care with which Leonardo describes the anatomy of the optic pathways in relation, always constant, to the visual function.

Once again, the eye, a probable keystone in the development of Leonardo's genius.

Perhaps it was precisely because he was aware of the extraordinary nature of his ability to see, of his ability to grasp the nucleus, the essence of what was in front of him, that he found the way to describe structures of such complexity and refinement that even a modern, well-equipped anatomist would have problems highlighting them.

Yet Leonardo shows that he was very clear about the arrangement of the chiasma, the optic tracts, perhaps even the geniculate bodies and cortical radiation. How he could, remains a mystery.

Or not.

His eye was simply able to look at itself.

The need to investigate the mystery of life must inevitably have led Leonardo to concern himself with the creation, development and birth of new life.

Once again, his ability to penetrate is astounding.

From the anatomical cross-section of the coital act, to the perfect formation of a new human being within the uterine 'matrix', Leonardo once again demonstrates his complete and absolute mastery of anatomical statics and physiological dynamics, fused in their natural logic.

In addition, one perceives the emotional involvement of the primordial mother-child relationship, always present in Leonardo.

One need only think of the tenderness of the hand of the *Virgin of the Rocks* raised on the head of the Child, or the sweet embrace of the Madonna reflected in the smug gaze of St. Anne, the sublime culmination of doubled motherhood.

This is how an anatomical drawing, by definition cold and disturbing to some, comes to exude ecstatic emotion when filtered through the Artist's soul.

I still remember the visceral emotion I felt when, as a student of anatomy, I found myself in front of the ceroplastic

roplastica di utero gravido, uscito dalle mani sapienti e ispirate di Anna Morandi Manzolini.

Ebbene due secoli prima Leonardo da Vinci aveva saputo ottenere su carta lo stesso, se non più intenso risultato.

Ugualmente, non certo per sminuirne l'importanza, ma al contrario per collocarne l'ingegno al fianco del Genio assoluto, Leonardo sa anticipare nei suoi disegni l'opera insigne e fondamentale di un Andrea Vesalio o di un William Harvey.

Resto dunque fermamente e gioiosamente convinto che trovare riuniti in una opera organica tutti i disegni, le tavole e gli appunti anatomici di Leonardo Da Vinci, non possa che essere recepito come un'immensa opportunità da parte non solo dei cultori dell'Arte Medica, ma da quanti in qualche maniera si sentano in sintonia con il respiro vitale della Natura.

Voglio sperare da tutti.

model of a pregnant uterus that came out of the skilful and inspired hands of Anna Morandi Manzolini.

Well, two centuries earlier, Leonardo da Vinci had been able to achieve the same, if not more intense result on paper.

Equally, not to diminish his importance, but on the contrary to place his genius alongside the absolute Genius, Leonardo was able to anticipate in his drawings the distinguished and fundamental work of an Andrea Vesalio or a William Harvey.

I therefore remain firmly and joyfully convinced that to find all of Leonardo Da Vinci's drawings, plates and anatomical notes brought together in an organic work, cannot but be perceived as an immense opportunity not only by those who are passionate about the Medical Art, but also by all those who in some way feel in tune with the vital breath of Nature.

I hope by all.

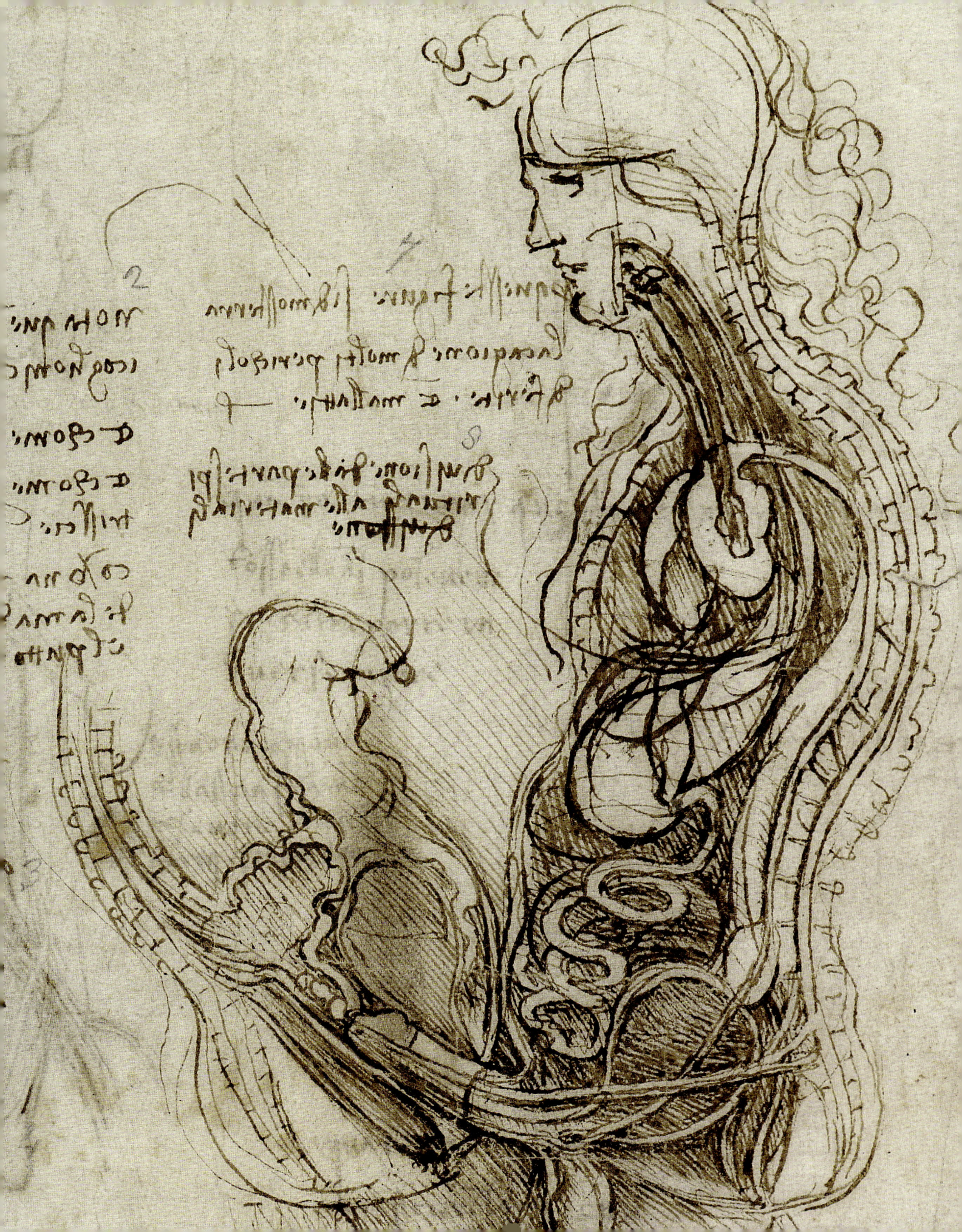

LEONARDO DA VINCI

ATLAS ANATOMICUS

OPERE/ WORKS

I

Ambizioni iniziali

Initial Ambitions

QUESTO STUDIO SUL CUORE e vasi sanguigni con relativi organi rende manifeste le ambizioni anatomiche di Leonardo, ben diverse da quelle dei suoi colleghi artisti i quali riponevano l'attenzione alle sole caratteristiche visibili di muscoli e ossa, al fine di conferire nelle loro raffigurazioni del corpo umano maggiore convinzione naturalistica e vigore fisico. Il grande scultore fiorentino Lorenzo Ghiberti annovera l'anatomia tra le branche dello scibile che distinguono l'artista colto dalla massa degli artigiani comuni.

Leonardo ricerca le cause interne della vita del corpo scavando più a fondo di quanto farebbe l'anatomia superficiale. Distingue tra sistema venoso (in marrone sbiadito) e sistema arterioso (in verde). In questo e in altri aspetti anatomici riflette la visione tradizionale del funzionamento delle arterie e delle vene, derivata dal filosofo Galeno di Pergamo del II secolo. I due sistemi erano considerati essenzialmente separati, anche se piccoli pori nel setto tra le metà del cuore permettevano allo *spirito* vitale presente nel sangue arterioso di percolare nel sistema venoso. Le vene nascevano dal fegato, mentre le arterie erano radicate nel cuore. Le vene distribuivano gli "spiriti naturali" nutritivi, mentre il cuore distribuiva attraverso le arterie gli "spiriti vitali" che infondevano vita al corpo.

Nel disegno definisce "le parti spirituali" e "gli alberi dei vasi", in accordo con l'opinione di Galeno secondo cui "dal cuore nasce un'arteria molto grande simile a un tronco diviso in molti rami e ramoscelli". In uno degli elenchi dei suoi libri,

THIS STUDY OF THE heart and blood vessels with related organs declares that Leonardo's anatomical ambitions were quite different from those of his fellow artists, who concentrated on the visible features of the muscles and bones to endow their portrayals of the human body with naturalistic conviction and physical vigour. The great Florentine sculptor, Lorenzo Ghiberti, lists anatomy amongst the branches of knowledge that distinguishes the learned artist from the mass of general craftsmen.

Leonardo here seeks the inner causes of the life of the body in a way that lay far deeper than surface anatomy. He distinguishes between the venous system (coloured with a faded brown wash) and the arteries (a green wash). In this and other respects he reflects the traditional view of the how the arteries and veins worked, as derived from the 2nd-century Philosopher, Galen of Pergamon. The two systems were regarded as essentially separate, although tiny pores in the septum between the halves of the heart allowed the life-giving *spiritus* present in the arterial blood to percolate into the venous system. The veins arose in the liver, while the arteries were rooted in the heart. The nourishing "natural spirits" were distributed by the veins, while the "vital sprits" that endowed the body with life were distributed from the heart primarily by the arteries.

He labels the drawing as "the spiritual parts" and as "the trees of the vessels", in keeping with Galen's view that "one very large artery has been produced from the heart like a trunk divided into many branches and twigs". In one of

Leonardo riporta il *De utilita* di Galeno (probabilmente il *De usu partium*, "Sulle funzioni delle parti").

La posa aperta della figura, tracciata con un gesso nero morbido, si inserisce nella tradizione dei diagrammi del *situs* medievali e islamici, che indicavano la posizione o le sedi dei principali organi interni e raccomandavano i luoghi per il salasso, una pratica medica tradizionale. Spiega di aver tagliato gli organi principali "al centro" per mostrare "l'intero albero".

Nonostante il tradizionalismo e gli errori, la figura del *situs* di Leonardo conferisce alla sua "dimostrazione" un'impareggiabile forza in termini di convinzione grafica, proporzioni controllate e persino emozione tragica (forse come riconoscimento del fatto che all'epoca le dissezioni erano per lo più praticate su criminali giustiziati).

Nota sulla datazione

Si è proposta una datazione precedente alla sua partenza per Milano nel 1482. In ogni caso, è stato realizzato nella prima fase delle sue esplorazioni dell'interno del corpo umano. È probabile che altri primi fogli siano andati perduti.

Leonardo's book lists, he records Galen's *De utilita* (probably *De usu partium*, "On the functions of the parts").

The open pose of the figure, first laid down with soft black chalk, stands in the tradition of Mediaeval and Islamic *situs* diagrams, which showed the location or sites of major inner organs, and recommended locations for blood-letting, a traditional medical practice. He explains that he has cut the main organs "through the middle" in order to show the "whole of the tree".

For all its traditionalism and mistakes, Leonardo's *situs* figure endows his "demonstration" with an unrivalled force of graphic conviction, controlled proportion and even tragic emotion (perhaps as an acknowledgment that most contemporary dissections were conducted on executed criminals).

Note about dating

A date before his departure for Milan in 1482 has been suggested. In any event, it was made in the earliest phase of his explorations of the interior of the body. It is likely that other early sheets have been lost.

(p. 58)
Coppia copulante, sezionata.
Penna e inchiostro su carta, 27,6 x 20,4 cm.
RL 19097v / K&P 35r. Dettaglio, intero p. 65.

(p. 58)
Copulating couple, sectioned.
Pen and ink on paper, 27.6 x 20.4 cm.
RL 19097v / K&P 35r. Detail, entire p. 65.

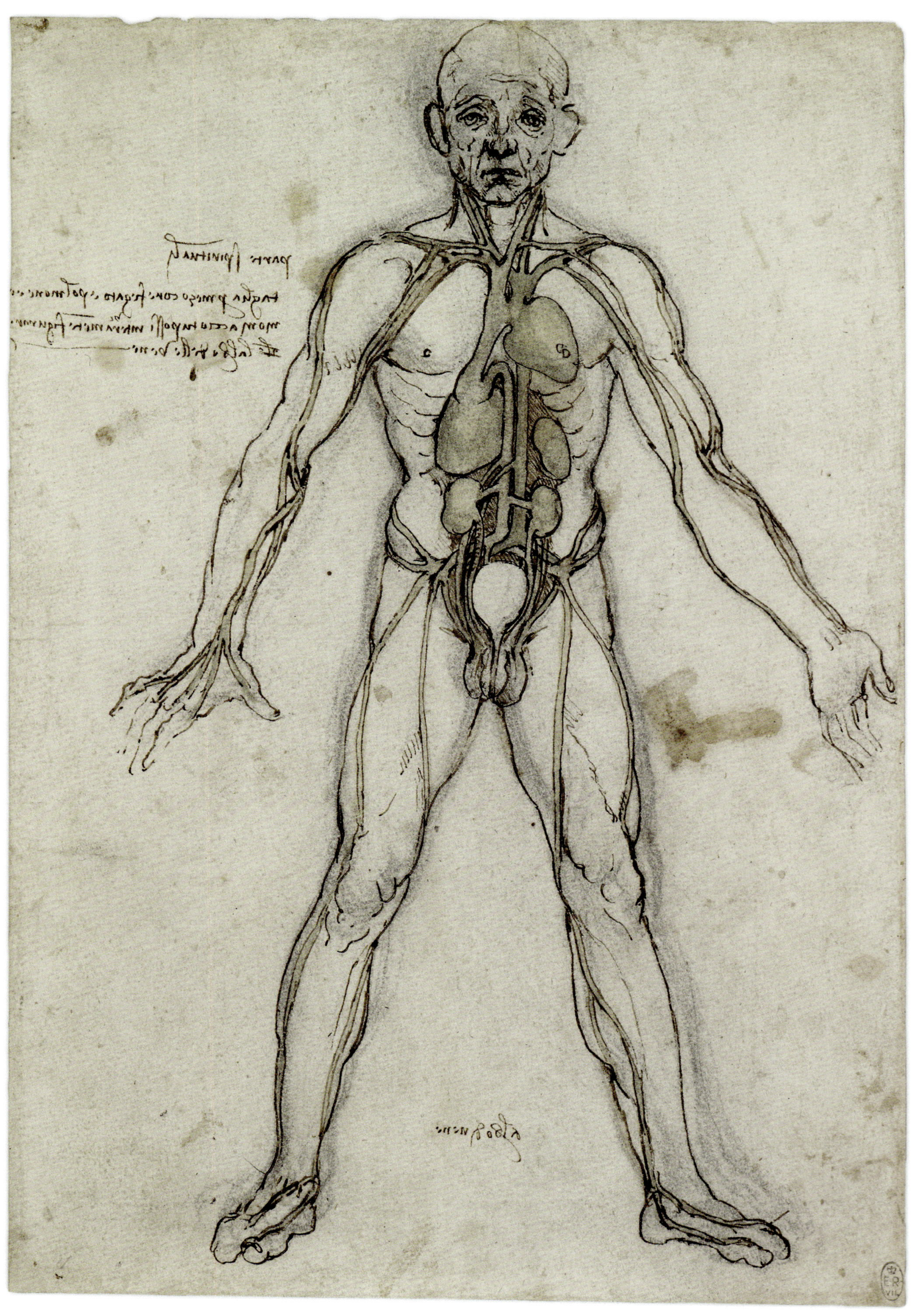

1. *"Albero dei vasi".*
Penna e inchiostro, gessetto nero e sfumature marroni e verdi su carta,
27,8 × 19,7 cm. RL 12597r / K&P 36r

1. *"Tree of the vessels".*
Pen and ink, black chalk, brown and green wash on paper,
27.8 × 19.7 cm. RL 12597r / K&P 36r

II

Corpo e anima

Body and Soul

L'AFFERMAZIONE DI LEONARDO POSTA in cima al foglio principale (1) non potrebbe essere più ambiziosa: "*io scopro alli omini l'origine della loro prima, o forse seconda, cagione di loro essere*". E poi, come di consueto, delinea anche questioni speculative relative a "*come il putto alita, e come per lo bellico si notrisce, e perché un'anima coverna due corpi*". Le incursioni di Leonardo nell'anatomia sono molto più che "anatomiche" nel senso moderno del termine.

Lo studio sconcertantemente diretto e senza precedenti di un uomo e una donna che copulano, così come la rappresentazione delle "*parti spirituali*" nel disegno precedente, mira a esplorare i misteri supremi del corpo e dell'anima umana. Ricorda il pensiero del filosofo islamico Avicenna, secondo il quale "*l'anima partorisca l'anima, e 'l corpo il corpo*". Di conseguenza, Leonardo prevede un condotto attraverso il quale gli "spiriti" possono essere trasmessi dal cuore ai testicoli, mentre un altro collega direttamente il canale spinale al pene. Agli spiriti vivificanti viene così concesso il passaggio dall'anima dell'uomo, che si trova nel ventricolo centrale del cervello. Come conseguenza del collegamento diretto tra il cuore, sede delle emozioni, e i testicoli, ipotizza che questi ultimi siano "*causa d'ardimento*". Gli ingredienti delle "*parti spirituali*" dell'uomo si mescolano con quelle "*materiali*" dell'addome e ciò è reso evidente nell'eiaculazione. Invece, i condotti nella donna sono poco chiari, sebbene sia esplicito il collegamento diretto tra il capezzolo e l'utero sezionato. Sorprende che le ovaie non siano illustrate.

His claim at the top of the main sheet (1) could not be more ambitious: "I reveal to man the origin of their first or perhaps second cause of their existence". Elsewhere, he typically outlines speculative questions about "how the infant breathes and how it is nourished, and why one soul governs two bodies". Leonardo's forays into anatomy are much more than "anatomical" in the modern sense.

This disconcertingly direct and unprecedented study of a man and woman in coition, like the drawing of the "spiritual parts" in the previous drawing, aims to explore supreme mysteries of the human body and soul. He records that Avicenna, the Islamic philosopher, "claims that the soul begets the soul and the body the body". Accordingly, he provides a duct through which the "spirits" can be transmitted from the heart into the testes, while another passes directly from the spinal canal into the penis. The life-giving spirits of the man are thus granted passage from the soul of the man, which is located in the central ventricle of the brain. As a consequence of the direct connection between the heart, the seat of emotions, and the testes, he speculates that "the testes are the cause of ferocity". The ingredients from the man's "spiritual parts" are mixed with "material spirits" of the abdomen in the very evident ejaculation. The ducts in the female are less clear, although he is explicit that the nipple is linked directly to the sectioned womb. Surprisingly, the ovaries are not shown.

Il carattere di questo studio principale, così come del disegno dell'apparato digerente e delle sezioni del pene, è quello di essere una sorta di "riflessione visiva ad alta voce" su quale sia l'apparato corporeo necessario per rappresentare i fini dimostrabili della riproduzione. Le prime fasi del pensiero di Leonardo sono evidenti negli schizzi approssimativi, in gesso rosso e inchiostro, presenti sul grande foglio (2 e 3), dedicato anche a schizzi di ottica e meccanica.

In questa fase, i dettagli dei sistemi presentano un amalgama di conoscenze tradizionali, ragionamenti propri di Leonardo e dettagli basati sulla dissezione animale, come quella condotta su un cavallo presente sul *recto* del foglio (4), dove fornisce istruzioni su come intraprendere la dissezione vera e propria di parti specifiche del corpo. Nell'addome del cavallo, aggiunge il condotto che passa dalla colonna vertebrale al pene.

Sebbene la tecnica del disegno sia approssimativa e impulsiva, Leonardo sta già provando ad usare le sezioni in modo innovativo per riuscire a illustrare le strutture in maniera tridimensionale. Alla base del foglio principale, mostra abilmente in sezione i canali fittizi del pene e pensa di mappare il torso e l'addome in piccoli cubi. Accanto allo studio in gesso rosso, sta pensando di sezionare le due figure all'altezza della vita, al di sotto della quale gli organi appaiono in trasparenza. L'effetto è generalmente disorganizzato, ma segnala già grandi ambizioni.

Nota sulla datazione

Il gruppo di studi potrebbe risalire al suo primo periodo milanese, cioè al 1485 circa.

The character of the main study, like the drawing of the digestive system and sections of the penis, is that of a kind of visual "thinking out loud" about what bodily apparatus is needed to achieve the demonstrable ends of reproduction. Earlier stages of his thinking are recorded in the rough sketches in red chalk and ink on the large sheets (2 and 3) that was subsequently devoted to various sketches of optics and mechanics.

At this stage, the details of the systems present an amalgam of standard knowledge, Leonardo's own reasoning and some details based on animal dissection, such as that conducted on a horse on the *recto* of the sheet (4), where he provides instructions about how to undertake the actual dissection of specific parts of the body. In the abdomen of the horse, he adds the duct that passes from the spine to the penis.

Although the technique of the drawing is rough and impulsive, he is already inventing entirely novel ways of using sections to demonstrate 3-D structures. The fictitious channels in the penis are cleverly demonstrated in sections at the base of the main sheet, and he is considering mapping the torso and abdomen as small cubes. Beside the main red chalk study, he is thinking about sectioning the two figures at waist level, below which the organs appear in a see-through demonstration. The effect is generally disorganised but already signals high ambitions.

Note about dating

The group of studies may date from his first period in Milan; that is to say from c. 1485.

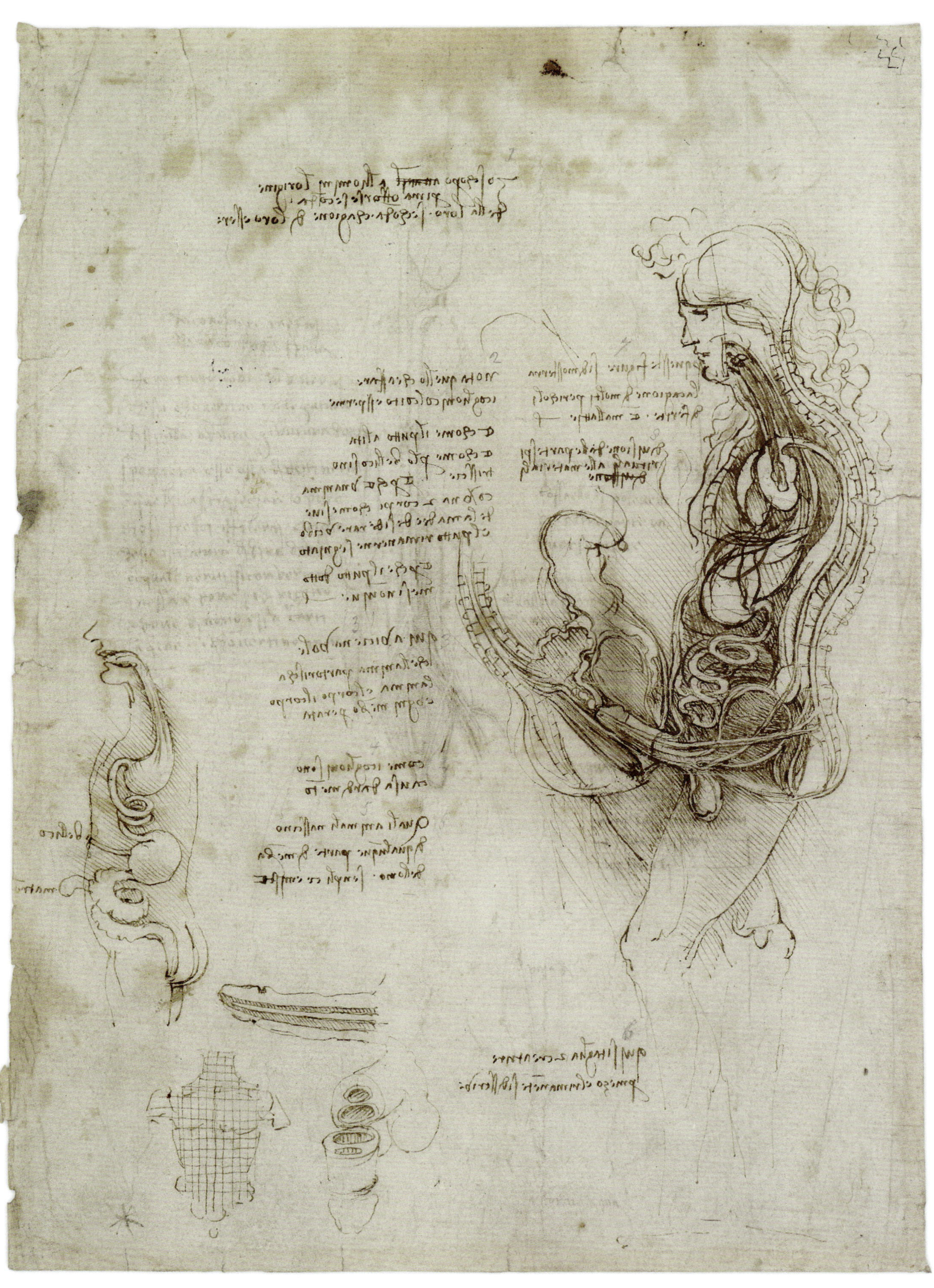

1. *Coppia copulante, sezionata.*
Penna e inchiostro su carta, 27,6 × 20,4 cm.
RL 19097v / K&P 35r

1. *Copulating couple, sectioned.*
Pen and ink on paper, 27.6 × 20.4 cm.
RL 19097v / K&P 35r

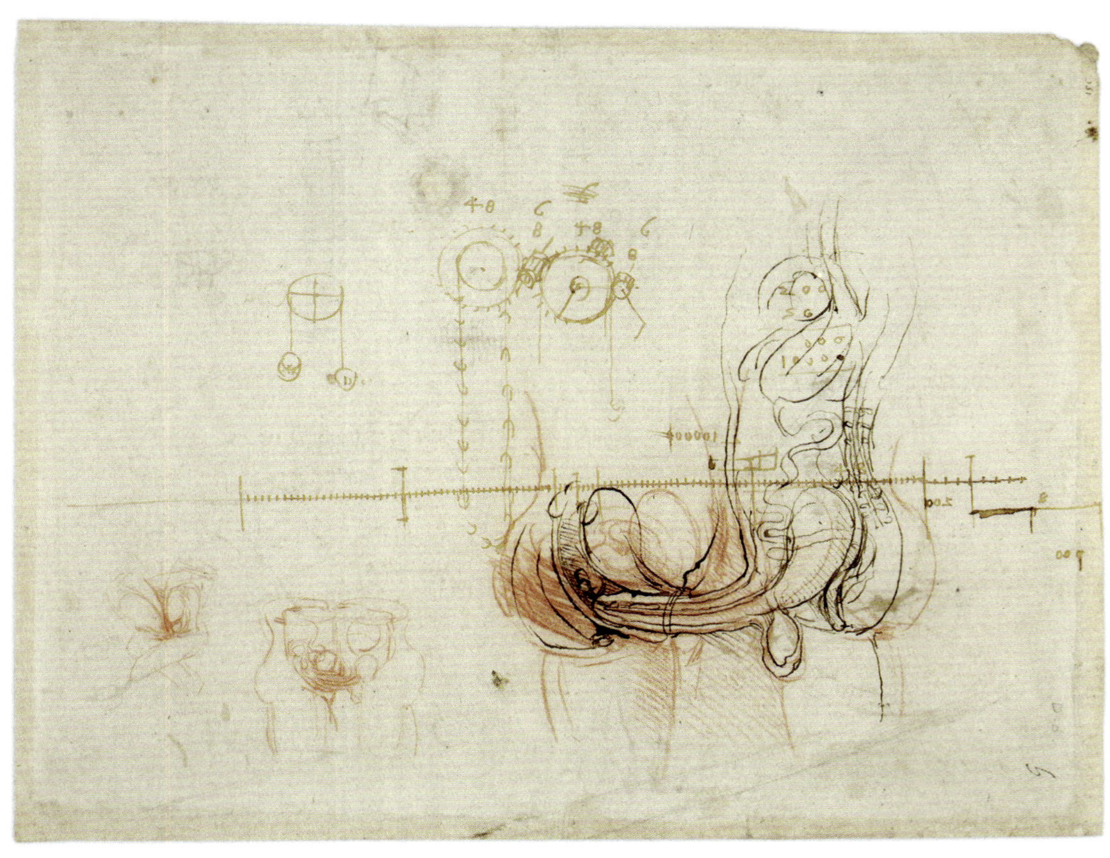

2. *Copulazione, dettagli.*
Penna e inchiostro, gessetto rosso su carta, 21,3 × 28,5 cm.
RL 19096r / K&P 34v

2. *Copulation, details.*
Pen and ink, red chalk on paper, 21.3 × 28.5 cm.
RL 19096r / K&P 34v

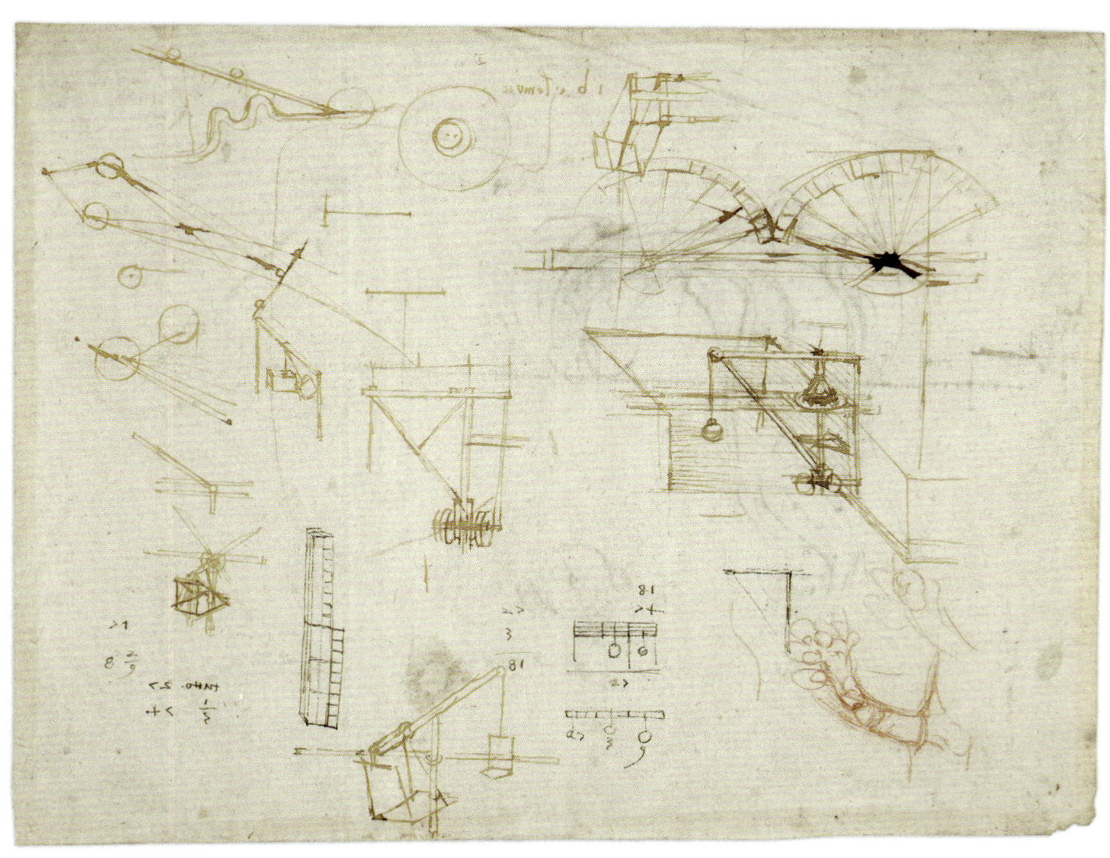

3. *Copulazione, dettaglio.*
Penna e inchiostro, gessetto rosso su carta, 21,3 × 28,5 cm.
RL 19096v / K&P 34r

3. *Copulation, detail.*
Pen and ink, red chalk on paper, 21.3 × 28.5 cm.
RL 19096v / K&P 34r

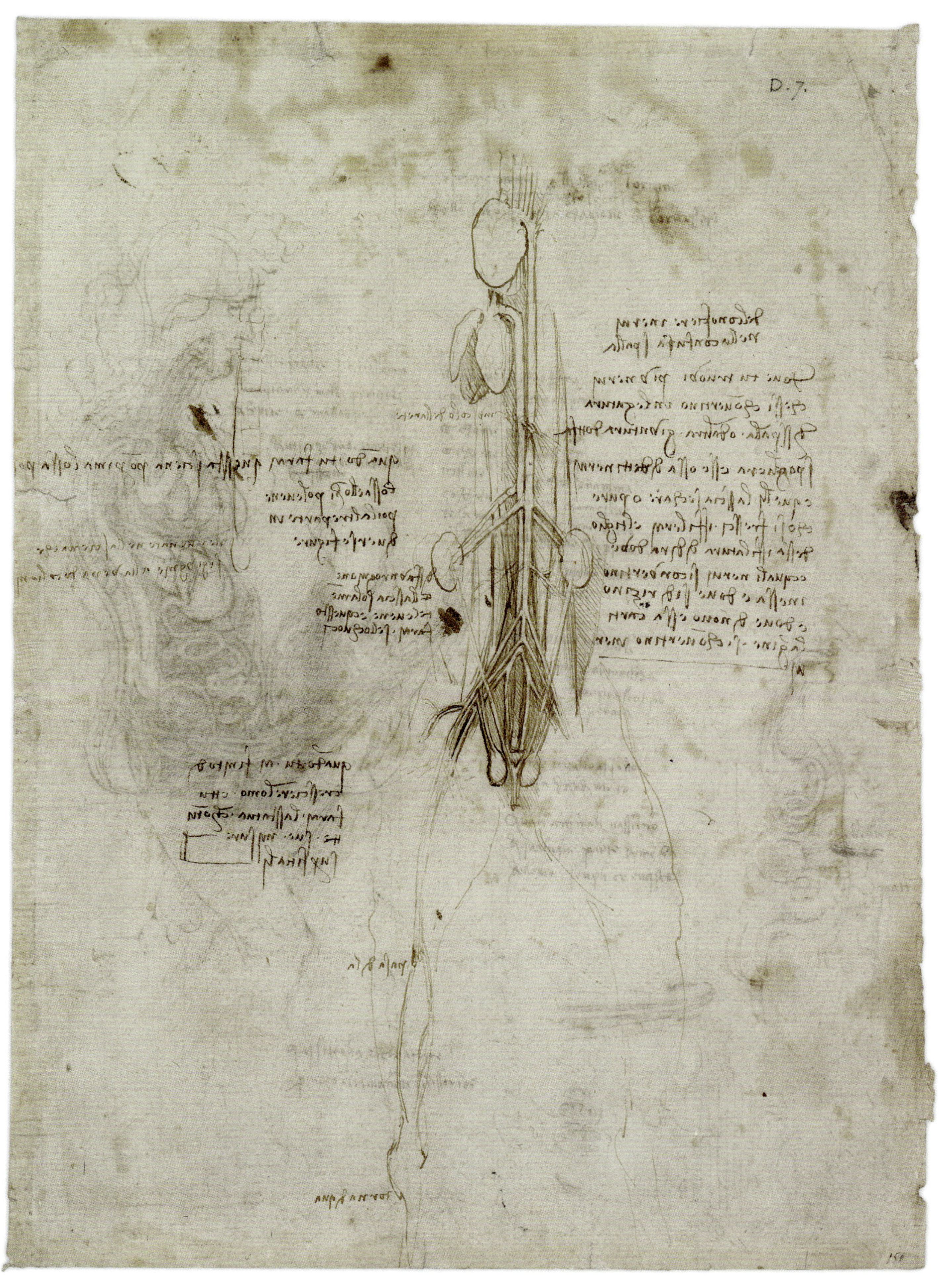

4. *Dissezione di un cavallo.*
Penna e inchiostro su carta, 27,6 × 20,4 cm.
RL 19097r / K&P 35v

4. *Dissection of a horse.*
Pen and ink on paper, 27.6 × 20.4 cm.
RL 19097r / K&P 35v

III

Tracciando la superficie

Mapping the Surface

NEL CORSO DELLA SUA carriera, Leonardo disegna in maniera ricorrente figure in posa e alcuni specifici dettagli anatomici. Questi sono i primi esempi di gambe ben muscolose e colli magri che si ripetono per un lungo arco di tempo, apparentemente come regolari esercizi a sé stanti.

Le due pagine di gambe sinistre viste di lato, disegnate con enfasi a penna e inchiostro (4 e 5), potrebbero essere datate molto più tardi, ma la scrittura e gli altri schizzi suggeriscono una datazione anteriore.

Uno dei disegni a punta d'argento su carta preparata blu è delicatamente enfatizzato con il bianco (1) e ritrae un modello snello e atletico. L'effetto è più pittorico che didattico e risponde all'ostinato proposito di Leonardo secondo cui gli artisti devono saper ben raffigurare quella morbidezza di curve propria della pelle di un uomo vivo e mobile. Afferma che enfatizzando ogni muscolo del corpo, come se fosse in azione, si ottengono nudi simili a un "sacco di noci". I suoi studi più pittorici non erano adatti per una pubblicazione anatomica.

I colli (6 e 7) sono raffigurati con un taglio pseudo-dissezionale molto particolare, in cui Leonardo sembra sintetizzare l'osservazione superficiale e la conoscenza delle sottostanti strutture. In un elenco di opere compilato nei primi anni del 1480, Leonardo annota "molte gole di donne vecchie", oltre a "molte teste di uomini vecchi, molte figure nude complete,

THROUGHOUT HIS CAREER, LEONARDO sketched posed figures and some favoured anatomical details in a recurrent manner. These are early examples of well-muscled legs and scrawny necks that are repeated over a long span of time, seemingly as regular exercises in their own right.

The two pages of left legs from the side, which are drawn in emphatic pen and ink (4 and 5), could be dated a good deal later but the writing and other sketches suggest an earlier date.

One of the drawings in silverpoint on blue prepared paper is delicately heightened with white (1) and portrays a slim and athletic model. It exercises an effect that is more pictorial than instructional. This is in keeping with Leonardo's insistence that artists to retain a sense of the smoothly undulating surface of the skin in living and mobile figures. He says that emphasising every muscle in the body, as if in action, results in nudes that look like a "sack of nuts". The more pictorial of his nude studies were not well suited to play a role in any projected publication on anatomy.

The necks (6 and 7) are in a peculiar, pseudo-dissected state in which he appears to be amalgamating surface inspection with knowledge of underlying structures. In a list of works that he compiled in the early 1480s, he records "many throats of old women" – alongside "many heads of old men, many complete nude figures, many arms, legs, feet and poses" (*Codex Atlanticus,* f. 888r) The advantage of studying old men and old women who were emaciated is that their under-

molte braccia, gambe, piedi e pose" (*Codex Atlanticus*, f. 888r). Il risultato più spettacolare di questi studi è il carattere marcatamente anatomico del collo del suo *San Girolamo*, dipinto incompiuto.

Nota sulla datazione

L'elenco delle opere risale al 1482 circa e gli studi qui presentati sono probabilmente dello stesso periodo.

lying anatomy was more detectable than in the young. The most spectacular result of such studies is the emphatically anatomical character of the neck in his unfinished painting of *St. Jerome*.

Note about dating

The list of works dates from c. 1482, and the studies here probably date from around the same time.

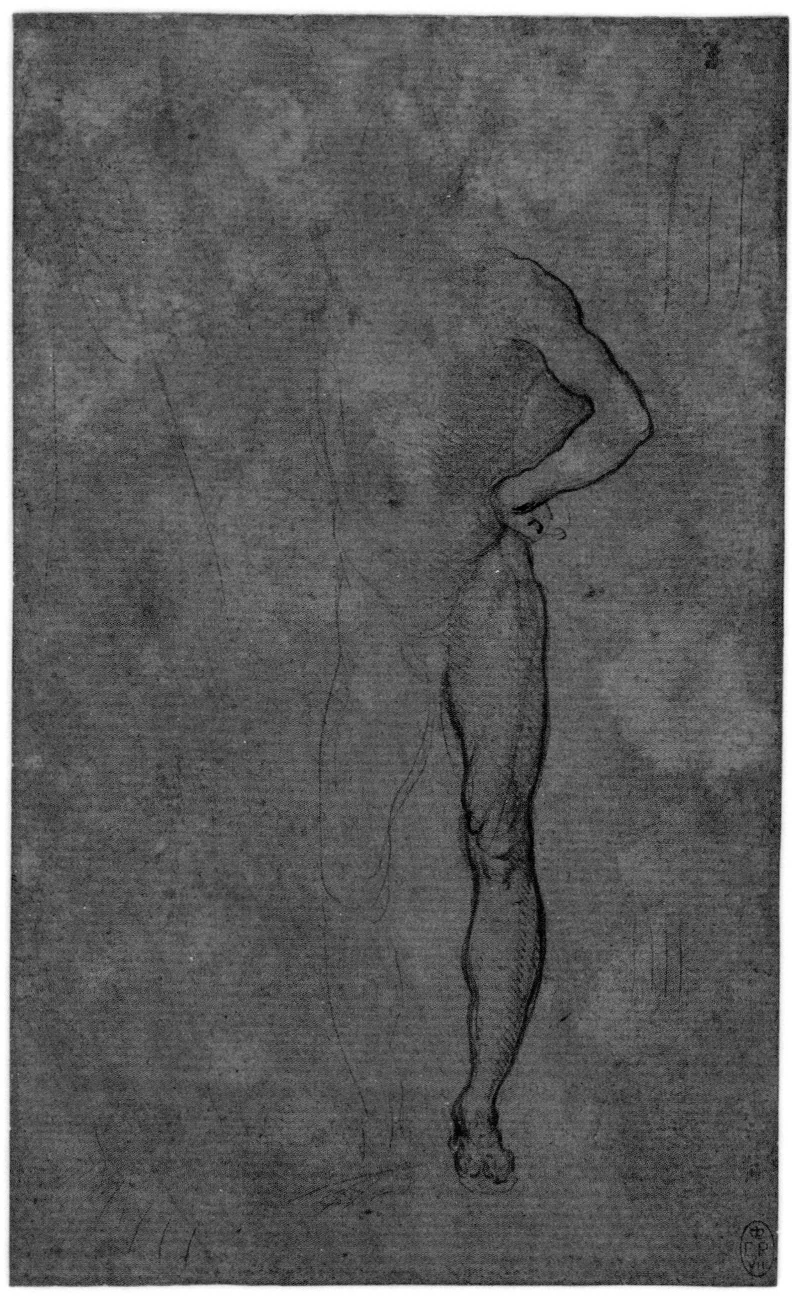

1. *Nudo in posa elegante.*
Punta metallica, penna e inchiostro su carta blu, 18,7 × 11,4 cm.
RL 12638r / K&P 10r

1. *Nude in an elegant pose.*
Metalpoint, pen and ink on blue prepared paper, 18.7 × 11.4 cm.
RL 12638r / K&P 10r

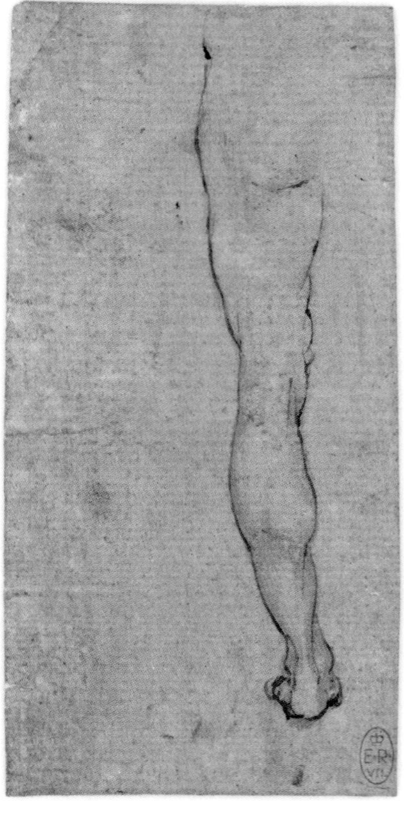

2. *Gamba vista da dietro.*
Penna e inchiostro, punta metallica su carta blu pallido, 11,6 × 5,8 cm.
RL 12620r / K&P 11r

2. *Leg from behind.*
Pen and ink, metalpoint on pale blue paper, 11.6 × 5.8 cm.
RL 12620r / K&P 11r

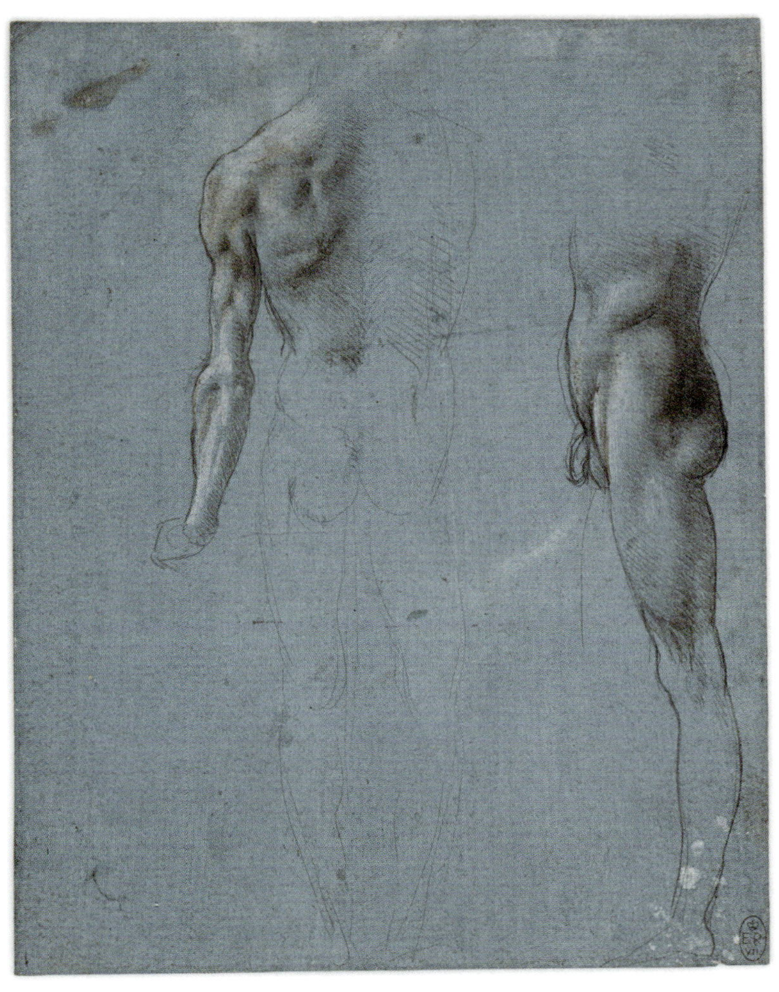

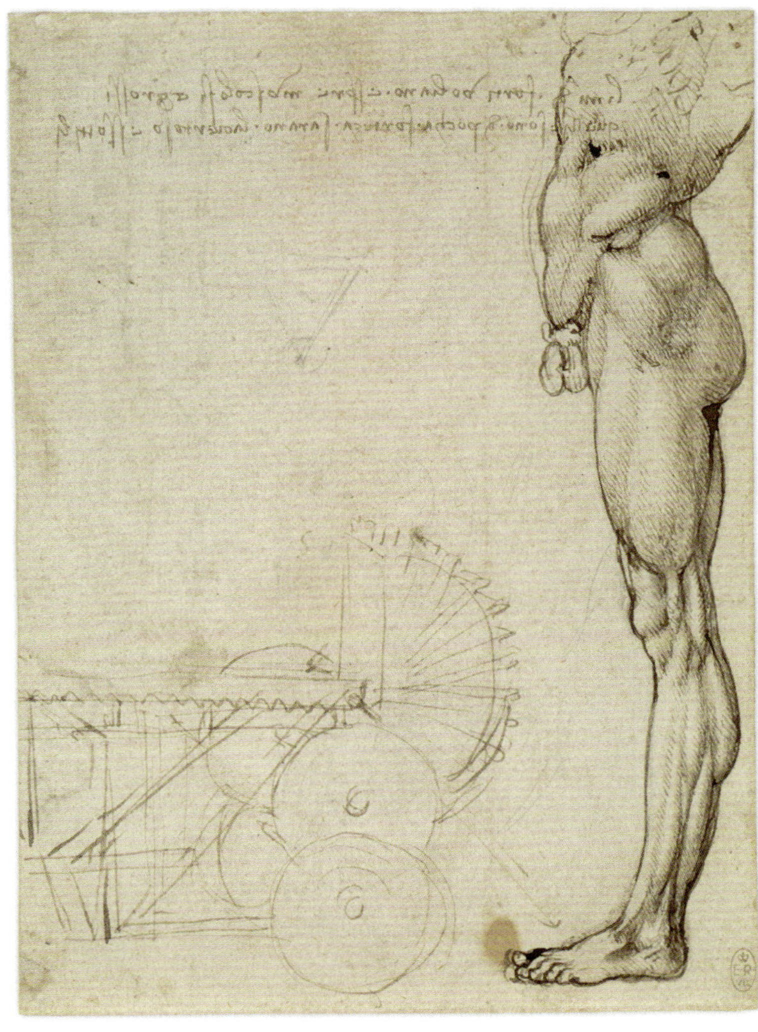

3. *Braccio e spalla sinistri e gamba sinistra di lato.*
Punta metallica e colore bianco su carta blu-grigia, 17,7 × 14,0 cm.
RL 12637r / K&P 9r

3. *Left arm and shoulder, and left leg from the side.*
Metalpoint, white bodycolour on blue-grey prepared paper, 17.7 × 14.0 cm.
RL 12637r / K&P 9r

4. *Gamba sinistra vista di lato.*
Penna e inchiostro, gessetto nero su carta, 19,6 × 14,5 cm.
RL 12632r / K&P 8r

4. *Left leg from the side.*
Pen and ink, black chalk on paper, 19.6 × 14.5 cm.
RL 12632r / K&P 8r

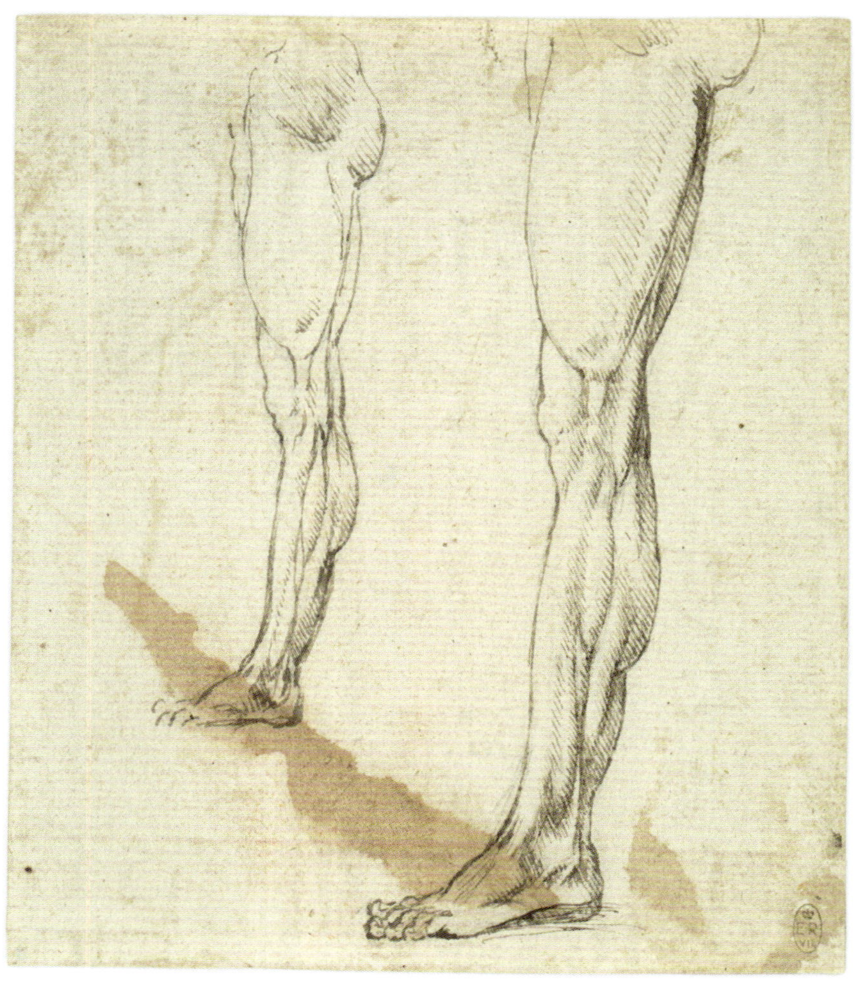

5. *Due gambe sinistre viste di lato.*
Penna e inchiostro, gessetto nero su carta, 16,2 × 14,3 cm.
RL 12634r / K&P 8r

5. *Two left legs from the side.*
Pen and ink, black chalk on paper, 16.2 × 14.3 cm.
RL 12634r / K&P 8r

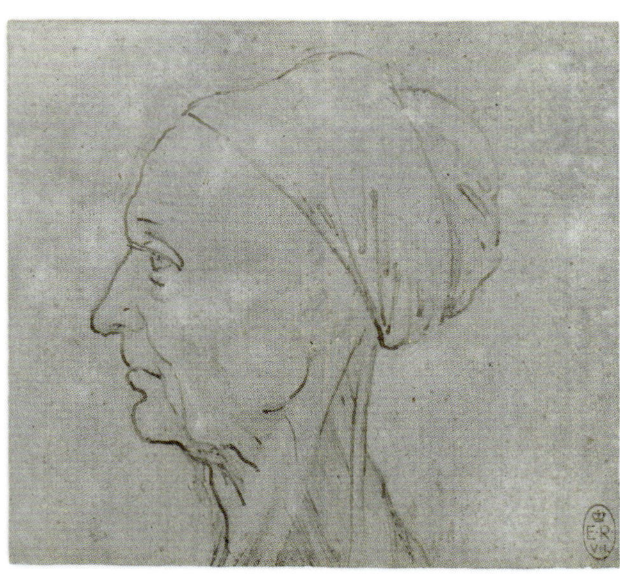

6. *Profilo di donna e tendini del collo.*
Penna e inchiostro, punta metallica su carta blu pallido, 8,3 × 9,4 cm.
RL 12611r / K&P 17r

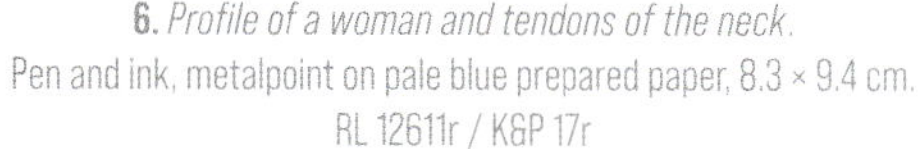

6. *Profile of a woman and tendons of the neck.*
Pen and ink, metalpoint on pale blue prepared paper, 8.3 × 9.4 cm.
RL 12611r / K&P 17r

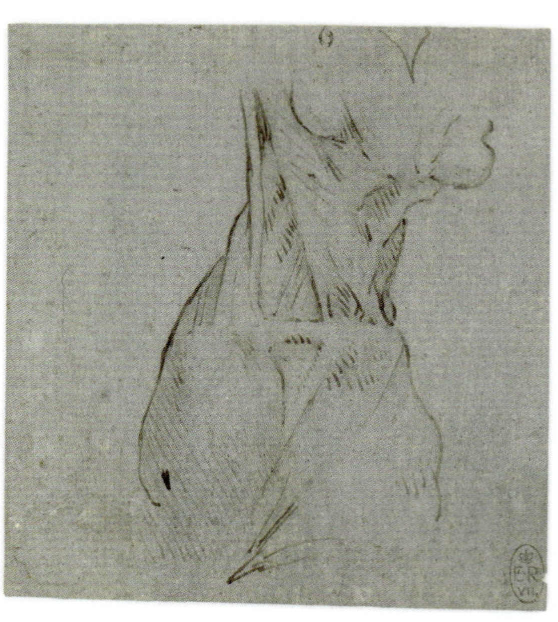

7. *Tendini del collo dal lato destro.*
Penna e inchiostro, punta metallica su carta blu, 8,3 × 7,8 cm.
RL 12610r / K&P 18r

7. *Tendons of the neck from the right side.*
Pen and ink, metalpoint on blue paper, 8.3 × 7.8 cm.
RL 12610r / K&P 18r

IV

Le prime indagini: vita e morte, cervello, nervi, collo e muscoli

Early Investigations: Life and Death, the Brain, Nerves, Necks and Muscles

NELLO STUDIO PIÙ COMPLESSO presente in questo gruppo di disegni (1), Leonardo continua a indagare le cause della vita – o in questo caso specifico l'icastica fine della vita. Nella nota, disposta in diagonale e tagliata nel margine, si legge "la rana resta in vita per alcune ore quando è privata della testa e del cuore e di tutte le sue interiora. E se si perfora il suddetto nervo [cioè la parte superiore del midollo spinale], essa sussulta immediatamente e muore".

Accompagna la nota un disegno molto meccanico in cui il midollo spinale è attaccato alla zona inferiore del cervello e attraversa una vertebra schematizzata. Il canale centrale reca la scritta "virtù generativa", essendone considerato il contenitore per via del ruolo che assume nell'atto riproduttivo espresso nello studio della copula. Ai due lati le fittizie tubature neurali che trasmettono "il senso del tatto, la causa del movimento, l'origine dei nervi e il passaggio delle potenze animali". Gli altri disegni tracciano i nervi principali di una gamba e di un braccio come fossero "corde". All'epoca, si pensava che i nervi avessero una struttura tubolare in cui scorreva il midollo mobile, che trasmetteva i dati sensoriali in entrambe le direzioni.

Può sorprendere l'accostamento di elementi anatomici molto schematizzati e di gambe e braccia elegantemente naturalistiche – sebbene i dettagli scheletrici potrebbero essere basati sulla dissezione di un animale, probabilmente una scimmia. Per ciascuno studio Leonardo sceglie la modalità grafica più efficace ad illustrare le strutture e le relative funzioni.

THE MOST COMPLEX OF this group of studies (1) continue his search for the causes of life – or in this case the incisive ending of life. The diagonally disposed and trimmed note tells us that "the frog retains life for some hours when deprived of its head and heart and all its innards. And if you puncture the said nerve [the top of the spinal cord], it immediately shudders and dies".

The highly mechanised drawing depicts the spinal cord attached to the lower surface of the brain and passing through a schematised vertebra. He labels central canal as containing the "generative power", in keeping with its reproductive role in the copulation study. On either side runs a fictitious piece of neural plumbing that conveys "the sense of touch, the cause of motion, the origin of the nerves and the passage of animal powers". The other drawings trace the major nerves as "cords", passing to the leg and arm. The nerves themselves were thought to be tubular, filled with a mobile medulla that transmits sensory and mental data in both directions.

We may be surprised at the combination of highly schematised features with characteristically elegant naturalism in the legs and arms – albeit that the skeletal details may well be based on animal dissection, most probably a monkey. In each study he selects the most effective graphic mode that will most readily demonstrate structures in terms of their assigned functions.

Nella nota presente sul *verso* del foglio [2], dove tra l'altro raffigura le ossa della mano e alcuni schizzi dei nervi del collo e delle spalle (il nesso branchiale), Leonardo ribadisce che "la rana muore all'istante quando il suo midollo spinale viene perforato. E prima viveva senza testa, cuore, interiora, intestino e pelle". Sembra che abbia provato di persona o assistito a questa macabra vivisezione.

Leonardo era affascinato dalle intricate forme e funzioni del collo, che necessita di una forza considerevole per sostenere e muovere la testa ossea garantendone al contempo la flessibilità e quella della laringe, della trachea e dell'esofago. Nella più grande ed esagerata delle sue dimostrazioni sul collo [3] assegna ai vari condotti delle lettere, sebbene non fornisca una chiave di lettura e in alcuni casi i percorsi dei condotti siano poco chiari.

Per una persona così attenta all'analogia come Leonardo, potremmo chiederci se abbia colto un parallelismo tra la colonna vertebrale e le colonne architettoniche ordinatamente disegnate sul foglio che contiene uno studio della laringe [4].

In uno dei fogli di questa serie sui nervi [7], Leonardo propone infine una tecnica grafica capace di illustrare al meglio il rapporto tridimensionale dei vari muscoli della gamba a vari livelli. A penna e inchiostro, dichiara la sua intenzione di realizzare una serie di sezioni orizzontali che aiutino a comprendere la forma e la distribuzione dei muscoli. Ciò è ulteriormente sviluppato sul lato non colorato di una pagina che appartiene stilisticamente e tematicamente alle dimostrazioni sui nervi di questo gruppo [8]. Il lato colorato del foglio contiene una figura del *situs* sorprendentemente pedestre, forse si trattava di una traccia di schema da sviluppare in seguito con maggiore convinzione e in scala maggiore.

In uno dei fogli della serie su carta blu [5], Leonardo ha inserito un piccolo studio del cervello in sezione orizzontale (ora molto sbiadito), che mostra la tradizionale disposizione dei tre ventricoli, all'interno dei quali si pensava risiedessero le facoltà mentali. Possiamo osservare due occhi con nervi ottici che si uniscono prima di passare al primo ventricolo, etichettato come "recettore di impressioni" e "intelletto". Al contrario, i nervi delle orecchie e del naso si aprono nel ventricolo medio, al quale viene assegnata la "confluenza dei sensi" e delle "azioni volontarie". Questa

In the neat note on the *verso* of the previous sheet [2], the bones of the hand and accompanying sketches of the nerves of the neck and shoulders (the brachial nexus), he again tells us that "the frog dies suddenly when its spinal medulla is penetrated. And previously it lived without its head, heart, innards, intestines or skin". It seems that he tried for himself or witnessed this gruesome vivisection.

Leonardo was fascinated by the intricate forms and functions of the neck, which needs considerable strength to support and move the bony head, and to retain the flexibility of the neck, larynx, trachea, oesophagus. On the largest and most exaggerated of his neck demonstrations [3], he assigns letters to the various conduits, though he provides no key and the courses of the channels become unclear in places.

For someone as attuned to analogy as Leonardo, we might wonder if he saw a parallel between the spine and the neatly drawn architectural columns on the sheet which contains a study of the larynx [4].

On one of the sheets in this series dealing with nerves [7], he finally proposes a graphic technique that might best demonstrate the 3-dimensional relationship between muscles at various levels in the leg. In pen and ink, he describes his intention to make a set of horizontal sections that would help is to understand the shape and distribution of the muscles. This is further developed on the uncoloured side of a page that belongs stylistically and thematically with the demonstrations of the nerves in this group [8]. The coloured side of the sheet contains a surprisingly pedestrian *situs* figure, perhaps mapping out a scheme that was to be developed with more conviction on a bigger scale.

In one of the sheets from the series on blue paper [5], Leonardo has squeezed in small study of the brain in horizontal section (now much faded), which shows the traditional array of three ventricles, within which mental faculties were thought to located. We see two eyes with optic nerves that join before passing into the first ventricle, which is labelled "receptor of impressions" and "intellect". By contrast the nerves from the ears and nose open into the middle ventricle, to which is assigned the "conflu-

speculazione si inserisce a completamento della sua convinzione, secondo cui la vista è il più grande dei cinque sensi. L'implicazione è che i dati visivi vengono trasmessi direttamente all'intelletto. Questo ruolo anatomico privilegiato della vista non è stato però sostenuto con coerenza negli studi più approfonditi del cervello e dei nervi.

Nota sulla datazione

Questi vari disegni risalgono probabilmente ai primi anni del 1480.

ence of the senses" and "voluntary actions". This speculative manoeuvre compliments his repeated argument that sight is the greatest of the five senses. The implication is that visual data is passed directly into the intellect. He did not consistently sustain this anatomical privilege of sight in his more developed studies of the brain and nerves.

Note about dating

These varied drawings probably date from early in the 1480s.

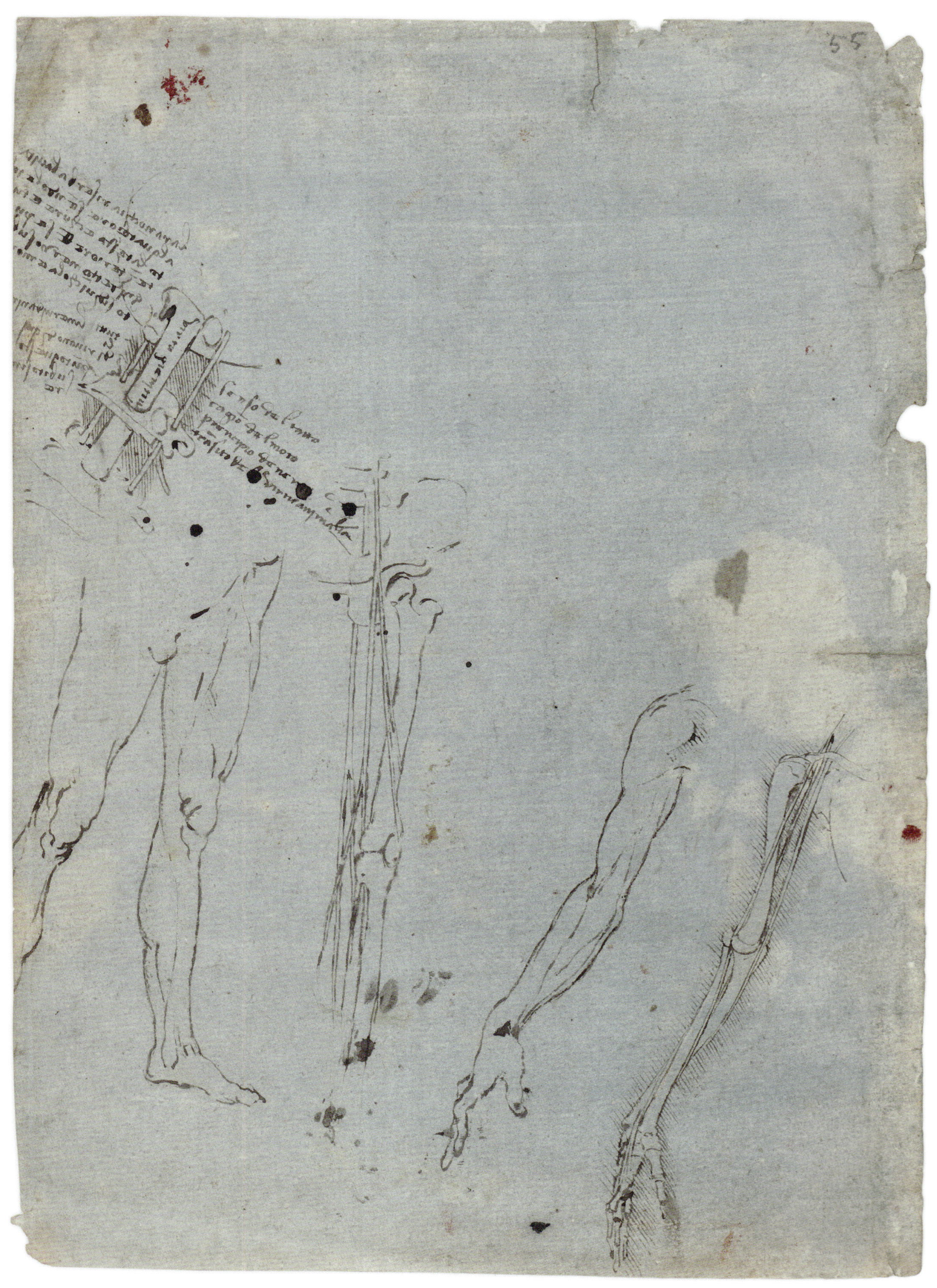

1. *Nervi del collo, della coscia e del braccio.*
Penna e inchiostro, punta metallica su carta blu-grigia, 22,2 × 30,4 cm.
RL 12613v / K&P 1r

1. *Nerves of the neck, thigh and arm.*
Pen and ink, metalpoint on blue-grey prepared paper, 22.2 × 30.4 cm.
RL 12613v / K&P 1r

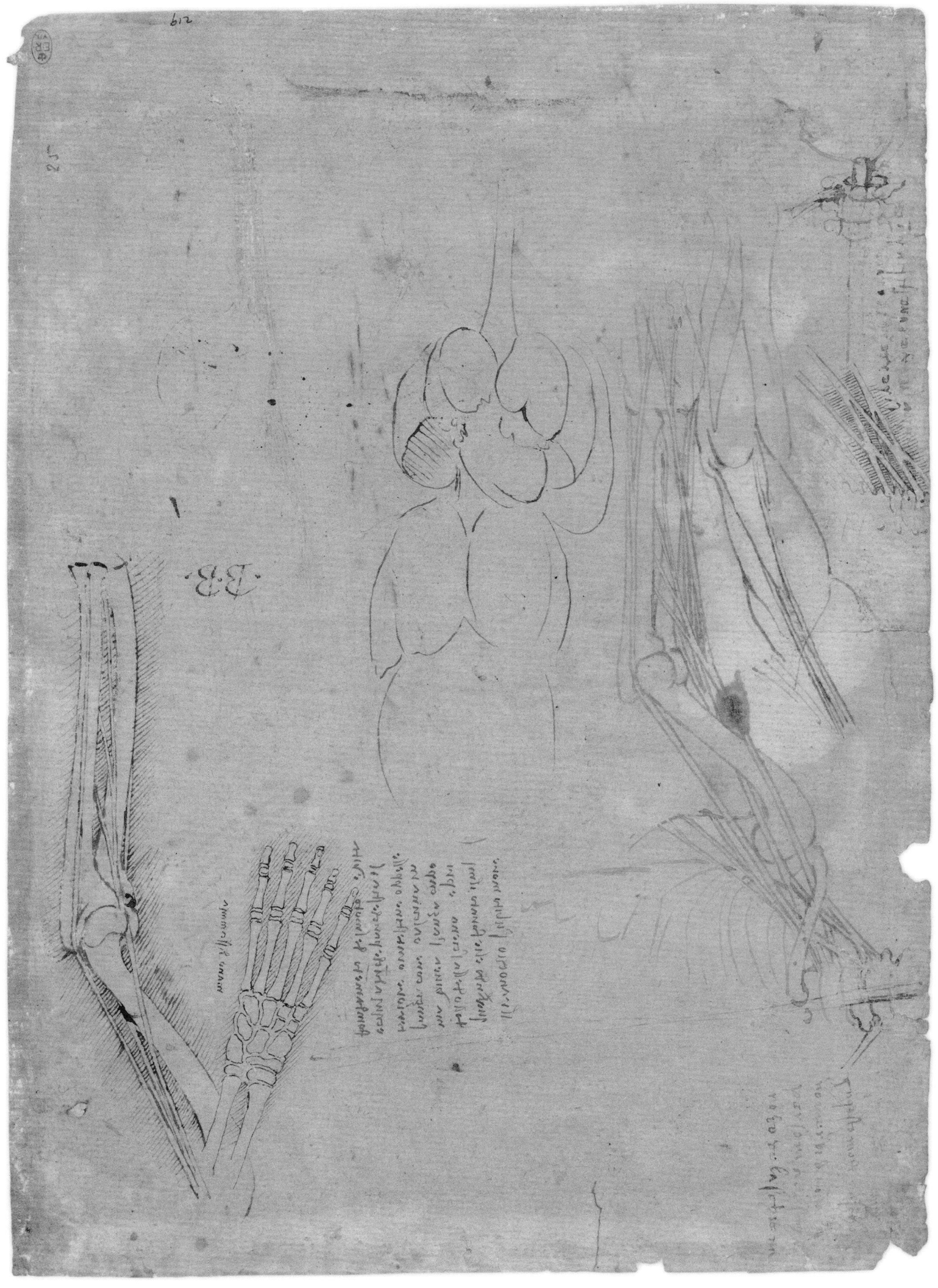

2. *Nervi della spalla e delle braccia con organi del torace e dell'addome di un animale.*
Penna e inchiostro, punta metallica su carta blu-grigia, 22,2 × 30,4 cm.
RL 12613r / K&P 1v

2. *Nerves of the shoulder and arms with organs of the thorax and abdomen of an animal.*
Pen and ink, metalpoint on blue-grey prepared paper, 22.2 × 30.4 cm.
RL 12613r / K&P 1v

3. *Anatomia del collo e profilo da destra.*
Penna e inchiostro, punta metallica e punta a piombo
su carta blu-grigio, 20,2 × 28,7 cm.
RL 12609r / K&P 3r

3. *Anatomy of the neck and profile from the right.*
Pen and ink, metalpoint and leadpoint
on blue-grey prepared paper, 20.2 × 28.7 cm.
RL 12609r / K&P 3r

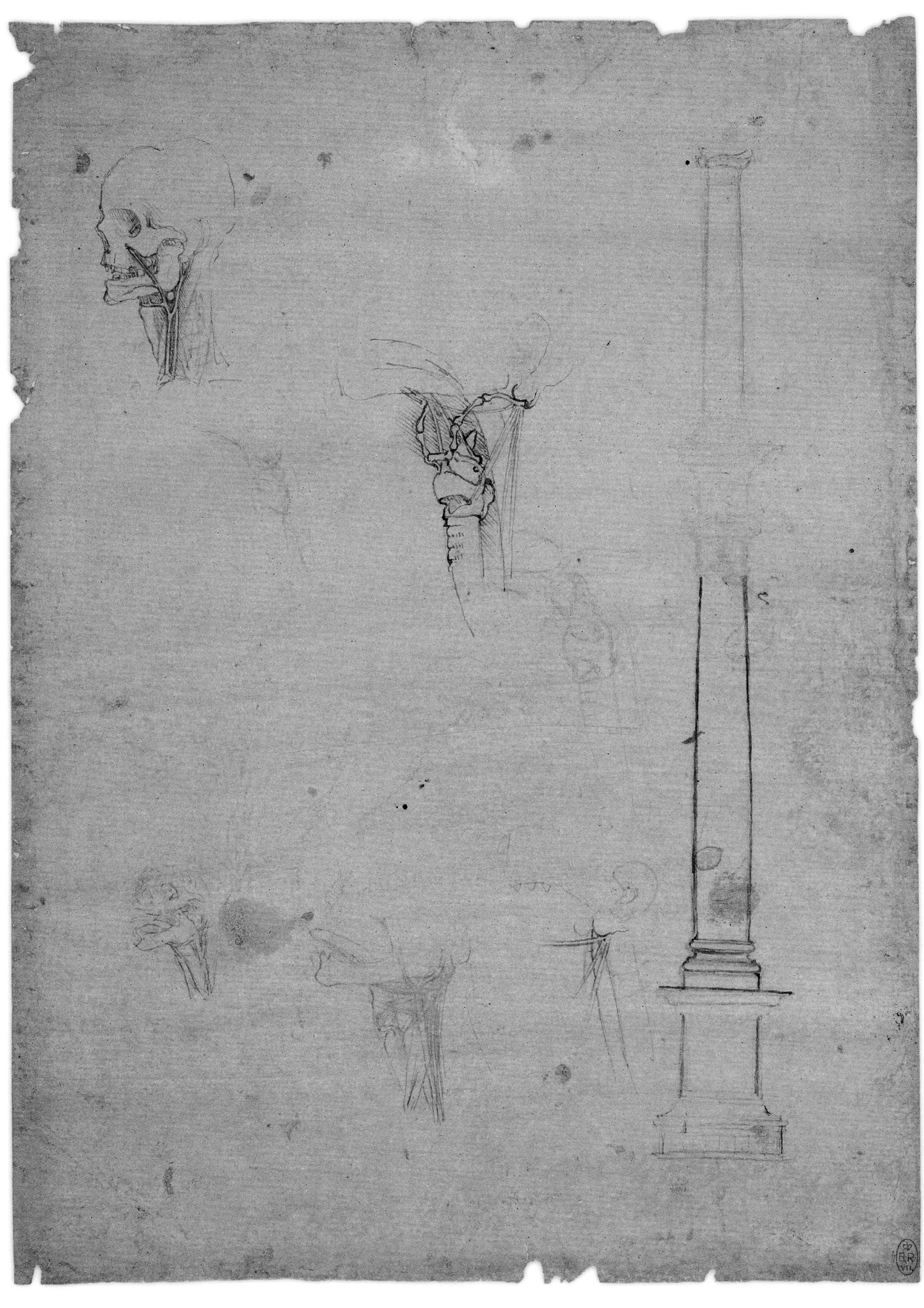

4. *Anatomia della laringe.*
Penna e inchiostro, punta metallica su carta blu pallido, 29,3 × 21,1 cm.
RL 12608r / K&P 2r

4. *Anatomy of the larynx.*
Pen and ink, metalpoint on pale blue prepared paper, 29.3 × 21.1 cm.
RL 12608r / K&P 2r

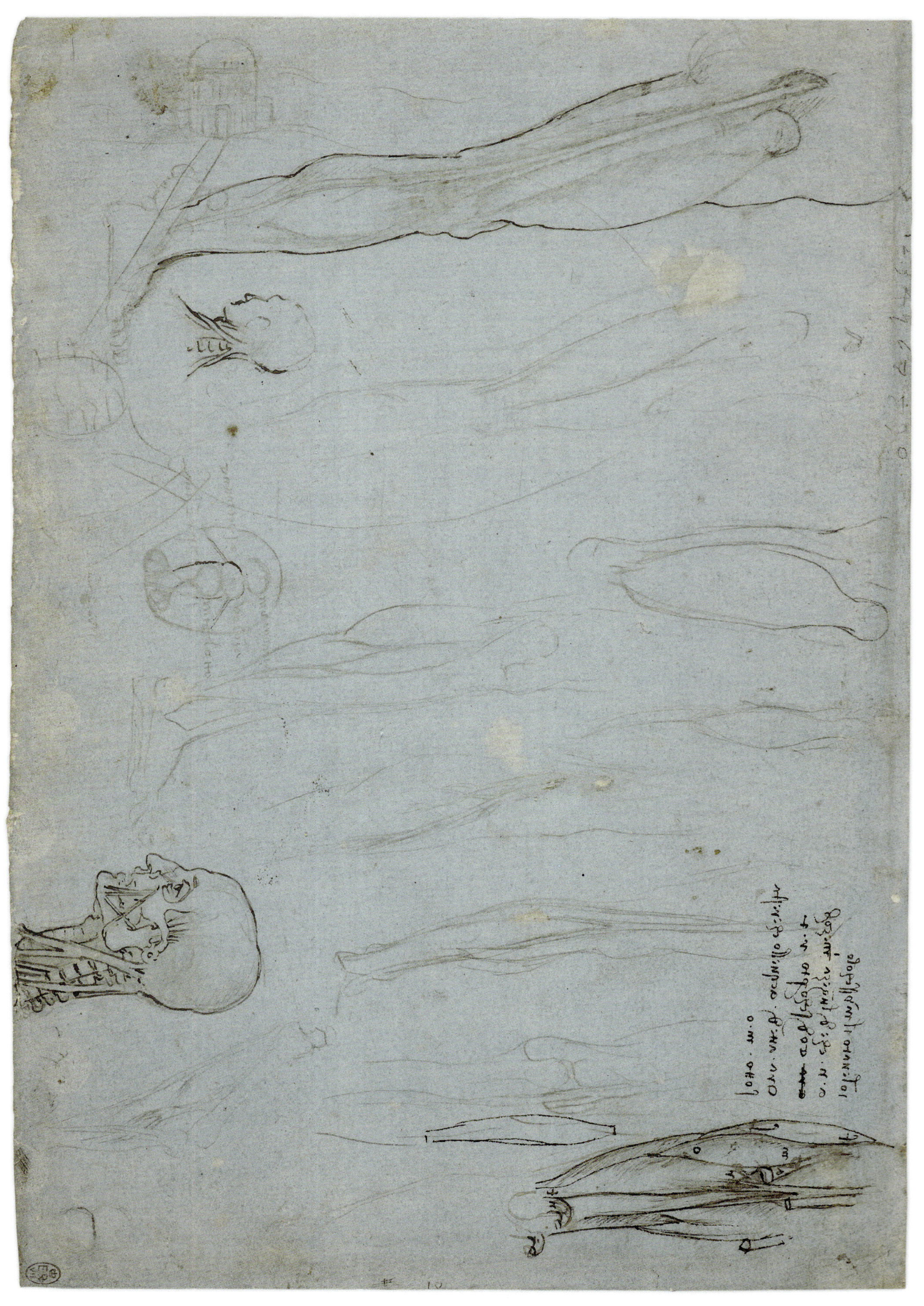

5. *Nervi e muscoli della gamba, dissezione della coscia, anatomia del collo e sezione orizzontale del cervello.*
Penna e inchiostro, punta metallica su carta blu-grigia, 21,3 × 30,0 cm.
RL 12626r / K&P 6r

5. *Nerves and muscles of the leg, dissection of the thigh, anatomy of the neck and horizontal section of the brain.*
Pen and ink, metalpoint on blue-grey prepared paper, 21.3 × 30.0 cm.
RL 12626r / K&P 6r

6. *Nervi della coscia.*
Penna e inchiostro, stilo su carta, 20,6 × 29,1 cm.
RL 12618r / K&P 7r

6. *Nerves of the thigh.*
Pen and ink, stylus on paper, 20.6 × 29.1 cm.
RL 12618r / K&P 7r

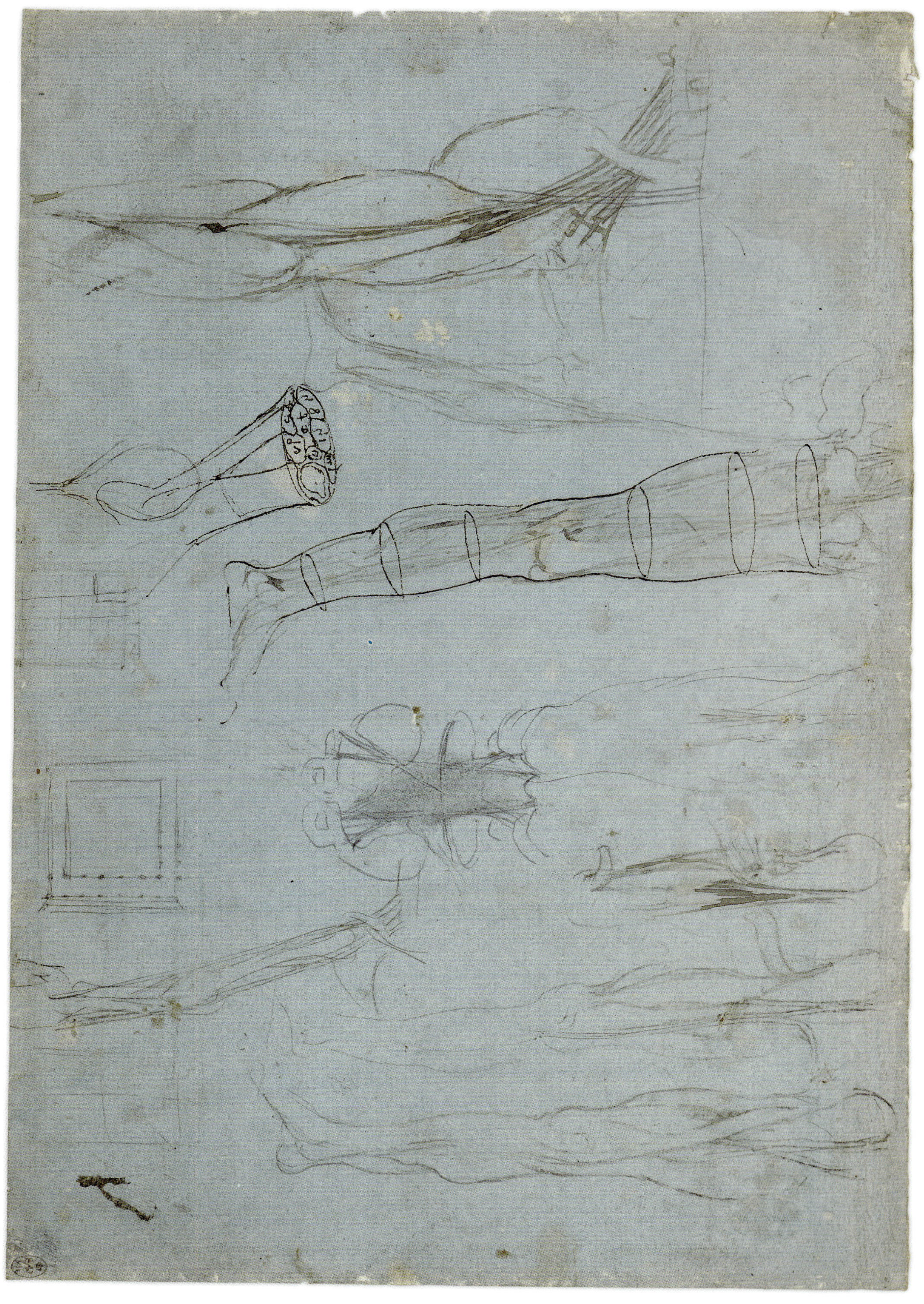

7. *Nervi del collo, della spalla e dell'addome e sezioni della gamba.*
Penna e inchiostro, punta metallica su carta blu pallido, 21,2 × 29,7 cm.
RL 12617r / K&P 5r

7. *Nerves of the neck, shoulder and abdomen, and sections of the leg.*
Pen and ink, metalpoint on pale blue prepared paper, 21.2 × 29.7 cm.
RL 12617r / K&P 5r

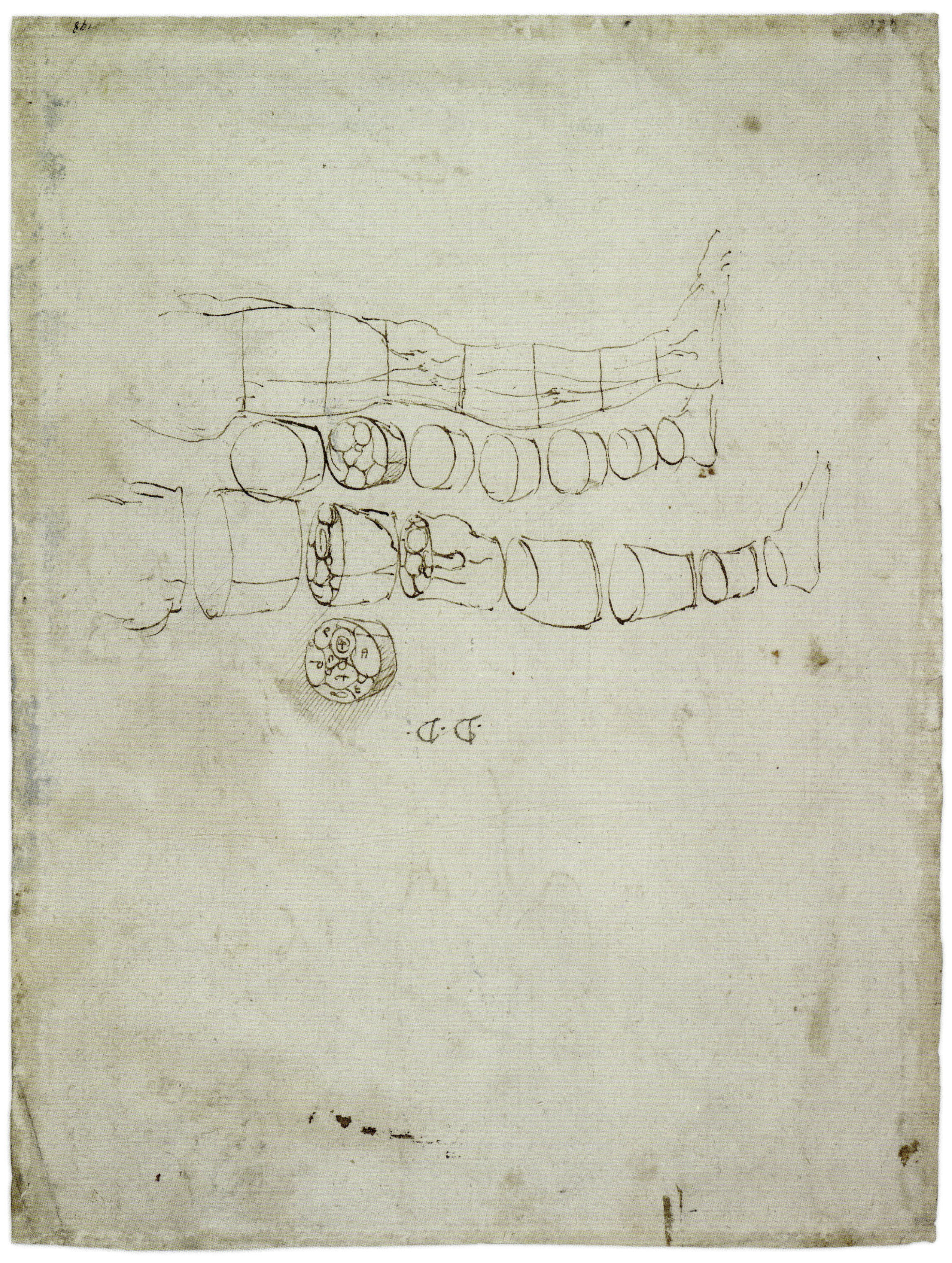

8. *Sezioni di gambe.*
Penna e inchiostro, punta metallica su carta blu pallido, 22,2 × 29,0 cm.
RL 12627v / K&P 4v

8. *Sections of legs.*
Pen and ink, metalpoint on pale blue prepared paper, 22.2 × 29.0 cm.
RL 12627v / K&P 4v

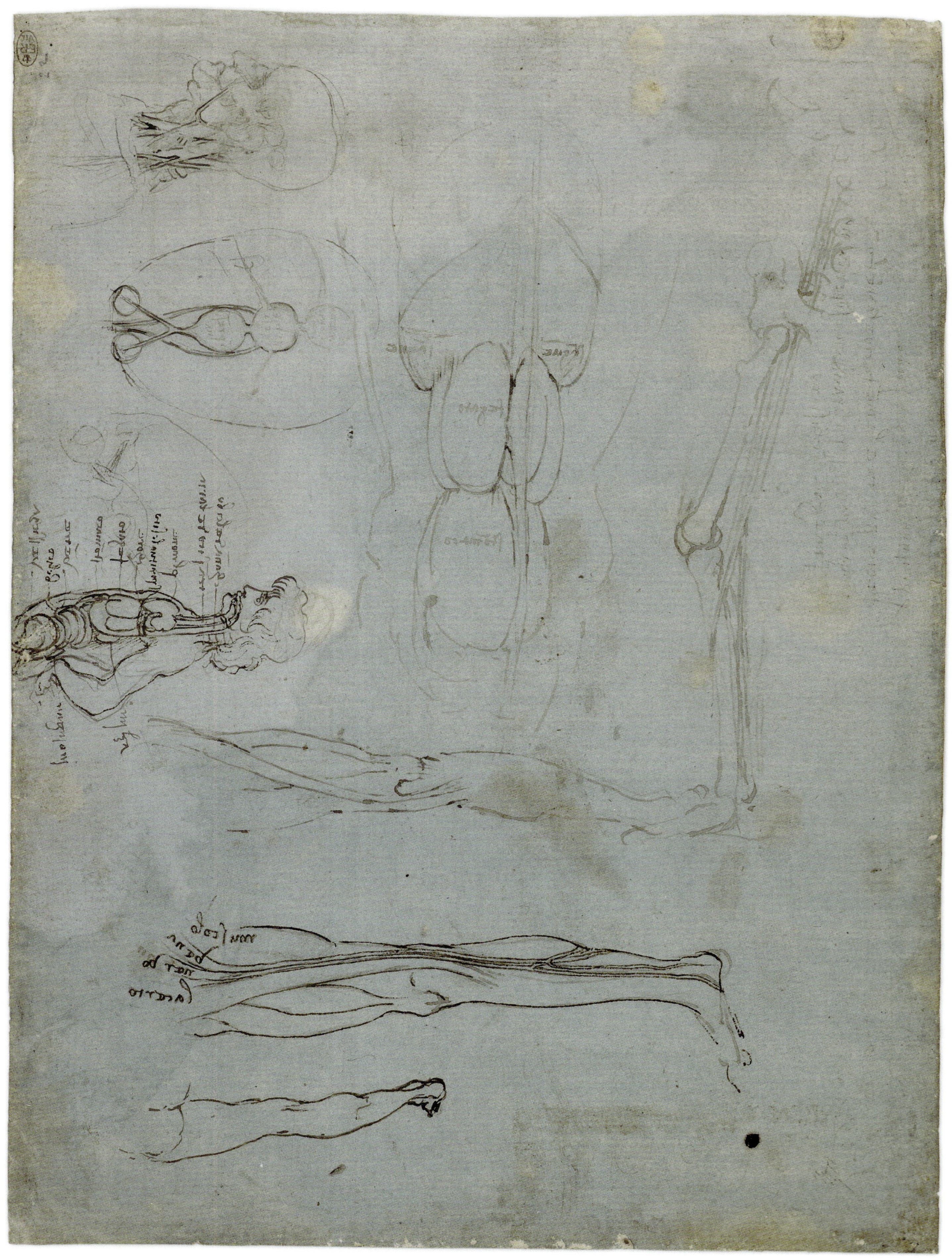

9. *Nervi della gamba, anatomia del collo, sezione trasversale del cervello e disegno dei principali organi.*
Penna e inchiostro, punta metallica su carta blu pallido, 22,2 × 29,0 cm.
RL 12627r / K&P 4r

9. *Nerves of the leg, anatomy of the neck, cross-section of the brain and drawing of the major organs.*
Pen and ink, metalpoint on pale blue prepared paper, 22.2 × 29.0 cm.
RL 12627r / K&P 4r

V

Il piede dell'orso

The Foot of a Bear

GLI APPUNTI DI LEONARDO attestano l'intenzione di realizzare studi anatomici sugli animali, per quanto ben pochi siano giunti fino a noi. Era molto attento alla relazione tra lo scheletro e i muscoli degli animali e alle caratteristiche che trovavano corrispondenza nel corpo umano. Il piede e la gamba dell'orso sono molto affini a quelli umani perché, a differenza della maggior parte dei quadrupedi che cammina sulle punte dei piedi, l'orso cammina appoggiando a terra l'intera pianta del piede. Altrove, ha anche raffigurato la testa e il piede di un orso in splendidi disegni a punta metallica, forse utilizzando lo stesso animale sezionato.

Le ossa, i tendini, i legamenti e i muscoli sono rappresentati con delicata precisione e convinzione tecnica, aggiungendo del bianco per conferire rilievo sullo sfondo blu. Leonardo trasmette magistralmente la percezione di come le componenti anatomiche agiscano per muovere il piede e le dita artigliate, finemente coordinate. La riproduzione di tali disegni avrebbe messo a dura prova anche l'incisore più abile, nel caso in cui Leonardo avesse voluto pubblicarli. È forte l'impressione che egli volesse soprattutto soddisfare il suo fine fascino, in sintonia con la perfezione divina della natura creata.

Nota sulla datazione

I disegni di Leonardo di un orso vivo risalgono all'epoca dell'*Adorazione dei Magi*, cioè al 1481 circa, ma questi studi potrebbero essere posteriori, 1488 circa.

LEONARDO'S NOTES TESTIFY THAT he planned anatomical studies of animals, although few have survived. He was alert to the relationship of the skeleton and muscles of animals to corresponding features in human bodies. The bear's foot and leg are especially close to those of humans, since they walk with their feet flat on the ground, unlike most quadrupeds, which in effect stand on their toes. Elsewhere he portrayed a bear's head and foot in beautiful silverpoint drawings, perhaps using the same animal as the one he dissected.

The bones, tendons, ligaments and muscles are portrayed with delicate precision and mechanical conviction, using white heightening to create a sense of relief against the blue background. He conveys a clear sense of how the components act to move the foot and its clawed toes in a finely coordinated manner. Reproducing such drawings would have taxed even the most able engraver's skill if Leonardo's intention was that they were to be published. There is a strong sense that he was primarily satisfying his own finely-tuned fascination with the divine perfection of created nature.

Note about dating

Leonardo's drawings of a living bear date from the time of the *Adoration of the Magi*, i.e. c.1481. but these studies may be later, c. 1488.

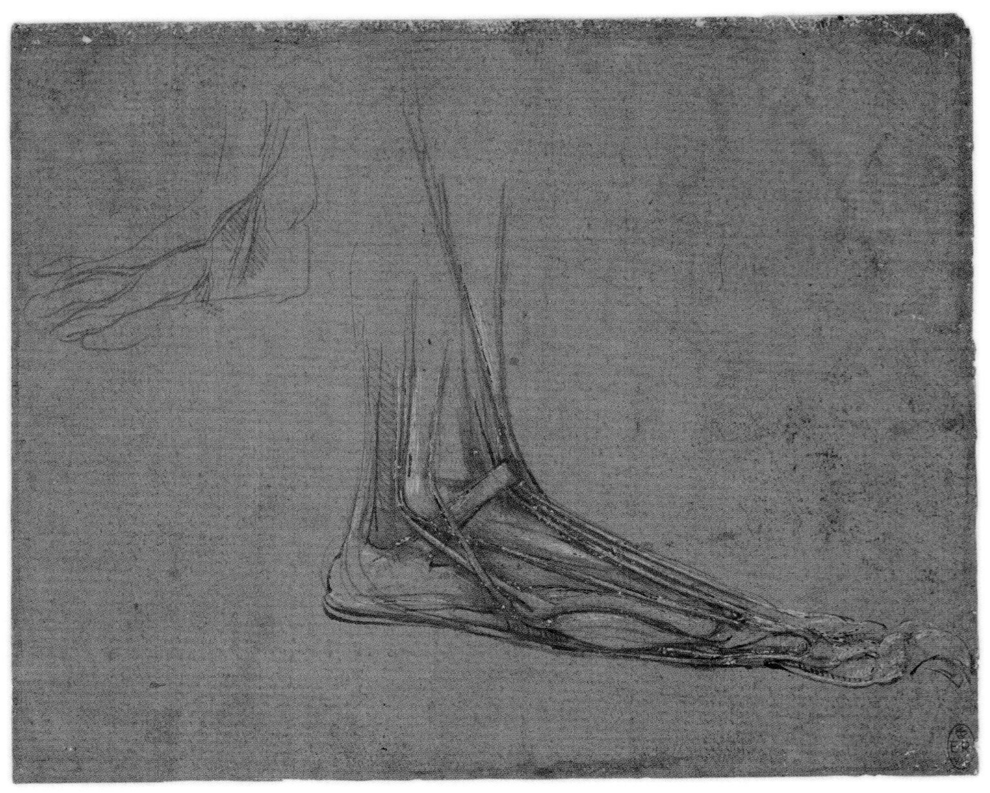

1. *Dissezione di una zampa d'orso.*
Penna e inchiostro, punta metallica su carta blu-grigia, 14,1 × 18,1 cm.
RL 12374r / K&P 16r

1. *Dissection of a bear's foot.*
Pen and ink, metalpoint on blue-grey prepared paper, 14.1 × 18.1 cm.
RL 12374r / K&P 16r

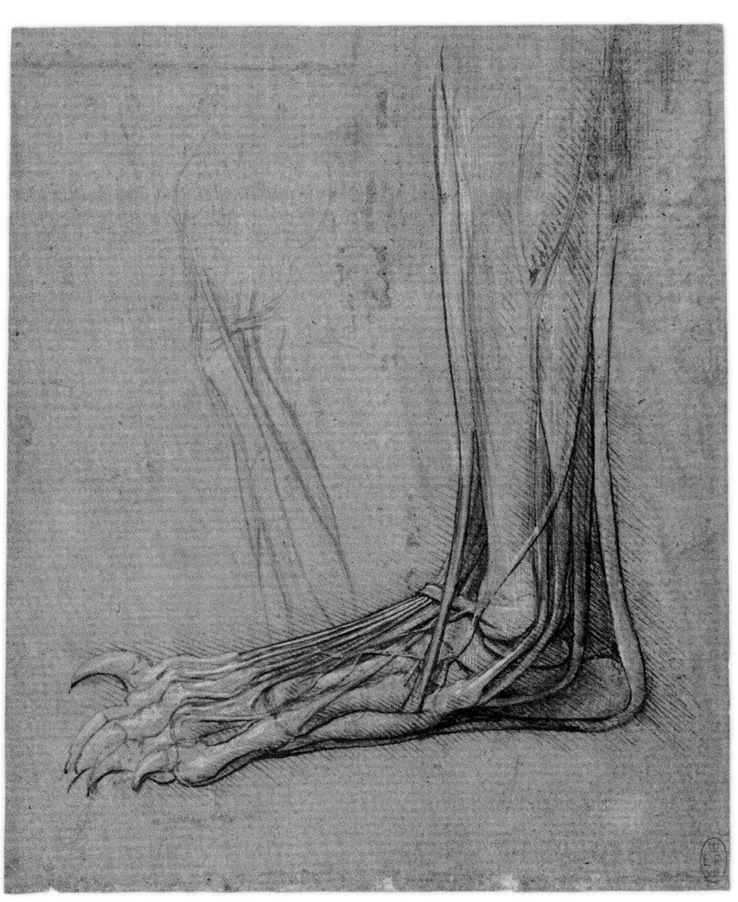

2. *Dissezione di una zampa d'orso.*
Penna e inchiostro, colore bianco, punta metallica
su carta blu-grigia, 16,1 × 13,7 cm.
RL 12372r / K&P 12r

2. *Dissection of a bear's foot.*
Pen and ink, white bodycolour, metalpoint
on blue-grey prepared paper, 16.1 × 13.7 cm.
RL 12372r / K&P 12r

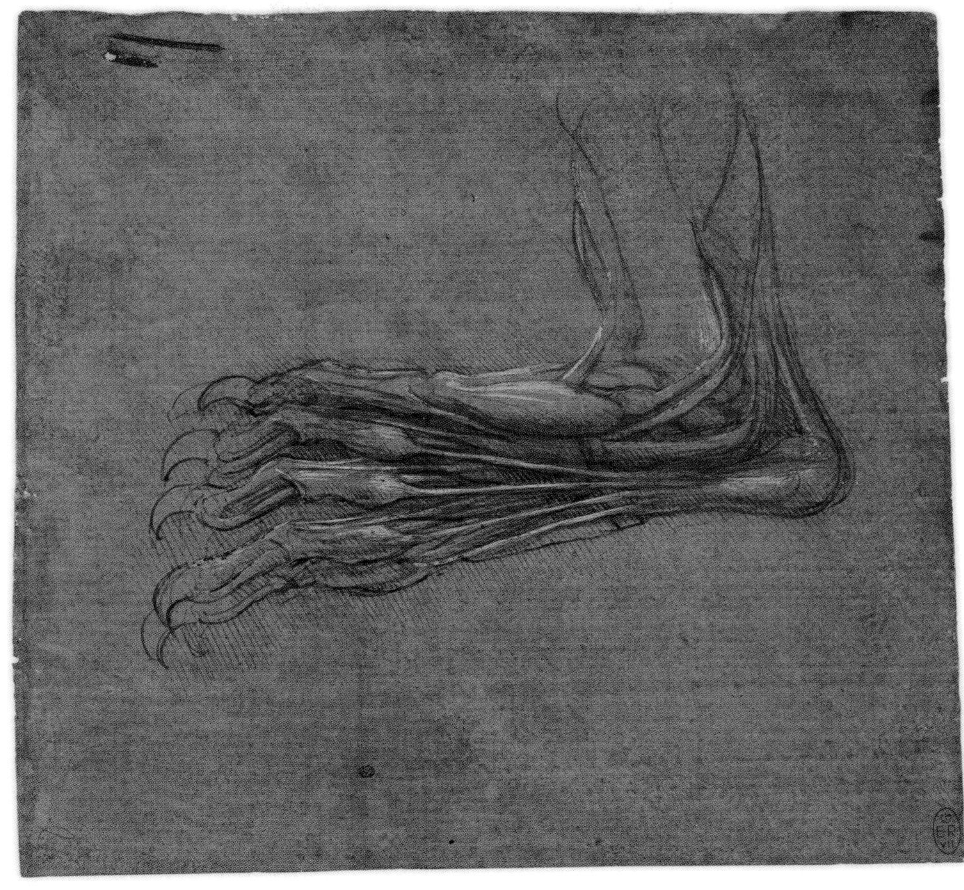

3. *Dissezione di una zampa d'orso vista dalla pianta.*
Penna e inchiostro, punta metallica su carta blu-grigia, 15,5 × 17,3 cm.
RL 12375r / K&P 15r

3. *Dissection of a bear's foot from the underside.*
Pen and ink, metalpoint on blue-grey prepared paper, 15.5 × 17.3 cm.
RL 12375r / K&P 15r

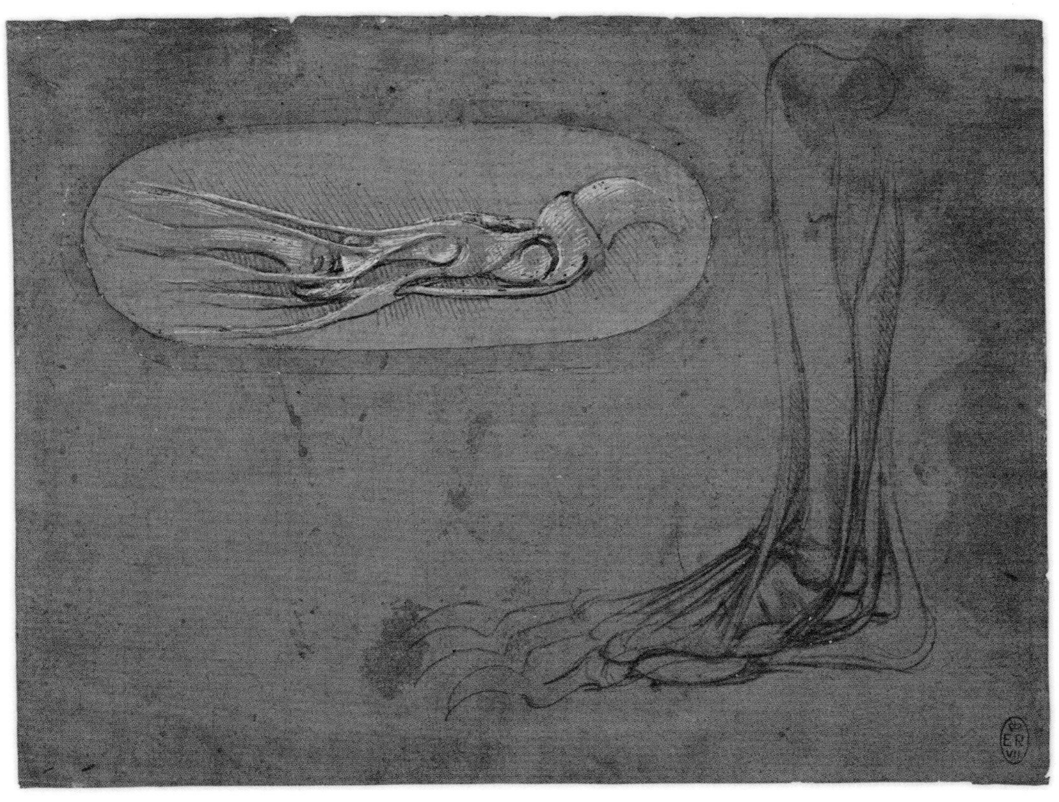

4. *Dissezione della zampa e dell'alluce di orso.*
Punta metallica, penna e inchiostro, e inchiostro bianco
su carta blu, 13,6 × 18,6 cm, 4,8 × 12,1 cm (frammento).
RL 12373r & 12373A / K&P 14r & 13r

4. *Dissection of a bear's foot and toe.*
Metalpoint, pen and ink, and white heightening
blue prepared paper, 13.6 × 18.6 cm, 4.8 × 12.1 cm (fragment).
RL 12373r & 12373A / K&P 14r & 13r

VI

Ossa e cervelli

Bones and Brains

LA SERIE DEGLI STUDI sul cranio, di cui uno reca la data "*2 d'aprile 1489*", comprende i primi capolavori visivi di anatomia descrittiva [1]. Le sfumature della forma esterna e interna del cranio, realizzate con penna e inchiostro, presentano una raffinatezza pittorica sorprendente. Nella nota a corredo traccia il percorso della vena mascellare e la posizione del "*lagrimatoio*" (il condotto lacrimale). "Le lacrime salgono dal cuore all'occhio passando attraverso il canale del naso", afferma nel foglio con due crani sezionati verticalmente [8]. Oggetto di forte interesse è anche la funzione di ciascuna parte del cervello che risiede nel cranio.

Considerando le dentature presenti nei vari disegni, Leonardo ha condotto studi su più crani e non sorprende che i denti abbiano attirato la sua attenzione. Accanto a uno degli studi più rifiniti e accurati [10], abbozza diversi denti e ne conta correttamente 16 per ogni mascella. Su un foglio di appunti [11], considera le mascelle e i denti come un sistema meccanico, in termini di scienza delle leve, spiegando che la pressione del morso è maggiore vicino al fulcro, dove sono i robusti molari, e minore vicino alle estremità delle leve, dove sono gli incisivi affilati. Il sistema è perfettamente progettato per schiacciare, sgranocchiare e tagliare.

Ma in altri fogli di questo gruppo, l'autore abbraccia un'ampia gamma di grandi questioni che non sarebbero generalmente caratterizzate come "anatomiche".

Sul *verso* del foglio datato, Leonardo elenca un notevole programma di forme e funzioni corporee che intende esplorare.

THE SERIES OF SKULL studies, one of which is dated "on the 2nd day of April 1489", comprise the first visual masterpieces of descriptive anatomy [1]. The nuances of shape in the exterior and interior of the cranium are described in pen and ink with astonishing pictorial subtlety. The note traces the course maxillary vein and the location of the "lacrimator" (the conduit for tears). On the sheet with two vertically-sectioned crania [8] he tells us that "the tears rise up from the heart to the eye, passing through the canal of the nose". He is much concerned with the function of each part of the brain that resides in the skull.

To judge from the teeth in the various studies, he was working from more than one cranium. Unsurprisingly the teeth themselves attract his attention. Beside one of the highly-finished studies [10], he sketches, the shape of various kinds of tooth, and correctly counts 16 in each jawbone. On a sheet of notes [11], he considers the jaws and teeth as a mechanical system, in terms of the science of levers. He explains that the pressure of the bite is greatest near the fulcrum, where the robust molars are located, and least near the ends of the levers, where the sharp incisors are located. The system as perfectly designed to crush, crunch and cut.

But on other of the sheets in this set, he embraces a wide range of big issues that would not generally be characterised as "anatomical".

On the *verso* of the dated sheet, he lists a remarkable agenda of bodily forms and functions that he plans to explore.

"Quale nervo è cagione del moto dell'occhio a fare che 'l moto dell'un occhio tiri l'altro. // Del chiudere le ciglia / dello alzare le ciglia / dello abbassare le ciglia. // Dello chiudere li occhi / dello aprire li occhi. // Dello alzare le anarise. // Dell'aprire le labbra co' denti serrati / delle appuntare le labbra / del ridere / del meravigliarsi." (2)

Questo elenco non corrisponde ai consueti testi anatomici e rispecchia ovviamente le sue riflessioni di pittore circa le emozioni umane testimoniate dal volto.

Nella seconda serie di appunti presenti sullo stesso foglio, Leonardo amplia ulteriormente gli argomenti, come riportato integralmente nell'Introduzione. *"Addiscrivere il principio dell'omo quando elle si causa nella matrice e perché uno putto non vive d'otto mesi".* Infine, ritorna sui meccanismi di movimento. *"Del nervo ch'è cagione del moto dalla spalla al gomito"*.

Su due fogli correlati, raffiguranti le vene della testa (3 e 4), formula altri elenchi, più ampiamente citati nell'Introduzione. Osserva che *"le vene non fanno altro ofizio che scaldare"*. Intende anche scrivere *"di filosomia* [fisiognomia]" (la scienza dei lineamenti del viso). Appunta anche alcune "cause" che intende studiare, tra cui quella *"del vomito; del votare le intestine; dello isbavigliare; causa del solletico; della lussuria e altre necessità del corpo"*.

Nessun anatomista si era mai prefissato un programma così ampio e variegato. Come sappiamo a posteriori, le incredibili ambizioni di Leonardo dovevano rimanere tali.

Leonardo sonda le intricate strutture del cranio con grande intensità visiva. Per farlo, inventa una tecnica del tutto inedita di taglio delle sezioni, spesso perpendicolari tra loro. Si sforza anche di estrarre la geometria proporzionale che sta alla base della forma del cranio. Il punto chiave del sistema proporzionale viene designato quale luogo cruciale dell'attività mentale. Il "polo" o "fulcro" centrale del cranio segna la posizione del *senso comune*.

"Il concorso di tutti il sensi ha sotto sé per linia perpendiculare l'uvola dove si gusta il cibo a distanzia di due dita, e si dirizza sopra la canna del polmone e sopra il buso del core per ispazio d'uno piè; e ha sopra sé la giuntura dell'osso del craneo una mezza testa, e ha dinanzi a sé per linia orizzontale i' lagrimatoio degli occhi a una terza testa." (9)

"Which nerve is the cause of the motion of the eye and makes the motion of one eye // draw the other / on closing the eyelids / on lowering the eyelids // on shutting the eyes / on opening the eyes // on raising the nostrils // on opening the lips with the mouth closed / on bringing the lips to a point / on laughing / on wonder." (2)

This list does not correspond to standard anatomical texts, and obviously reflect his concerns as a painter of human emotions as witnessed in the face.

In the second set of notes on the same sheet, the topics are extended even further, as quoted fully in the Introduction. "Describe the origins of man when generated in the womb/ and why an infant of 8 months dies...". Finally, he returns to mechanisms of motion. "On the nerve that causes motion from the shoulder to the elbow".

On two related sheets with drawings of the veins on the head (3 and 4), he formulates more lists, more fully quoted in the Introduction. He notes that "the veins perform no other function than to heat". He also intends to "write on physiognomy" (the science of facial features). He sets out "causes" to be investigated, such as "vomiting... emptying the intestines..., yawning..., tickling..., lust and other needs of the body".

No anatomist ever set such an expansive and mixed agenda. As we know in retrospect, Leonardo's breath-taking ambitions were to remain ambitions.

He probes the intricate structures of the skull with great visual intensity. To do this, he invents an entirely novel technique of cutting sections, often perpendicular to each other. He also strives to extract the proportional geometry that underlies the shape of the cranium. A key point in the system of proportions is designated as a crucial site of mental activity. The central "pole" or "fulcrum" of the cranium marks the location of the *senso comune*.

"The confluence of all the senses has below it in a perpendicular line the uvula, where one tastes food, at a distance of two fingers; and it is directly above the windpipe of the lung and the orifice of the heart by a space of one foot. And it has the junction of the bones of the head half a head above it, and in front of it in a horizontal line is the lacrimator of the eye at one-third of a head." (9)

Gli impulsi provenienti da tutti e cinque i sensi convergono sul "*senso comune*". In uno studio [9], si possono osservare i nervi vermiformi che convergono in questo punto centrale attraverso perforazioni nel cranio. È in questo snodo centrale che le informazioni provenienti dai vari sensi vengono coordinate e valutate.

Nella scienza medievale relativa al cervello, si riteneva che le attività mentali avessero luogo nelle cavità o nei ventricoli, non nella "materia grigia". Non si trattava di un'idea assurda. Prima che la colorazione e la microscopia rivelassero i neuroni, la sostanza molliccia del cervello sembrava avere poca o nessuna struttura. I ventricoli erano caratterizzati come tre camere collegate, come abbiamo già visto.

La correlazione tra funzioni mentali e ventricoli poteva variare considerevolmente. I filosofi erano generalmente d'accordo sul fatto che l'ultima camera fosse dedicata alla memoria e la maggior parte riteneva che le capacità intellettuali superiori risiedessero nel ventricolo medio, insieme al *senso comune* – e all'anima. Si diceva spesso che il primo ventricolo fosse la sede di vari tipi di immaginazione: ricettiva, combinatoria e fantastica.

Leonardo descriveva generalmente il primo ventricolo come il "recettore delle impressioni" ed era propenso a dare priorità anatomica alla vista, quale senso che veniva registrato per primo nel cervello. Tuttavia, nella rappresentazione più elaborata dei ventricoli presente in questo gruppo [12], sembra collegare tutti i nervi sensoriali al primo ventricolo, che possiamo supporre essere la sede del *senso comune*. Le sezioni verticali e orizzontali illustrano il collegamento diretto e più immediato tra occhio e cervello. Lo studio principale mostra le tonache dell'occhio come continue con le membrane esterne del cervello. Sul *verso* [13], Leonardo sta pensando a come rappresentare i ventricoli da un punto di vista frontale e valutando anche come rappresentare la testa in pianta e in alzato.

Nella più grande delle sue sezioni verticali del cervello [12], nomina gli strati del cuoio capelluto, del cranio e delle meningi. In un tipico atto di pensiero laterale, paragona la sequenza degli strati a quelli visibili in una cipolla sezionata.

Due delle pagine che un tempo erano legate al gruppo del cranio riguardano l'ottica [14 e 15]. Potremmo considerare questo argomento come distinto dall'anatomia del cranio, ma

Impulses from all five sense converge on the "common sense". In one of the studies [9], we can observe the worm-like nerves arriving at this central point via perforations in the skull. It is in this central exchange that the information from the various senses is coordinated and evaluated.

In the mediaeval science of the brain, mental activities were believed to occur in the cavities or ventricles, not in the "grey matter". This was not a daft idea. Before staining and microscopy revealed the neurons, the mushy substance of the brain appeared to have little or no structure. The ventricles were characterised as three linked chambers, as we have already seen.

Which mental functions were located in which ventricle varied considerably. The philosophers were in general agreement that the last chamber was devoted to memory, and most believed that higher intellectual capacities resided in the middle ventricle, in company with the *senso commune* – and the soul. The first ventricle was often said to be the seat of various kinds of imagination – receptive, combinatory and fantastical.

Leonardo generally described the first ventricle as the "receptor of impressions", and was inclined to give anatomical priority to sight as the sense that was most immediately registered in the brain. However, on his most developed depiction of the ventricles in this series [12], he seemingly connects all the sensory nerves to the first ventricle, which we may assume is the site of the *senso comune*. The vertical and horizontal sections show the eye as having the most immediate link to the brain. Indeed, the main study shows the tunics of the eye as continuous with the outer membranes of the brain. On the *verso* [13] Leonardo is thinking about how he might represent the ventricles in see-through views from the front. He is also considering how to depict the head in plan and elevations.

In the largest of his vertical sections of the brain [12], he names the layers of the scalp, cranium and meninges. In a typical act of lateral thinking, he compares the successive layers to those visible in a sectioned onion.

Two of the pages that were once bound with the skull set concern optics [14 and 15]. We might see this topic as distinct

abbiamo già notato che l'elenco sul *verso* del foglio datato includeva discussioni sull'occhio e sulle palpebre. Nel foglio con un leggero schizzo ottico (15), Leonardo elenca argomenti che riguardano il funzionamento della "*potenzia di virtù visiva*" e della pupilla, confrontando il ruolo della pupilla negli animali e nell'uomo. Nel frammento con disegni dell'occhio e delle palpebre (14), Leonardo pone domande fondamentali, tra cui "*se li simulacri* [immagini] *han proprio sito nell'occhio o no*" e "*se li razzi* [raggi] *entrano nell'occhio o se si piegano nell'entrata o no*". Come sempre, Leonardo vede relazioni naturali tra argomenti che noi consideriamo separati.

Nota sulla datazione

Gli studi sul cranio e sul cervello ruotano intorno al foglio datato 1489.

from the anatomy of the cranium, but we have already noted that his list on the *verso* of the dated sheet included discussions of the eye and eyelids. On the page with one slight optical sketch (15), he lists topics that concern the operation of the "visual power" and the pupil, comparing the role of the pupil in animals and man. On the fragmentary sheet with drawings of the eye and eyelids (14), he asks such fundamental questions as "whether images actually take place in the eye or not', and "whether the rays enter the eye [directly] or are bent on entering, or not". As always with Leonardo, he sees natural relationships between topics that we consider as separate.

Note about dating

The skull and brain studies centre around the sheet dated 1489.

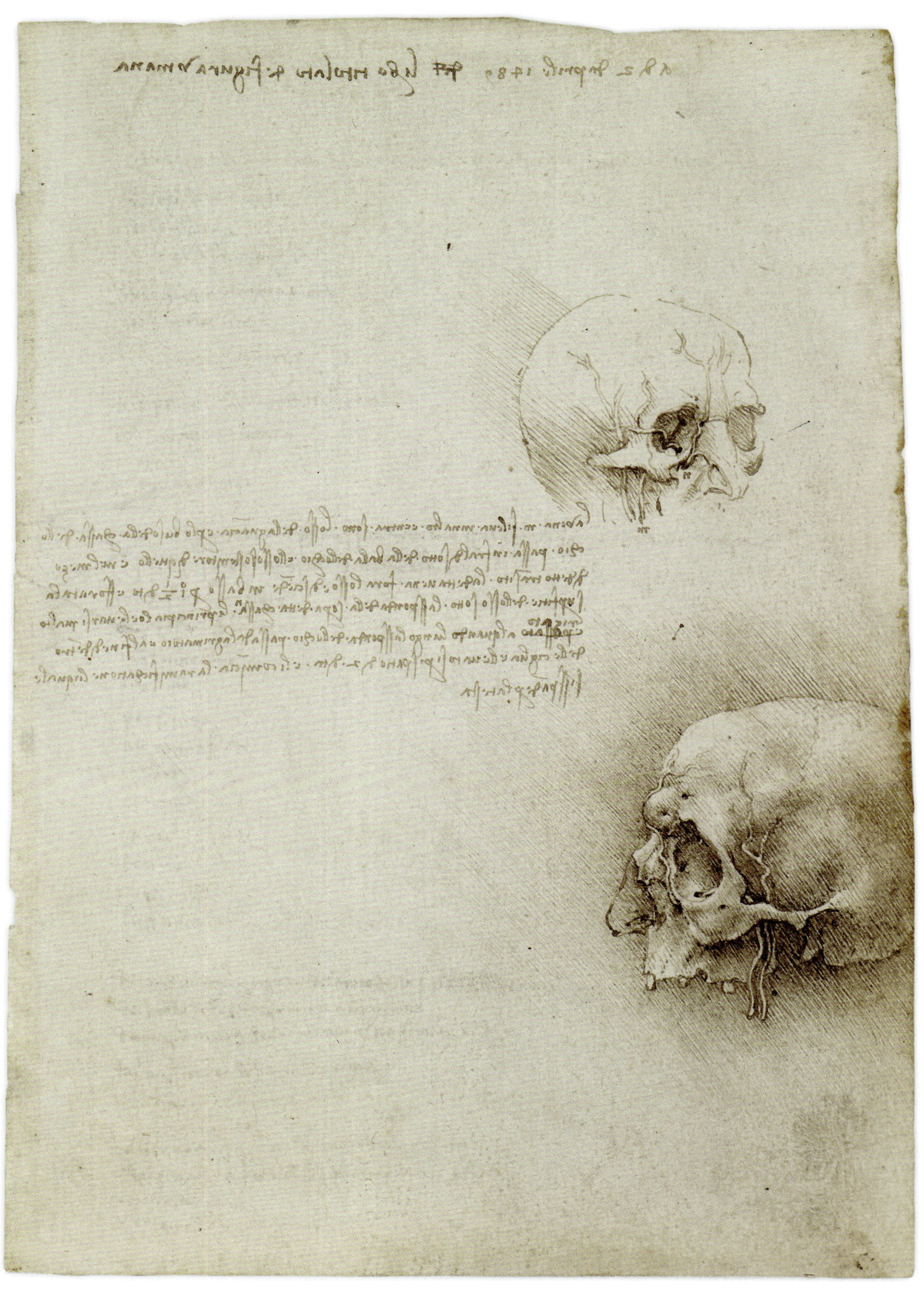

1. *Il cranio con alcuni vasi sanguigni.*
Penna e inchiostro su carta, 18,8 × 13,9 cm.
RL 19059r / K&P 40r

1. *The cranium with some blood vessels.*
Pen and ink on paper, 18.8 × 13.9 cm.
RL 19059r / K&P 40r

2. *Argomenti da trattare nel "libro sulla figura umana".*
Penna e inchiostro su carta, 18,8 × 13,9 cm.
RL 19059v / K&P 40v

2. *Topics to be discussed in the "book on the human figure".*
Pen and ink on paper, 18.8 × 13.9 cm.
RL 19059v / K&P 40v

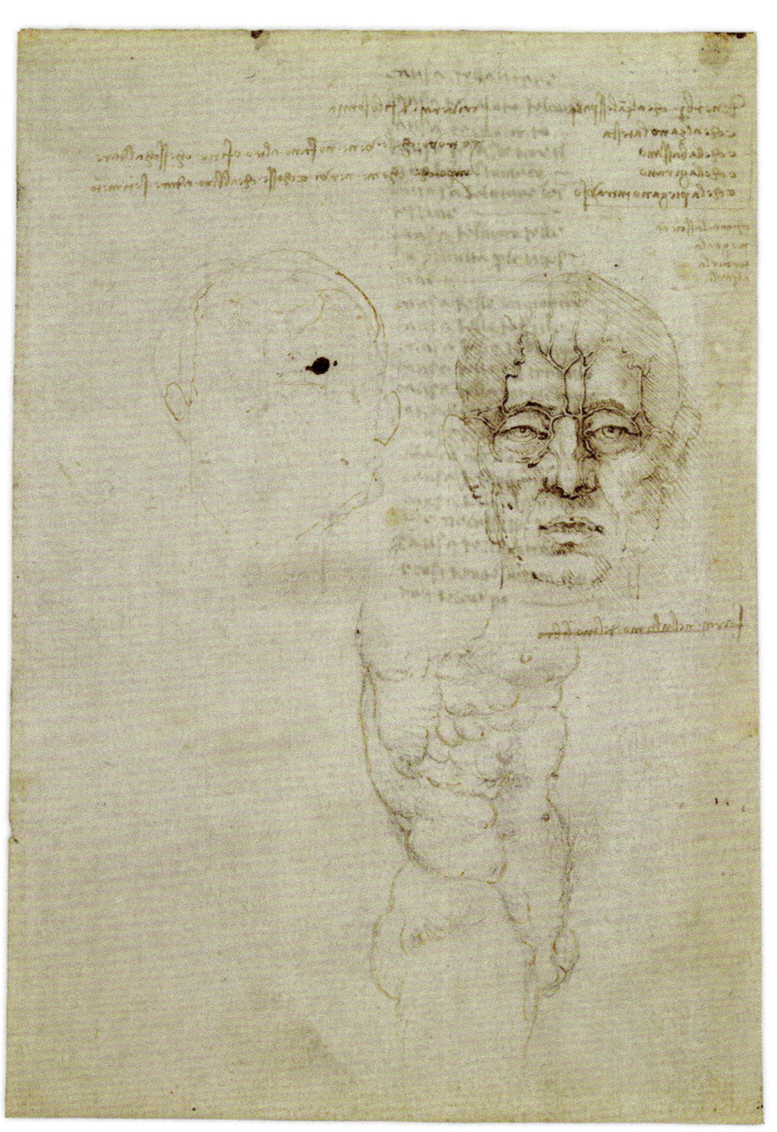

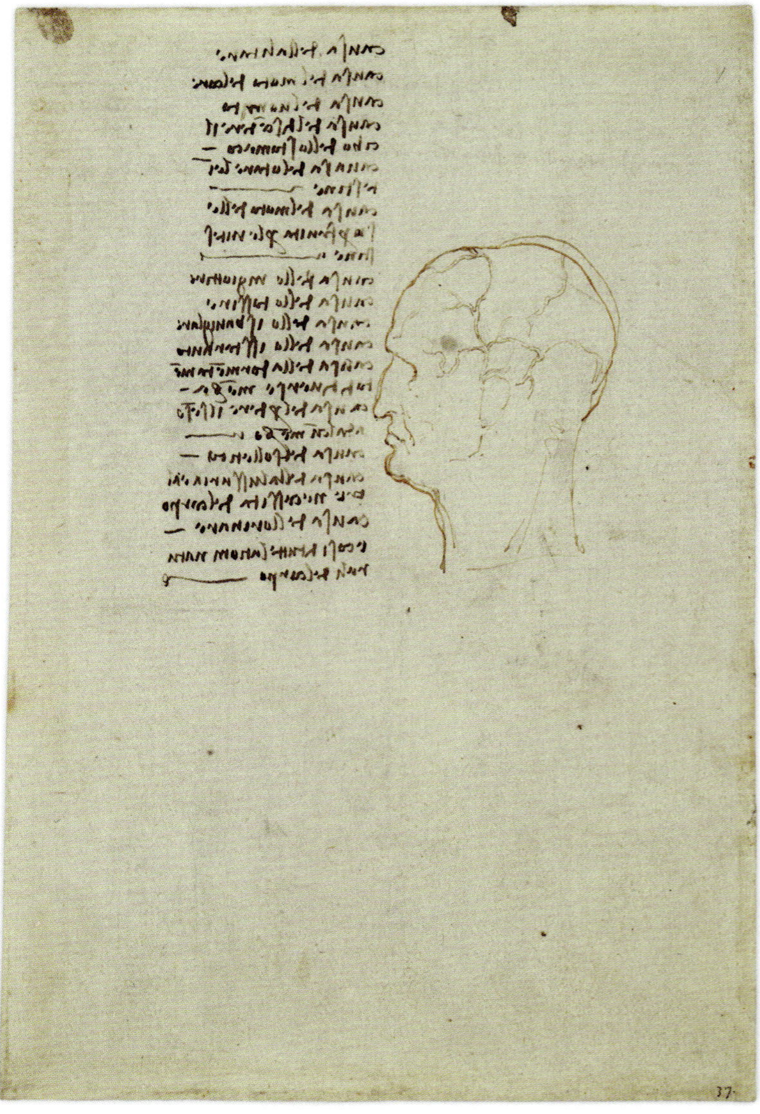

3. *Vene della testa viste frontalmente, busto e addome visti lateralmente e argomenti da trattare.*
Penna e inchiostro su carta, 19,1 × 13,4 cm.
RL 19018r / K&P 41r

3. *Veins of the head, from the front, the torso and abdomen from the side and topics to be discussed.*
Pen and ink on paper, 19.1 × 13.4 cm.
RL 19018r / K&P 41r

4. *Vene della testa viste lateralmente ed elenco degli argomenti da trattare.*
Penna e inchiostro, gessetto nero su carta, 19,1 × 13,4 cm.
RL 19018v / K&P 41v

4. *Veins of the head from the side and list of topics.*
Pen and ink, black chalk on paper, 19.1 × 13.4 cm.
RL 19018v / K&P 41v

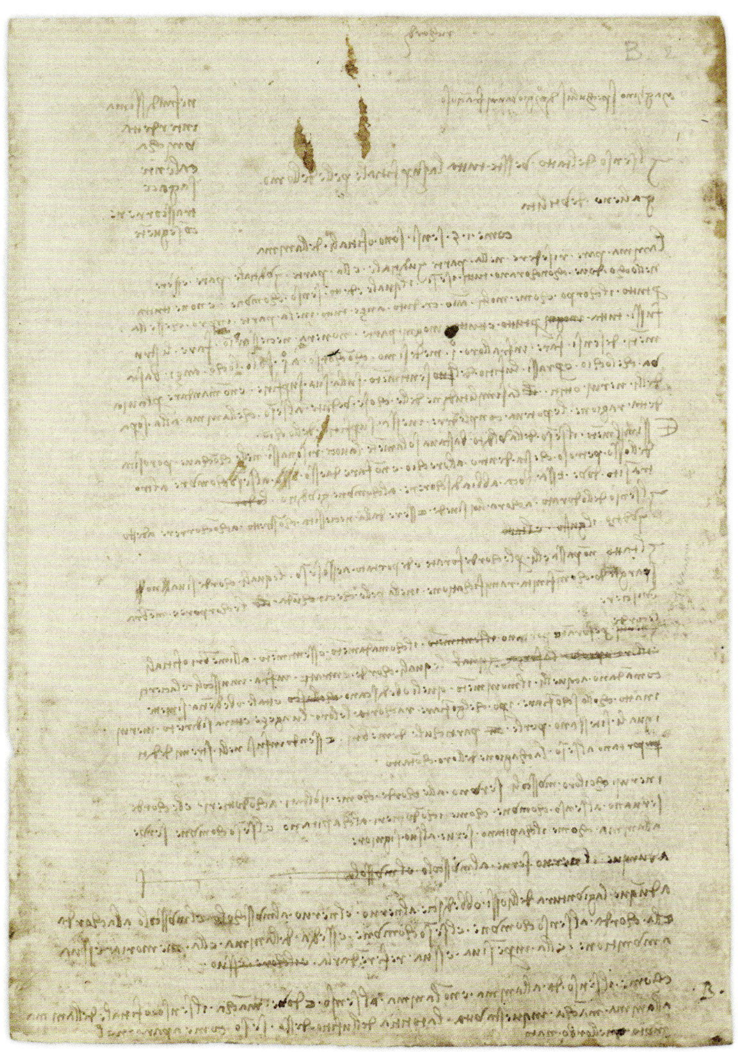

5. *Note varie sui sensi e sull'anima.*
Penna e inchiostro su carta, 19,1 × 13,5 cm.
RL 19019r / K&P 39r

5. *Miscellaneous notes on the senses and the soul.*
Pen and ink on paper, 19.1 × 13.5 cm.
RL 19019r / K&P 39r

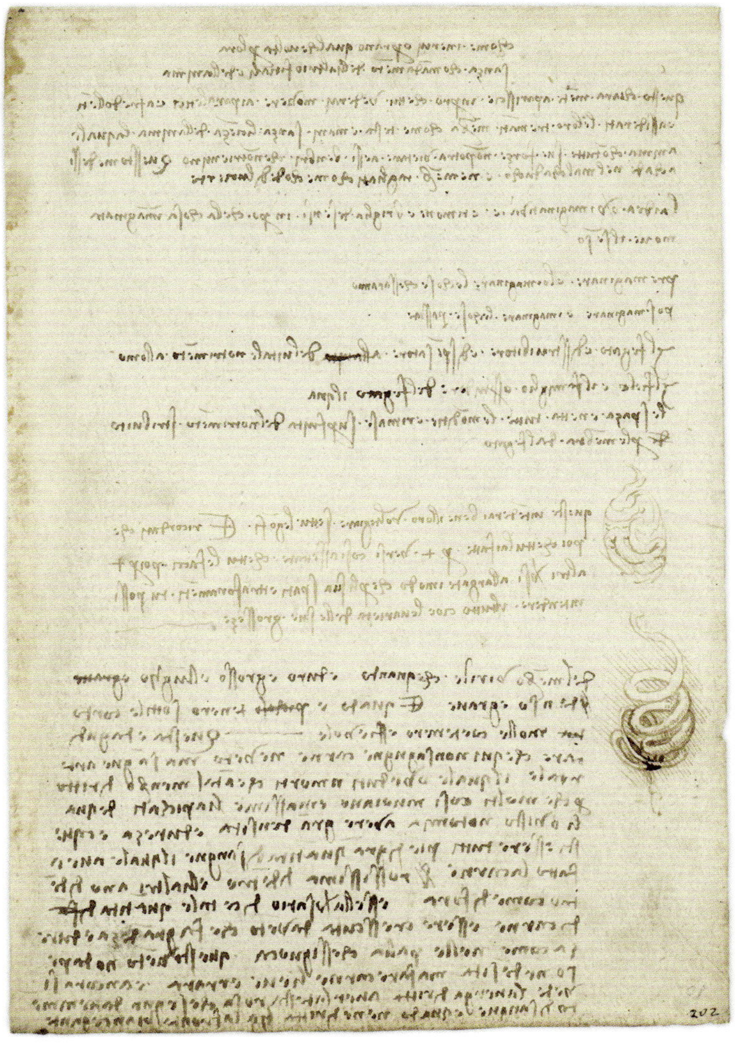

6. *Note varie sulle funzioni mentali e sull'intestino.*
Penna e inchiostro su carta, 19,1 × 13,5 cm.
RL 19019v / K&P 39v

6. *Miscellaneous notes on mental functions and the intestines.*
Pen and ink on paper, 19.1 × 13.5 cm.
RL 19019v / K&P 39v

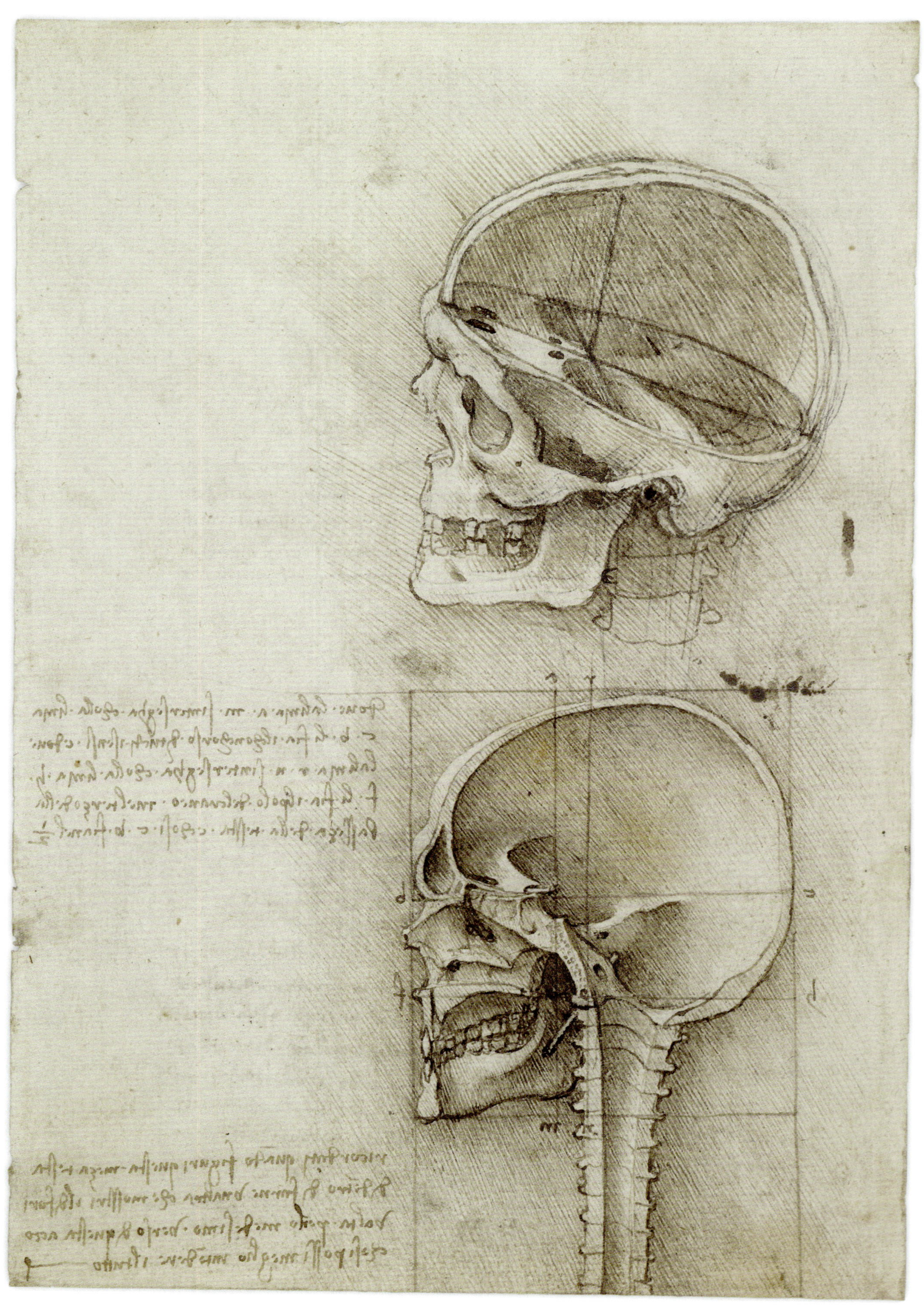

7. *Due sezioni solide di un cranio, con analisi delle proporzioni.*
Penna e inchiostro, gessetto nero su carta, 18,8 × 13,4 cm.
RL 19057r / K&P 43r

7. *Two solid sections of a skull, with analysis of proportions.*
Pen and ink, black chalk on paper, 18.8 × 13.4 cm.
RL 19057r / K&P 43r

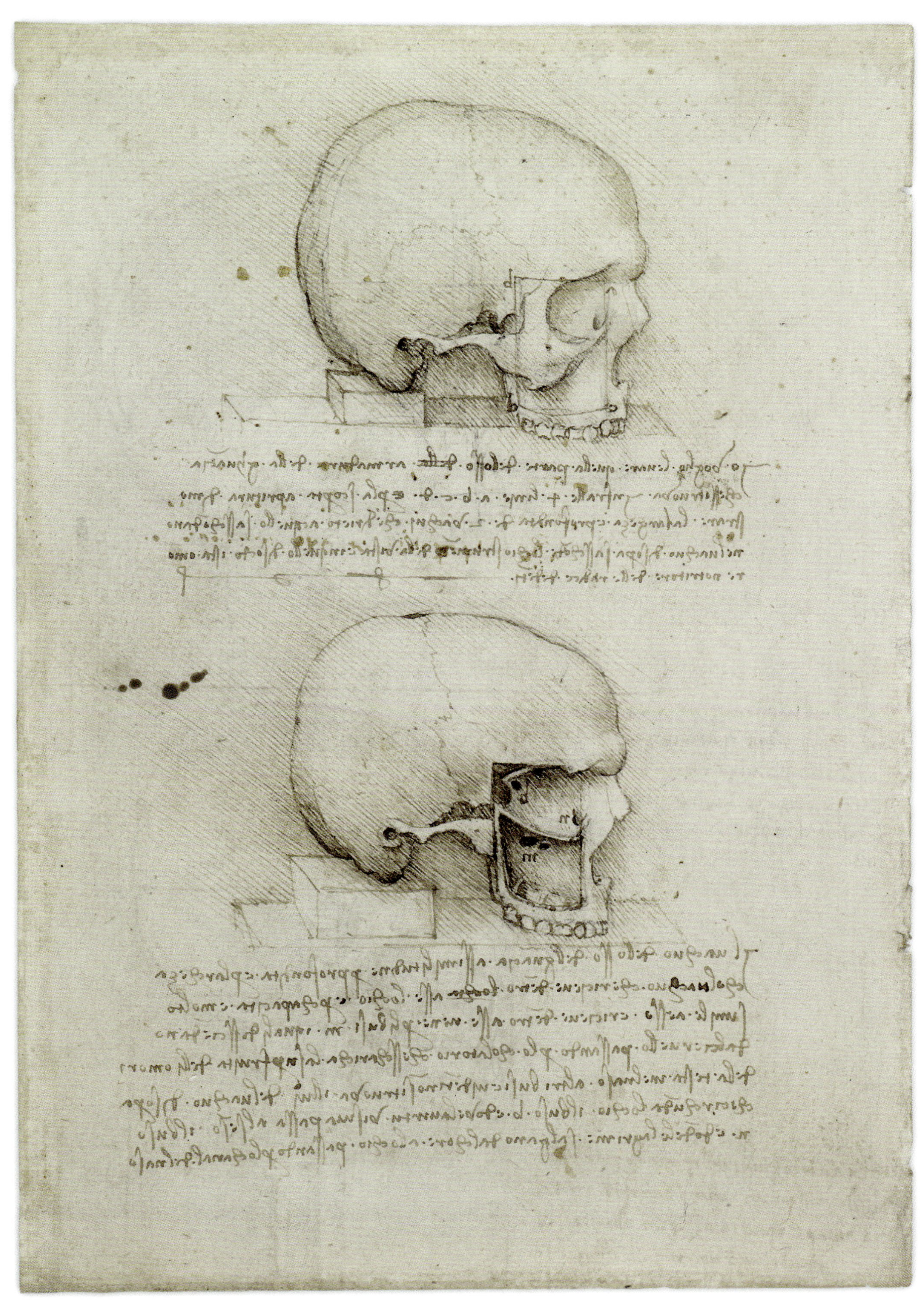

8. *Due crani, uno sezionato per mostrare il seno mascellare.*
Penna e inchiostro, gessetto nero su carta, 18,8 × 13,4 cm.
RL 19057v / K&P 43v

8. *Two crania, one sectioned to show the maxillary sinus.*
Pen and ink, black chalk on paper, 18.8 × 13.4 cm.
RL 19057v / K&P 43v

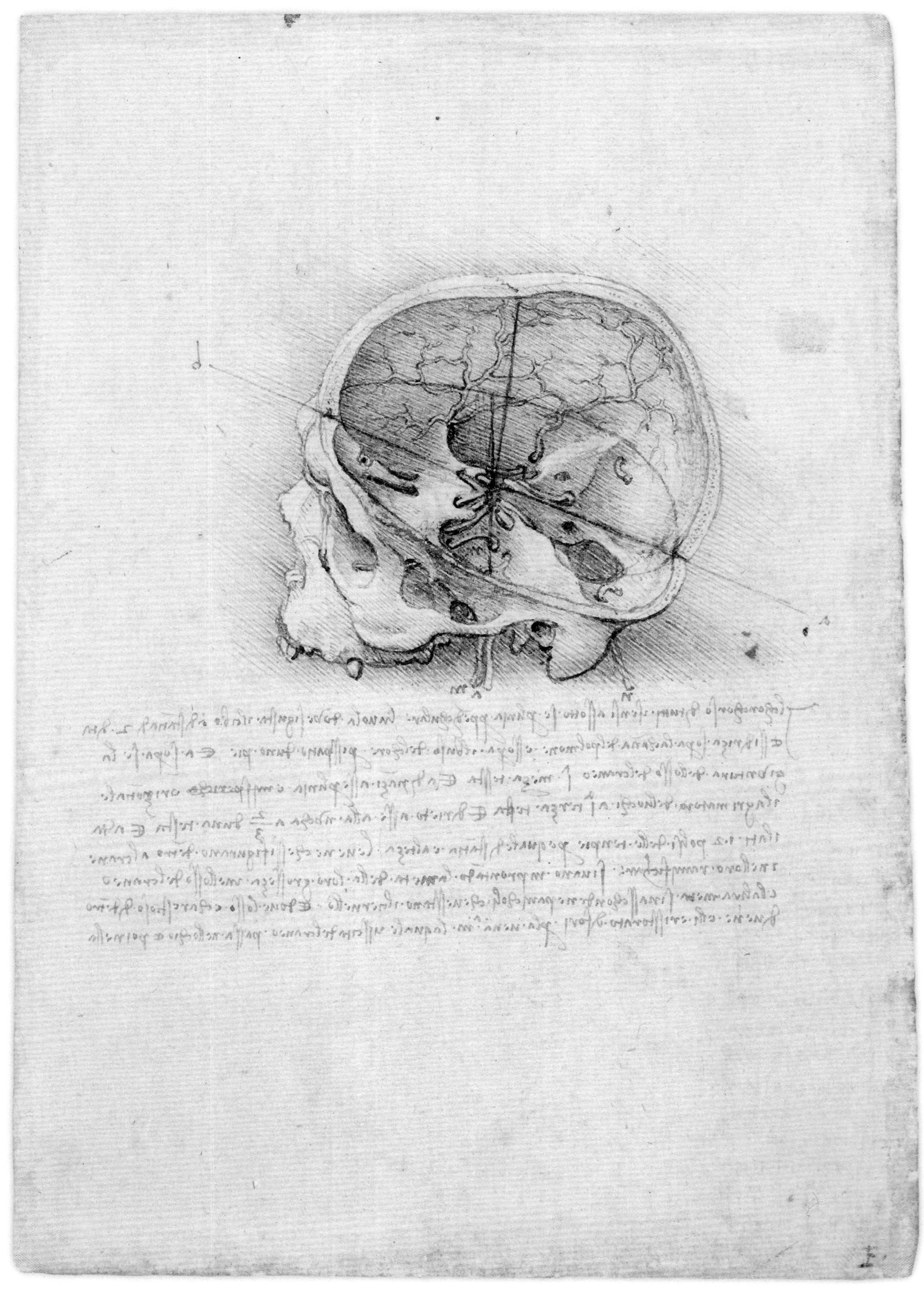

9. *Il cranio sezionato per mostrare il "polo" del cranio e la "confluenza dei sensi".*
Penna e inchiostro su carta, 19,0 × 13,7 cm.
RL 19058r / K&P 42r

9. *The cranium, sectioned to reveal the "pole" of the skull and "confluence of the senses".*
Pen and ink on paper, 19.0 × 13.7 cm.
RL 19058r / K&P 42r

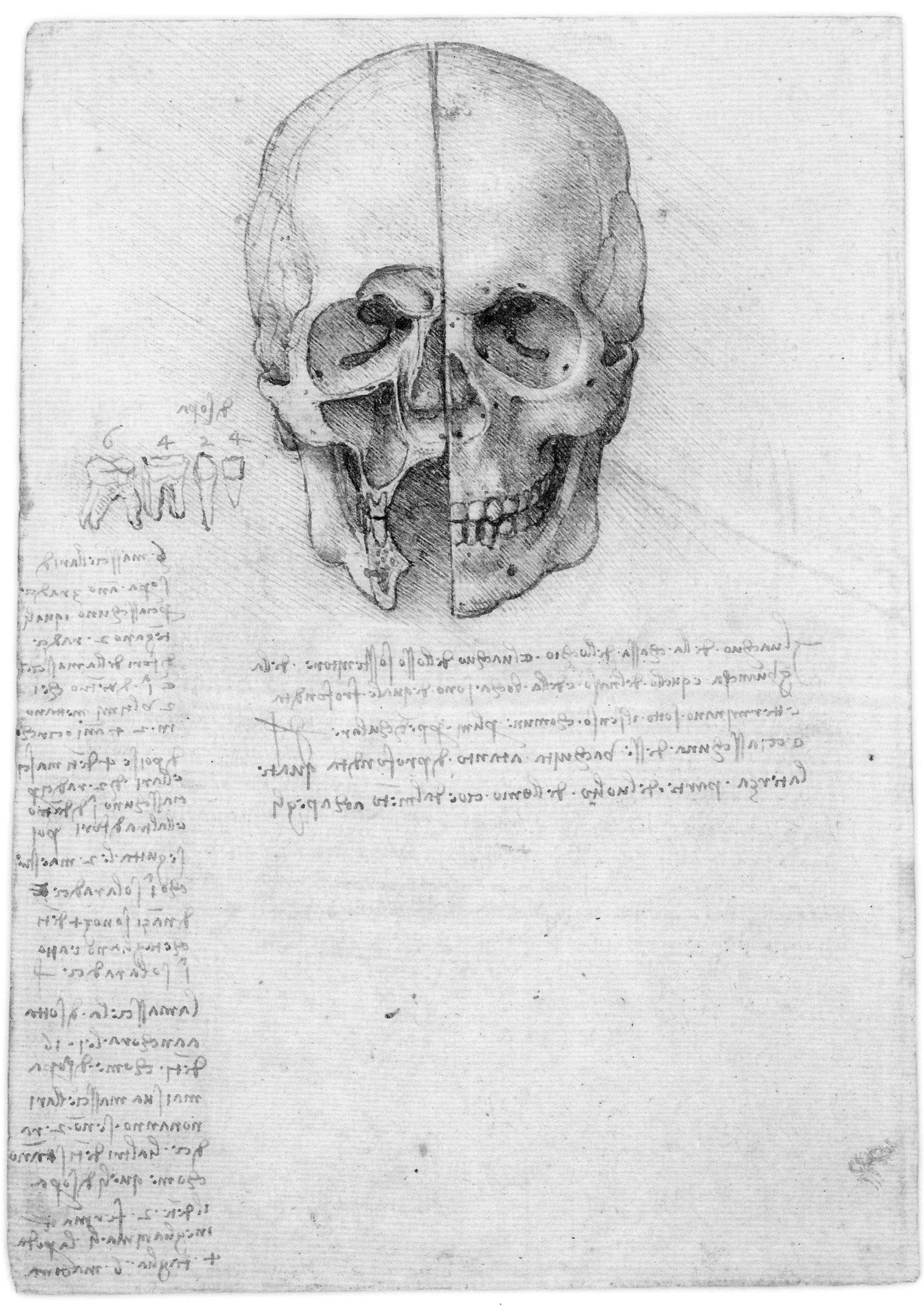

10. *Il cranio sezionato per mostrare i seni, con una serie di diversi tipi di denti.*
Penna e inchiostro, gessetto nero su carta, 19,0 × 13,7 cm.
RL 19058v / K&P 42v

10. *The cranium, sectioned to reveal the sinuses, with an array of different types of teeth.*
Pen and ink, black chalk on paper, 19.0 × 13.7 cm.
RL 19058v / K&P 42v

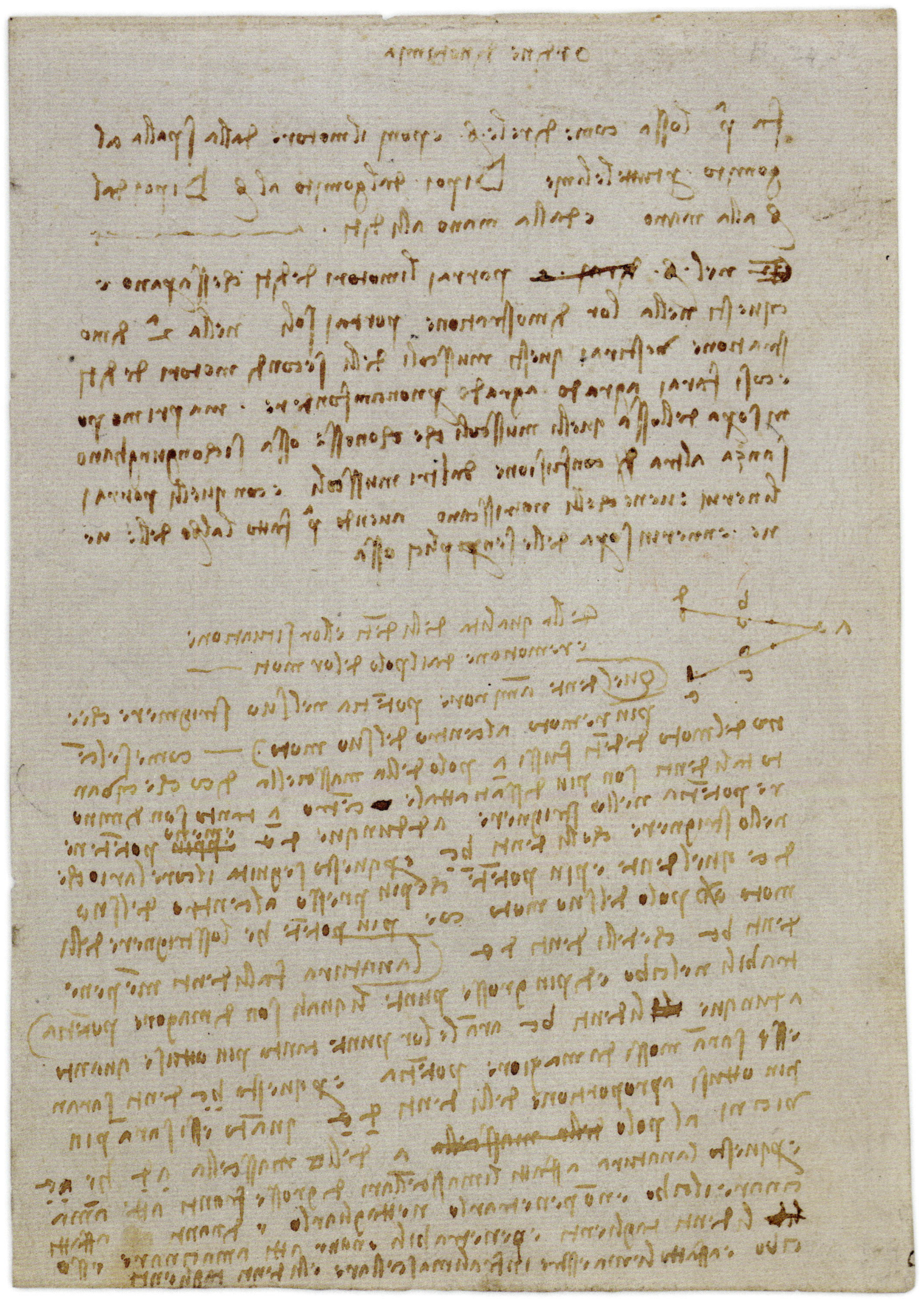

11. *Dimostrazione della meccanica delle mascelle e dei denti.*
Penna e inchiostro su carta, 19,3 × 13,8 cm.
RL 19041r / K&P 44r

11. *Demonstration of the mechanics of the jaws and teeth.*
Pen and ink on paper, 19.3 × 13.8 cm.
RL 19041r / &P 44r

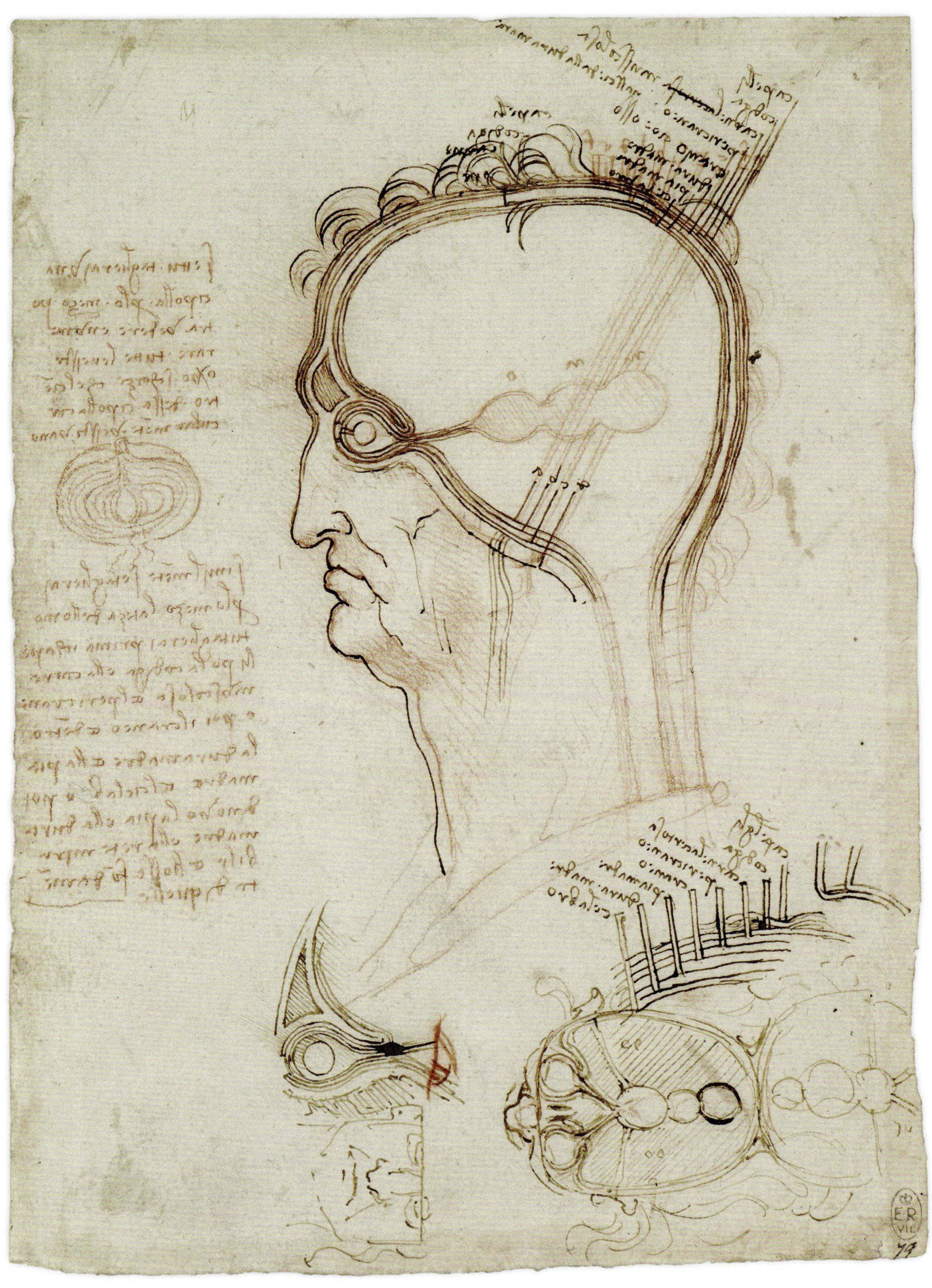

12. *Sezioni verticali e orizzontali del cervello e sezione verticale di una cipolla.*
Penna e inchiostro, gessetto rosso su carta, 20,3 × 15,3 cm.
RL 12603r / K&P 32r

12. *Vertical and horizontal sections of the brain and vertical section of an onion.*
Pen and ink, red chalk on paper, 20.3 × 15.3 cm.
RL 12603r / K&P 32r

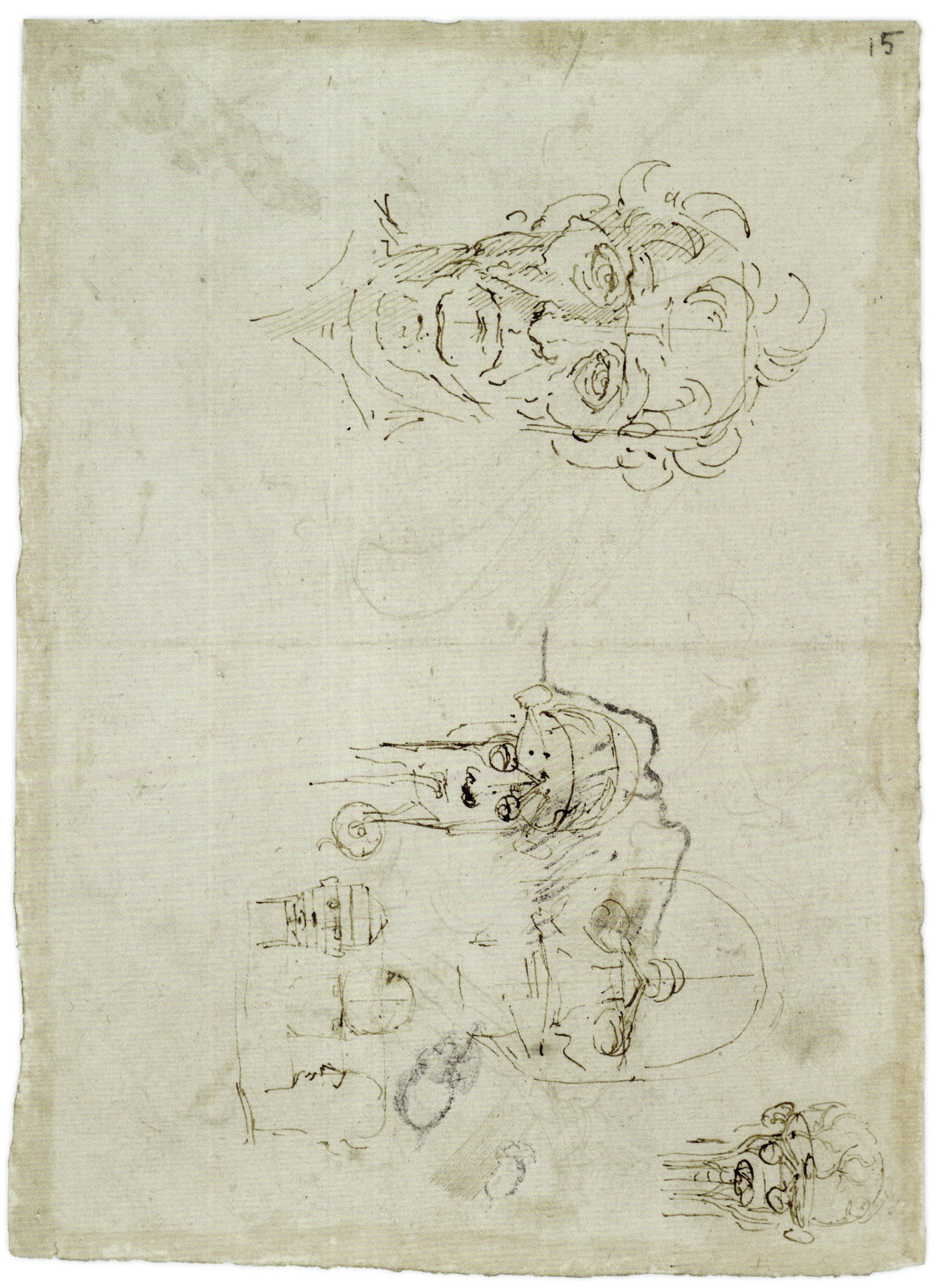

13. *Testa di uomo vista di fronte, ventricoli del cervello e pianta e prospetti della testa.*
Penna e inchiostro, colore bianco e punta metallica su carta, 20,3 × 15,3 cm.
RL 12603v / K&P 32v

13. *Man's head from the front, ventricles of the brain and the plan and elevations of the head.*
Pen and ink, white bodycolour and metalpoint on paper, 20.3 × 15.3 cm.
RL 12603v / K&P 32v

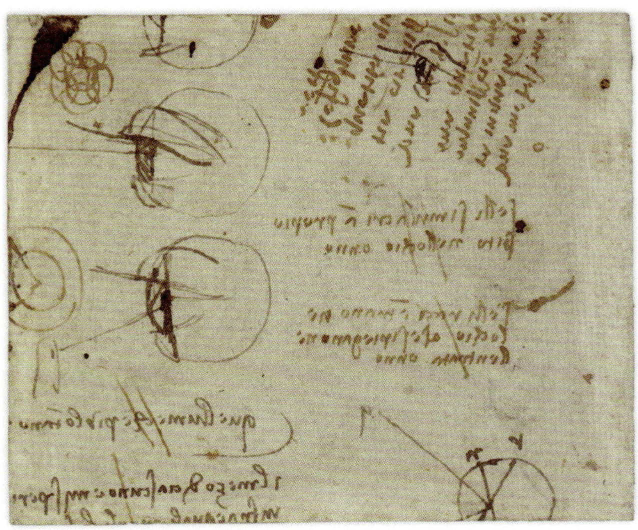

14. *Studi sull'occhio.*
Penna e inchiostro su carta, 8,4 × 10,5 cm.
RL 12447v / K&P 33r

14. *Studies of the eye.*
Pen and ink on paper, 8.4 × 10.5 cm.
RL 12447v / K&P 33r

15. *Note sull'occhio e sull'ottica.*
Penna e inchiostro su carta, 19,1 × 13,3 cm.
RL 19042r / K&P 45r

15. *Notes upon the eye and optics.*
Pen and ink on paper, 19.1 × 13.3 cm.
RL 19042r / K&P 45r

VII

La musica delle proporzioni

The Music of Proportion

I SISTEMI DI PROPORZIONI matematiche ebbero grande importanza per gli artisti intellettuali del Rinascimento. L'idea che le forme naturali, soprattutto il corpo umano, fossero progettate secondo regole proporzionali offriva agli artisti una teoria razionale in grado di rivaleggiare con la musica, fondata su principi matematici. La regola ottica della prospettiva lineare svolgeva lo stesso tipo di ruolo. Con grande disappunto di Leonardo, la musica era considerata un'Arte Liberale, la pittura no. Le basi della teoria proporzionale erano state formulate nell'antichità classica e il grande scultore greco Policleto aveva scritto il suo *Canone* per esporre il sistema matematico delle proporzioni umane. Il suo trattato è andato perduto, ma l'unico libro di teoria dell'arte antica sopravvissuto, i *Dieci libri dell'architettura* di Vitruvio, delinea i principi della progettazione armonica. Leonardo notò in più di un'occasione chi tra i suoi conoscenti possedeva una copia del trattato romano.

L'affermazione di Vitruvio secondo cui un uomo con braccia e gambe aperte può essere inscritto in un cerchio e in un quadrato ispirò a Leonardo il famosissimo disegno dell'*Uomo Vitruviano* conservato a Venezia. Leonardo era determinato sia ad esplorare le idee di Vitruvio sia ad intraprendere indagini minuziose sui rapporti armonici che conferiscono bellezza a una figura nel suo insieme e nelle sue parti. Utilizzò la geometria per la forma d'insieme del corpo e i rapporti numerici per gli intervalli più piccoli delle parti del corpo.

Leonardo talvolta utilizza la scala di misura vitruviana, basata sull'unità di altezza di un uomo. Anche le frazioni del-

SYSTEMS OF MATHEMATICAL PROPORTION were of great significance for intellectually-inclined artists during the Renaissance. The idea that natural forms, above all the human body, were designed according to proportional rules, presented artists with a rational theory to rival music, which was founded on mathematical principles. The optical rule of linear perspective played the same kind of role. Much to Leonardo's irritation, music was regarded as a Liberal Art; painting was not. The basis of proportional theory was formulated in classical antiquity, and the great Greek sculptor Polykleitos had written his *Canon* to expound the mathematical system of human proportions. His treatise was lost but the one book of ancient art theory to have survived, the *Ten Books of Architecture* by Vitruvius outlined the principles of harmonic design. Leonardo noted on more than one occasion which of his acquaintances owned a copy of the Roman treatise.

Vitruvius's statement that a man who opens his arms and legs can be inscribed in a circle and square inspired Leonardo's famous drawing of the *Vitruvian Man* in Venice. Leonardo was determined both to explore Vitruvius's ideas and to undertake his own minutely detailed investigations of the harmonic ratios that endow a figure with beauty in its whole and in its parts. He used geometry for the overall form of the body, and numerical ratios for the smaller intervals in each body part.

Leonardo sometimes uses the Vitruvian scale of measurements, based on the units of a man's height. Fractions of the

la misura della testa erano spesso utilizzate per determinare le divisioni armoniche di una figura ideale, fino a unità molto piccole. Supera però i suoi predecessori nello studio di cosa succede quando l'uomo adotta varie pose. In un foglio, disegna un uomo in piedi con le braccia distese orizzontalmente alla maniera vitruviana (5).

Se un uomo si inginocchia, la sua altezza diminuisce di un quarto.

"Stando l'omo ginocchioni colle mani al petto, il bellico fia il mezzo di sua altezza, e similmente le punte de' gomiti.

Il mezzo dell'omo che siede, cioè dal sedere alla sommità del capo, fia il di sotto della poppa e 'l di sotto della spalla. Essa parte sedente, cioè dal sedere al di sopra del capo, fia tanto più che mezzo l'omo quanto è la grossezza e lunghezza de' testiculi." (5)

In questo modo si discosta dalla pratica consueta, notando come le proporzioni cambino al variare della postura, ridefinendo le proporzioni che caratterizzano ogni posa o movimento.

L'insieme dei fogli di studi proporzionali di Windsor suggerisce l'idea che Leonardo stesse lavorando a una pubblicazione in cui avrebbe esposto una serie di note dettagliate accompagnate da piccole illustrazioni, che avrebbero rivelato non solo le proporzioni complessive di un corpo ideale e delle sue membra, ma anche le armonie delle piccole parti.

Nota sulla datazione

Il gruppo di studi proporzionali ha probabilmente origine negli anni Novanta del Quattrocento a Milano.

measurement of head were also often used to determine the harmonic divisions of an ideal figure, down to very small units. Where he surpasses his predecessors is that he studies what happens when the man adopts various poses. On one sheet, he sketches a standing man with his arms stretched horizontally in the Vitruvian manner (5).

If a man kneels, he will diminish by a quarter part of his height.

"When a man is kneeling with his hands on his chest, the umbilicus is the middle of his height, and similarly the points of his elbows.

The middle of a man who sits, that is, from the seat to the top of his head, is below the breast and below the shoulder. This sitting part, that is, from the seat to the top of the head, is as much more than half the man as is the size and length of the testicles." (5)

He thus departs from standard practice by noting how the proportions change with changes in posture, re-defining the proportions that feature in each pose or motion.

The set of sheets of proportional studies at Windsor suggest that he was working towards a publication in which a series of detailed notes would have been laid out with small illustrations that would disclose not only the overall proportions of an ideal body and its limbs but also the harmonics of even small components.

Note about dating

The group of related proportional studies probably originate from the 1490s in Milan.

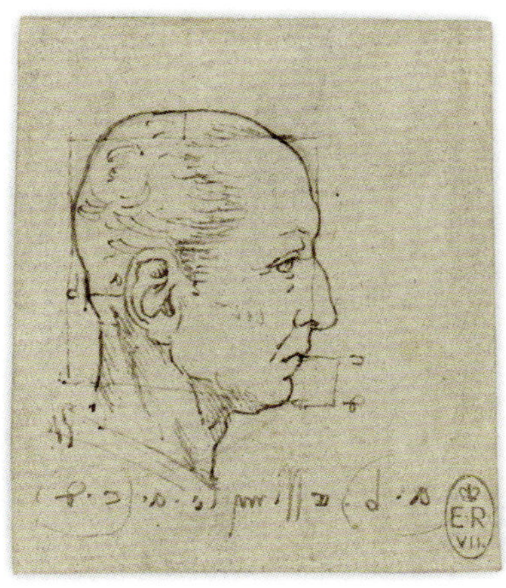

1. *Proporzioni della testa di un uomo.*
Penna e inchiostro su carta, 5,5 × 4,9 cm.
RL 12606r / K&P 20r

1. *The proportions of a man's head.*
Pen and ink on paper, 5.5 × 4.9 cm.
RL 12606r / K&P 20r

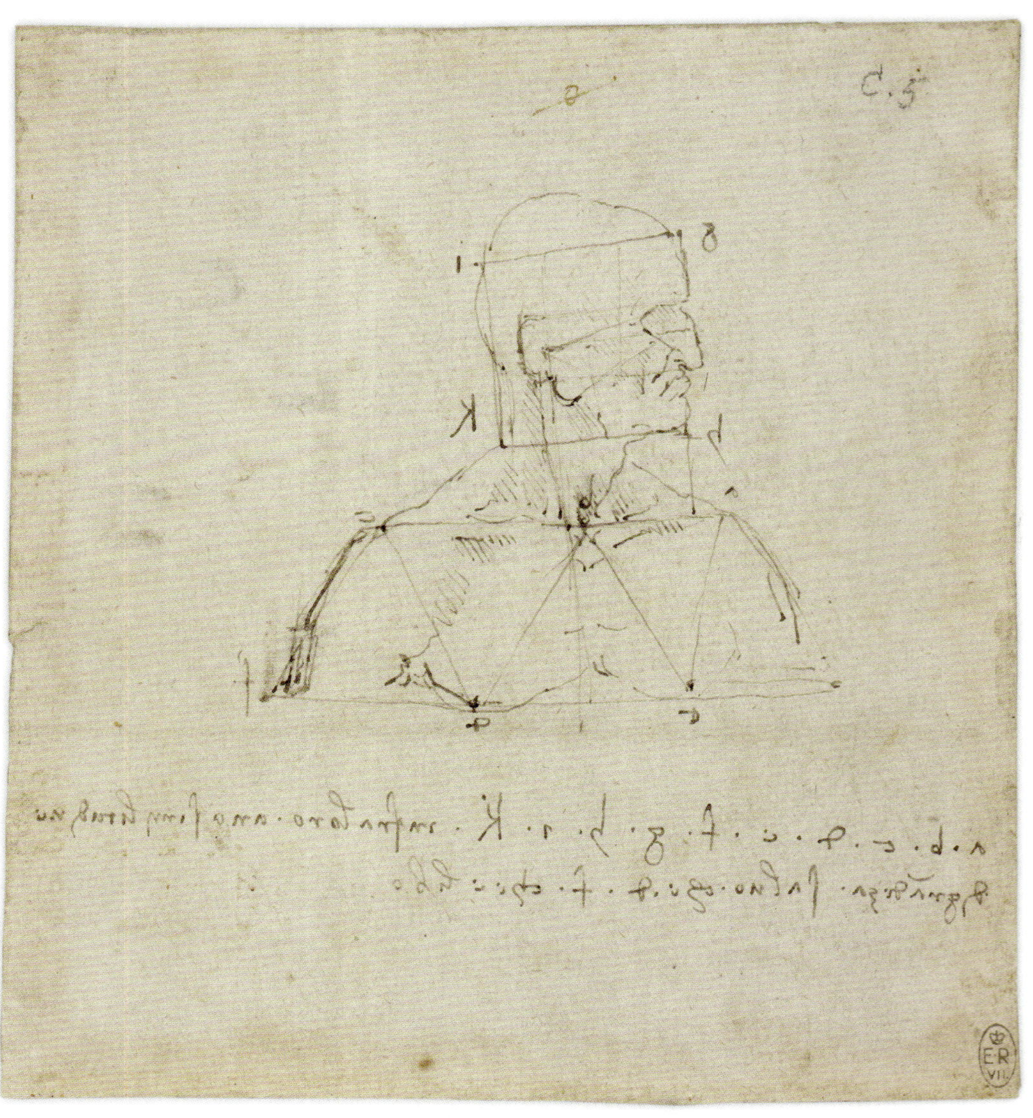

2. *Proporzioni geometriche di testa e torace.*
Penna e inchiostro su carta, 14,3 × 13,7 cm.
RL 12607r / K&P 21r

2. *The geometrical proportions of the head and chest.*
Pen and ink on paper, 14.3 × 13.7 cm.
RL 12607r / K&P 21r

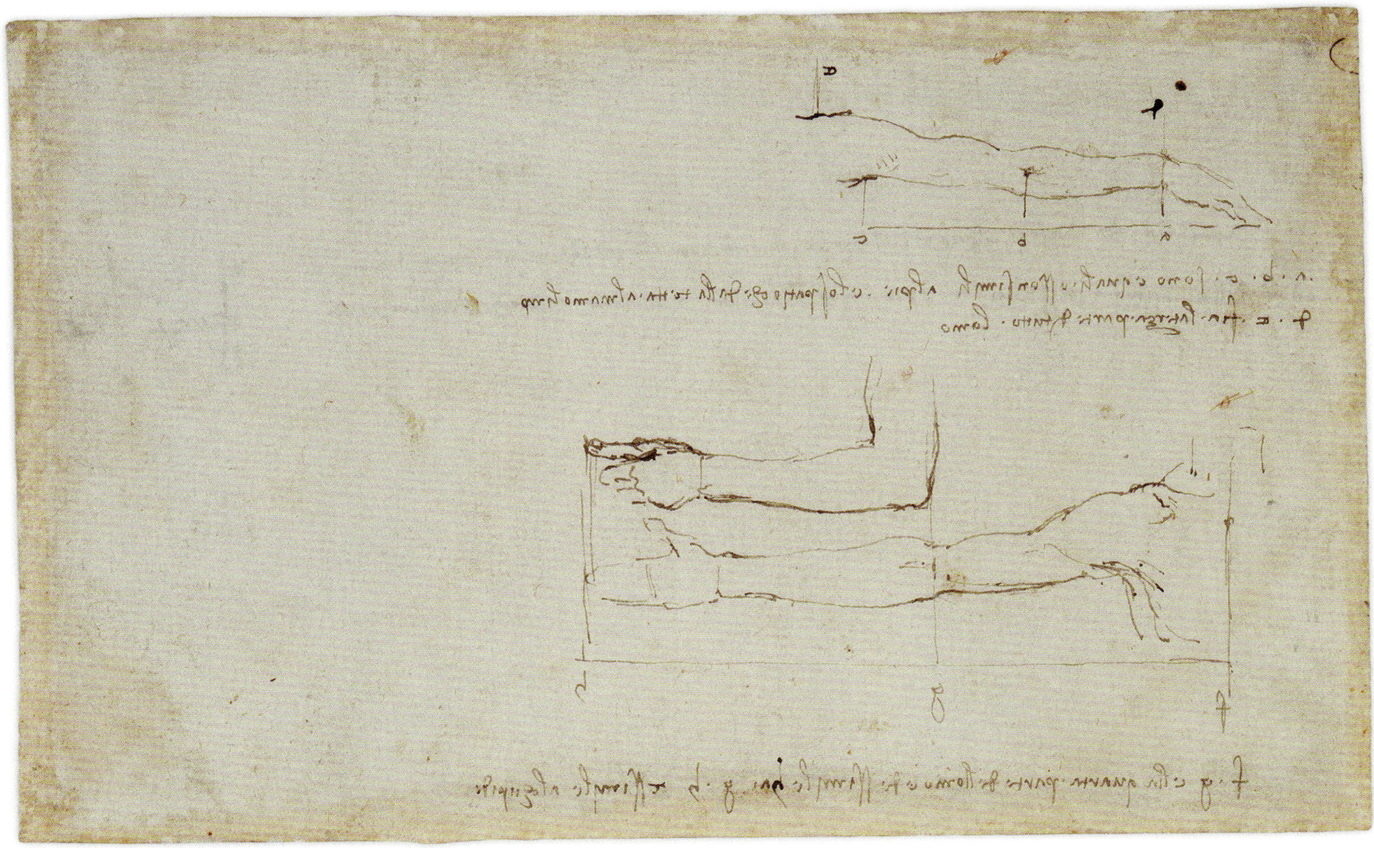

3. *Proporzioni di un braccio teso e piegato.*
Penna e inchiostro su carta, 12,8 × 21,0 cm.
RL 19131r / K&P 26r

3. *The proportions of an outstretched and bent arm.*
Pen and ink on paper, 12.8 × 21.0 cm.
RL 19131r / K&P 26r

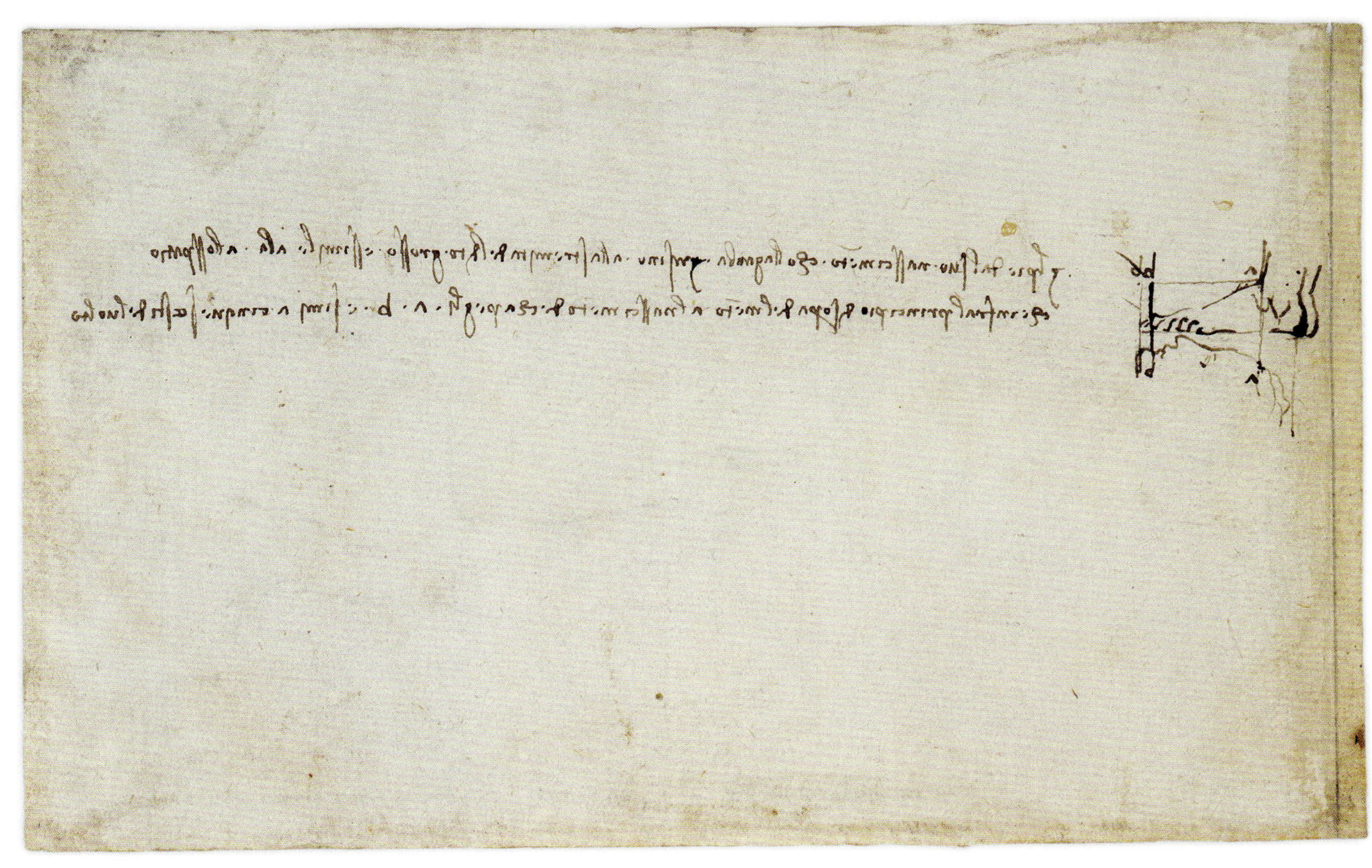

4. *Proporzioni di un piede e di un volto.*
Penna e inchiostro su carta, 12,8 × 21,0 cm.
RL 19131v / K&P 26v

4. *The proportions of a foot and face.*
Pen and ink on paper, 12.8 × 21.0 cm.
RL 19131v / K&P 26v

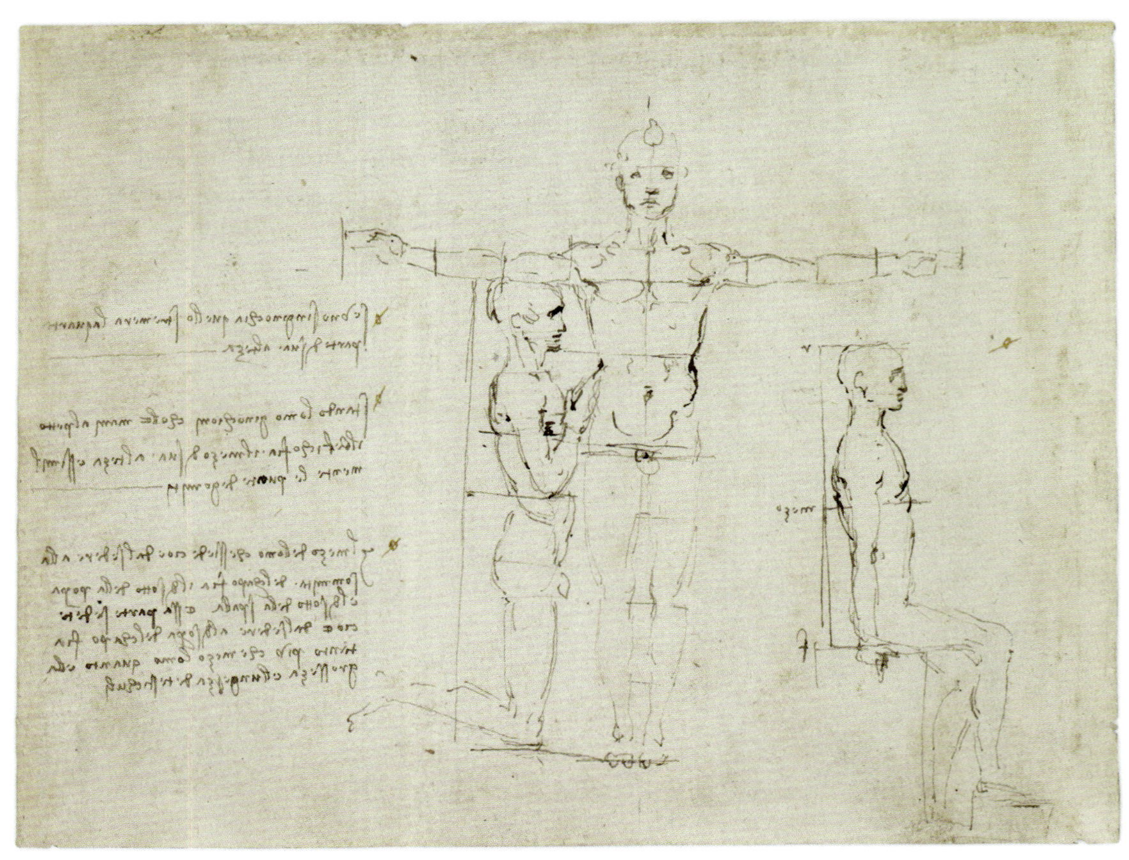

5. *Proporzioni di un uomo in piedi con le braccia aperte, in ginocchio e seduto.*
Penna e inchiostro su carta, 15,9 × 20,8 cm.
RL 19132r / K&P 27r

5. *The proportions of a man standing with his arms open, kneeling and sitting.*
Pen and ink on paper, 15.9 × 20.8 cm.
RL 19132r / K&P 27r

6. *Note sulle proporzioni.*
Penna e inchiostro su carta, 15,9 × 20,8 cm.
RL 19132v / K&P 27v

6. *Notes on proportion.*
Pen and ink on paper, 15.9 × 20.8 cm.
RL 19132v / K&P 27v

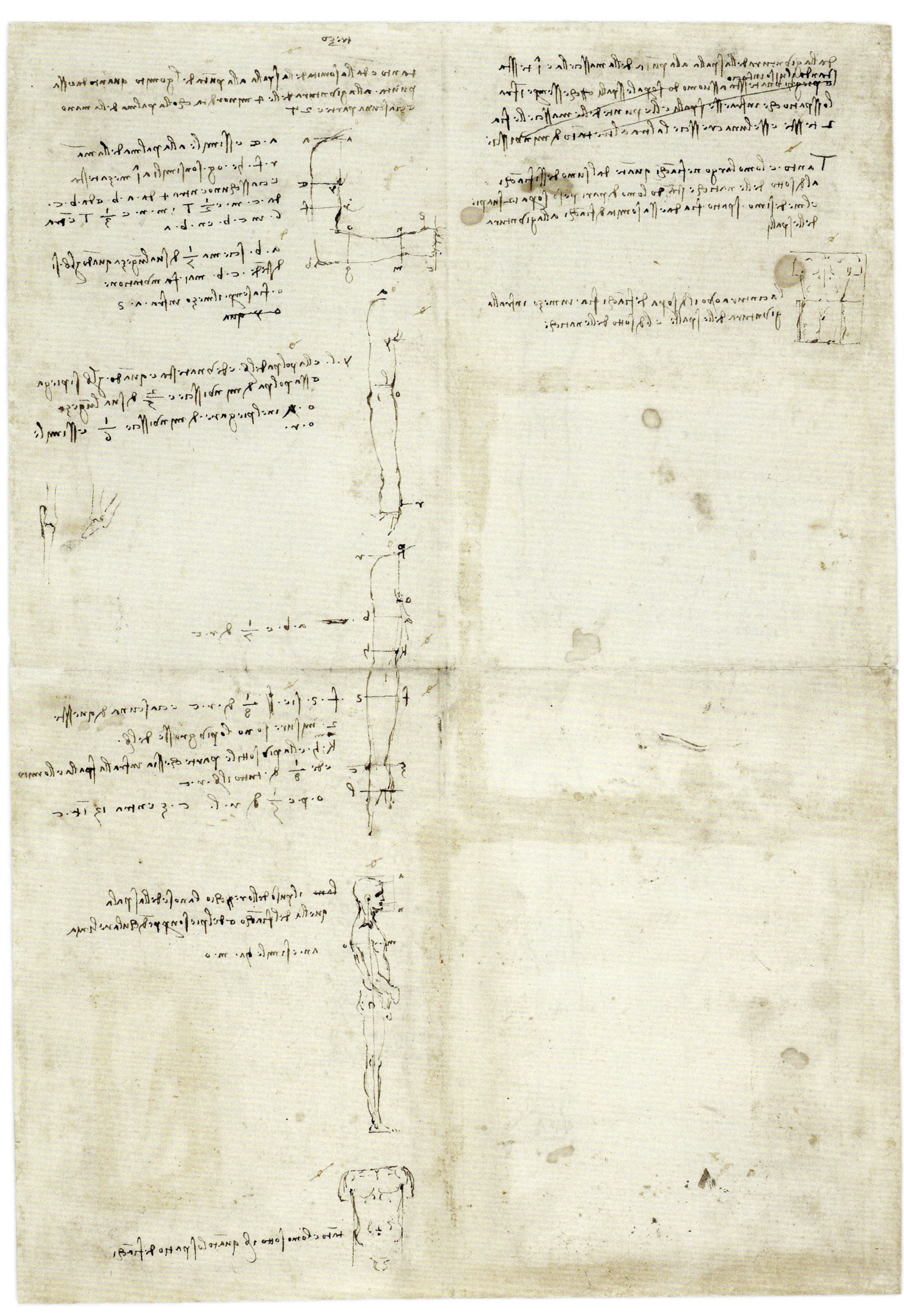

7. *Proporzioni di un braccio teso e piegato, del busto e dell'addome.*
Penna e inchiostro, gessetto rosso su carta, 40 × 28 cm.
RL 19136-9r / K&P 31r

7. *The proportions of a straight and bent arm and torso and abdomen.*
Red chalk, pen and ink on paper, 40 × 28 cm.
RL 19136-9r / K&P 31r

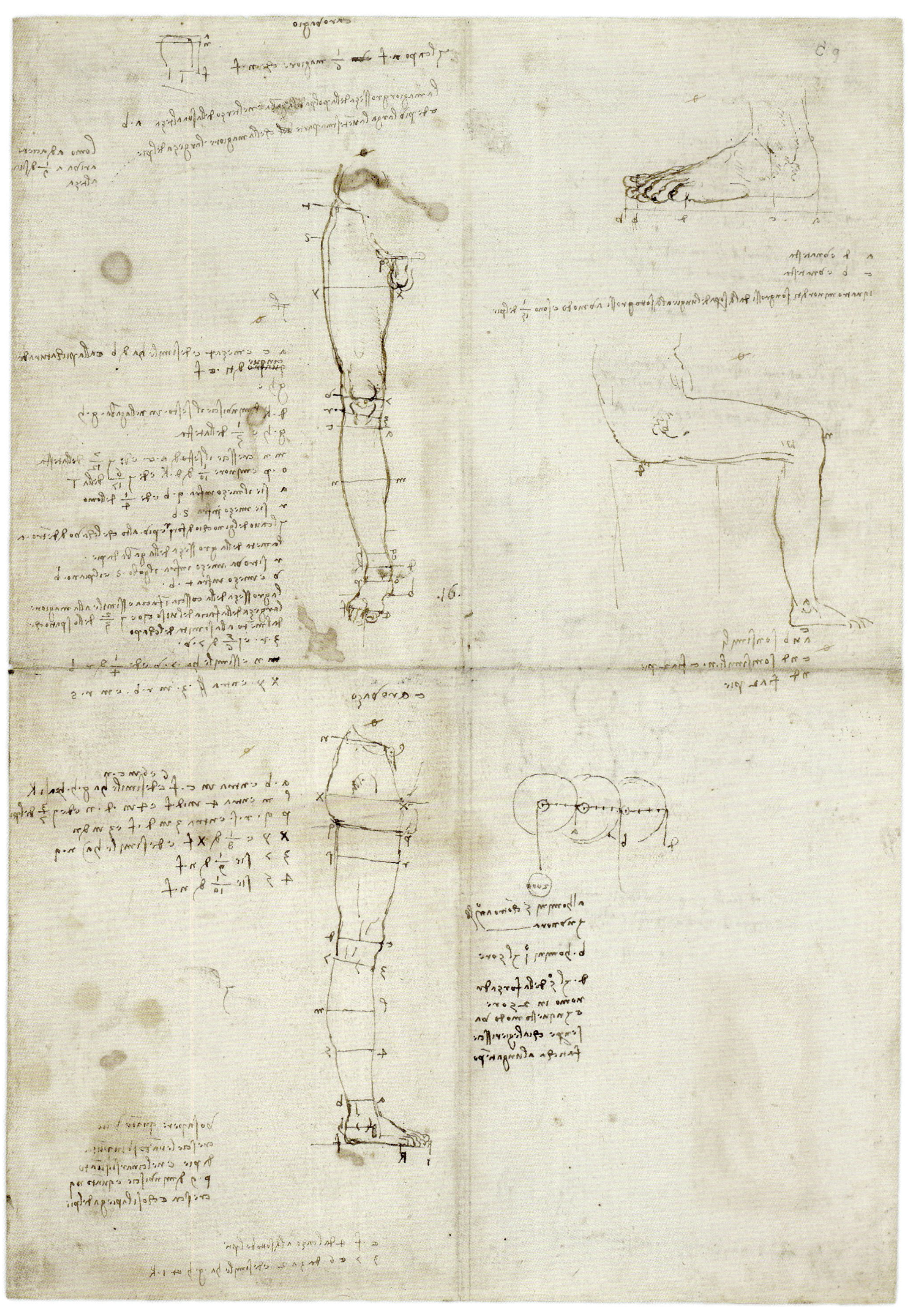

8. *Proporzioni di un braccio teso e piegato, di un uomo in piedi, di un busto e di un addome e carrucole.*
Penna e inchiostro su carta, 40 × 28 cm.
RL 19136-9v / K&P 31v

8. *The proportions of a straight and bent arm, a standing man, a torso and abdomen, and pulleys.*
Pen and ink on paper, 40 × 28 cm.
RL 19136-9v / K&P 31v

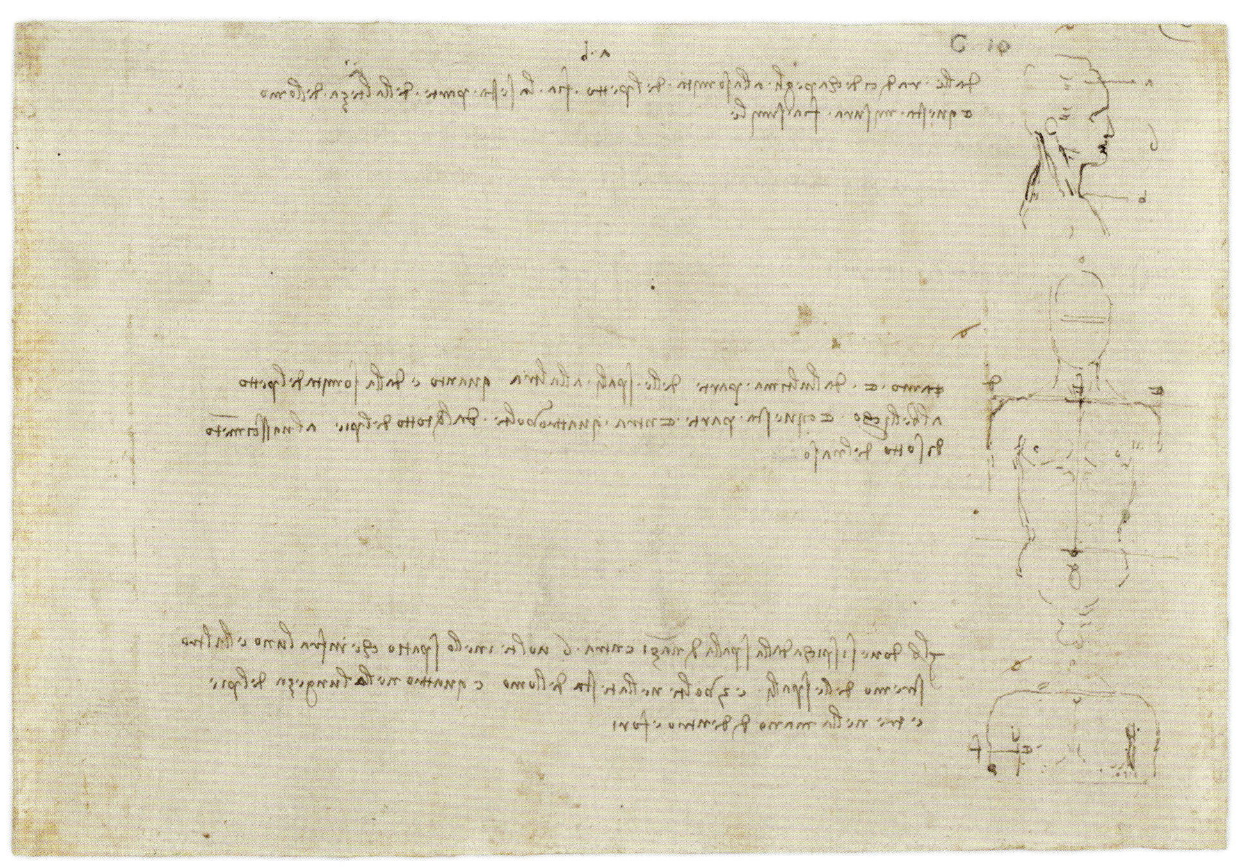

9. *Proporzioni di testa, busto e addome, e torace.*
Penna e inchiostro su carta, 14,6 × 21,8 cm.
RL 19130r / K&P 25r

9. *The proportions of a head, torso and abdomen, and chest.*
Pen and ink on paper, 14.6 × 21.8 cm.
RL 19130r / K&P 25r

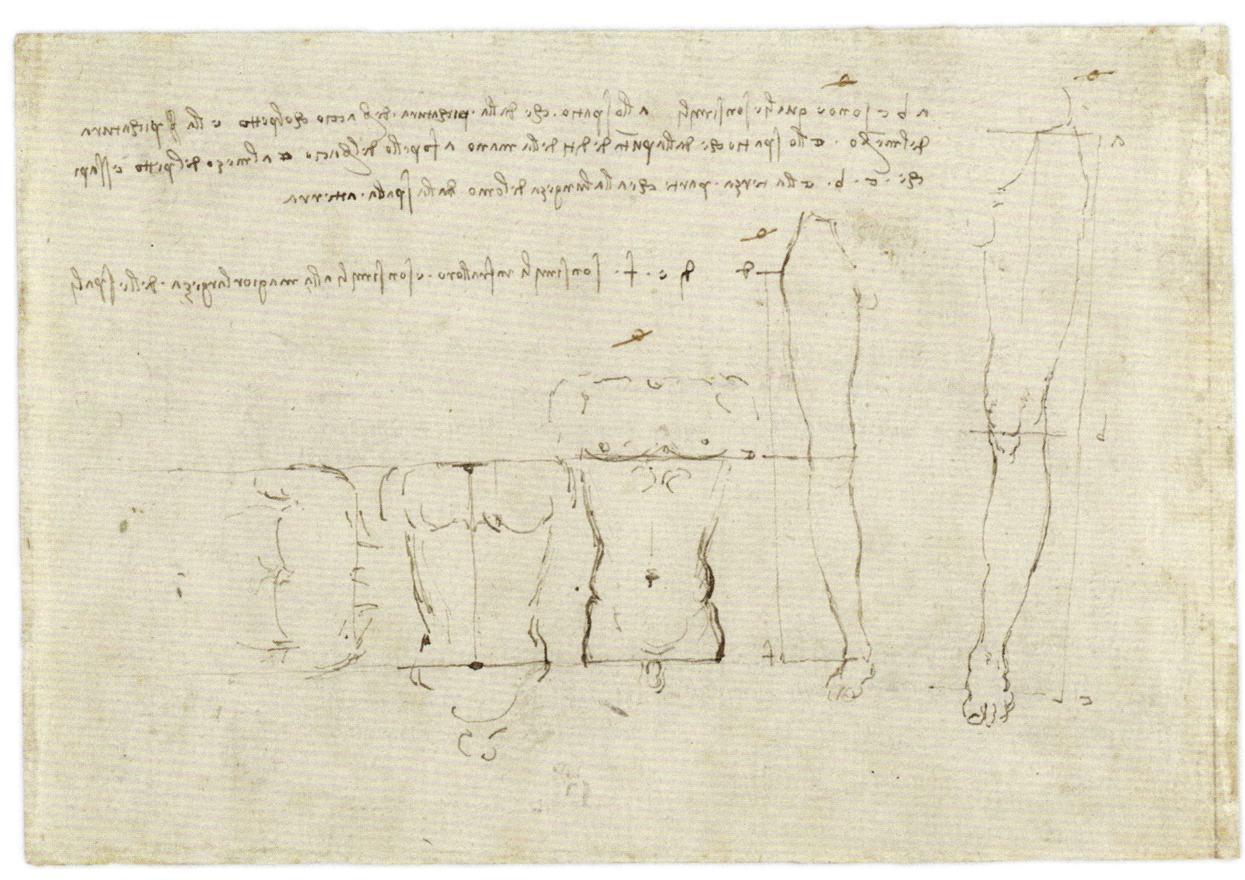

10. *Proporzioni di busto, addome e gamba.*
Penna e inchiostro su carta, 14,6 × 21,8 cm.
RL 19130v / K&P 25v

10. *The proportions of the torso and abdomen and leg.*
Pen and ink on paper, 14.6 × 21.8 cm.
RL 19130v / K&P 25v

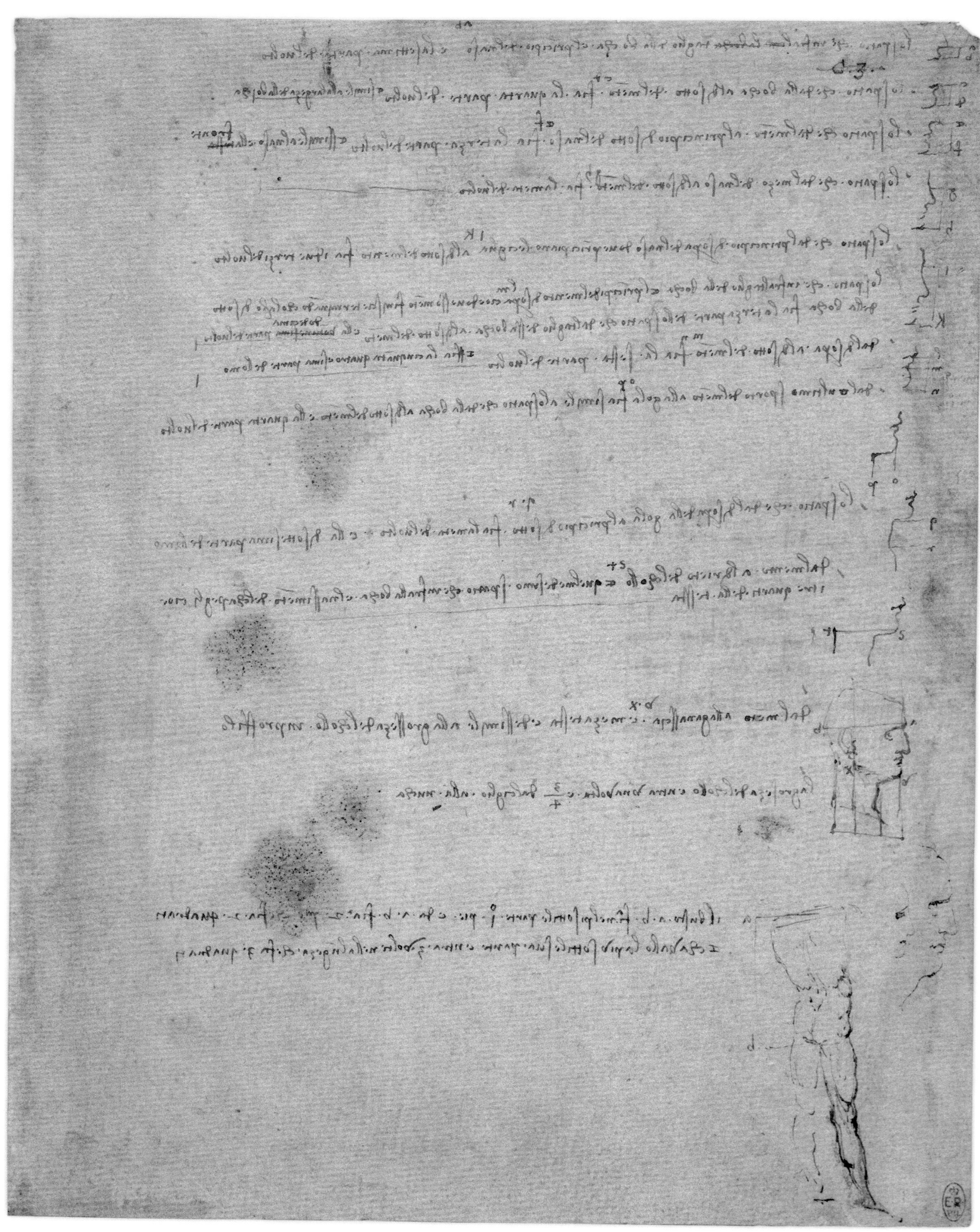

11. *Proporzioni di testa e viso, visti di lato, e di un uomo in piedi.*
Penna e inchiostro su carta, 26,5 × 21,5 cm.
RL 12304r / K&P 28r

11. *The proportions of a head and face from the side and of a standing man.*
Pen and ink on paper, 26.5 × 21.5 cm.
RL 12304r / K&P 28r

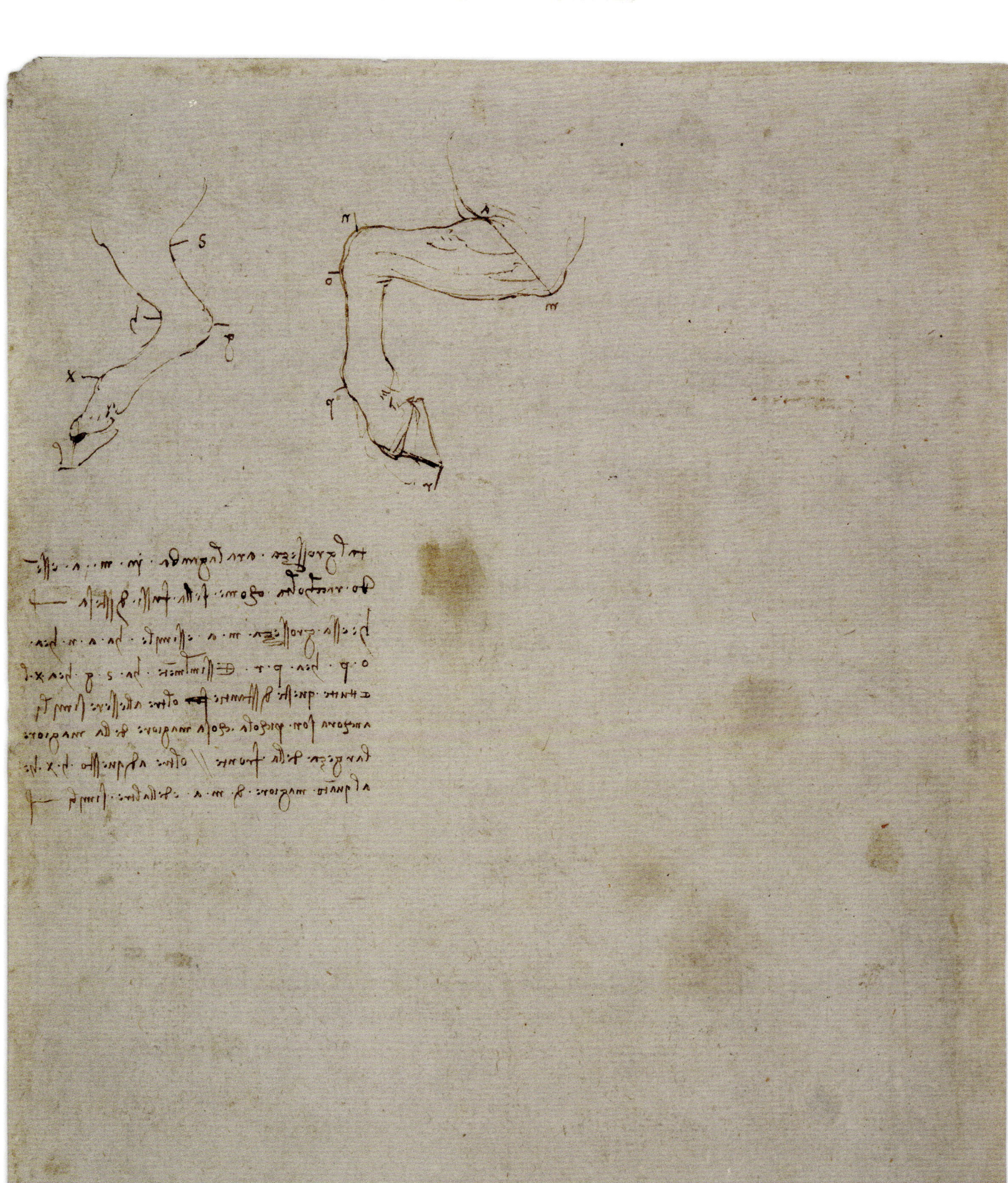

12. *Proporzioni della gamba anteriore di un cavallo, piegata.*
Penna e inchiostro su carta, 26,5 × 21,5 cm.
RL 12304v / K&P 28v

12. *The proportions of horse's bent foreleg.*
Pen and ink on paper, 26.5 × 21.5 cm.
RL 12304v / K&P 28v

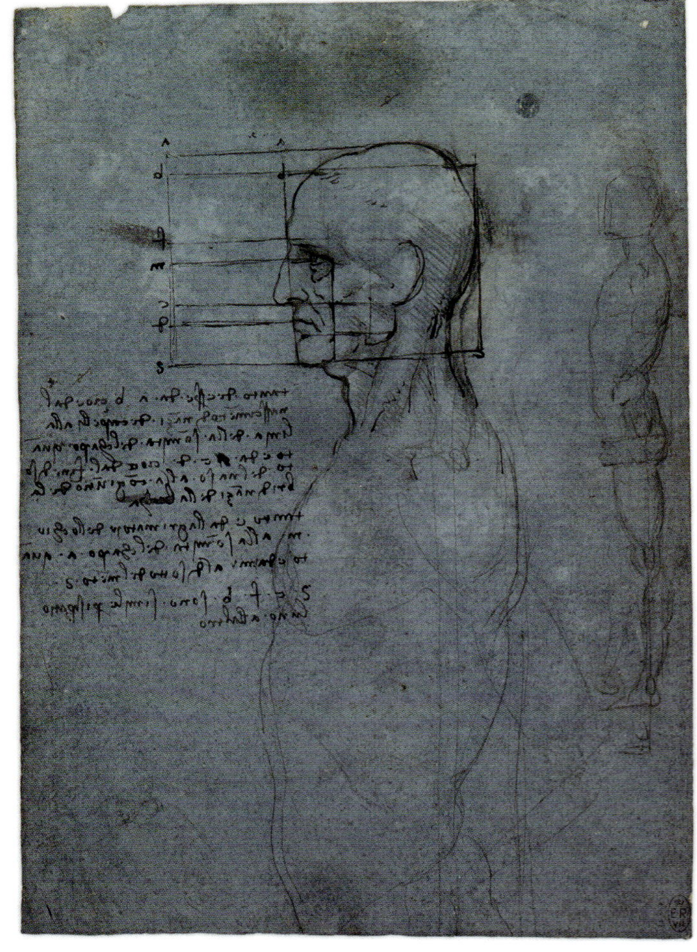

13. *Proporzioni di testa, viso e piedi.*
Penna e inchiostro su carta, 15,0 × 16,9 cm.
RL 19129r / K&P 24r

13. *The proportions of a head and face and foot.*
Pen and ink on paper, 15.0 × 16.9 cm.
RL 19129r / K&P 24r

14. *Proporzioni di testa e viso visti di lato.*
Punta metallica, penna e inchiostro su carta blu-grigia, 21,3 × 15,3 cm.
RL 12601r / K&P 19r

14. *The proportions of a head and face from the side.*
Metalpoint, pen and ink on blue-grey prepared paper, 21.3 × 15.3 cm.
RL 12601r / K&P 19r

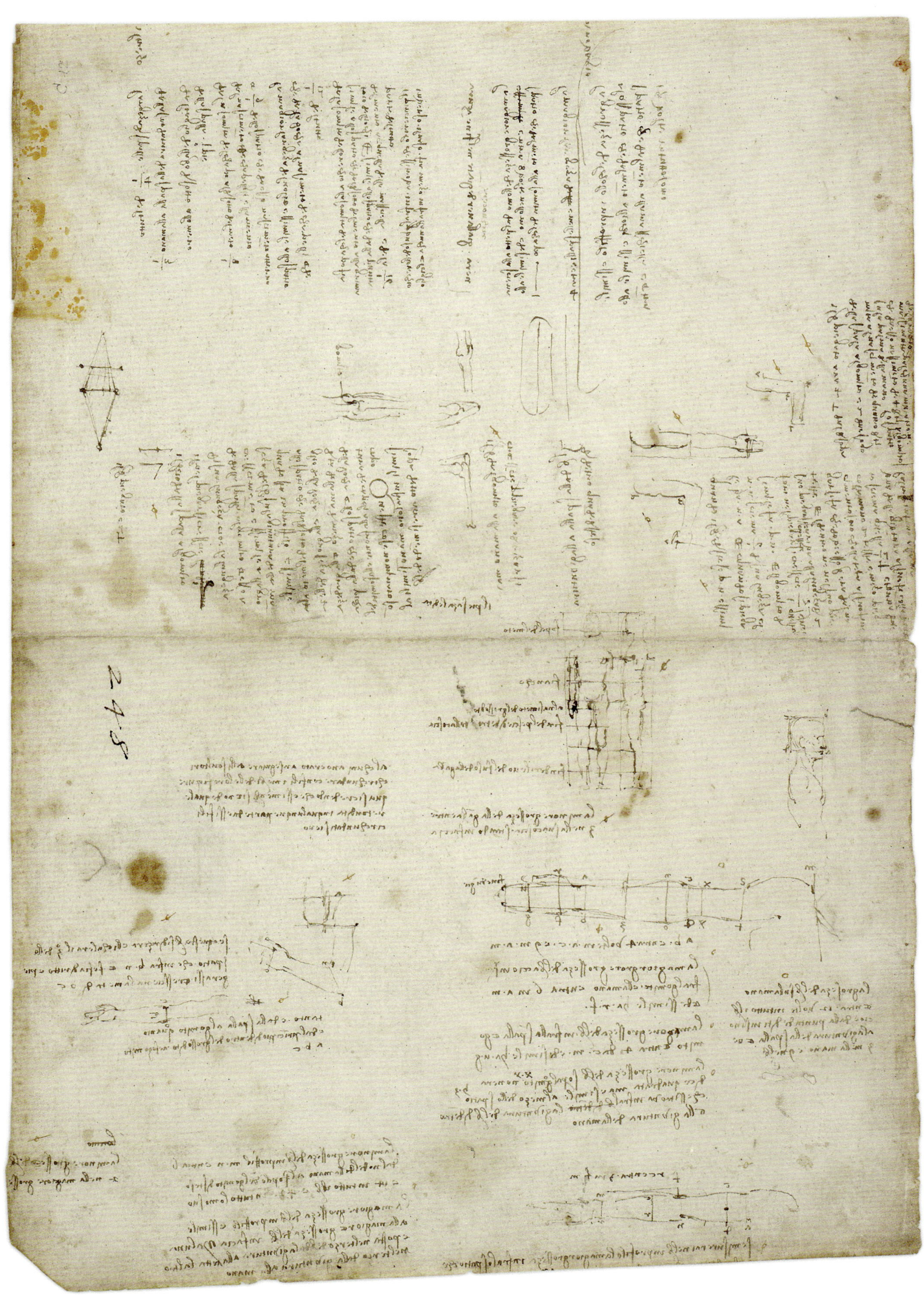

15. *Proporzioni delle braccia, dritte e piegate, delle gambe, dei piedi, della testa e di un uomo in piedi.*
Penna e inchiostro su carta, 44,3 × 32,0 cm.
RL 19134-5r / K&P 30r

15. *The proportions of arms, straight and bent, legs, foot, head and a standing man.*
Pen and ink on paper, 44.3 × 32.0 cm.
RL 19134-5r K&P 30r

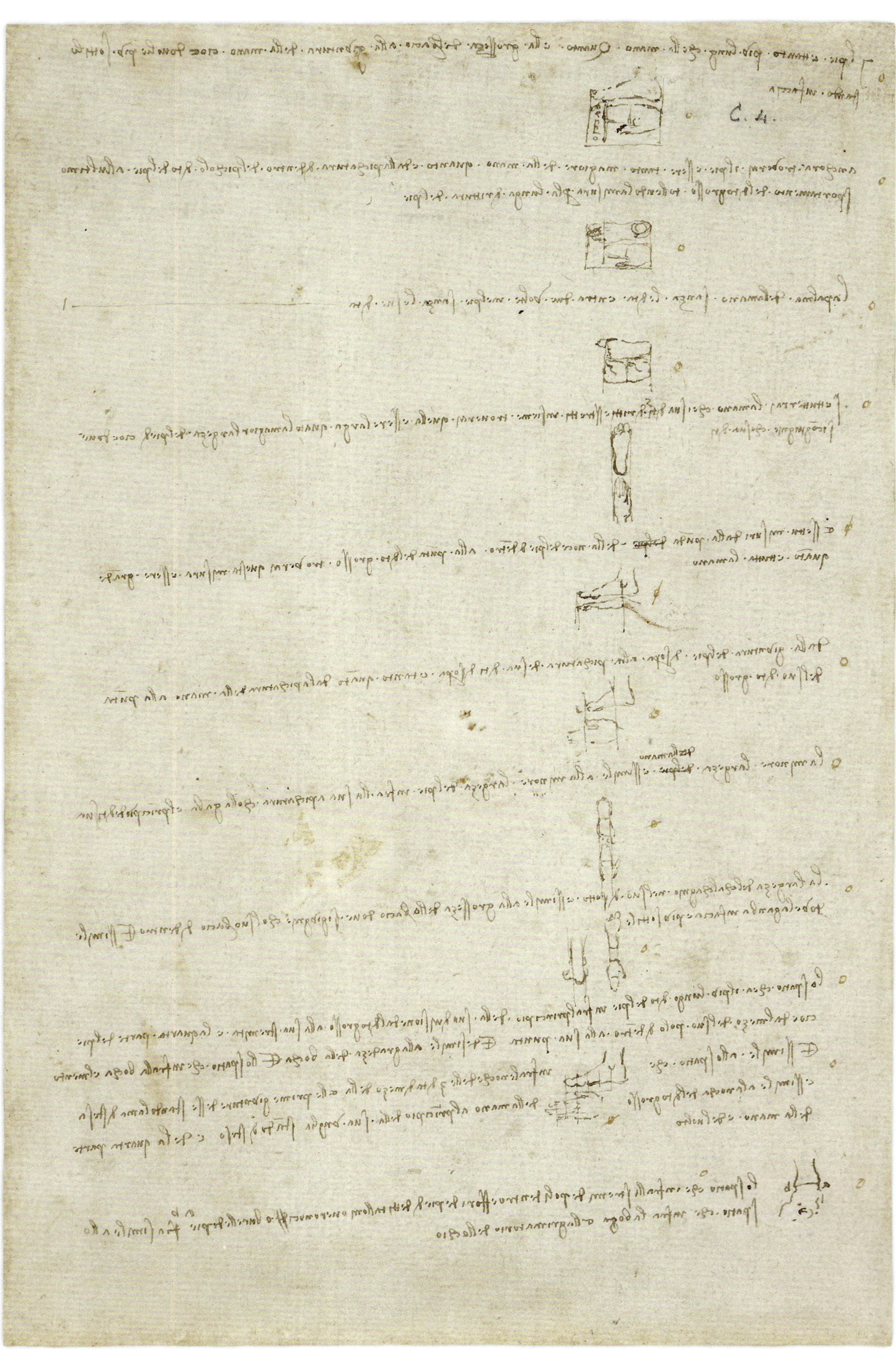

16. *Proporzioni di dieci parti del corpo.*
Penna e inchiostro su carta, 30,3 × 20,6 cm.
RL 19133r / K&P 29r

16. *The proportions of ten parts of the body.*
Pen and ink on paper, 30.3 × 20.6 cm.
RL 19133r / K&P 29r

17. *Proporzioni di un piede.*
Penna e inchiostro su carta, 30,3 × 20,6 cm.
RL 19133v / K&P 29v

17. *The proportions of a foot.*
Pen and ink on paper, 30.3 × 20.6 cm.
RL 19133v / K&P 29v

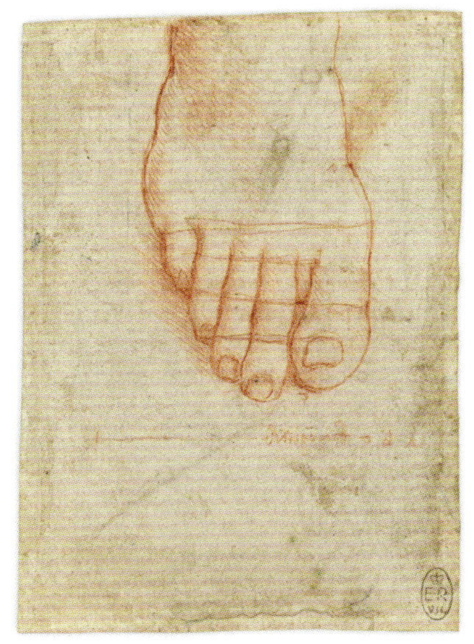

18. *Proporzioni di un piede.*
Gessetto rosso su carta, 9,9 × 7,0 cm.
RL 12635r / K&P 37r

18. *The proportions a foot.*
Red chalk on paper, 9.9 × 7.0 cm.
RL 12635r / K&P 37r

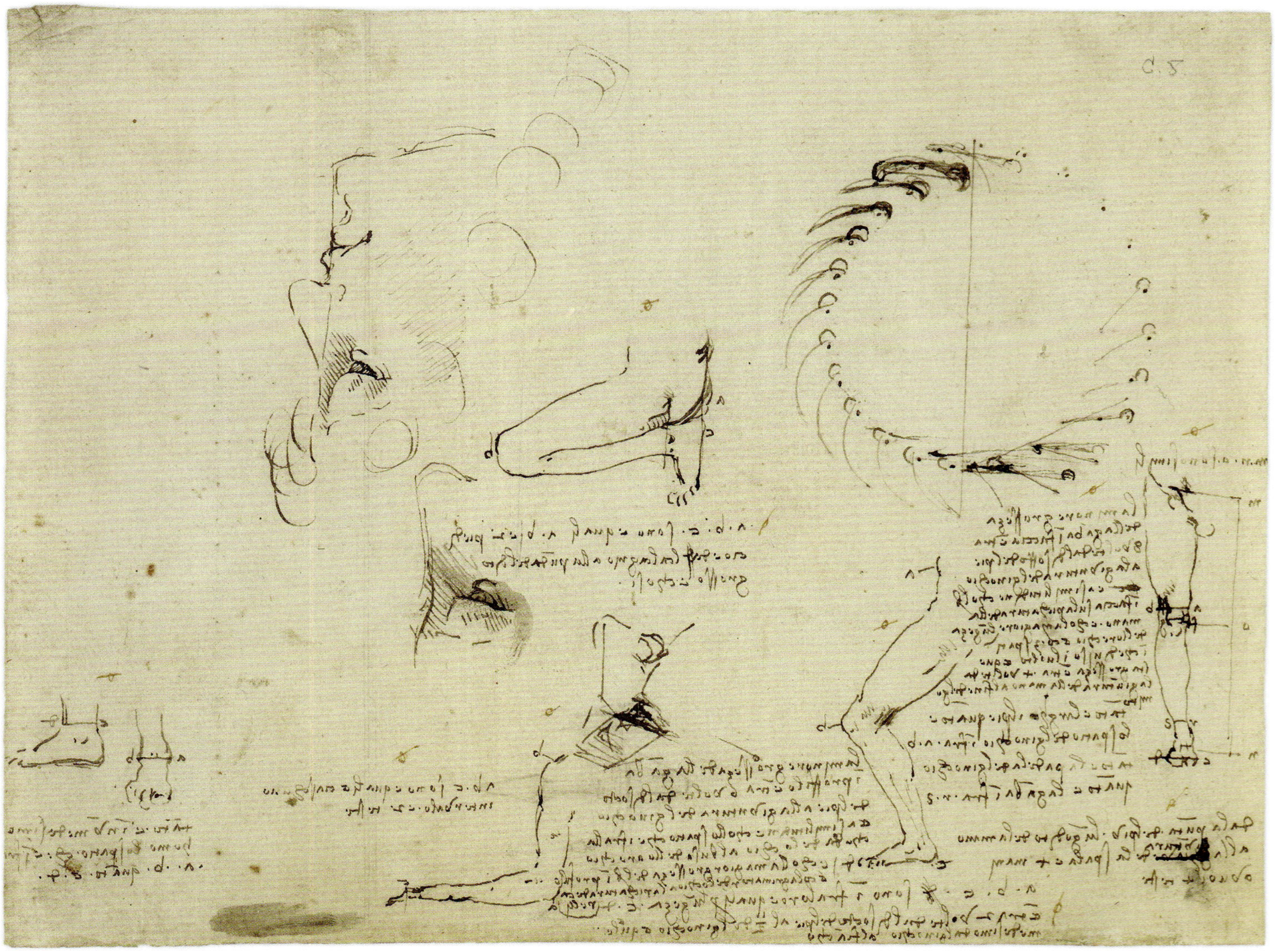

19. *Proporzioni delle gambe piegate e diritte e del piede, con uno schizzo di una ruota con moto perpetuo e profilo di un allievo.*
Penna e inchiostro, stilo su carta, 20,3 × 27,9 cm.
RL 19140r / K&P 23r

19. *The proportions of bent and straight legs, and foot, with a sketch of a perpetual motion wheel and a profile by a pupil.*
Pen and ink, stylus on paper, 20.3 × 27.9 cm.
RL 19140r / K&P 23r

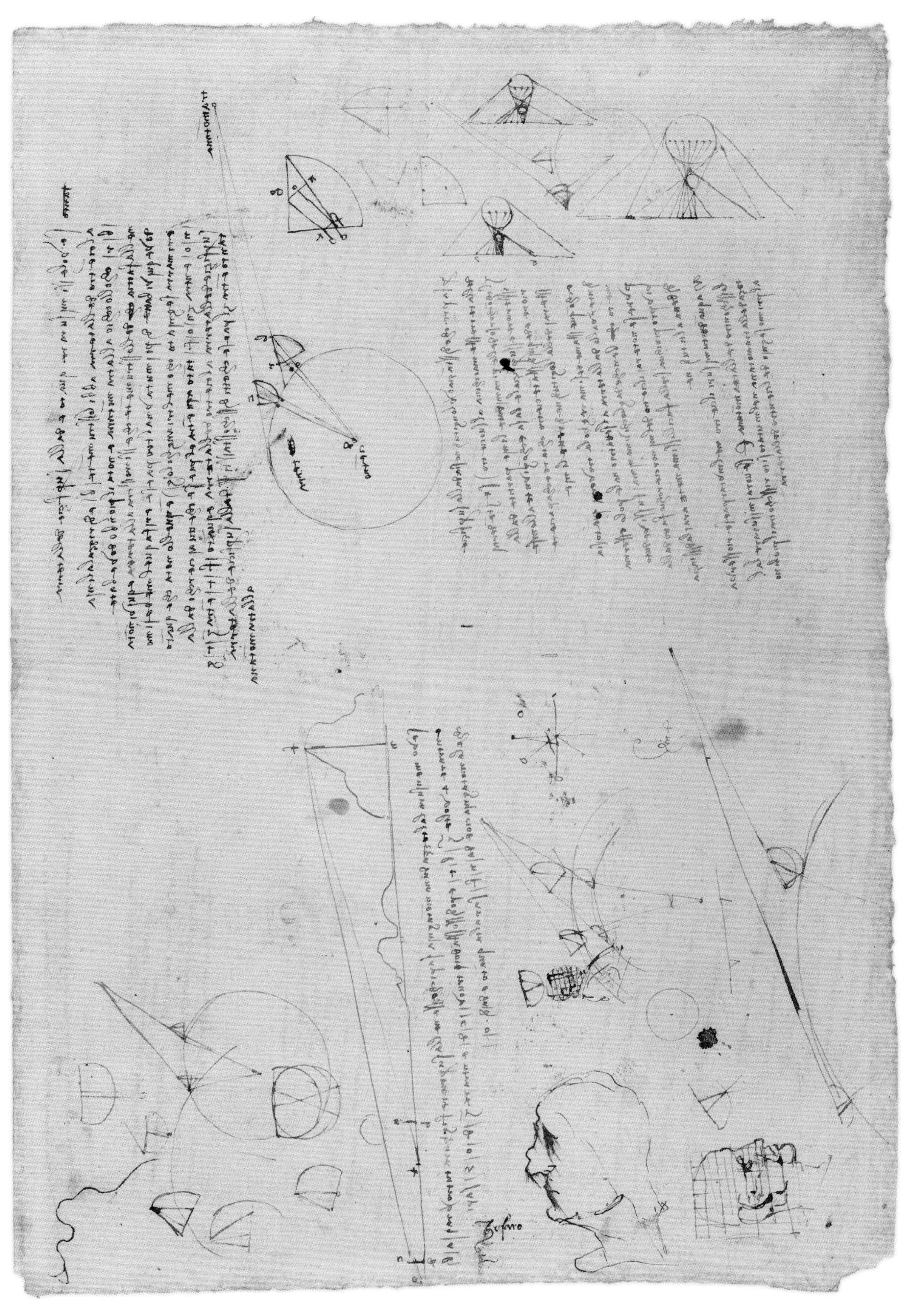

20. *Studi di ottica e profilo maschile squadrato.*
Penna e inchiostro su carta, 29,4 × 41,5 cm.
RL 19147-8r / K&P 22r

20. *Optical studies, and a squared male profile.*
Pen and ink on paper, 29.4 × 41.5 cm.
RL 19147-8r / K&P 22r

Studi sulle proporzioni umane
Studies of Human Proportions

Mario Rende

IN QUALUNQUE CONTESTO SEMINARIALE si parli di proporzioni del corpo umano la prima slide presentata sarà probabilmente quella dell'*Uomo Vitruviano*, figura iconica conservata presso le Gallerie dell'Accademia di Venezia. I numerosi disegni qui presenti non hanno il potente impatto estetico ed emotivo del disegno veneziano, ma esso non può essere realmente interpretato nella sua modernità e laicità senza considerare questi disegni preparatori. Il termine "Uomo Vitruviano", introdotto solo nel secolo scorso, è fondamentalmente equivoco poiché induce erroneamente a pensare che Leonardo volesse illustrare graficamente le proporzioni umane indicate dall'architetto romano Vitruvius (80-15 a.C.) nel *De Architettura* (III, 1). Nella trascrizione pervenuta, le indicazioni vitruviane sono prive di un disegno che le illustri. Leonardo non le segue dogmaticamente sviluppando così concetti abbastanza diversi da quelli originali. La prima differenza è concettuale. Per Vitruvio il corpo di un *homo bene figuratus* diventa la sintesi delle proporzioni perfette donategli dal Divino che si devono traslare come tali nella costruzione di città e templi affinché siano anche loro rappresentazioni del Divino. Il suo è un uomo mistico il cui ombelico (punto della vita riproduttrice) è al centro sia di un cerchio (il macrocosmo, l'universo e quindi il Divino) che di un quadrato (il microcosmo e la terra). Pur conservando il canone del cerchio e del quadrato, nell'uomo leonardiano (denominazione forse più appropriata) il centro delle due figure geometriche non è più unico e simbolico come l'ombelico, ma diventano due e anatomici: il cerchio continua ad avere il suo centro nell'om-

IN ANY SEMINAR CONTEXT you discuss the proportions of the human body, the first slide presented will probably be that of the *Vitruvian Man*, an iconic figure preserved in the Gallerie dell'Accademia in Venice. The numerous Windsor drawings do not have the powerful aesthetic and emotional impact of the Venetian one, but it cannot really be interpreted in its modernity and secularity without considering these preparatory drawings. The term "Vitruvian Man", which was only introduced in the last century, is fundamentally misleading as it erroneously leads one to think that Leonardo intended to graphically illustrate the human proportions indicated by the Roman architect Vitruvius (80-15 BC) in *De Architettura* (III, 1). In the transcription that has come down to us, the Vitruvian indications are without a drawing to illustrate them. Leonardo does not follow them dogmatically, thus developing concepts quite different from the original. The first difference is conceptual. For Vitruvius, the body of a *homo bene figuratus* becomes the synthesis of the perfect proportions given to him by the Divine, which must be translated as such in the construction of cities and temples so that they too are representations of the Divine. His is a mystical man whose navel (the point of reproductive life) is at the centre of both a circle (the macrocosm, the universe and thus the Divine) and a square (the microcosm and the Earth). While preserving the canon of the circle and the square, in Leonardo's man (perhaps a more appropriate name) the centre of the two geometric figures is no longer single and symbolic like the navel, but they become two and anatomical: the circle continues to

belico, il quadrato lo ha sulla sinfisi pubica, appena al di sopra dei genitali. Allontanandosi quindi dalla necessità vitruviana di rispecchiare nell'Uomo risvolti simbolici, il Leonardo laico e anatomico prende Vitruvio solo come punto di partenza per le sue sperimentazioni dirette sul corpo umano, ben rappresentate nei disegni della Collezione Windsor. Dai risultati ottenuti, propone uno schema di proporzioni alternativo a quello classico, più reale e vicino ad uno studio anatomico-ergonometrico che non ad uno artistico-teologico. Nell'uomo leonardiano il piede è un settimo dell'altezza invece che un sesto, la distanza tra la pianta del piede e il ginocchio è un quarto dell'altezza (indicazione non presente in Vitruvio), la sua altezza totale è di sette piedi invece che di sei, le braccia sono sollevate in una posizione in cui i polpastrelli sono all'altezza della sommità della testa e, infine, il piede sinistro è posizionato in modo molto particolare per aiutare a dimostrare le sue proporzioni rispetto al resto del corpo. Leonardo quindi evidenzia un uomo reale e moderno, alto 177,60 cm. Tanto moderno che uno studio pubblicato nel 2020 sulla prestigiosa rivista medica JAMA (Vol. 323, n. 22) ha dimostrato come ci sia uno scarto di appena il 10% tra le misure antropometriche indicate da Leonardo nel giugno del 1490 e quelle risultate attraverso un'analisi di un moderno scanner tridimensionale utilizzato su oltre 60mila soggetti sottoposti a visita per l'arruolamento nell'Air Force americana. È un dato straordinario che deriva dalle tante misure sperimentali conservate nei disegni della collezione Windsor.

In questo gruppo di disegni, databili sempre attorno al 1490, possiamo notare aspetti di rilievo sull'attitudine di sperimentatore di Leonardo. In molti di questi, è presente la forma di un piede. Per comprendere la ragione di questa ripetitività di una singola parte anatomica bisogna ricordare che ai tempi di Vitruvio l'imperatore Augusto unificò su tutto l'impero romano l'unità di misura di base che era appunto il *pes*, cioè il piede che era, come per noi oggi, il metro. Il piede romano aveva una misura pari a 29,65 cm, con i suoi sottomultipli (es. il *digitus*: 1/6 di piede) e multipli (es. il *milium*: 5.000 piedi). Leonardo parte sempre dal classico, non per accettarlo come dogma ma per verificarlo, attualizzarlo e utilizzarlo nel tempo presente. Infatti nei disegni della Collezione Windsor (4, 8, 15, 16, 17 e 19) il piede appare come l'elemento centrale delle proporzioni.

have its centre in the navel, the square has it on the pubic symphysis, just above the genitals. Moving away, therefore, from the Vitruvian need to reflect symbolic implications in Mankind, the secular and anatomical Leonardo only takes Vitruvius as a starting point for his direct experiments on the human body, well represented in the drawings in the Windsor Collection. From the results obtained, he proposed an alternative scheme of proportions to the classical one, more real and closer to an anatomical-ergonometric study than to an artistic-theological one. In Leonardo's man, the foot is a seventh of his height instead of a sixth, the distance between the sole of the foot and the knee is a quarter of his height (an indication not found in Vitruvius), his total height is seven feet instead of six, his arms are raised in a position where the fingertips are at the height of the top of the head and, finally, the left foot is positioned in a very particular way to help demonstrate his proportions in relation to the rest of the body. Leonardo therefore shows a real and modern man, 177.60 cm tall. So modern, in fact, that a study published in 2020 in the prestigious medical journal JAMA (Vol. 323, No. 22) showed how there was a difference of just 10% between the anthropometric measurements indicated by Leonardo in June 1490 and those resulting from an analysis of a modern 3D scanner used on more than 60.000 subjects examined for enlistment in the US Air Force. This is extraordinary data derived from the many experimental measurements preserved in the drawings of the Windsor collection.

In this group of drawings, also datable to around 1490, we can see important aspects of Leonardo's attitude as an experimenter. In many of these, the shape of a foot is present. To understand the reason for this repetitiveness of a single anatomical part, we must remember that in the time of Vitruvius, the Emperor Augustus standardized the basic unit of measurement throughout the Roman empire, which was the *pes*, i.e. the foot, which was, as for us today, the metre. The Roman foot measured 29.65 cm, with its submultiples (e.g. the *digitus*: 1/6 of a foot) and multiples (e.g. the *milium*: 5,000 feet). Leonardo always starts with the classic, not to accept it as dogma but to verify it, update it and use it in the present time. In fact, in the drawings in the Windsor Collection (4, 8, 15, 16, 17, 19) the foot appears as the central element of the proportions.

Molto particolare è il disegno 16 dove, con un'ispirazione innovativa, Leonardo mette in diretto paragone il piede con la mano per verificare il loro rapporto e riscontrare la correttezza della misura di Augusto in cui il *palmus* era ¼ del piede. Di particolare interesse sono anche i disegni presenti nelle tavole (5) e (7). Nella prima appaiono tre figure con le relative marcature delle proporzioni delle varie regioni del corpo: quella in mezzo è in piedi nella stessa posizione dell'iconico *Uomo Vitruviano*, a sinistra appare la silhouette dell'uomo in ginocchio e a destra quella dell'uomo seduto. In altre parole, qui Leonardo esplora se i rapporti misurati nell'uomo eretto cambiano se questo assume una postura diversa, mettendo anche in relazione tra di loro le tre posizioni. Uno studio di questo genere va oltre l'aspetto puramente anatomico perché qui Leonardo fa uno studio ergonomico: immagina e analizza un corpo nel contesto di un'attività lavorativa dove gli arti assumono una posizione diversa rispetto all'uomo eretto e, conseguentemente, sviluppano forze diverse. Questa idea di ergonomia di Leonardo nel vedere le proporzioni del corpo appare ancora più evidente in (8) dove in basso a destra si vede il disegno di alcune pulegge accanto ad un uomo in piedi e seduto. Una serie di pulegge sono anche in (19) accanto ad un arto inferiore con completa flessione della gamba sulla coscia. Inconsapevolmente, Leonardo con questi studi delle proporzioni, non solo rompe con la dimensione mistica e teologica del corpo umano, ma lo apre a quella che in tempi moderni diventerà la scienza delle misurazioni antropometriche applicate all'ergonomia, necessarie per la progettazione dello spazio di lavoro e la progettazione di mobili, strumenti e così via. I disegni qui presenti, appena tracciati come degli schizzi di prova, sono quindi rilevanti per poter realmente interpretare nella sua modernità e laicità il famoso *Uomo Vitruviano* conservato a Venezia.

Very peculiar is the drawing (16) where, with an innovative inspiration, Leonardo directly compares the foot with the hand to verify their relationship and to ascertain the correctness of Augustus' measurement in which the *palmus* was ¼ of the foot. The drawings on (5) and (7) are also of particular interest. In the former, three figures appear with the relative markings of the proportions of the various regions of the body: the one in the middle is standing in the same position as the iconic *Vitruvian Man*, the silhouette of the kneeling man appears on the left and that of the seated man on the right. In other words, here Leonardo explores whether the relationships measured in the upright man change if he assumes a different posture, also relating the three positions to each other. A study of this kind goes beyond the purely anatomical aspect because here Leonardo makes an ergonomic study: he imagines and analyses a body in the context of a working activity where the limbs assume a different position to the upright man and, consequently, develop different forces. This idea of Leonardo's ergonomics in seeing the proportions of the body is even more evident in (8) where a drawing of a number of pulleys can be seen at the bottom right next to a standing and seated man. A series of pulleys are also in (19) next to a lower limb with complete flexion of the leg on the thigh. Unconsciously, Leonardo, with these studies of proportions, not only breaks with the mystical and theological dimension of the human body, but opens it up to what in modern times would become the science of anthropometric measurements applied to ergonomics, necessary for the design of the work space and the design of furniture, tools and so on. Here the drawings, barely sketched as trial sketches, are therefore relevant to truly interpreting the famous *Vitruvian Man* preserved in Venice in its modernity and secularity.

VIII

Uomini muscolosi

Musclemen

QUESTO GRUPPO DI STUDI sulla muscolatura comprende il tipo di anatomia ovviamente più rilevante per gli artisti. Iniziamo con quello che può essere ragionevolmente considerato il più grande tra tutti i disegni di un corpo umano nudo, di qualsiasi artista e di qualsiasi epoca. Leonardo utilizza la tecnica relativamente morbida del gesso rosso. Il suo tocco spazia da un'enfatica fermezza a una suggestiva delicatezza. Con questi mezzi evoca la luce che gioca sulla superficie ondulata del corpo, in relazione ai modi in cui la pelle e il grasso sottocutaneo drappeggiano ossa, muscoli e tendini.

La posa è quella prediletta: le gambe sono divaricate in modo che i piedi si trovino verticalmente sotto le spalle, mentre le braccia si aprono in modo che la distanza fra le mani sia simile alla lunghezza delle gambe. Qui, le uguaglianze sembrano essere giudicate istintivamente dall'occhio piuttosto che misurate direttamente. Una posa simile si trova anche in illustrazioni anatomiche precedenti, ma non presenta quell'istintiva armonia di postura e dettagli che Leonardo realizza con disinvoltura. La quantità di disegni simili a questi e relativi al busto, alle braccia e alle gambe indica quanto Leonardo considerasse questa posa efficace nell'esprimere le sue osservazioni e analisi.

Questa soluzione rappresentativa ricorre infatti in tutta la carriera di Leonardo anatomista, ma c'è anche un gruppo, databile al periodo in cui stava preparando la *Battaglia di Anghiari*, che implica un'azione muscolare estrema. Un disegno, raffigurante un uomo e una gamba di lato [17], contiene

THIS GROUP OF STUDIES of musculature involves the kind of anatomy that is most obviously relevant to artists. Here we begin with what can reasonably be regarded as the greatest of all drawn studies of the naked human body by any artist from any period. Leonardo uses the relatively soft medium of red chalk. His touch ranges from emphatically firm to suggestively delicate. By these means he conjures up the light that plays across the undulating surface of the body, in relation to the ways that skin and subcutaneous fat drape the bones, muscles and tendons.

In his favoured pose, the legs open so the feet lie vertically below the shoulders, while the arms open so that figure the width between the hands is similar to the length of the legs. The equalities here seem to be judged instinctively by eye rather than directly measured. A similar pose is found in earlier anatomical illustrations but without the instinctive harmonies of posture and detail that Leonardo effortlessly deploys. The number of similar drawings of the torso, arms and legs indicates that he gained particular pleasure from this format as a way to express his observations and analysis.

This format recurs across the whole of Leonardo's career as an anatomist, but there is a cluster around the time he was preparing the *Battle of Anghiari,* which involves extreme muscular action. One, depicting a man and a leg from the side, [17] also contains brilliantly energetic sketches of a charging horse and fighting soldiers, which

anche schizzi magistralmente energici di un cavallo che carica e di soldati che combattono, derivanti chiaramente dai numerosi schizzi per la selvaggia battaglia. Improvvisamente, in un altro notevole foglio di studi, Leonardo fa riferimento diretto alle analogie tra la gamba umana e quella equina in un modo del tutto innovativo (19) – per quanto le ossa della gamba del cavallo non siano proporzionate con precisione.

Altra caratteristica significativa dei suoi uomini muscolosi è il riferimento alla statuaria antica. Le statue greco-romane che venivano ritrovate nel Rinascimento, come il *Laocoonte*, trattavano l'anatomia muscolare in modo enfatico. Gli studi, presenti sullo stesso foglio, di un uomo a cui è stato "amputato" il braccio per svelare la muscolatura del lato del busto superiore sono molto simili al *Torso del Belvedere*, rinvenuto privo di braccia e gambe. In modo più generico, le figure molto muscolose potrebbero servire come studi per un Ercole, soggetto che compare nei disegni dell'artista. Nei minuscoli schizzi marginali, l'artista confronta il modo "antico" di illustrare i solchi tra i muscoli in maniera nettamente definita, rispetto a quello "moderno" che presenta curve più graduali. Leonardo preferisce chiaramente una definizione più enfatica.

In uno studio di particolare bellezza (29), Leonardo mostra quale muscolo si gonfia nell'eseguire una determinata azione. Chiede, quindi, al pittore di osservare "quale muscolo si ingrossi" in un determinato movimento (Parigi, Bibliothèque Nationale, MS 2038, f. 27r). Per renderne l'idea, Leonardo si concede un certo grado di esagerazione enfatizzando in maniera eccessiva i muscoli in alcuni uomini. Ciò sembra violare il suo stesso consiglio.

"*O pittore natomista, guarda che la troppa notizia delli ossi, corde e muscoli non sieno causa di farti un pittore legnoso, col volere che li tua ignudi mostrino tutti li sentimenti loro.*" (Parigi, Institut de France, MS E, f. 19v)

Leonardo mette inoltre in guardia dall'enfatizzare eccessivamente i muscoli coinvolti nelle diverse azioni, poiché questa scelta farebbe sembrare il corpo "un sacco di noci" (3). In uno studio di nudo l'uomo afferra due pali per ridurre la tensione delle braccia tese (3).

are spin-offs from his many sketches for the savage battle. There is a remarkable page of studies on which he suddenly makes a direct reference to analogies between the leg of a man and that of a horse in a wholly innovatory way (19) – even if the bones of the horse's leg are less than accurately proportioned.

Another notable feature of the musclemen is the references to ancient statuary. Graeco-Roman statues that were being excavated in the Renaissance, such as the *Laocoon*, treated muscular anatomy in an emphatic manner. The studies on the samesheet of a man whose arm has been "amputated" to disclose the musculature of the side of his upper torso is very similar to the *Belvedere Torso*, which was excavated without arms and legs. In a more generic way, the very muscular figures could well serve as studies for a Hercules, a subject that appears in the artist's drawings. In the tiny marginal sketches, he compares the "antique" way of showing the grooves between muscles in a sharply defined manner, compared to the "modern" way which features more gradual curves. Leonardo clearly prefers the more emphatic definition.

In a particularly nice study (29), he shows which muscle will bulge in performing a given action. He asks the painter to observe "which muscle is swelling" in a given motion (Paris, Bibliothèque Nationale, MS 2038, f. 27r). To make his point, Leonardo allows himself some degree of exaggeration, and in number of the strong men the muscles are over-emphasised. This seems to violate his own advice.

"O Anatomical painter, take care that excessive attention to the bones, cords and muscles does not cause you to become a wooden painter in your desire that your nude figures should exhibit all their emotions." (Paris, Institut de France, MS E, f. 19v)

He also warns about over-emphasising all the muscles that become prominent in different actions, which results in bodies that look like "a sack of nuts" (3). In one nude study the man grips two poles to reduce the strain on his outstretched arms (3).

Questa apparente incoerenza sulla definizione muscolare trova risposta nella duplice funzione dei disegni di figura. Una è quella di *registrare* l'aspetto di una figura ben muscolosa in termini di luce che cade sulla superficie, come nel magnifico studio in gesso rosso. L'altra è quella di *dimostrare* la forma reale dei muscoli sottocutanei, esasperando ciò che si vede esternamente o rimuovendo parzialmente i tessuti sovrastanti. Per Leonardo queste funzioni, di suggestione ottica e di *dimostrazione* formale, erano entrambe necessarie se si voleva padroneggiare il corpo umano e rappresentarne con piena convinzione le azioni. La linea di demarcazione tra le due funzioni è spesso labile nelle illustrazioni dei muscoli più importanti.

Nota sulla datazione

La maggior parte degli uomini muscolosi si concentra nel periodo dell'incompiuta *Battaglia di Anghiari* (1503-7 circa).

The answer to this apparent inconsistency in levels of definition is that the figure drawings have two functions. One is to *record* the look of a well-muscled figure in terms of the light that falls across its surface, as in the magnificent red chalk study. The other is to *demonstrate* the actual form of the muscles that lie below the skin, either by exaggerating what can be seen from outside or by the partial removal of overlying tissues. For Leonardo these modes of optical suggestion and formal demonstration (*dimostrazione*) were both necessary if the human body was to be mastered in such a way that actions can be portrayed with total conviction. The dividing line between the two modes is frequently blurred in his illustrations of the most prominent muscles.

Note about dating

The majority of the muscle-men centre on the period of the unfinished *Battle of Anghiari* c. 1503-7.

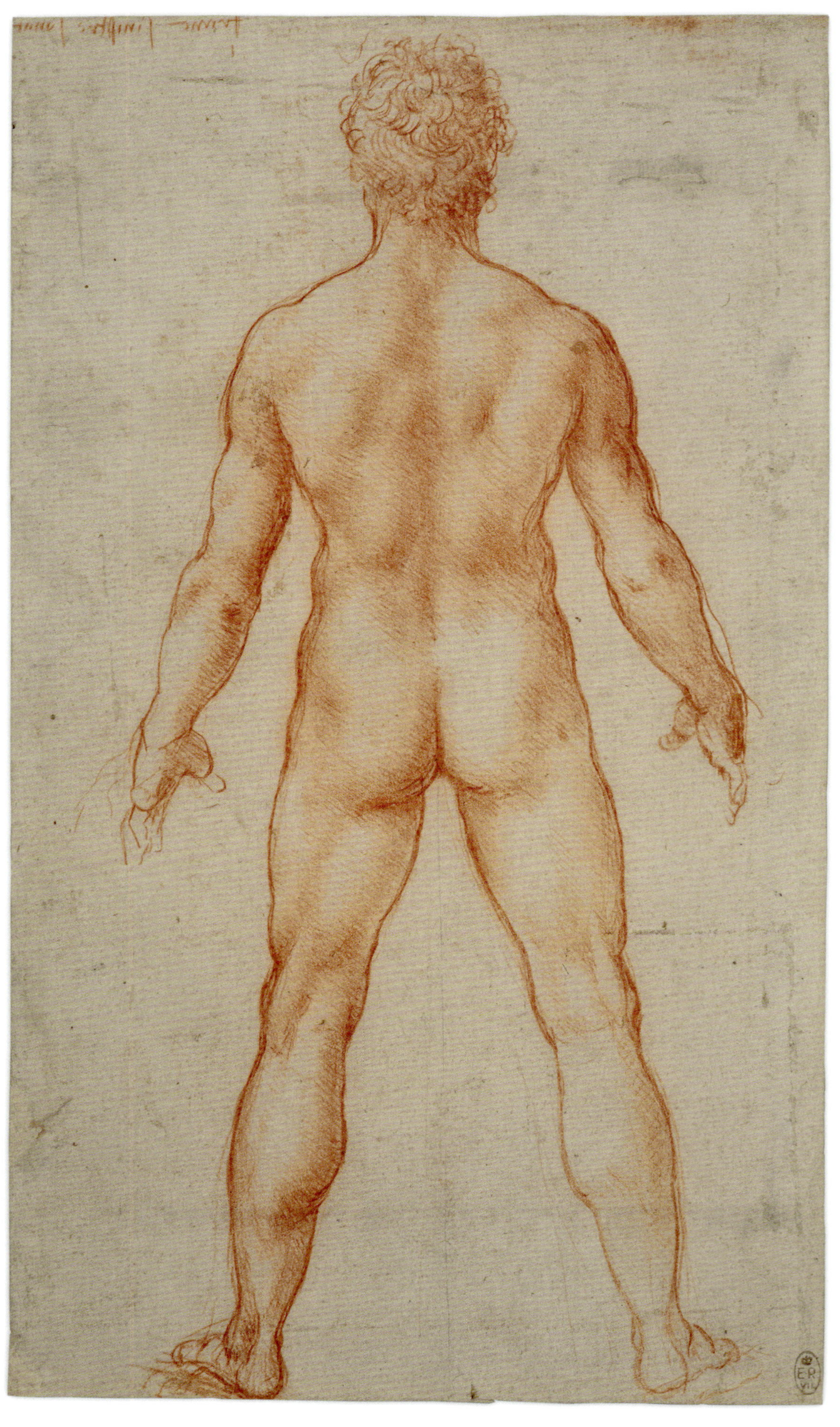

1. *Uomo visto da dietro.*
Gessetto rosso su carta, 27 x 16 cm.
RL 12596r / K&P 84r

1. *Man seen from the rear.*
Red chalk on paper, 27 × 16 cm.
RL 12596r / K&P 84r

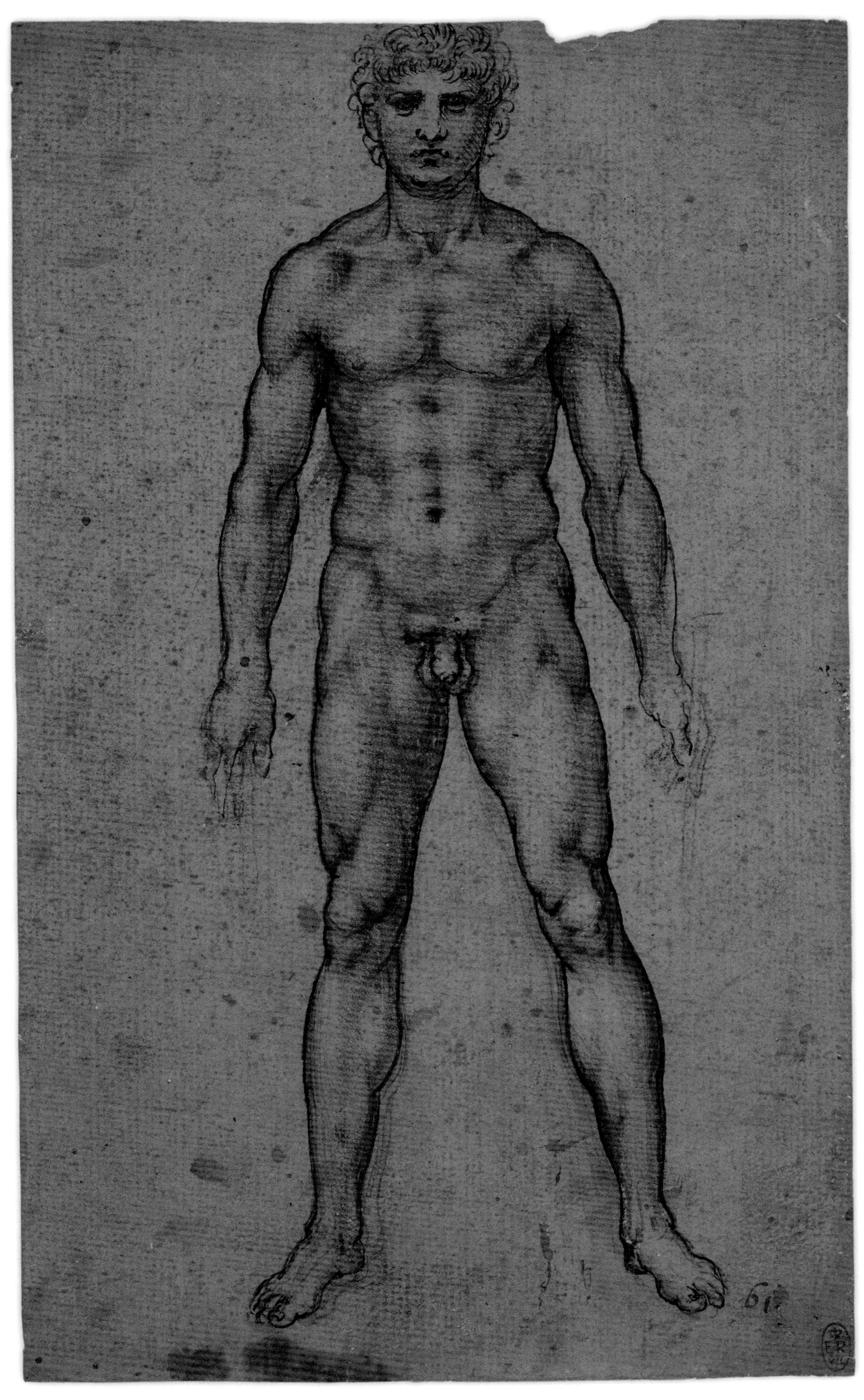

2. *Uomo visto da davanti.*
Gessetto rosso, penna e inchiostro su carta rosso pallido, 23,6 × 14,6 cm.
RL 12594r / K&P 86r

2. *Man seen from the front.*
Red chalk, pen and ink on pale red prepared paper, 23.6 × 14.6 cm.
RL 12594r / K&P 86r

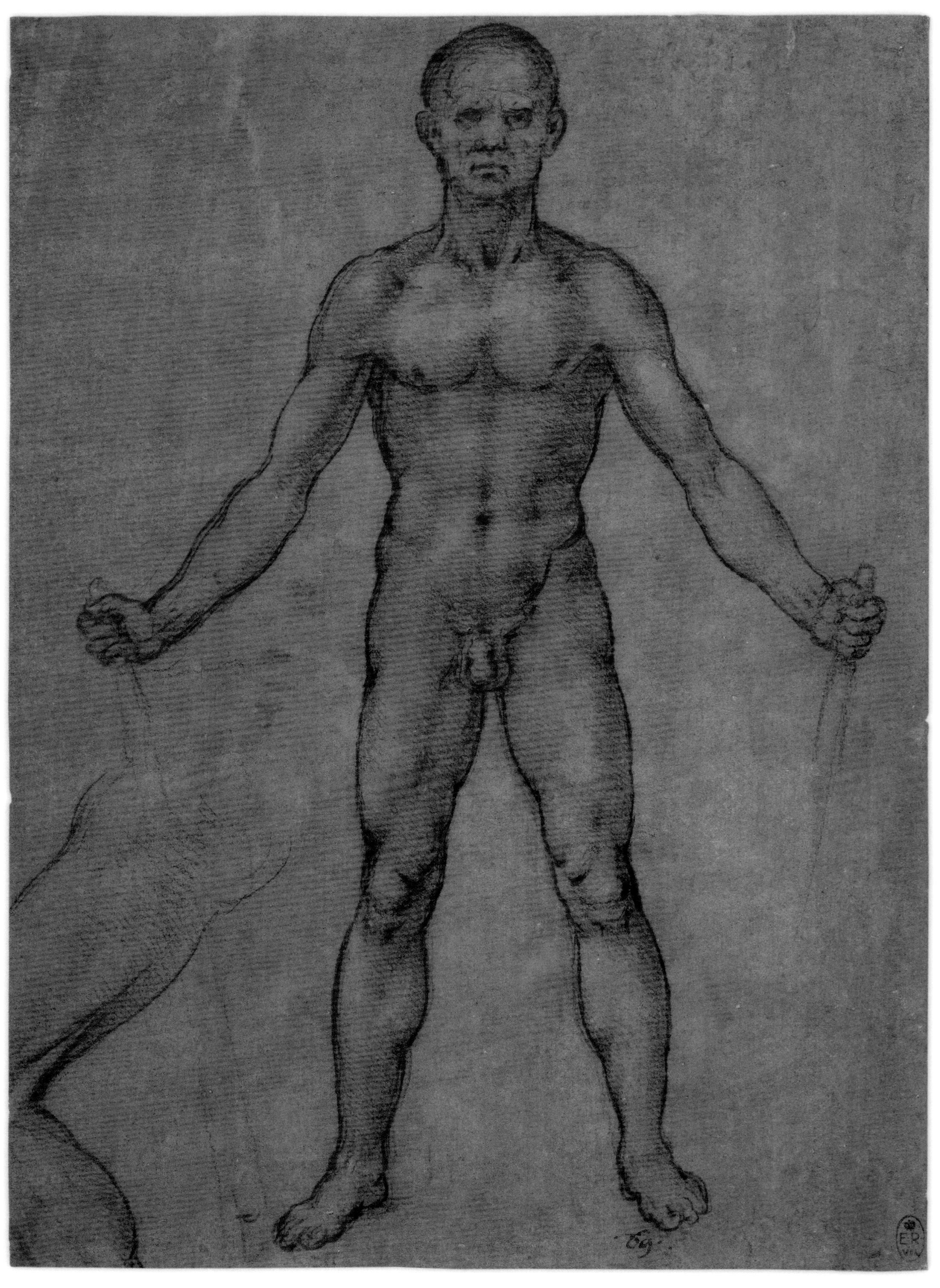

3. *Uomo visto di fronte e gamba sinistra.*
Gessetto rosso su carta rossa, 22,6 × 16,7 cm.
RL 12593r / K&P 85r

3. *Man seen from the front and a left leg.*
Red chalk on red prepared paper, 22.6 × 16.7 cm.
RL 12593r / K&P 85r

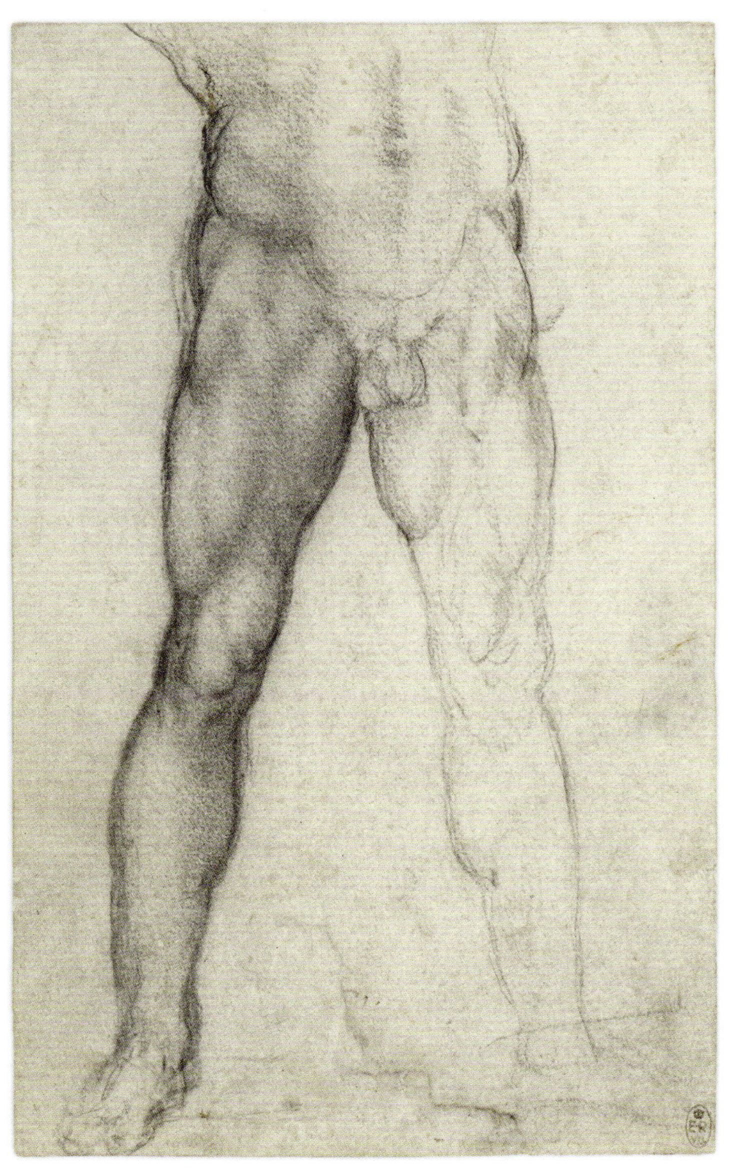

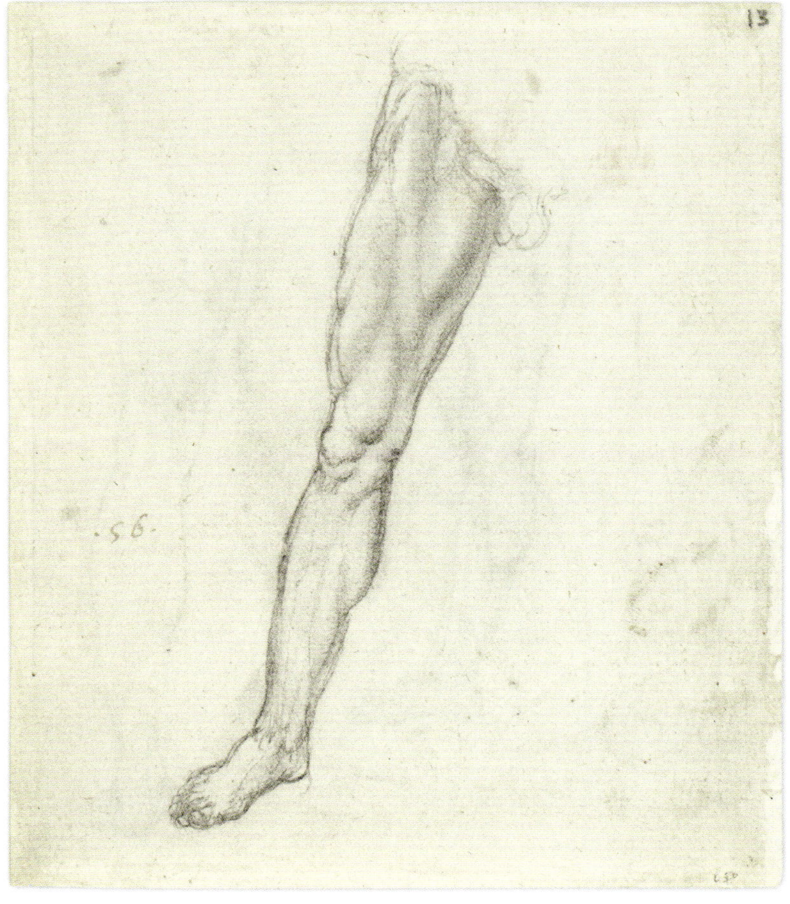

4. *Gambe e addome di un uomo visto frontalmente.*
Gessetto nero su carta, 22,3 × 14,0 cm.
RL 12630r / K&P 90r

4. *Legs and abdomen of a man seen from the front.*
Black chalk on paper, 22.3 × 14.0 cm.
RL 12630r / K&P 90r

5. *Muscolatura di una gamba vista frontalmente.*
Penna e inchiostro, gessetto nero su carta, 17,2 × 15,5 cm.
RL 12633v / K&P 89r B

5. *Musculature of a leg from the front.*
Pen and ink, black chalk on paper, 17.2 × 15.5 cm.
RL 12633v / K&P 89r B

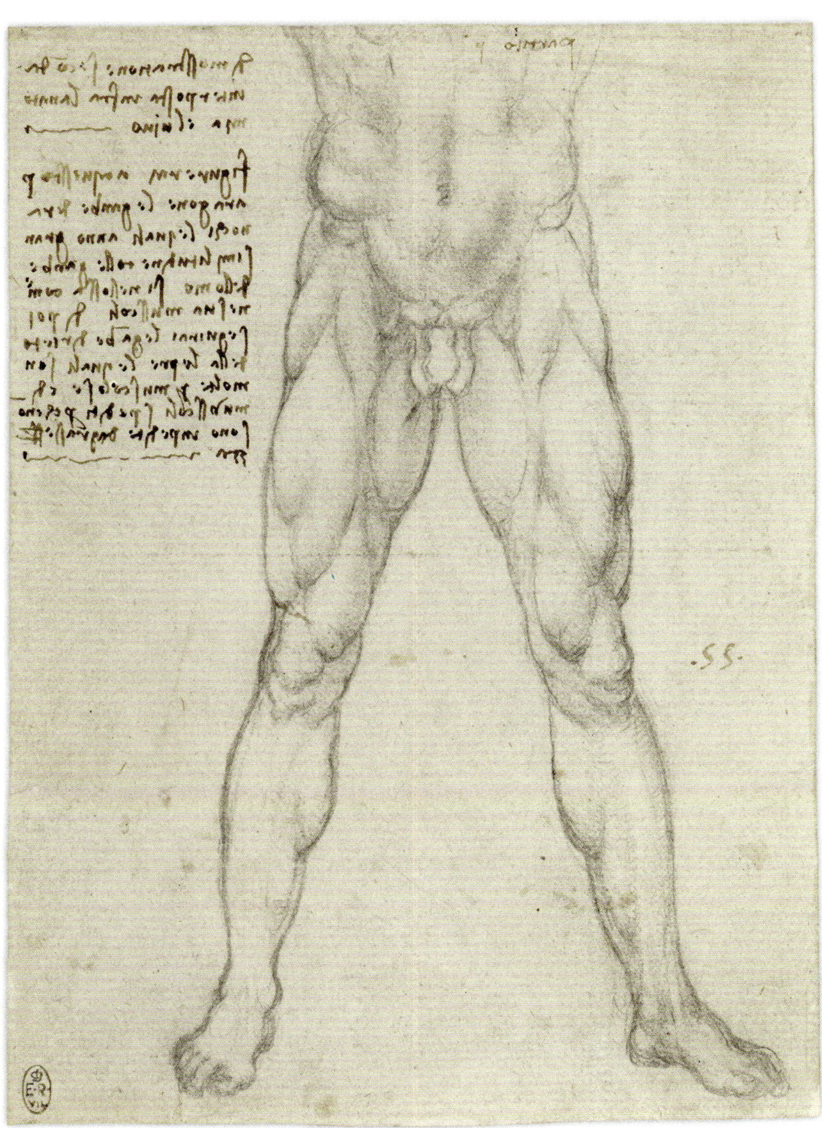

6. *Muscolatura di gambe e addome visti frontalmente*.
Penna e inchiostro, gessetto nero su carta, 19,1 × 14,1 cm.
RL 12631r / K&P 89r A

6. *Musculature of the legs and abdomen from the front*.
Pen and ink, black chalk on paper, 19.1 × 14.1 cm.
RL 12631r / K&P 89r A

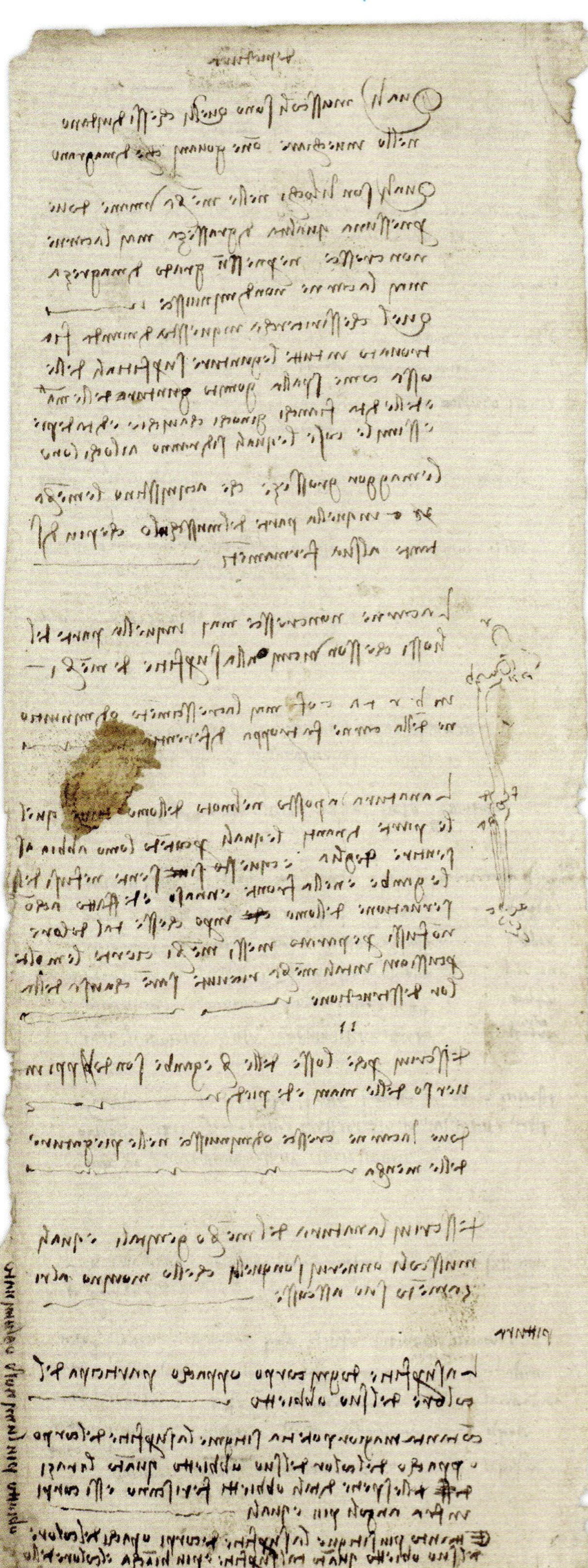

7. *Note sulla rappresentazione del corpo. Le ossa della gamba destra*.
Penna e inchiostro su carta, 28,4 × 11,0 cm.
RL 19141r / K&P 99r

7. *Notes on depicting the body. The bones of the right leg*.
Pen and ink on paper, 28.4 × 11.0 cm.
RL 19141r / K&P 99r

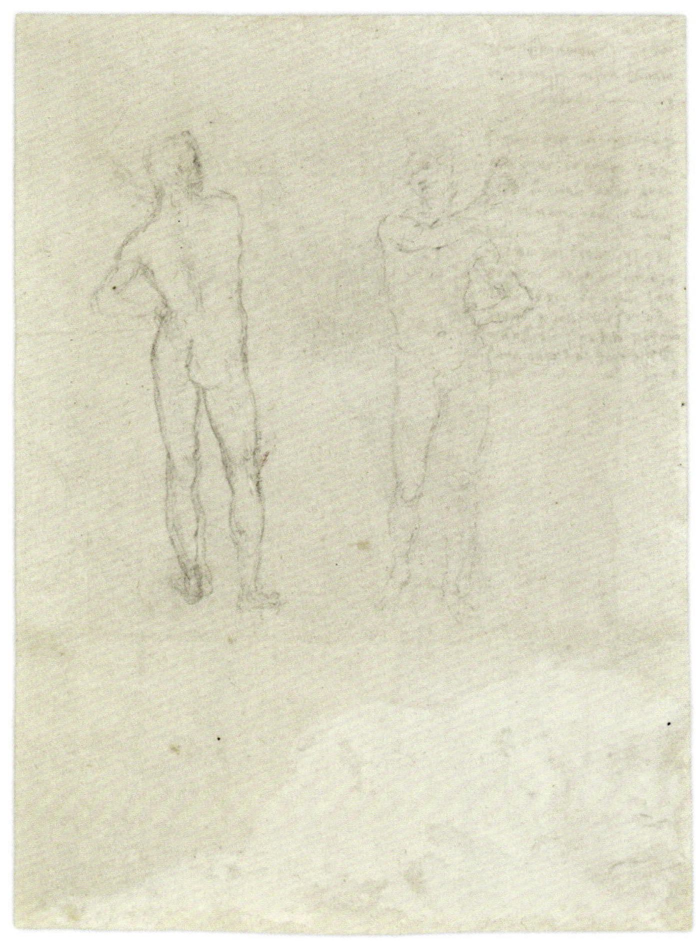

9. *Uomo che gesticola visto da dietro e di fronte.*
Penna e inchiostro, gessetto nero su carta, 19,1 × 14,1 cm.
RL 12631v / K&P 89v B

9. *Gesturing man from the front and rear.*
Pen and ink, black chalk on paper, 19.1 × 14.1 cm.
RL 12631v / K&P 89v B

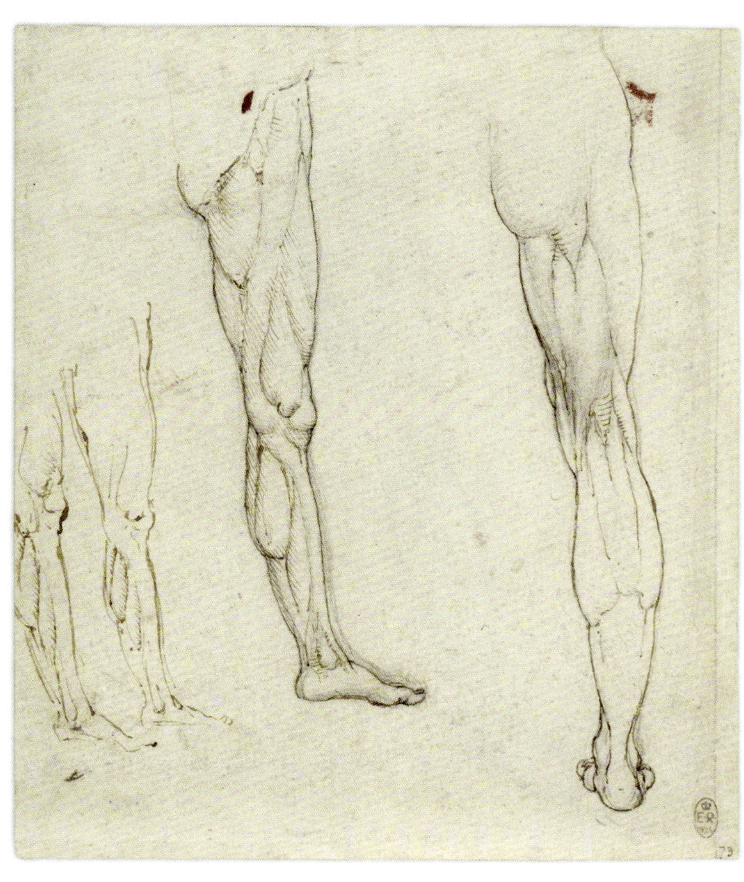

8. *Quattro studi della muscolatura di una gamba vista da dietro e di lato.*
Penna e inchiostro, gessetto nero su carta, 17,2 × 15,5 cm.
RL 12633r / K&P 89v A

8. *Four studies of the musculature of a leg from the rear and side.*
Pen and ink, black chalk on paper, 17.2 × 15.5 cm.
RL 12633r / K&P 89v A

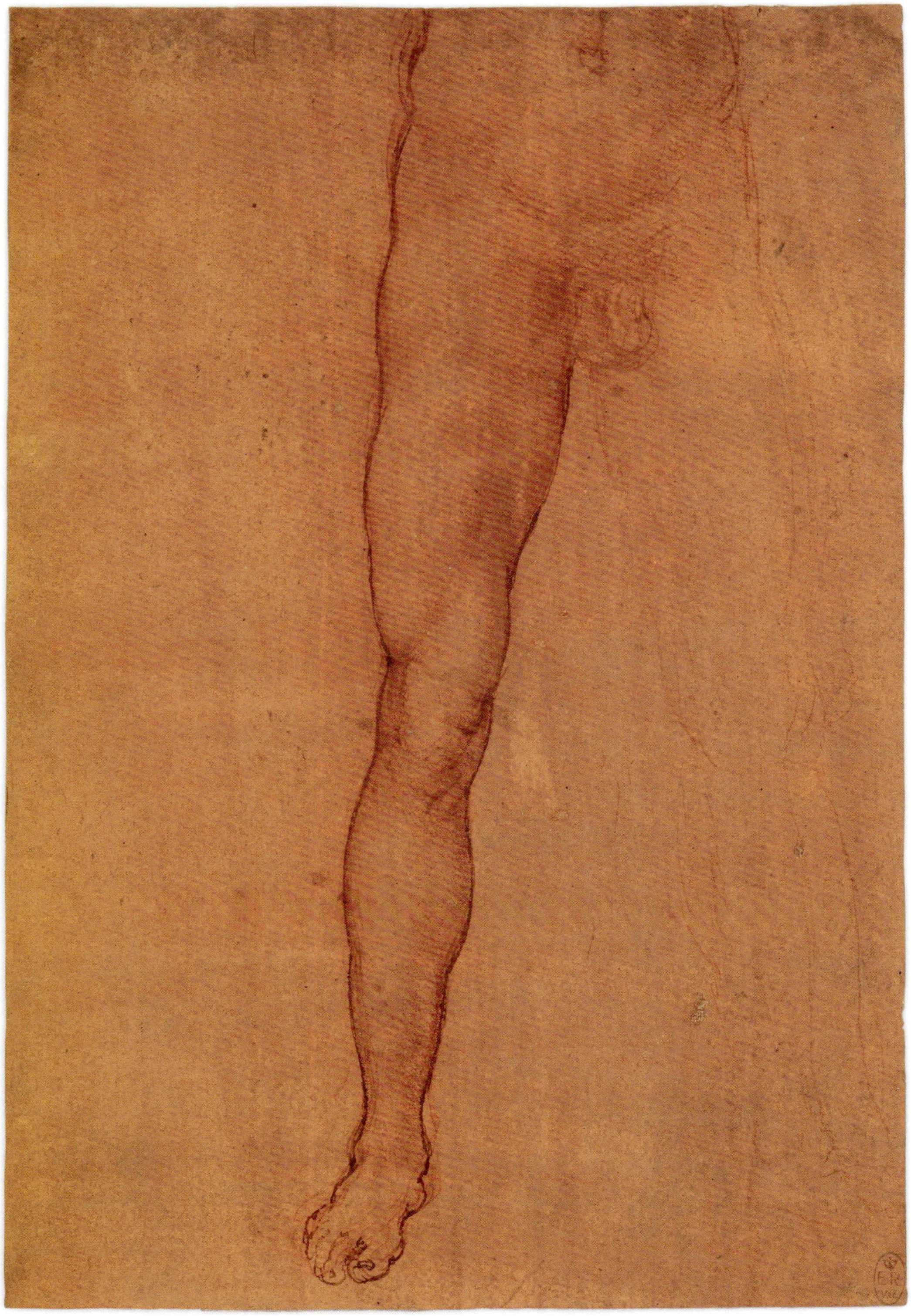

10. *Gamba destra e basso ventre di un uomo visto da davanti.*
Gessetto rosso, penna e inchiostro
su carta rosso pallido, 20,9 × 14,6 cm.
RL 12629r / K&P 88r

10. *Right leg and lower abdomen of a man seen from the front.*
Red chalk, pen and ink on pale red prepared paper, 20.9 × 14.6 cm.
RL 12629r / K&P 88r

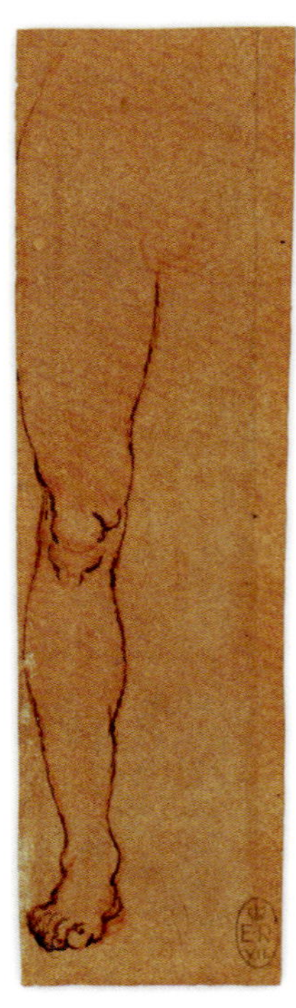

11. *Gamba destra di un uomo vista frontalmente.*
Gessetto rosso, penna e inchiostro
su carta rossa, 11,3 × 3,1 cm.
RL 12622r / K&P 87r

11. *Right leg of a man seen from the front.*
Red chalk, pen and ink on red paper, 11.3 × 3.1 cm.
RL 12622r / K&P 87r

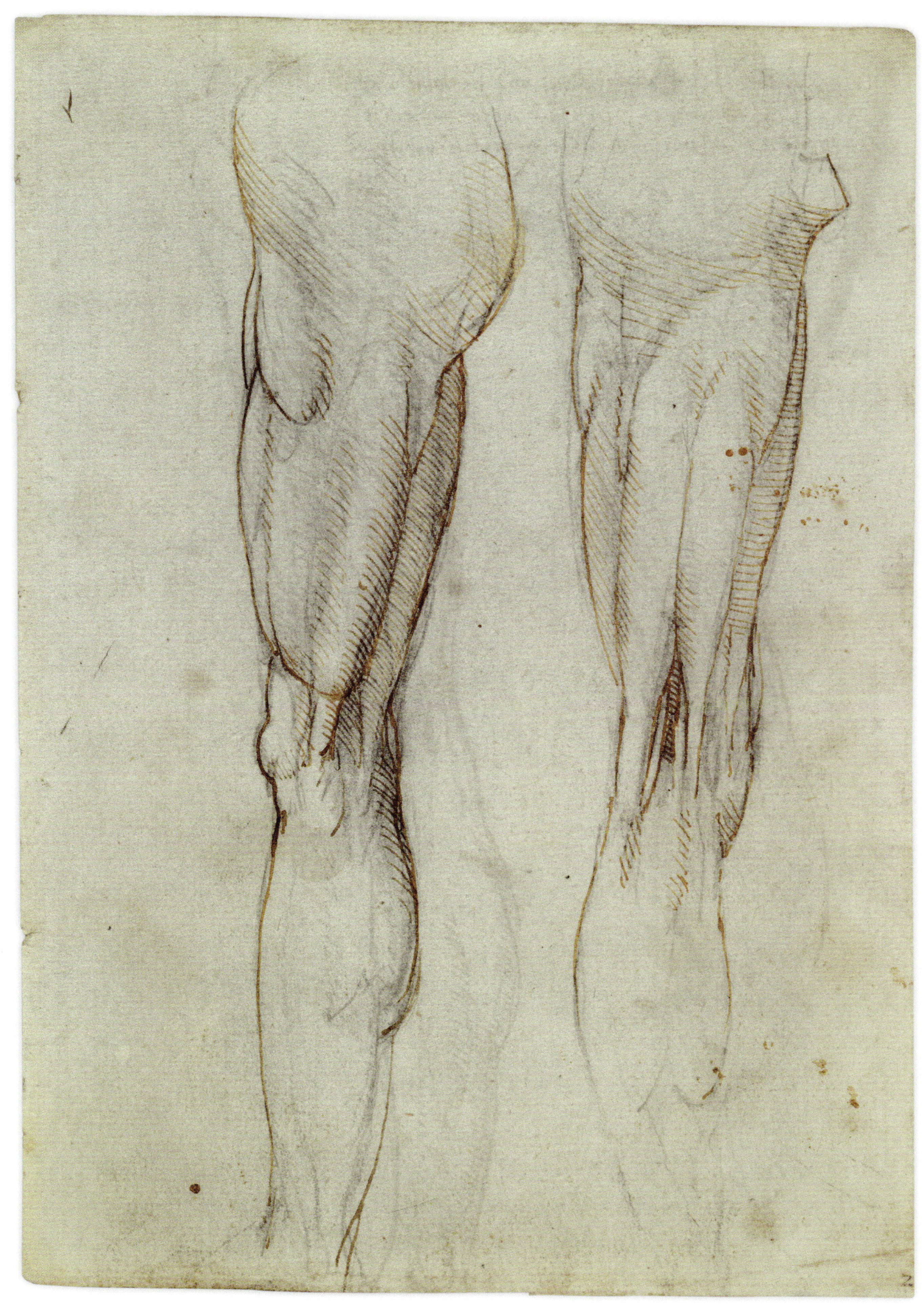

12. *Muscolatura di una gamba vista di lato e da dietro.*
Penna e inchiostro, gessetto nero su carta, 19,1 × 13,6 cm.
RL 19036r / K&P 78r

12. *Musculature of a leg from the side and rear.*
Pen and ink, black chalk on paper, 19.1 × 13.6 cm.
RL 19036r / K&P 78r

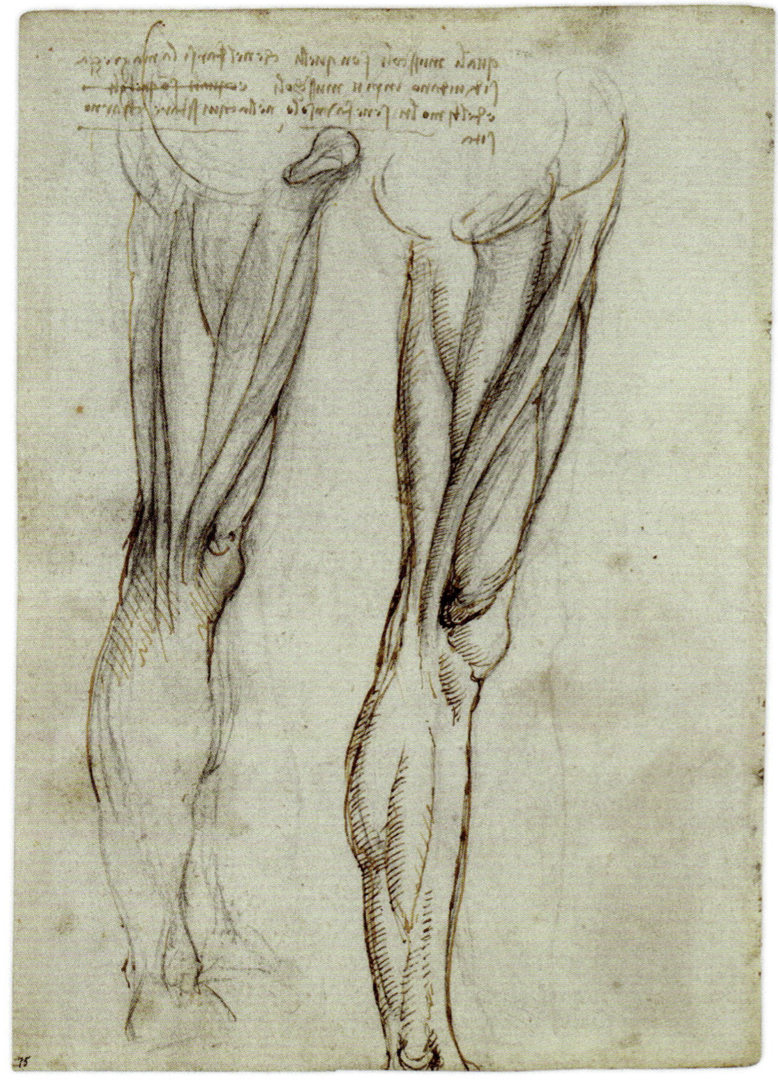

13. *Disegno dal tratto poco marcato del ginocchio.*
Gessetto nero su carta, 18,9 × 13,5 cm.
RL 19056v / K&P 79r

13. *A faint drawing of the knee.*
Black chalk on paper, 18.9 × 13.5 cm.
RL 19056v / K&P 79r

14. *Muscolatura di una gamba vista da dietro e di lato.*
Penna e inchiostro, gessetto nero su carta, 19,1 × 13,6 cm.
RL 19036v / K&P 78v

14. *Musculature of a leg from the rear and side.*
Pen and ink, black chalk on paper, 19.1 × 13.6 cm.
RL 19036v / K&P 78v

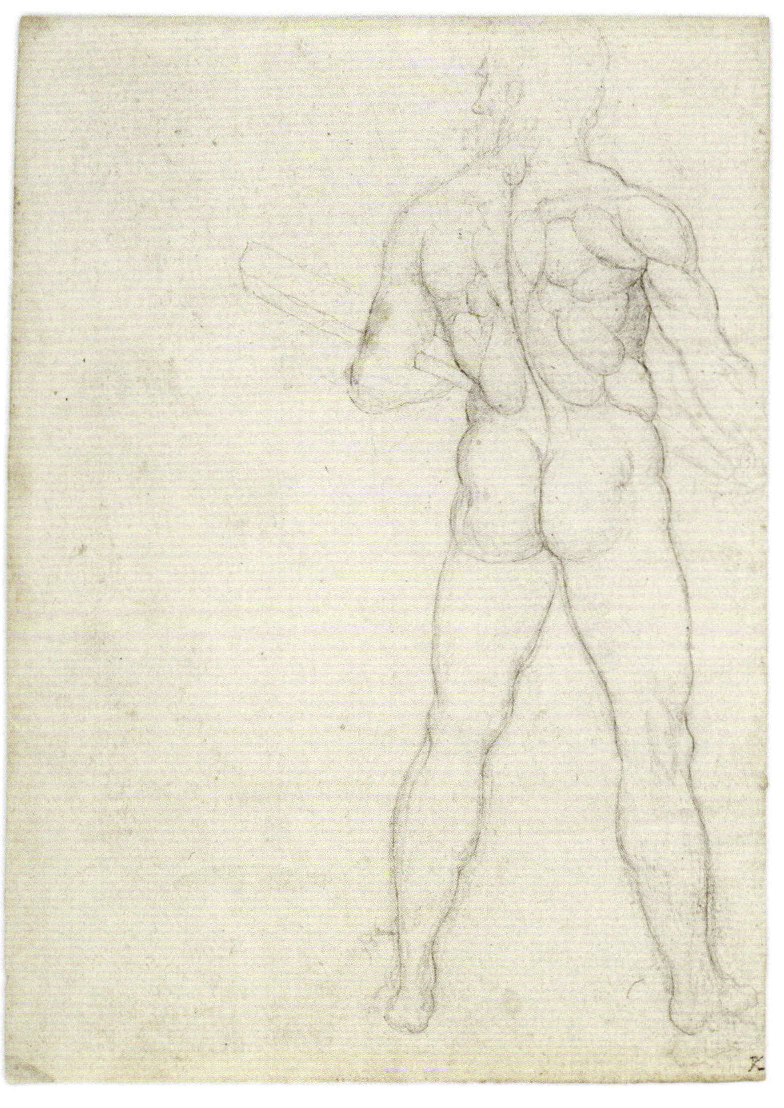

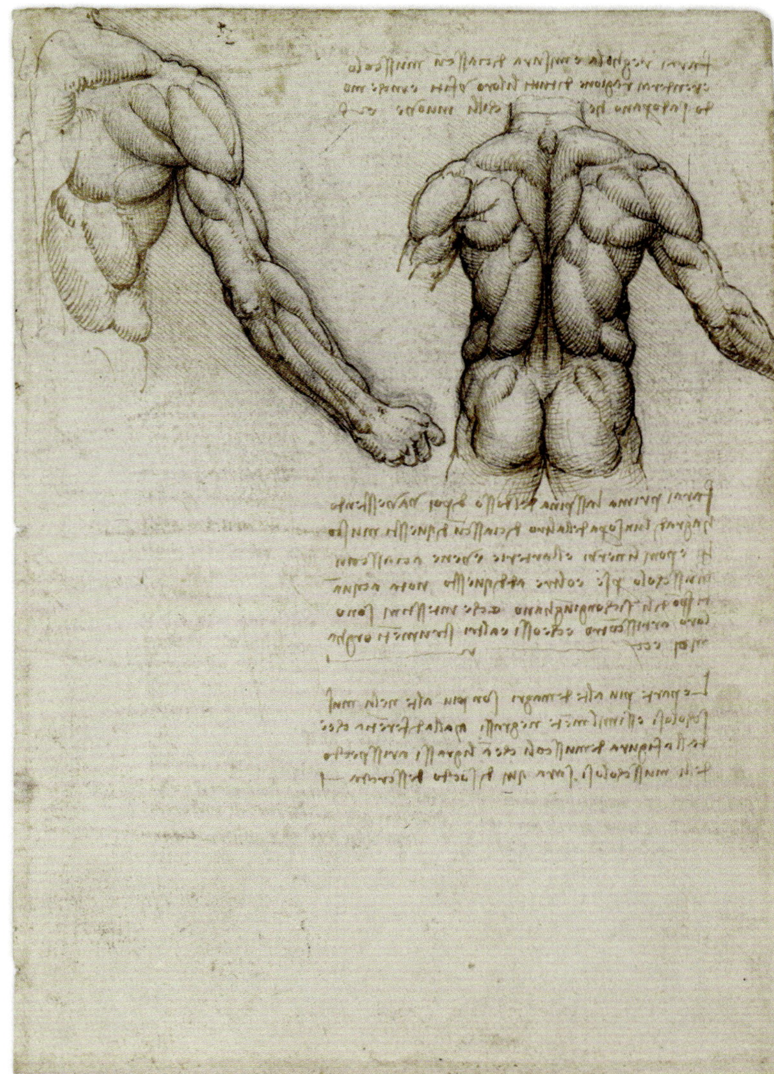

15. *Muscolatura di un uomo che trasporta una trave, visto da dietro.*
Penna e inchiostro, gessetto nero su carta, 18,9 × 13,6 cm.
RL 19043v / K&P 46v

15. *Musculature of a man, from the rear, carrying a beam.*
Pen and ink, black chalk on paper, 18.9 × 13.6 cm.
RL 19043v / K&P 46v

16. *Muscolatura della schiena, della spalla e del braccio destro di un uomo.*
Penna e inchiostro, gessetto nero su carta, 18,9 × 13,7 cm.
RL 19044r / K&P 47r

16. *Musculature of a man's back, and right shoulder and arm.*
Pen and ink, black chalk on paper, 18.9 × 13.7 cm.
RL 19044r / K&P 47r

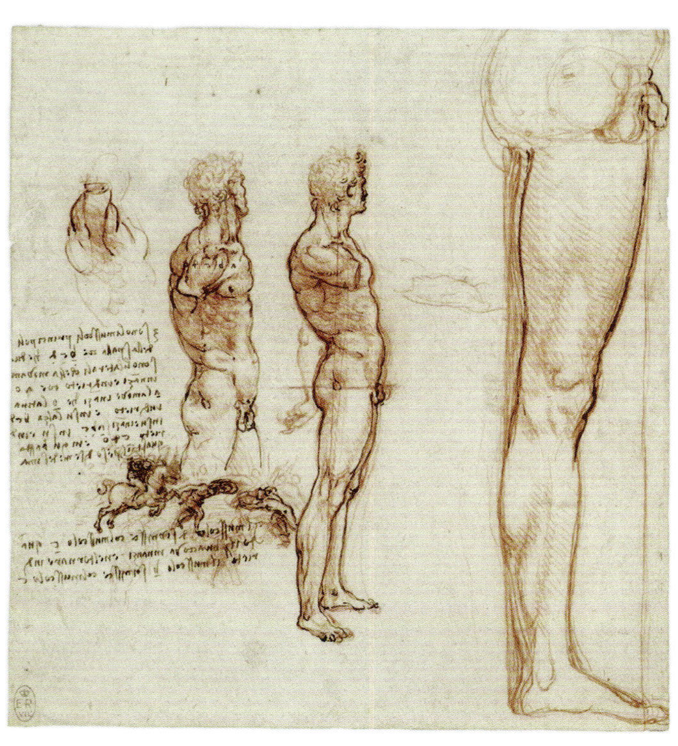

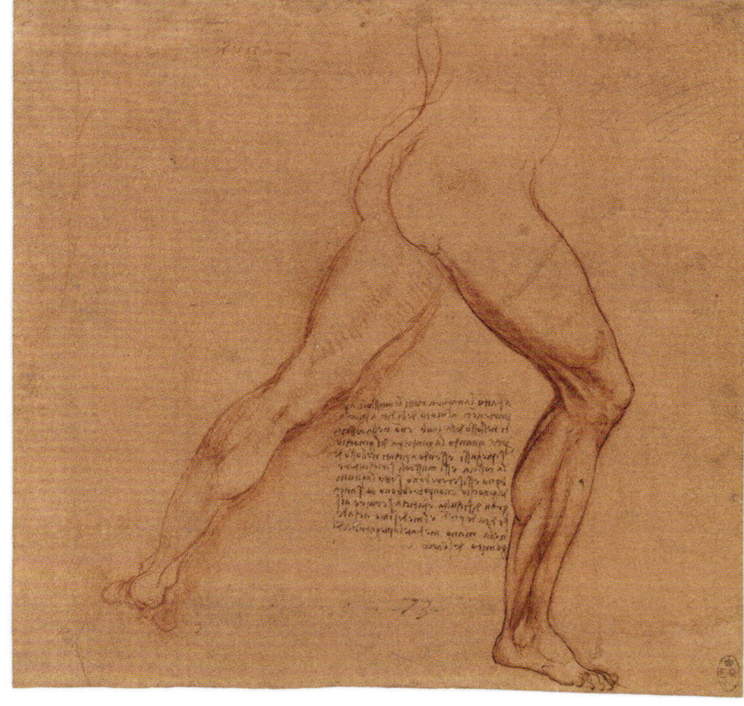

17. *Tre studi di un uomo con un braccio "amputato" visto di lato, di una gamba sinistra, di un uomo su un cavallo imbizzarrito e due guerrieri in lotta.*
Gessetto rosso, penna e inchiostro su carta, 16,1 × 15,3 cm.
RL 12640r / K&P 82r

17. *Three studies of a man with an "amputated" arm from the side, a left leg, a man on a rearing horse and two warriors in combat.*
Red chalk, pen and ink on paper, 16.1 × 15.3 cm.
RL 12640r / K&P 82r

18. *Muscolatura delle gambe di un uomo viste di lato.*
Gessetto rosso, penna e inchiostro su carta rosso pallido, 15,8 × 16,6 cm.
RL 12623r / K&P 83r

18. *Musculature of a man with braced legs, from the side.*
Red chalk, pen and ink on pale red prepared paper, 15.8 × 16.6 cm.
RL 12623r / K&P 83r

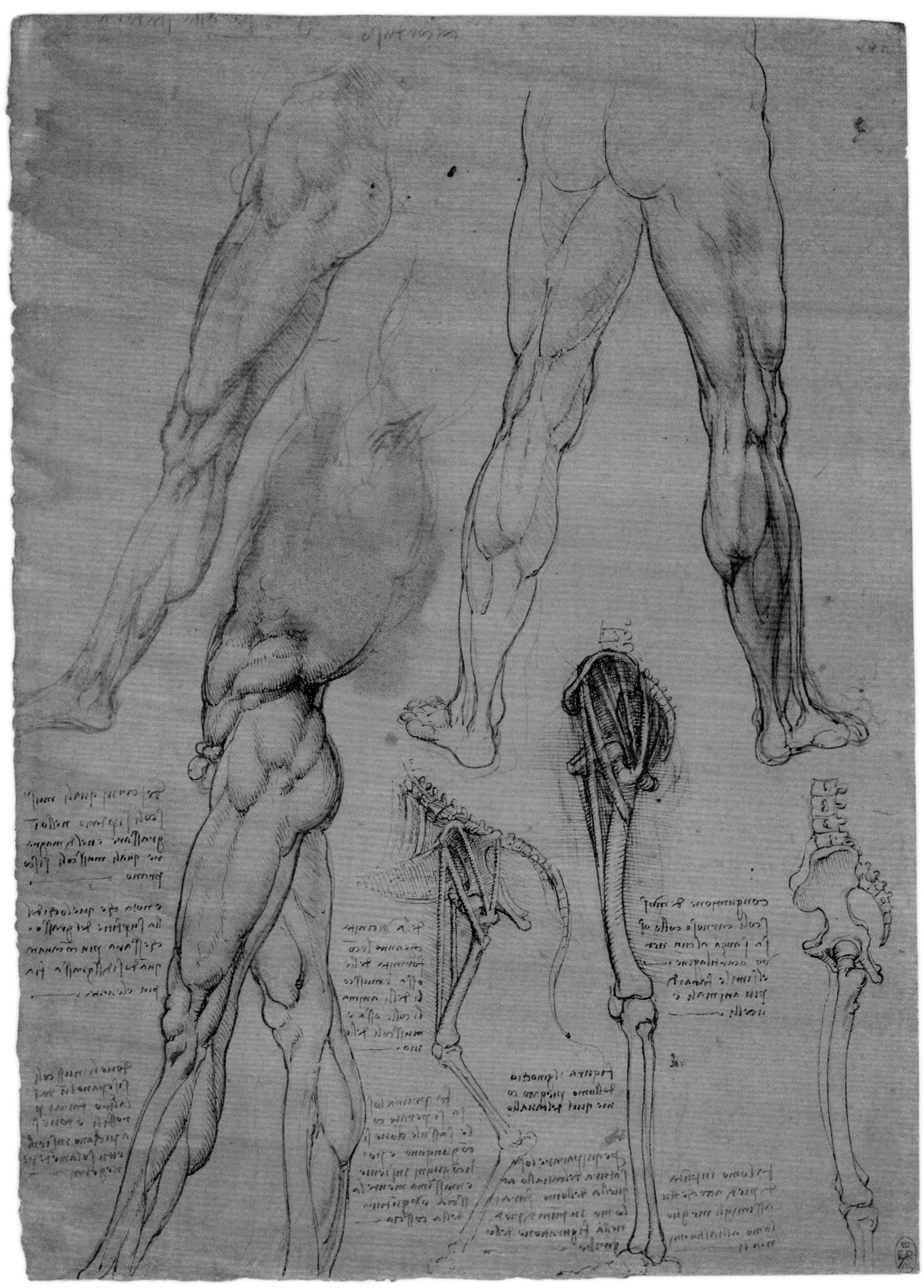

19. *Quattro studi della muscolatura delle gambe, da dietro e di lato, e tre studi comparativi dello scheletro di un uomo e di un cavallo.*
Penna e inchiostro, gessetto rosso su carta rossa, 28,2 × 20,4 cm.
RL 12625r / K&P 95r

19. *Four studies of the musculature of legs from the rear and side, and three comparative studies of the skeleton of a man and horse.*
Pen and ink, red chalk on red prepared paper, 28.2 × 20.4 cm.
RL 12625r / K&P 95r

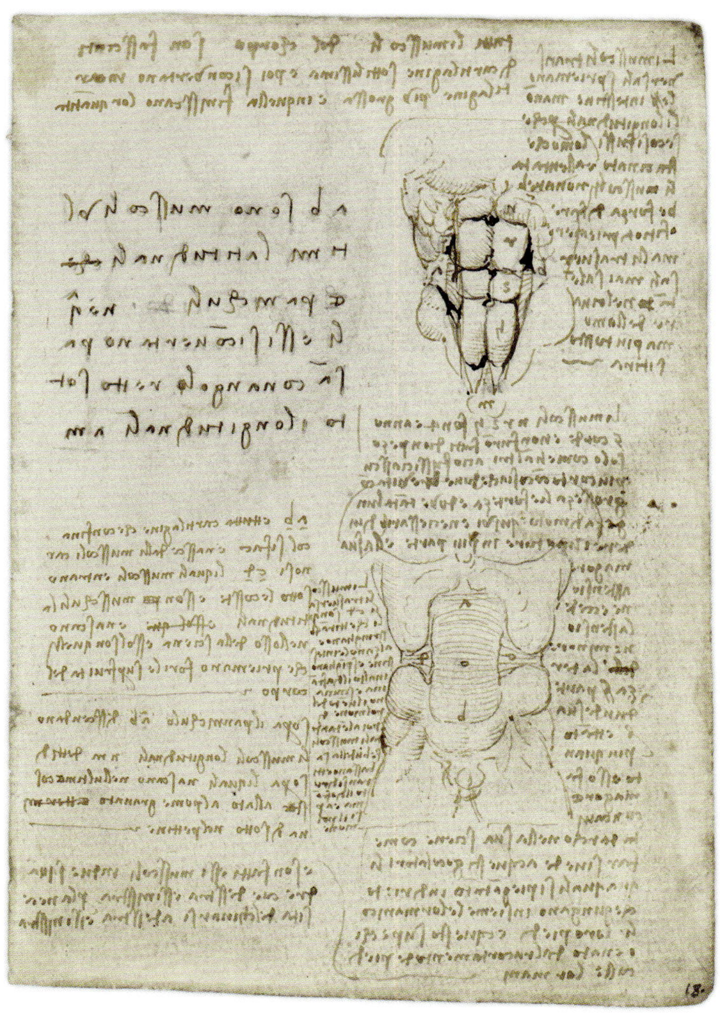

20. *Muscolatura del torace e dell'addome.*
Penna e inchiostro, gessetto nero su carta, 19,3 × 14,0 cm.
RL 19032r / K&P 74r

20. *Musculature of the thorax and abdomen.*
Pen and ink, black chalk on paper, 19.3 × 14.0 cm.
RL 19032r / K&P 74r

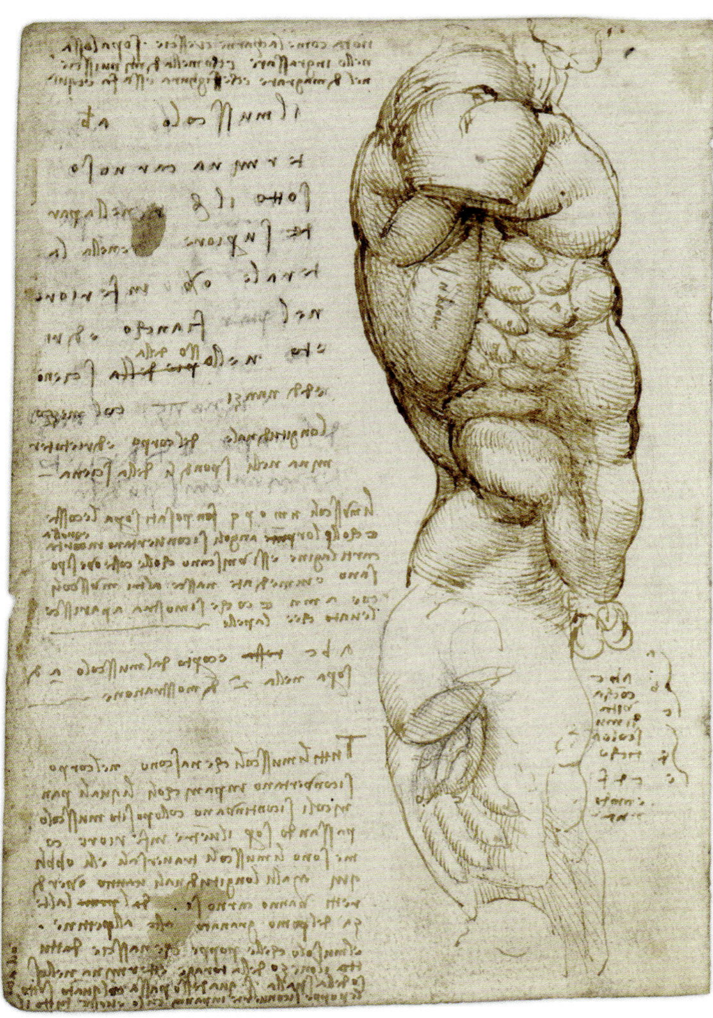

21. *Muscolatura del tronco visto lateralmente e con un braccio "amputato".*
Penna e inchiostro, gessetto nero su carta, 19,3 × 14,0 cm.
RL 19032v / K&P 74v

21. *Musculature of the torso from the side with an "amputated" arm.*
Pen and ink, black chalk on paper, 19.3 × 14.0 cm.
RL 19032v / K&P 74v

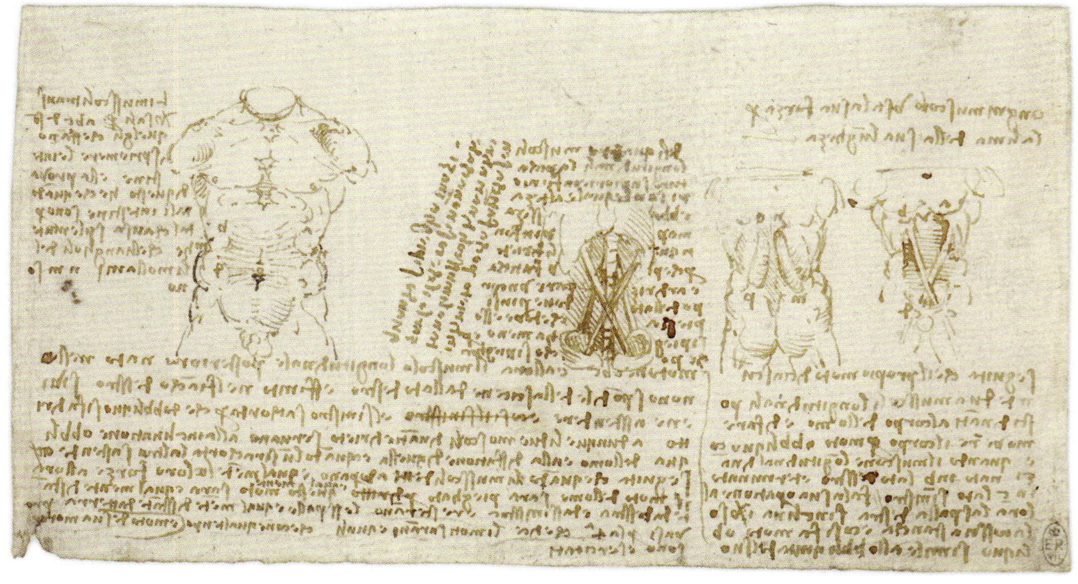

22. *Muscolatura del tronco.*
Penna e inchiostro su carta, 11,1 x 21,0 cm.
RL 12636r / K&P 111r

22. *Musculature of the torso.*
Pen and ink on paper, 11.1 x 21.0 cm.
RL 12636r / K&P 111r

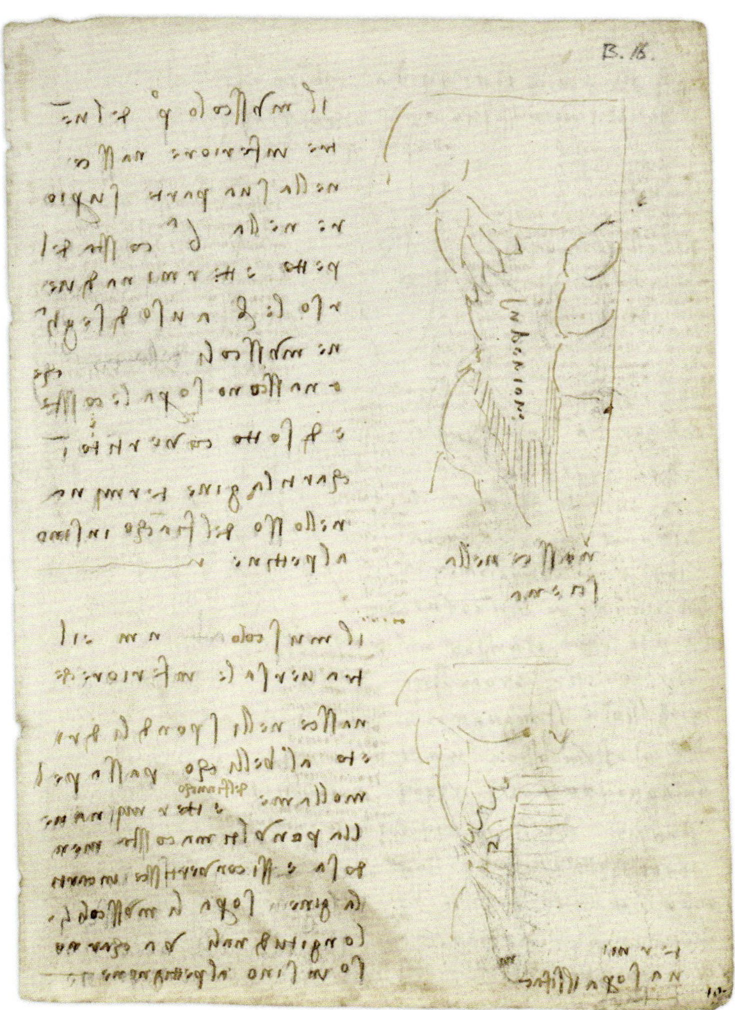

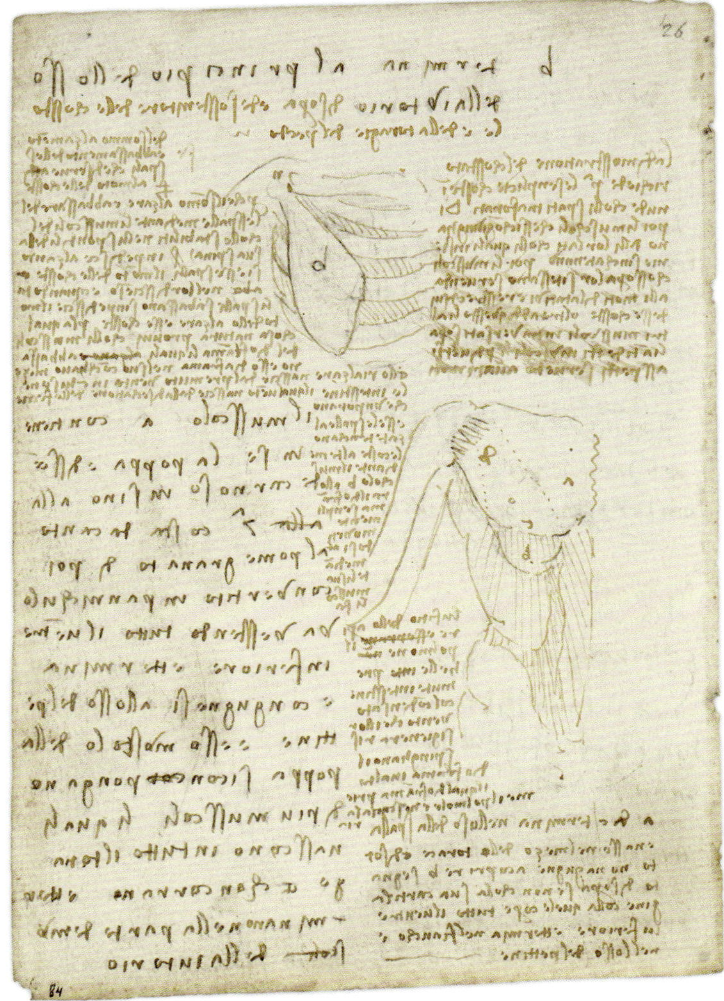

23. *Due studi sulla muscolatura dell'addome.*
Penna e inchiostro, gessetto nero su carta, 19,2 × 14,0 cm.
RL 19033r / K&P 75r

23. *Two studies of the musculature of the abdomen.*
Pen and ink, black chalk on paper, 19.2 × 14.0 cm.
RL 19033r / K&P 75r

24. *Due studi della muscolatura del torace e delle spalle.*
Penna e inchiostro, gessetto nero su carta, 19,2 × 14,0 cm.
RL 19033v / K&P 75v

24. *Two studies of the musculature of the chest and shoulder.*
Pen and ink, black chalk on paper, 19.2 × 14.0 cm.
RL 19033v / K&P 75v

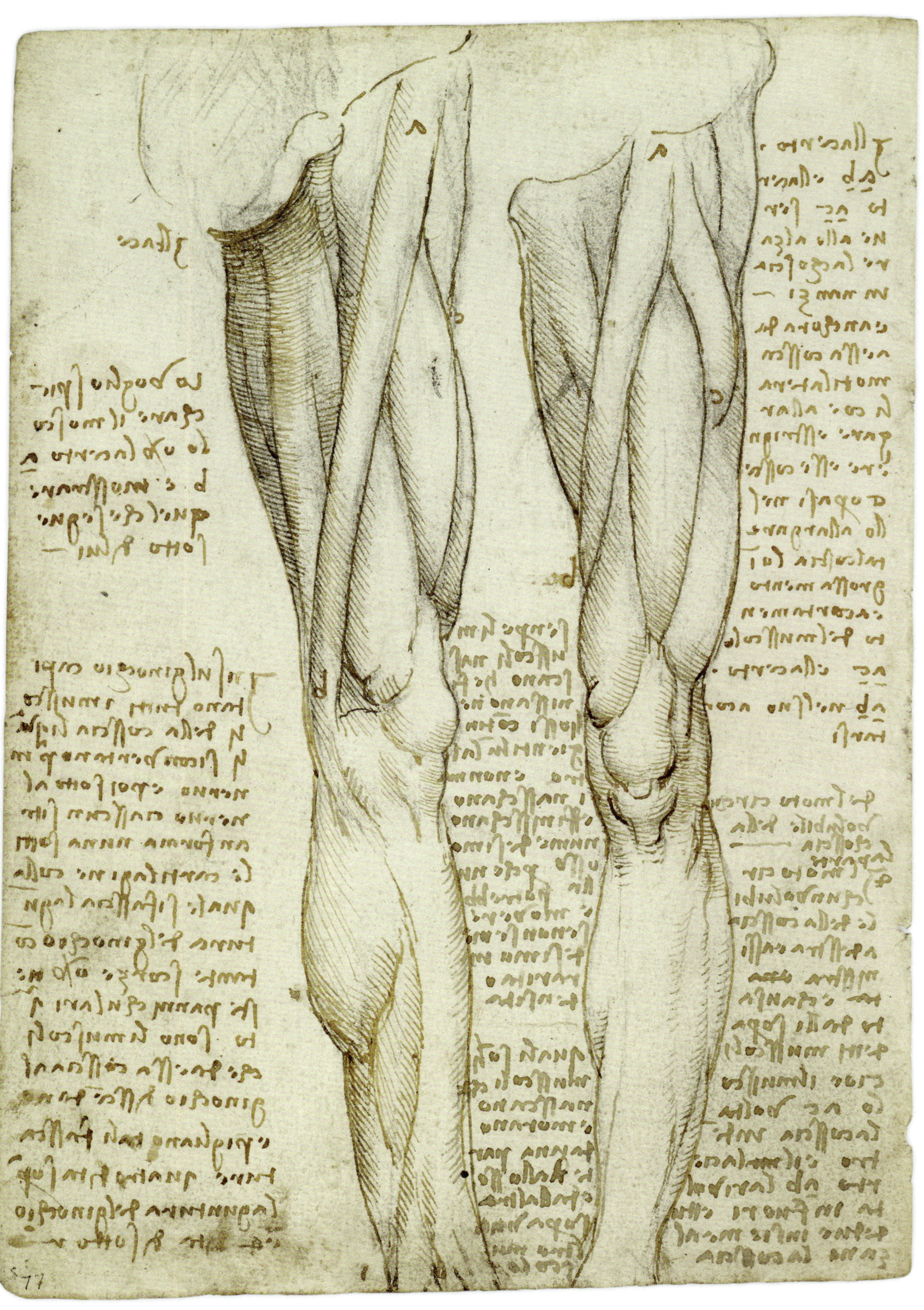

25. *Due studi dei muscoli principali di una gamba.*
Penna e inchiostro, gessetto nero su carta, 19,2 × 14,0 cm.
RL 19035v / K&P 77v

25. *Two studies of the major muscles of a leg.*
Pen and ink, black chalk on paper, 19.2 × 14.0 cm.
RL 19035v / K&P 77v

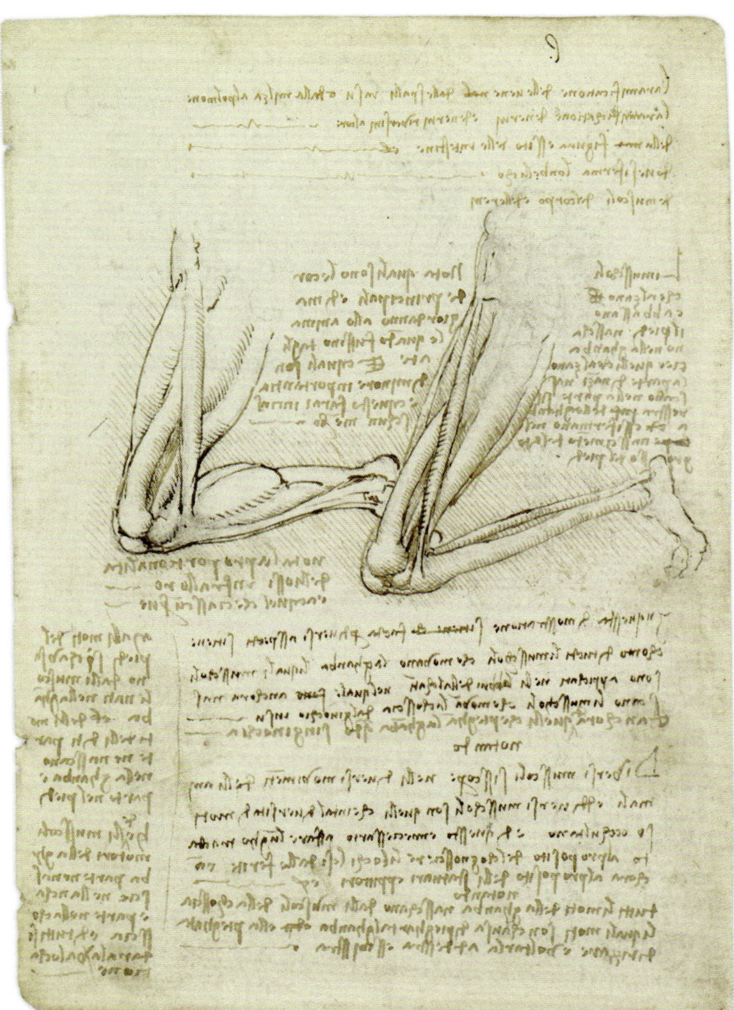

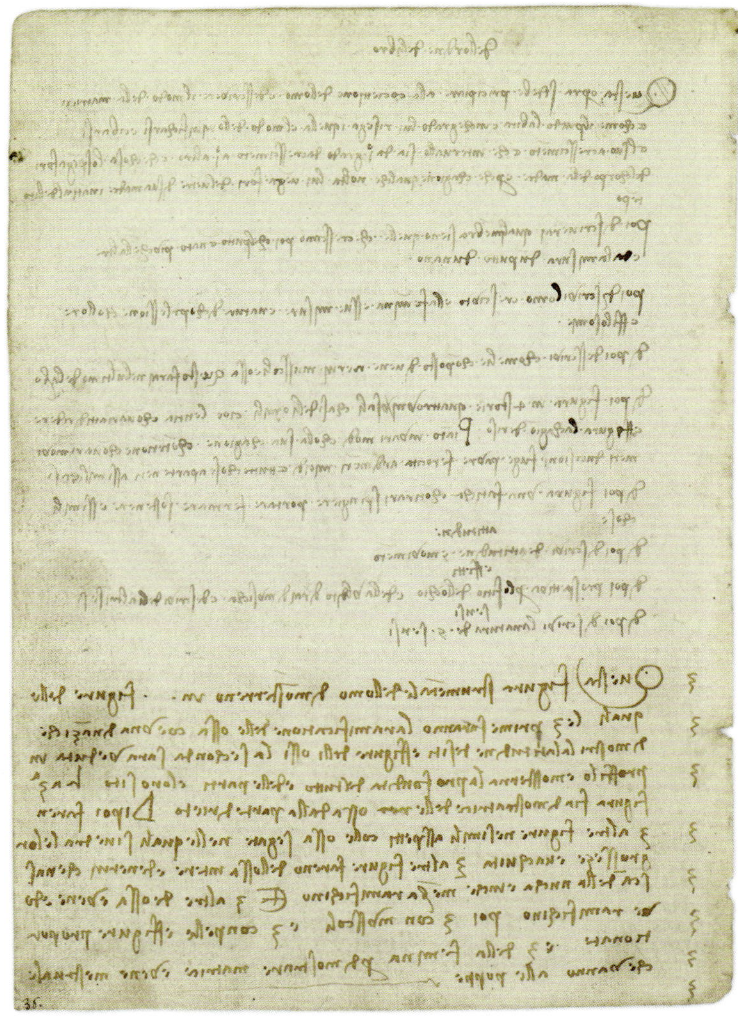

26. *Muscoli principali della gamba in posizione inginocchiata.*
Penna e inchiostro, gessetto nero su carta, 19,0 × 13,8 cm.
RL 19037r / K&P 81r

26. *Major muscles of the leg in a kneeling position.*
Pen and ink, black chalk on paper, 19.0 × 13.8 cm.
RL 19037r / K&P 81r

27. *Schema del libro in progetto.*
Penna e inchiostro, gessetto nero su carta, 19,0 × 13,8 cm.
RL 19037v / K&P 81v

27. *Outline of the projected book.*
Pen and ink, black chalk on paper, 19.0 × 13.8 cm.
RL 19037v / K&P 81v

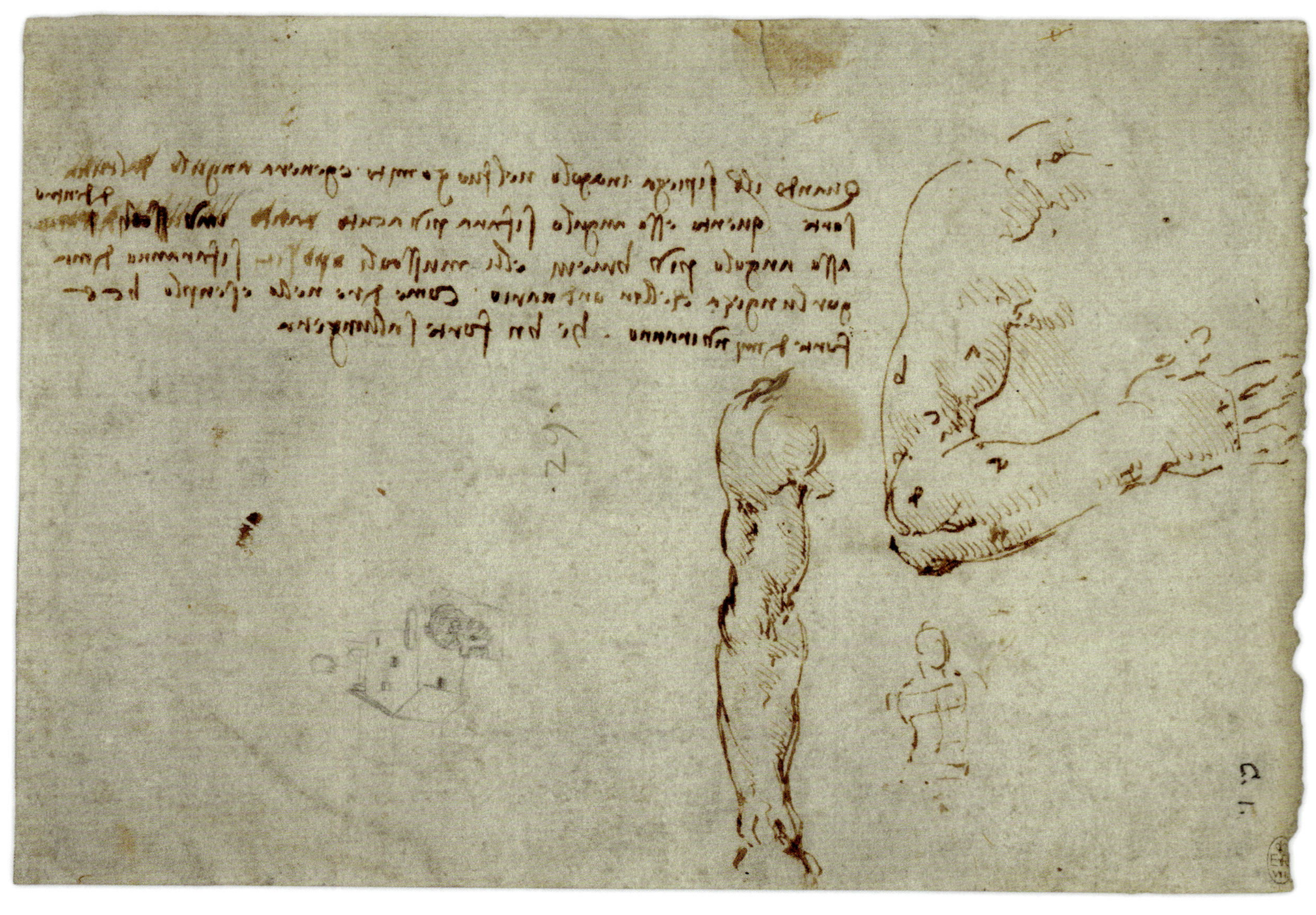

28. *Studi del braccio e della sua flessione al gomito.*
Penna e inchiostro, gessetto nero su carta, 15,5 × 23,0 cm.
RL 12614r / K&P 93r

28. *Studies of the arm and its bending at the elbow.*
Pen and ink, black chalk on paper, 15.5 × 23.0 cm.
RL 12614r / K&P 93r

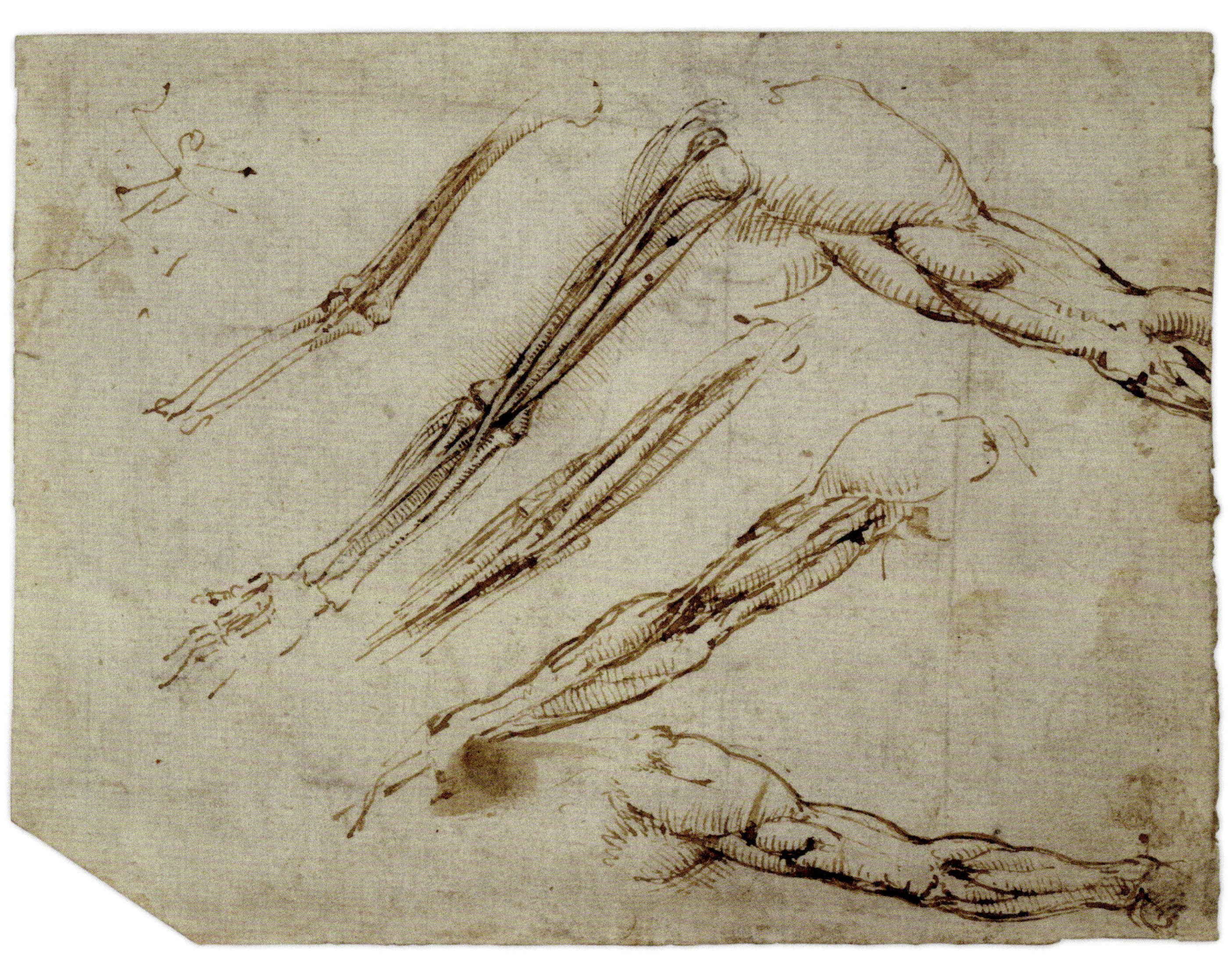

29. *Sei studi sulla muscolatura del braccio, che vanno dal naturalistico all'analitico.*
Penna e inchiostro su carta, 15,1 × 20,2 cm.
RL 12612r / K&P 94r

29. *Six studies of the musculature of the arm, ranging from naturalistic to analytical.*
Pen and ink on paper, 15.1 × 20.2 cm.
RL 12612r / K&P 94r

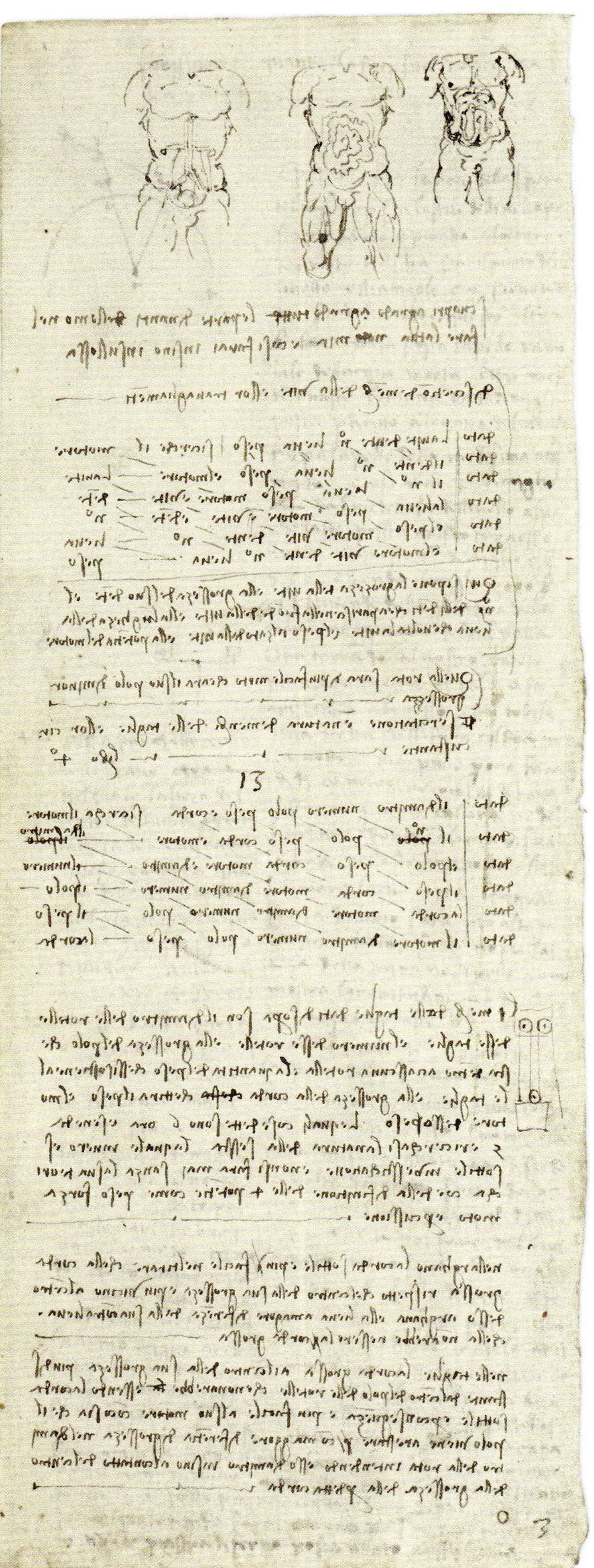

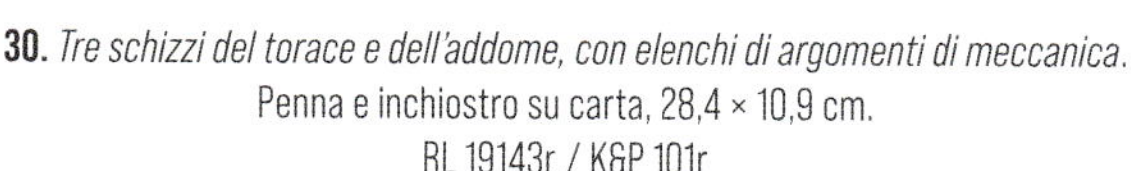

30. *Tre schizzi del torace e dell'addome, con elenchi di argomenti di meccanica.*
Penna e inchiostro su carta, 28,4 × 10,9 cm.
RL 19143r / K&P 101r

31. *Schizzo del piede e della caviglia analizzati come sistema meccanico.*
Penna e inchiostro su carta, 28,4 × 10,9 cm.
RL 19144r / K&P 102r

30. *Three sketches of the thorax and abdomen, with lists of mechanical topics.*
Pen and ink on paper, 28.4 × 10.9 cm.
RL 19143r / K&P 101r

31. *Sketch of the foot and ankle analysed as a mechanical system.*
Pen and ink on paper, 28.4 × 10.9 cm.
RL 19144r / K&P 102r

Studi sugli arti
Studies of Limbs

Mario Rende

NELL'ANATOMIA DEGLI ARTI, LE rappresentazioni delle strutture muscolari di Leonardo non hanno pari nell'illustrazione anatomica dell'epoca. I gruppi muscolari non solo sono ben identificati e splendidamente dettagliati nella loro forma, ma rendono evidente l'obiettivo dell'artista di rappresentarli nella dinamica del movimento. La disposizione dei muscoli dell'arto superiore presente in RL 19008v è esemplare per precisione e per nitidezza figurativa tanto da poter essere ancora oggi usati in una moderna lezione di Anatomia umana. La novità di tale illustrazione è la rappresentazione di questi gruppi muscolari in modo panoramico: la loro sequenza fa in modo che il lettore possa osservare la disposizione dei muscoli come se fosse lì presente e potesse girare attorno all'arto per 180°. È una rappresentazione quasi olografica, che possiamo avere con gli odierni visori di realtà aumentata. La seconda novità presente nello studio leonardiano degli arti è la rappresentazione delle masse muscolari in sezione trasversale, esattamente come si fa oggi nelle indagini di tomografia computerizzata (IV, 8). Nei suoi disegni dell'anatomia di gamba e piede (X, 30 e 31) non solo possiamo ammirare la corretta e chiara rappresentazione dei gruppi muscolari superficiali, ma anche una straordinaria rappresentazione dei rapporti topografici fra muscoli e tendini. Nelle note che corredano il disegno, Leonardo respinge in maniera decisa l'ipotesi aristotelica che la contrazione muscolare sia dovuta ad una insufflazione di aria nel muscolo che ne aumenta il volume. Per quanto Leonardo non possa ovviamente darne una spiegazione fisiologica, egli demolisce comunque un

IN THE ANATOMY OF the limbs, Leonardo's depictions of muscle structures are unparalleled in anatomical illustration of the time. The muscle groups are not only well identified and beautifully detailed in their form, but they make clear the artist's goal of representing them in the dynamics of movement. The arrangement of the muscles of the upper limb in RL 19008v is exemplary in precision and figurative sharpness such that they can still be used in a modern Human anatomy class today. The novelty of this illustration is the depiction of these muscle groups in a panoramic manner: their sequence makes it so that the reader can observe the arrangement of the muscles as if he or she were there and could walk around the limb for 180°. It is an almost holographic representation, which we can have with today's augmented reality viewers. The second novelty in Leonardo's study of the limbs is the representation of muscle masses in cross-section, like in computed tomography investigations today (IV, 8). In his drawings of the anatomy of the leg and foot (X, 30 and 31) we can admire not only the correct and clear representation of the superficial muscle groups, but also an extraordinary representation of the topographical relationships between muscles and tendons. In the notes accompanying the drawing, Leonardo decisively rejects the Aristotelian hypothesis that muscle contraction is due to an insufflation of air into the muscle that increases its volume. Although Leonardo obviously cannot give a physiological explanation for this, he nonetheless demolishes a cornerstone

caposaldo della medicina antica. Quest'affermazione introduce un'ulteriore novità nel disegno anatomico degli arti: mentre per gli organi interni Leonardo in qualche modo continua a riportare alcuni elementi filosofici, quasi mistici, riguardo al loro funzionamento (vedi i fori nel cuore o i tre canali nel pene), la descrizione anatomica degli arti risulta totalmente laicizzata e anatomicamente moderna. Con questa prospettiva, l'artista compara l'anatomia del piede umano con quella dell'orso (V, 4), che è pure un plantigrado, così come l'intero arto inferiore umano con la disposizione ossea degli arti posteriori di un cavallo (19). Agli inizi del 1500 Leonardo rappresenta la disposizione del plesso nervoso sacrale e il decorso del nervo sciatico lungo tutto l'arto inferiore (XI, 49) in maniera così chiara che ci vorranno diversi secoli e generazioni di anatomici accademici per giungere alle sue stesse conclusioni topografiche. Analizzando i suoi disegni degli arti, non si può che ribadire che se Leonardo avesse concretizzato le sue osservazioni pubblicando un libro di anatomia, questo sarebbe diventato il volume anatomico di riferimento per i suoi contemporanei e i posteri, cambiando anche la storia della medicina.

Nel loro insieme, gli approcci leonardiani allo studio anatomico degli arti eliminano ogni ipotesi di un suo interesse meramente artistico al corpo umano; il suo è uno studio morfo-funzionale da anatomico accademico. Che ciò abbia anche influenzato positivamente le sue rappresentazioni pittoriche è altra storia: la contorsione dei corpi nella *Battaglia di Anghiari* ne è un esempio inimitabile. Pochi pittori hanno saputo dare al corpo umano quella varietà di movimenti che rende parlante ogni suo disegno.

of ancient medicine. This statement introduces a further novelty in the anatomical drawing of the limbs: while for the internal organs Leonardo somehow reports some philosophical, almost mystical elements regarding their functioning (see the holes in the heart or the three canals in the penis), the anatomical description of the limbs is totally secularized and anatomically modern. With this perspective, the artist compares the anatomy of the human foot with that of the bear (V, 4), which is also a plantigrade, as well as the entire human lower limb with the bony arrangement of the hind limbs of a horse (19). In the early 1500s, Leonardo depicts the arrangement of the sacral nerve plexus and the course of the sciatic nerve along the entire lower limb (XI, 49) so clearly that it would take several centuries and generations of academic anatomists to reach his own topographical conclusions. In analyzing his drawings of the limbs, one can only reiterate that if Leonardo had concretized his observations by publishing a book of anatomy, it would have become the reference anatomical volume for his contemporaries and posterity, changing the history of medicine as well.

Overall, Leonardo's approaches to the anatomical study of the limbs eliminate any assumption of his merely artistic interest in the human body; his is a morpho-functional study as an academic anatomist. Whether this also positively influenced his pictorial representations is another story: the contortion of bodies in the *Battle of Anghiari* is an inimitable example. Few painters have been able to give the human body that variety of movement that makes each of his drawings speak.

IX

"Persone di penna"

"Pen-men"

NEL SUO TRATTATO DI pittura, Leonardo aveva intenzione di mostrare la figura umana in un'ampia varietà di pose e movimenti. La compilazione del trattato, compiuta da Francesco Melzi partendo dagli appunti di Leonardo, contiene discussioni approfondite sull'anatomia in azione illustrata da disegni marginali, piccole figure disegnate a inchiostro capaci di descrivere tutti i tipi di movimento – correre, fermarsi, salire e scendere, arrampicarsi, piegarsi, spingere, tirare, sollevare, portare pesi pesanti, essere sollevati, lanciare oggetti, scoccare arco e frecce. Leonardo stesso elenca "diciotto azioni umane" (Parigi, Institut de France, MS L, f. 79r). Gran parte delle illustrazioni trascritte da Melzi non è più rintracciabile nei manoscritti di Leonardo. Solo alcune sono conservate nella collezione Windsor, come quella di un uomo che cammina su e giù per un pendio ripido (6).

Gli schizzi, piuttosto grandi, di un uomo che sale su un blocco alto (1) non solo esemplificano la sua coreografia del corpo umano, ma mostrano anche come il centro di gravità della pesante testa dell'uomo sia spinto in avanti per aiutarne l'equilibrio durante la salita. Due delle "persone di penna" premono la mano sinistra sulla coscia per amplificare la leva delle gambe. Sull'altro lato di questo foglio, Leonardo ricorre a una linea orizzontale all'altezza del seno per registrare gli angoli in cui il busto di un uomo può essere piegato.

Leonardo sottolineava che i movimenti delle sue "persone di penna" avvenivano in modo indivisibile attraverso lo spazio, essendo quest'ultimo una "quantità continua". Ogni particolare posa rappresenta un istante artificiale in questa continuità.

FOR HIS PROJECTED TREATISE on painting, Leonardo planned to demonstrate the human figure in a great variety of poses and motions. Francesco Melzi's compilation of the treatise from Leonardo's notes contains extensive discussions of anatomy in action, illustrated by marginal illustrations in the form of small ink-drawn figures, depicting all kinds of motion – running, stopping, stepping upwards and downwards, climbing, bending, pushing, pulling, lifting, bearing heavy weights, being lifted, throwing missiles, firing a bow and arrow. Leonardo himself lists "eighteen actions of man" (Paris, Institut de France, MS L, f. 79r). A high proportion of the illustrations transcribed by Melzi can no longer be traced in Leonardo's own manuscripts. A few are found in the Windsor collection, including a man walking up and down a steep slope (6).

His relatively large sketches of a man stepping on to a high block (1) not only exemplify his choreography of the human body but also show how the centre of gravity as the man's heavy head is thrust forwards to assist his balance as he climbs. Two of the "pen-men" press their left hands on to their thighs to amplify the leverage of his legs. On the other side of this sheet, he uses a horizontal line at breast level to register the angles to which a man's torso can be bent.

Leonardo emphasised that such motions of his pen-men" occured indivisibly across space, which was a "quantità continua". Each particular pose represents an artificial instant in this continuity.

Leonardo era particolarmente interessato all'azione violenta, anche perché funzionale al progetto della *Battaglia di Anghiari*. Su un foglio contenente vari studi (3), possiamo osservare tre illustrazioni di un uomo che impugna strenuamente una lunga asta alla cui sommità si trova un peso che schianta verso il basso con la massima forza.

Nella serie delle "persone di penna", le più notevoli e profetiche sono sei studi (uno parzialmente cancellato) su un doppio foglio dedicato principalmente a questioni ottiche (5). Vi è raffigurato un uomo che batte violentemente il terreno con un "martello" a manico lungo, un modello simile a quello già incontrato. L'uomo alza le mani sopra la testa e piega le ginocchia. Avanza con la gamba destra. Nella terza posizione, la gamba sinistra si unisce alla destra e l'uomo raggiunge la massima altezza in punta di piedi. Il peso pende dietro di lui. Poi spinge il peso in un ampio arco, schiacciandolo a terra con tutta la forza che riesce a esprimere, e termina in posizione accovacciata. Quando Steve Maher ha animato questa sequenza in apparenza cinematografica per la nostra mostra al Victoria and Albert Museum nel 2006, ha scoperto che le fasi chiave del movimento erano state perfettamente mappate. La combinazione di osservazione, dimostrazione immaginativa e abilità grafica di Leonardo è incredibile.

Nota sulla datazione

Le "persone di penna" sono state create in diversi momenti della carriera di Leonardo. Quelle qui presenti risalgono probabilmente al 1505-6 circa.

He was particularly interested in violent action, as would be useful in his projected *Battle of Anghiari*. On a sheet of diverse studies (3), we see three illustrations of a man strenuously wielding a long shaft at the top of which is a weight that he crashes downwards with maximum force.

The most remarkable and prophetic of the series of "pen-men" are six studies (one partially erased) on a double sheet mainly devoted to optical matters (5). It shows a man violently beating the ground with long-handled "hammer" of the kind we have already encountered. The man raises his hands above his head and bends his knees. He steps forwards with his right leg. In the third position, his left leg joins his right and he strains to his maximum height on tiptoe. The weight hangs behind him. He then propels the weight in a wide arc, smashing it on to the ground with as much fierce power as he can muster, ending in a crouched position. When Steve Maher animated this apparently cinematic sequence for our exhibition at the Victoria and Albert Museum in 2006, he found that the key stages of the motion had been perfectly mapped. Leonardo's combination of observation, imaginative demonstration and graphic skill is incredible.

Note about dating

The "pen-men" were created at various points in Leonardo's career. The ones here probably date from c. 1505-6.

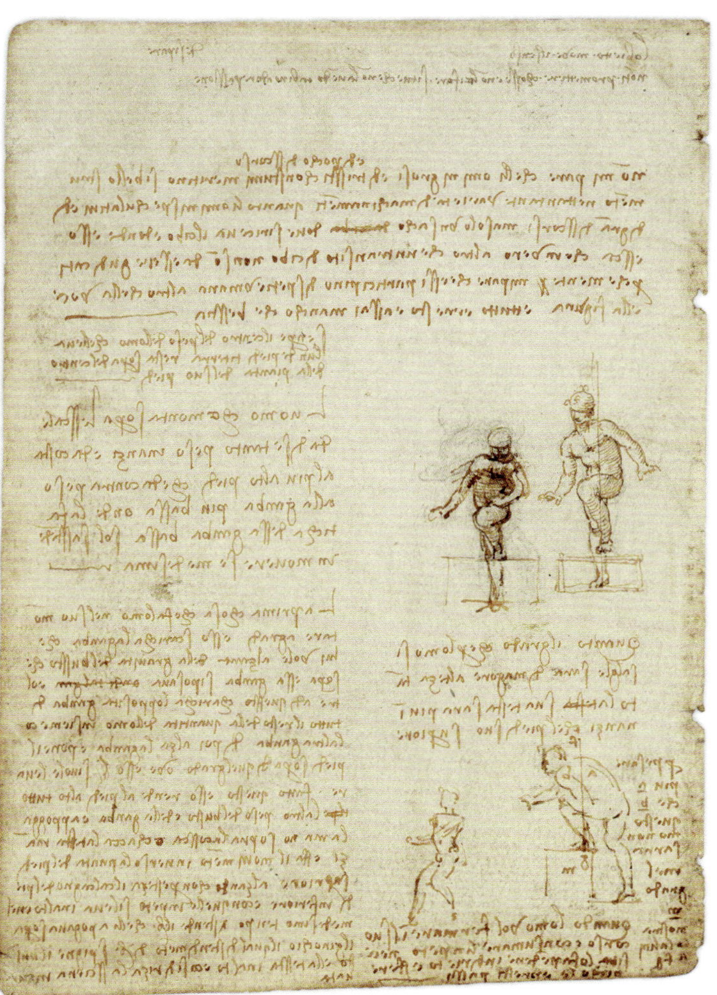

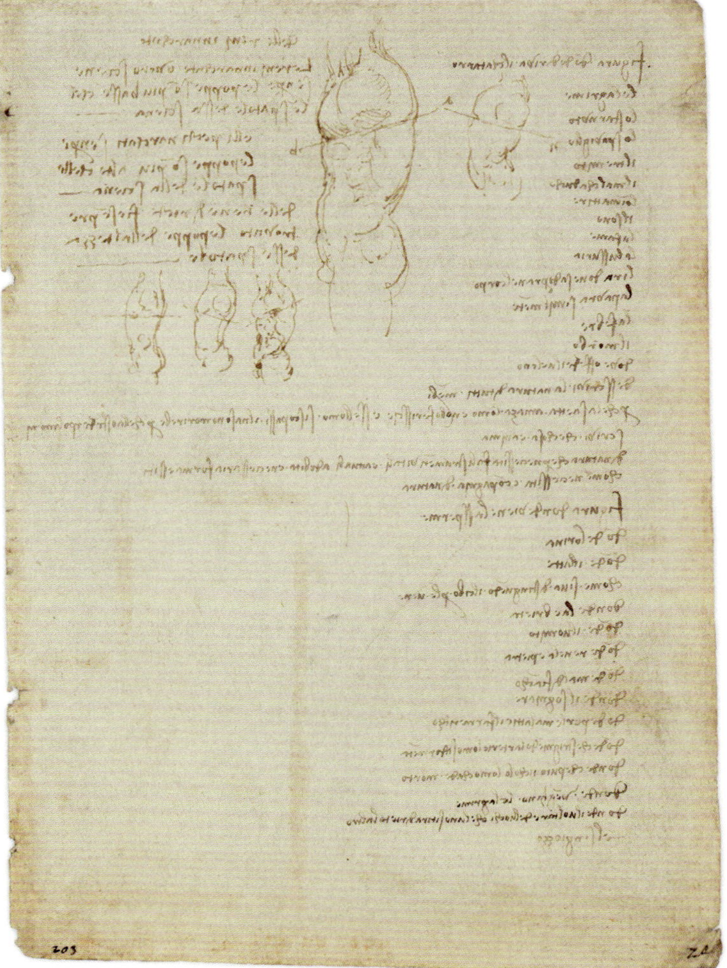

1. *Tre studi di un uomo che sale su un blocco, e di un uomo che rallenta.*
Penna e inchiostro su carta, 19 × 14 cm.
RL 19038v / K&P 80v

2. *Quattro studi del busto e dell'addome visti lateralmente e un elenco vario di argomenti medici.*
Penna e inchiostro, gessetto nero su carta, 19 × 14 cm.
RL 19038r / K&P 80r

1. *Three studies of a man stepping on to block, and a man slowing down.*
Pen and ink on paper, 19 × 14 cm.
RL 19038v / K&P 80v

2. *Four studies of the torso and abdomen from the side, and a diverse list of medical topics.*
Pen and ink, black chalk on paper, 19 × 14 cm.
RL 19038r / K&P 80r

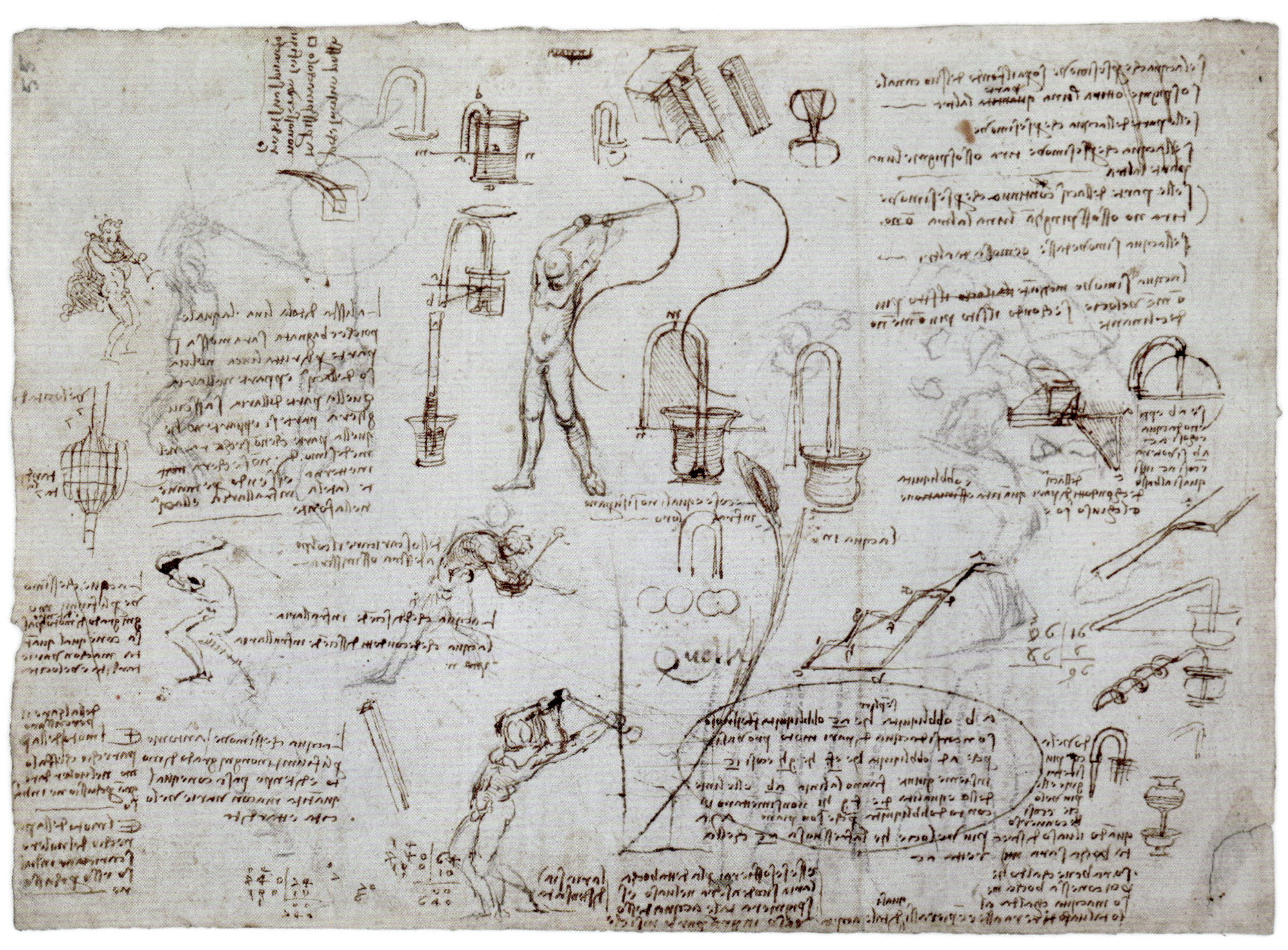

3. *Quattro studi di un uomo che brandisce un martello, un uomo che suona la tromba ed esperimenti idraulici.*
Penna e inchiostro, gessetto nero su carta, 24,1 × 17,1 cm.
RL 12641v / K&P 119v

3. *Four studies of a man wielding a hammer, a man blowing a trumpet, and hydraulic experiments.*
Pen and ink, black chalk on paper, 24.1 × 17.1 cm.
RL 12641v / K&P 119v

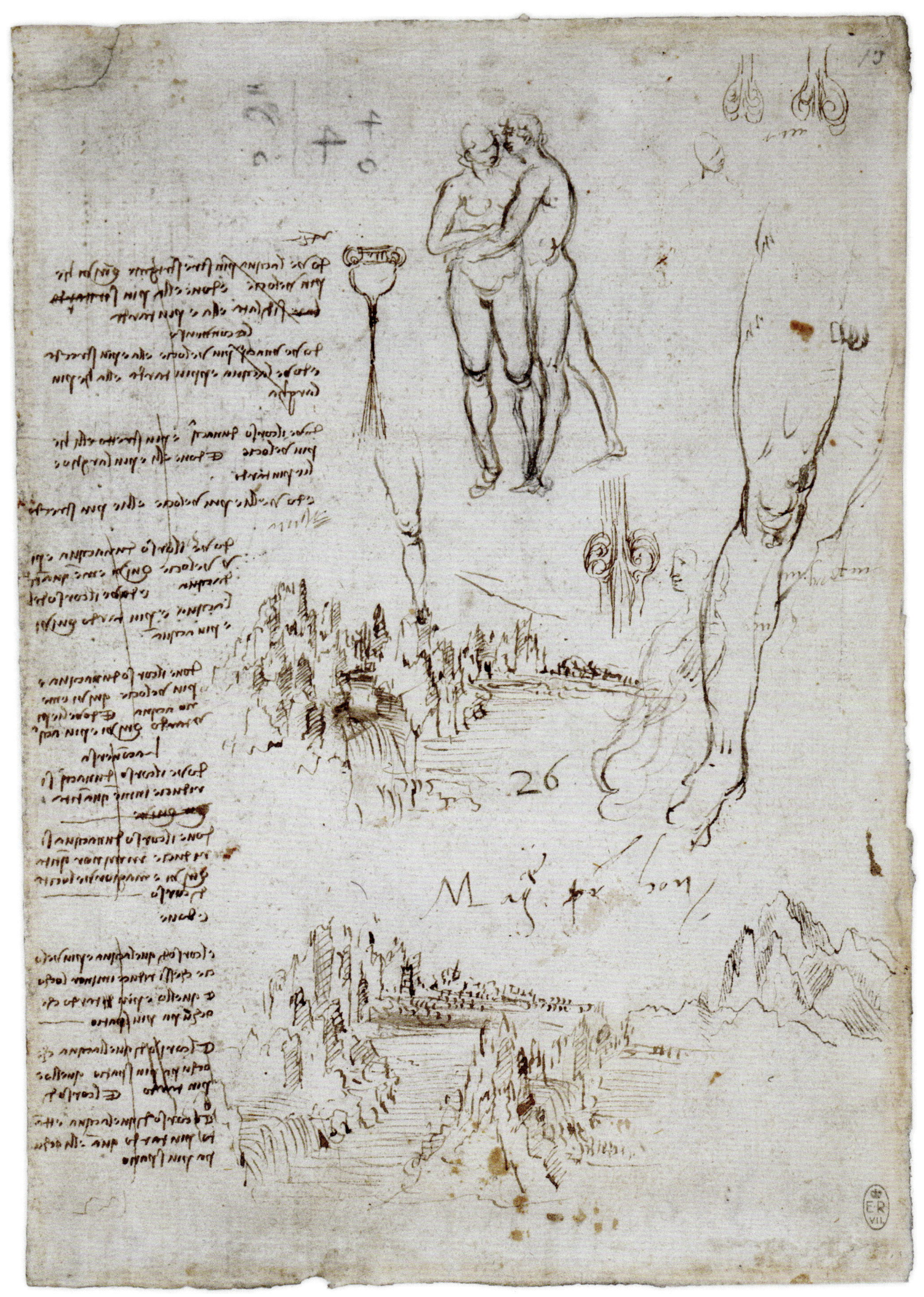

4. *Una coppia abbracciata, la gamba destra di un uomo, una donna vista lateralmente e varie questioni idrauliche, tra cui fiumi e un canale che scorrono accanto a rocce e montagne.*
Penna e inchiostro, gessetto nero su carta, 24,1 × 17,1 cm.
RL 12641r / K&P 119r

4. *A couple embracing, the right leg of a man, a woman from the side, and various hydraulic matters, including rivers and a canal flowing past rocks and mountains.*
Pen and ink, black chalk on paper, 24.1 × 17.1 cm.
RL 12641r / K&P 119r

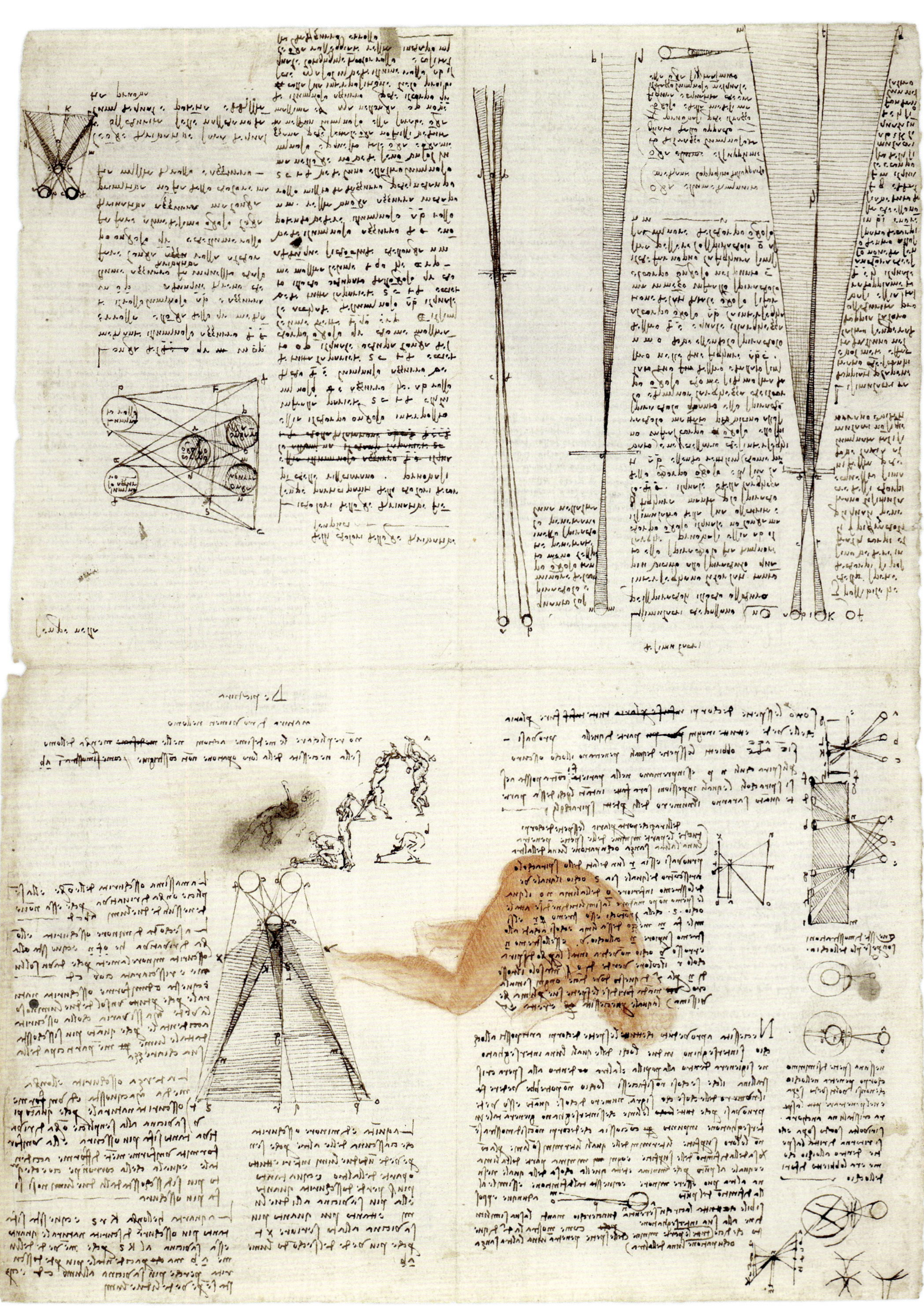

5. *Un uomo accovacciato che sferra un colpo verso il basso [non di Leonardo?], e varie questioni relative alla luce e all'occhio.*
Penna e inchiostro, gessetto rosso su carta, 43,7 × 31,4 cm.
RL 19149-52r / K&P 118v

5. *A crouching man striking a blow downwards [not by Leonardo?], and various matters of light and the eye.*
Pen and ink, red chalk on paper, 43.7 × 31.4 cm.
RL 19149-52r / K&P 118v

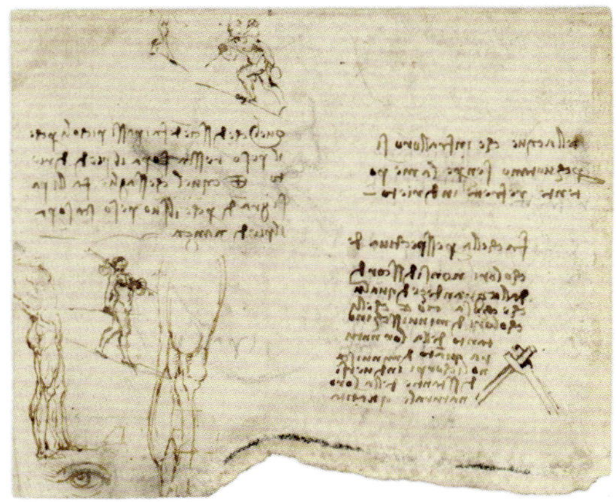

6. *Studi di un uomo che cammina in salita e in discesa, un uomo e una gamba destra visti lateralmente, un occhio e un incrocio biforcuto.*
Penna e inchiostro, gessetto rosso su carta, 12,1 × 14,9 cm.
RL 12639r / K&P 92r

6. *Studies of a man walking up a slope and down a slope, a manand a right leg from the side, an eye, and a forked junction.*
Pen and ink, red chalk on paper, 12.1 × 14.9 cm.
RL 12639r / K&P 92r

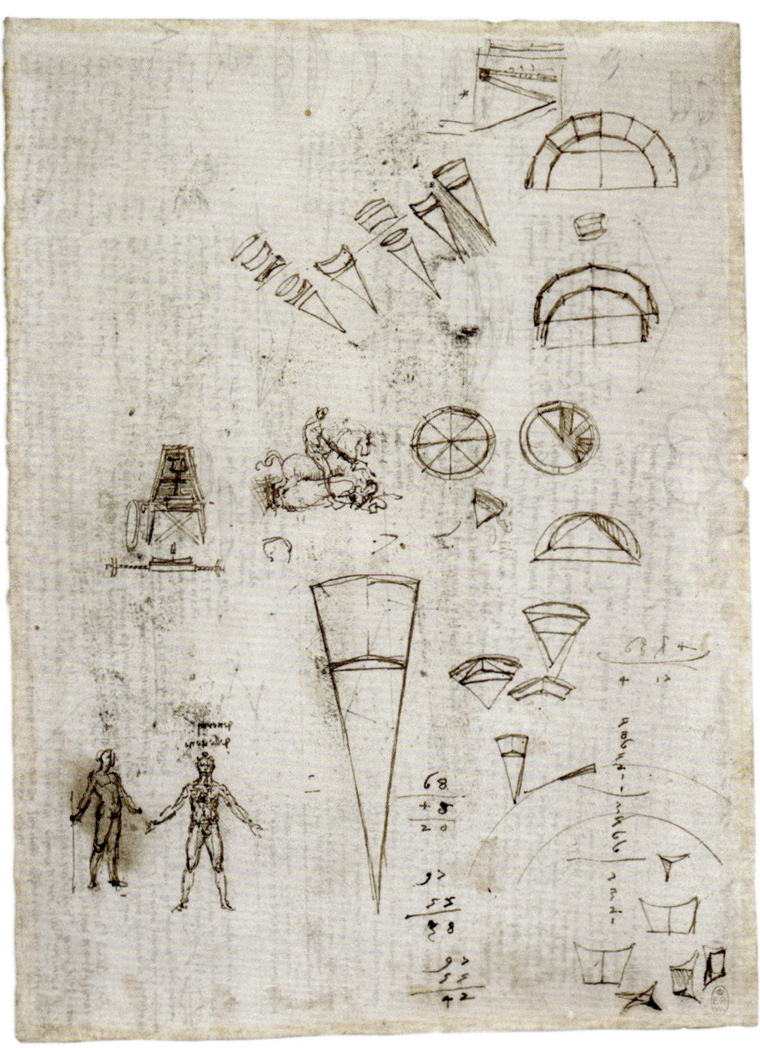

7. *Due uomini in piedi, San Giorgio (?), geometria e ingegneria.*
Penna e inchiostro, stilo su carta, 21,4 × 29,4 cm.
RL 12658r / K&P 129v

7. *Two standing men, with a St. George (?), geometry and engineering.*
Pen and ink, stylus on paper, 21.4 × 29.4 cm.
RL 12658r / K&P 129v

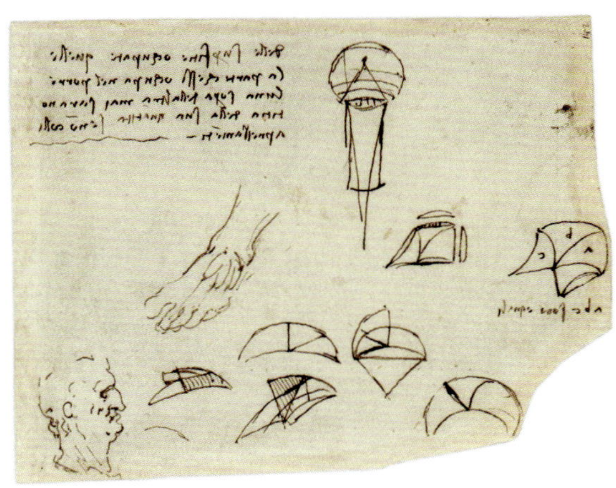

8. *Anatomia di un piede, profilo di un anziano e studi geometrici di aree.*
Penna e inchiostro su carta, 11,7 x 15,7 cm.
RL 12586v / K&P 91r

8. *Anatomy of a foot, profile of an old man, and geometrical studies of areas.*
Pen and ink on paper, 11.7 x 15.7 cm.
RL 12586v / K&P 91r

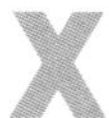

Muscoli, tendini, legamenti, ossa (e vecchi): la macchina umana

Muscles, Tendons, Ligaments, Bones (and Old Men): the Human Machine

LA DICHIARAZIONE DI LEONARDO che spera "*questa vernata del 1510* [...] *spedire tutta tal notomia*" può essere messa in relazione con un'imponente serie di disegni sulla meravigliosa ingegneria del corpo come sistema articolato di leve – comprendente ossa, muscoli, legamenti e tendini. Tali studi sono ovviamente rilevanti per la pratica artistica, ma la sua motivazione centrale è quella di lodare il "*nostro altore*", primo compositore di una tale macchina (45). Leonardo propone che "il libro sugli elementi della macchine e relativo studio debbano procedere con la dimostrazione del movimento e della forza nell'uomo e negli animali; grazie a tali dimostrazioni si sarà in grado di dimostrare tutte le proprie proposte" (Parigi, Bibliothèque Nationale, MS A, f. 10r). Con "elementi delle macchine" intendeva componenti piuttosto che meccanismi. Guardando la maestosa ingegneria della macchina umana, che spazia dai piccoli dettagli della forma di una vertebra ai potenti muscoli della coscia, non poteva avere dubbi sul fatto che il creatore divino ne fosse coinvolto e rendere testimonianza della più grande delle creazioni divine era senz'altro la ricerca più nobile che si potesse intraprendere.

Nella sua visione di una bellezza funzionale dell'insieme e delle parti del corpo umano gioca un ruolo chiave l'incontro con il giovane anatomista Marcantonio della Torre a Pavia, vicino Milano. Marcantonio era un dotto allievo del grande filosofo, medico, chirurgo e anatomista alessandrino Galeno di Pergamo, il quale aveva definito la dottrina classica dei quattro umori. La portata dei suoi voluminosi scritti divenne sempre

LEONARDO'S PRONOUNCEMENT THAT HE hopes "in this winter of 1510 to finish all this anatomy" can best be related to a great series of drawings of the wonderful engineering of the body as an articulated system of levers – comprising the bones, muscles, ligaments and tendons. Such studies are obviously relevant to his artistic practice, but his central motivation is to praise "the first composer of such a machine" (45). He proposes that "the book of the elements of machines with all its practice should proceed the demonstration of movement and force in man and animals; and by means of these you will be able to prove all, your propositions" (Paris, Bibliothèque Nationale, MS A, f. 10r). His "elements of machines" were components rather than whole mecchanisms. Looking at the majestic engineering of the human machine, ranging from small details of the shape of a vertebra to the powerful muscles of the thigh, he could not be in any doubt that the divine creator is involved, and that we could not have a more noble quest than to bear witness to the greatest of divine creations.

A key dimension in this vision of the functional beauty of the whole and parts of the human body is his encounter with the young anatomist Marcantonio della Torre in Pavia near Milan. Marcantonio was a learned student of the great Alexandrian philosopher, physician, surgeon and anatomist, Galen of Pergamon, who laid down the classic doctrine of the four humours. The scope of his voluminous writings was becoming increasingly known in the Renaissance, not least

più nota nel Rinascimento, non soltanto attraverso la scienza islamica in Spagna. È probabile che Marcantonio abbia fatto conoscere a Leonardo il *De usu partium* (L'utilità delle parti) e il *De motu musculorum* (Il movimento dei muscoli) di Galeno, che si basano sulla dottrina secondo cui anche la più piccola parte del corpo umano è perfettamente progettata per svolgere una funzione designata, senza carenze né eccessi. È possibile che la serie del 1511 sia stata intrapresa in collaborazione con il giovane medico, che sarebbe morto di peste nello stesso anno, per quanto i fogli superstiti contenenti studi completi su ossa e muscoli non siano all'altezza di un libro stampato con magnifiche illustrazioni e testi autorevoli.

Quando all'inizio degli anni Ottanta del Quattrocento Leonardo stilò un elenco delle sue opere, si rese subito conto che lo studio delle figure magre e snodate degli anziani era utile per indagare forme e funzioni. Egli elenca "molte gole di donne vecchie, molte teste di uomini vecchi, molte figure nude complete, molte braccia, gambe, piedi e pose" (*Codex Atlanticus*, f. 888r). Le teste di uomini anziani di profilo costituiscono una delle tipologie illustrative ricorrenti lungo tutto l'arco della sua carriera. È probabile che si presentino in modo apparentemente casuale in pagine dedicate ad argomenti non correlati. Per lo studio anatomico prediligeva uomini magri ma ben muscolosi, di cui il "centenario" era solo uno dei tanti.

A questa serie appartengono circa 20 fogli dedicati a ossa e muscoli, di cui uno con note e disegni su entrambi i lati. Sono notevoli per il loro connubio di osservazione implacabile, modellazione scultorea, punti di osservazione che variano continuamente, movimento implicito, analisi meccanica e sensazione di drammaticità come se l'uomo si svelasse a noi per un'ispezione. Il soggetto guarda con orgoglio la sua magnifica anatomia; alza il braccio sopra la testa per rivelare le meravigliose componenti della parte superiore del braccio e del petto; afferra delle aste di legno per porre in evidenza i muscoli coinvolti; è stoicamente in posa mentre l'incredibile macchina organica dei suoi muscoli e delle sue ossa viene progressivamente rivelata in uno spogliarello miologico.

Leonardo inventa modi radicalmente nuovi per illustrare struttura e azione (sia essa reale o potenziale) di ogni parte. Non solo scava sempre più in profondità fin quando non rimane che l'ossatura scheletrica, ma lascia anche che il muscolo

via Islamic science in Spain. It is likely that Marcantonio introduced Leonardo to Galen's *De usu partium* ("The Utility of the Parts") and *De motu musculorum* ("The Motion of the Muscles"), which are founded on the doctrine that even the tiniest part of the human body is perfectly designed to perform a designated function with no deficiency and no excess. It may well be that the 1511 series was undertaken in collaboration with the young doctor, who was to die of the plague in the same year – though none of the surviving pages that contain finished studies of the bones and muscles are quite ready to be transformed into a printed book with magnificent illustrations and authoritative text.

From the time that Leonardo drew up a list of his works in the early 1480s, he realised that studying scrawny and sinewy figures of the elderly was helpful if forms and functions were to be investigated. He lists "many throats of old women, many heads of old men, many complete nude figures, many arms, legs, feet and poses" (*Codex Atlanticus*, f. 888r). The heads of aged men in profile comprise one of the recurrent types that persist across the full range of his career. They are likely to occur in what seems to be a random manner on pages that are devoted to unrelated topics. For anatomical study, he favoured thin but well-muscled men, of which the "centenarian" was just one.

There are around 20 sheets in the coherent set devoted to the bones and muscles, all but one of which has notes and drawings on both sides. They are remarkable for their marriage of remorseless observation, sculptural modelling, roving viewpoints, implied motion, mechanical analysis, and a feeling of drama as the man unveils himself for our inspection. The subject looks down in pride at his marvellous anatomy; he raises his arm above his head to disclose the wondrous components of the upper arm and breast; he grips wooden shafts to being key muscles into play; he stoically poses while the amazing organic machinery of his muscles and bones is progressively revealed in a myological striptease.

Leonardo invents radically new ways to demonstrate the structures and action (actual or potential) of every component. Not only does he probe increasingly deeper, until only the skeletal framework remains, but he also al-

sia attaccato a una sola estremità in modo da poterlo aprire come fosse una lampo e mostrare come le forme superiori e inferiori si incastrino tra loro. A volte una componente sovrastante o confinante viene allontanata di una certa distanza dalle forme sottostanti, come un "esploso". Ad esempio, osserviamo con grande convinzione in che modo ossa e muscoli dell'articolazione sferica della spalla possano essere progressivamente rimossi per fornire una visione spaziale di grande chiarezza (26).

Anche le ossa della caviglia vengono sapientemente separate per mostrare come si articolano nello svolgere alla perfezione le loro funzioni combinate. La raffinata complessità delle forme delle vertebre del collo (39) combina con maestria minuta precisione e notevole forza, come quando scegliamo di girare, abbassare o alzare la testa. L'artista mostra in che modo le vertebre, come pezzi multipli di un puzzle osseo, determinino la curvatura della colonna vertebrale osservabile in pose statiche e dinamiche. Le sue ombreggiature controllate conferiscono convinzione plastica a quello che sicuramente è il più bel disegno mai realizzato della colonna vertebrale (39). Inoltre, pensa alle origini dei nervi spinali rappresentati come linee delicate a destra del disegno che corre lungo il margine destro del foglio.

In alcune pagine, Leonardo inserisce "diagrammi a corde" in cui le forme flessibili sono rappresentate come fasce strette indicanti le loro linee di forza, una modalità che egli definisce "scientifica". In questo modo, possiamo comprendere i numerosi movimenti interconnessi eseguiti dalle spalle. Le strutture "composte" del braccio e della mano possono ruotare dolcemente in orbite tridimensionali che perseguono quella che Leonardo chiama "quantità continua" attraverso lo spazio.

I "diagrammi a corde" sembrano tutti schiacciati sulla pagina, dopo i disegni principali e prima di alcune note. In alcuni fogli, la delineazione della spalla e della parte superiore del busto di un uomo anziano mostra i muscoli pettorali come composti da fasci distinti. Alcuni studi sono contemporaneamente "diagrammi a corde" e ritratti naturalistici. Come sempre nelle anatomie di Leonardo, la linea di demarcazione tra dimostrazione diagrammatica e registrazione ottica non è un confine fisso. In questa serie di diagrammi, il più approfondito è quello che raffigura tre gambe viste dai due lati e dal davanti (29), in cui si può

lows a muscle to be attached at only one end, so that it can be hinged away like a flap, to show how upper and lower forms fit together. Sometimes an overlying or abutting component is pulled a certain distance away from the forms below, as an "exploded" demonstration. For example, we see with great conviction, how the component bones and muscles of the shoulder that comprise the ball joint can be progressively removed to provide a spatial vision of great clarity (26).

We witness the bones of the ankle being judiciously separated to show how they are articulated to fulfil their combined functions with perfection. The subtle complexity of forms of the vertebrae in the neck (39) admirably combines minute precision and notable strength, as when we chose to turn, lower or raise our head. He shows how the vertebrae, as multiple pieces of a bony jigsaw puzzle, determine the spinal curvature we can witness in static and dynamic poses. His controlled shading lends plastic conviction to what must be the most beautiful drawing ever made of the spinal column (39). For good measure, he thinks to himself about the origins of the spinal nerves as delicate lines to the right the drawing that runs down the right margin of the page.

On a number of pages, he inserts "cord diagrams" in which all the flexible forms are rendered as narrow bands that represent their lines of force in what he calls a "scientific" manner. Accordingly, we can understand the many interrelated motions performed by the shoulders. The "compound" structures of arm and hand can revolve smoothly in three-dimensional orbits that pursue what Leonardo calls a "continuous quantity" across space.

The "cord diagrams" all seem to be squeezed on to the page after the main drawings but before some of the notes. On a number of pages, the delineation of an aged man's shoulder and upper torso shows the pectoral muscles as composed from distinct fascicles. A number of the studies simultaneously partake of "cord diagrams" and naturalistic portrayals. As always in Leonardo's anatomies the dividing line between diagrammatic demonstration and optical record is not a fixed boundary. The most thorough-going of the wire diagrams (29) are the three legs

distinguere chiaramente il funzionamento dei muscoli più profondi in relazione alle ossa. Leonardo classifica il "diagramma a corda" come "*ragione scientificha*" (spiegazione scientifica). È una forma estrema di "dimostrazione". La sequenza di questo sistema di rappresentazione mostra dissezioni progressivamente più profonde, finché ogni muscolo rimane "da solo, nudo sull'osso". Grazie alla rappresentazione in isolamento, la funzione specifica di ogni muscolo può essere compresa chiaramente. In aggiunta, ogni braccio deve essere rappresentato in quattro posizioni distinte. Come sempre, Leonardo stabilisce un programma che promette un'immagine straordinariamente completa di ogni componente anatomica, a scapito della praticità – sia del suo tempo sia di ciò che potrebbe essere possibile in un trattato pubblicato.

L'aspetto non meno sorprendente di questa serie di disegni è la ricerca di punti di vista sistematici. Il principio di fondo è quello da lui seguito per la scultura e l'architettura, in cui ogni forma è vista in pianta e in alzato, e in 3-D da dietro, davanti e di lato – se necessario, anche dall'alto e dal basso. Per forme complesse e intrecciate come muscoli e ossa, Leonardo capisce che quattro punti di vista ad angolo retto non sempre sono sufficienti a fornire tutte le informazioni che intende trasmettere. Possiamo, quindi, vedere il suo punto di vista muoversi fluidamente intorno alla forma anatomica, sia istintivamente che in modo calcolato. In due pagine (12 e 13), Leonardo presenta otto punti di vista continui di un braccio, di un seno e di una spalla, e aggiunge che la stessa serie dovrebbe essere eseguita con il radio e l'ulna incrociati.

Spiega che questo sistema a rotazione può essere letto come se la figura giri davanti a noi o come se noi ci muovessimo intorno alla figura. Per spiegare questo sistema, Leonardo allega un piccolo diagramma ottico di un oggetto rotondo visto da otto punti di vista equidistanti. Si tratta di un diagramma adottato dall'ottica medievale per illustrare le piramidi visive emesse dagli oggetti e che convergono verso gli occhi mobili. Nessun'altra pagina è così dichiaratamente ottica come queste due, dove possiamo apprezzare le posizioni fluide dell'occhio di Leonardo mentre guarda da diversi punti di vista per carpire informazioni più indicative.

L'altro aspetto apertamente geometrico in questa serie di disegni è l'uso di una rappresentazione schematica per l'analisi

seen from two sides and the front, in which operation of the deepest of the muscles can be clearly discerned in relation to the bones. He categorises the "cord diagram" as a "*ragione scientificha*" ("scientific explanation"). It is an extreme form of "demonstration". The sequence of this system of portrayal shows progressively deeper dissections until all that remains is each muscle "on its own, naked on the bone". Shown in isolation, the specific function of each muscle can be clearly seen. He adds, for good measure, that each arm should be represented in four distinct positions. As always, Leonardo sets an agenda that promises an extraordinarily complete picture of each anatomical component, at the expense of practicality – both of his time and what might be possible in a published treatise.

Not the least striking aspect of this set of drawings is his search for systematic viewpoints. The underlying principle is one he followed for sculpture and architecture in which each form is viewed in plan and elevation, and in 3-D from the back, front and side – and if, necessary, from above and below. For complex, interwoven forms like the muscles and bones, he found that four right-angle views did not always deliver the precise information he wanted to convey. We can witness his viewpoint moving fluently around the anatomical form, both instinctively and in a calculated manner. On two pages (12 and 13) he presents eight continuous views of an arm, breast and shoulder. He adds that the same series should be undertaken with the radius and ulna crossed.

He explains that this rotational system can be understood as if the form is turning in front of us or as if we are moving around the form. To explain the system, he appends a small optical diagram of a round object seen from eight equally-spaced points of view. The diagram is one he adopted from mediaeval optics to demonstrate visual pyramids emitted by objects and converging into mobile eyes. None of the other pages are as overtly optical as these two, but we can readily appreciate the fluid positions of Leonardo's eye as it looks from various viewpoints for the most informative directions.

The other overtly geometrical aspect in this set of drawings is the use of a diagram to undertake precise analysis in

precisa del movimento di specifiche forme. In una pagina, illustra come la rotazione del polso sia in gran parte guidata dai muscoli della parte superiore del braccio [19]. Il diagramma a corredo evidenzia come il movimento di rotazione del radio e dell'ulna sia in questo caso limitato a 90 gradi. In un'altra pagina, contenente cinque studi piuttosto liberi di spalle e braccia, utilizza un cerchio con raggi per sottoporre il movimento circolare della mano a una difficile analisi [25]. Individua "*quattro moti principali*" – flessione, estensione, adduzione e abduzione – e "*moti non principali*", di tipo secondario, che insieme generano movimenti continui o "*infiniti*".

Esistono altre applicazioni, altrettanto innovative, di meccanismi geometrici al corpo umano. In un foglio di note estese [38], Leonardo considera la colonna vertebrale e i muscoli dorsali come un'opera di ingegneria intelligente, ideata dalla "Natura" affinché le nostre teste pesanti possano essere sostenute dai nostri colli relativamente sottili. Facendo riferimento all'albero di una barca, spiega che le "corde" antagoniste svolgerebbero al meglio il loro lavoro quando l'angolo sotteso tra l'albero e ciascuna "corda" è alla sua ampiezza massima. In pratica, data la forma del collo, delle spalle e del torso umano, questo angolo aveva un limite; esiste cioè un compromesso tra l'ideale e il possibile. Sul *verso*, disegni sempre più concettualizzati delle spalle culminano in un "diagramma a filo" che mostra gli elaborati elementi strutturali in tensione stabile.

Un esame analogo di un meccanismo corporeo mostra come i muscoli della parte superiore del braccio operino con le ossa della parte superiore e inferiore del braccio [8]. Leonardo nota che il braccio di una scimmia è particolarmente potente. Anche in questo caso, c'è un compromesso tra l'ideale e il pratico. Come indica il diagramma geometrico, una leva orizzontale, per essere sollevata, richiede una forza progressivamente minore quanto più la forza viene esercitata dal fulcro, secondo le proporzioni 6, 4, 3, 2. Una pagina strettamente correlata [45] riporta essenzialmente la stessa osservazione in riferimento a un esperimento mentale, in cui un peso passa su una ruota a carrucola per misurare la forza necessaria a sollevare un'asta incernierata su un montante. In questo caso, Leonardo si concentra sul funzionamento delle costole nella respirazione. Non si sottolineerà mai abbastanza la precocità storica delle incursioni di Leonardo nella bioingegneria.

the motion of particular forms. On one page he shows that the turning of the wrist is largely driven by the muscles in the upper arm [19]. The appended diagram shows how the rotational motion of the radius and ulna is in this case limited to 90 degrees. On another page, containing five rather free-ranging studies of shoulders and arms, he uses a circle with radiuses to subject the circular motion of the hand to a difficult analysis [25]. He identifies "4 principal motions – flexion, extension, adduction and abduction – and four "non-principal motions" of a secondary kind that together provide motions which are continuous or "infinite".

There are other comparably novel applications of geometrical mechanisms to the human body. On a sheet of extended notes [38], he looks at the spine and dorsal muscles as a piece of clever engineering, devised by "Nature" so that our heavy heads might be supported on our relatively slender necks. He explains by reference to the mast of a boat that the antagonistic "ropes" would do their job best when the angle subtended between the mast and each "rope" is at its widest. In practice, given the form of the human neck, shoulders and torso, there was a limit to this angle; that is to say there is a trade-off between the ideal and what is possible. On the *verso*, increasingly conceptualised drawings of the shoulders climax in a "wire diagram" that shows the elaborate structural elements under stable tension.

A comparable scrutiny of a bodily mechanism shows how the muscles of the upper arm operates with the bones of the upper and lower arm [8]. He notes that the arm of a monkey is particularly powerful. Again, there is a trade-off of the ideal against the practical. As the geometrical diagram indicates, a horizontal lever requires progressively less force to be lifted the further the force is exercised from the fulcrum, according to the proportions 6, 4, 3, 2. A closely related page [45] makes essentially the same point by reference to a thought experiment in which a weight passes over a pulley wheel to measure the force needed to raise a rod that is hinged on an upright. In this case, he is concentrating on how the ribs operate in respiration. It cannot be over-emphasised how historically precocious are Leonardo's forays into bio-engineering.

Il *recto* di questo foglio contiene l'ultimo dei suoi elaborati schemi dell'"*Ordine del Libro*" [37], citato nell'Introduzione.

Questo insieme di disegni e appunti presenta una visione straordinaria del funzionamento degli intricati sistemi di ossa e muscoli attraverso i quali si realizza la continuità dei nostri movimenti nello spazio. I punti salienti sono molti. Un esempio rappresentativo è una pagina dedicata alla meravigliosa anatomia di dita, palmo e polso, il cui funzionamento varia da una squisita delicatezza (come nell'uso della penna da parte di Leonardo) a una presa potente come quella che un guerriero esercita sull'elsa della spada. La dissezione di Leonardo del palmo e del lato interno del polso [17] trasmette la potenza delle azioni di legamenti e tendini che, combinate tra loro, realizzano le glorie meccaniche della mano – chiamata da Aristotele, il filosofo greco, lo "strumento degli strumenti". Osservando il sistema di corde e pulegge, possiamo intuire cosa accadrebbe se tirassimo uno dei tendini che corrono dalle braccia alla punta delle dita. I piccoli disegni in basso a sinistra mostrano come si realizza la flessione progressiva di un dito.

Nel piccolo studio tra le mani più in alto, Leonardo segnala quello che Galeno aveva giustamente salutato come meccanismo della massima delicatezza ed economia. Il più superficiale dei tendini flessori si divide in una configurazione a Y che permette contemporaneamente il passaggio del tendine flessore più profondo e lo trattiene. Nel disegnare qualsiasi struttura del corpo, Leonardo ha sempre cercato intensamente di vederne l'aspetto e, con altrettanta intensità, di vederne il funzionamento.

Lo stesso tipo di ricerca si riscontra negli studi anatomici dell'ala di un uccello, che a prima vista sembrano estranei agli studi di anatomia umana [46]. Ma l'illustrazione delle ossa di un uccello, dei suoi muscoli e delle sue corde si affianca alle dimostrazioni delle braccia umane. In un atto pionieristico di anatomia comparata, individua strutture ossee equivalenti e identifica persino una sorta di "pollice", a cui assegna la funzione chiave di "*tenere l'uccello fermo infra l'aria sopre il moto del vento*". Questo parallelismo sarà alla base dei suoi progetti per una macchina volante che non mirano a imitare un uccello in tutte le sue parti, ma a costruire una macchina simile a un uccello che corra parallela alla creazione della natura. Leonardo ci incita a imparare dalla "natura, padrona dell'animale".

The *recto* of this sheet contains the last of his elaborate outlines of the *"Order of the Book"* [37], quoted in the Introduction.

This set of drawings and notes presents an extraordinary vision of the functioning of the intricately designed systems of bones and muscles through which the continuity of our motions in space is achieved. There are many highlights. A representative example is a page that focuses on the marvellous anatomy of the fingers, palm and wrist, the operation of which range from exquisite delicacy (as in Leonardo's use of his pen) to a powerful grip of the kind that a warrior exercises on the hilt of sword. Leonardo's dissection of the palm and inner side of the wrist [17] conveys a powerful sense of the actions of the ligaments and tendons that combine to realise the mechanical glories of the hand – what Aristotle, the Greek philosopher, called the "instrument of instruments". Looking at the system of cords and pulleys, we can sense what would happen if we pull one of the tendons that run from the arms to the tips of the fingers. The little drawings at the bottom left show how the progressive bending of a finger is accomplished.

In the small study between the uppermost hands, he signals what Galen had rightly hailed as a mechanism of the highest subtlety and economy. The more superficial of the flexor tendons divides in a Y-shaped configuration that simultaneously allows the passage of the deeper flexor tendon and holds it down. In drawing any structure in the body, Leonardo always searches intensely to see what it looks like and with equal intensity to see it how it works.

We can see the same kind of quest when he looks at the anatomy of a bird's wing, which at first sight seems to be an alien intrusion in studies of human anatomy [46]. But the illustration of a bird's bones and its muscles and cords stands alongside his demonstrations of a human arms. In a pioneering act of comparative anatomy, he detects equivalent bone structures and even identifies a kind of "thumb", to which he assigns the key function of "keeping the bird steady above the motion of the wind". This parallelism will inform his designs for a flying machine – not so much to imitate a bird in all its parts but to construct a bird-like machine that would run parallel to nature's invention. He incites us to learn from "nature, mistress of the animal".

Non ultimo, il progettista del "grande uccello" e il suo aspirante aviatore devono lavorare con i venti, proprio come un nuotatore impara a dominare l'acqua. L'altra pagina in cui è presente un'ala di uccello [47] contiene discussioni sulle barche e sull'acqua. Per comprendere le azioni delle ali, l'autore utilizza piccoli uccelli di penna che volano nel vento, simili a quelli del manoscritto torinese *Sul volo degli uccelli* del 1505 circa. Braccia umane; ali di uccelli; correnti d'aria; acqua che scorre. Mentre noi le consideriamo realtà diverse, Leonardo coglie la continuità nella natura.

Infine, un foglio contenente vari studi che è certamente un intruso. Eppure non lo è. Tra gli studi approssimativi di un orologio ad acqua animato che funziona con canali a spirale, anelli gonfiati e valvole, Leonardo annota istintivamente analogie sommarie con il sistema respiratorio e digestivo umano. Forse l'orologio ad acqua potrebbe avere una testa umana. Come sempre, le analogie visive e materiali alimentano un pensiero laterale, mai superato da altri.

Nota sulla datazione

Gli studi sugli uccelli, intrapresi a Firenze, risalgono al 1505 circa, mentre il gruppo principale di muscoli e ossa si colloca nel 1510-12.

Not the least of the requirements is that the designer of the "great bird" and its aspiring aviator should work with the winds, just as a human swimmer learns to master water. The other page on which there is a bird's wing [47] contains discussions of boats and water. To understand the actions of the wings, he uses little pen-birds flying into the wind, similar to those in the Turin manuscript *On the Flight of Birds* from about 1505. Human arms; birds' wings; air currents; flowing water. Leonardo sees continuities in nature where we see diverse things.

Finally, a diverse sheet of studies that is surely an intruder. But no. Amongst scrappy studies of an animated water clock that operates with spiral channels, inflated rings and valves, he instinctively jots down sketchy analogies with the human respiratory and digestive system. Perhaps the water-clock could have a human head. As always, visual and material analogies fuel lateral thinking in a way that no-one has ever surpassed.

Note about dating

The bird studies, undertaken in Florence, date from c. 1505, while the main group of muscles and bones centre on 1510-12.

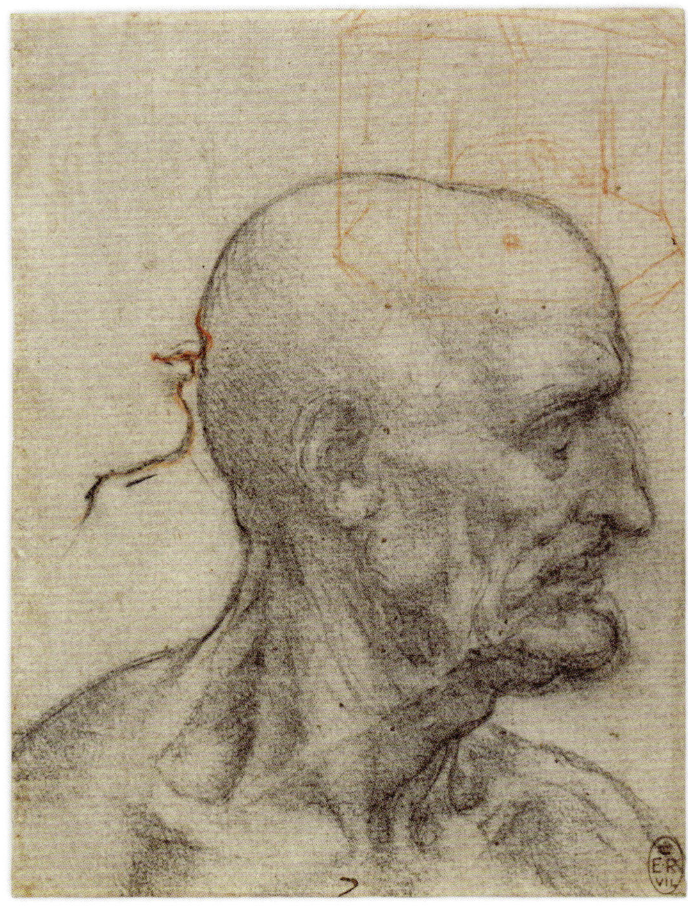

1. *Collo di un vecchio.*
Gessetto nero e gessetto rosso su carta, 12,8 × 9,8 cm.
RL 12599r / K&P 130r

1. *Neck of an old man.*
Black chalk, red chalk on paper, 12.8 × 9.8 cm.
RL 12599r / K&P 130r

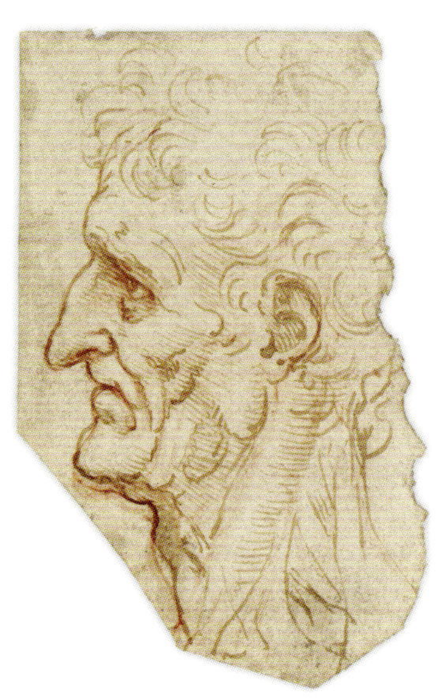

2. *Collo di un vecchio.*
Penna e inchiostro, gessetto rosso su carta, 8,9 × 5,6 cm.
RL 12475A / K&P 131r

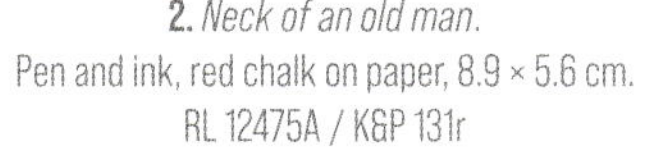

2. *Neck of an old man.*
Pen and ink, red chalk on paper, 8.9 × 5.6 cm.
RL 12475A / K&P 131r

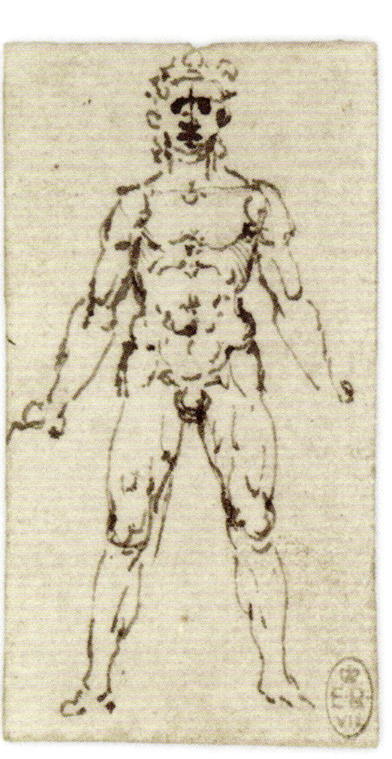

3. *Un uomo in piedi.*
Penna e inchiostro su carta, 7,4 × 4,1 cm.
RL 12721r / K&P 132r

3. *A standing man.*
Pen and ink on paper, 7.4 × 4.1 cm.
RL 12721r / K&P 132r

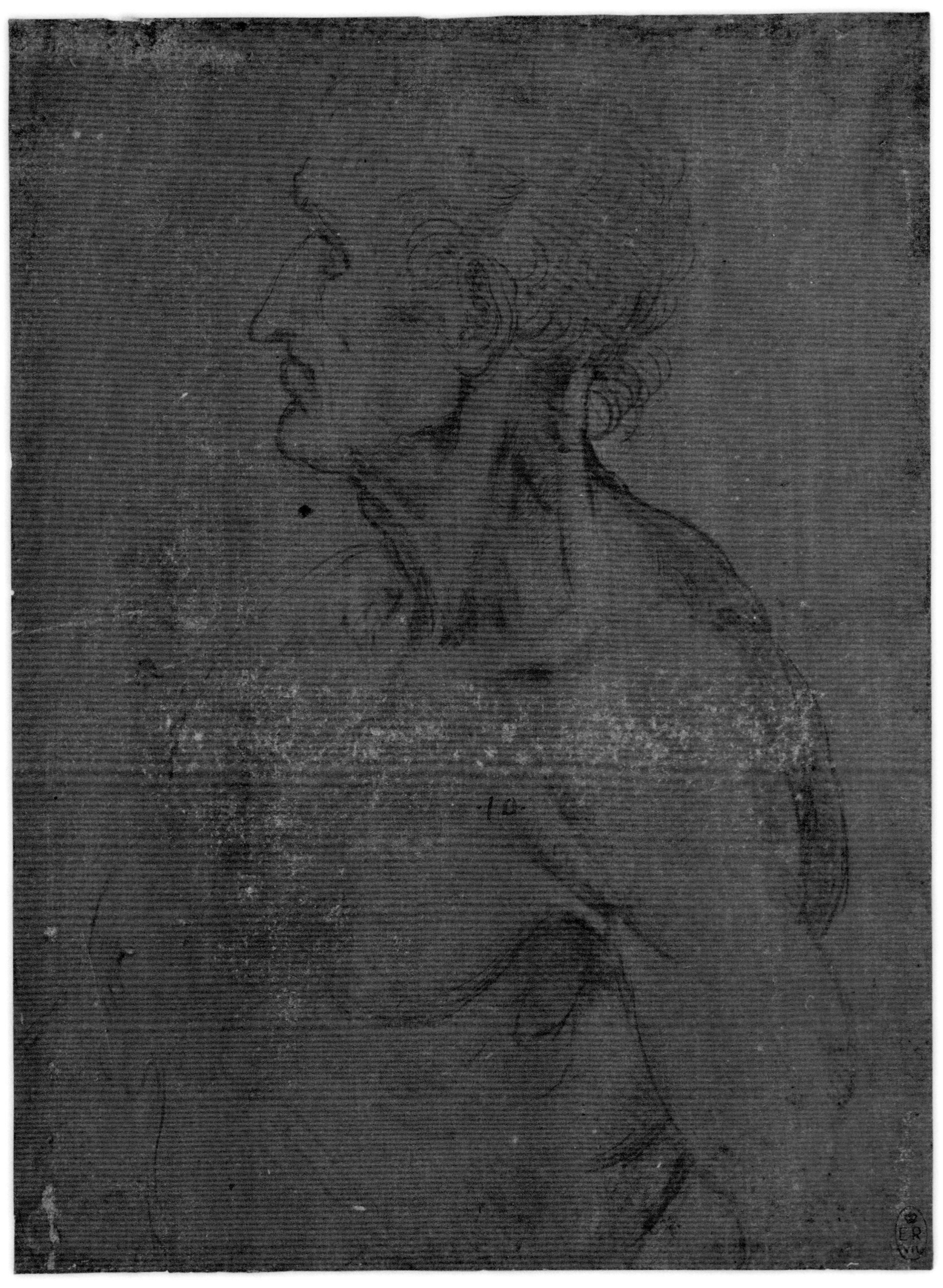

4. *Collo e spalla di un vecchio.*
Gessetto rosso su carta rosso pallido, 19,6 × 14,5 cm.
RL 12598r / K&P 133r

4. *Neck and shoulder of an elderly man.*
Red chalk on pale red prepared paper, 19.6 × 14.5 cm.
RL 12598r / K&P 133r

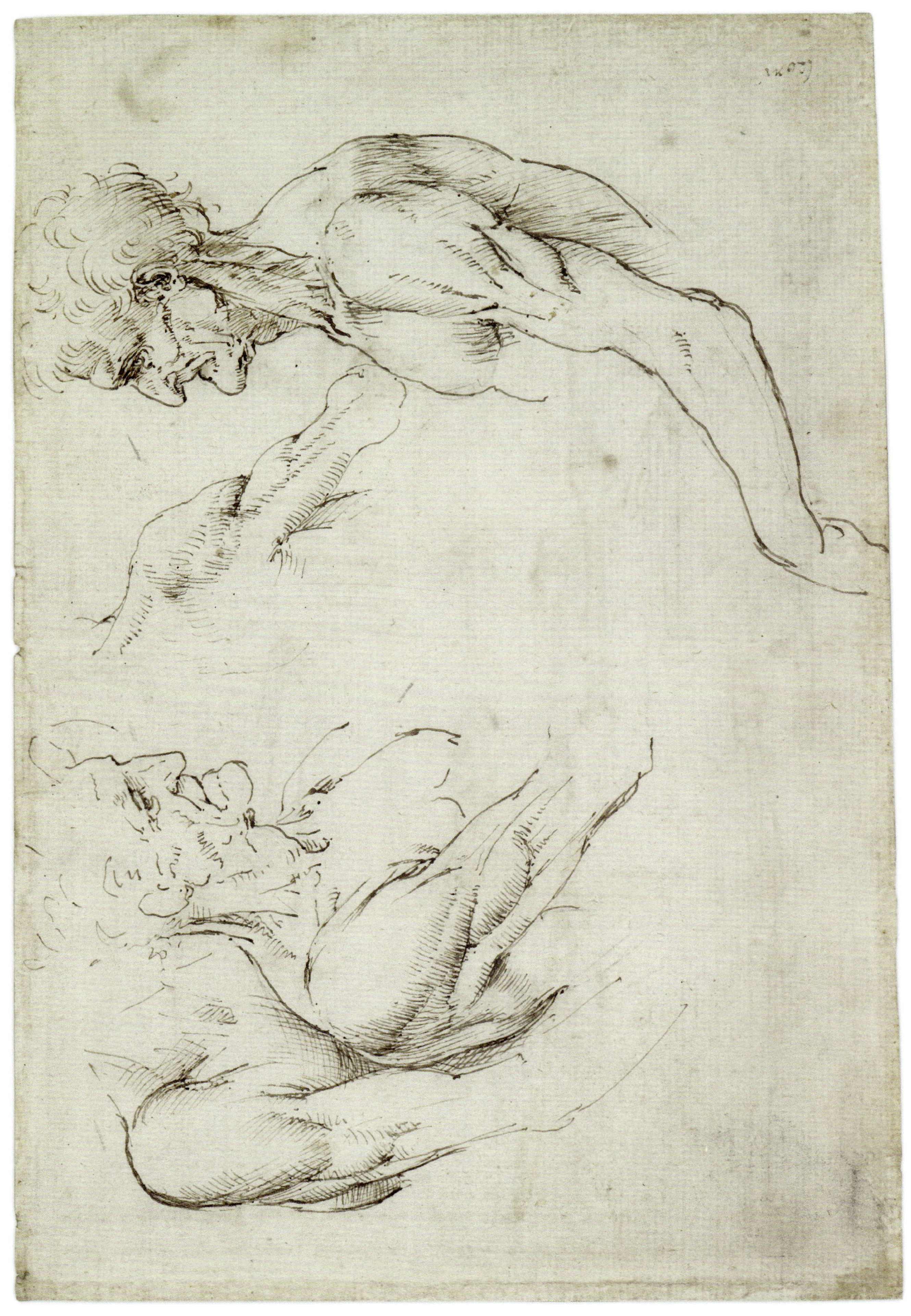

5. *Studi del collo e delle spalle di un vecchio.*
Penna e inchiostro, stilo su carta, 28,6 × 19,3 cm.
RL 19004v / K&P 138v

5. *Studies of the neck and shoulders of an elderly man.*
Pen and ink, stylus on paper, 28.6 × 19.3 cm.
RL 19004v / K&P 138v

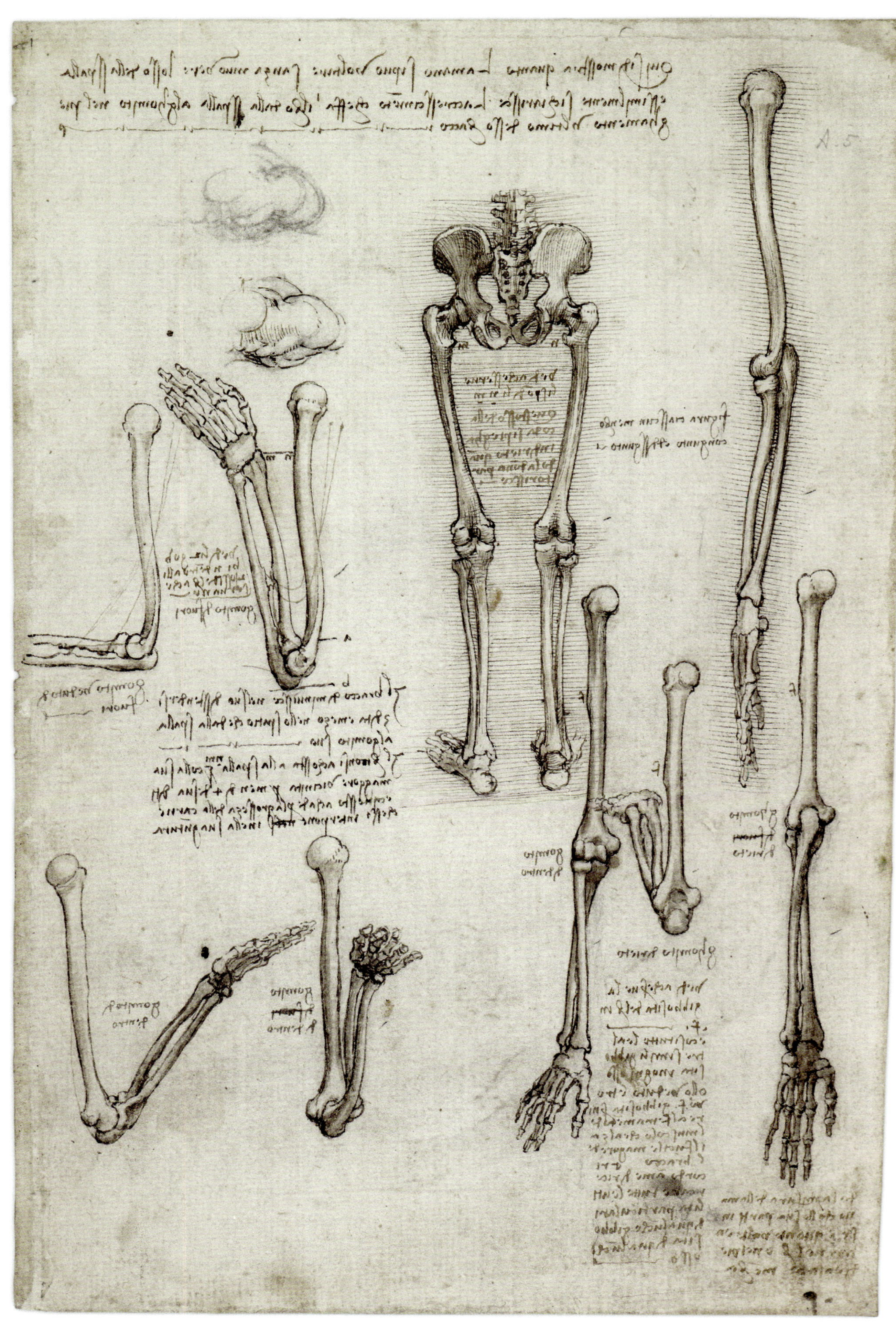

6. *Ossa del braccio, della gamba e del bacino e due piccoli studi di una spalla.*
Penna e inchiostro, gessetto nero e lavatura su carta, 28,6 × 19,3 cm.
RL 19004r / K&P 138r

6. *Bones of the arm, leg and the pelvis, and two small studies of a shoulder.*
Pen and ink, black chalk and wash on paper, 28.6 × 19.3 cm.
RL 19004r / K&P 138r

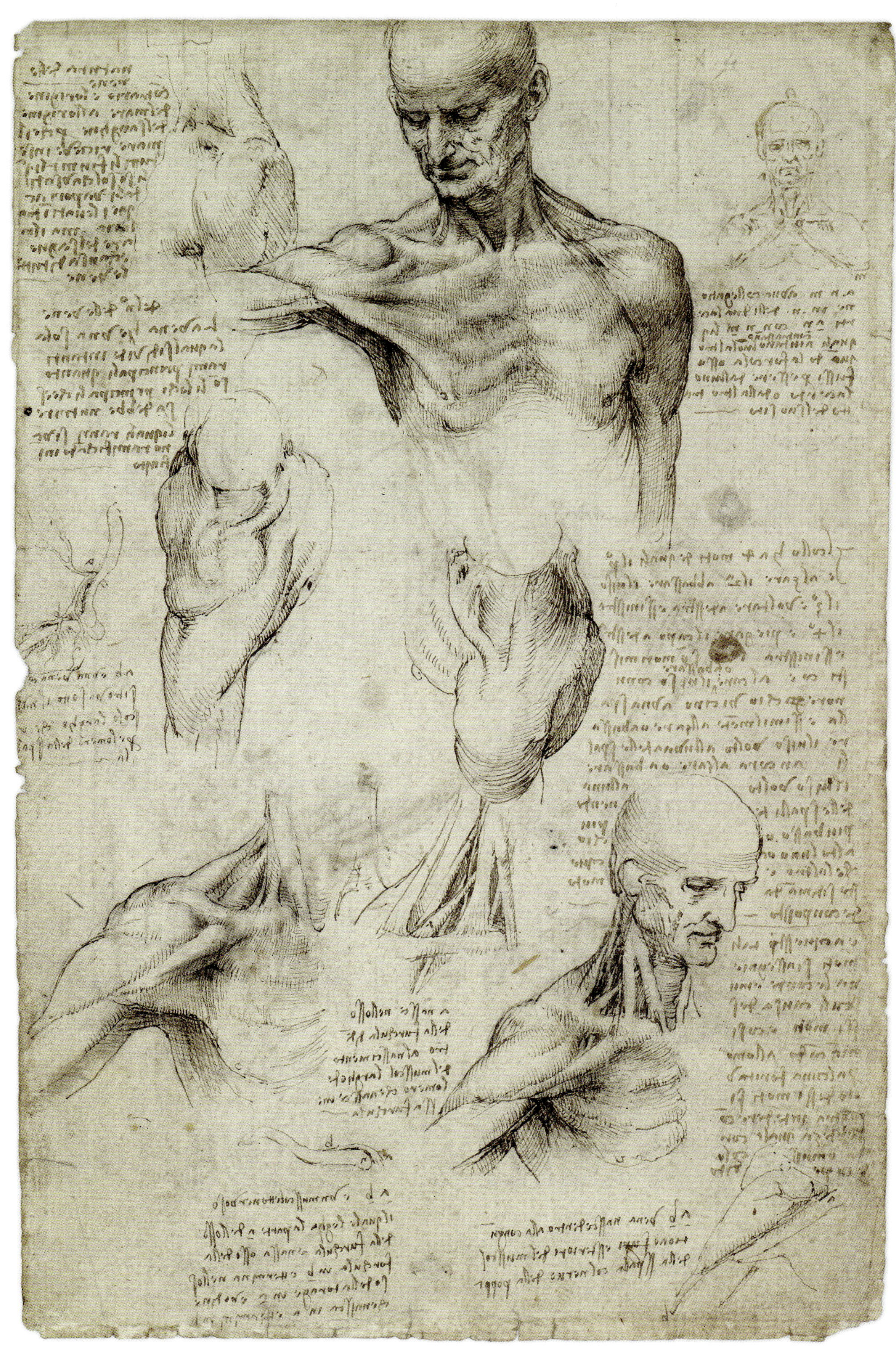

7. Muscolatura del collo e delle spalle di un uomo.
Penna e inchiostro, gessetto nero e lavatura su carta, 29,2 × 19,8 cm.
RL 19003r / K&P 137r

7. The musculature of a man's neck and shoulders.
Pen and ink, black chalk and wash on paper, 29.2 × 19.8 cm.
RL 19003r / K&P 137r

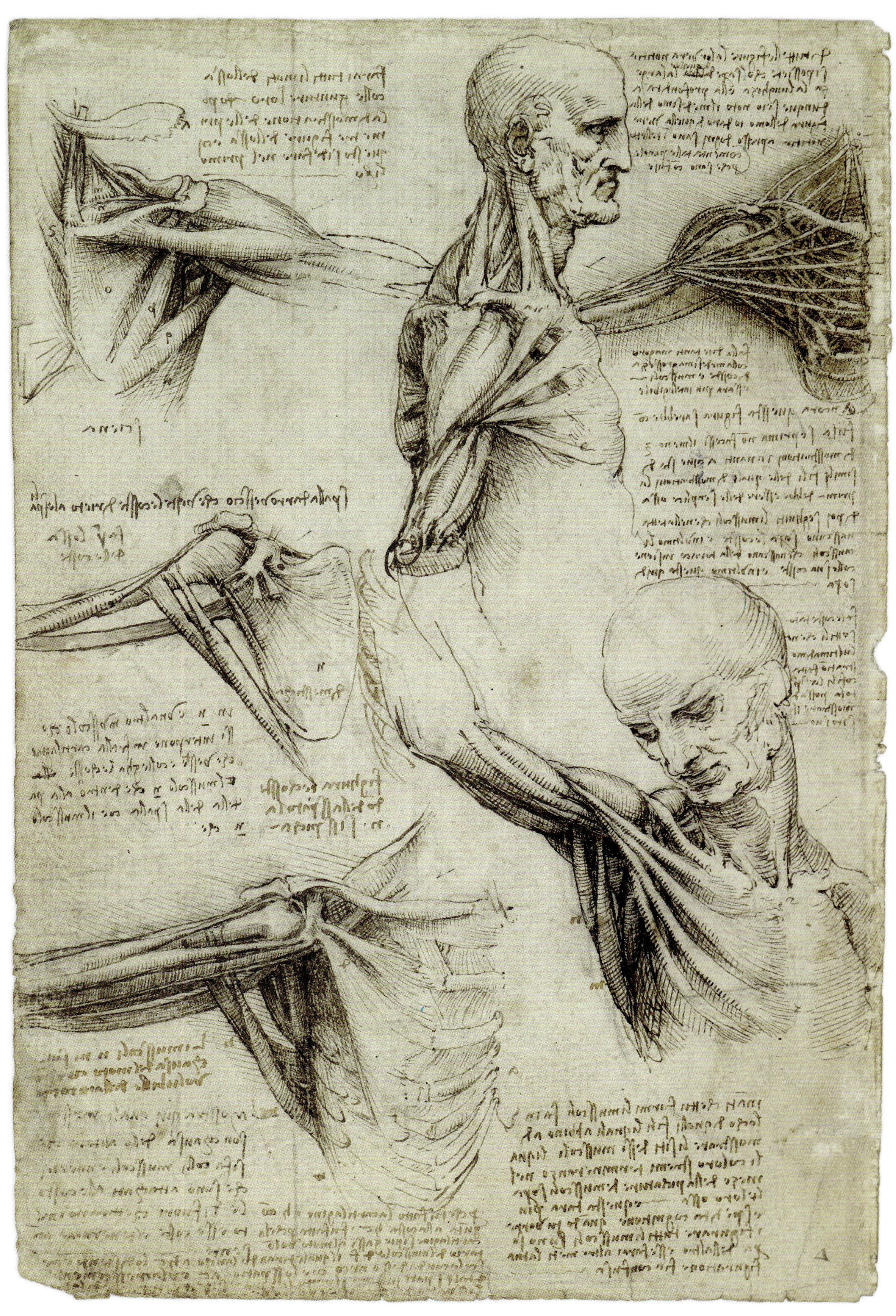

8. *Dimostrazioni della spalla e del petto, con un "diagramma delle corde".*
Penna e inchiostro, gessetto nero e lavatura su carta, 29,2 × 19,8 cm.
RL 19003v / K&P 137v

8. *Demonstrations of the head and shoulder and breast, with a "cord diagram".*
Pen and ink, black chalk and wash on paper, 29.2 × 19.8 cm.
RL 19003v / K&P 137v

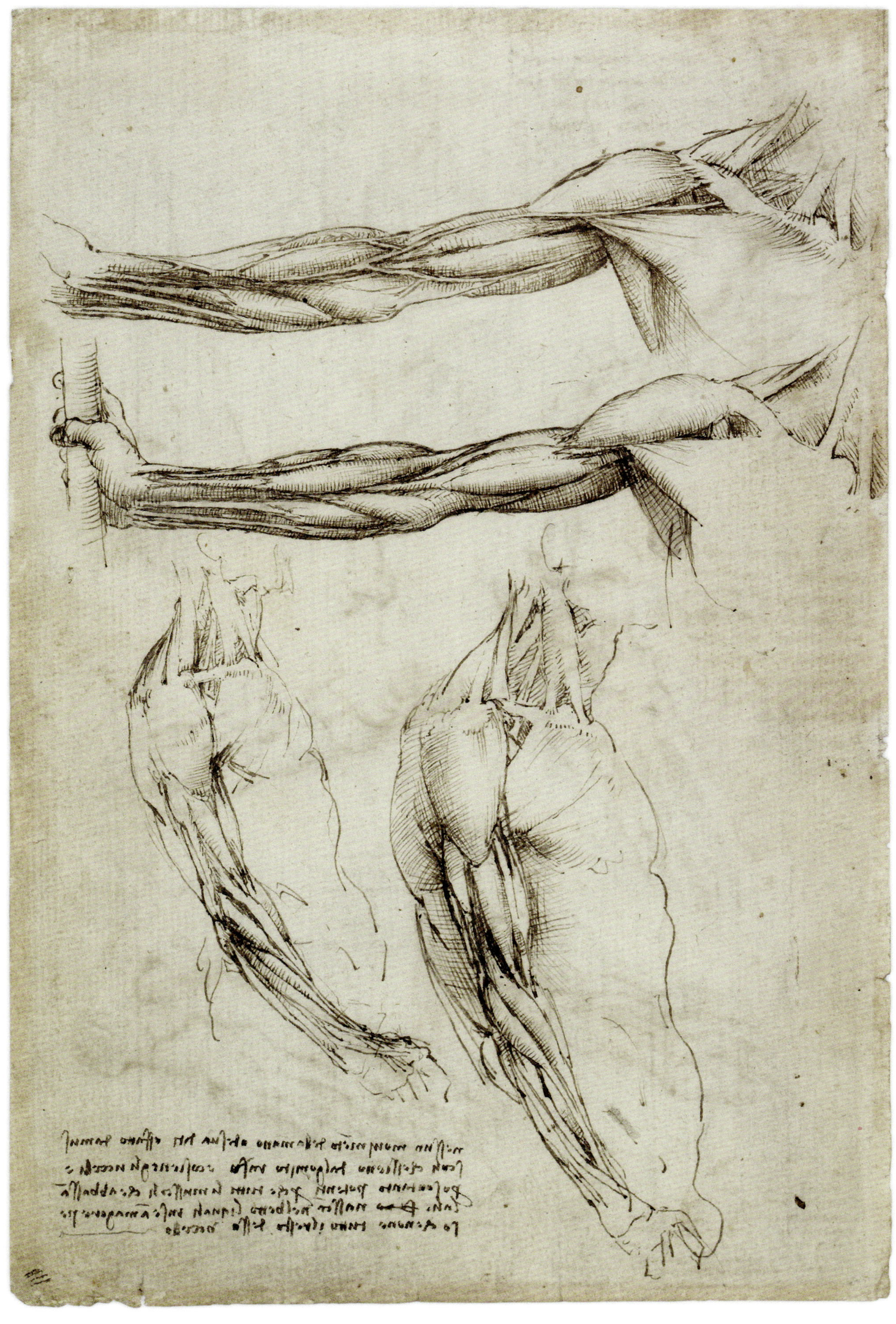

9. *Quattro dissezioni del braccio e della spalla.*
Penna e inchiostro, gessetto nero e lavatura su carta, 28,7 × 19,8 cm.
RL 19011v / K&P 145v

9. *Four dissections of the arm and shoulder.*
Pen and ink, black chalk and wash on paper, 28.7 × 19.8 cm.
RL 19011v / K&P 145v

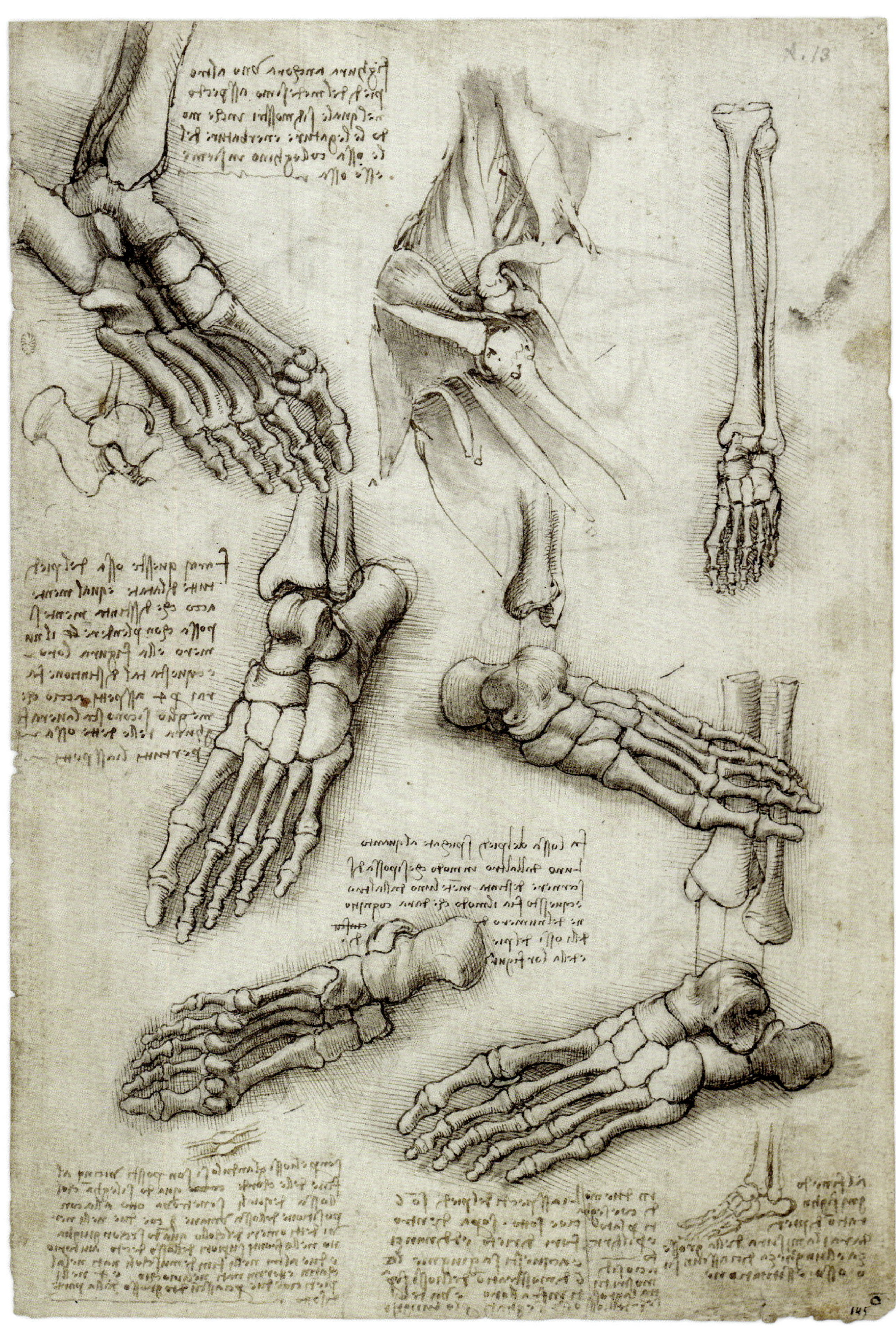

10. *Ossa del piede, della spalla e della parte inferiore della gamba.*
Penna e inchiostro, gessetto nero e lavatura su carta, 28,7 × 19,8 cm.
RL 19011r / K&P 145r

10. *Bones of the foot, shoulder, and lower leg.*
Pen and ink, black chalk and wash on paper, 28.7 × 19.8 cm.
RL 19011r / K&P 145r

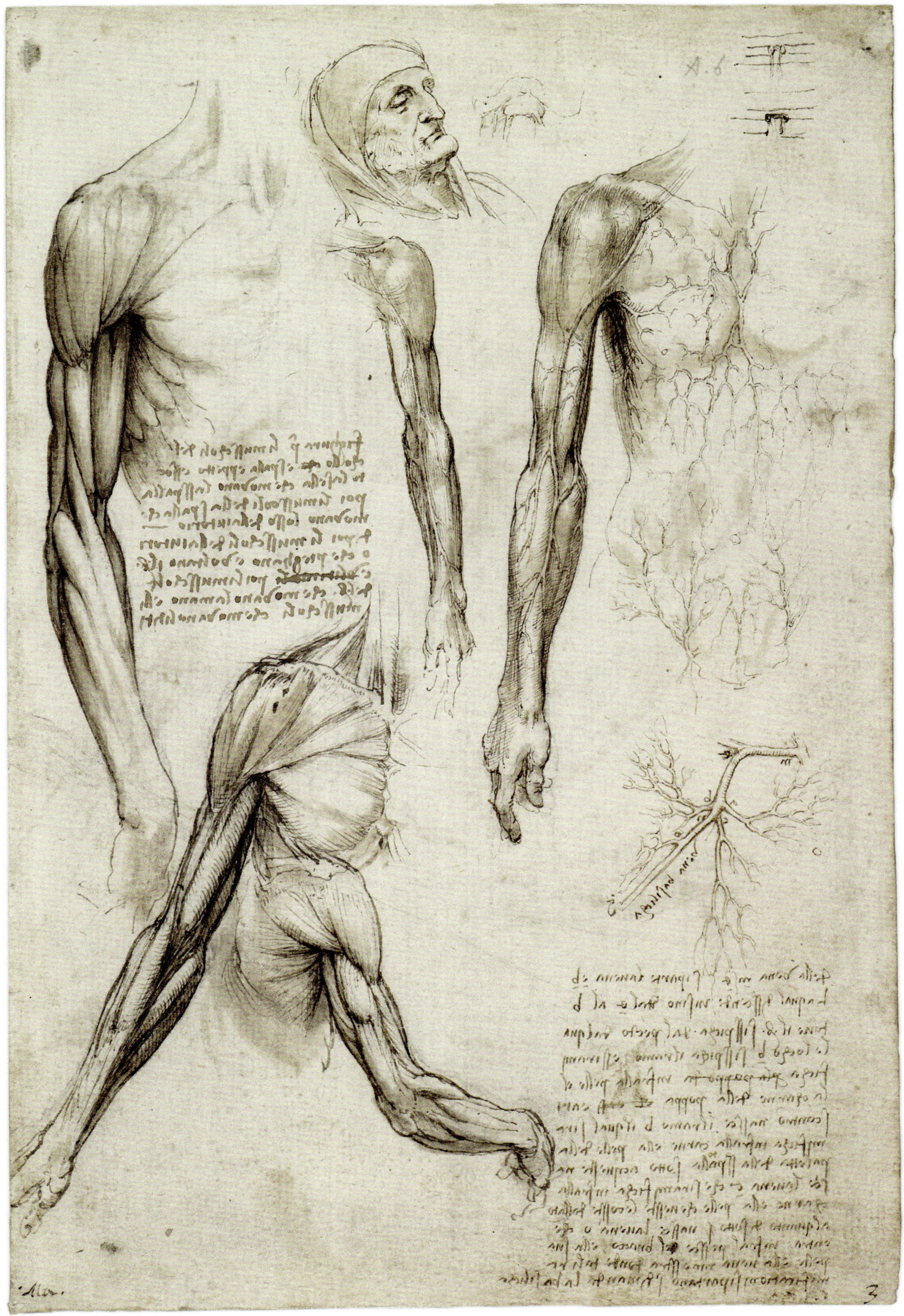

11. *Testa di vecchio, studi della spalla e del braccio con l'irrorazione sanguigna superficiale.*
Penna e inchiostro, gessetto nero e lavatura su carta, 28,9 × 19,9 cm.
RL 19005r / K&P 141r

11. *Head of an old man, studies of the shoulder and arm, with the superficial blood supply.*
Pen and ink, black chalk and wash on paper, 28.9 × 19.9 cm.
RL 19005r / K&P 141r

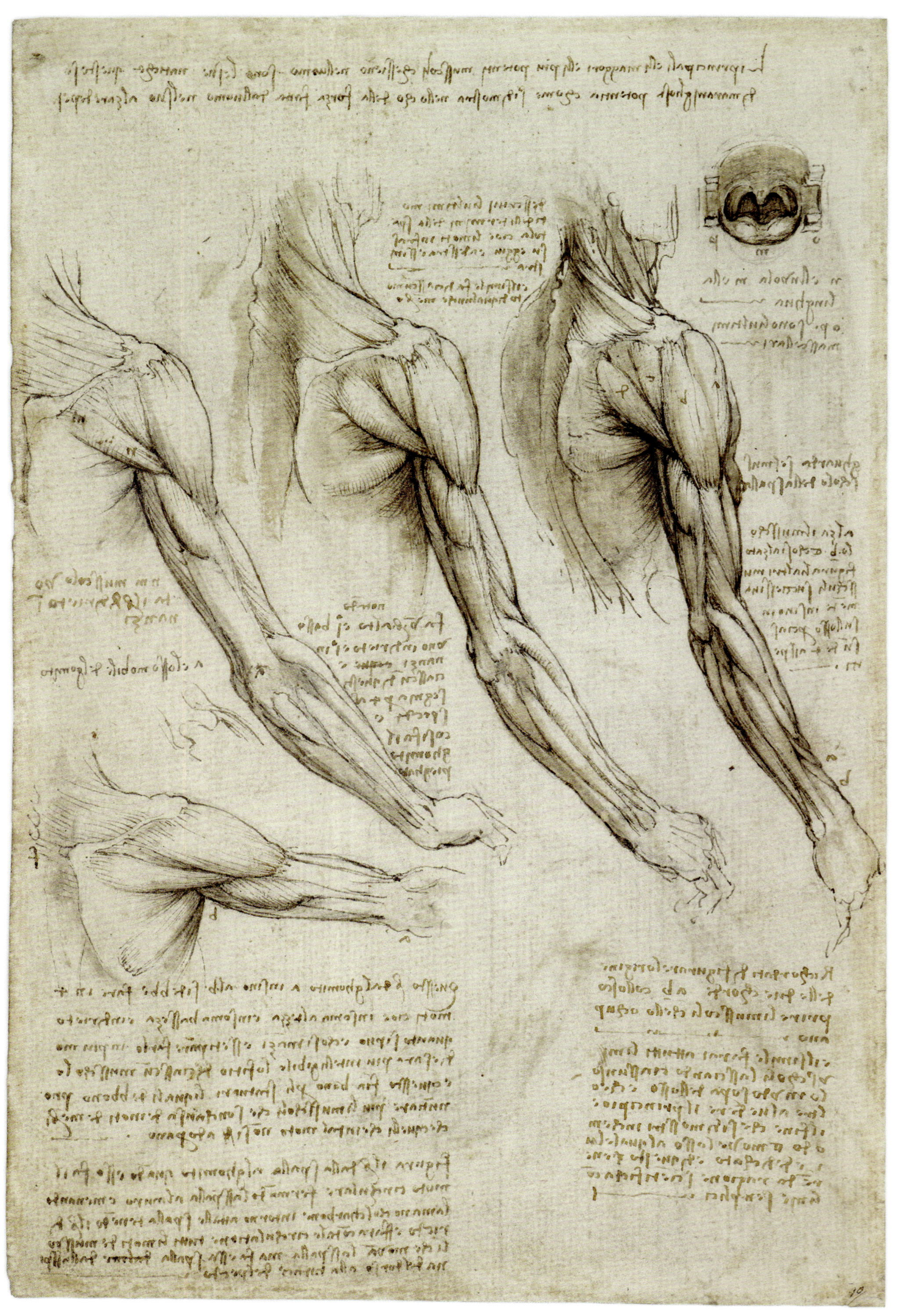

12. *Quattro studi sequenziali della muscolatura del braccio e della spalla destra e una bocca aperta.*
Penna e inchiostro, gessetto nero e lavatura su carta, 28,9 × 19,9 cm.
RL 19005v / K&P 141v

12. *Four sequential studies of the musculature of the right arm and shoulder, and an open mouth.*
Pen and ink, black chalk and wash on paper, 28.9 × 19.9 cm.
RL 19005v / K&P 141v

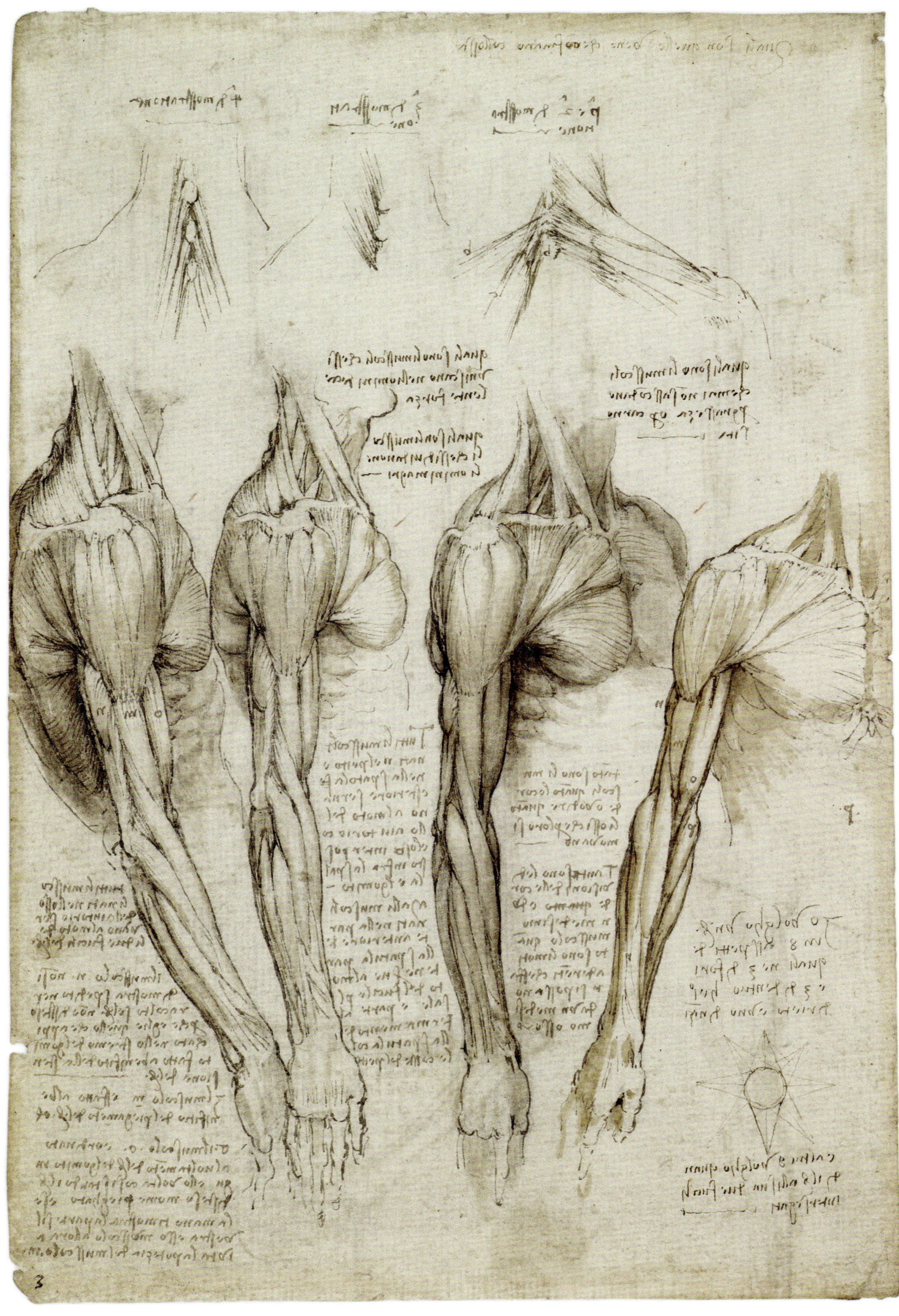

13. *Quattro disegni in sequenza della muscolatura del braccio e della spalla destra, dei muscoli della parte superiore della schiena e un diagramma sui punti di vista.*
Penna e inchiostro, gessetto nero e lavatura su carta, 28,8 × 20,2 cm.
RL 19008v / K&P 140v

13. *Four sequential views of the musculature of the right arm and shoulder, muscles of the upper back, and diagram of viewpoints.*
Pen and ink, black chalk and wash on paper, 28.8 × 20.2 cm.
RL 19008v / K&P 140v

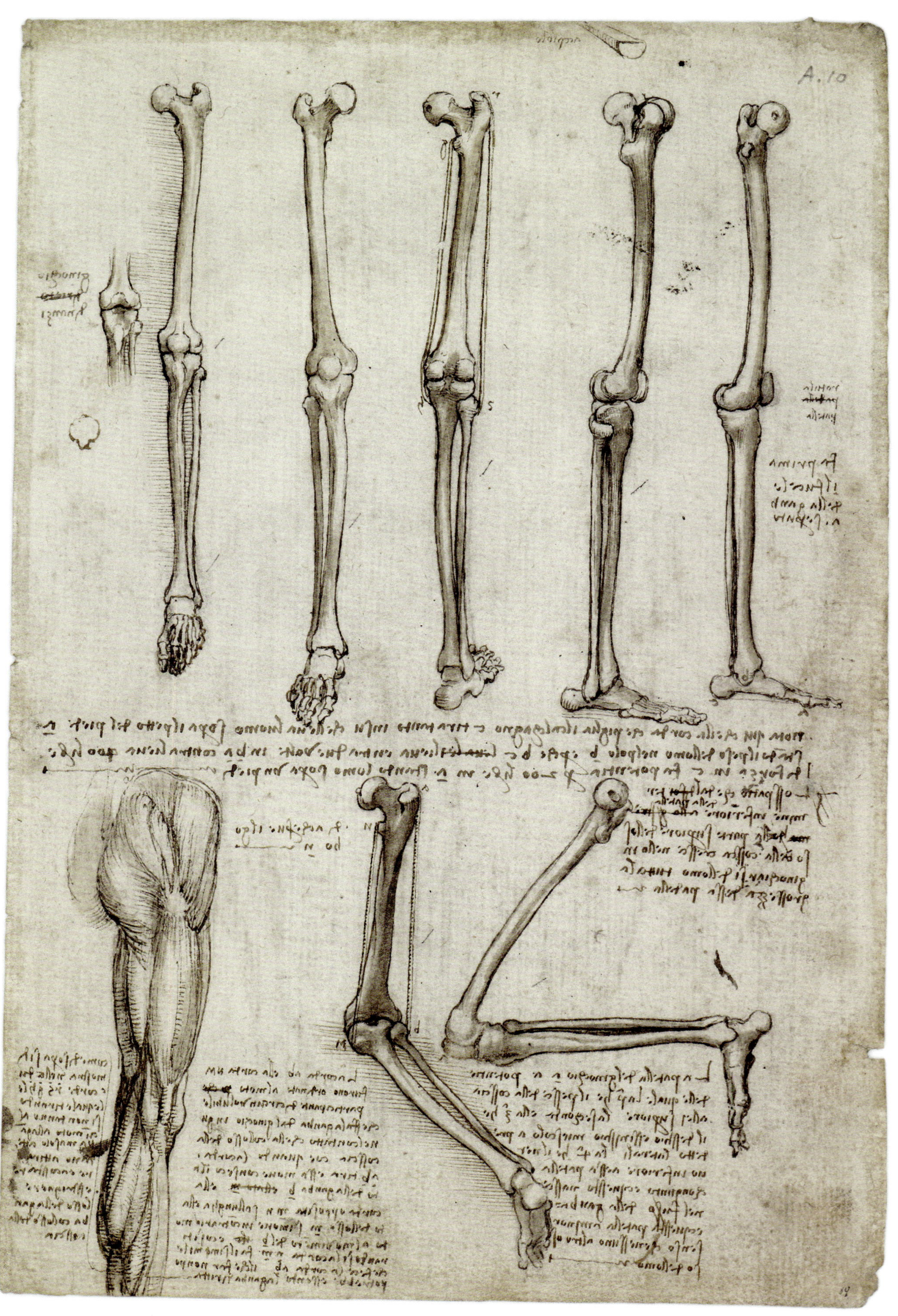

14. *Otto studi in sequenza delle ossa della gamba e la muscolatura della gamba destra.*
Penna e inchiostro, gessetto nero e lavatura su carta, 28,8 × 20,2 cm.
RL 19008r / K&P 140r

14. *Eight sequential studies of the bones of the leg, and the musculature of the right leg.*
Pen and ink, black chalk and wash on paper, 28.8 × 20.2 cm.
RL 19008r / K&P 140r

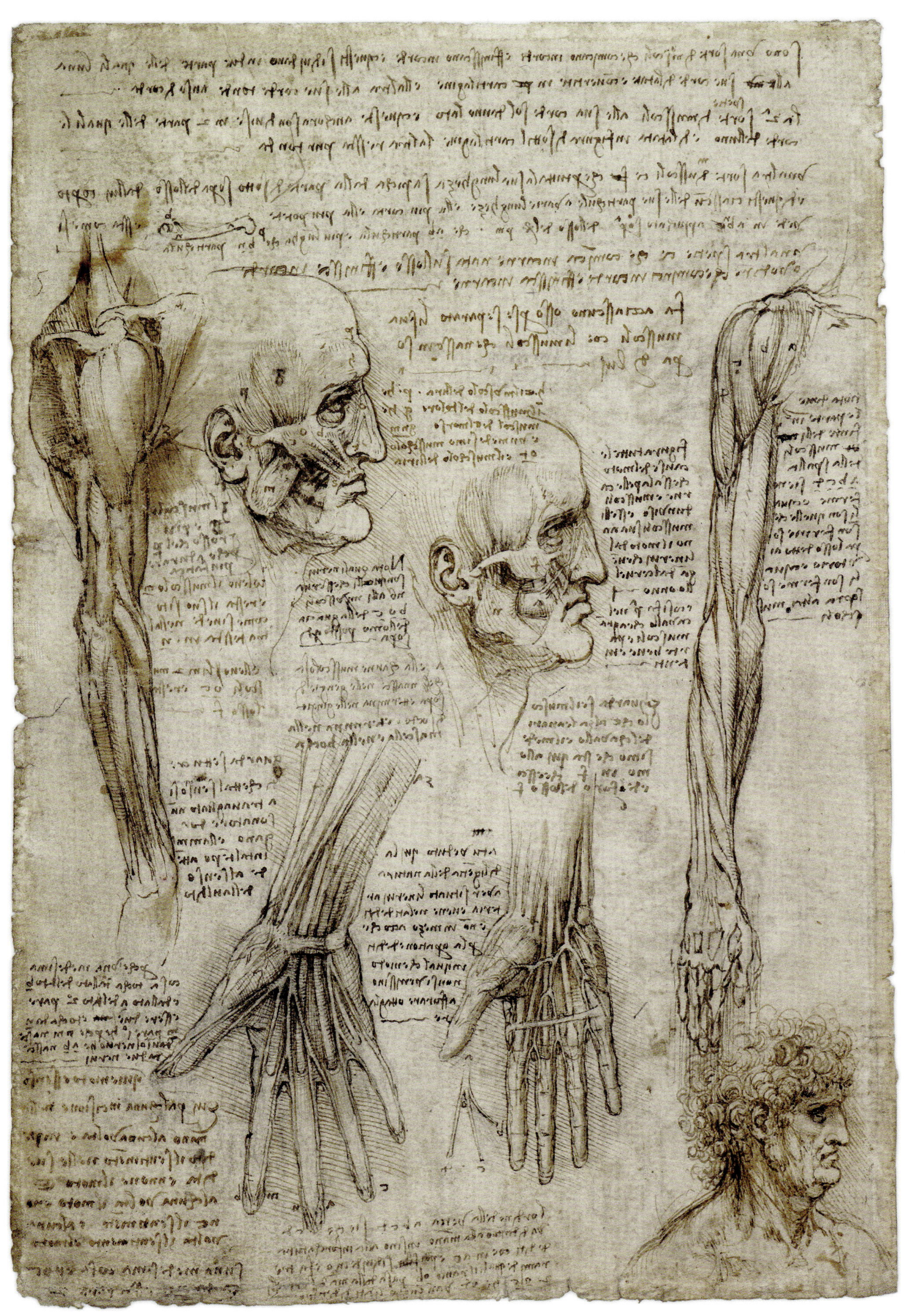

15. *Anatomia della guancia di un uomo, dei muscoli, dei tendini e dei legamenti del braccio e della mano, e un vecchio di profilo.*
Penna e inchiostro, gessetto nero e lavatura su carta, 28,8 × 20,0 cm.
RL 19012v / K&P 142v

15. *Anatomy of a man's cheek, the muscles, tendons and ligaments of the arm and hand, and an old man in profile.*
Pen and ink, black chalk and wash on paper, 28.8 × 20.0 cm.
RL 19012v / K&P 142v

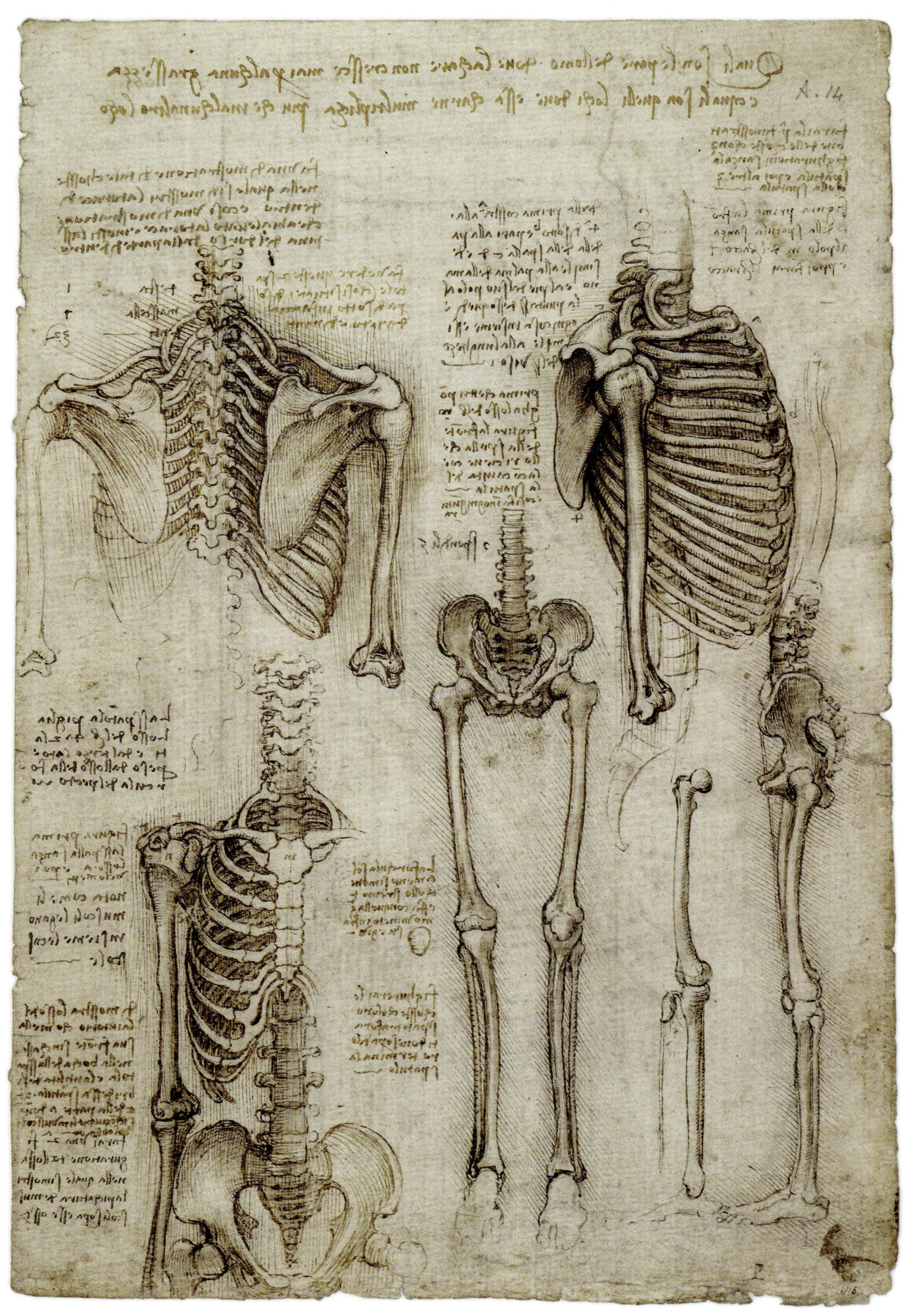

16. *Studi delle ossa del torace, del bacino e delle gambe.*
Penna e inchiostro, gessetto nero e lavatura su carta, 28,8 × 20,0 cm.
RL 19012r / K&P 142r

16. *Studies of bones of the thorax, pelvis and legs.*
Pen and ink, black chalk and wash on paper, 28.8 × 20.0 cm.
RL 19012r / K&P 142r

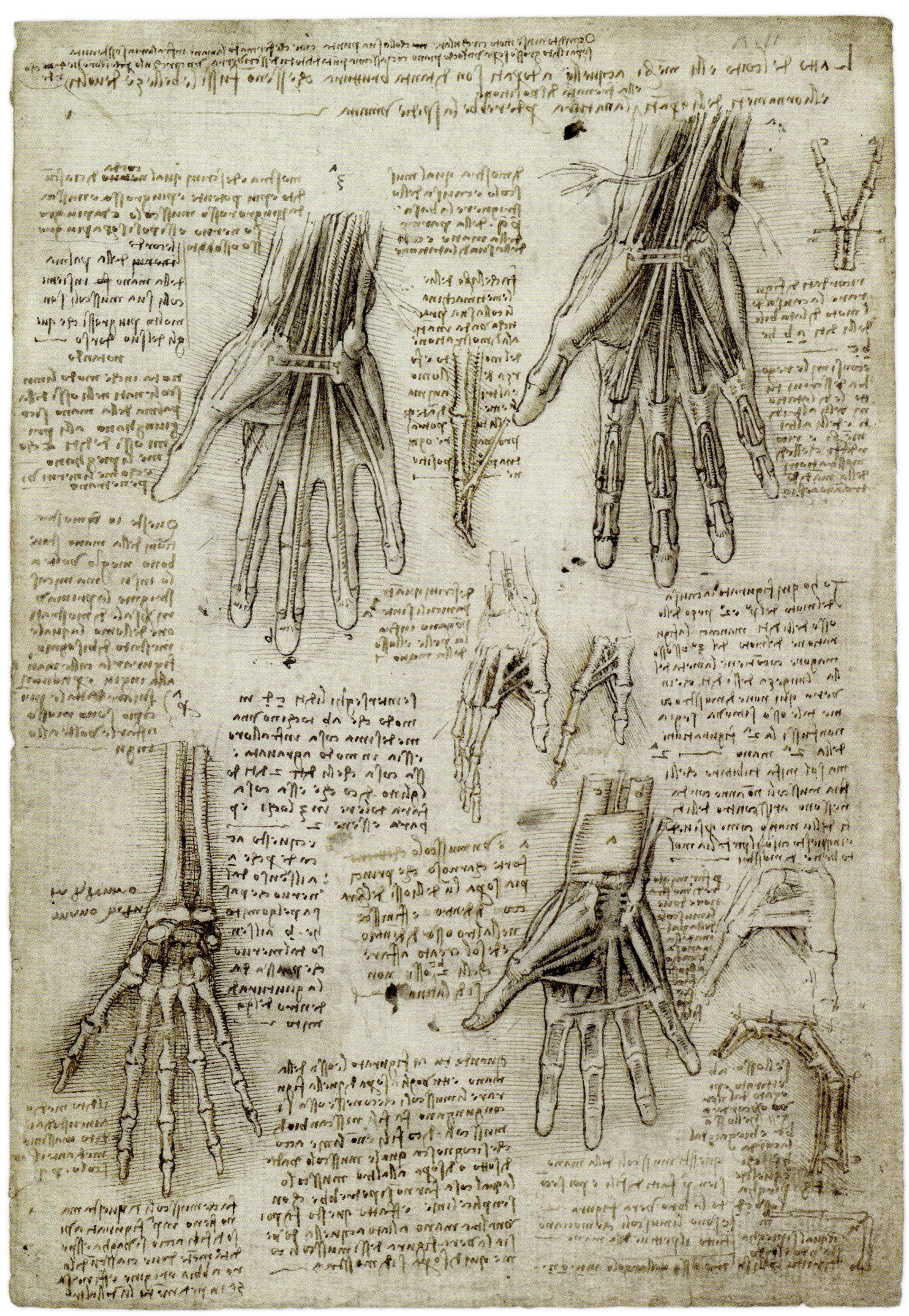

17. *Anatomia della mano, compresa la compenetrazione dei tendini flessori, e una nota sulla copulazione.*
Penna e inchiostro, gessetto nero e lavatura su carta, 28,8 × 20,2 cm.
RL 19009r / K&P 143r

17. *Anatomies of the hand, including the interpenetration of the flexor tendons, and a note about copulation.*
Pen and ink, black chalk and wash on paper, 28.8 × 20.2 cm.
RL 19009r / K&P 143r

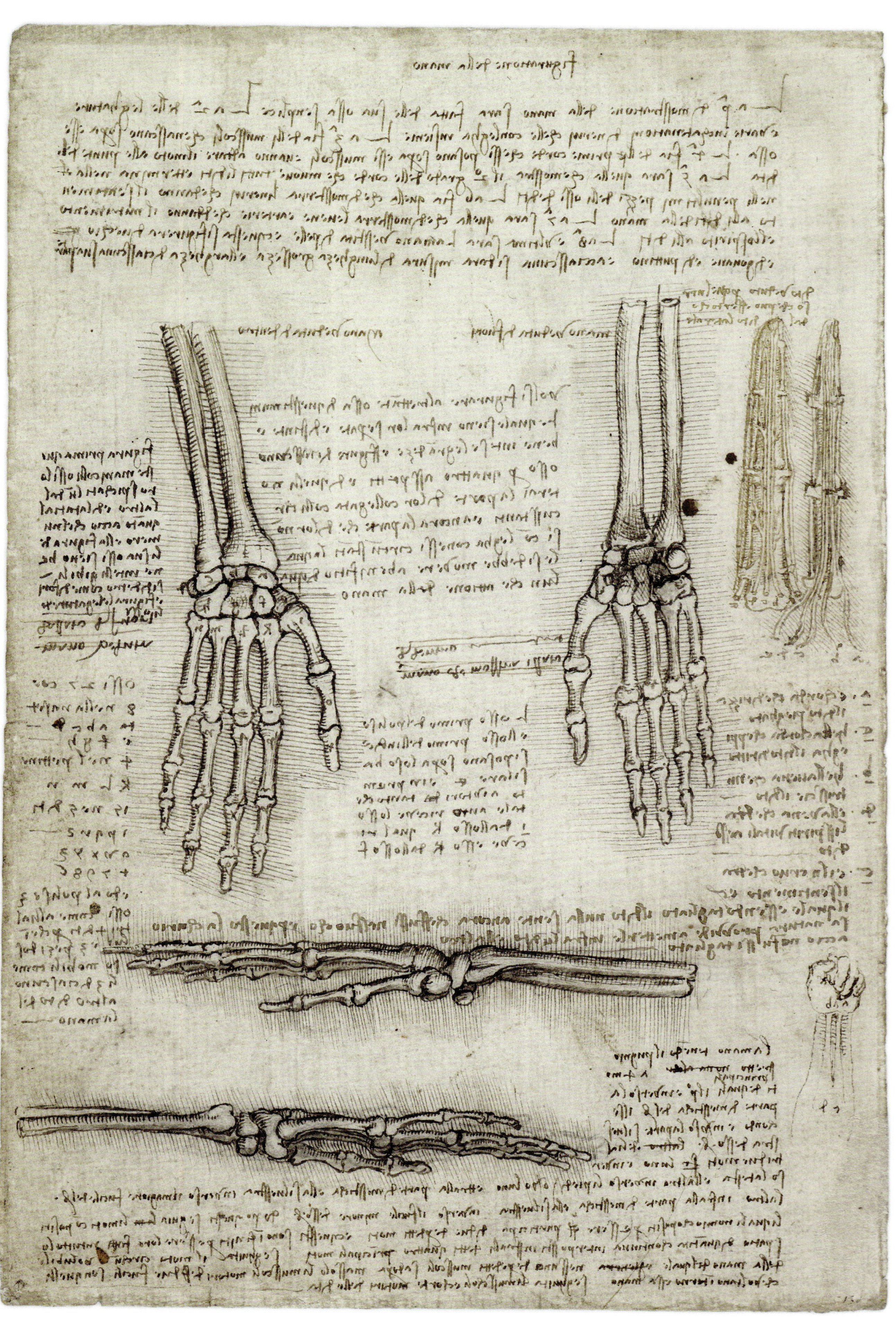

18. *Ossa della mano e del polso, dimostrazioni del meccanismo delle dita e di un pugno chiuso.*
Penna e inchiostro, gessetto nero e lavatura su carta, 28,8 × 20,2 cm.
RL 19009v / K&P 143v

18. *Bones of the hand and wrist, demonstrations of the mechanism of the fingers and a clenched fist.*
Pen and ink, black chalk and wash on paper, 28.8 × 20.2 cm.
RL 19009v / K&P 143v

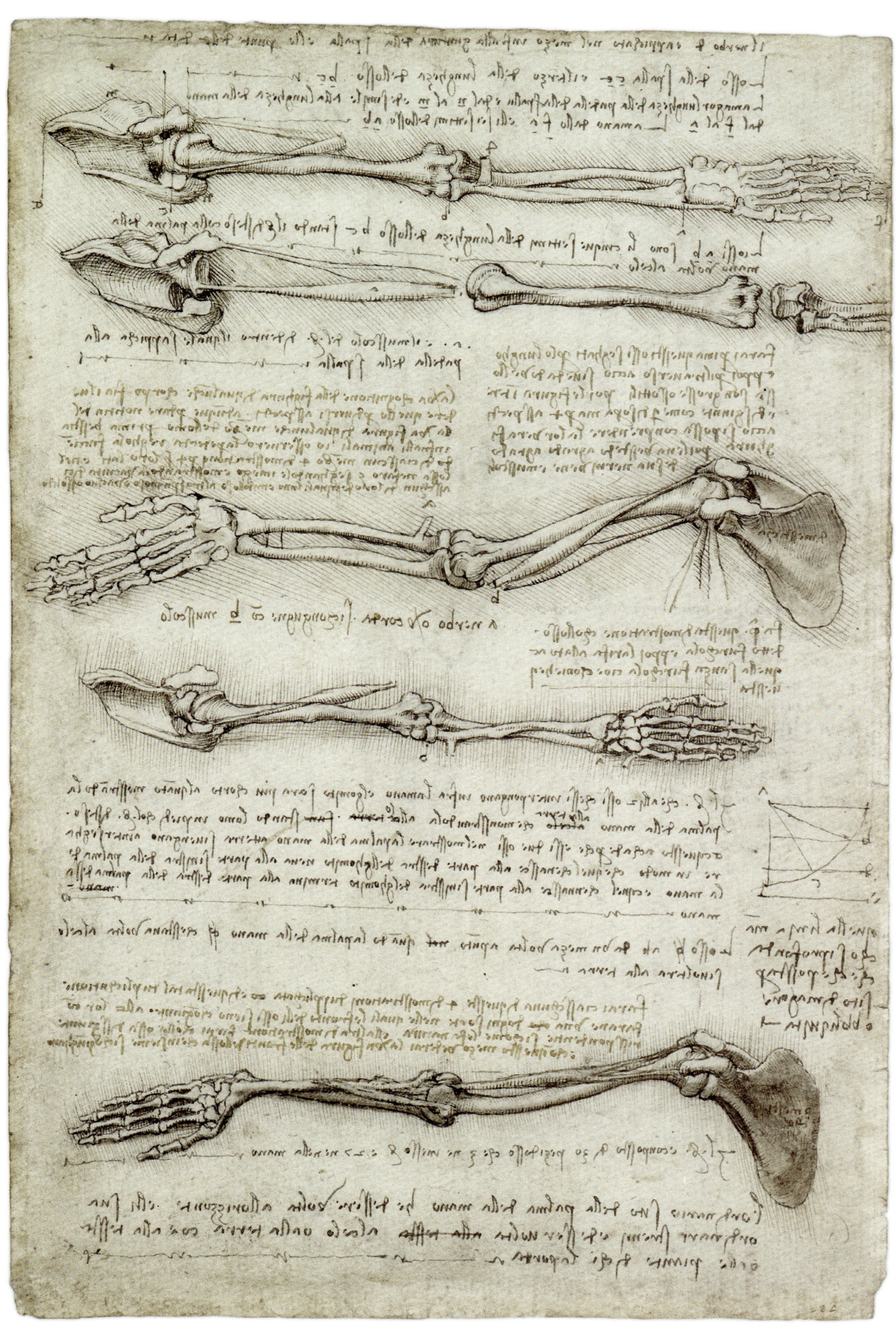

19. *Ossa del braccio con indicazioni dei muscoli e dimostrazione geometrica della rotazione della mano e del polso.*
Penna e inchiostro, gessetto nero e lavatura su carta, 29,3 × 20,1 cm.
RL 19000v / K&P 135v

19. *Bones of the arm with indications of muscles, and geometrical demonstration of the rotation of the hand and wrist.*
Pen and ink, black chalk and wash on paper, 29.3 × 20.1 cm.
RL 19000v / K&P 135v

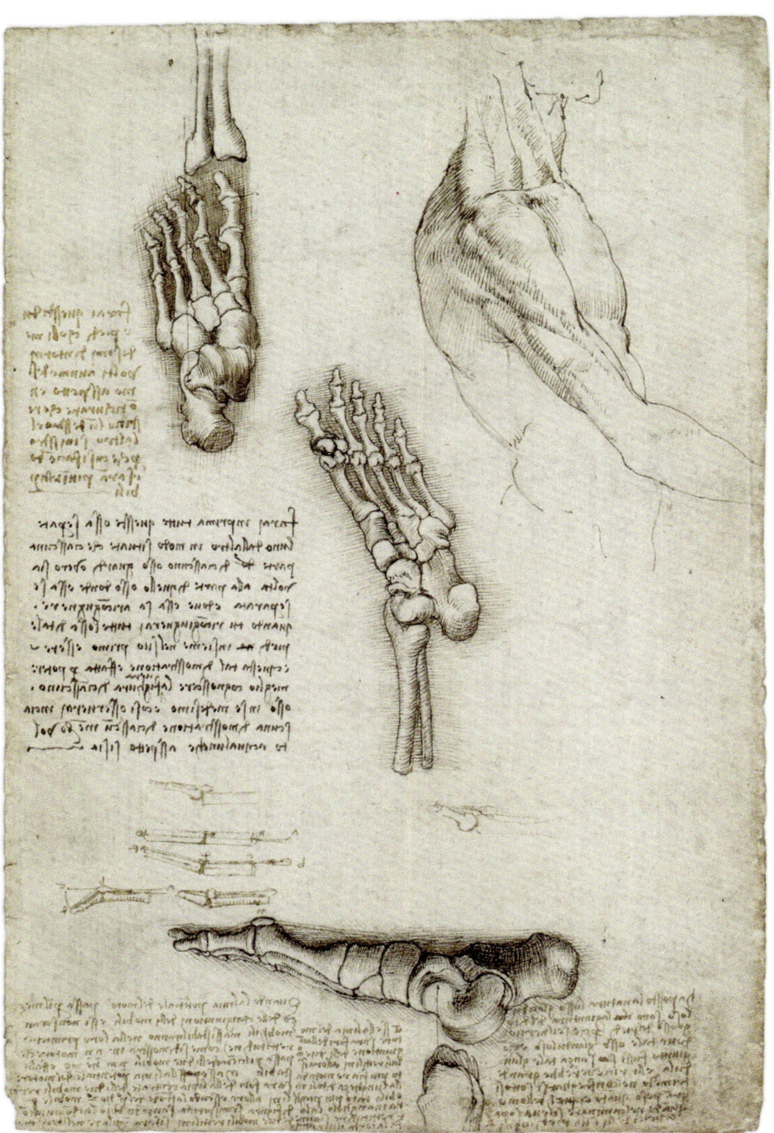

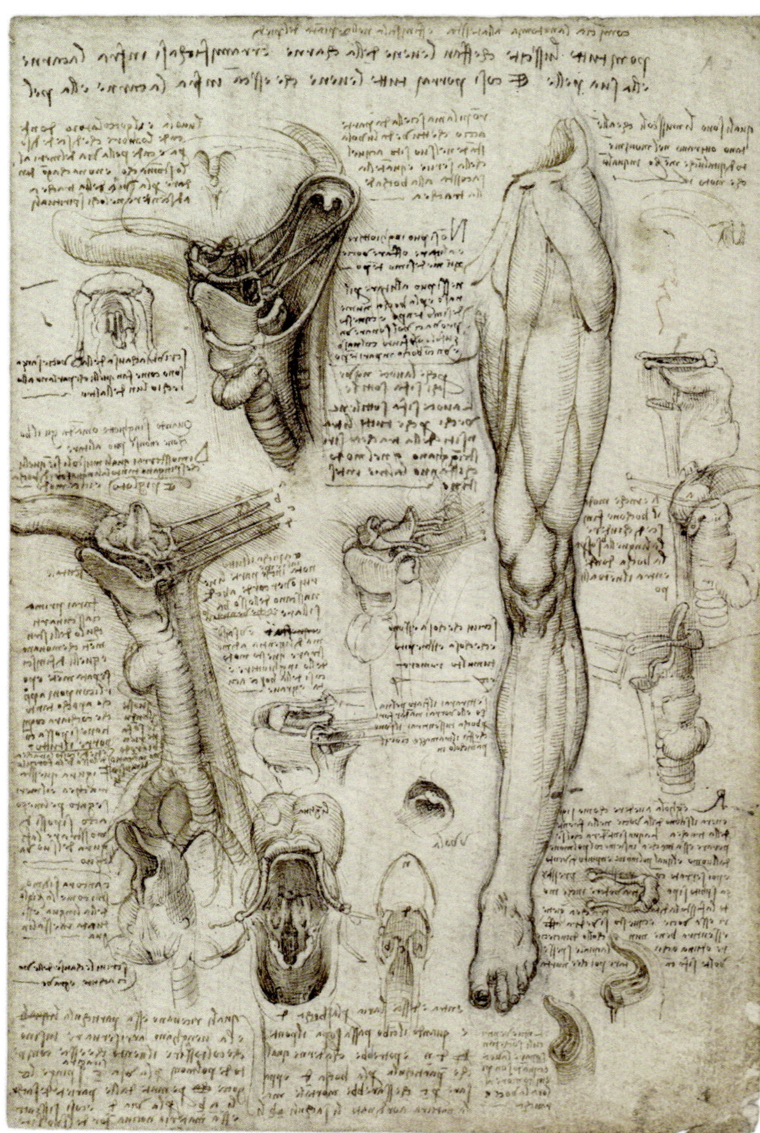

20. *Ossa del piede e della caviglia, analisi della meccanica del piede e studio della spalla e del collo.*
Penna e inchiostro, gessetto nero e lavatura su carta, 29,3 × 20,1 cm.
RL 19000r / K&P 135r

20. *The bones of the foot and ankle, analysis of the mechanics of the foot and study of a shoulder and neck.*
Pen and ink, black chalk and wash on paper, 29.3 × 20.1 cm.
RL 19000r / K&P 135r

21. *Muscolatura della spalla destra e della gamba sinistra, dissezione della gola e del mento.*
Penna e inchiostro, gessetto nero e lavatura su carta, 29,0 × 19,6 cm.
RL 19002r / K&P 134r

21. *Musculature of a right shoulder, left leg, dissections of the throat and chin.*
Pen and ink, black chalk and wash on paper, 29.0 × 19.6 cm.
RL 19002r / K&P 134r

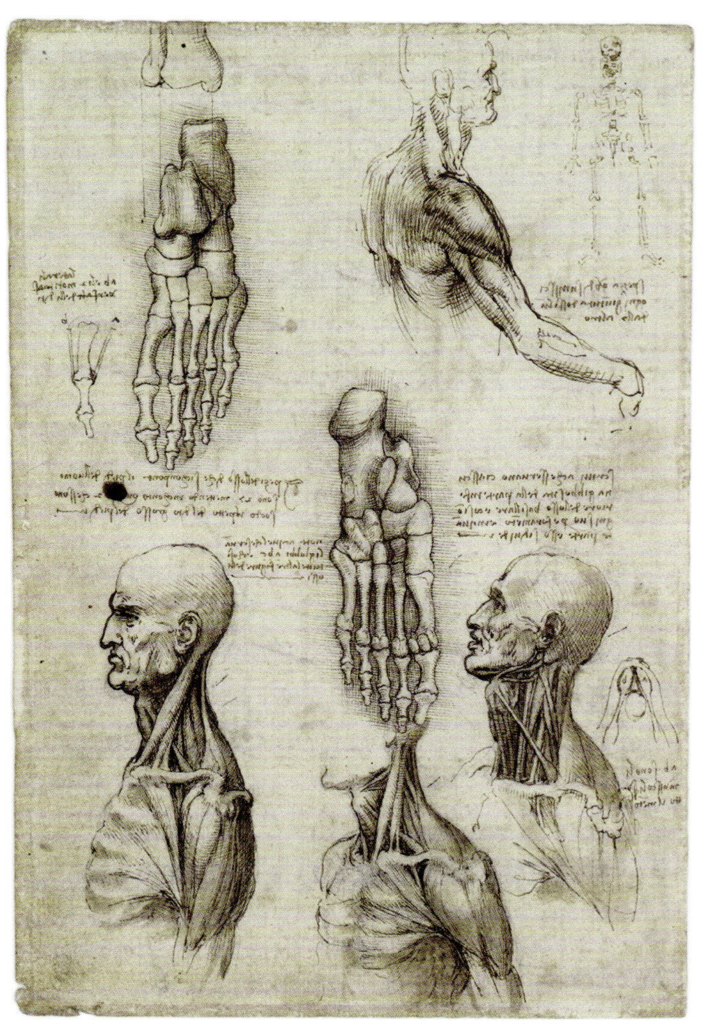

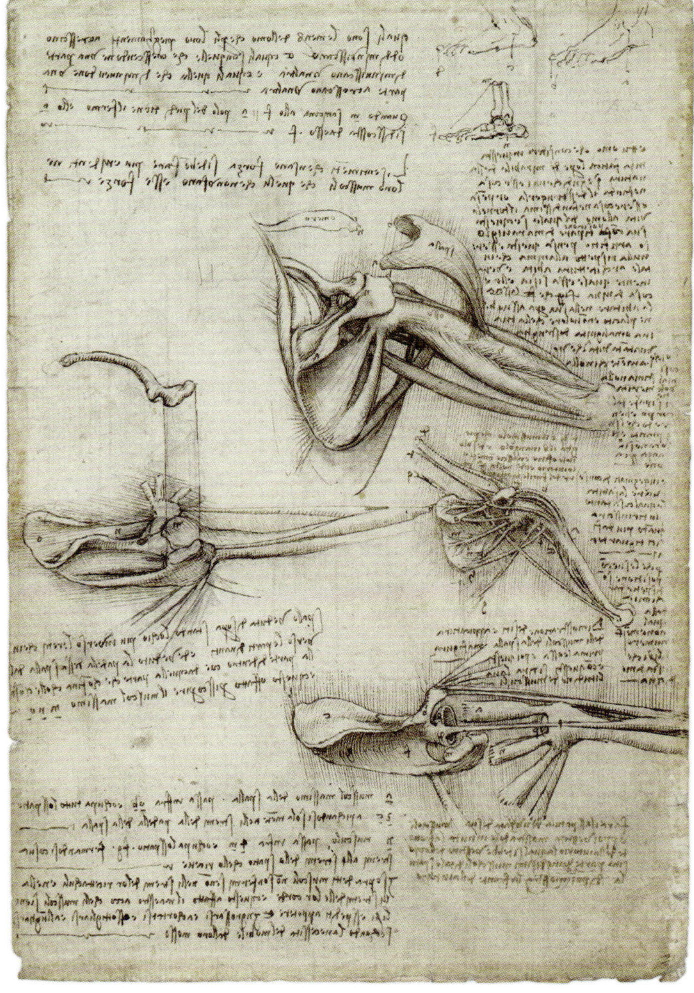

22. *Ossa del piede con analisi meccanica e muscoli della spalla.*
Penna e inchiostro, gessetto nero e lavatura su carta, 29,0 × 19,6 cm.
RL 19002v / K&P 134v

22. *Bones of the foot with a mechanical analysis, and muscles of the shoulder.*
Pen and ink, black chalk and wash on paper, 29.0 × 19.6 cm.
RL 19002v / K&P 134v

23. *Dissezione della spalla, con "diagramma delle corde", e analisi del movimento di un piede.*
Penna e inchiostro, gessetto nero e lavatura su carta, 28,9 × 19,8 cm.
RL 19001r / K&P 136r

23. *Dissection of the shoulder, with a "cord diagram", and analysis of the motion of a foot.*
Pen and ink, black chalk and wash on paper, 28.9 × 19.8 cm.
RL 19001r / K&P 136r

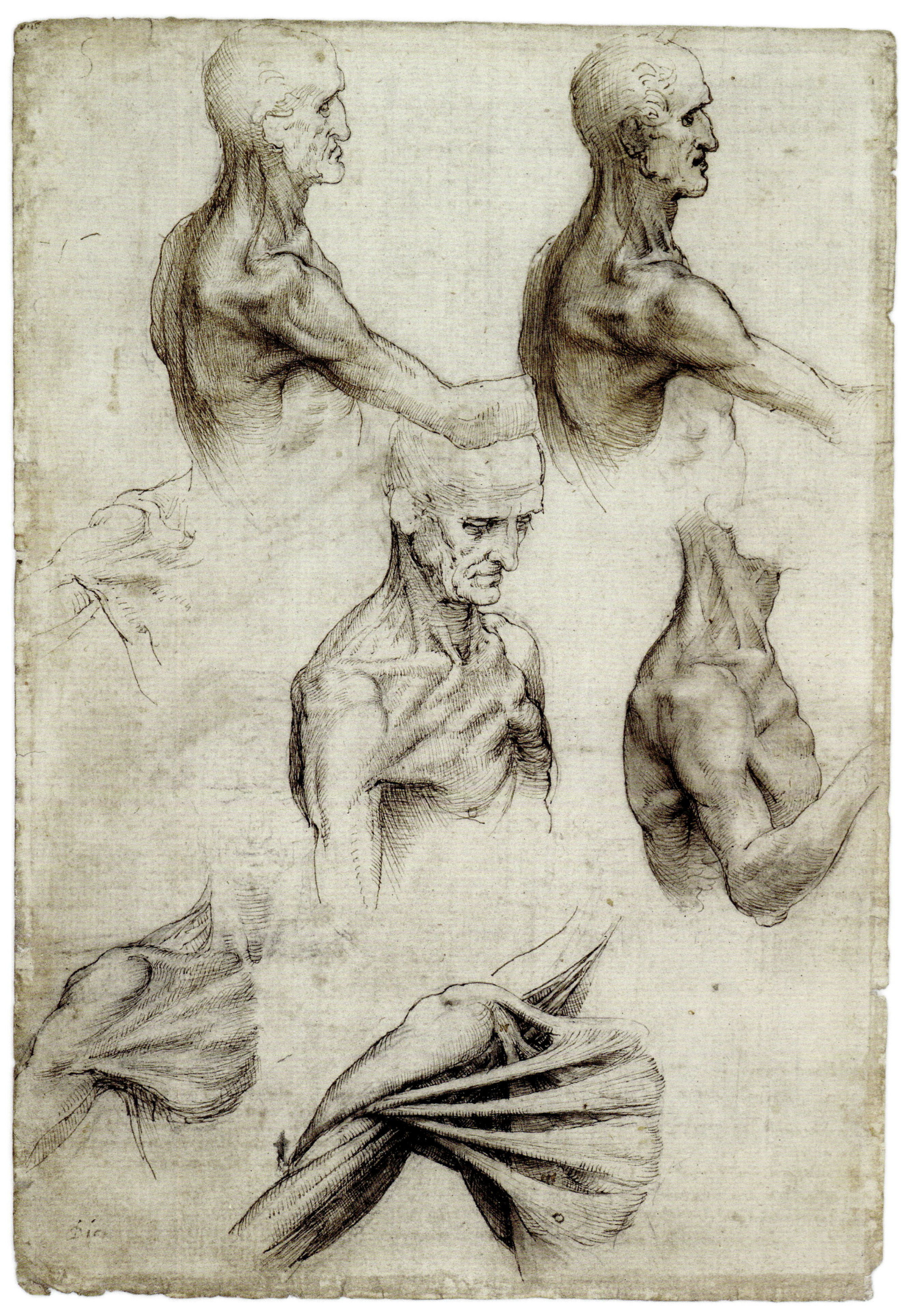

24. *Quattro studi sequenziali della muscolatura del collo, della spalla e del seno e due dei muscoli pettorali.*
Penna e inchiostro, gessetto nero e lavatura su carta, 28,9 × 19,8 cm.
RL 19001v / K&P 136v

24. *Four sequential studies of the musculature of the neck, shoulder and breast and two of the pectoral muscles.*
Pen and ink, black chalk and wash on paper, 28.9 × 19.8 cm.
RL 19001v / K&P 136v

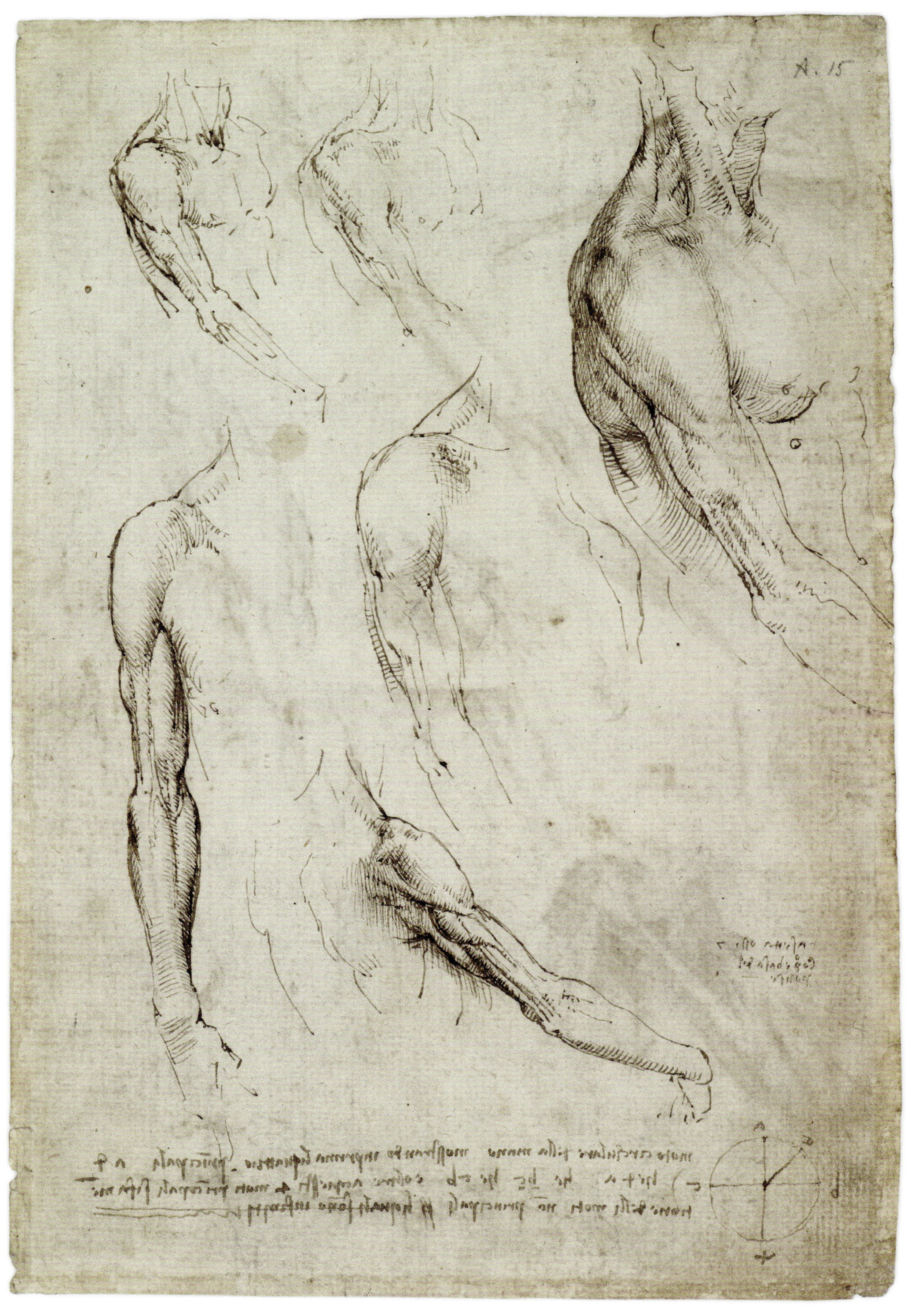

25. *Muscolatura della spalla e del braccio, con schema del movimento rotatorio della mano.*
Penna e inchiostro, gessetto nero e lavatura su carta, 28,9 × 20,1 cm
RL 19013r / K&P 144r

25. *Musculature of the shoulder and arm, with a diagram of the rotational motion of the hand.*
Pen and ink, black chalk and wash on paper, 28.9 × 20.1 cm.
RL 19013r / K&P 144r

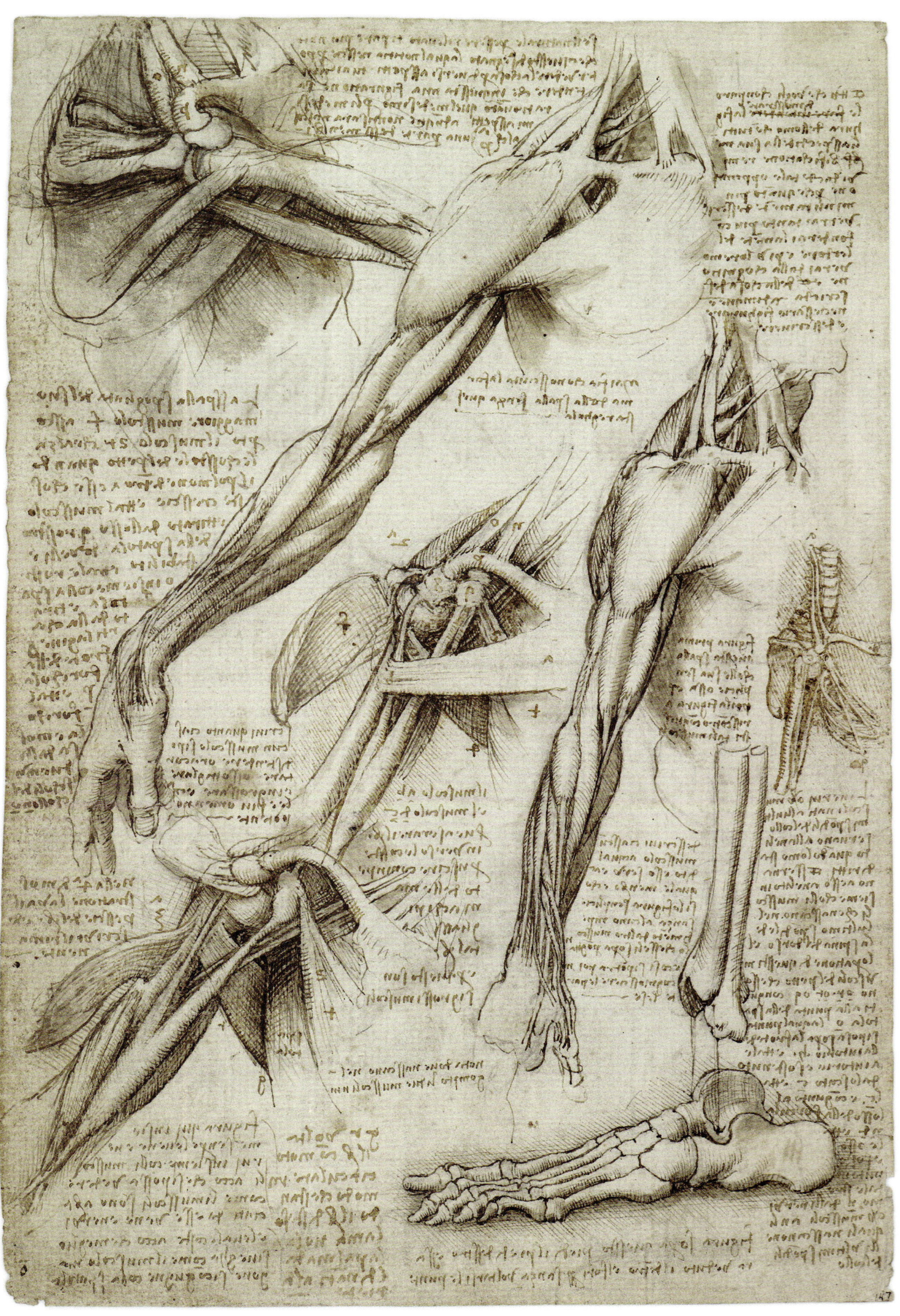

26. *Dissezione del braccio e delle spalle, delle ossa della caviglia e del piede e della laringe.*
Penna e inchiostro, gessetto nero e lavatura su carta, 28,9 × 20,1 cm.
RL 19013v / K&P 144v

26. *Dissection of the arm and shoulders, the bones of the ankle and foot, and larynx.*
Pen and ink, black chalk and wash on paper, 28.9 × 20.1 cm.
RL 19013v / K&P 144v

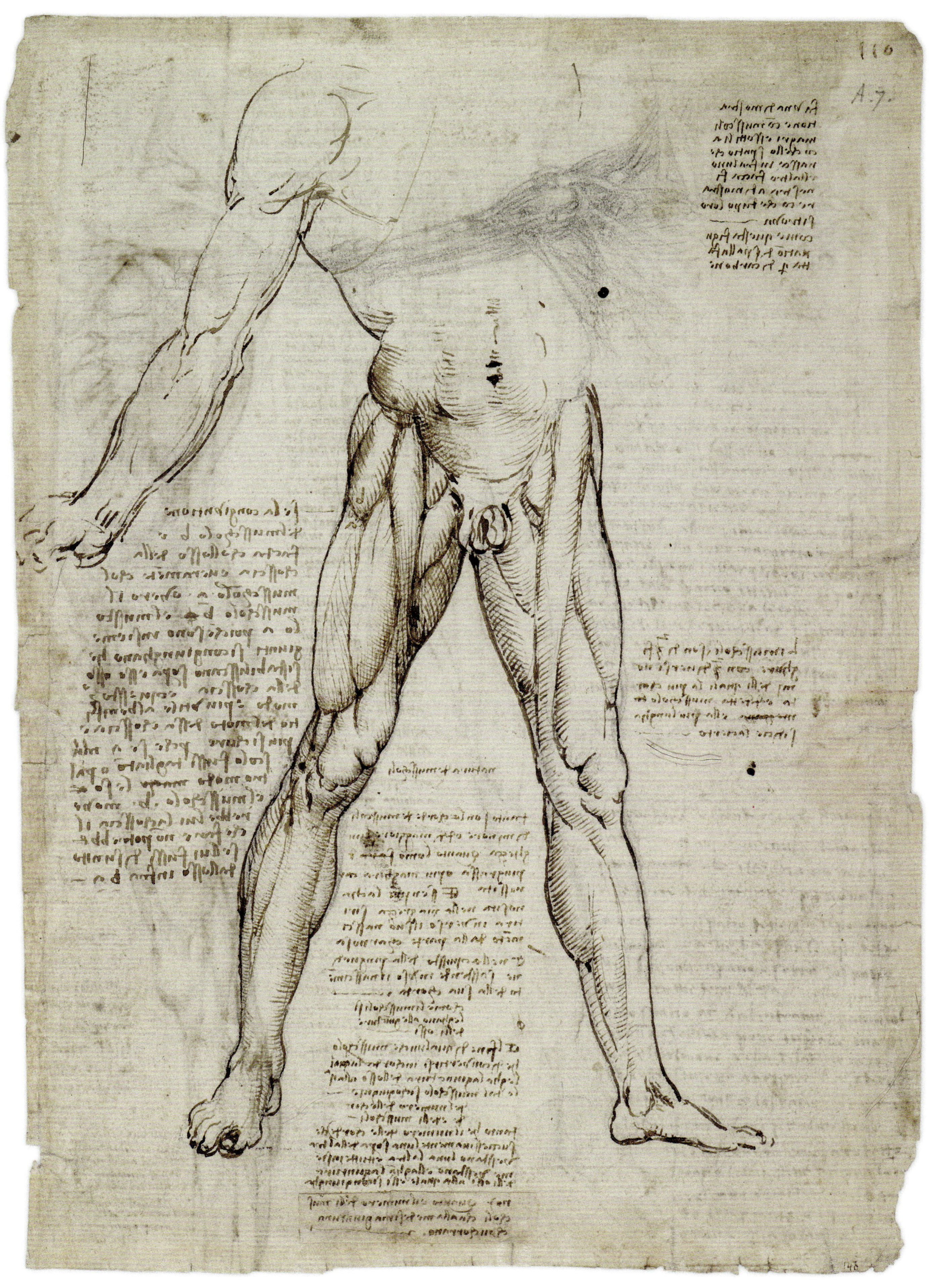

27. *Muscolatura delle gambe viste frontalmente e "diagramma a corde" della spalla.*
Penna e inchiostro, gessetto nero e lavatura su carta, 28,6 × 20,7 cm.
RL 19014r / K&P 148r

27. *Musculature of legs from the front, and "cord diagram" of the shoulder.*
Pen and ink, black chalk and wash on paper, 28.6 × 20.7 cm.
RL 19014r / K&P 148r

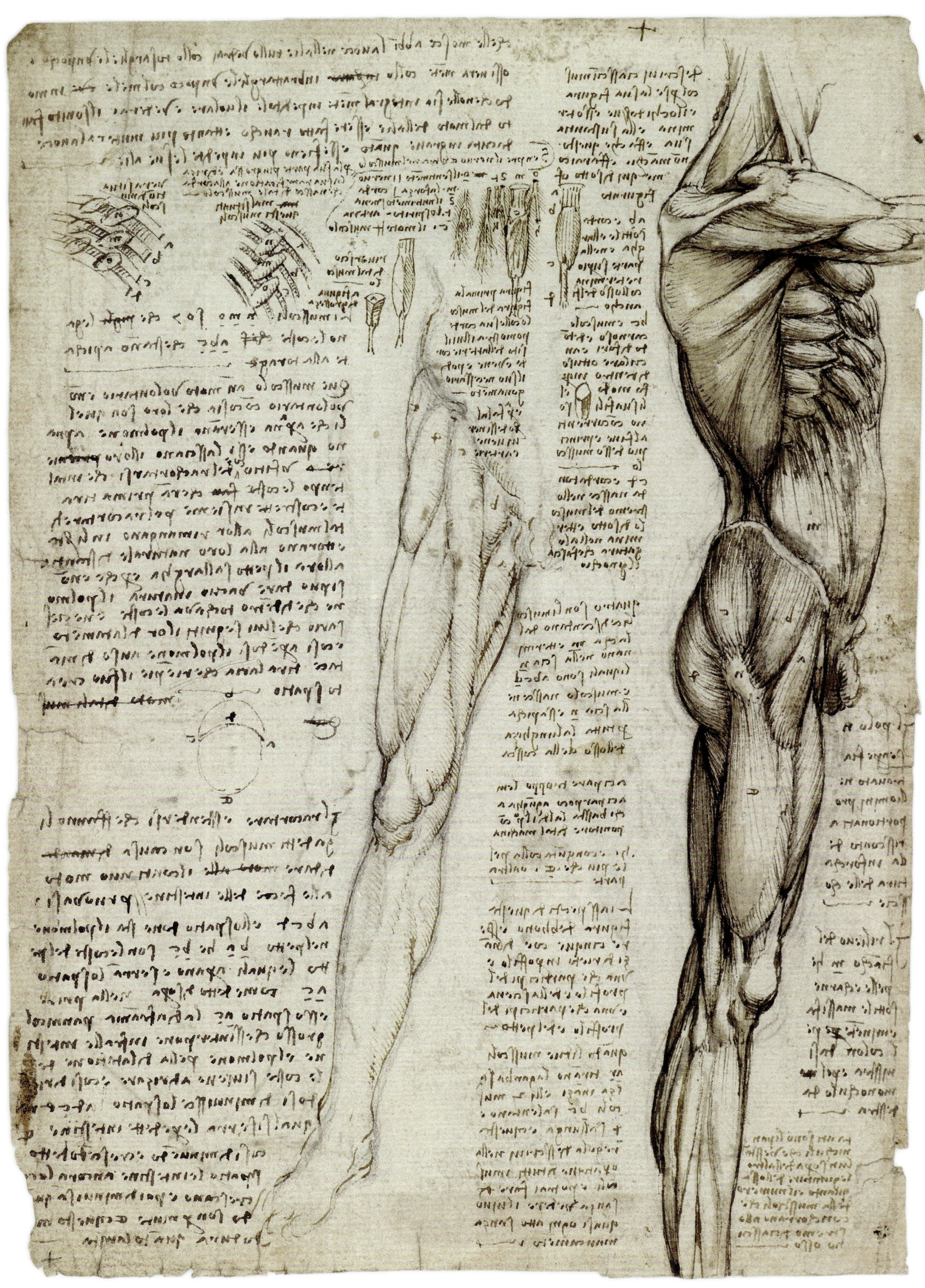

28. *Muscolatura di un uomo di profilo verso destra, una gamba vista frontalmente, studi dei muscoli intercostali e tipologie di muscoli, con un debole diagramma del diaframma (?).*
Penna e inchiostro, gessetto nero e lavatura su carta, 28,6 × 20,7 cm.
RL 19014v / K&P 148v

28. *Musculature of a man from the right, leg from the front, and studies of intercostal muscles, and types of muscles, with a faint diagram of the diaphragm (?).*
Pen and ink, black chalk and wash on paper, 28.6 × 20.7 cm.
RL 19014v / K&P 148v

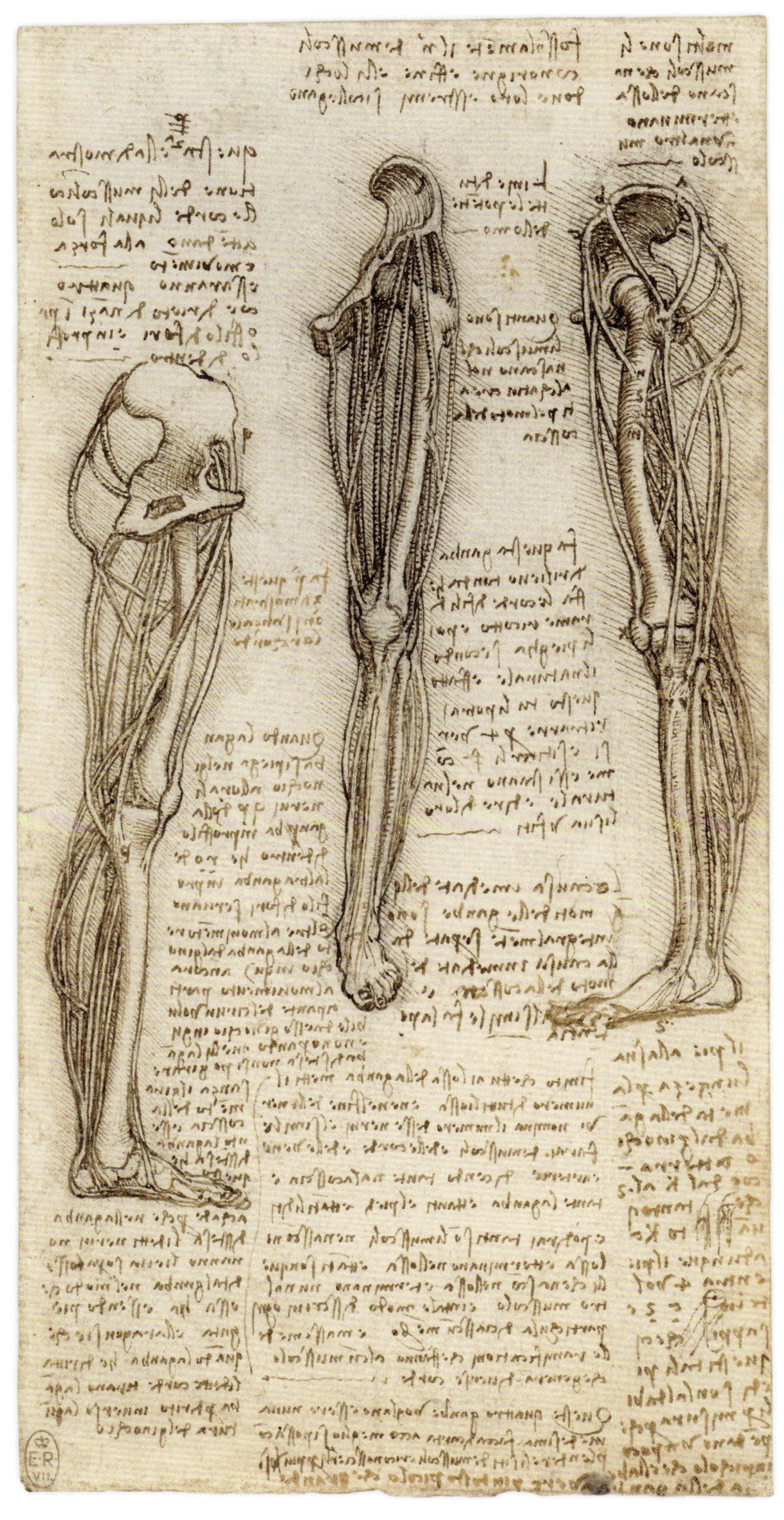

29. *Tre studi di un "diagramma a corde" delle gambe.*
Penna e inchiostro, gessetto nero su carta, 21,5 × 11,0 cm.
RL 12619r / K&P 152r

29. *Three views of a "cord diagram" of the legs.*
Pen and ink, black chalk on paper, 21.5 × 11.0 cm.
RL 12619r / K&P 152r

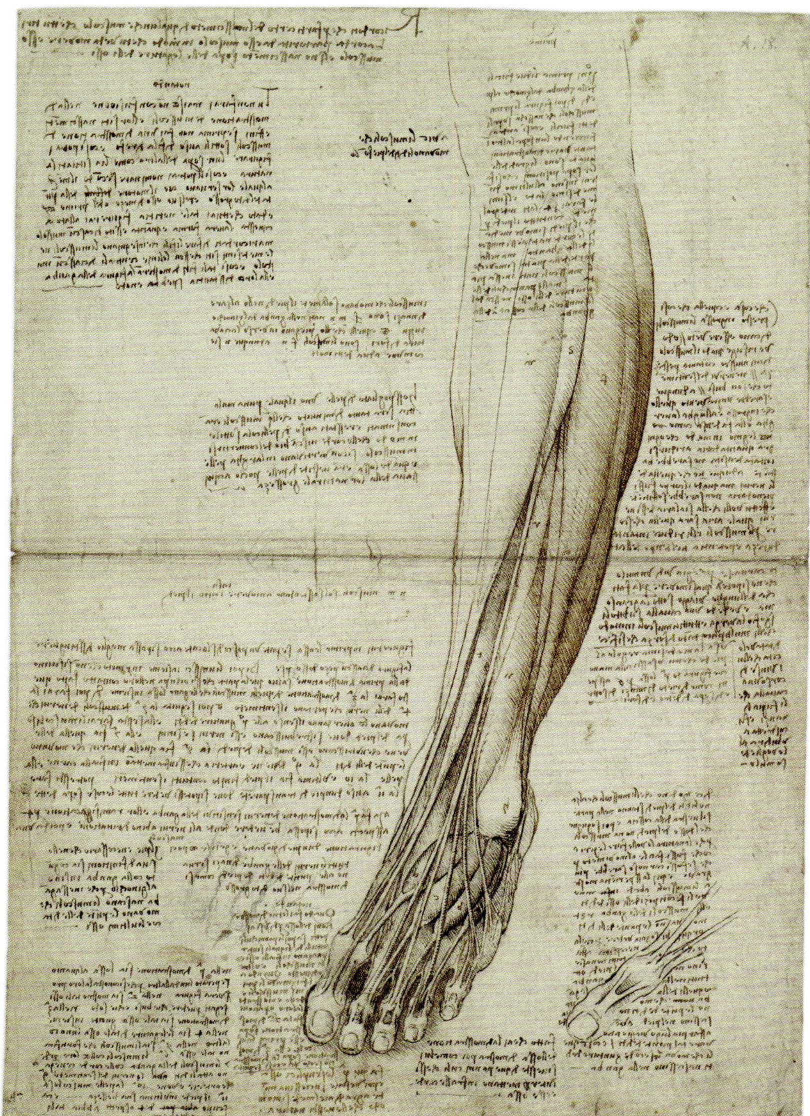

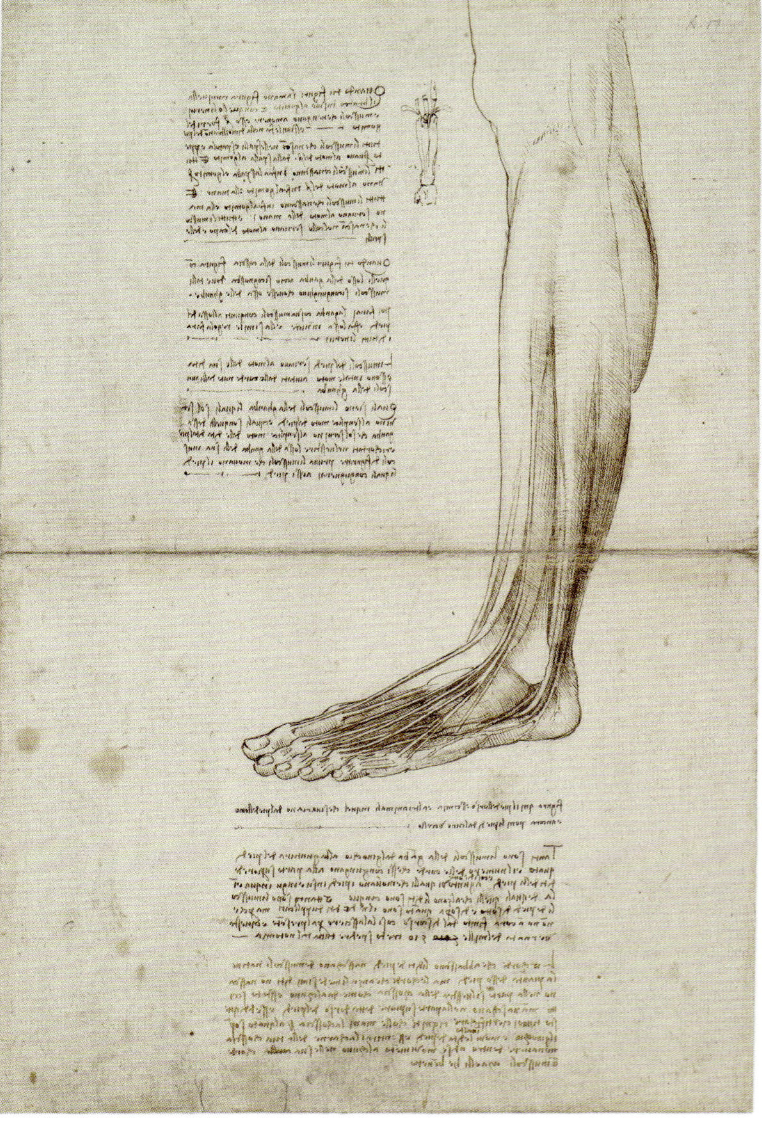

30. *Anatomia di un piede e di una gamba sinistra, con studio dei tendini di un dito del piede.*
Penna e inchiostro, gessetto nero su carta, 38,9 × 28,2 cm.
RL 19017r / K&P 151r

30. *Anatomy of a left foot and lower leg, with the study of the tendons of a toe.*
Pen and ink, black chalk on paper, 38.9 × 28.2 cm.
RL 19017r / K&P 151r

31. *Muscolatura del piede e della gamba sinistra, e piccolo schizzo di un braccio e di una mano sinistra visti frontalmente.*
Penna e inchiostro, gessetto nero su carta, 39,0 × 26,5 cm.
RL 19016r / K&P 150r

31. *Musculature of the left foot and leg. A small sketch of a left arm and hand from the front.*
Pen and ink, black chalk on paper, 39.0 × 26.5 cm.
RL 19016r / K&P 150r

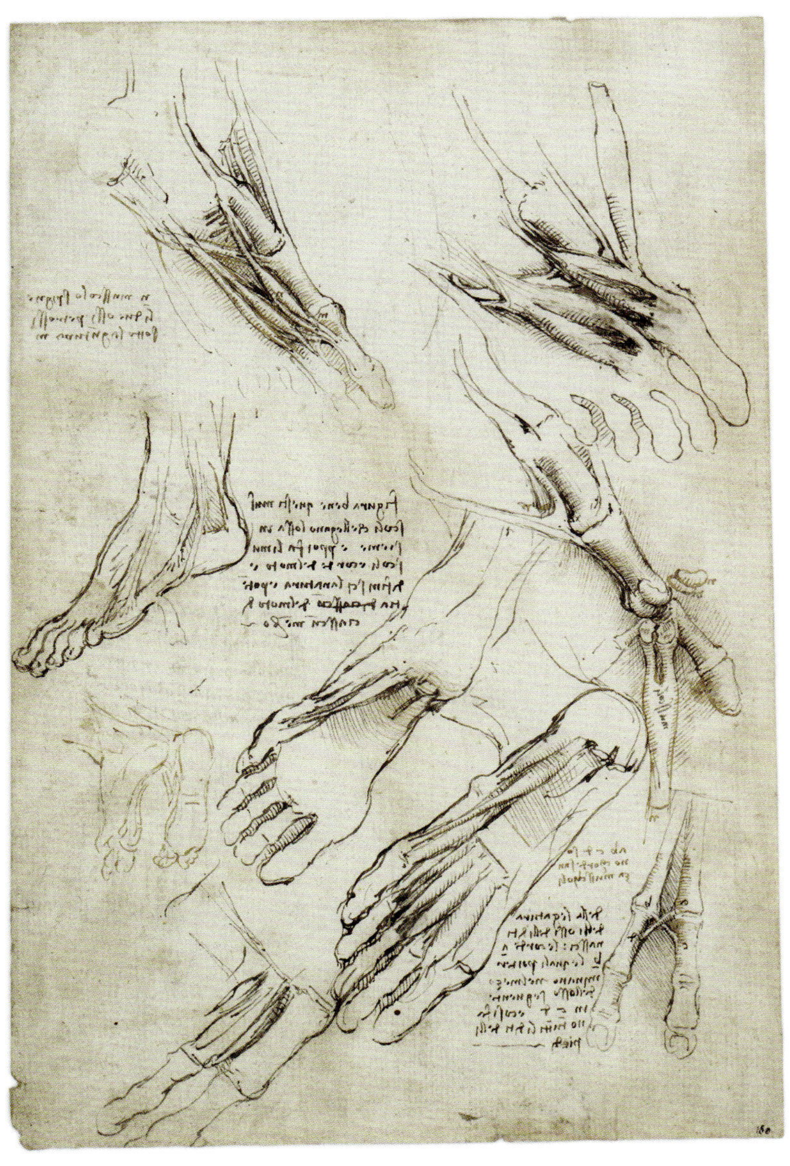

32. *Dissezione dei muscoli del piede.*
Penna e inchiostro, stilo su carta, 28,6 × 19,8 cm.
RL 19006v / K&P 146v

32. *Dissection of the muscles of the foot.*
Pen and ink, stylus on paper, 28.6 × 19.8 cm.
RL 19006v / K&P 146v

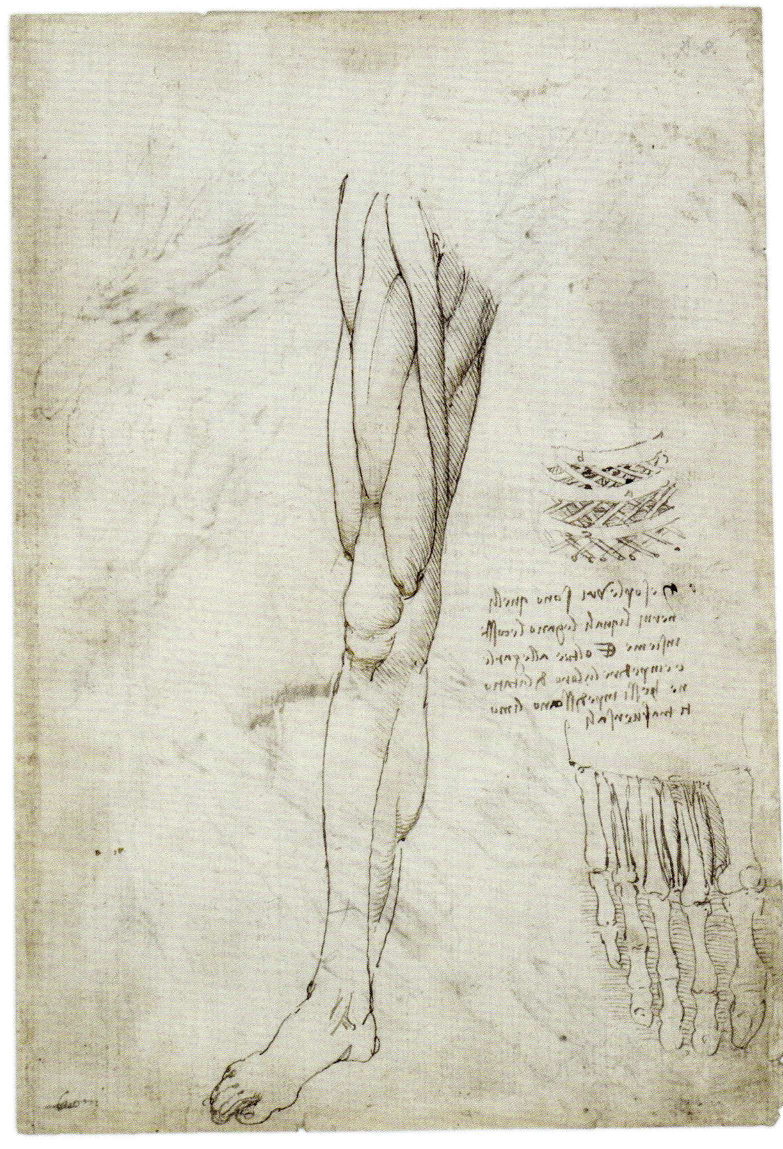

33. *Muscolatura di una gamba destra vista frontalmente, ossa del piede e muscoli intercostali.*
Penna e inchiostro, gessetto nero su carta, 28,6 × 19,8 cm.
RL 19006r / K&P 146r

33. *Musculature of a right leg from the front, the bones of a foot, and intercostal muscles.*
Pen and ink, black chalk on paper, 28.6 × 19.8 cm.
RL 19006r / K&P 146r

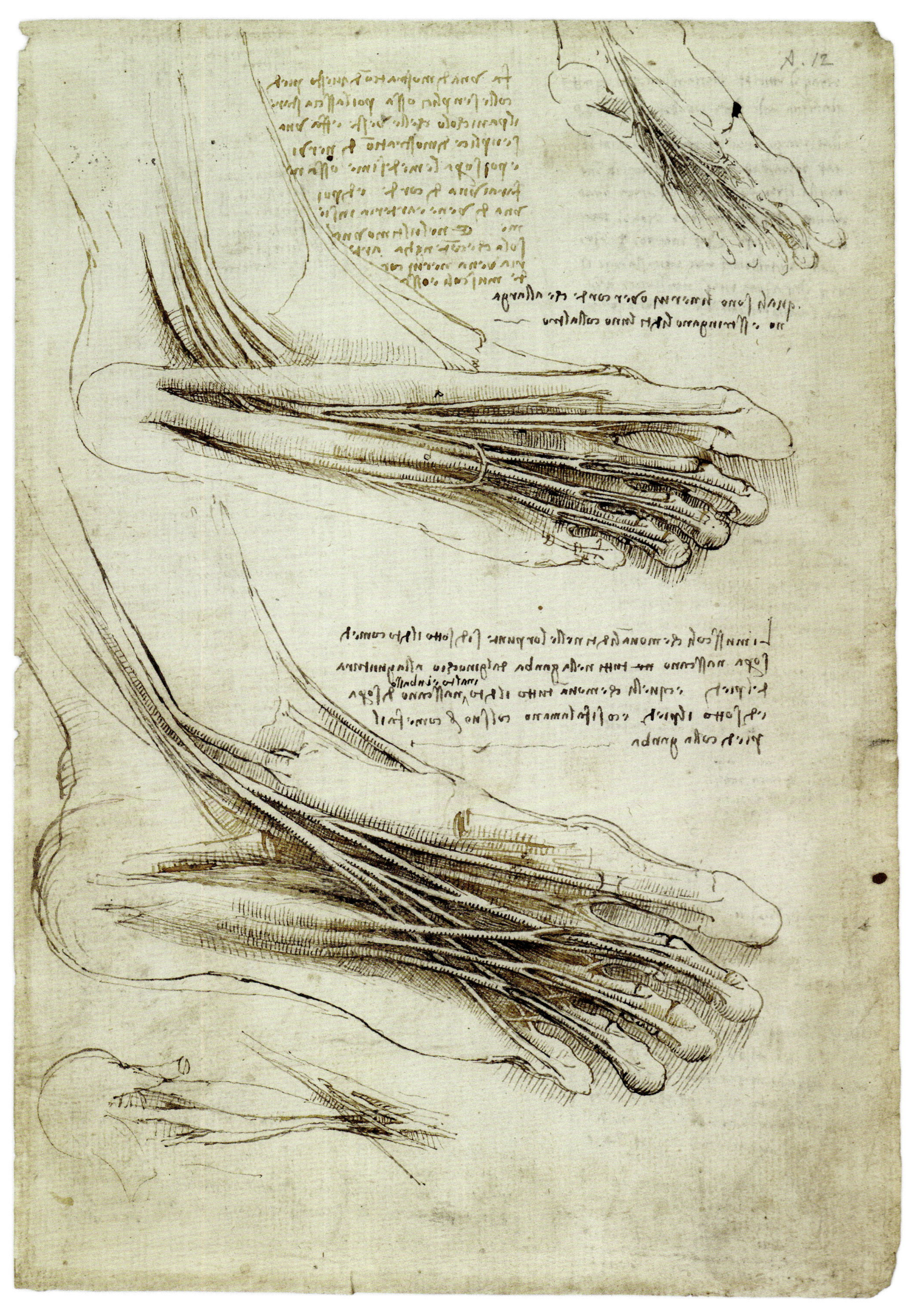

34. *Dissezione della pianta del piede.*
Penna e inchiostro, stilo su carta, 29,5 × 20,0 cm.
RL 19010r / K&P 147r

34. *Dissection of the sole of a foot.*
Pen and ink, stylus on paper, 29.5 × 20.0 cm.
RL 19010r / K&P 147r

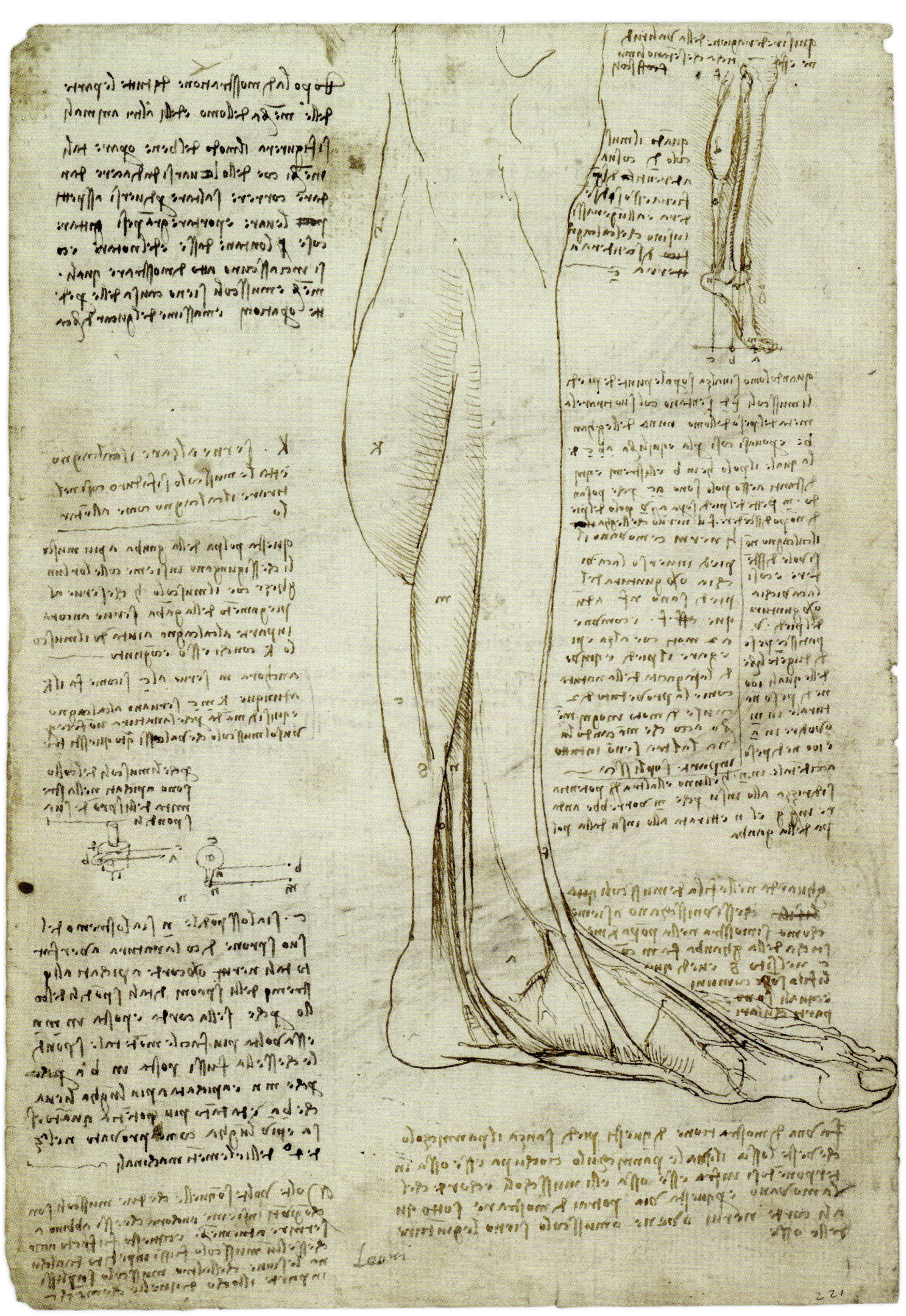

35. *Dissezione di un piede sinistro, analisi di un piede in punta di piedi e analisi meccanica dell'azione di un muscolo vicino o lontano dall'asse centrale di una vertebra.*
Penna e inchiostro, gessetto nero su carta, 29,5 × 20,0 cm.
RL 19010v / K&P 147v

35. *Dissection of a left foot, and analysis of a foot standing on tiptoe, and a mechanical analysis of the action of a muscle attached nearer or further from the central axis of a vertebra.*
Pen and ink, black chalk on paper, 29.5 × 20.0 cm.
RL 19010v / K&P 147v

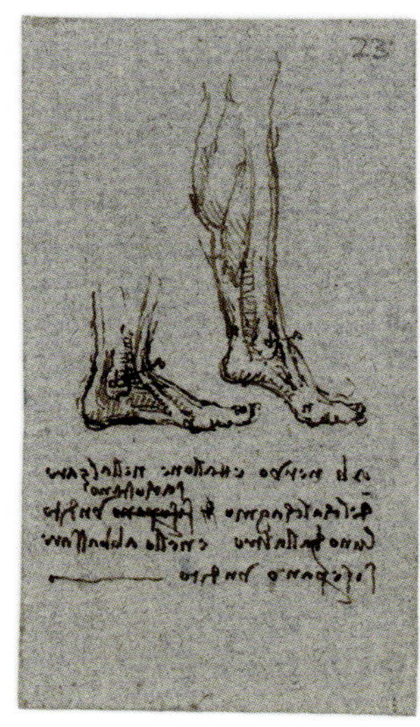

36. *Anatomia di un piede in punta di piedi.*
Penna e inchiostro su carta blu, 10,2 × 5,9 cm.
RL 19094r / K&P 190r

36. *Anatomy of a foot standing on tiptoe.*
Pen and ink on blue paper, 10.2 × 5.9 cm.
RL 19094r / K&P 190r

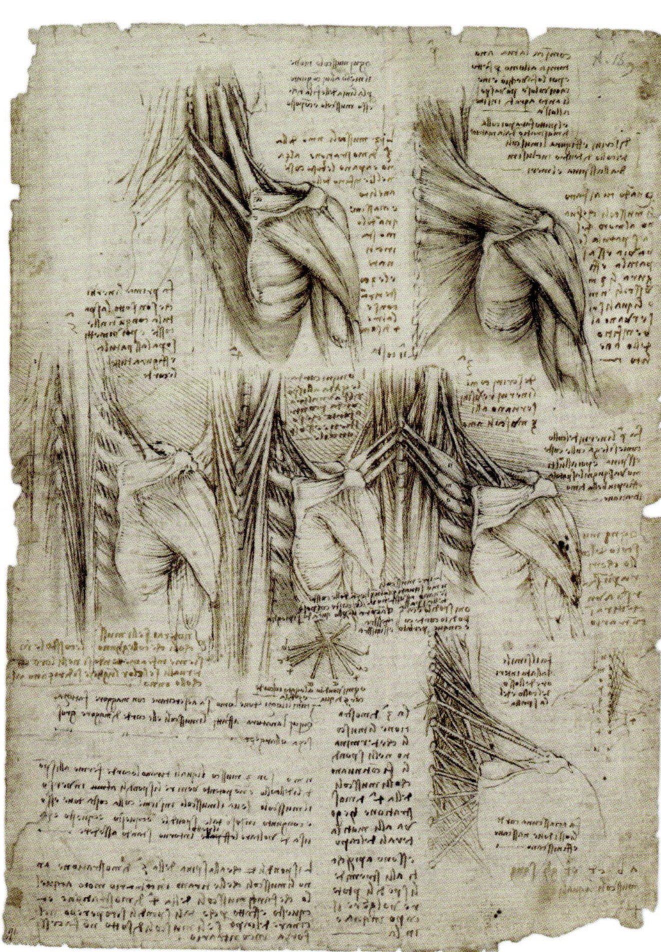

37. *Dissezioni e dimostrazioni dei muscoli del collo, delle spalle e della colonna vertebrale superiore, con due "diagrammi a corde".*
Penna e inchiostro, gessetto nero e lavatura su carta, 28,9 × 20,5 cm.
RL 19015r / K&P 149r

37. *Dissections and demonstrations of muscles of the neck, shoulders and upper spine, with two "cord diagrams".*
Pen and ink, black chalk and wash on paper, 28.9 × 20.5 cm.
RL 19015r / K&P 149r

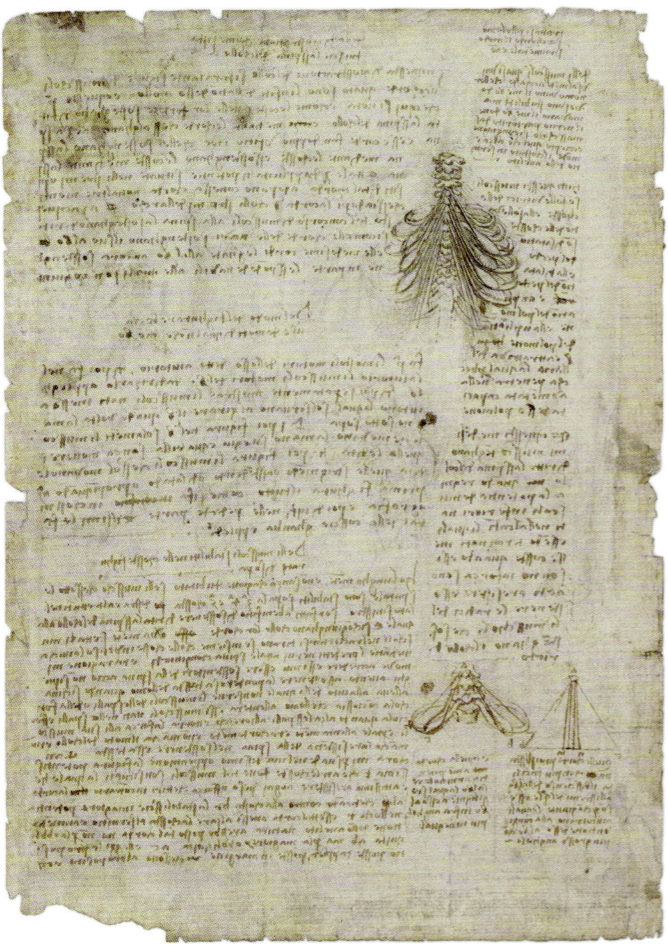

38. *Analisi meccanica dei muscoli collegati alle costole, alla colonna vertebrale e al collo, con un diagramma dell'albero di una nave.*
Penna e inchiostro, gessetto nero e lavatura su carta, 28,9 × 20,5 cm.
RL 19015v / K&P 149v

38. *Mechanical analyses of the muscles attached to the ribs, spine and neck, with a diagram of a ship's mast.*
Pen and ink, black chalk and wash on paper, 28.9 × 20.5 cm.
RL 19015v / K&P 149v

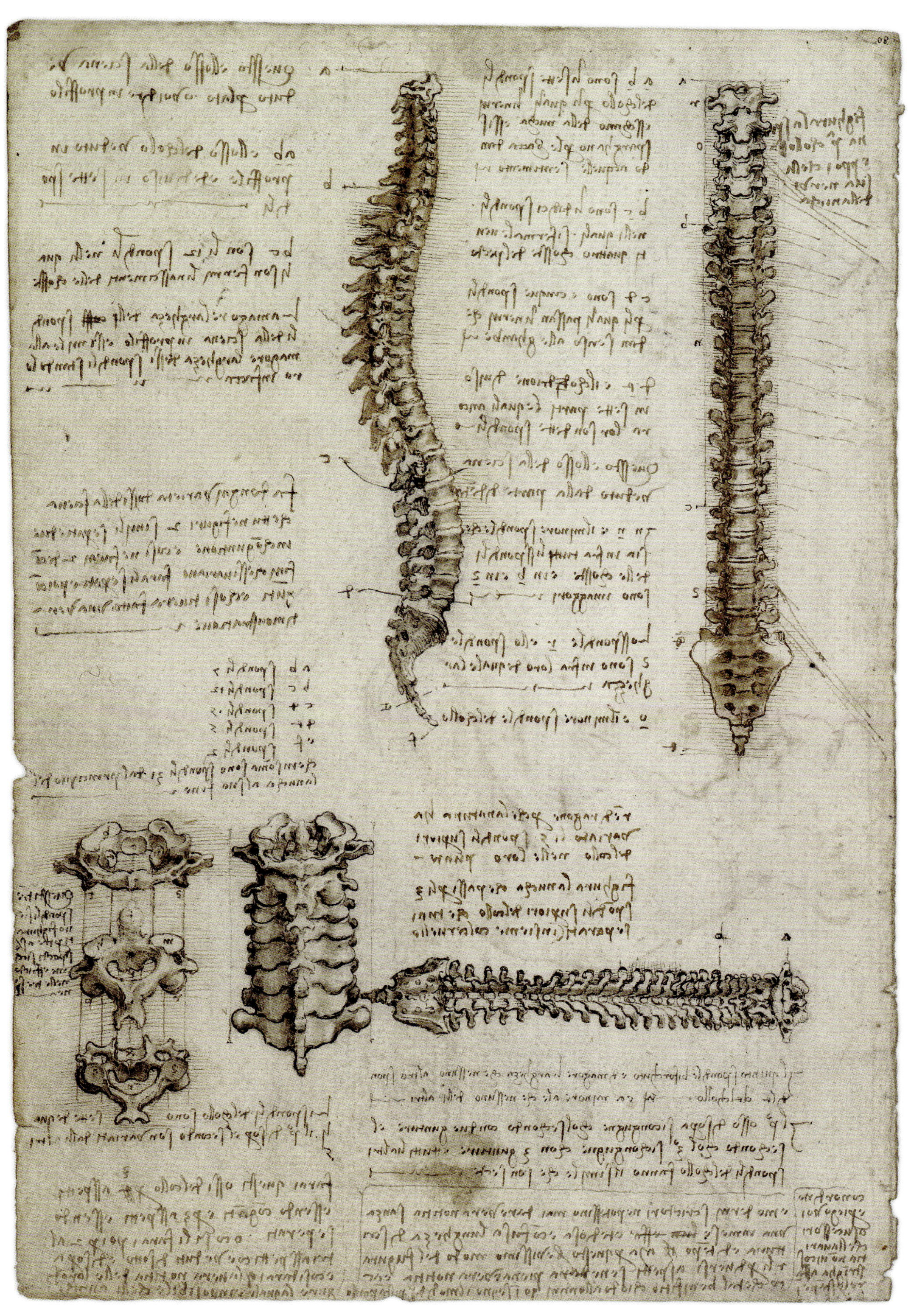

39. *Colonna vertebrale vista lateralmente e da dietro, con studi delle vertebre del collo.*
Penna e inchiostro, gessetto nero e lavatura su carta, 28,6 × 20,0 cm.
RL 19007v / K&P 139v

39. *Vertebral column from the back and side, with studies of the vertebrae of the neck.*
Pen and ink, black chalk and wash on paper, 28.6 × 20.0 cm.
RL 19007v / K&P 139v

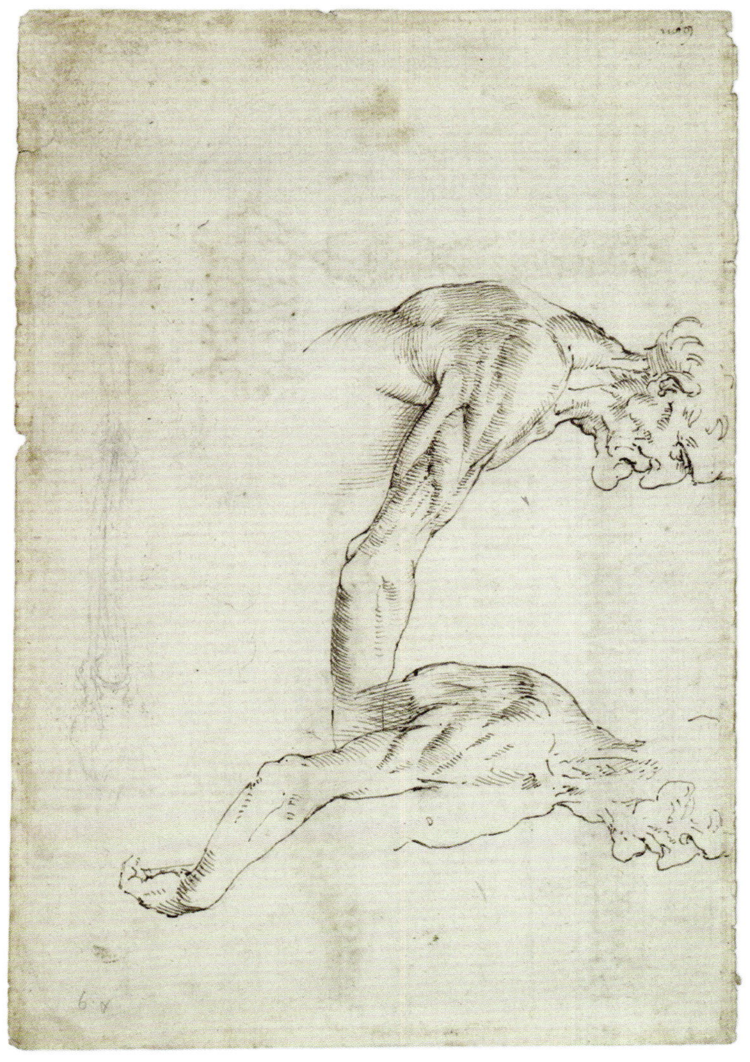

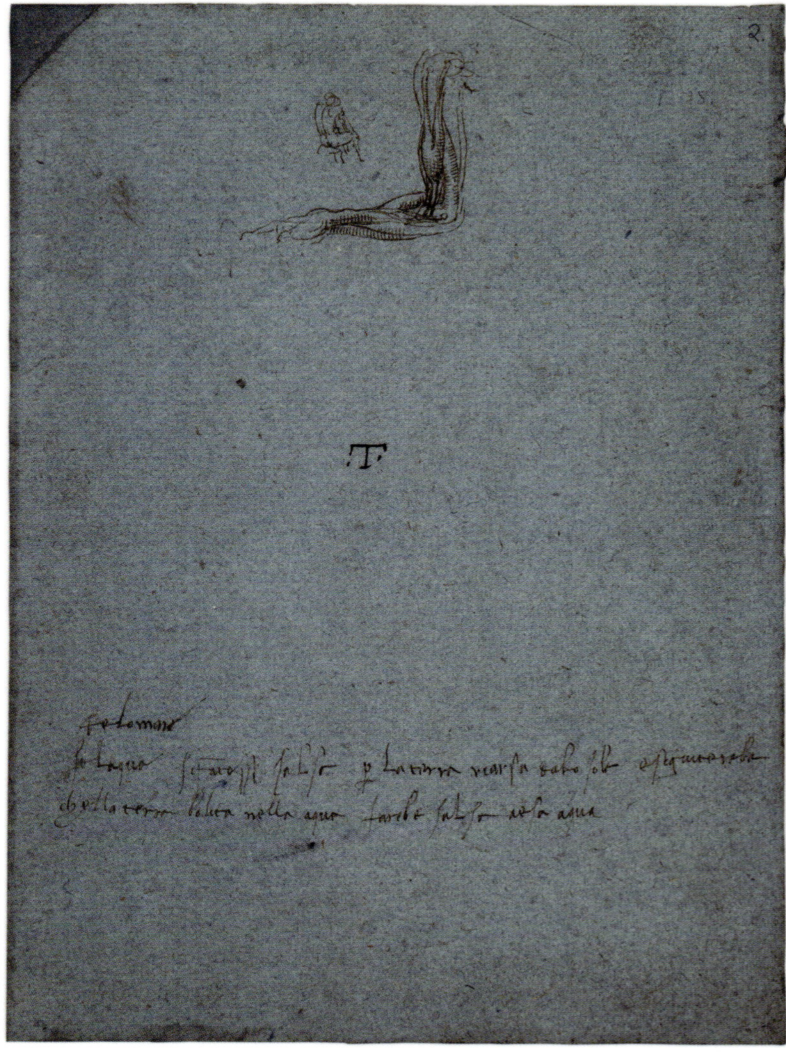

40. *Due studi di collo, spalla e braccio di un vecchio.*
Penna e inchiostro, gessetto nero su carta, 28,6 × 20,0 cm.
RL 19007r / K&P 139r

40. *Two studies of an elderly man's neck, shoulder and arm.*
Pen and ink, black chalk on paper, 28.6 × 20.0 cm.
RL 19007r / K&P 139r

41. *Analisi meccanica del bicipite e delle ossa del braccio.*
Penna e inchiostro su carta blu, 27,0 × 20,4 cm.
RL 19089r / K&P 180r

41. *Mechanical analysis of the biceps and bones of the arm.*
Pen and ink on blue paper, 27.0 × 20.4 cm.
RL 19089r / K&P 180r

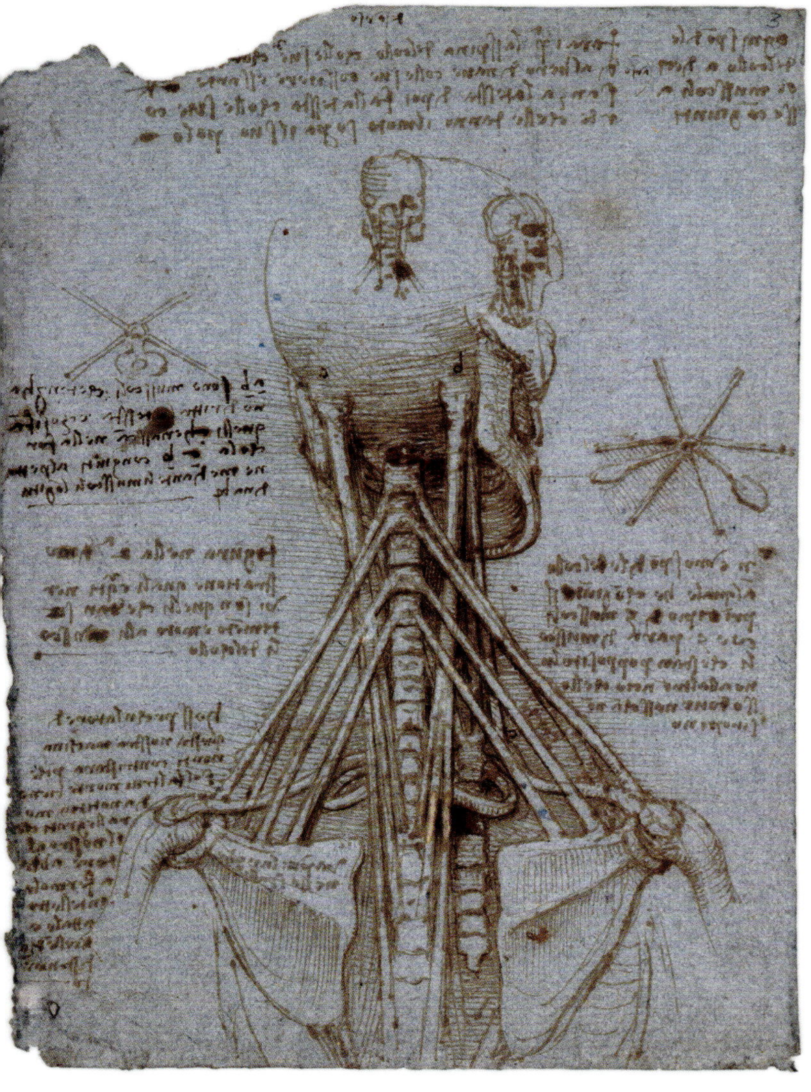

42. *Analisi meccanica dei muscoli della colonna vertebrale superiore e del collo.*
Penna e inchiostro su carta blu, 27,6 × 20,7 cm.
RL 19075r / K&P 179v

42. *Mechanical analysis of the muscles of the upper spine and neck.*
Pen and ink on blue paper, 27.6 × 20.7 cm.
RL 19075r / K&P 179v

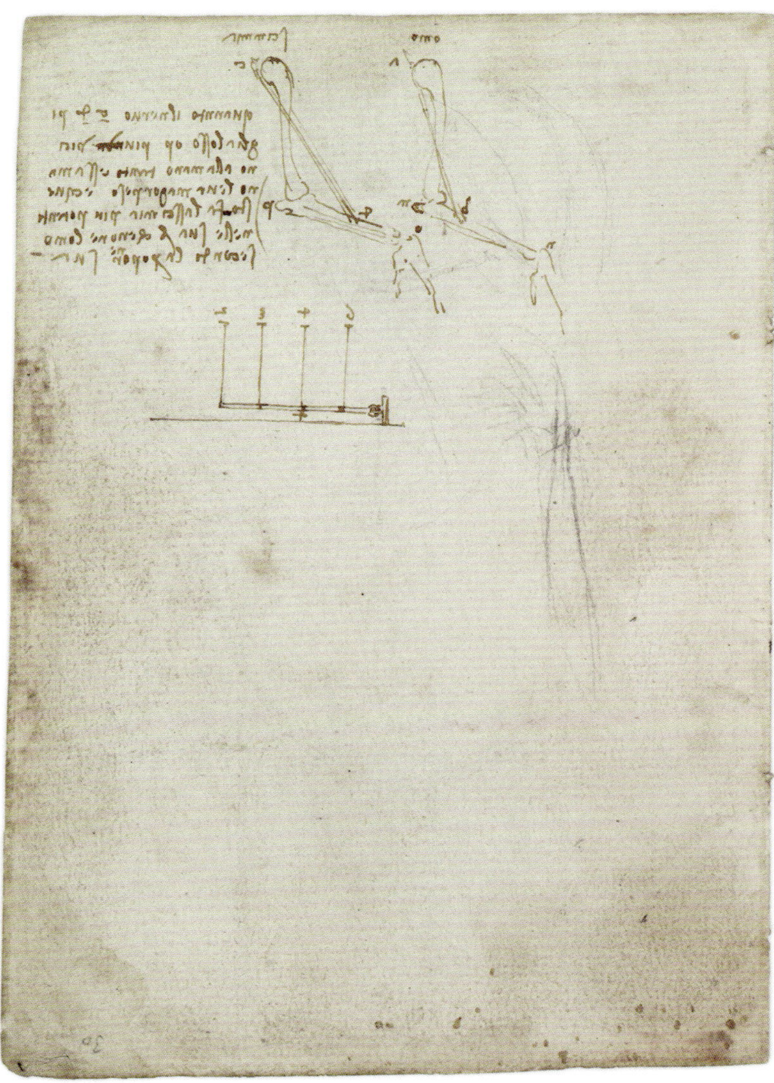

43. *Ossa del braccio di un uomo e del braccio di una scimmia, con un diagramma relativo alla leva minore e maggiore dei muscoli.*
Penna e inchiostro, gessetto nero su carta, 19,2 × 14,0 cm.
RL 19026v / K&P 68v

43. *Bones of a man's arm and that of a monkey, with a diagram of the lesser and greater leverage of the muscles.*
Pen and ink, black chalk on paper, 19.2 × 14.0 cm.
RL 19026v / K&P 68v

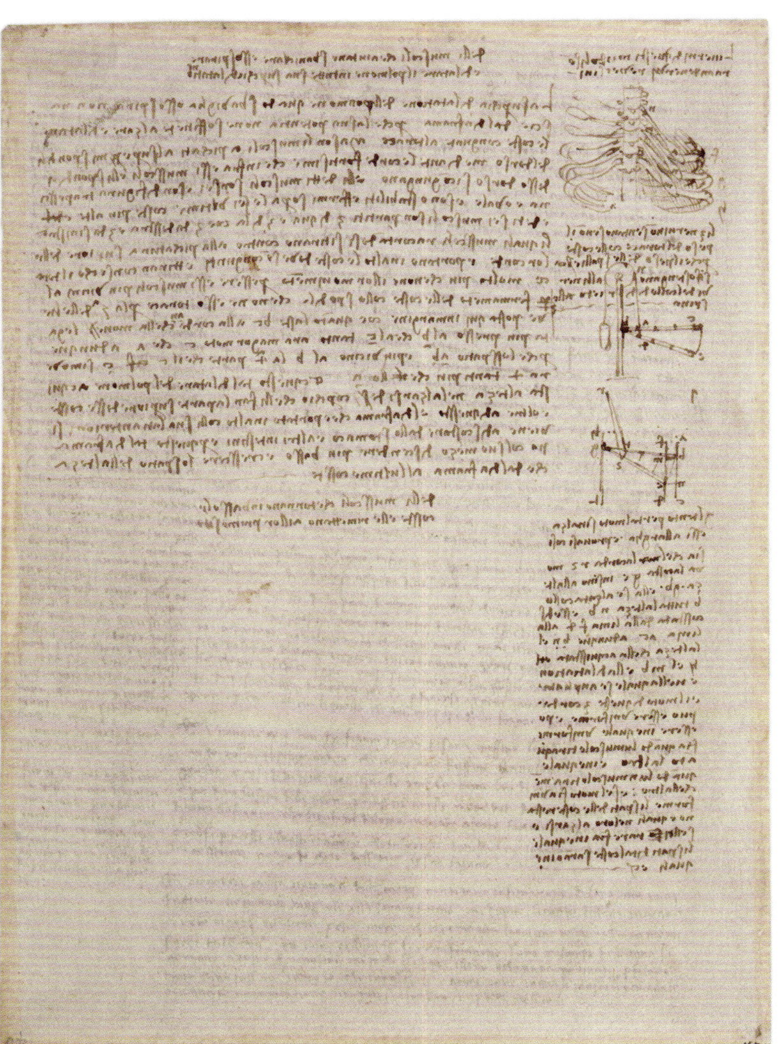

45. *Schema dell'"Ordine del libro".*
Penna e inchiostro su carta, 28,2 × 21,3 cm.
RL 19061r / K&P 154r

45. *Scheme for the "Order of the Book".*
Pen and ink on paper, 28.2 × 21.3 cm.
RL 19061r / K&P 154r

44. *Muscoli del costato ed esperimento mentale di una leva sollevata da una carrucola.*
Penna e inchiostro su carta, 28,2 × 21,3 cm.
RL 19061v / K&P 154v

44. *Muscles of the rib, and a thought experiment of a lever lifted by a pulley.*
Pen and ink on paper, 28.2 × 21.3 cm.
RL 19061v / K&P 154v

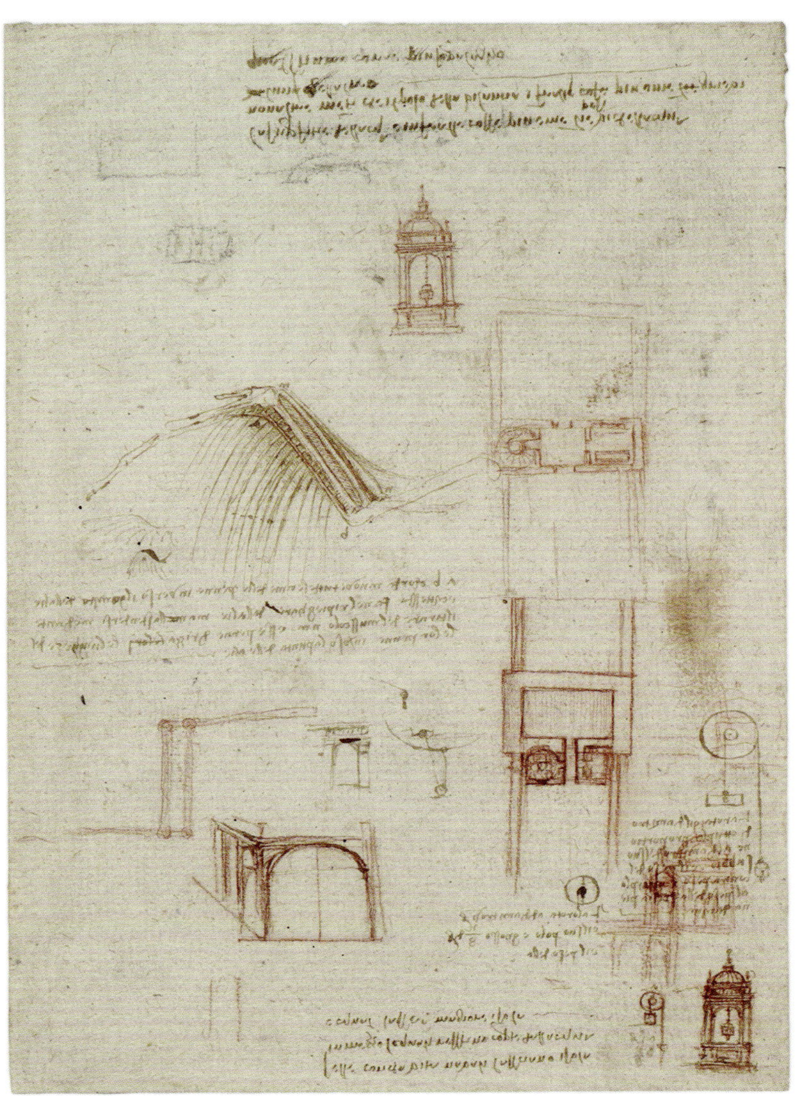

47. *Anatomia dell'ala di un uccello con analisi meccanica e linee proporzionali.*
Penna e inchiostro, gessetto rosso su carta, 27,4 × 20,1 cm.
RL 19107v / K&P 184r

47. *Anatomy of the bird's wing with mechanical analysis and proportional lines.*
Pen and ink, red chalk on paper, 27.4 × 20.1 cm.
RL 19107v / K&P 184r

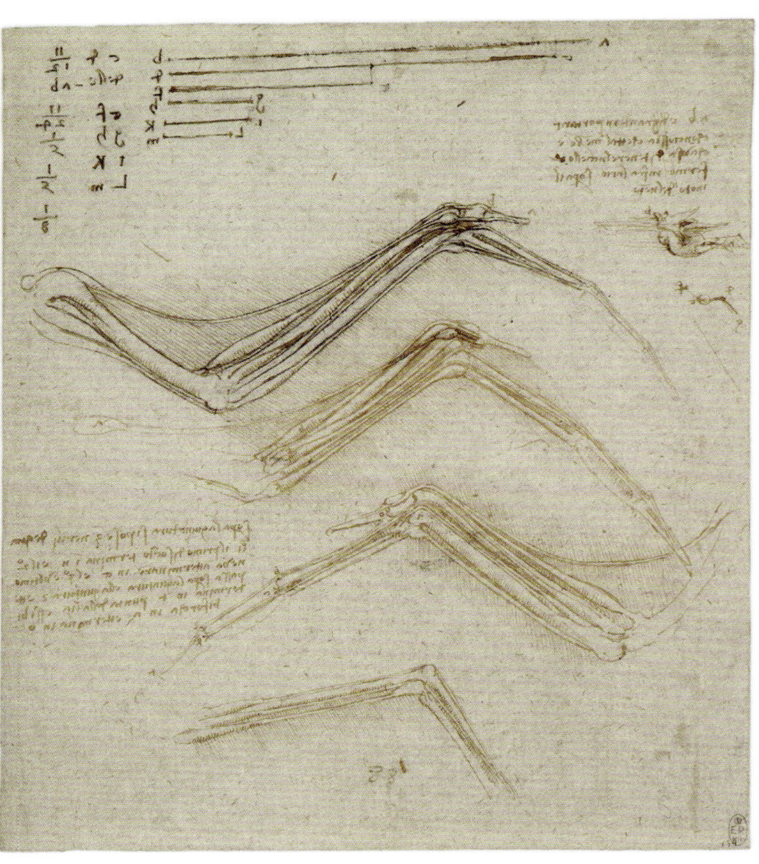

46. *Anatomia dell'ala di un uccello e un "uccello di penna" in volo, con analisi meccanica e linee proporzionali.*
Penna e inchiostro, gessetto nero su carta, 22,2 × 20,4 cm.
RL 12656r / K&P 187v

46. *Anatomy of the bird's wing and a "pen-bird" in flight, with mechanical analysis and proportional lines.*
Pen and ink, black chalk on paper, 22.2 × 20.4 cm.
RL 12656r / K&P 187v

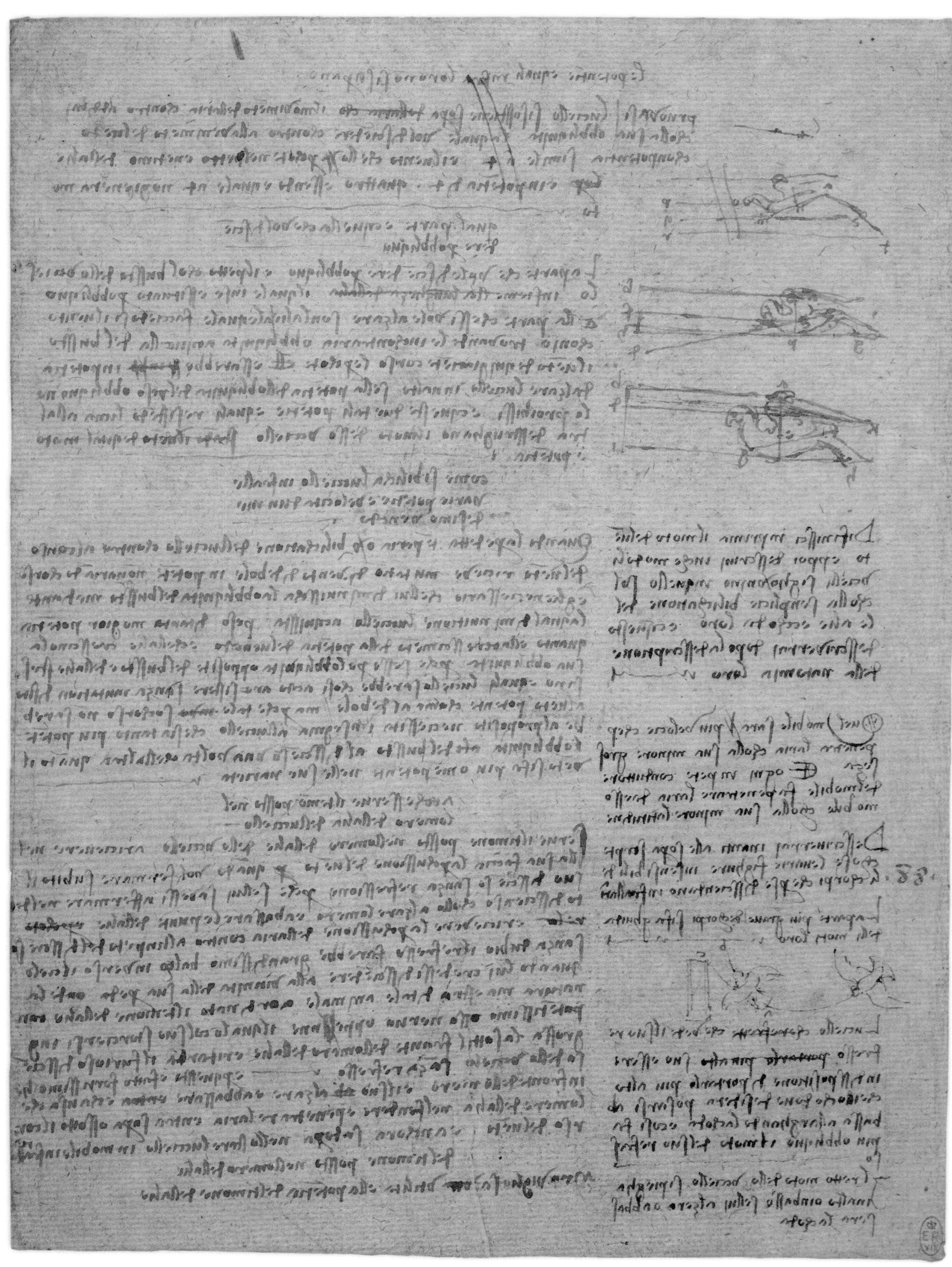

48. *Tre "uccelli di penna" e analisi del volo.*
Penna e inchiostro su carta, 27,2 × 20,8 cm.
RL 12657r / K&P 188r

48. *Three "pen-birds" and analyses of flight.*
Pen and ink on paper, 27.2 × 20.8 cm.
RL 12657r / K&P 188r

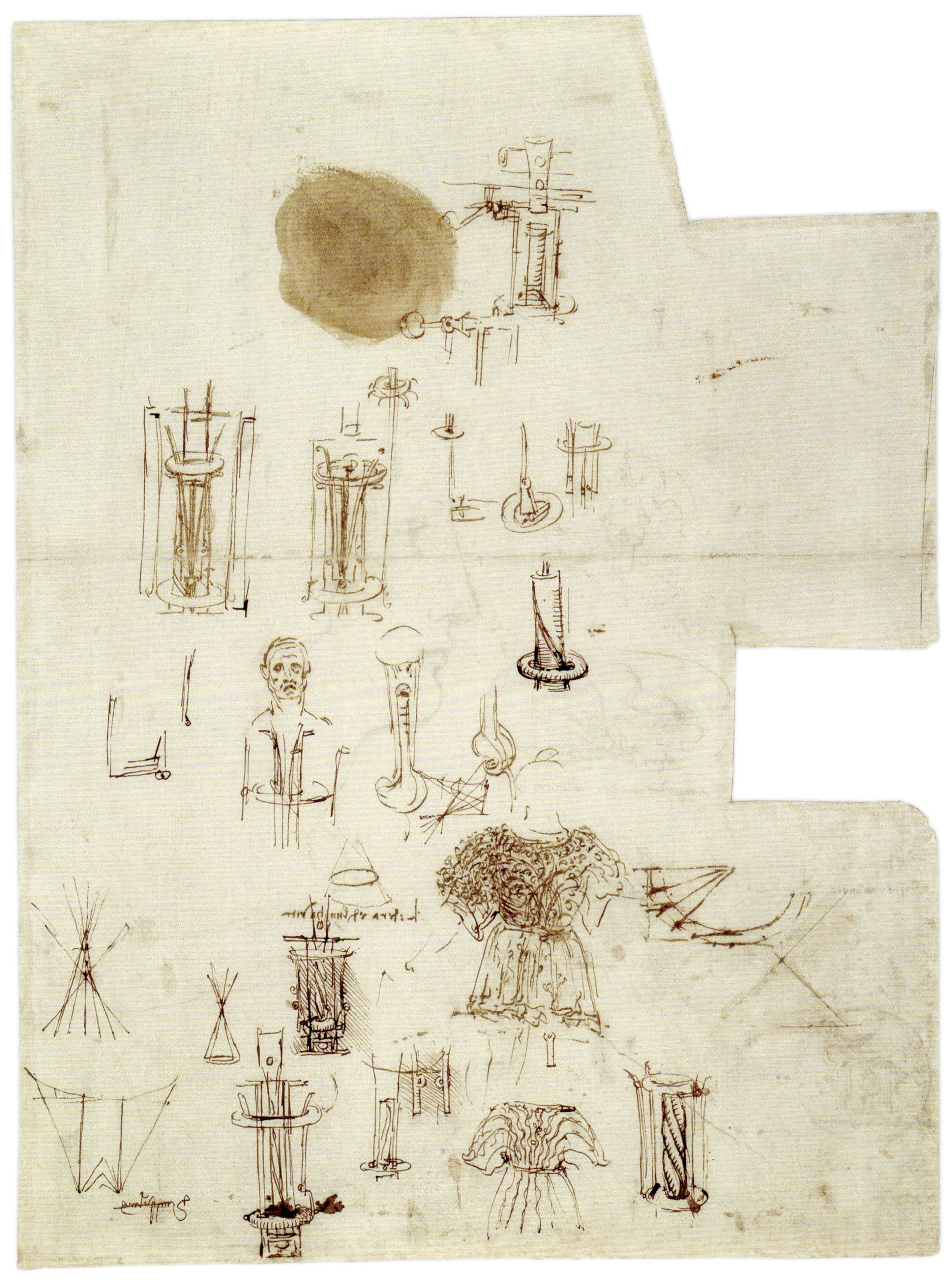

49. *Valvole per un orologio ad acqua, un orologio umanoide e disegni di costume.*
Penna e inchiostro, gessetto nero e stilo su carta, 37,5 × 28,3 cm.
RL 12282v / K&P 125r

49. *Valves for a water-clock, a humanoid clock, with costume designs.*
Pen and ink, black chalk and stylus on paper, 37.5 × 28.3 cm.
RL 12282v / K&P 125r

Studi sul collo
Studies of Neck

Mario Rende

ALLA REGIONE DEL COLLO Leonardo dedica diverse tavole, che seguitano la dissezione del centenario (1508 circa) e che esplorano aspetti più esterni, muscolari e vascolari, e aspetti più interni, come il complesso laringe-faringe. Sebbene esse combinino spesso il viscere di un animale domestico con la struttura esterna umana, nell'insieme sono particolarmente interessanti per lo studio sull'origine della voce e il meccanismo di deglutizione; aspetti fisiologici trattati con una perizia di analisi estranea ai trattati accademici di allora.

Circa la vascolarizzazione, l'interessante (XI, 17) ritrae da una prospettiva laterale destra i principali vasi arteriosi e venosi del collo che, pur ritrovandosi in strati e profondità molto diverse fra di loro, vengono rappresentati su un unico piano forse per la sovrapposizione tra strutture umane e animali. Sebbene l'arco dell'aorta, per posizione e disposizione dei vasi epiaortici, sia probabilmente di origine animale, ritroviamo entrambe le carotidi comuni, l'arteria succlavia di destra con il tronco tireocervicale e, in posizione errata, le arterie vertebrali. Disegna le due vene brachiocefaliche di destra e sinistra che si uniscono per formare la vena cava superiore e rappresenta correttamente la vena giugulare interna ed esterna. Inoltre, in una nota ("*se tu serri le quattro vene da ogni lato... quello... cadrà in terra dormiente e quasi morto*") Leonardo descrive inconsapevolmente il riflesso ipotensivo causato dalla compressione bilaterale del seno carotideo, particolare struttura posta all'inizio dell'arteria carotide interna che controlla la

LEONARDO DEDICATES SEVERAL DRAWINGS to the neck region, which follow the centenarian man dissection (c. 1508) and explore both external aspects, muscular and vascular, and internal aspects, such as the larynx-pharynx complex. Although they often combine the internal organs of a domestic animal with the external human structure, on the whole they are particularly interesting for studying the origin of the voice and the mechanism of swallowing; physiological aspects treated with an expertise of analysis foreign to academic treatises of the time.

About the vasculature, the interesting (XI, 17) shows from a right lateral perspective the major arterial and venous vessels of the neck, which, although found in very different layers and depths from each other, are depicted on a single plane perhaps because of the overlap between human and animal structures. Although the arch of the aorta is probably of animal origin because of the location and arrangement of the epiaortic vessels, we find both common carotids, the right subclavian artery with the thyrocervical trunk, and, in the wrong position, the vertebral arteries. He draws the two right and left brachiocephalic veins joining to form the superior vena cava and correctly represents the internal and external jugular vein. Furthermore, in a note ("*if you clamp the four veins on each side... that one... will fall to the ground sleeping and almost dead*") Leonardo unknowingly describes the hypotensive reflex caused by bilateral compression of the carotid sinus, a particular structure located at the beginning

pressione arteriosa del sangue verso l'encefalo. Da questo fenomeno deriva il termine "carotide" dal greco *kàros*, cioè sonno, perché ritenuta dai Greci il centro dell'addormentamento.

Invece, i cinque disegni di [37] tracciano splendidamente, in una dissezione da superficiale a profonda, tutti i muscoli posteriori: trapezio, sopraspinato, elevatore della scapola, i serrati, i romboidi e gli erettori della spina. Questa tavola potrebbe perfettamente apparire in un moderno atlante anatomico.

In [22], nelle quattro figure in basso, i muscoli del collo vengono ben rappresentati da una prospettiva sia laterale che postero-laterale. Nel disegno più a sinistra rappresenta abbastanza correttamente il muscolo sternocleidomastoideo, con la sua doppia inserzione sulla clavicola, il triangolo sopraclaveare attraversato dal muscolo omoioideo, e la parte più laterale del muscolo trapezio. Il piccolo triangolo deltapettorale, fra i muscoli deltoide e grande pettorale, è enormemente dilatato, facendo sospettare come Leonardo spesso disegnasse alcuni elementi a memoria e non più dal vivo. Nel disegno più centrale, rappresenta le stesse strutture muscolari da una prospettiva anterolaterale e con dimensioni del triangolo deltapettorale più corrette, mostrando anche dove la superficiale vena cefalica si approfonda per confluire nella vena ascellare. Nel disegno più a destra, forse il più interessante, rimosso lo sternocleidomastoideo, mostra le strutture più profonde del collo evidenziando bene dei muscoli sopraioidei (digastrico e stiloioideo) e sottoioidei (sternoioideo, sternotiroideo e omoioideo) gli scaleni, l'elevatore della scapola e il trapezio. Nel piccolo schizzo a destra rappresenta il muscolo digastrico insieme alla mandibola, e anche l'arteria carotide comune e il nervo ipoglosso. La tavola è significativa anche per qualità artistica: negli occhi aperti e tranquilli traspare magistralmente la dolce morte del centenario.

La tavola successiva, la [21], è forse la più interessante fra quelle relative allo studio del collo sia perché approfondisce la struttura della laringe umana sia perché si concentra sul problema della produzione della voce e della deglutizione. Qui Leonardo crea una vera chimera in cui si mescolano parti umane e parti bovine. Infatti, molti aspetti, dall'osso ioide all'epiglottide, per dimensione e posizione sono chiaramente bovini. La tavola, fra le sue peculiarità, è la prima rappresentazione di una ghiandola tiroide normale. Paradossalmente,

of the internal carotid artery that controls blood pressure to the encephalon. From this phenomenon comes the term "carotid artery" from the Greek *kàros*, meaning sleep, because it was believed by the Greeks to be the center of falling asleep.

In contrast, the five drawings in [37] beautifully trace, in a superficial to deep dissection, all the posterior muscles: trapezius, supraspinatus, scapula elevator, serratus, rhomboids, and spina erectors. This table could perfectly appear in a modern anatomical atlas.

In [22], in the bottom four figures, the neck muscles are well represented from both a lateral and posterolateral perspective. In the leftmost drawing it fairly correctly depicts the sternocleidomastoid muscle, with its double insertion on the clavicle, the supraclavicular triangle crossed by the omohyoid muscle, and the most lateral part of the trapezius muscle. The small deltopectoral triangle, between the deltoid and greater pectoral muscles, is enormously dilated, making one suspect how Leonardo often drew some elements from memory and no longer from life. In the more central drawing, he depicts the same muscle structures from an anterolateral perspective and with more correct dimensions of the deltopectoral triangle, also showing where the superficial cephalic vein deepens to flow into the axillary vein. In the rightmost sketch, perhaps the most interesting, removed the sternocleidomastoid, he shows the deeper structures of the neck highlighting well of the suprahyoid (digastric and stylohyoid) and infrahyoid muscles (sternohyoid, sternothyroid, and omohyoid), the scalene muscles, the levator scapulae, and the trapezius. In the small sketch on the right, he depicts the digastric muscle together with the mandible, and also the common carotid artery and the hypoglossal nerve. The drawing is also significant in artistic quality: in the open, tranquil eyes, the sweet death of the centenarian man masterfully shines through.

The next drawing, [21], is perhaps the most interesting of those related to the study of the neck both because it delves into the structure of the human larynx and because it focuses on the problem of voice production and swallowing. Here, Leonardo creates a true chimera in which human and bovine parts are mixed. In fact, many aspects, from the hyoid bone to the epiglottis, are clearly bovine in size and position. The

nel passato questa ghiandola veniva rappresentata esclusivamente per il suo ingrossamento patologico, detto gozzo o struma, all'epoca estremamente diffuso in Italia per la mancanza di cibo con iodio. Qui, Leonardo la rappresenta nella sua dimensione normale ma, ovviamente, non può immaginare la sua funzione endocrina e di fatti, nella sua nota, la classifica come una banale struttura riempitiva di uno spazio privo di muscoli con la semplice funzione di distanziatore tra la clavicola e la trachea.

In questa tavola, Leonardo disegna anche tutte le parti della laringe con la trachea al di sotto e la faringe posteriore; vengono rappresentate da più prospettive le cartilagini tiroidee, cricoidee, aritenoidee, l'epiglottide, l'osso ioide e l'uvula. Inoltre, nel tentativo di capire il meccanismo della deglutizione Leonardo disegna i muscoli del palato (palatoglosso e palatofaringeo) a cui attribuisce erroneamente la funzione meccanica di abbassare l'epiglottide durante la deglutizione mentre, in realtà, hanno una funzione principale sulla faringe. Qui Leonardo giustamente annota che "*non si può inghiottire... o alitare... 'n un medesimo tempo*" e contemporaneamente, per la prima volta, dà un significato fisiologico al riflesso della tosse come un vento che manda via del cibo che erroneamente ha preso le vie aeree e non quelle digestive. L'uvula viene descritta come il "*gocciolatoio*" da cui scendono gli umori superiori che cadono nello stomaco (organo animale), evitando che vadano in organi più spirituali.

Il problema della vocalizzazione è la nota più estesa della tavola. Qui, il Leonardo fisico e ingegnere cerca di applicare, certamente con grande acume, alcuni principi della turbolenza e dei vortici che aveva già usato per spiegare il meccanismo di chiusura e apertura delle valvole cardiache. Intuisce che la voce si deve formare alla testa della trachea, ma ovviamente non sa spiegare bene il ruolo della laringe con i suoi ventricoli. Annota che la voce si produce in espirazione, attraverso il passaggio forzato e turbinoso dell'aria spinta dai polmoni attraverso lo stretto passaggio di una "fistula" della trachea, cioè la laringe. Leonardo attribuisce, quindi, molta importanza alla trachea come organo fonatorio, spiegando come negli anziani la voce diventi più sottile proprio per la riduzione in diametro della trachea, così come lui pensava avvenisse anche per l'intestino.

drawing is, among its peculiarities, the first representation of a normal thyroid gland. Paradoxically, in the past this gland was depicted exclusively for its pathological enlargement, called goiter or struma, which was extremely common in Italy at the time due to the lack of food with iodine. Here, Leonardo depicts it in its normal size but, of course, cannot imagine its endocrine function and in fact, in his note, classifies it as a trivial space-filling structure without muscles with the simple function of a spacer between the clavicle and the trachea.

In this drawing, Leonardo also draws all the parts of the larynx with the trachea below and the pharynx behind; the thyroid, cricoid, and arytenoid cartilages, the epiglottis, the hyoid bone, and the uvula are depicted from multiple perspectives. In addition, in an attempt to understand the mechanism of swallowing Leonardo draws the muscles of the palate (palatoglossus and palatopharyngeus) to which he mistakenly attributes the mechanical function of lowering the epiglottis during swallowing while, in fact, they have a main function on the pharynx. Here, Leonardo rightly notes that "*one cannot swallow... or breathe... at the same time*", and simultaneously, for the first time, he gives physiological meaning to the cough reflex as a wind that sends away food that mistakenly took the airways and not the digestive ones. The uvula is described as the "*trickle*" from which higher humors fall into the stomach (animal organ), preventing them from going into more spiritual organs.

The most extensive note in the drawing is dedicated to the problem of vocalization. Here, the physicist and engineer Leonardo tries to apply, certainly with great acumen, some principles of turbulence and vortices that he had already used to explain the closing and opening mechanism of heart valves. He realizes that the voice must form at the head of the trachea, but he obviously cannot explain well the role of the larynx with its ventricles. He notes that the voice is produced on exhalation, through the forced and swirling passage of air pushed from the lungs through the narrow passage of a "fistula" of the trachea, that is, the larynx. Leonardo gives, therefore, much importance to the trachea as a phonatory organ, explaining how in the elderly the voice becomes thinner because of the reduction in diameter of the trachea, just as he thinks also occurred in the intestine.

Studi sul sistema osteoarticolare
Studies of Osteoarticular System

Mario Rende

NELLE TAVOLE CHE LEONARDO dedica allo studio del sistema osteoarticolare ritroviamo alcune delle migliori e più innovative rappresentazioni dello scheletro umano della sua epoca. Per qualche distretto, sono disegni anche migliori di quelli che produrrà decenni dopo van Calcar per Vesalio. In queste tavole ritroviamo sinergicamente insieme il Leonardo anatomico, ingegnere e artista. Nella storia della medicina erroneamente si attribuisce a Giovanni Alfonso Borelli l'avvio della biomeccanica con il suo libro *De Motu Animalium* del 1680. Prima di lui fu Leonardo che, non accontentandosi della mera descrizione osteologica, l'ha unita al movimento indotto dalla contrazione muscolare. Le sue immagini osteologiche non sono statiche, ma donano all'osso un senso vivo e funzionale. A Leonardo si devono la prima chiara descrizione del movimento di pronazione e supinazione della mano, la corretta descrizione della colonna vertebrale e delle sue curvature fisiologiche così come quella della cuffia dei rotatori nei muscoli dell'articolazione della spalla. Leonardo ha un approccio laico e moderno con una prospettiva tridimensionale ben lontana dalle allegorie visionarie che lo occupano nella sua analisi degli organi interni.

Come già descritto nell'introduzione, Leonardo inizia ad interessarsi allo scheletro nel 1489 attraverso lo studio del cranio (VI, 1 e 10, e altre). Già da questo suo iniziale studio stabilisce un metodo di lavoro osteologico e di descrizione anatomica assolutamente innovativa: far vedere ciascuna struttura ossea da tre o quattro prospettive diverse.

IN THE DRAWINGS ON the osteoarticular system we find some of the best and most innovative representations of the human skeleton of Leonardo time. In some districts, they are even better than those that van Calcar would produce decades later for Vesalius. In these drawings we find synergistically together the anatomist, engineer and artist Leonardo. In the history of medicine, Giovanni Alfonso Borelli is mistakenly credited with starting biomechanics with his 1680 book *De Motu Animalium*. But before him it was Leonardo who, not content with mere osteological description, combined it with movement induced by muscle contraction. His osteological drawings are not static, rather they give the bone a living and functional sense. Leonardo is credited with the first clear description of the movement of pronation and supination of the hand, the correct description of the spine and its physiological curvatures as well as that of the rotator cuff in the muscles of the shoulder joint. Leonardo takes a secular and modern approach with a three-dimensional perspective far from the visionary allegories that often use in his analysis of internal organs.

As already described in the introduction, Leonardo began his interest in the skeleton in 1489 through his study of the skull (VI, 1 and 10, and others). Since from this initial study, he has established an absolutely innovative method of osteological work and anatomical description, i.e. showing each bone structure from three or four different perspectives.

Neanche nei moderni atlanti didattici di oggi esiste questa prospettiva così tridimensionale che è possibile avere solo con l'uso dei programmi di computer dedicati. Osservando le tavole osteologiche di Leonardo, l'osso si estrae dalla carta e si può muovere sotto gli occhi dell'osservatore. Lo stesso farà con la descrizione dei muscoli al di sopra dell'osso: nelle tavole (12) e (13) l'arto superiore e i suoi muscoli sembrano ruotare sotto gli occhi di chi li guarda.

Leonardo si distacca completamente dagli approcci degli altri anatomici accademici dell'epoca, più interessati a discutere sull'origine della materia che compone l'osso (un miscuglio secondo loro di sperma, terra e grasso). Descritto a grandi linee lo scheletro, l'anatomia dei trattati ufficiali di medicina si concentrava più sugli organi interni lasciando lo studio e le conoscenze delle ossa ai barbieri-chirurghi che si occupavano di amputazioni e ossa rotte. L'osteologia non era roba da medici! Un esempio contemporaneo a Leonardo è quello di Berengario da Carpi il cui maggiore problema era quello di dare dei nomi univoci alle ossa, derivandoli dal greco, dall'arabo e dal latino. Se solo si confrontano i disegni osteologici di Berengario con quelli di Leonardo si comprende quanto quest'ultimo fosse già proiettato nella modernità ben oltre il Rinascimento.

Se si considera l'affrancamento di Leonardo dai dettami anatomici a lui coevi, si comprende perché egli non abbia mai disegnato uno scheletro intero in una sola tavola, così come era l'uso di allora. La tavola (16) è l'unica in cui Leonardo disegna a pezzi gran parte dello scheletro umano. È probabilmente una descrizione fatta più a memoria che non dal vivo perché contiene diversi errori grossolani: la gabbia toracica ha una innaturale forma a botte e manca della sua propria silhouette, superiore a cupola e inferiore a cono; le scapole sono enormemente lunghe; la troclea dell'omero è posta in modo errato; lo sterno ha tante divisioni quanti sono gli attacchi delle coste.

In questa tavola i femori non hanno il corretto angolo rispetto al cingolo pelvico, aspetto che poi correggerà nella tavola (6) facendo vedere per la prima volta nella storia dell'anatomia l'angolo bicondilare del femore, presente solo nell'Uomo, che permette al piede di rimanere sotto il centro di gravità del corpo durante la fase di singolo supporto della locomozione.

Even in today's modern educational atlases there is no such three-dimensional perspective, which is only possible with the use of dedicated computer programs. When looking at Leonardo's osteological drawings, the bone is taken out of the paper and can be moved under the eyes of the observer. He will do the same with the description of the muscles above the bone: in (12) and (13) the upper limb and its muscles seem to rotate under the eyes of the beholder.

Leonardo moves completely away from the approaches of other academic anatomists of the time, who were more interested in discussing the origin of the matter that makes up bone (a mixture according to them of sperm, soil, and fat). The anatomy of official medical treatises outlined the skeleton and focused more on internal organs, leaving the study and knowledge of bones to barber-surgeons who dealt with amputations and broken bones. Osteology was not the stuff of doctors! An example contemporary with Leonardo is that of Jacopo Berengario from Carpi whose biggest problem was to give unambiguous names to bones, deriving them from Greek, Arabic, and Latin. If one only compares Berengario's osteological drawings with those of Leonardo, one realizes how much the latter was already projected into modernity far beyond the Renaissance.

Considering Leonardo's emancipation from the anatomical dictates of his contemporaries, one can understand why he never drew a whole skeleton in a single plate, as was the custom at the time. (16) is the only one in which Leonardo draws a large part of the human skeleton in pieces. It is probably a description made more from memory than from life because it contains several gross errors: the rib cage has an unnatural barrel shape and lacks its own silhouette, upper dome-shaped and lower cone-shaped; the scapulae are enormously long; the trochlea of the humerus is incorrectly placed; the sternum has as many divisions as there are rib attachments.

In this drawing, the femurs do not have the correct angle in relation to the pelvic girdle, an aspect that he would later correct in (6) by showing for the first time in the history of anatomy the bicondylar angle of the femur, present only in Humans, which allows the foot to remain under the center of gravity of the body during the single support phase of locomotion.

Le numerose rimanenti tavole si focalizzano su specifici distretti ossei. Fra tutte, la tavola (39) con la descrizione della colonna vertebrale eccelle per modernità, esattezza e splendore del disegno. Anche con i suoi piccoli errori (c'è un processo spinoso toracico in più) segna una pietra miliare nella storia della iconografia anatomica. Per la prima volta le naturali curvature di cifosi e lordosi sono ben stabilite così come il numero preciso delle vertebre cervicali, toraciche e lombosacrali. Anche in questo caso la colonna viene vista da più prospettive diverse. Questa singola tavola racchiude in sé così tante novità anatomiche mai evidenziate prima di allora che da sola sarebbe bastata a far entrare Leonardo nella storia dell'anatomia, se solo avesse pubblicato il suo trattato. Nelle tavole (XI, 10 e 12) colloca perfettamente al suo interno il midollo spinale e l'uscita dei nervi dalle vertebre.

Le strutture ossee dell'arto inferiore vengono globalmente descritte nella tavola (14) mentre le tavole (20), (22) e parte della (26) sono più specifiche per il piede e l'articolazione della caviglia (talo-crurale). Fedele al suo obiettivo, Leonardo non solo disegna tutte queste strutture ossee da diverse prospettive dando una visione a 360° gradi dell'arto inferiore, ma affronta anche subito, nei disegni e nelle note, problematiche biomeccaniche. Schematizza i gruppi dei muscoli che dalla coscia si inseriscono nella gamba facendoci capire la loro azione di agonismo e antagonismo per la flessione della gamba sulla coscia. Leonardo comprende la forza e la dinamica che i muscoli posteriori della gamba esercitano sul calcagno attraverso il tendine di Achille e riporta questo aspetto biomeccanico anche nella tavola RL 19010v. Cerca una corrispondenza tra la caviglia e il gomito.

In un particolare della tavola (14) evidenzia la prima descrizione anatomica della fossa poplitea, la parte posteriore dell'articolazione del ginocchio. Disegna abbastanza correttamente le ossa del tarso, ma manca sempre di evidenziare l'arco plantare. In un piccolo schema disegna correttamente l'attacco dei muscoli adduttori e abduttori dell'alluce, ma nella rappresentazione di un piede di sinistra vi mette al di sopra una tibia e una fibula di destra (22). In un'altra tavola sbaglia anche nel disegnare le corrette dimensioni delle suddette ossa della gamba a livello dell'articolazione talo-crurale. Curiosamente, nelle rappresentazioni del piede, il secondo

The many remaining drawings focus on specific bony districts. Among them all, the drawing (39) with its description of the spine excels in modernity, exactitude, and splendor of drawing. Even with its minor errors (there is an extra thoracic spinous process) it marks a milestone in the history of anatomical iconography. For the first time the natural curvatures of kyphosis and lordosis are well established as well as the precise number of cervical, thoracic, and lumbosacral vertebrae. Again, the spine is seen from several different perspectives. This single table encapsulates so many anatomical innovations never before highlighted that it alone would have been enough to put Leonardo in the history of anatomy, if only he had published his treatise. In (XI, 10 and 12) Leonardo places perfectly within it the spinal cord and the exit of nerves from the vertebrae.

The bony structures of the lower limb are globally described in (14) while (20), (22), and part of (26) are more specific to the foot and ankle joint (talocrural). True to his goal, Leonardo not only draws all these bony structures from different perspectives giving a 360-degree view of the lower limb, but also immediately addresses biomechanical issues in the drawings and notes. He schematizes the groups of muscles that insert from the thigh into the leg making us understand their action of agonism and antagonism for the flexion of the leg on the thigh. Leonardo understands the force and dynamics that the posterior muscles of the leg exert over the calcaneus through the Achilles tendon, and also reports this biomechanical aspect in the RL 19010v drawing. He looks for a correspondence between the ankle and the elbow.

In a detail of (14), he highlights the first anatomical description of the popliteal fossa, the posterior part of the knee joint. He draws the tarsal bones fairly correctly, but always fails to highlight the plantar arch. In a small sketch he correctly draws the attachment of the adductor and abductor muscles of the big toe, but in the representation of a left foot he puts a right tibia and right fibula above it (22). In another drawing he makes a mistake even in drawing the correct dimensions of the aforementioned leg bones at the level of the talocrural joint. Curiously, in the representations of the foot, the

dito è più lungo del primo (il cosiddetto "piede greco"). Errori che evidenziano come Leonardo avesse più curiosità e interesse per l'arto superiore e per la sua capacità manipolatoria rispetto all'arto inferiore con la locomozione.

In tutto questo contesto, Leonardo non si scorda uno specifico particolare: disegna correttamente delle piccole ossa sesamoidi presenti nel piede. All'epoca infatti circolava l'opinione, derivata da una tradizione rabbinica, che nel giorno del giudizio la ricostruzione del corpo sarebbe iniziata proprio da alcune ossa sesamoidi (osso Luz) presenti o accanto alla colonna o nel piede.

Leonardo dedica molte tavole all'arto superiore, all'articolazione della spalla e ai movimenti della mano in supinazione (palmo della mano in alto) o in pronazione (palmo della mano in basso), così importanti per un artista. Nella tavola (19), già citata per l'arto inferiore, illustra da più angolazioni le diverse strutture ossee che dalla scapola arrivano alle falangi della mano. Come per quella sulla colonna vertebrale (39), anche questa è una tavola bellissima sia dal punto di vista anatomico che artistico, non inferiore a quella di Vesalio.

Con questa tavola Leonardo per la prima volta nella storia dell'anatomia disegna correttamente le due origini del capo corto e lungo del muscolo bicipite. La quarta e quinta figura della tavola hanno un notevole interesse anatomico perché qui Leonardo di fatto comprende e ci dimostra il meccanismo per cui il palmo della mano passa da una posizione supinata a pronata. Disegna correttamente sia i due muscoli pronatori (quadrato e rotondo) sia lo stesso bicipite che, oltre ad essere un muscolo flessore, è anche un supinatore. Nel piccolo schizzo geometrico sul lato destro, Leonardo immagina erroneamente che durante la pronazione l'avambraccio si accorciasse leggermente.

Lo studio della pronazione e supinazione della mano verrà ripreso sia nella tavola (6) che include anche lo studio dell'arto inferiore sia in un'importante tavola embriologica, la (XV, 15), confermando così la spontanea disorganizzazione del suo genio. Con questi disegni dimostra, inoltre, che la mano può essere ruotata senza muovere contemporaneamente l'articolazione della spalla. Questo suo unire l'aspetto meramente osteologico con l'azione dei muscoli è un approccio totalmente nuovo per il mondo anatomico dell'epoca dove gli altri anato-

second toe is longer than the first (the so-called "Greek foot"). Errors which highlight the fact that Leonardo had more curiosity and interest in the upper limb and its manipulative ability than in the lower limb with locomotion.

In all of this, Leonardo does not forget one specific detail: he correctly draws small sesamoid bones present in the foot. At that time, in fact, the circulating opinion, derived from a rabbinic tradition, stated that on the Day of Judgment the reconstruction of the body would begin precisely from some sesamoid bones (Luz bone) present either next to the column or in the foot.

Leonardo dedicated many drawings to the upper limb, shoulder joint, and hand movements in supination (palm up) or pronation (palm down), so important for an artist. In (19), already mentioned for the lower limb, he shows from several angles the different bony structures that reach from the scapula to the phalanges of the hand. As with the one on the spine (39), this is a beautiful drawing both anatomically and artistically, not inferior to Vesalius' ones.

For the first time in the history of anatomy, in this drawing Leonardo correctly draws the two origins of the short and long head of the biceps muscle. The fourth and fifth figures of the drawing are of considerable anatomical interest because here Leonardo understands and shows to us the mechanism by which the palm of the hand passes from a supinated to a pronated position. He correctly draws both the two pronator muscles (square and round) and the biceps itself, which, besides being a flexor muscle, is also a supinator. In the small geometric sketch on the right side, Leonardo mistakenly imagines that during pronation the forearm shortens slightly.

The study of the pronation and supination of the hand will be taken up both in (6), which also includes the study of the lower limb, and in an important embryological drawing (XV, 15), thus confirming the spontaneous disorganization of his genius. In these drawings, he also illustrates that the hand can be rotated without simultaneously moving the shoulder joint. This his combining the merely osteological aspect with the action of the muscles is a totally new approach for the anatomical world of the time where other

mici erano poco interessati alla funzione dei muscoli, da loro stessi semplicemente rappresentati nella loro topografia.

L'attenzione che Leonardo dedica alla prono-supinazione della mano va ben oltre il suo interesse anatomico e ricade in modo inequivocabile nella precisione dei suoi dipinti e nella posizione delle mani e avambracci dei suoi personaggi e sul conseguente simbolismo spirituale che ne deriva: una mano rivolta verso l'alto, il cielo, o verso il basso, la terra. Basta vedere l'indice di *San Giovanni Battista* rivolto verso il cielo con la mano socchiusa ma supinata per accogliere ciò che scende dall'alto o le mani pronate della *Vergine delle Rocce* o dei personaggi dell'*Annunciazione* in segno di arrendevolezza terrena al destino divino. In questa fondamentale tavola [19], le piccole ossa del carpo appaiono appena delineate perché di fatto verranno studiate in dettaglio altrove. Nelle note si appunta la necessità di includere sezioni trasversali e longitudinali per mostrare lo spessore delle ossa e la loro struttura interna.

Le tre tavole sequenziali, [17, 18, 15], sono dedicate al polso e alla mano, dalle strutture ossee a quelle legamentose e muscolari. Come per le tavole sulla colonna vertebrale [39] e sull'arto superiore [19], anche le tavole [17] e [18] sono fra le più belle del Leonardo anatomico. Qui precisione ingegneristica, disegno tecnico e arte si incontrano al massimo vertice possibile, offrendo una moderna pagina di un atlante.

Leonardo è così interessato alla mano che descrive nella nota ben otto passaggi di dissezione che vanno dalle ossa alla cute. Disegna in modo molto accurato e preciso le otto piccole ossa del carpo e l'intera mano da quattro diverse prospettive. Identifica in un piccolo schema i tendini del flessore radiale del carpo e del palmare lungo. Disegna perfettamente la localizzazione del retinacolo dei flessori che copre il tunnel carpale. Inoltre, per spiegare la flessione delle dita fa chiaramente vedere come il tendine del flessore profondo passa attraverso un'asola (chiasma di Camper) del tendine del flessore superficiale. Lo stesso particolare che nel 1632 farà vedere Rembrandt nella sua *Lezione di anatomia del dottor Tulp*.

anatomists were little interested in the function of the muscles, simply represented in their topography.

Leonardo's attention to the pronation and supination of the hand goes far beyond his anatomical interest and involves unmistakably the precision of his paintings, especially of the position of the hands and forearms of his characters and their spiritual symbolism: a hand facing upward, the sky, or downward, the earth. One need only see St. John the Baptist's index finger pointing skyward with his hand half-closed but supinated to welcome what descends from above or the pronated hands of the Virgin of the Rocks or the characters of the Annunciation as a sign of earthly surrender to divine destiny. In this key drawing [19], the small carpal bones appear barely outlined because they will in fact be studied in detail elsewhere. Included within the notes is the need to draw transverse and longitudinal sections to show the thickness of the bones and their internal structure.

The three sequential drawings, [17, 18, and 12], are dedicated to the wrist and hand, from bony to ligamentous and muscular structures. As with the drawings on the spine [39] and upper limb [19], [17] and [18] are also among the finest in the anatomical Leonardo. Here, engineering precision, technical drawing, and art meet at the highest possible apex offering a modern page from an atlas.

Leonardo is so interested in the hand that he describes in the note as many as eight steps of dissection from bone to skin. He draws very accurately and precisely the eight small bones of the carpus and the entire hand from four different perspectives. He identifies in a small sketch the tendons of the flexor radialis carpi and palmar longus. It perfectly draws the location of the flexor retinaculum covering the carpal tunnel. And, to explain the flexion of the fingers he clearly shows how the deep flexor tendon passes through a eyelet [Camper's chiasma] of the superficial flexor tendon. The same detail that Rembrandt will show in 1632 in his *Anatomy Lesson by Dr. Tulp*.

XI
Ramificazione e irrigazione
Ramification and Irrigation

AL CENTRO DELLA VISIONE di Leonardo della natura e dell'uomo c'è la filosofia del microcosmo e del macrocosmo (la similitudine tra il corpo umano e il corpo del mondo), un'idea antica e persistente che ha totalmente rivitalizzato, anche grazie alle analogie visive che emergono con tanta eleganza nei suoi disegni.

Se osserviamo la sua raffigurazione dei vasi superficiali del braccio (1), possiamo intuire un parallelismo tra la loro configurazione e, per usare le sue parole, le *"vene d'aqua"* del mondo, come nella carta dell'Arno e del Mugnone (RL 12677). Questa similitudine va ben oltre l'apparenza. Coinvolge le regole che governano il flusso dei fluidi nei canali. Quando disseziona il vecchio a Firenze, Leonardo nota che gli organi chiave dell'uomo sembravano soffrire di livelli inadeguati di nutrizione e che erano friabili, non ultimo il fegato, in cui si pensava si producesse il sangue. L'autore fa un'analogia con un'arancia lasciata essiccare, in cui la buccia diventa dura e la polpa si restringe internamente. È nel testo sul *verso* di questo foglio (2), citato nell'Introduzione, che descrive con sensibilità la morte del "centenario" il cui sistema vascolare non poteva più sostenere la vita.

Accanto allo studio del braccio vascolare, Leonardo aggiunge due piccoli schizzi di grande importanza. A destra, infatti, sono disegnate le sezioni tipiche del sistema vascolare del "giovane" e del vecchio. Il primo consiste in un sistema ramificato di canali rettilinei che diventano progressivamente

AT THE HEART OF Leonardo's vision of nature and human beings is the philosophy of the microcosm and macrocosm (the parallel between the human body and the body of the world), an ancient and persistent idea that Leonardo totally revitalised, not least by the visual analogies that emerge so elegantly in his drawings.

If we look at his depiction of superficial vessels in the arm (1), we can sense a close parallel between their configuration and what he calls the "*vene d'aqua*" ("veins of water") within the earth, as in the map of the Arno and Mugnone (RL 12667). This parallel extends far beyond appearance. It involves the rules that govern the flow of fluids in channels. When he dissects the old man in Florence, he notes extensively that the man's key organs appeared to have suffered from inadequate levels of nutrition and that they were crumbly, not least the liver, in which blood was thought to be made. He draws an analogy with an orange that has been left to dry, in which the peel becomes hard and the flesh shrinks internally. It is in the text on the verso of this sheet (2), quoted in the Introduction, that he sensitively describes the death of the "centenarian" whose vascular system could no longer sustain his life.

Beside his study of the vascular arm, he adds two little sketches of great moment. On the right he sketches typical sections of the vascular system of the "young" and of the old. The former consists of a branching system of straight channels that progressively become system-

e sistematicamente più stretti a ogni stadio di ramificazione. Quelli dei "vecchi" seguono invece un percorso tortuoso. Come ingegnere di canali e fiumi, Leonardo era consapevole che i corsi d'acqua rettilinei scorrevano in modo efficiente, mentre il flusso in canali tortuosi era inefficiente. Aveva osservato che le sponde di un fiume venivano erose all'esterno dei meandri e che all'interno delle anse si depositavano limo e pietre. Di conseguenza, diagnostica la causa della "*dolce morte*" nell'insabbiamento dei vasi sanguigni dell'uomo, in particolare dell'arteria che "serve al cuore". Per Leonardo, l'analogia non era semplicemente un modo produttivo di pensare, ma aveva anche un grande potere esplicativo.

Tali analogie rispondevano a domande importanti. In una pagina dedicata al sistema vascolare del torace e del fegato, Leonardo discute circa l'antica questione se la fonte dei vasi fosse il cuore o il fegato (3). In linea di massima, Aristotele propendeva per il primo, mentre Galeno preferiva il fegato. Anche in questo caso, piccoli schizzi vengono in aiuto di Leonardo. A destra mostra un "nocciolo" in germinazione. A sinistra, invece, è raffigurata un'immagine schematica del cuore e dei vasi epatici. Osserva che l'albero invia le sue radici ramificate nel terreno, mentre i rami si innalzano nell'aria. Allo stesso modo, il cuore invia le sue "radici" ramificate nel fegato e le sue ramificazioni superiori a tutto il corpo. È chiaro che i vasi sanguigni hanno origine dal cuore, anche se la sostanza del sangue è prodotta dal fegato.

L'analogia con l'albero fornì a Leonardo un modo per concettualizzare il sistema vascolare e suggerì anche una modalità di illustrazione. Su un foglio che contiene strutture architettoniche, disegna un "uomo-albero" (5). Gli elementi esterni del corpo di un uomo diventano trasparenti o forse inesistenti, in modo da poter vedere il sistema vascolare ramificato in tre dimensioni insieme ad alcuni organi principali. Sul *verso* (6) disegna un altro "uomo-albero" in cui sono più evidenti i contorni del corpo dell'uomo nella posa standard.

A prima vista, gli studi architettonici non sembrano avere a che fare con l'"uomo-albero". Tuttavia, come il corpo umano è visto in trasparenza, così le doppie scale sono rese in modo trasparente. C'è un legame? Con Leonardo possiamo pensare di sì. Inoltre, le colonne accoppiate nello schizzo in basso a sinistra imitano tronchi d'albero potati, della stessa tipologia che il

atically narrower at each stage of branching. Those of the "old" pursue a tortuous course. As a canal and river engineer, he knew that straight water courses flowed efficiently, whereas flow in tortuous channels would inefficient. He had observed that the banks of a river would be the eroded on the outside of the meanders, and that silt and stones would be deposited on the inside of the bends. Accordingly, he diagnoses the cause of the "sweet death" as the silting up of the man's blood vessels, particularly the artery that "serves the heart". For Leonardo, analogy was not simply a productive way of thinking but could also have great explanatory power.

Such analogies answered major questions. On a page devoted to the vascular system of the thorax and liver, he debates the old question as to whether the heart or the liver was the source of vessels (3). Broadly speaking, Aristotle favoured the former while Galen preferred the liver. Again, little sketches come to Leonardo's aid. On the right he shows a germinating "nocciolo" (stone or nut, as of a peach). To the left he sketches a schematic image of a heart and the hepatic vessels. He notes that the young tree sends out its ramifying roots into the ground, while the branches rise into the air. Similarly, the heart sends out its branched "roots" into the liver and its upper ramifications to the whole body. It is clear that the blood vessels originate from the heart, even if the substance of the blood was manufactured by the liver.

The tree analogy provided Leonardo with a way to conceptualise the vascular system, and it also suggested a mode of illustration. On a sheet that contains architectural structures, he sketches a "tree-man" (5). The outer integuments of a man's body become transparent or maybe non-existent so that we can see the branching vascular system in three dimensions together with some major organs. On the *verso* (6) he sketches another "tree-man" in which the outlines of the man's body in the standard pose are more evident.

At first sight, the architectural studies seem not be related to the "tree-man". However, just as the human body is seen in transparency, so the double staircases are rendered in a transparent manner. Is there a link? With Leonardo we may think so. Moreover, the paired columns in the sketch at the bottom left imitate pruned

collega di Leonardo, Donato Bramante, progettò per i colonnati di S. Ambrogio a Milano.

Sistemi di ramificazione efficienti necessitano di canali rettilinei, ma l'applicazione delle regole non si ferma qui. Se osserviamo i bellissimi disegni dei bronchi del polmone (7), possiamo notare che la biforcazione dei canali dell'aria obbedisce alla regola secondo cui le aree della sezione trasversale ad ogni livello del sistema devono essere uguali se si vuole ottenere un flusso costante. Probabilmente formulò questa regola mentre progettava la sua decorazione di alberi ramificati nella Sala delle Asse del Castello Sforzesco di Milano. Non è necessario che la ramificazione sia simmetrica, purché la somma delle aree trasversali rimanga costante. Leonardo sapeva che nella realtà della natura i rami non sono perfettamente matematici. La sua dimostrazione dei bronchi mostra una forma ideale capace di farci apprezzare la regola sottostante, così come possiamo usare le proporzioni per dimostrare la forma ideale di un corpo umano.

Lo stesso si può vedere in un "uomo-albero" che rappresenta il sistema nervoso. L'uomo allungato è visto frontalmente e lateralmente. Sicuramente, il sistema nervoso non implica il flusso di fluidi. Ma nella fisiologia del Rinascimento, i nervi sono tubi cavi attraverso i quali scorre il "midollo allungato", che trasmette le informazioni sensoriali al *senso comune* e gli impulsi motori agli arti, ecc. I nervi trasmettono gli "spiriti animali" in modo dinamico e le loro fibre terminali sono continue con le fibre dei muscoli. I nervi sono visti in sezione in un disegno molto schematizzato del plesso brachiale nel collo e nelle spalle (10). L'autore mostra apertamente una concezione funzionale del plesso, non il suo aspetto reale. Sul *verso* elenca 16 potenziali "dimostrazioni" in cui aspira a rappresentare tutte le strutture corporee in modo sistematico, compresa "una dimostrazione delle ossa, dei nervi e dei muscoli" in un unico disegno.

In un altro foglio dedicato al plesso schematizzato (12) osserva che "questa dimostrazione è necessaria al buon disegnatore quanto la coniugazione delle parole al buon grammatico". Nessun altro sostenitore dell'anatomia per gli artisti si sarebbe spinto così in profondità. Il plesso brachiale non è visibile quando guardiamo il corpo di qualcuno. Per Leonardo, invece, è necessario comprendere le "cause" più profonde che

tree trunks, of the kind that Leonardo's colleague Donato Bramante designed for colonnades in S. Ambrogio, Milan.

Efficient branching systems need straight channels, but the application of rules does not stop here. If we look at the beautiful drawings of the bronchii in the lung (7), we can see that the bifurcation of the air channels obeys the rule that the cross-sectional areas at each level of the system should be equal if a steady flow was to be achieved. He probably formulated this rule when he was designing his decoration of branching trees in the *Sala delle Asse* in the Sforza castle in Milan. The branching need not be symmetrical providing the sum of cross-sectional areas remained constant. And Leonardo knew that in the realities of nature branches were not perfectly mathematical. His demonstration of the bronchii shows an ideal form so that we can appreciate the underlying rule, just as we can use proportions to demonstrate the ideal form for a human body.

The same can be seen in a "tree-man' who represents the nervous system. The elongated man is seen from the side and front. But, surely, the nervous system does not involve the flow of fluids. In the physiology of the Renaissance, the nerves consist of hollow tubes through which flows the "medulla", conveying sensory information to the *senso comune*, and transmitting motor impulses into the limbs etc. The nerves transmit the "animal spirits" in a dynamic manner, and their terminal fibres are continuous with the fibres of the muscles. The nerves are seen in cross-section in a very schematised drawing that shows the brachial plexus in the neck and shoulders (10). He is overtly showing a functional conception of the plexus, not what it actually looks like. On the *verso* he lists 16 potential "demonstrations" in which he aspires to depict all the bodily structures in a systematic manner, including "a demonstration of the bones, nerves and muscles" in a single drawing.

On another sheet devoted to the schematised plexus (12) he notes that "this demonstration is as necessary to good draftsmen as is the conjugation of words for the good grammarian". No other advocate of anatomy for artists would go this deep. The brachial plexus is not visible when we look at someone's body. For Leonardo, however, the deeper "causes" that drive the bodily machine must

muovono la macchina corporea. L'espressione di ogni discepolo nell'*Ultima Cena* è guidata da questo impianto neurologico.

Questa visione del corpo umano come totalmente dipendente da sistemi di irrigazione straordinariamente sofisticati e interdipendenti attraversa una serie di disegni che un tempo erano rilegati in quello che veniva chiamato *Manoscritto B*. In genere misurano circa 19,0 x 1,40 cm. Risalgono principalmente al periodo in cui dissezionò il "vecchio" e sono profondamente debitori di quella dissezione chiave. È interessante notare che Leonardo ha incluso nella serie i 1489 studi di crani di quasi due decenni dopo. Evidentemente riteneva che essi rispondessero appieno agli obiettivi prefissati. La serie è arricchita anche da dissezioni di animali che egli inserisce nel materiale umano in modo tale che le pagine non etichettate come "*del vechio*" possano essere viste come estensioni della documentata autopsia da lui condotta nell'ospedale di Santa Maria Nuova a Firenze. Abbiamo già citato il resoconto umano di Leonardo sul vecchio che scivola via e il suo resoconto meravigliosamente vivido della natura essiccata degli organi del vecchio.

Scorrendo i disegni di questa sezione, si nota una prodigiosa inventiva nelle modalità di dimostrazione, con la ricorrente sensazione che le regioni interne del corpo sezionato siano belle quanto il loro esterno intatto. Per Leonardo i "paesaggi interni" di cui era testimone come anatomista erano una fonte di meraviglia non minore rispetto ai paesaggi di montagne, laghi, fiumi, rocce, pietre, terra e piani fertili con alberi e piante.

La gamma di dimostrazioni grafiche è ampissima. Ci sono schizzi rapidi e ripetuti dei principali organi corporei, alcuni dei quali sono di grande bellezza plastica, non ultimi quelli dello stomaco sinuoso [42 e 48] e della vescica piena [7]. Vasi sanguigni, nervi e tessuti sono mappati con intensa riverenza. La sua tecnica di trasparenza ci permette di accedere a strutture affascinanti all'interno dei contorni di una gamba o di un'altra parte del corpo. Ciò corrisponde alla sua raccomandazione di mantenere i contorni (o i contorni punteggiati) di un corpo sezionato per tutta la durata della dissezione [20 e 50], per ragioni sia estetiche che didattiche.

Quando vuole spiegare il funzionamento di qualcosa, può sempre ricorrere a un diagramma, come nei piccoli schizzi di una vescica piena alla maniera di un pallone di vetro [42].

be understood. The expression of each disciple in the *Last Supper* is driven by this neurological plumbing.

This vision of the human body as utterly dependent upon miraculously sophisticated and interdependent systems of irrigation runs through a series of drawings that were once bound together in what was called *Manuscript B*. They typically measure about 19.0 x 1.40 cm. They mainly date from the period in which he dissected the "old man" and are deeply indebted to that key campaign. Interestingly, Leonardo included the 1489 skull studies in the series from almost two decades later. He clearly regarded them as doing their job is a satisfactory manner. The series is enriched by related dissections of animals that he rolls into the human material in such a way that pages not actually labelled "*del vechio*" may be seen as extensions to the documented autopsy he conducted in the hospital of Santa Maria Nuova in Florence. We have already quoted Leonardo's humane account of the old man slipping away and his wonderfully vivid account of the desiccated nature of the old man's organs.

As we scan the drawings in this section, we see prodigious inventiveness in mode of demonstration, with a recurrent sense that the inner regions of the dissected body are as beautiful as their intact exterior For Leonardo the "inner-scapes" to which he bore witness as an anatomist were no less a source of wonder than landscapes of mountains, lakes, rivers, rocks, stones, soil, and fertile planes with trees and plants.

The range of graphic demonstration is huge. There are quick and repeated sketches of main bodily organs, some of which are of great plastic beauty, not least those of the curvaceous stomach [42 and 48] and full bladder [7]. Blood vessels, nerves and tissues are mapped with intense reverence. His see-through technique grants us access to beguiling structures deep within the outlines of a leg or other body part. This corresponds to his recommendation that the outlines (or dotted outlines) of a dissected body should be retained throughout the dissection [20 and 50], for reasons that that are both aesthetic and didactic.

When he wishes to explain how something functions, he can always resort to a diagram, as in the little sketches of a full bladder in the manner of a glass flask [42].

Nell'ambito di un dibattito sul funzionamento della vescica, utilizza i piccoli schizzi per riflettere su ciò che accade quando una persona con la vescica piena assume diverse posture. In generale, il rapporto tra testo e disegno aumenta con il passare del tempo, poiché l'autore si sforza di fornire resoconti sempre più dettagliati sul funzionamento di sistemi e organi. Nelle sue ultime anatomie attribuisce consapevolmente un ruolo maggiore alle parole, ammettendo di dover descrivere e illustrare. In termini moderni, Leonardo trova necessario usare le parole quando si occupa di fisiologia piuttosto che di anatomia descrittiva.

Il culmine eroico di questi studi sulla ramificazione e sull'irrigazione – in termini di ambizione, se non di cronologia – è la "Grande Signora" su un foglio piegato di dimensioni eccezionali (51). Le sue tecniche grafiche sono spinte al limite, e anche oltre. Si sforza di mostrare i sistemi di irrigazione dinamica della donna: la trachea ramificata; il cuore con le sue aorte robuste e i suoi vasi ramificati; il fegato esteso con le sue ramificazioni interne; i reni grassottelli; l'utero pieno e la vulva ricettiva. In questa fitta serie grafica non c'è modo di inserire lo stomaco o i nervi ramificati. Sarebbero oggetto di altre dimostrazioni. Quando osserviamo le caratteristiche particolari, vediamo una sintesi delle conoscenze acquisite dalla dissezione umana e animale, e la conoscenza tradizionale delle forme che segue la funzione. L'utero, ideale nella sua forma sferica, con le sue "cellule" interne e le "corna" esterne, è fortemente concettualizzato. Il cuore con le sue due camere segue una tradizione che Leonardo presto modificherà.

Le note di accompagnamento non sono un resoconto sulle forme e funzioni anatomiche, ma una serie di questioni: la causa della flatulenza; la necessità che donne e uomini contribuiscano entrambi alla generazione dell'embrione nel grembo materno; e (in una nota danneggiata) sembra tracciare un parallelo tra il ciclo digestivo del corpo umano che produce feci gassose e la putrefazione dei corpi nelle tombe.

Il denso *mélange* di tecniche illustrative – definizione tridimensionale, sezionamento e trasparenza con varie modalità di ombreggiatura – sovraccarica ciò che anche Leonardo potrebbe disegnare. Imperterrito, dice a se stesso di fare la dimostrazione di lato e da dietro. Il metodo elaborato che adotta per creare questa immagine complessa sembra com-

As part of a debate about how the bladder functions, he uses the tiny sketches to think about what happens when the person with a full bladder adopts different postures. Generally speaking, the ratio of text to drawing increases over time as he strives to provide increasingly detailed accounts of the working of systems and organs. He consciously ascribes a larger role to words in his later anatomies, admitting that he has to describe and illustrate. In our modern terms, he finds it necessary to use words when dealing with physiology rather than descriptive anatomy.

The heroic climax of these studies of branching and irrigation – in terms of ambition if not chronologically – is the "Great Lady" on an exceptionally large folded sheet (51). His graphic techniques are pushed to their limits, and even beyond. He strives to demonstrate the woman's systems of dynamic irrigation: the branched trachea; the heart with is stout aortas and branching vessels; the extensive liver with its interior ramifications; the plump kidneys; the fulsome womb, and receptive vulva. In this dense graphic array there is no way to accommodate the stomach or the ramifying nerves. They would be the subject of matching demonstrations. When we look at particular features, we see a synthesis of knowledge gleaned from human and animal dissection, and the received wisdom of forms that follow function. The womb, ideal in its spherical shape, with its interior "cells" and exterior "horns", is strongly conceptualised. The heart with its two chambers follows a tradition that Leonardo is soon to modify.

The accompanying notes deal not with an account of the anatomical forms and function but with a range of issues: the cause of farting; the necessity that women and men both contribute to generation of the embryo in the womb; and (in a damaged note) he seemingly draws a parallel between digestive cycle in the human body that results in gaseous faeces and the putrefaction of bodies in tombs.

The dense melange of illustrative techniques – 3-D definition, sectioning and transparency with varied modes of shading – overloads what even Leonardo could draw. Undaunted, he tells himself to make the demonstration from the side and behind. The elaborate method he adopts to create this complex image seems to involve folding the sheet

portare la piegatura del foglio in verticale lungo l'asse centrale. Il disegno dei contorni di metà corpo veniva poi tracciato sull'altra metà. Una volta completati i contorni degli organi su un lato, anche questi venivano trasferiti. Questa procedura trasferisce i contorni del corpo in modo simmetrico da un lato all'altro del foglio. Una caratteristica indesiderata di questo processo è che la milza compare due volte. Infine, l'autore punteggia i contorni dei tratti principali per trasferirli su un altro foglio, sul quale presumibilmente vuole risolvere i grovigli visivi. Le linee inchiostrate non sempre seguono le linee dei punti. Un altro grande foglio (52) registra più o meno accuratamente molti dei contorni principali, pur non presentando alcun segno dei punti che risulterebbero invece per il carbone in polvere forzato nei fori del disegno principale. L'intera procedura è davvero elaborata.

La "Grande Signora" è il disegno più eroico nella storia dell'anatomia. Come l'*Adorazione dei Magi*, la cui incompiutezza è incredibilmente comunicativa tanto da trascendere la sua natura di non finito. Rivela processi di visione, comprensione e rappresentazione in modo entusiasmante.

Nota sulla datazione

La dissezione del vecchio avvenne probabilmente nell'inverno del 1506-7. I disegni, come gruppo, si collocano probabilmente nel periodo 1504-8.

vertically along its central axis. The drawing of half of the body's outlines was then pricked through to the other half. Once the outlines of the organs on one side were complete, they were also transferred. This procedure transfers the bodily outlines symmetrically from one side to the other. An unwanted feature of this process is that the spleen features twice. Finally, he pricks though outlines of major features to transfer them to another sheet, on which he presumably wanted to sort out the visual tangles. The inked lines do not always follow the lines of the dots. Another big sheet (52) more or less accurately records many of the main outlines, though without any sign of the dots that would result from powdered charcoal being forced though the pricked holes in the main drawing. The whole procedure is horribly elaborate.

The "Great Lady" is the most heroic drawing in the history of anatomy. As in the *Adoration of the Magi*, its unresolved state is magnificently communicative in a way that transcends its unresolved nature. It speaks of the processes of seeing, understanding and representing in a thrilling manner.

Note about dating

The dissection of the old man probably occurred in the winter of 1506-7. The drawings as group probably span 1504-8.

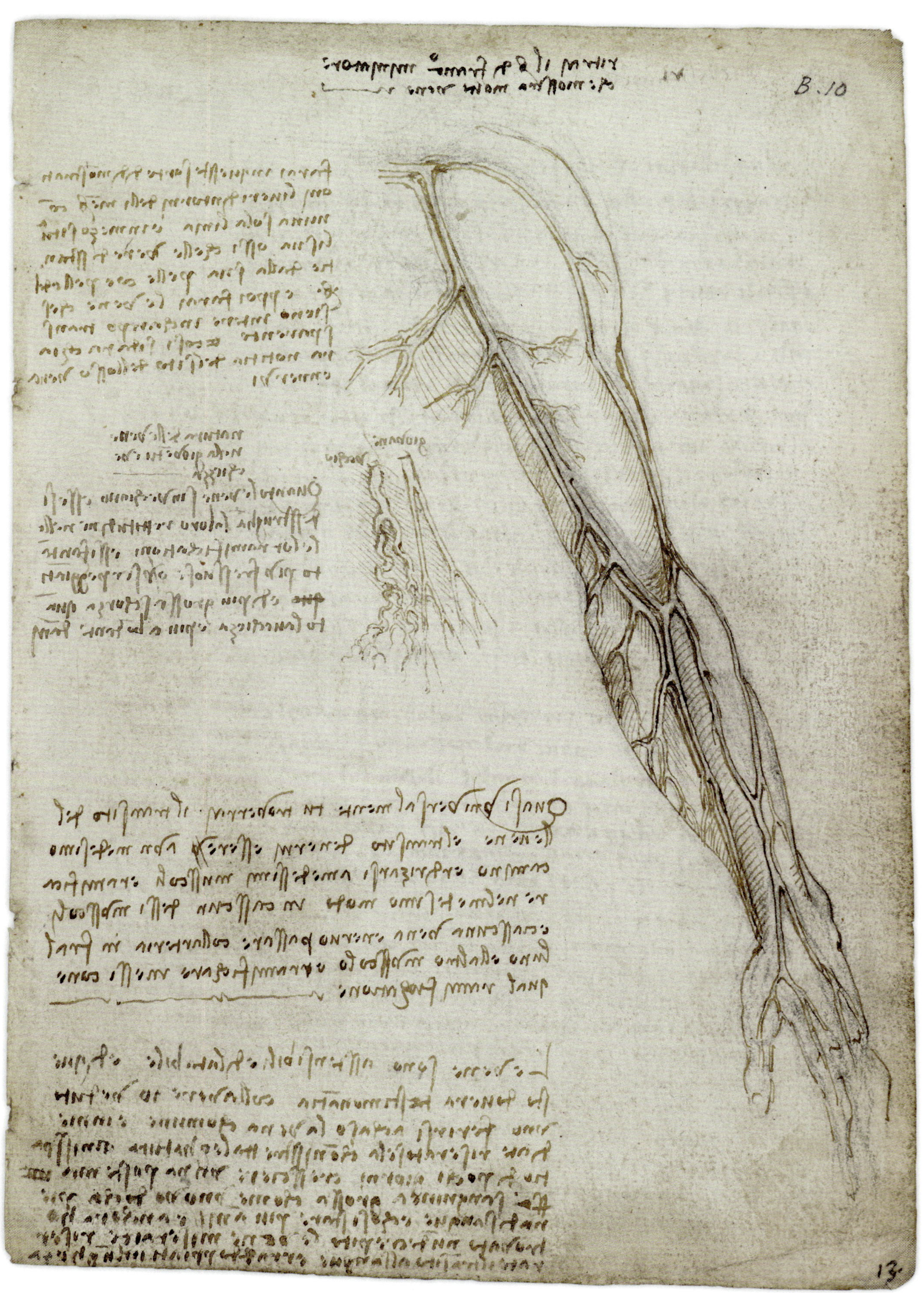

1. *Vasi sanguigni superficiali del braccio e vasi di un giovane e di un vecchio.*
Penna e inchiostro, gessetto nero su carta, 19,2 × 14,1 cm.
RL 19027r / K&P 69r

1. *Superficial blood vessels of the arm, and those of the young and old.*
Pen and ink, black chalk on paper, 19.2 × 14.1 cm.
RL 19027r / K&P 69r

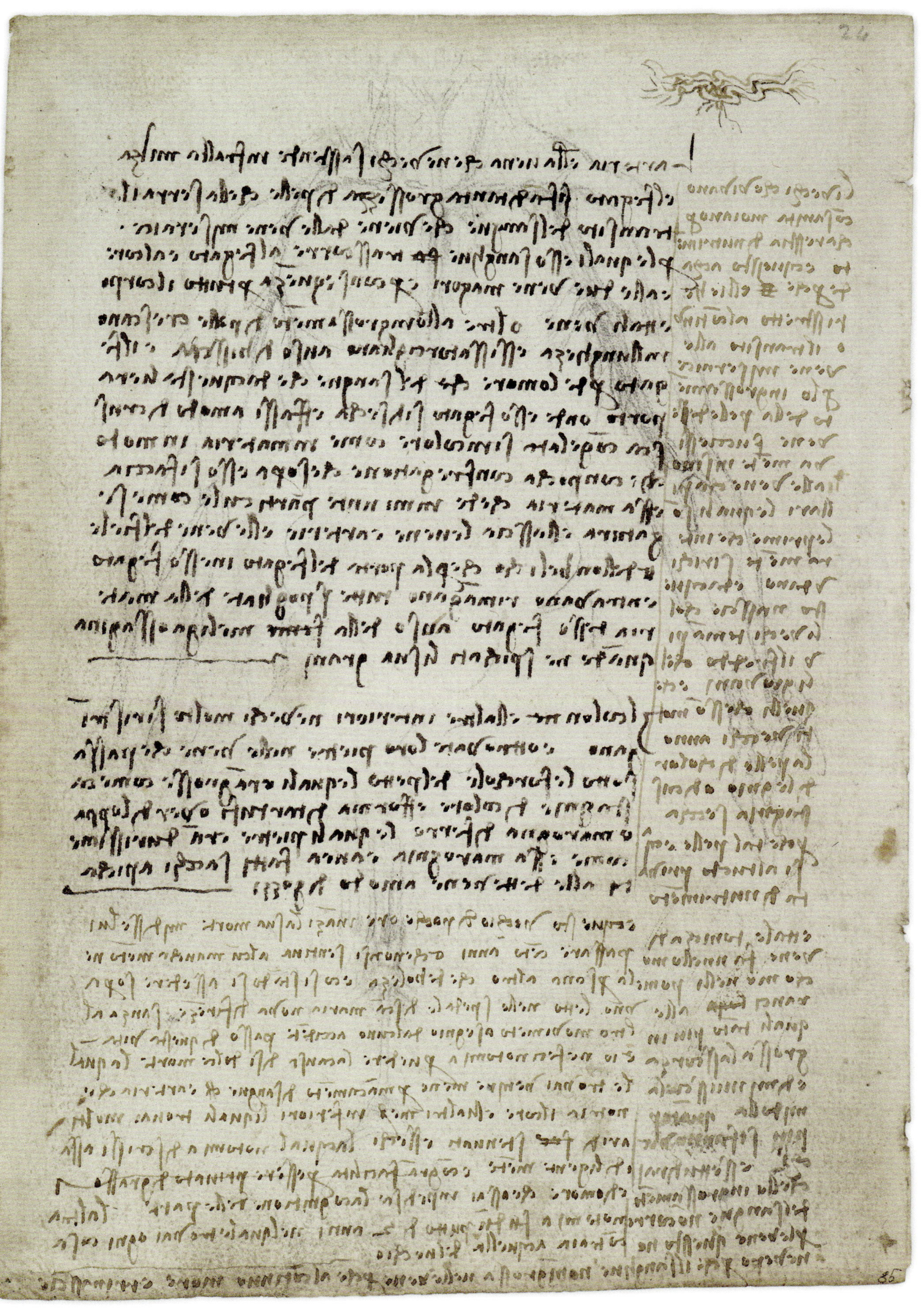

2. *Dimostrazione di vasi sanguigni tortuosi e descrizione della "morte dolce" di un uomo molto vecchio.*
Penna e inchiostro, gessetto nero su carta, 19,2 × 14,1 cm.
RL 19027v / K&P 69v

2. *Demonstration of tortuous blood vessels, and description of the "sweet death" of the very old man.*
Pen and ink, black chalk on paper, 19.2 × 14.1 cm.
RL 19027v / K&P 69v

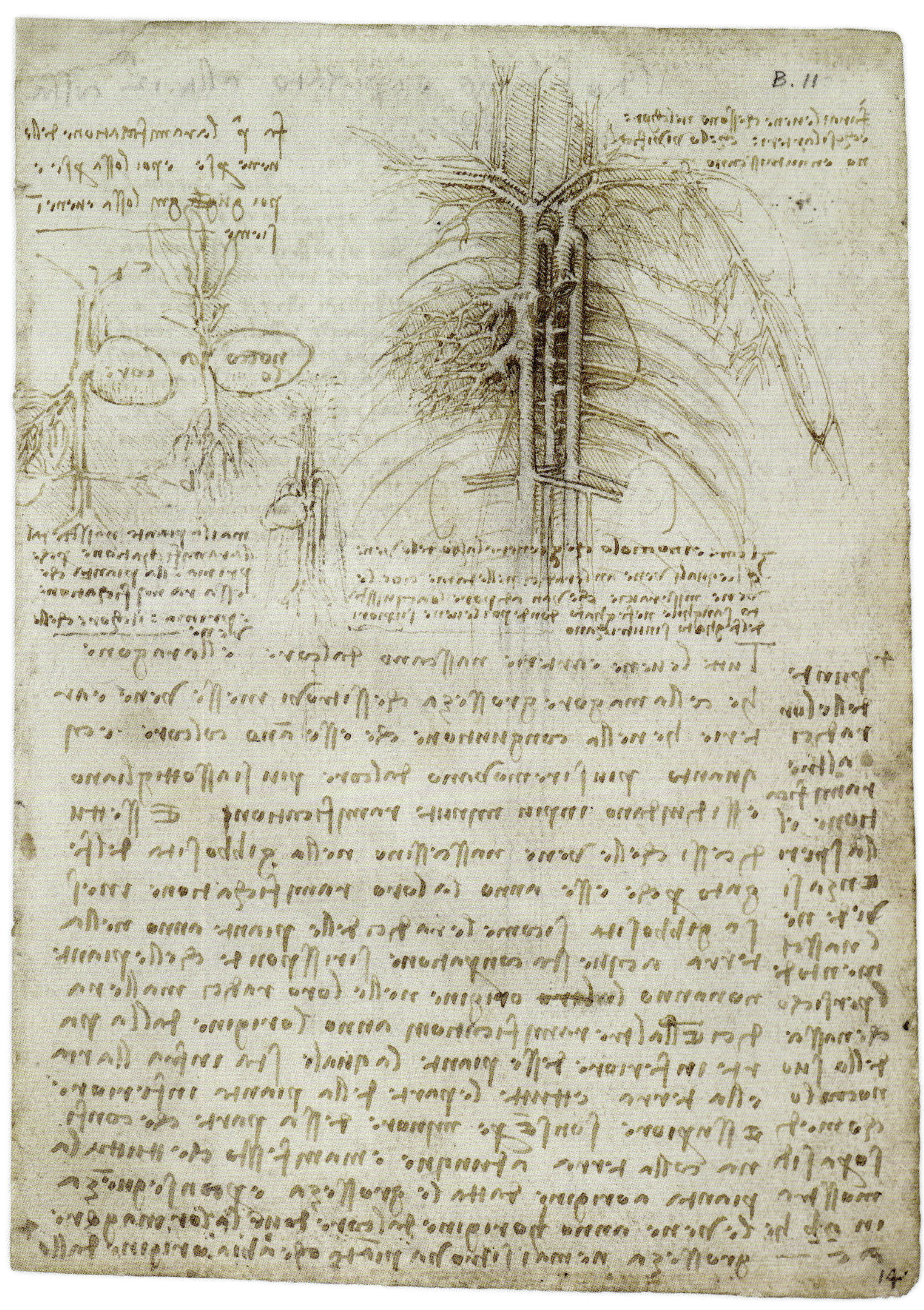

3. *Vasi sanguigni del torace e dell'addome e il cuore paragonato a un seme.*
Penna e inchiostro, gessetto nero su carta, 19,2 × 14,0 cm.
RL 19028r / K&P 70r

3. *Blood vessels of the thorax and abdomen, and the heart as seed.*
Pen and ink, black chalk on paper, 19.2 × 14.0 cm.
RL 19028r / K&P 70r

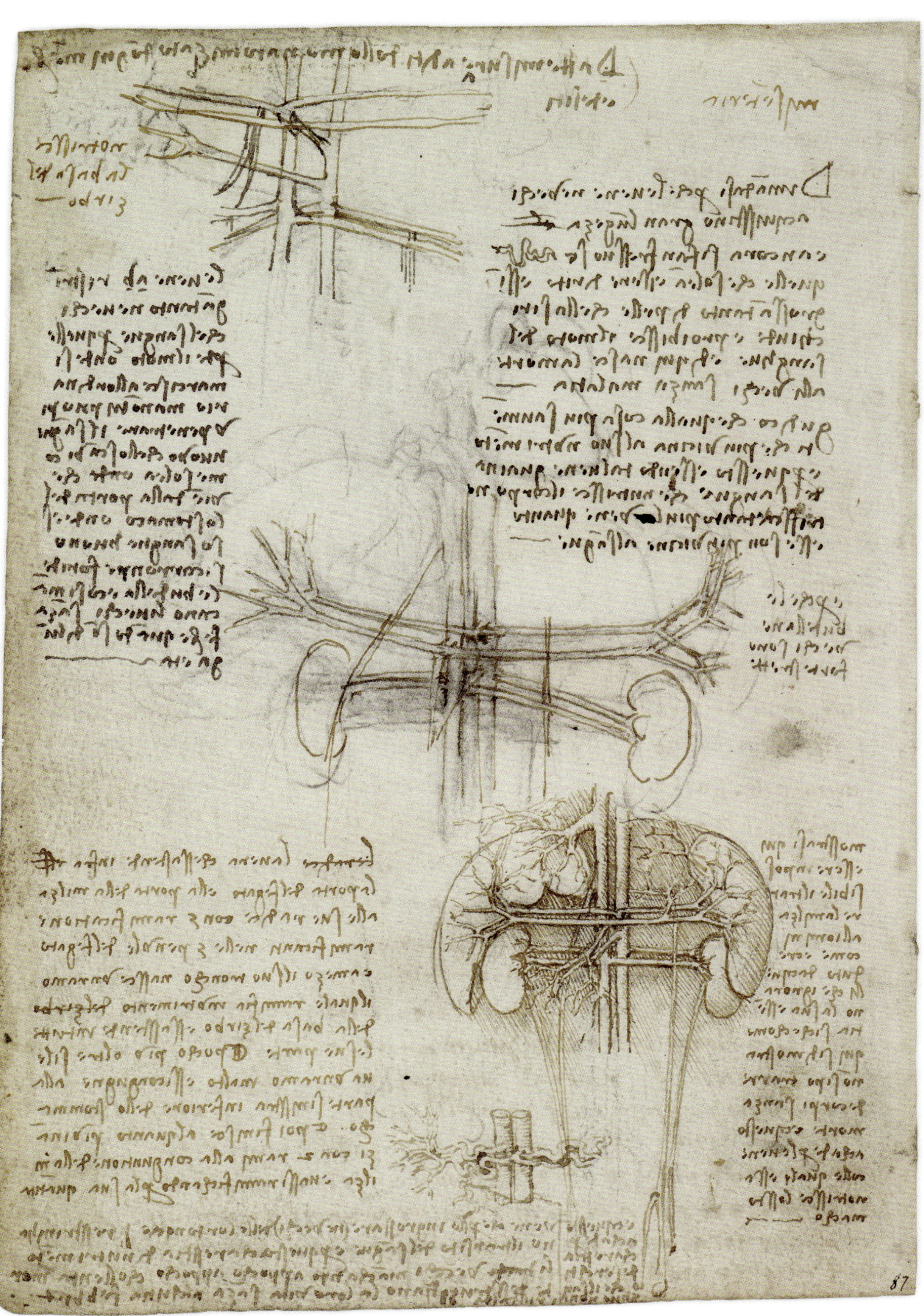

4. *Vasi sanguigni del fegato e dei reni e vasi tortuosi.*
Penna e inchiostro, gessetto nero su carta, 19,2 × 14,0 cm.
RL 19028v / K&P 70v

4. *Blood vessels of the liver and kidneys, and tortuous vessels.*
Pen and ink, black chalk on paper, 19.2 × 14.0 cm.
RL 19028v / K&P 70v

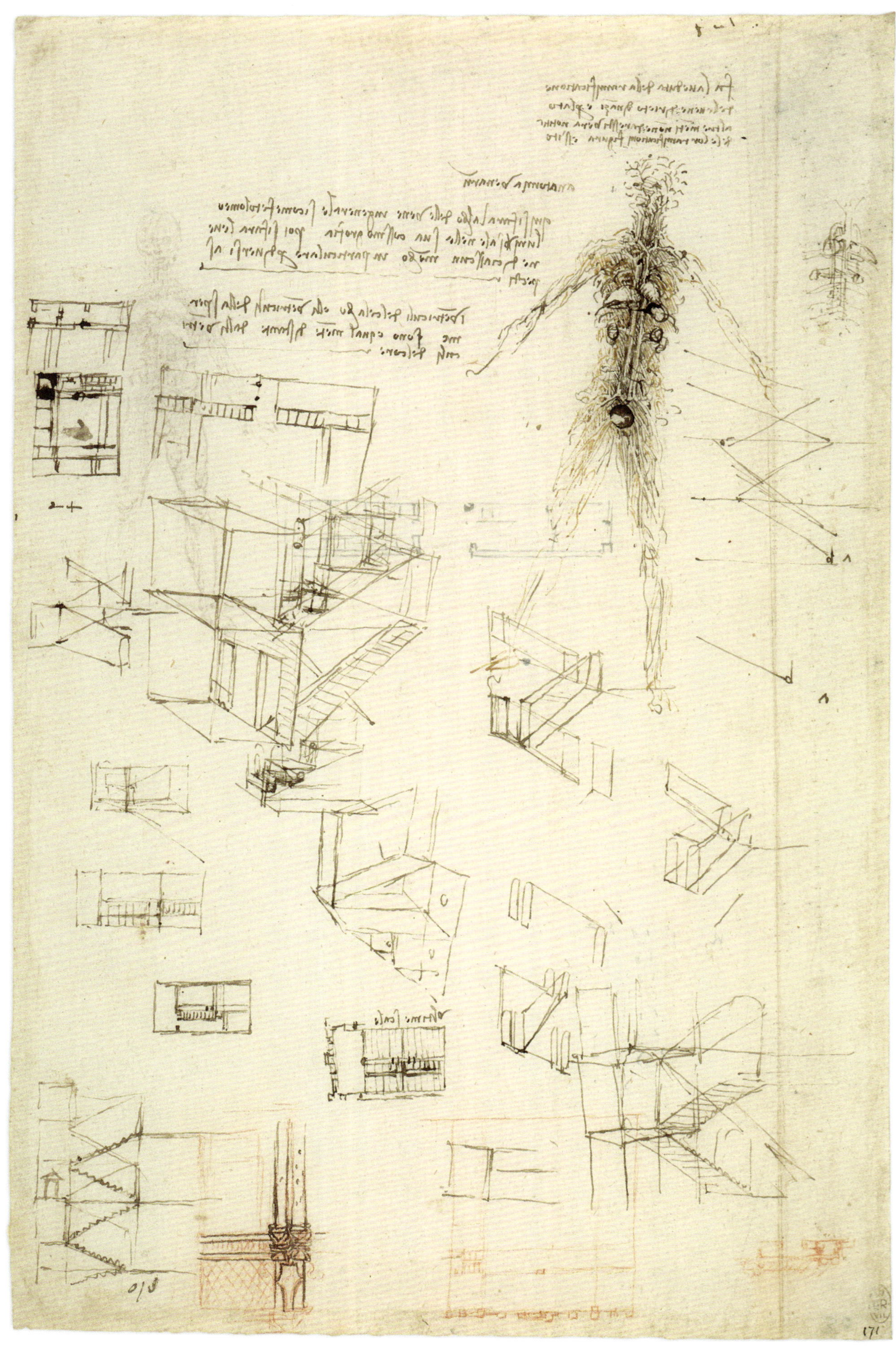

5. *Albero dei vasi sanguigni con alcuni organi e studi di scale doppie.*
Penna e inchiostro, gessetto rosso su carta, 29,5 × 19,8 cm.
RL 12592r / K&P 97r

5. *Tree of the blood vessel with some organs, and studies of double staircases.*
Pen and ink, red chalk on paper, 29.5 × 19.8 cm.
RL 12592r / K&P 97r

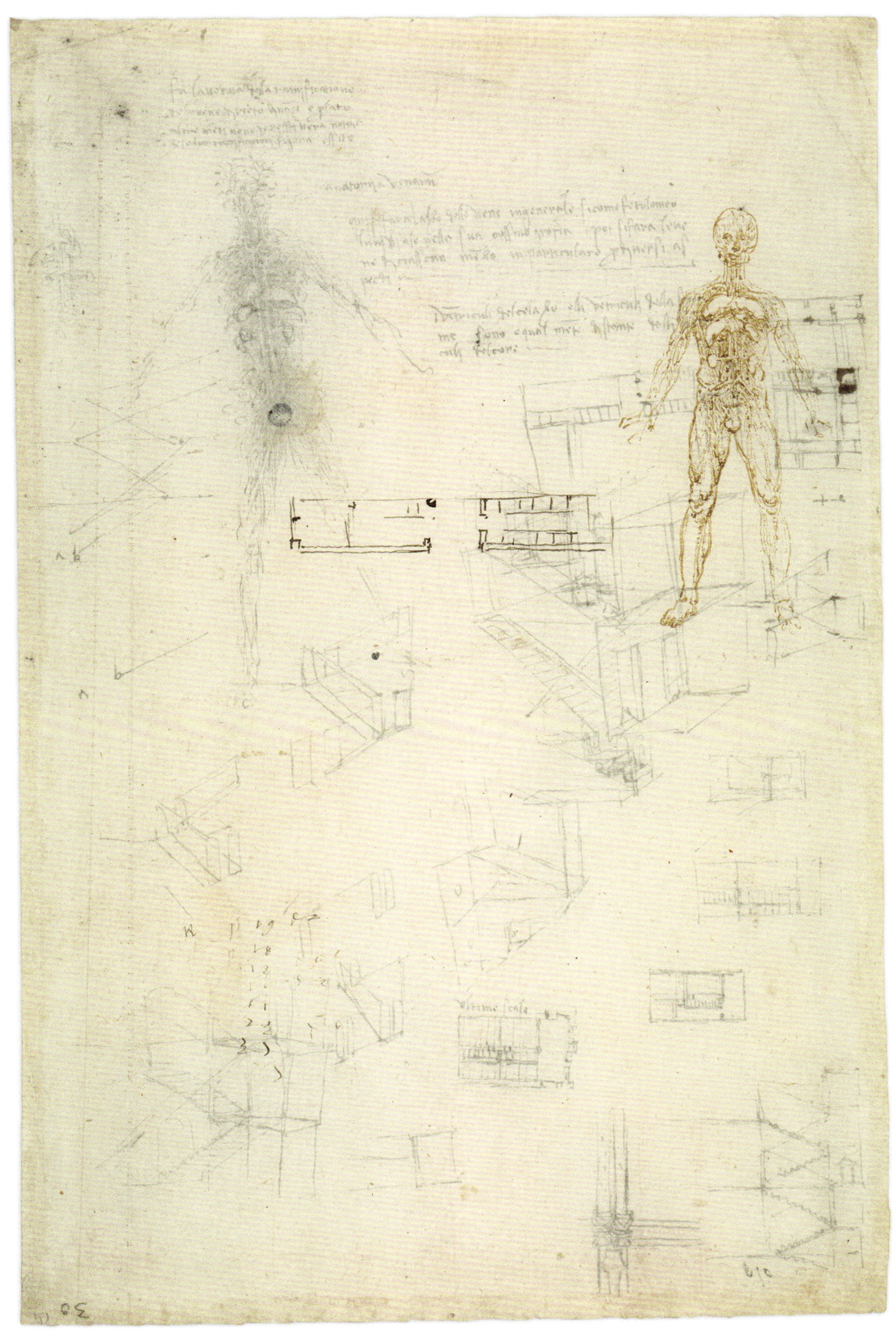

6. *Organi principali del corpo con alcuni vasi sanguigni, e disegno di scale.*
Penna e inchiostro, gessetto rosso su carta, 29,5 × 19,8 cm.
RL 12592v / K&P 97v

6. *Main organs of the body with some blood vessels, and design for staircases.*
Pen and ink, red chalk on paper, 29.5 × 19.8 cm.
RL 12592v / K&P 97v

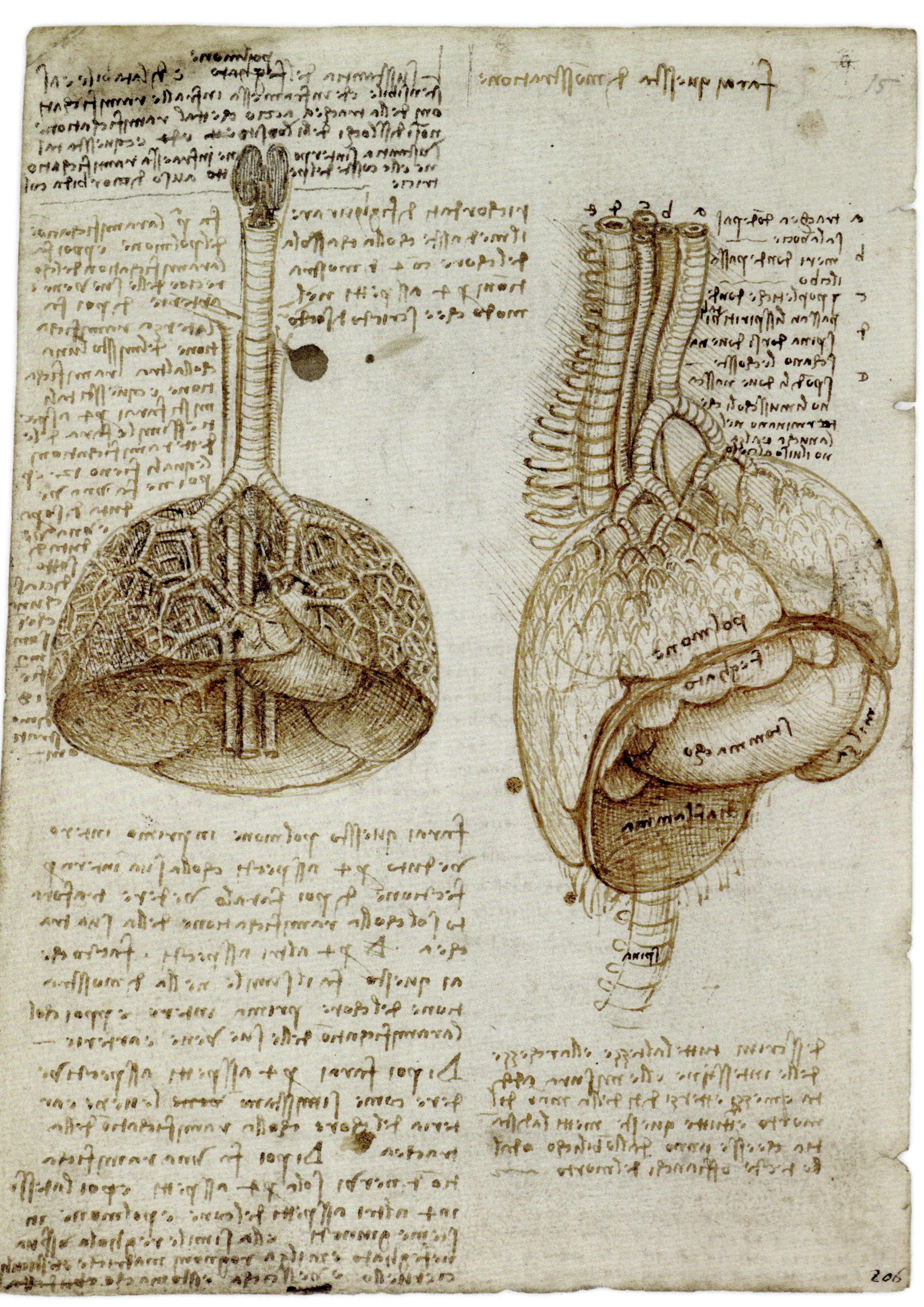

7. *Bronchi, trachea e canali spinali, con polmoni, fegato, stomaco, milza e diaframma.*
Penna e inchiostro, gessetto nero su carta, 19,4 × 14,2 cm.
RL 19054v / K&P 53v

7. *The bronchii and the trachea, and the spinal channels, with the lungs, liver, stomach, spleen and diaphragm.*
Pen and ink, black chalk on paper, 19.4 × 14.2 cm.
RL 19054v / K&P 53v

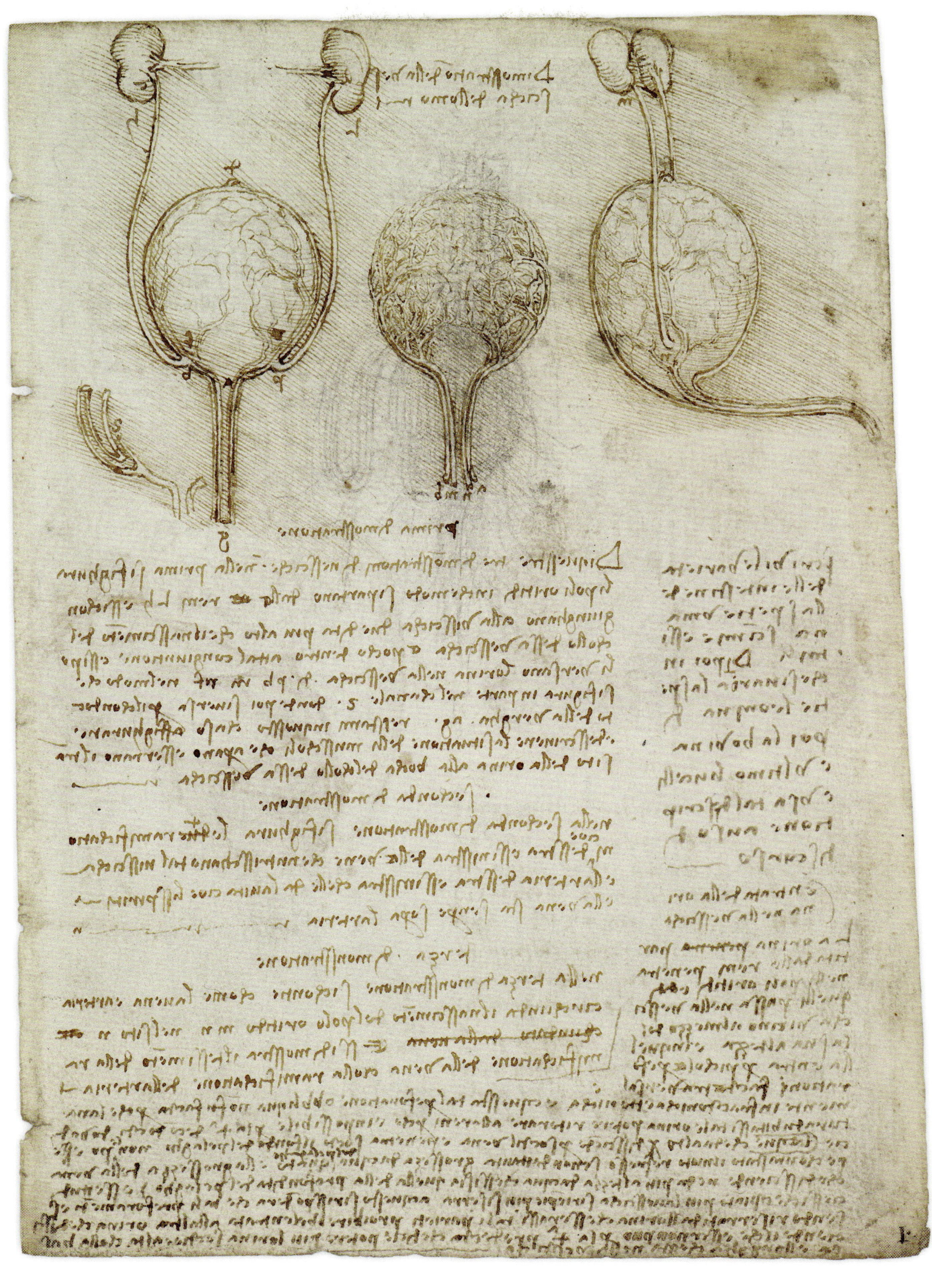

8. *Vasi della vescica.*
Penna e inchiostro, gessetto nero su carta, 19,4 × 14,2 cm.
RL 19054r / K&P 53r

8. *Vessels of the bladder.*
Pen and ink, black chalk on paper, 19.4 × 14.2 cm.
RL 19054r / K&P 53r

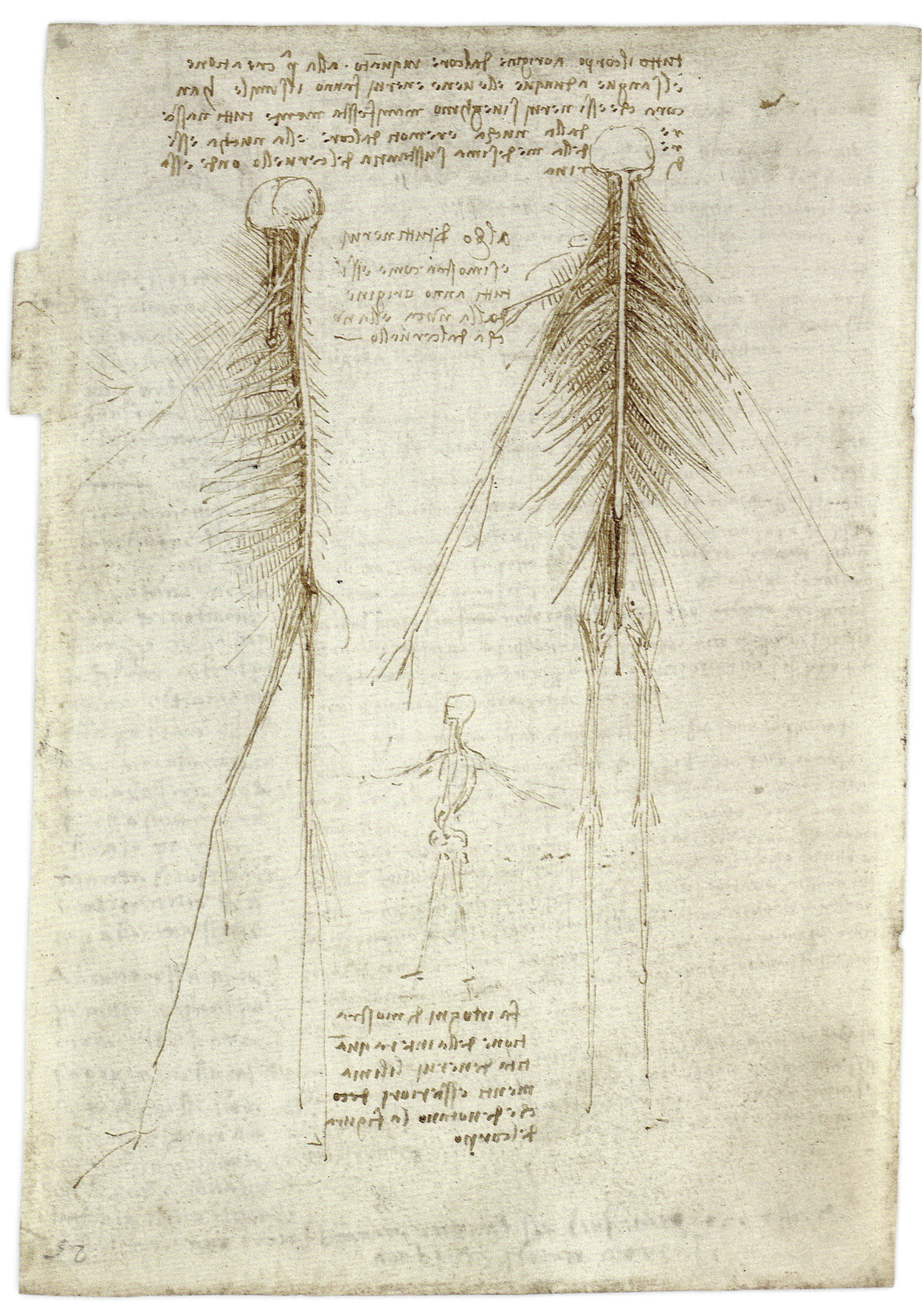

9. *Alberi dei nervi*.
Penna e inchiostro su carta, 19,3 × 13,4 cm.
RL 19034v / K&P 76v

9. *Trees of the nerves*.
Pen and ink on paper, 19.3 × 13.4 cm.
RL 19034v / K&P 76v

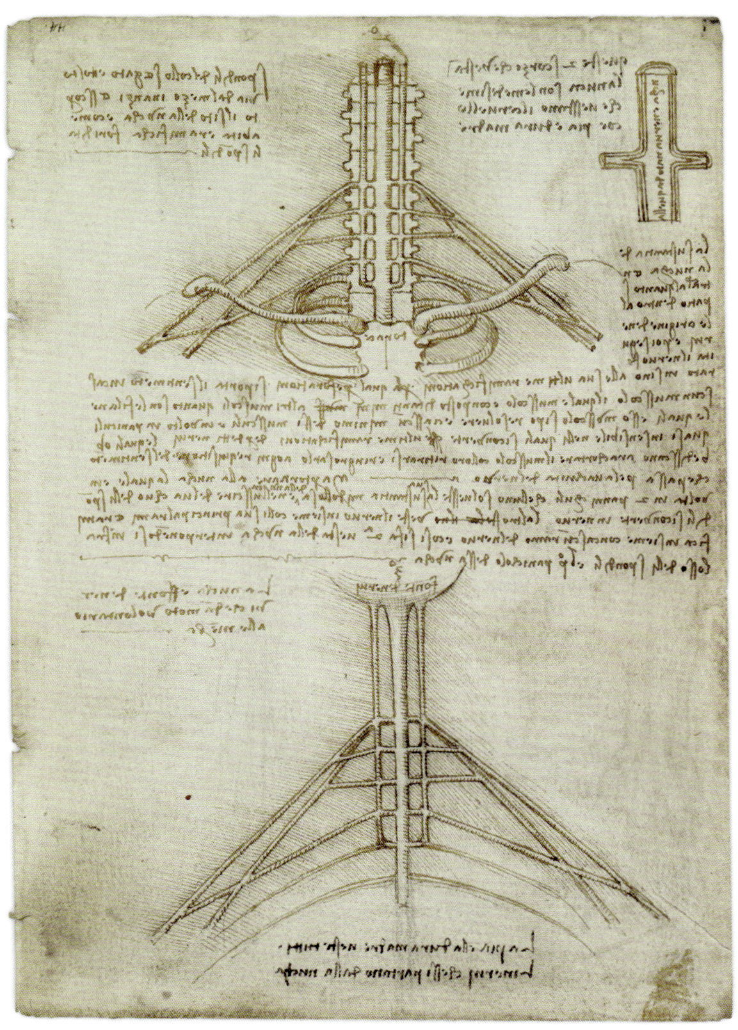

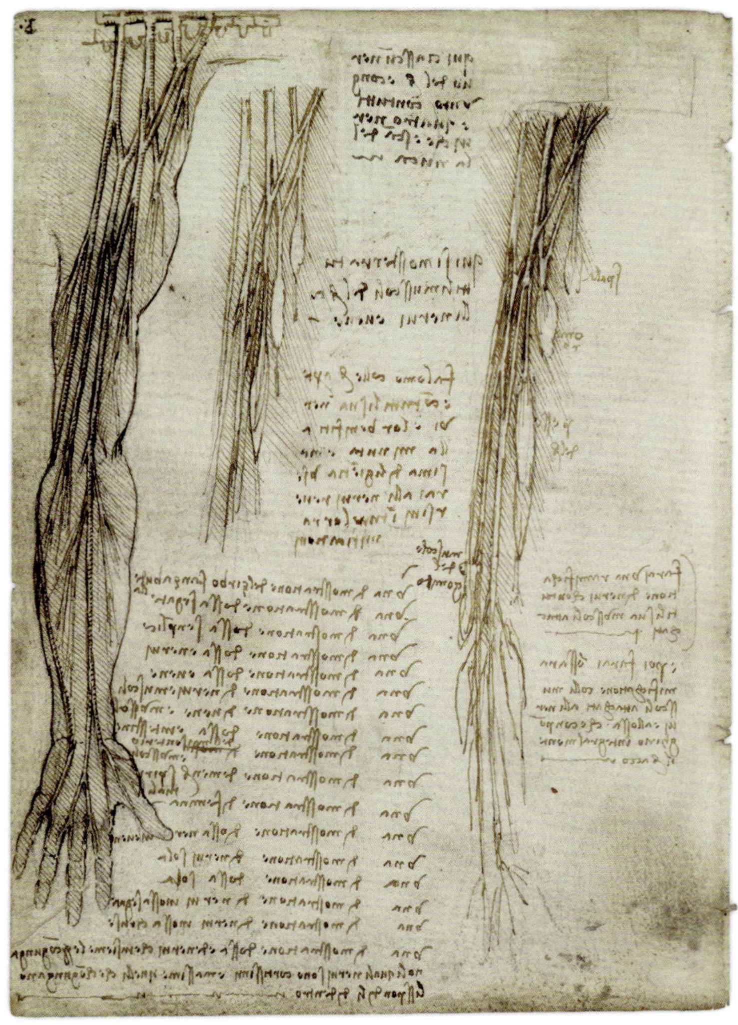

10. *Dimostrazioni dei nervi di spalla e braccio e il plesso brachiale.*
Penna e inchiostro, gessetto nero su carta, 19,1 × 13,7 cm.
RL 19040r / K&P 63r

10. *Demonstrations of the nerves of the shoulder and arm, the brachial plexus.*
Pen and ink, black chalk on paper, 19.1 × 13.7 cm.
RL 19040r / K&P 63r

11. *Dimostrazioni dei nervi di spalla e braccio.*
Penna e inchiostro, gessetto nero su carta, 19,1 × 13,7 cm.
RL 19040v / K&P 63v

11. *Demonstrations of the nerves of the shoulder and arm.*
Pen and ink, black chalk on paper, 19.1 × 13.7 cm.
RL 19040v / K&P 63v

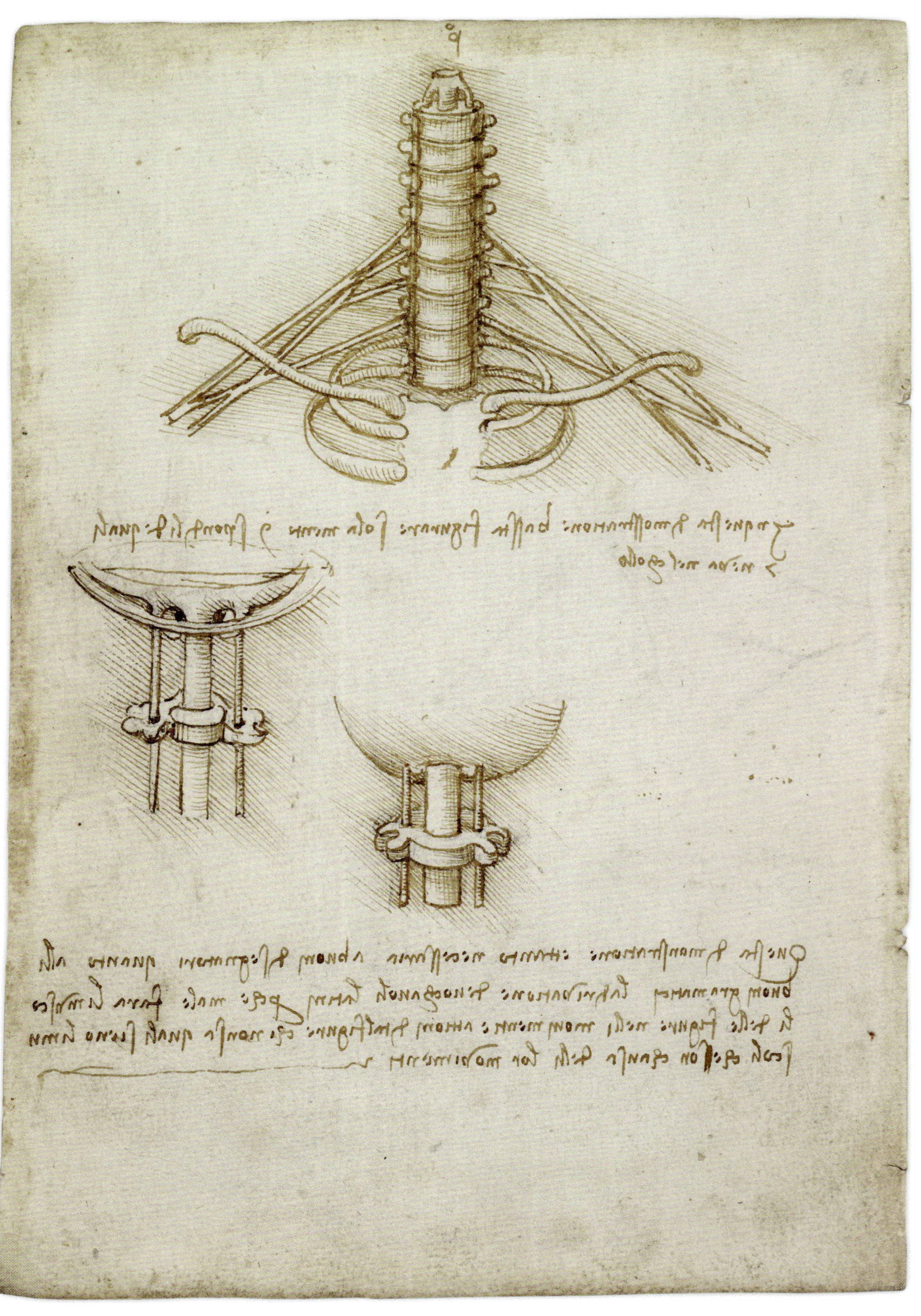

12. *Studi della colonna vertebrale e del plesso brachiale.*
Penna e inchiostro, gessetto nero su carta, 19,3 × 13,8 cm.
RL 19021v / K&P 62v

12. *Studies of the spine and brachial plexus.*
Pen and ink, black chalk on paper, 19.3 × 13.8 cm.
RL 19021v / K&P 62v

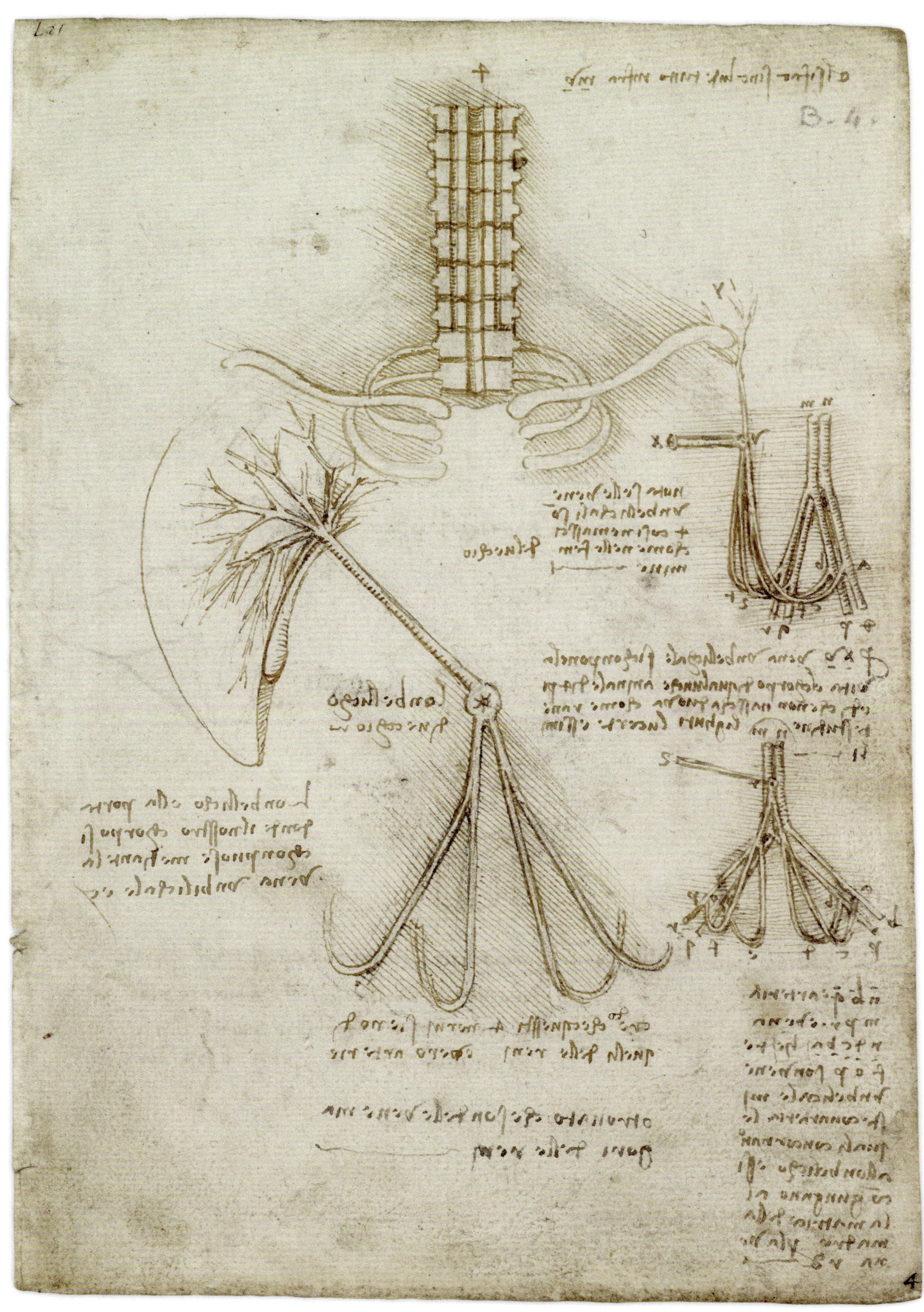

13. *Dimostrazioni della colonna vertebrale superiore e delle ossa associate, e dei vasi ombelicali.*
Penna e inchiostro, gessetto nero su carta, 19,3 × 13,8 cm.
RL 19021r / K&P 62r

13. *Demonstrations of the upper spine and associated bones, and of the umbilical vessels.*
Pen and ink, black chalk on paper, 19.3× 13.8 cm.
RL 19021r / K&P 62r

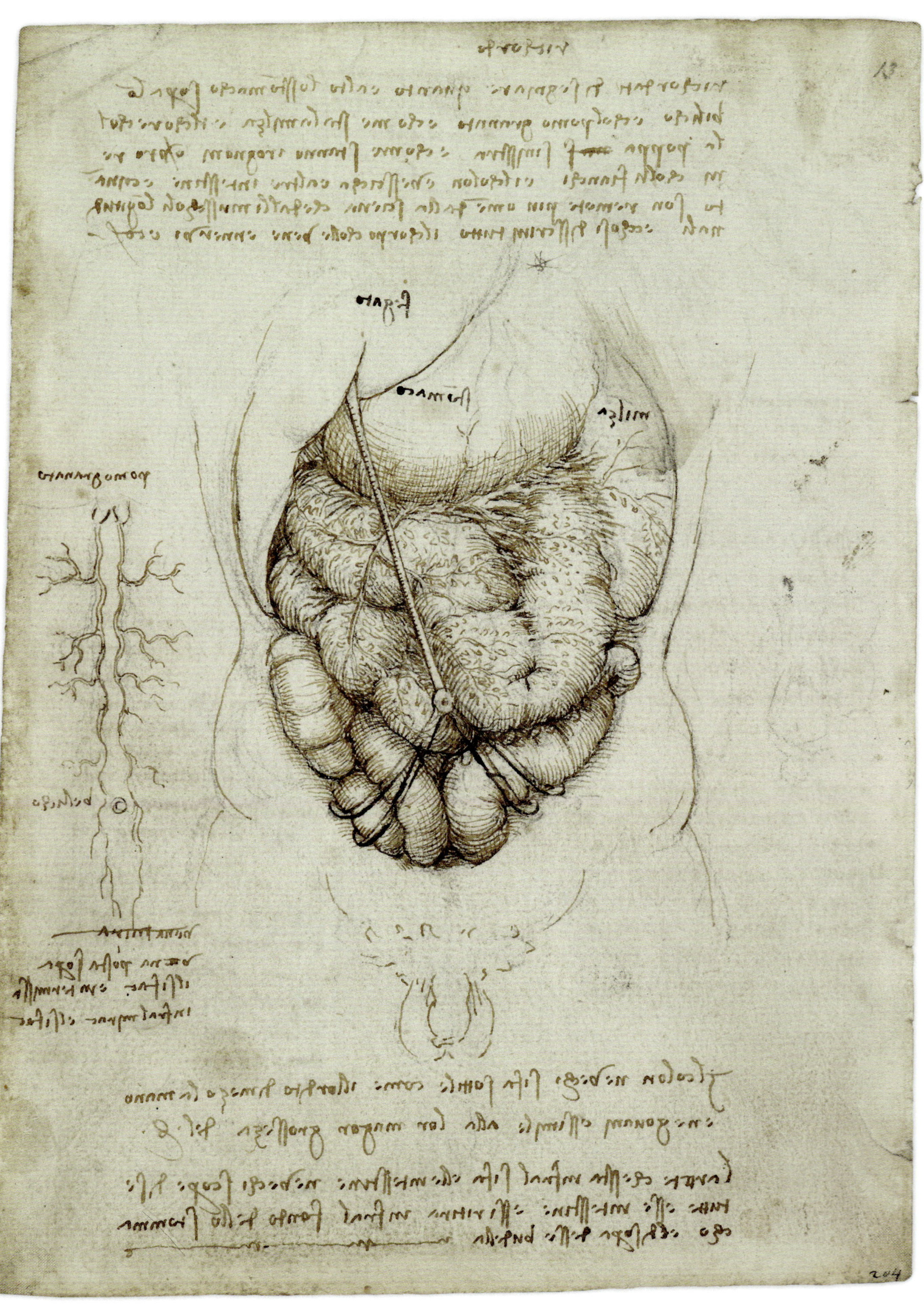

14. *Studi sul sistema vascolare del fegato.*
Penna e inchiostro, gessetto nero su carta, 19,2 × 14,1 cm.
RL 19039v / K&P 61v

14. *Studies of the vascular system of the liver.*
Pen and ink, black chalk on paper, 19.2 × 14.1 cm.
RL 19039v / K&P 61v

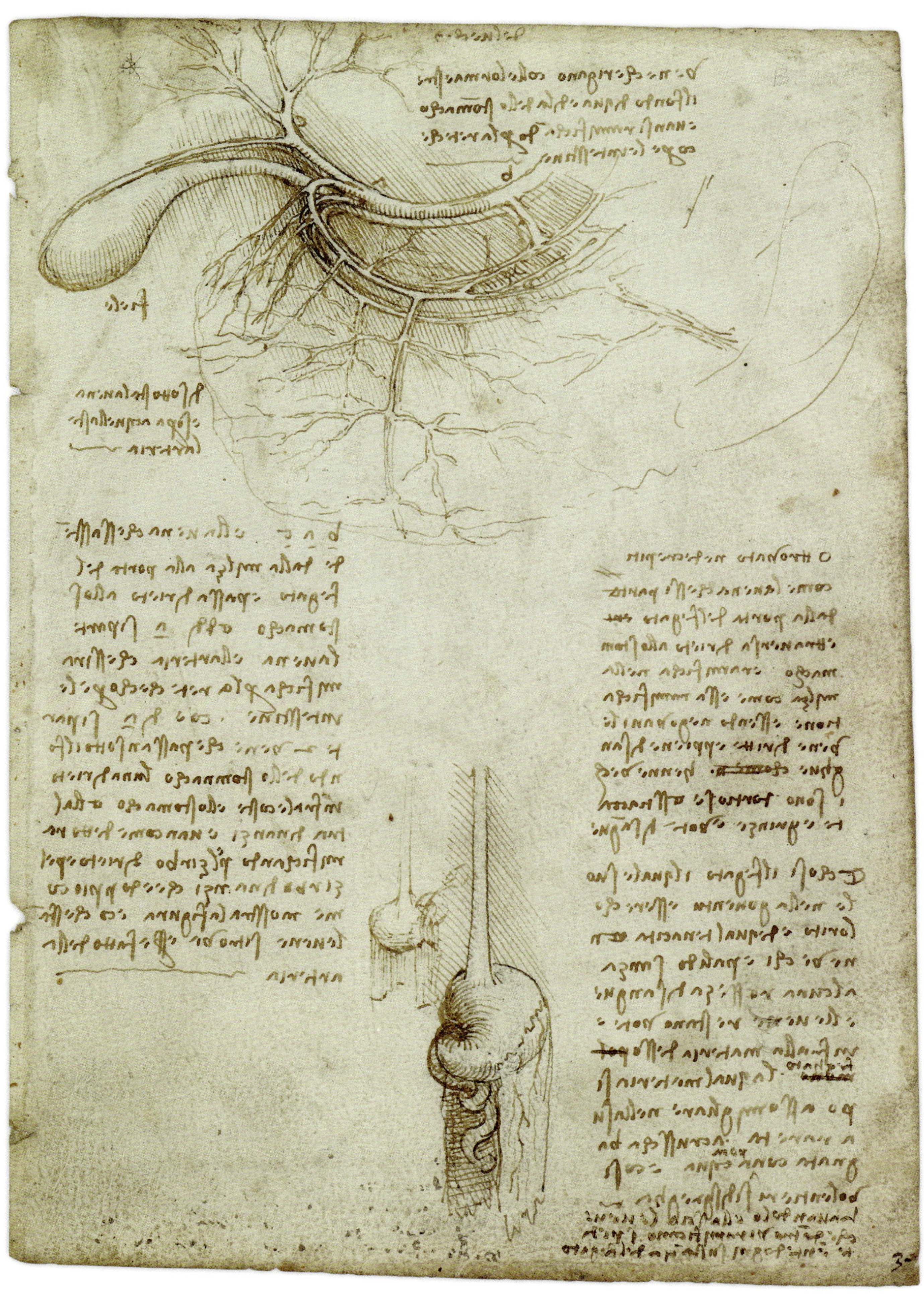

15. *Vasi della cistifellea e dello stomaco.*
Penna e inchiostro, gessetto nero su carta, 19,2 × 14,1 cm.
RL 19039r / K&P 61r

15. *Vessels of the gall bladder, and the stomach.*
Pen and ink, black chalk on paper, 19.2 × 14.1 cm.
RL 19039r / K&P 61r

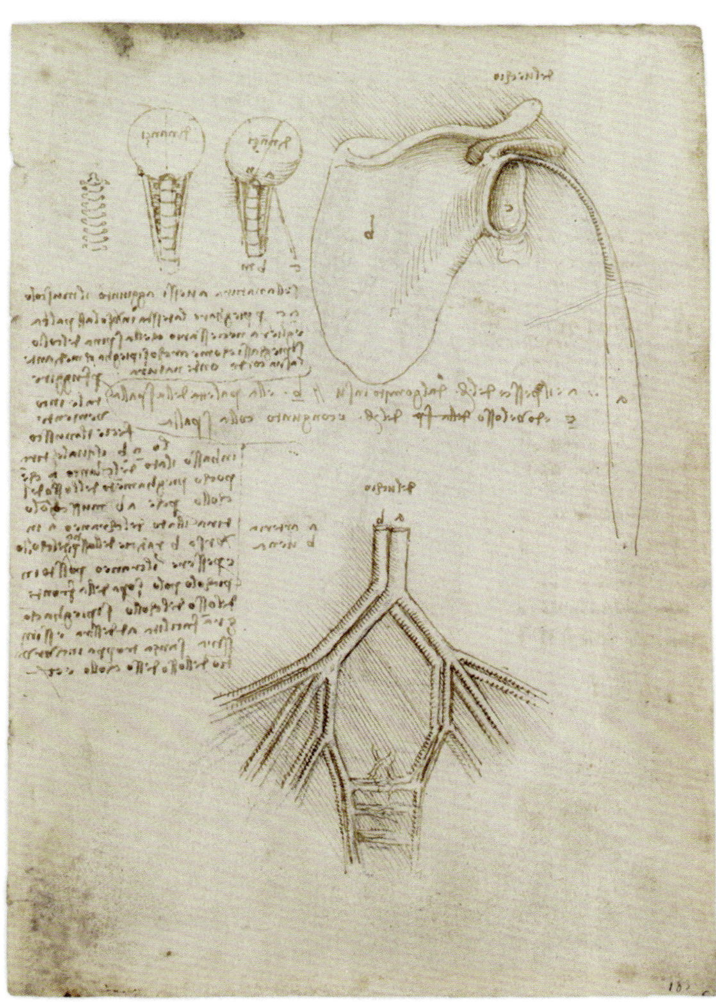

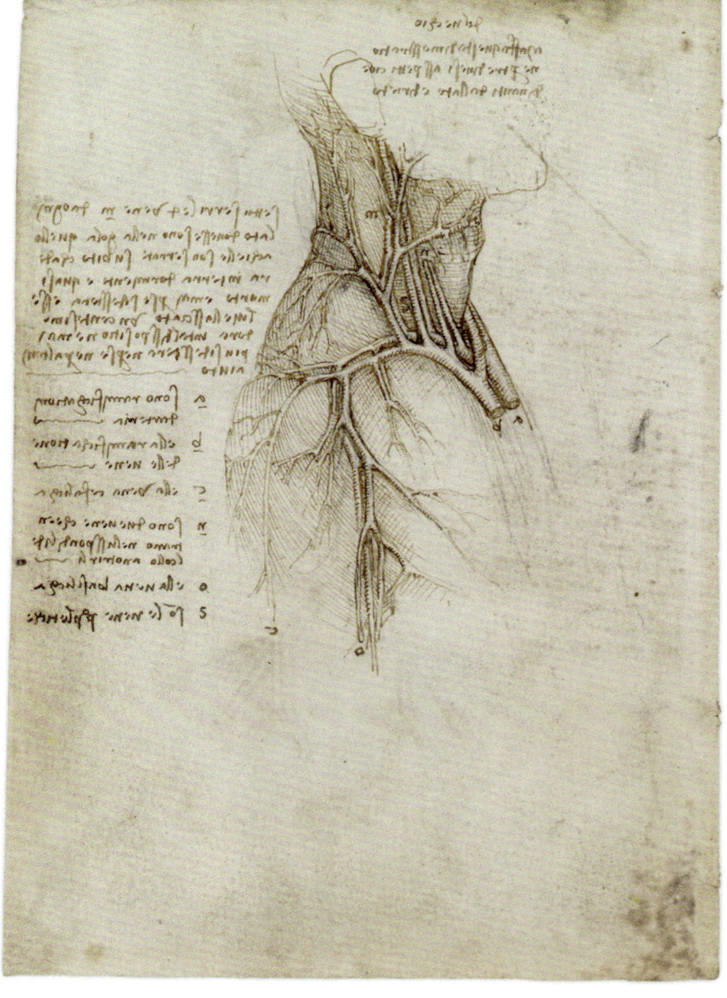

16. *Dimostrazioni della meccanica del collo, della scapola, del muscolo bicipite e dei vasi pelvici.*
Penna e inchiostro, gessetto nero su carta, 19,0 × 13,9 cm.
RL 19049r / K&P 58r

17. *Vasi del collo e della spalla visti lateralmente.*
Penna e inchiostro, gessetto nero su carta, 19,0 × 13,9 cm.
RL 19049v / K&P 58v

16. *Demonstrations of the mechanics of the neck, the scapula, the muscle of the biceps, and pelvic vessels.*
Pen and ink, black chalk on paper, 19.0 × 13.9 cm.
RL 19049r / K&P 58r

17. *Vessels of the neck and shoulder from the side.*
Pen and ink, black chalk on paper, 19.0 × 13.9 cm.
RL 19049v / K&P 58v

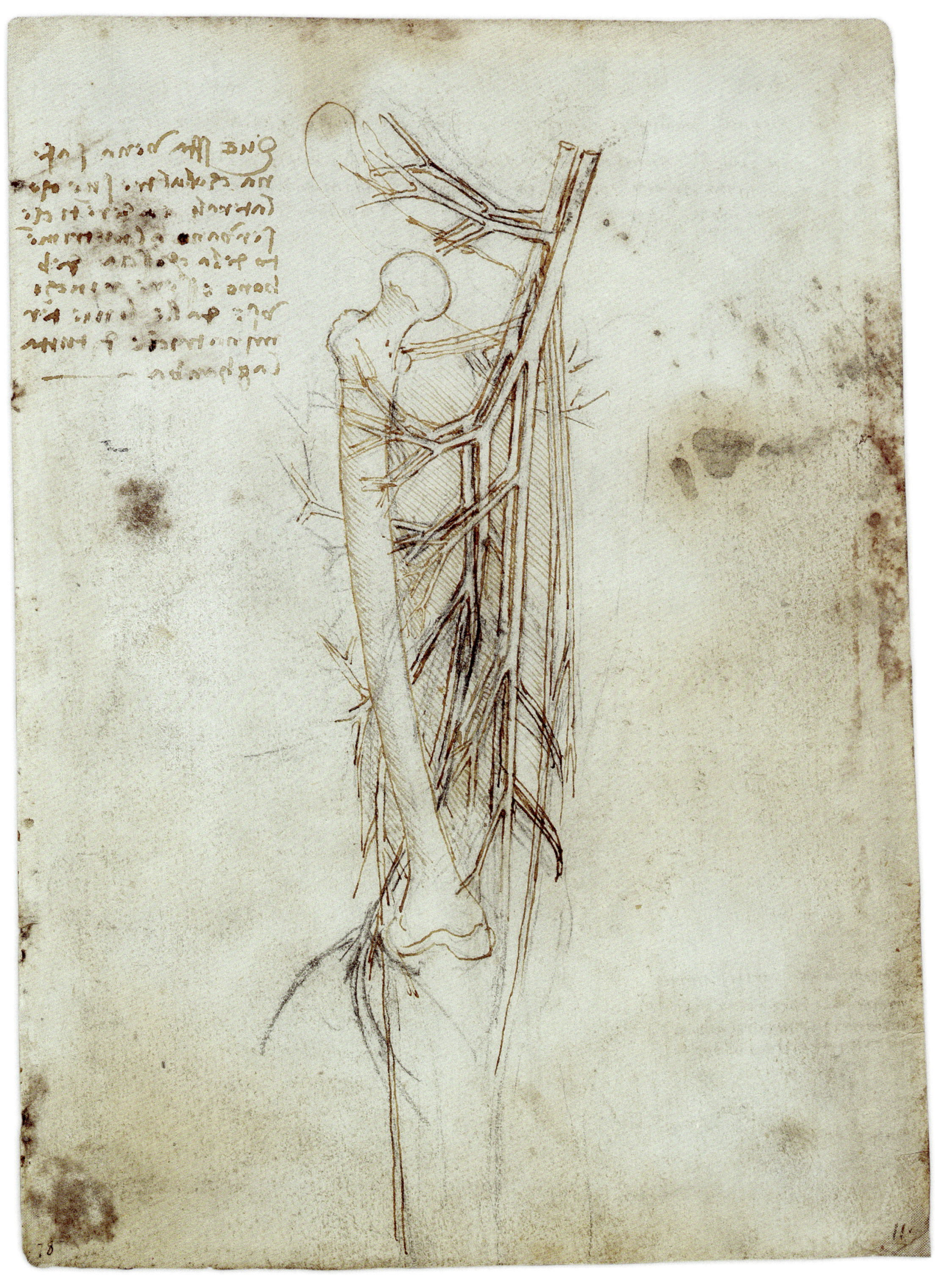

18. *Vasi della coscia con l'omero.*
Penna e inchiostro, gessetto nero su carta, 18,9 × 14,1 cm.
RL 19025r / K&P 67r

18. *Vessels of the thigh with the humerus.*
Pen and ink, black chalk on paper, 18.9 × 14.1 cm.
RL 19025r / K&P 67r

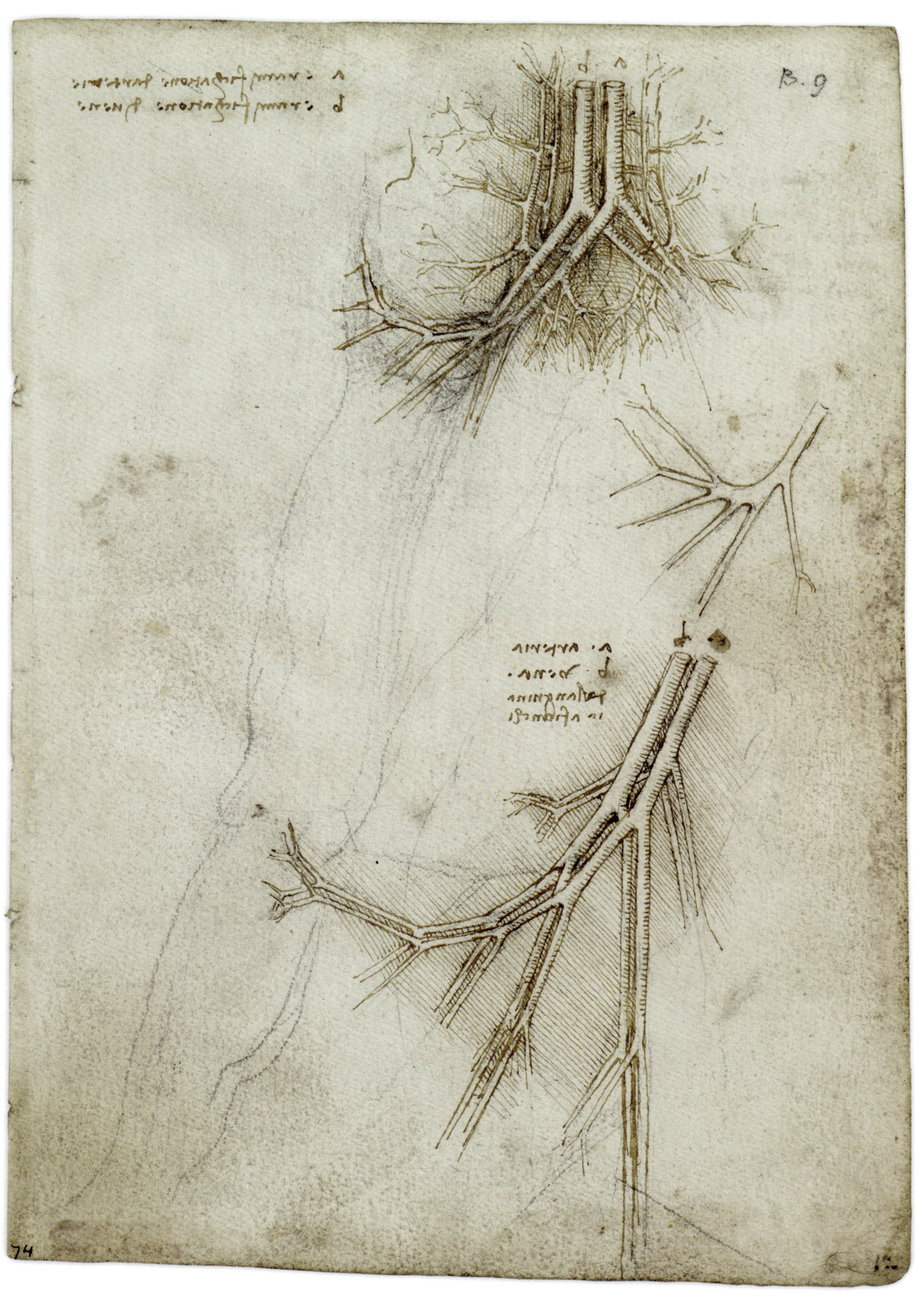

19. *Vasi della parte inferiore della schiena e della coscia.*
Penna e inchiostro, gessetto nero su carta, 19,2 × 14,0 cm.
RL 19026r / K&P 68r

19. *Vessels of the lower back and thigh.*
Pen and ink, black chalk on paper, 19.2 × 14.0 cm.
RL 19026r / K&P 68r

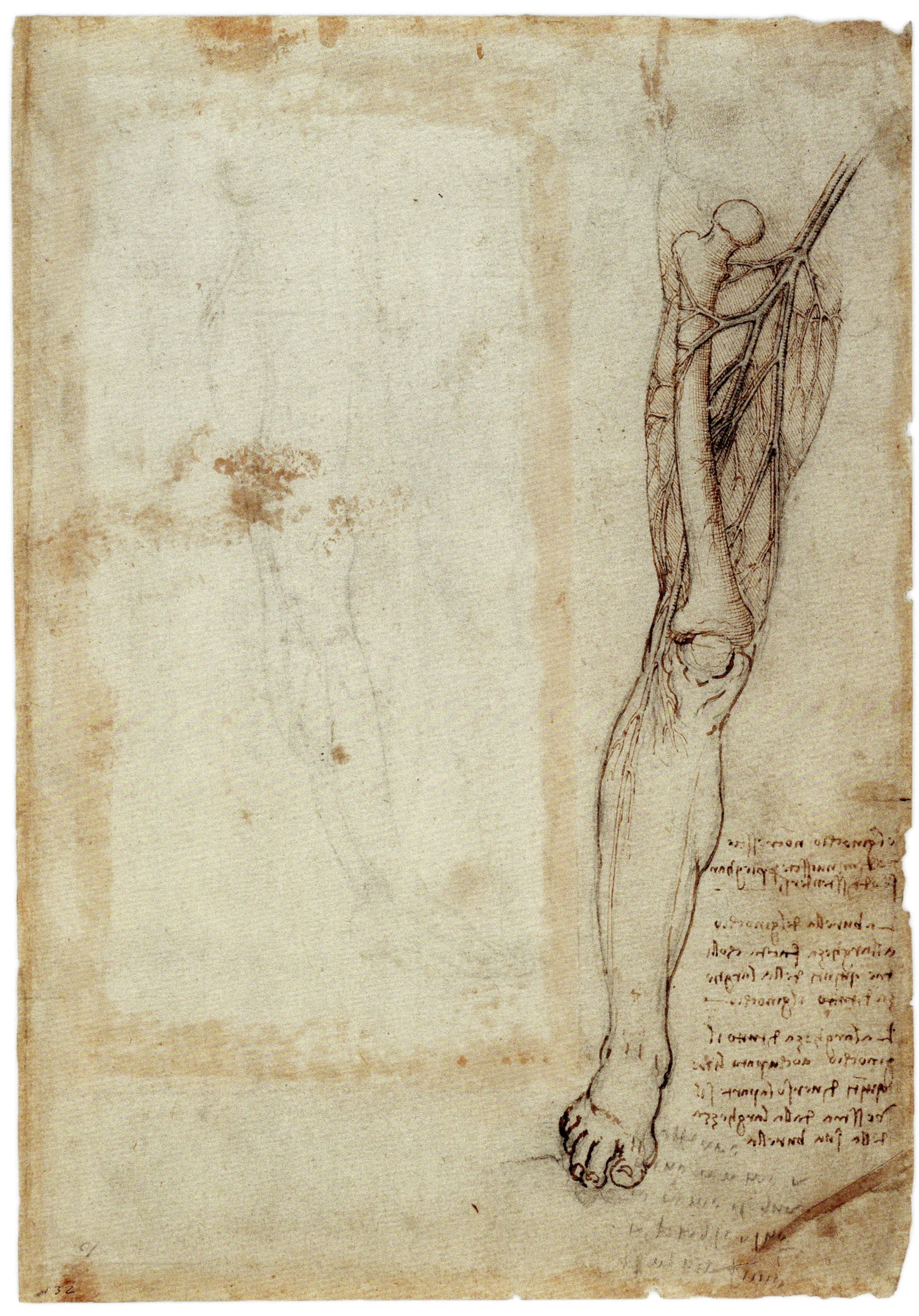

20. *Gamba destra vista frontalmente con i vasi della coscia e parte superiore della gamba.*
Penna e inchiostro, gessetto nero su carta, 27,5 × 19,5 cm.
RL 12624v / K&P 112r

20. *Right leg from the front with vessels of the thigh and upper leg.*
Pen and ink, black chalk on paper, 27.5 × 19.5 cm.
RL 12624v / K&P 112r

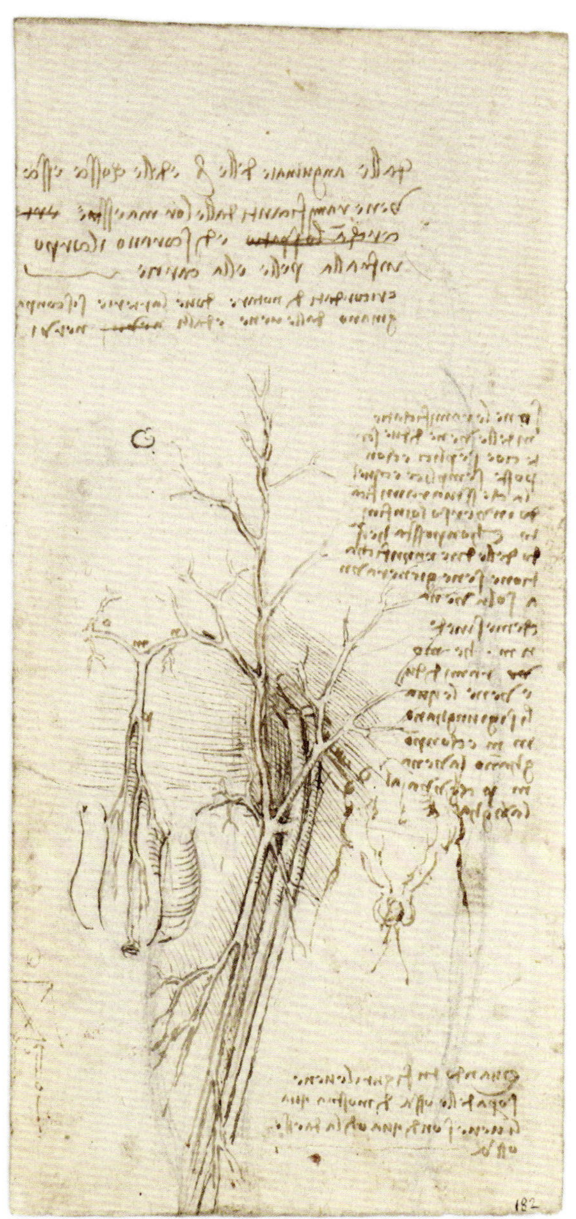

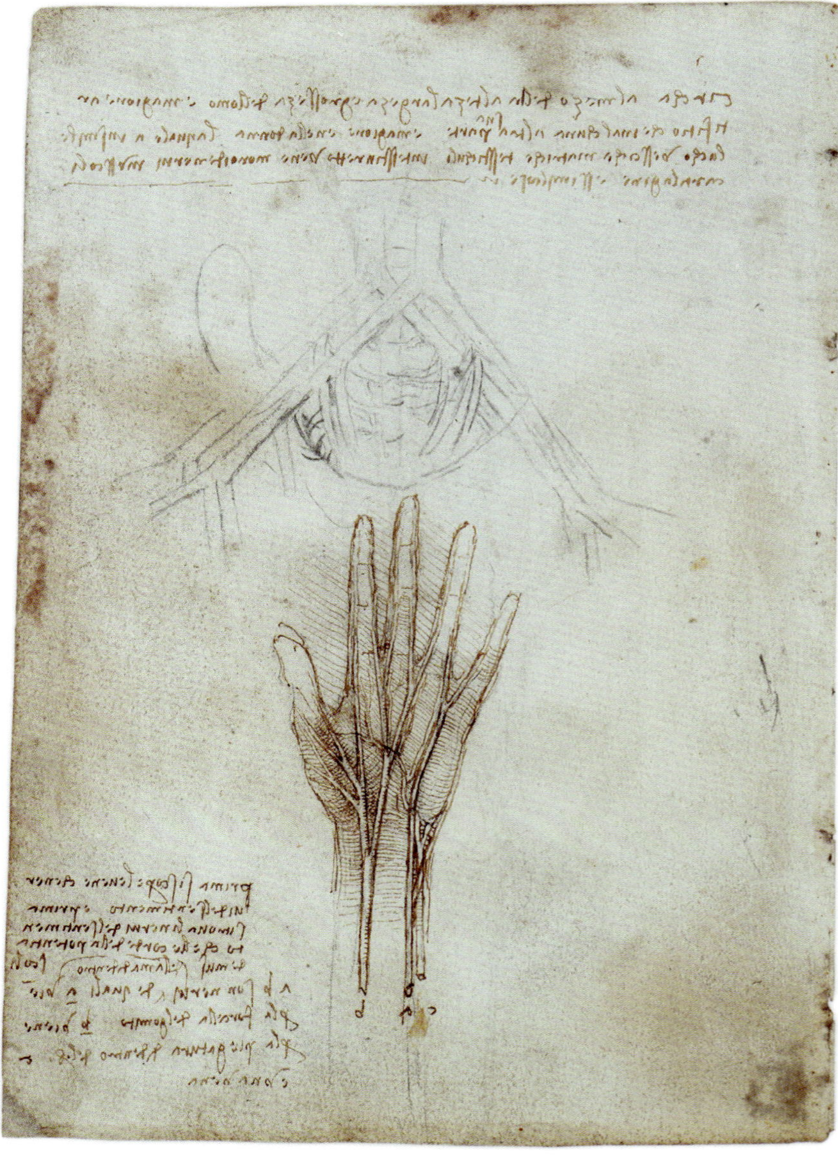

21. *Sistema vascolare della coscia e dei genitali maschili.*
Penna e inchiostro, gessetto nero su carta, 19,9 × 9,4 cm.
RL 19113r / K&P 110r

21. *Vascular system of the thigh and male genitals.*
Pen and ink, black chalk on paper, 19.9 × 9.4 cm.
RL 19113r / K&P 110r

22. *Vasi e nervi dell'area pelvica e della mano.*
Penna e inchiostro, gessetto nero su carta, 18,9 × 14,1 cm.
RL 19025v / K&P 67v

22. *Vessels and nerves of the pelvic area, and of the hand.*
Pen and ink, black chalk on paper, 18.9 × 14.1 cm.
RL 19025v / K&P 67v

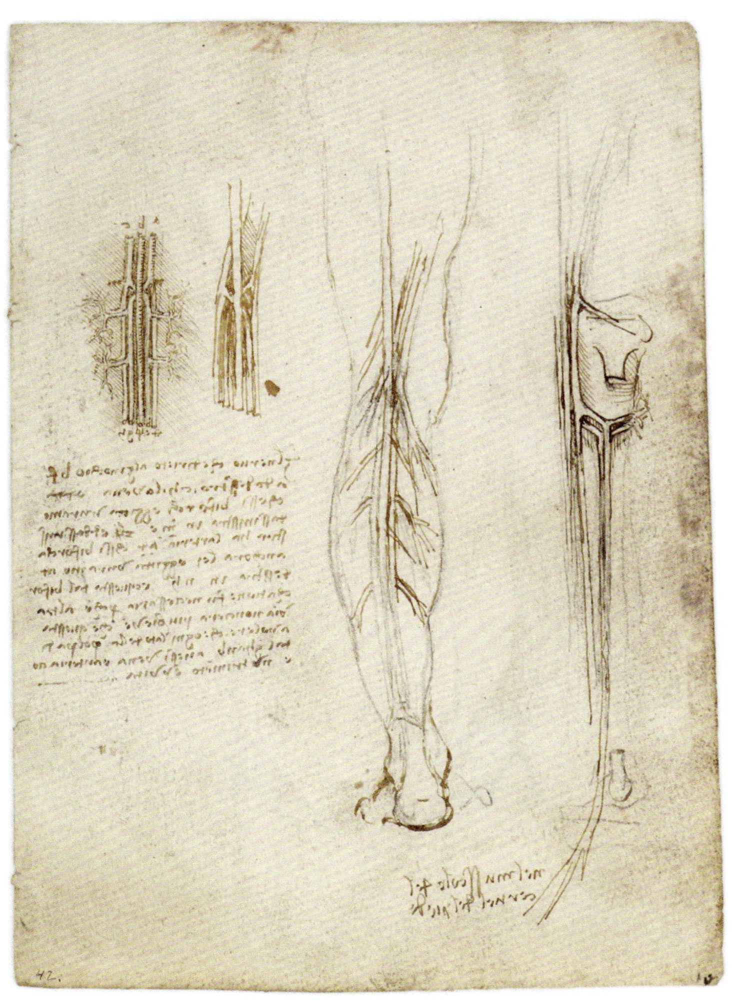

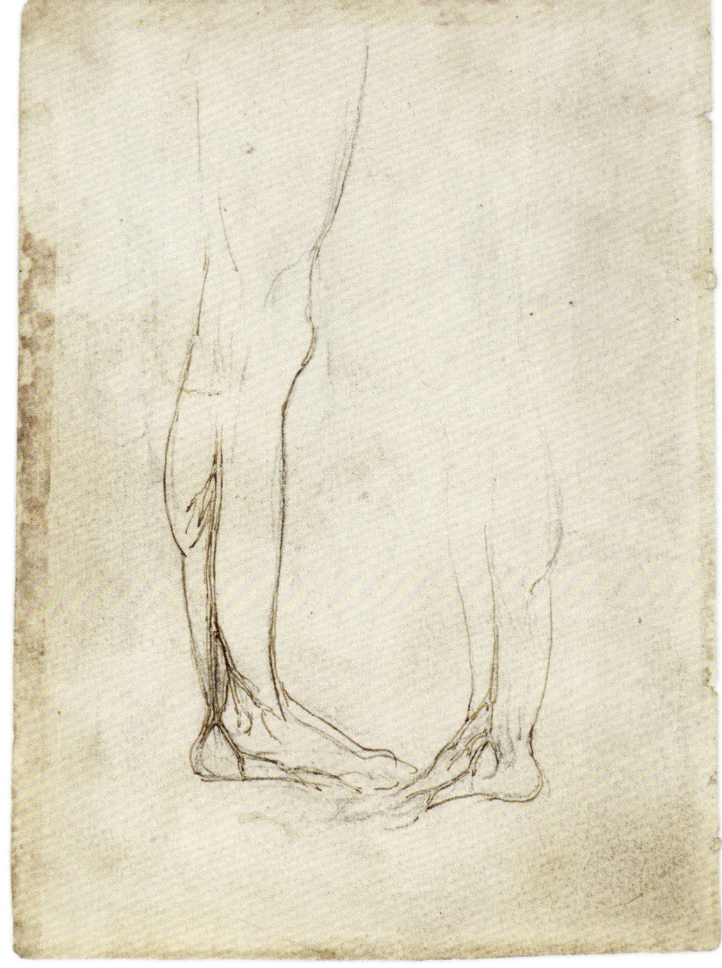

23. *Vasi della gamba visti da dietro.*
Penna e inchiostro, gessetto nero su carta, 19,0 × 14,1 cm.
RL 19024r / K&P 66r

23. *Vessels of the leg from the rear.*
Pen and ink, black chalk on paper, 19.0 × 14.1 cm.
RL 19024r / K&P 66r

24. *Vasi e nervi della gamba e della caviglia visti dall'interno e dall'esterno.*
Penna e inchiostro, gessetto nero su carta, 19,0 × 14,1 cm.
RL 19024v / K&P 66v

24. *Vessels and nerves of the leg and ankle from the inside and outside.*
Pen and ink, black chalk on paper, 19.0 × 14.1 cm.
RL 19024v / K&P 66v

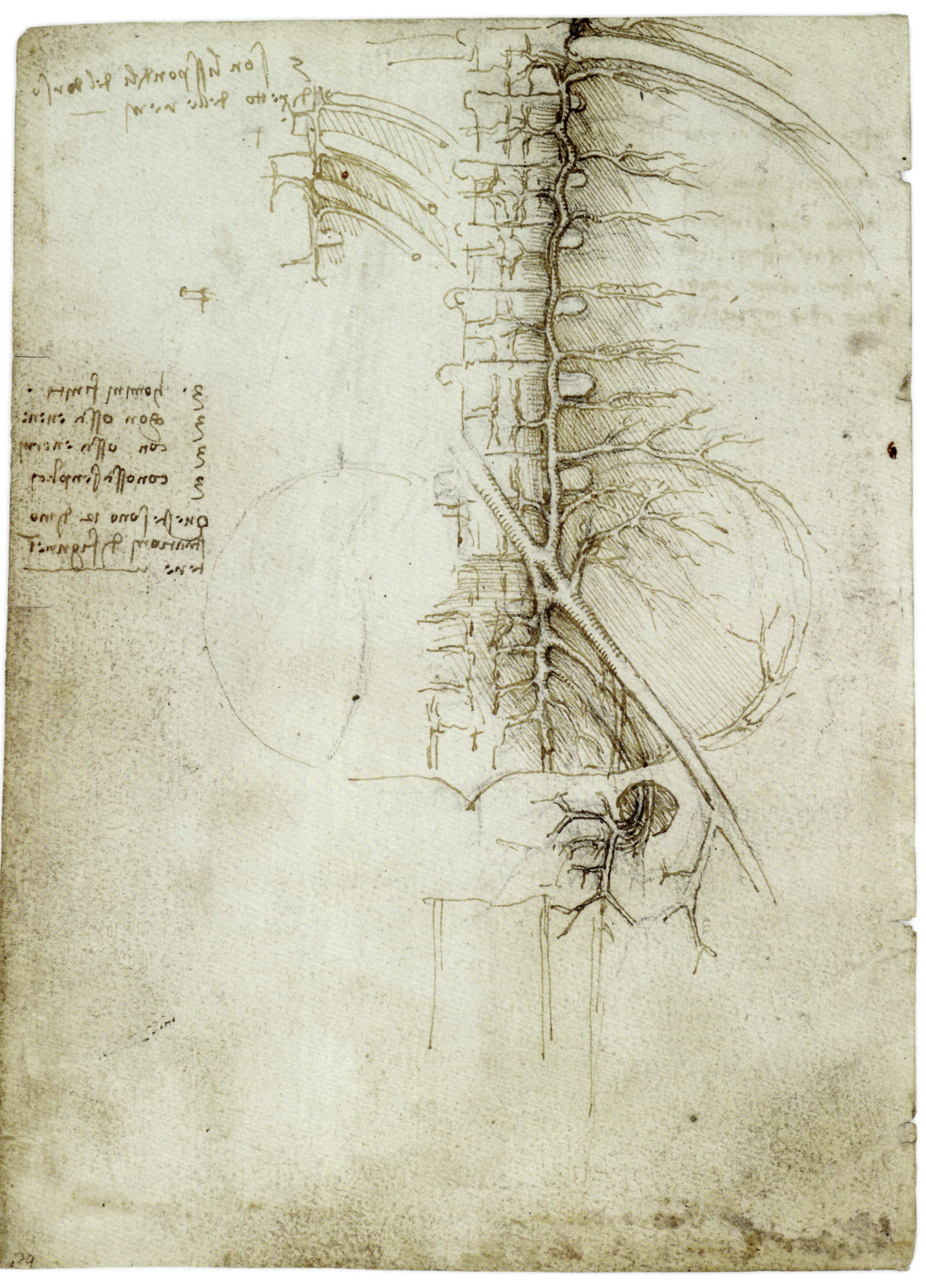

25. *Due studi di vasi della colonna vertebrale nel torace e nell'addome.*
Penna e inchiostro, gessetto nero su carta, 19,0 × 14,1 cm.
RL 19023v / K&P 65v

25. *Two studies of vessels of the spine in the thorax and abdomen.*
Pen and ink, black chalk on paper, 19.0 × 14.1 cm.
RL 19023v / K&P 65v

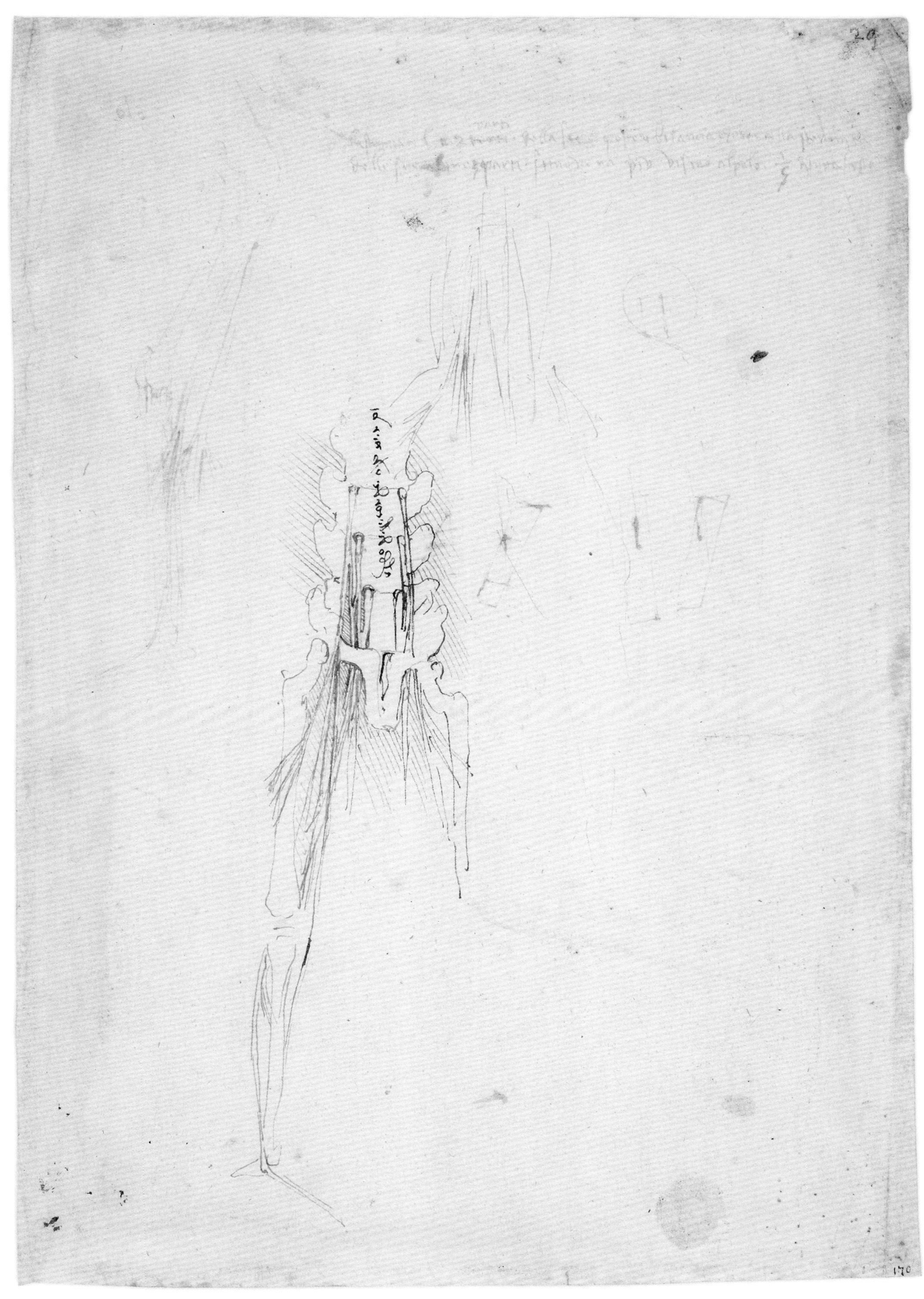

26. *"Albero delle corde ovver nervi" di gambe e colonna vertebrale.*
Penna e inchiostro su carta, 28,9 × 20,9 cm.
RL 12628v / K&P 96v

26. *"Albero delle corde ovver nervi" ("tree of the cords or nerves") in the legs and spine.*
Pen and ink on paper, 28.9 × 20.9 cm.
RL 12628v / K&P 96v

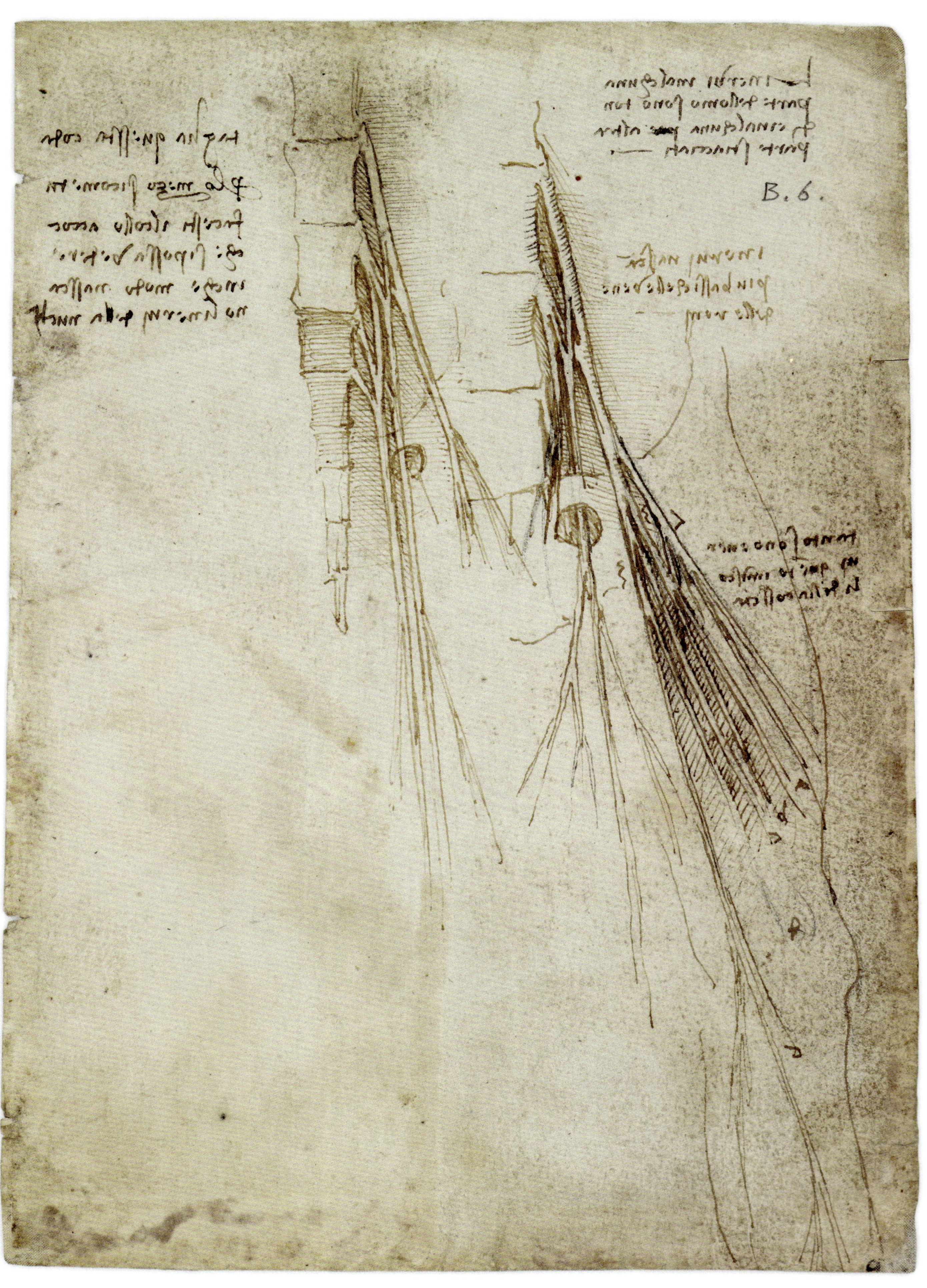

27. *Nervi della colonna vertebrale e della gamba, resi come "albero dei nervi".*
Penna e inchiostro, gessetto nero su carta, 19,0 × 14,1 cm.
RL 19023r / K&P 65r

27. *Nerves of the spine and leg, rendered as the "tree of the nerves".*
Pen and ink, black chalk on paper, 19.0 × 14.1 cm.
RL 19023r / K&P 65r

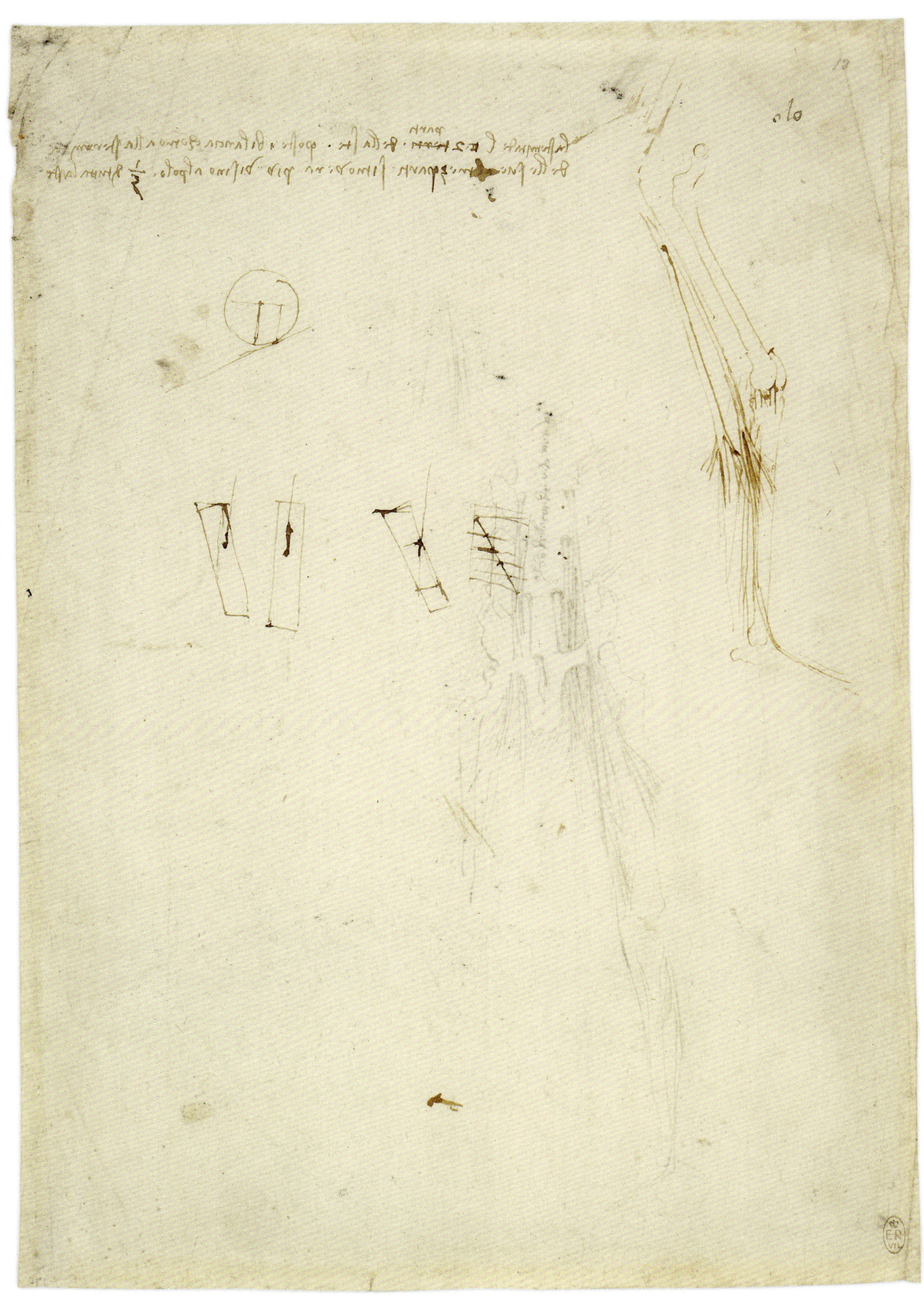

28. *Ossa e tendini di una gamba, e una nota sull'equilibrio di una sfera su un pendio.*
Penna e inchiostro su carta, 28,9 × 20,9 cm.
RL 12628r / K&P 96r

28. *Bones and tendons of a limb, and a note on the balance of a sphere on a slope.*
Pen and ink on paper, 28.9 × 20.9 cm.
RL 12628r / K&P 96r

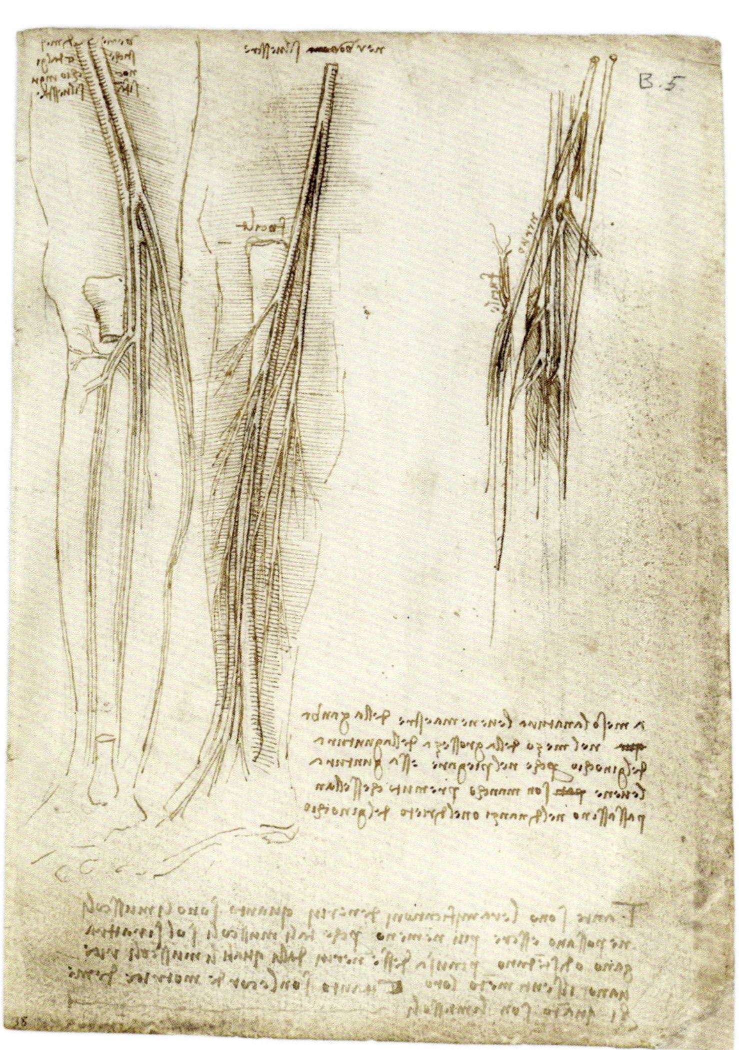

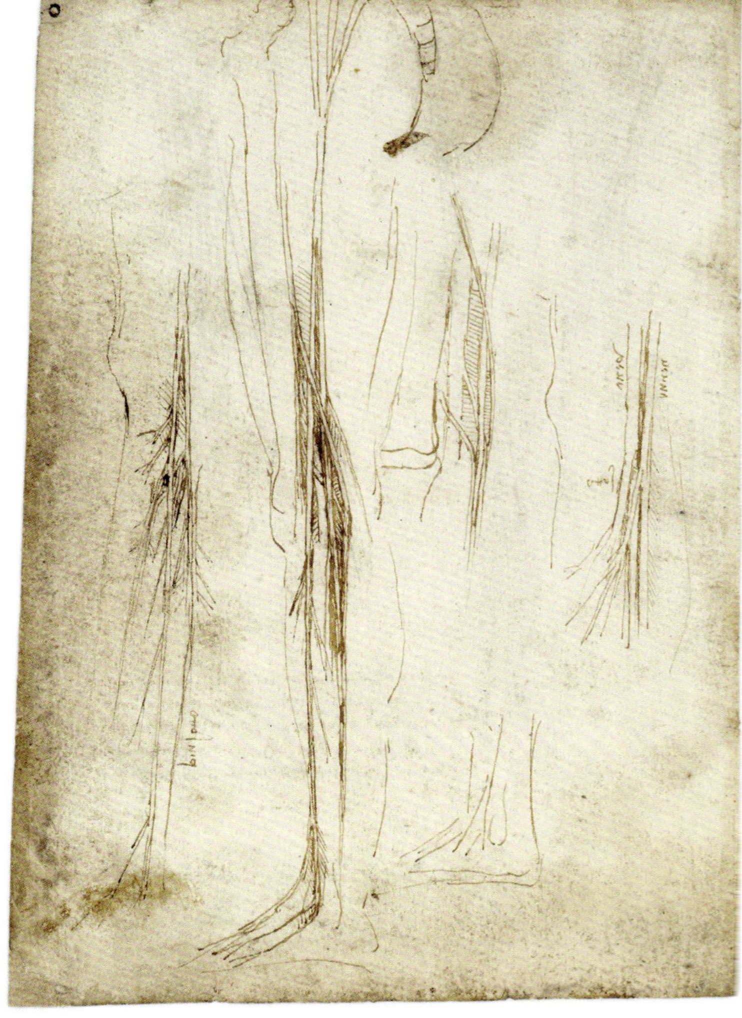

29. *Tre studi dei nervi e dei vasi della gamba.*
Penna e inchiostro, gessetto nero su carta, 19,3 × 14,0 cm.
RL 19022r / K&P 64r

29. *Three studies of the nerves and vessels of the leg.*
Pen and ink, black chalk on paper, 19.3 × 14.0 cm.
RL 19022r / K&P 64r

30. *Cinque studi dei nervi e dei vasi della gamba.*
Penna e inchiostro su carta, 19,3 × 14,0 cm.
RL 19022v / K&P 64v

30. *Five studies of the nerves and vessels of the leg.*
Pen and ink on paper, 19.3 × 14.0 cm.
RL 19022v / K&P 64v

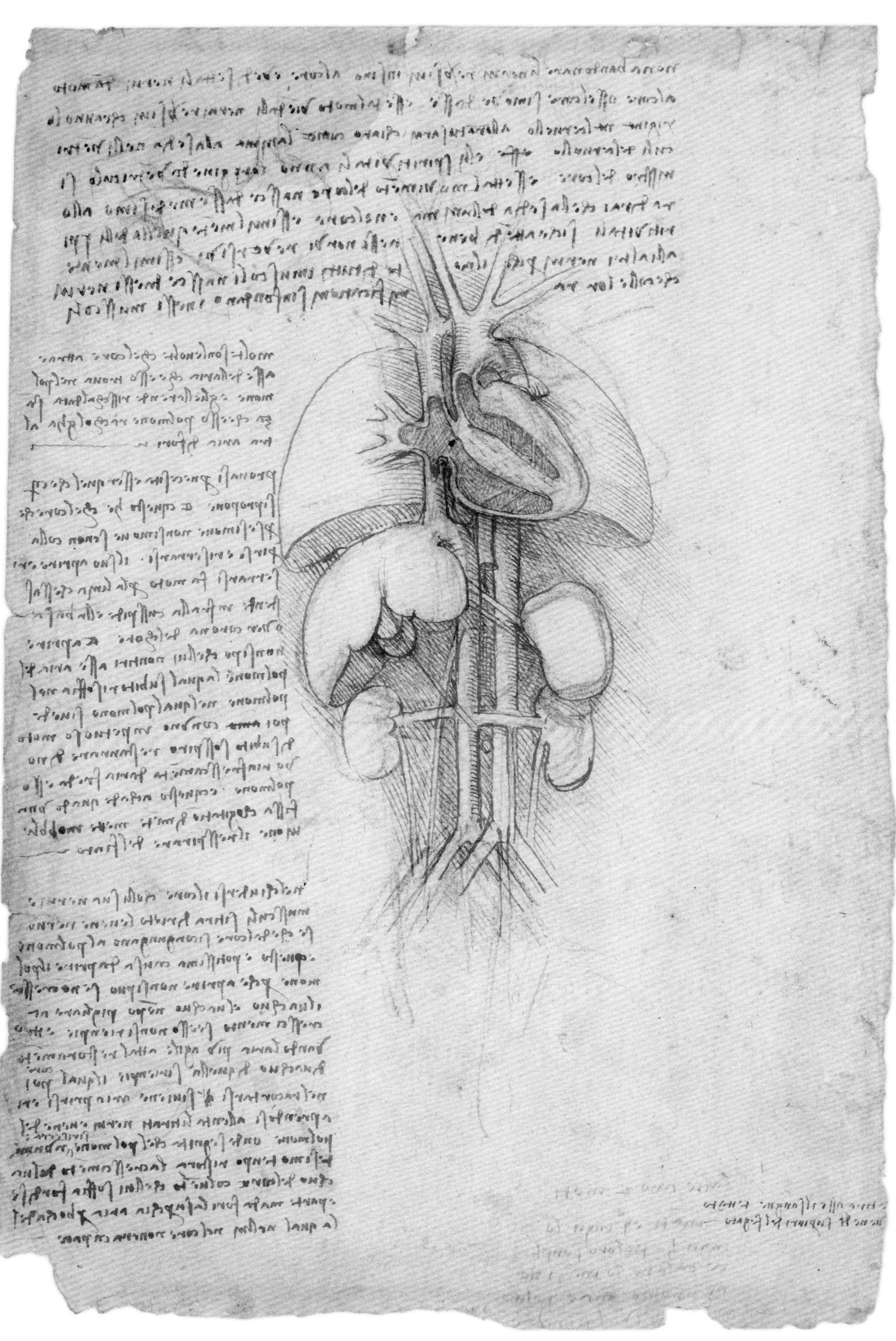

31. *Dimostrazione del cuore e dei vasi del torace e dell'addome, che servono fegato, cistifellea e reni.*
Penna e inchiostro, gessetto nero su carta, 27,5 × 19,0 cm.
RL 19112r / K&P 105r

31. *Demonstration of the heart and vessels of the thorax and abdomen, serving the liver, gall bladder and kidneys.*
Pen and ink, black chalk on paper, 27.5 × 19.0 cm.
RL 19112r / K&P 105r

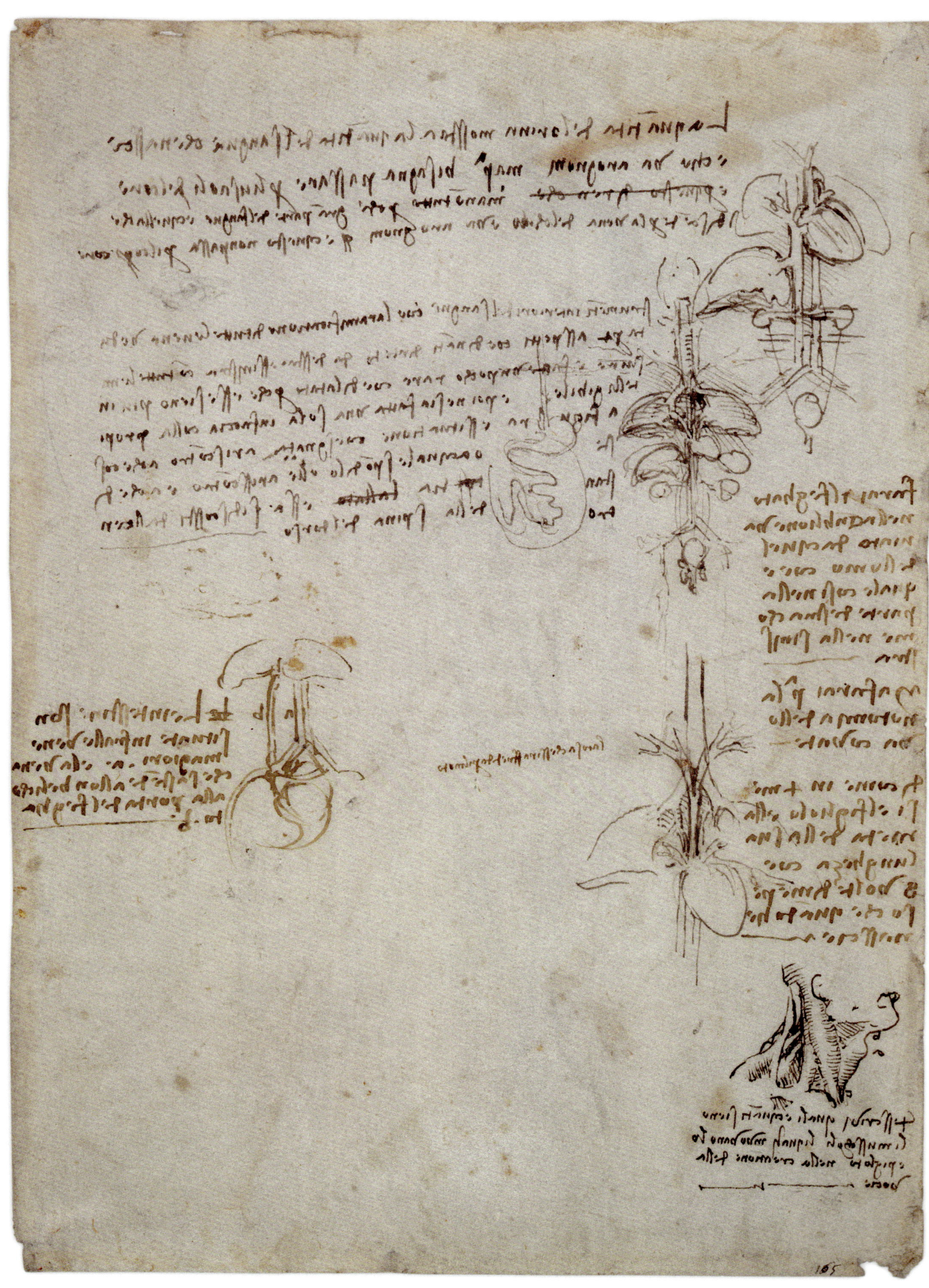

32. *Sistema vascolare del torace e dell'addome e muscoli del collo.*
Penna e inchiostro su carta, 27,3 × 20,1 cm.
RL 19069r / K&P 199r

32. *Vascular system of the thorax and abdomen, and muscles of the neck.*
Pen and ink on paper, 27.3 × 20.1 cm.
RL 19069r / K&P 199r

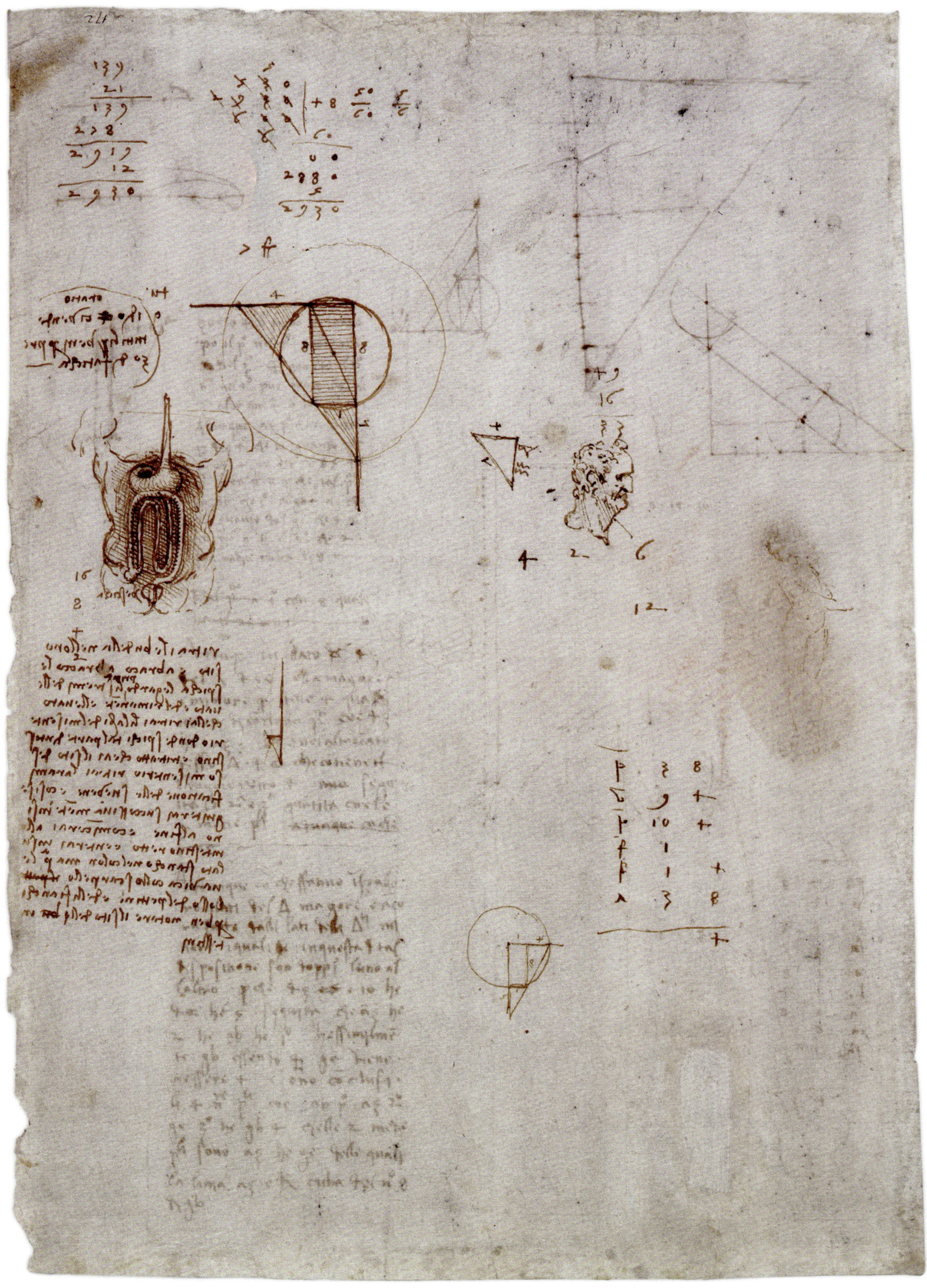

33. *Stomaco e disegno schematico dell'intestino, con studi geometrici, calcoli e testa di vecchio di profilo.*
Penna e inchiostro su carta, 27,9 × 20,4 cm.
RL 12642v / K&P 98r

33. *The stomach and schematic view of the intestines, with geometry, calculations and an old man's head in profile.*
Pen and ink on paper, 27.9 × 20.4 cm.
RL 12642v / K&P 98r

34. *I condotti e i vasi del rene e una discussione sui sensi negli animali e nell'uomo.*
Penna e inchiostro, gessetto nero su carta, 19,1 × 13,9 cm.
RL 19030v / K&P 72v

35. *Discussioni su "uomo, leone, cavallo, toro, polmone, testicoli e pene".*
Penna e inchiostro, gessetto nero, 19,1 × 13,9 cm.
RL 19030r / K&P 72r

34. *The ducts and vessels of the kidney, and a discussion of the senses in animals and humans.*
Pen and ink, black chalk on paper, 19.1 × 13.9 cm.
RL 19030v / K&P 72v

35. *Discussions of "man, the lion, the horse, the bull, the lung, testicles and penis".*
Pen and ink, black chalk on paper, 19.1 × 13.9 cm.
RL 19030r / K&P 72r

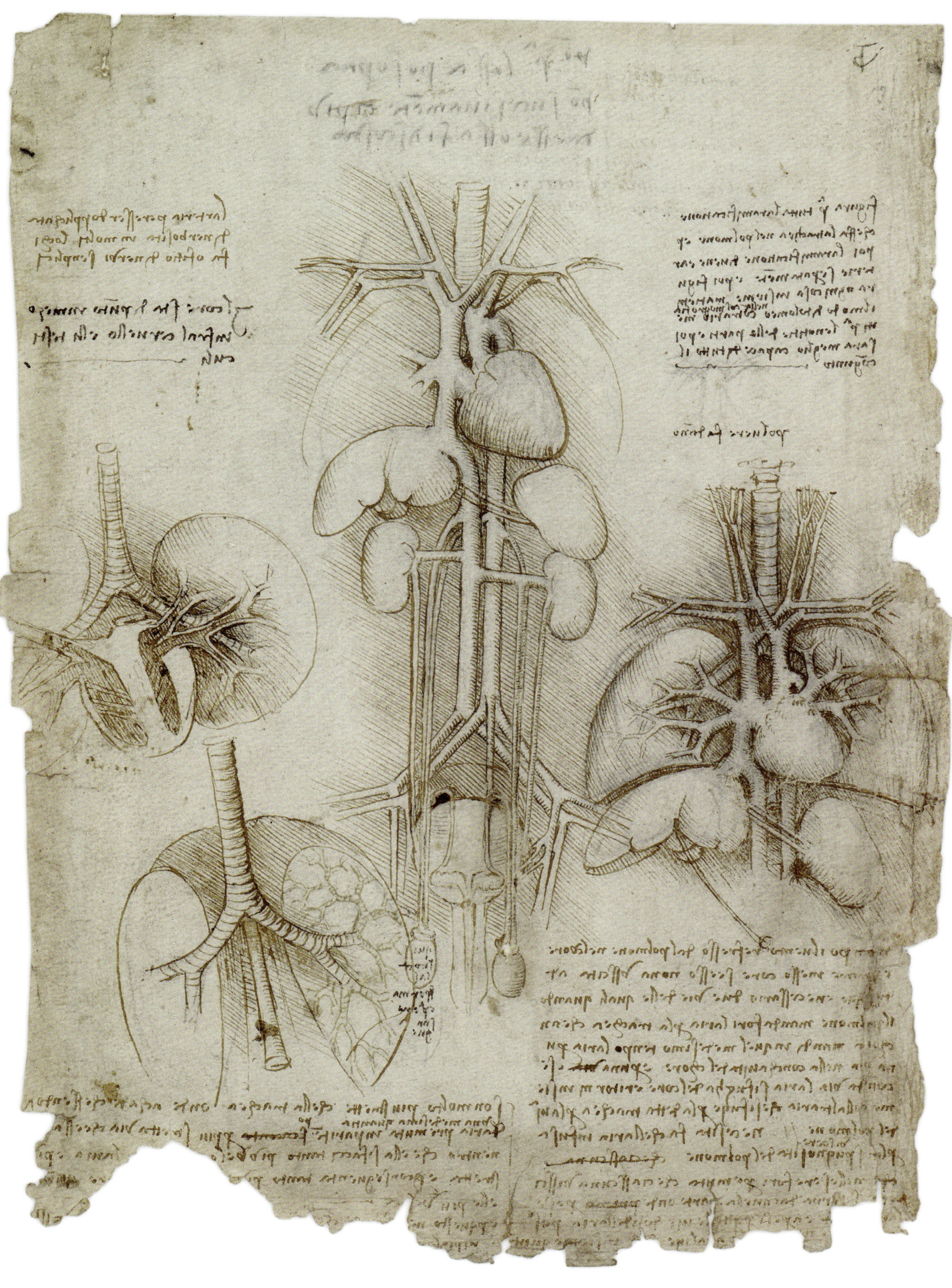

36. *Quattro studi sui sistemi vascolare e respiratorio.*
Penna e inchiostro, gessetto nero su carta, 28,3 × 21,9 cm.
RL 19104v / K&P 107r

36. *Four studies of the vascular and respiratory systems.*
Pen and ink, black chalk on paper, 28.3 × 21.9 cm.
RL 19104v / K&P 107r

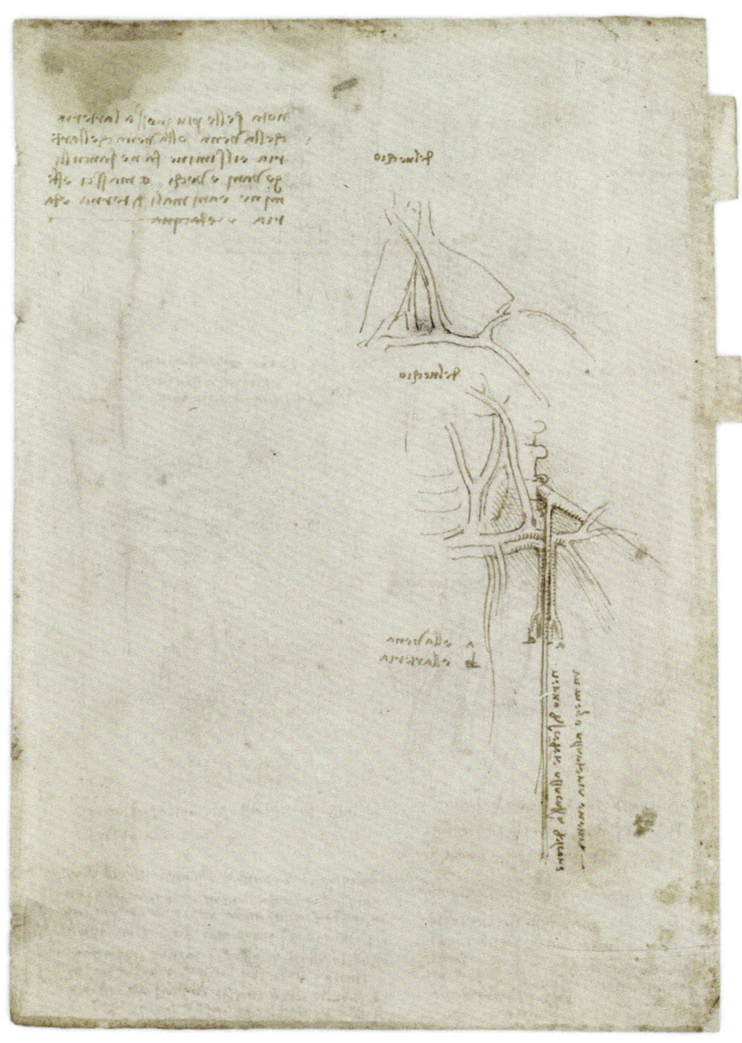

37. *Studi dei vasi del torace e dell'addome "del vecchio".*
Penna e inchiostro su carta, 19,1 × 13,5 cm.
RL 19051r / K&P 60r

37. *Studies of the vessels of the thorax and abdomen of the "old man".*
Pen and ink on paper, 19.1 × 13.5 cm.
RL 19051r / K&P 60r

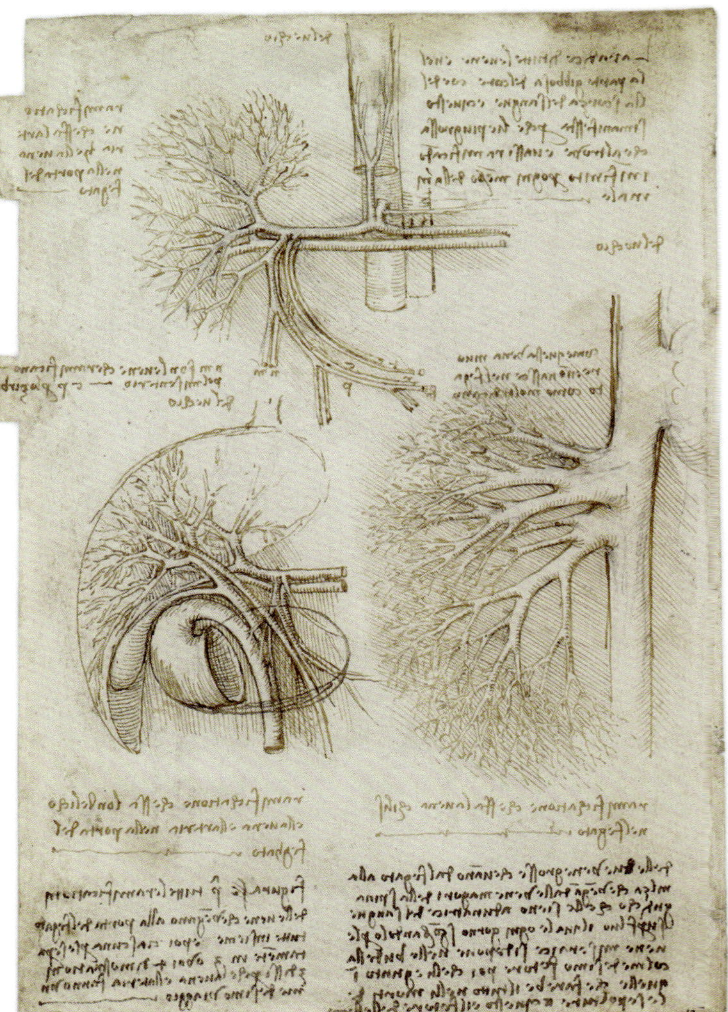

38. *I vasi del fegato "del vecchio".*
Penna e inchiostro su carta, 19,1 × 13,5 cm.
RL 19051v / K&P 60v

38. *The vessels of the liver of the "old man".*
Pen and ink on paper, 19.1 × 13.5 cm.
RL 19051v / K&P 60v

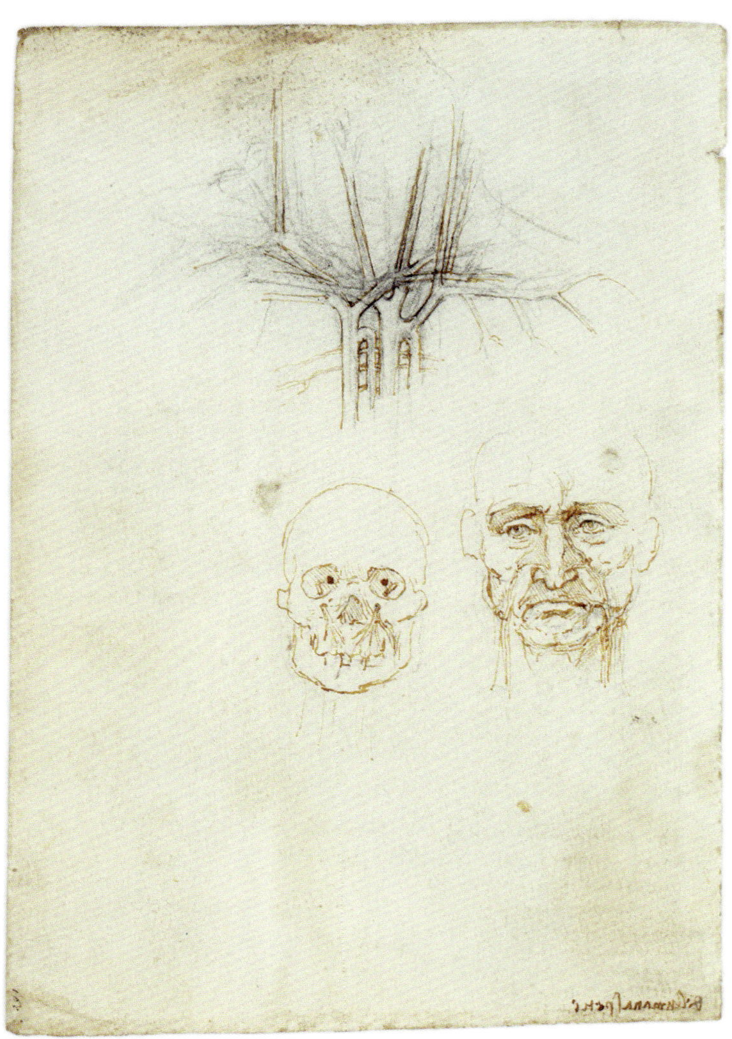

39. *Studi del sistema vascolare della parte superiore del torace, con cranio e testa di un vecchio.*
Penna e inchiostro, gessetto nero su carta, 19,1 × 13,8 cm.
RL 19029v / K&P 71v

39. *Studies of the vascular system of the upper thorax, with a skull and head of an elderly man.*
Pen and ink, black chalk on paper, 19.1 × 13.8 cm.
RL 19029v / K&P 71v

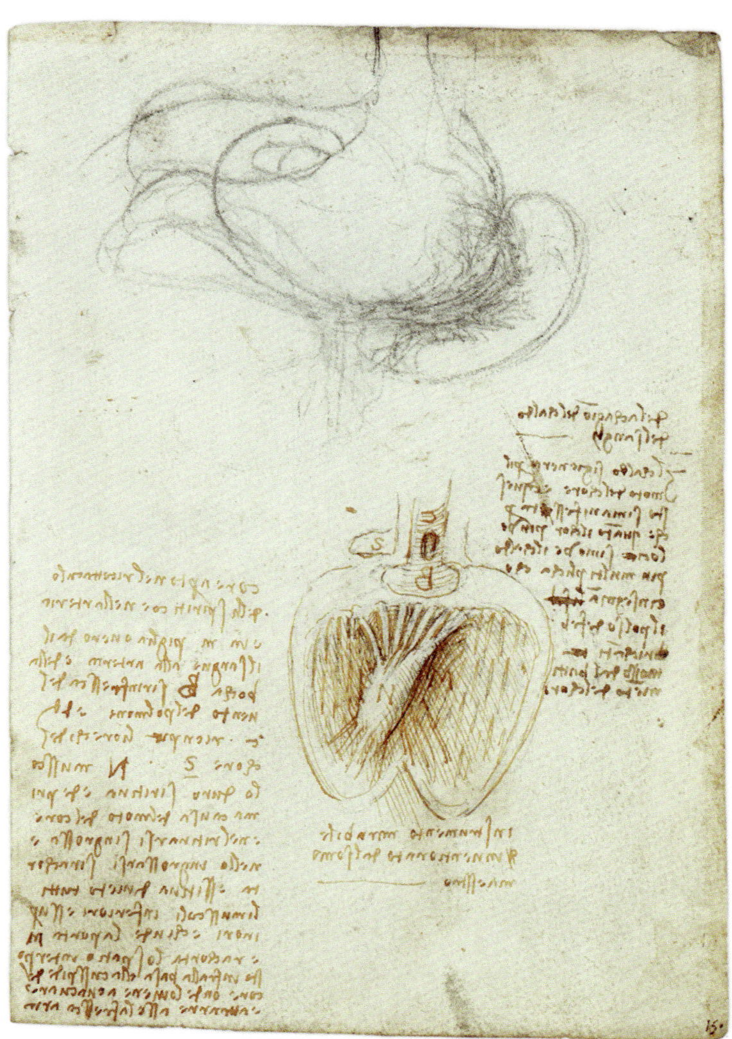

40. *Studi dello stomaco e del cuore.*
Penna e inchiostro, gessetto nero su carta, 19,1 × 13,8 cm.
RL 19029r / K&P 71r

40. *Studies of the stomach and heart.*
Pen and ink, black chalk on paper, 19.1 × 13.8 cm.
RL 19029r / K&P 71r

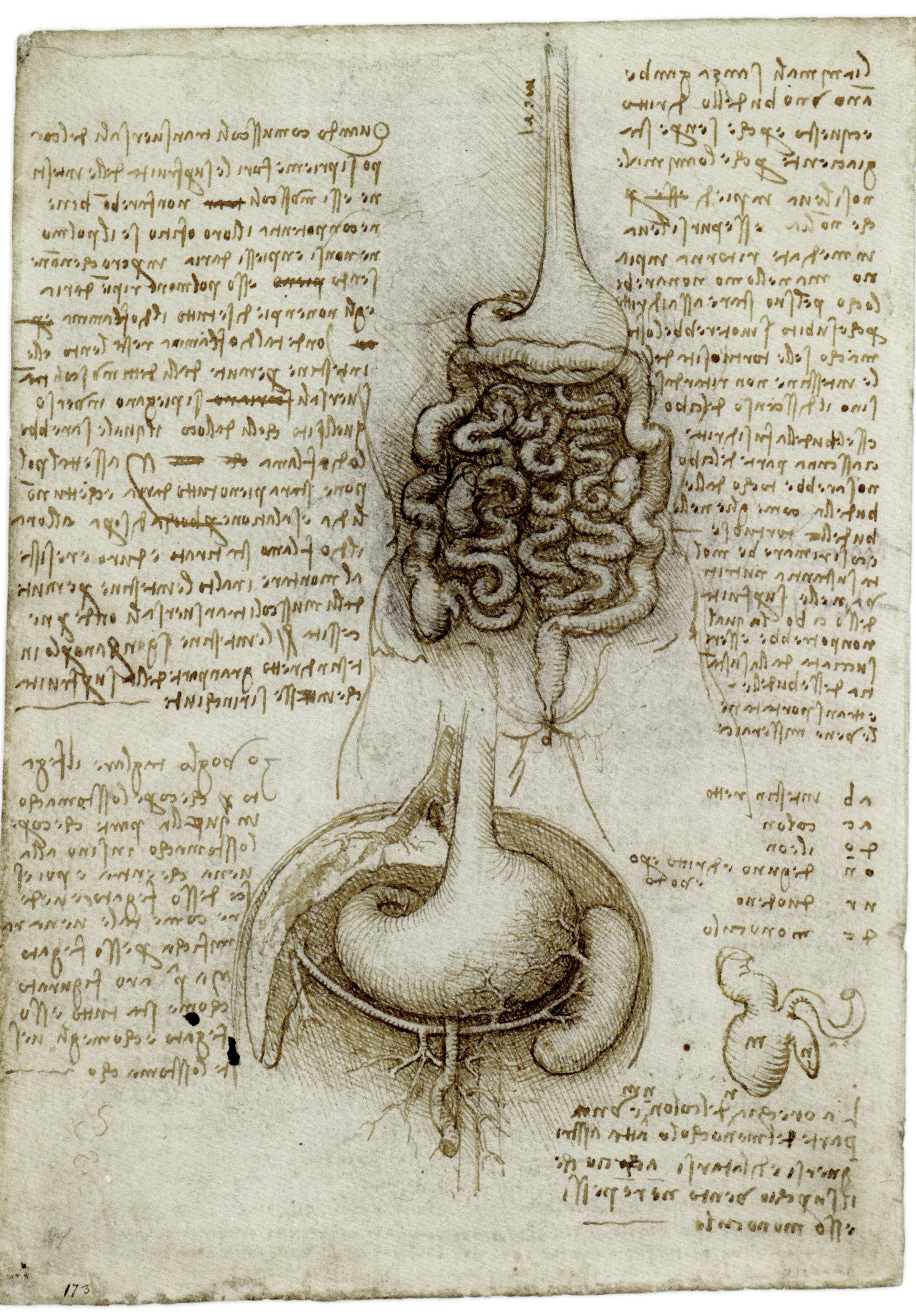

41. *Studi di stomaco e intestino e dell'irrorazione sanguigna di stomaco, fegato e milza.*
Penna e inchiostro, gessetto nero su carta, 19,2 × 13,8 cm.
RL 19031v / K&P 73v

41. *Studies of the stomach and intestines, and the blood supply of the stomach, liver and spleen.*
Pen and ink, black chalk on paper, 19.2 × 13.8 cm.
RL 19031v / K&P 73v

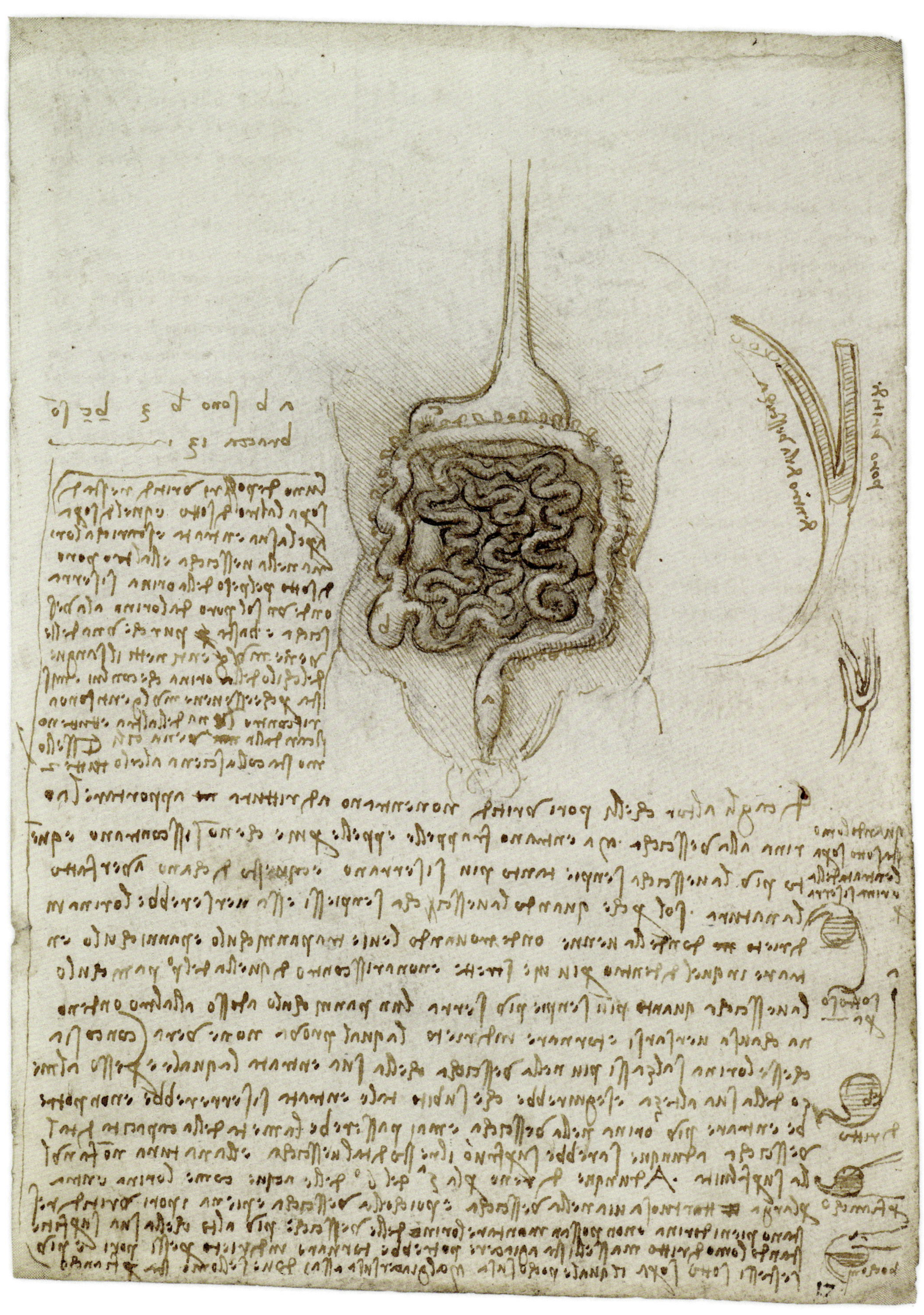

42. *Studi di stomaco, intestino e dettaglio della vescica e dell'uretere, e della vescica come fiasco con beccuccio.*
Penna e inchiostro, gessetto nero su carta, 19,2 × 13,8 cm.
RL 19031r / K&P 73r

42. *Studies of the stomach, intestines and detail of the bladder and ureter, and the bladder as a flask with a spout.*
Pen and ink, black chalk on paper, 19.2 × 13.8 cm.
RL 19031r / K&P 73r

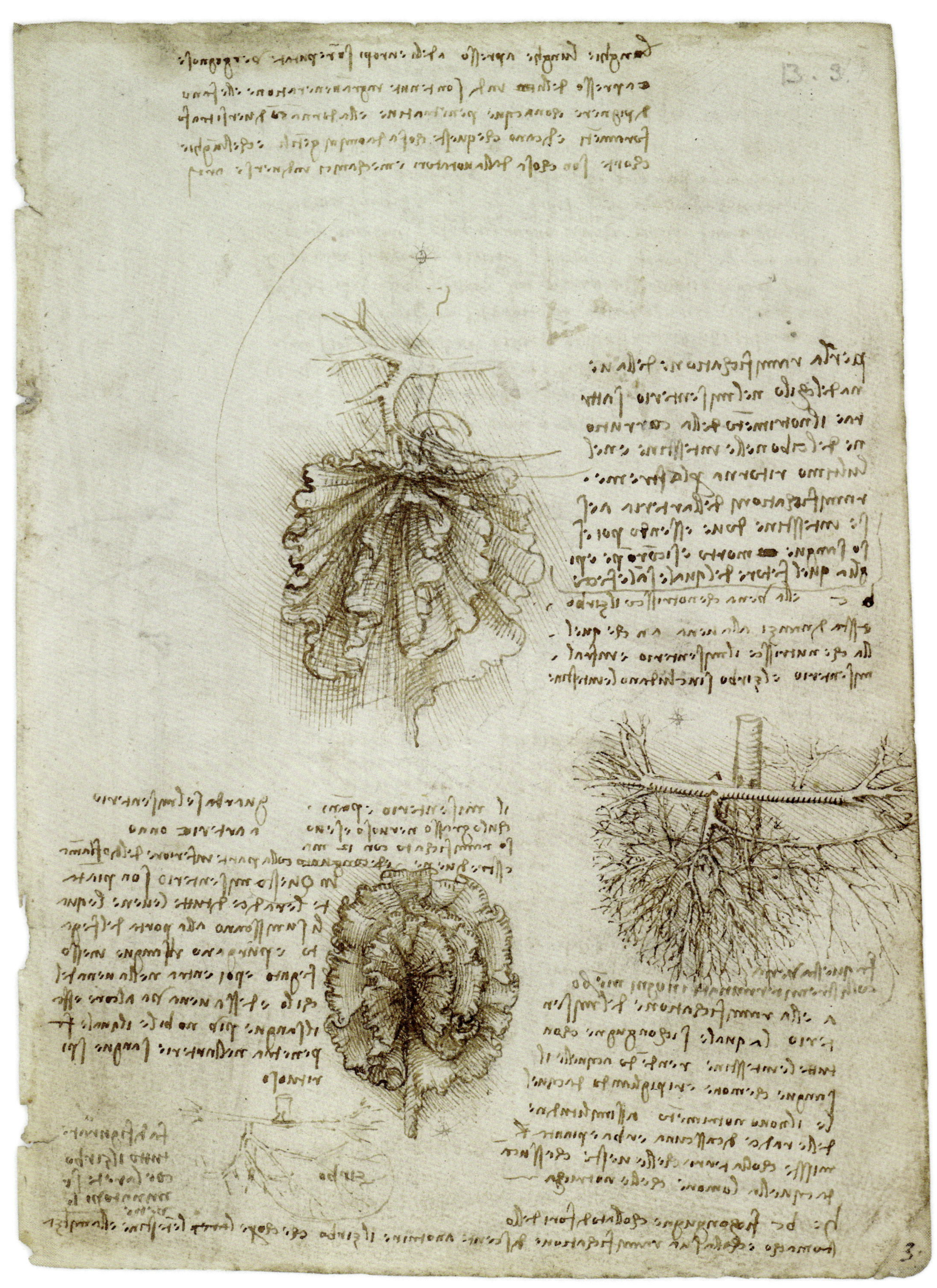

43. *Studi del mesentere e del sistema vascolare del fegato.*
Penna e inchiostro, gessetto nero su carta, 19,3 × 14,3 cm.
RL 19020r / K&P 57r

43. *Studies of the mesentery and vascular system of the liver.*
Pen and ink, black chalk on paper, 19.3 × 14.3 cm.
RL 19020r / K&P 57r

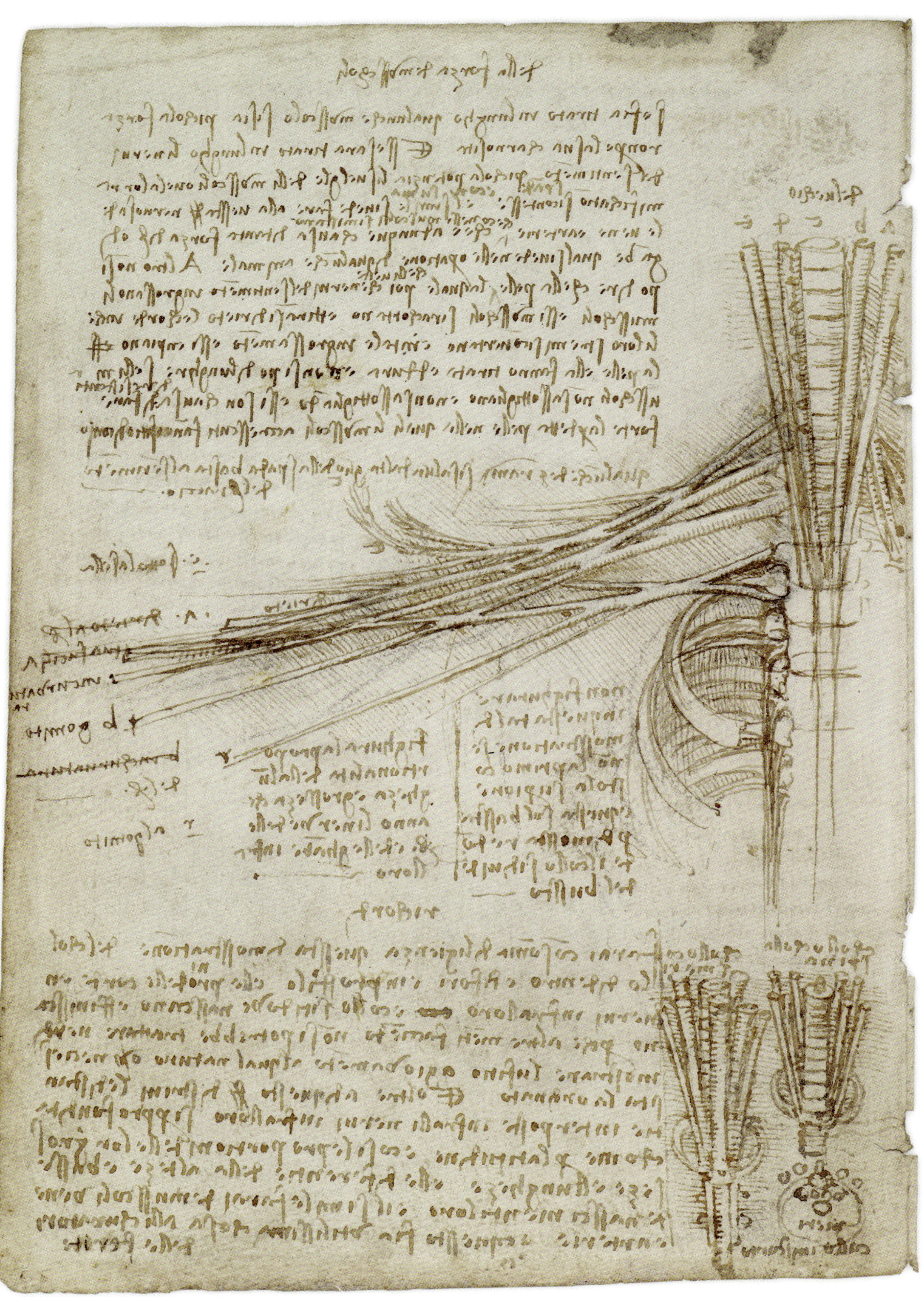

44. *Studi del plesso brachiale e dei canali del collo e della colonna vertebrale superiore.*
Penna e inchiostro, gessetto nero su carta, 19,3 × 14,3 cm.
RL 19020v / K&P 57v

44. *Studies of the brachial plexus and channels in the neck and upper spine.*
Pen and ink, black chalk on paper, 19.3 × 14.3 cm.
RL 19020v / K&P 57v

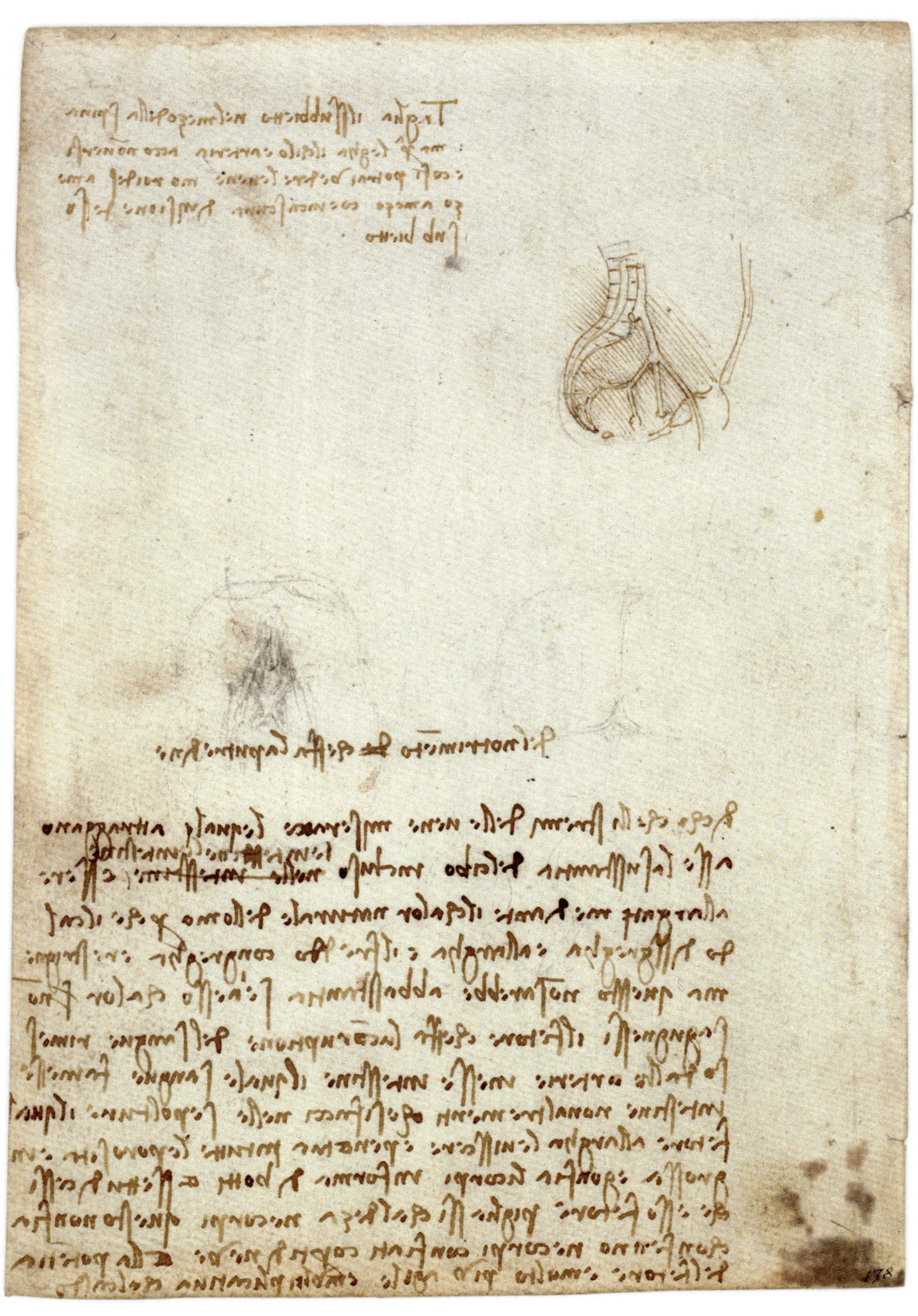

45. *Il sistema nervoso della parte inferiore della schiena.*
Penna e inchiostro, gessetto nero su carta, 19,1 × 13,6 cm.
RL 19053v / K&P 56v

45. *The nervous system of the lower back.*
Pen and ink, black chalk on paper, 19.1 × 13.6 cm.
RL 19053v / K&P 56v

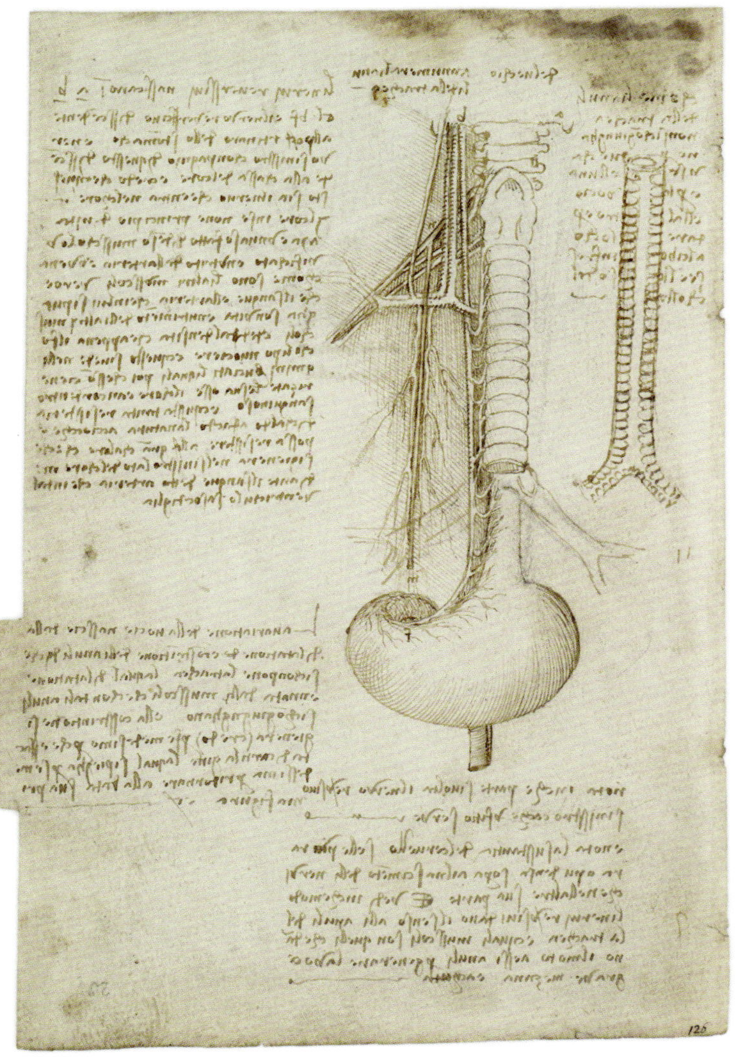

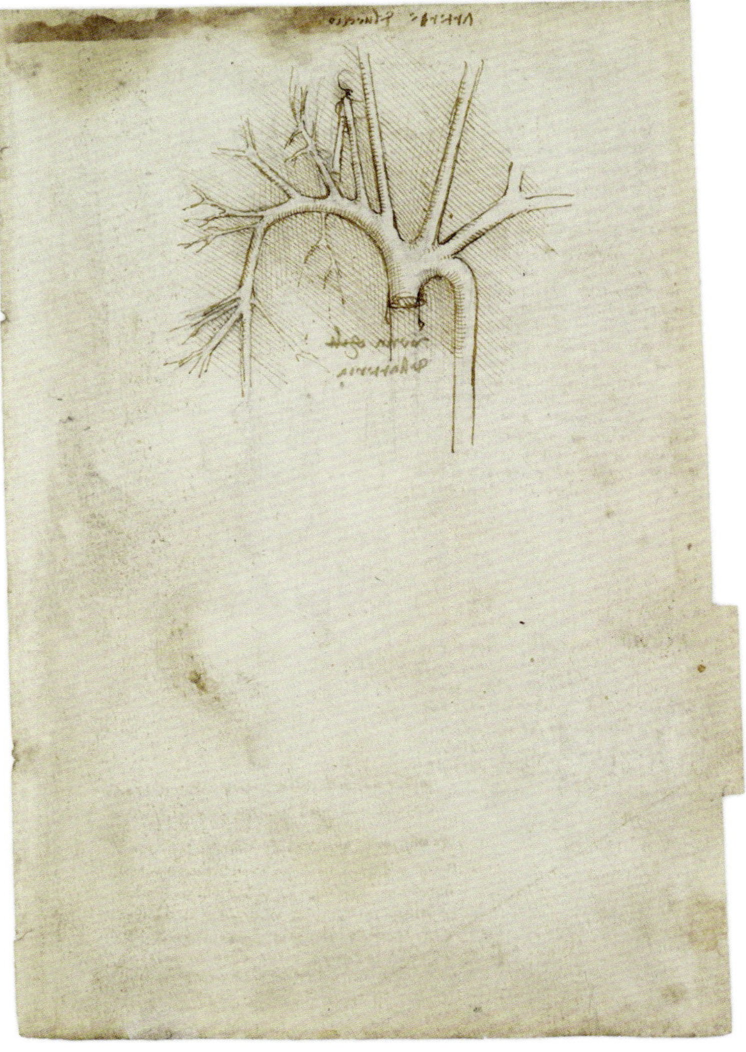

46. *Studi sul sistema vascolare dello stomaco e della trachea.*
Penna e inchiostro, gessetto nero su carta, 19,3 × 13,3 cm.
RL 19050v / K&P 59v

46. *Studies of the vascular system of the stomach and trachea.*
Pen and ink, black chalk on paper, 19.3 × 13.3 cm.
RL 19050v / K&P 59v

47. *L'arco aortico e i suoi rami principali.*
Penna e inchiostro, gessetto nero su carta, 19,3 × 13,3 cm.
RL 19050r / K&P 59r

47. *The aortic arch and its main branches.*
Pen and ink, black chalk on paper, 19.3 × 13.3 cm.
RL 19050r / K&P 59r

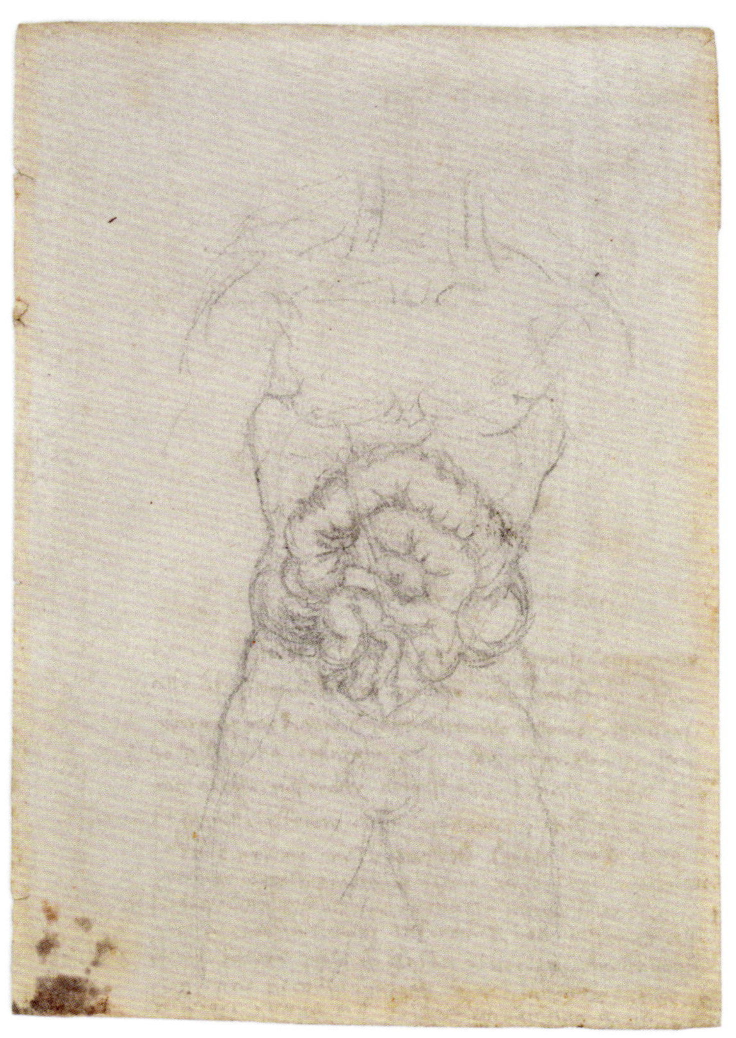

48. *Dissezione dell'addome.*
Gessetto nero su carta, 19,1 × 13,6 cm.
RL 19053r / K&P 56r

48. *Dissection of the abdomen.*
Black chalk on paper, 19.1 × 13.6 cm.
RL 19053r / K&P 56r

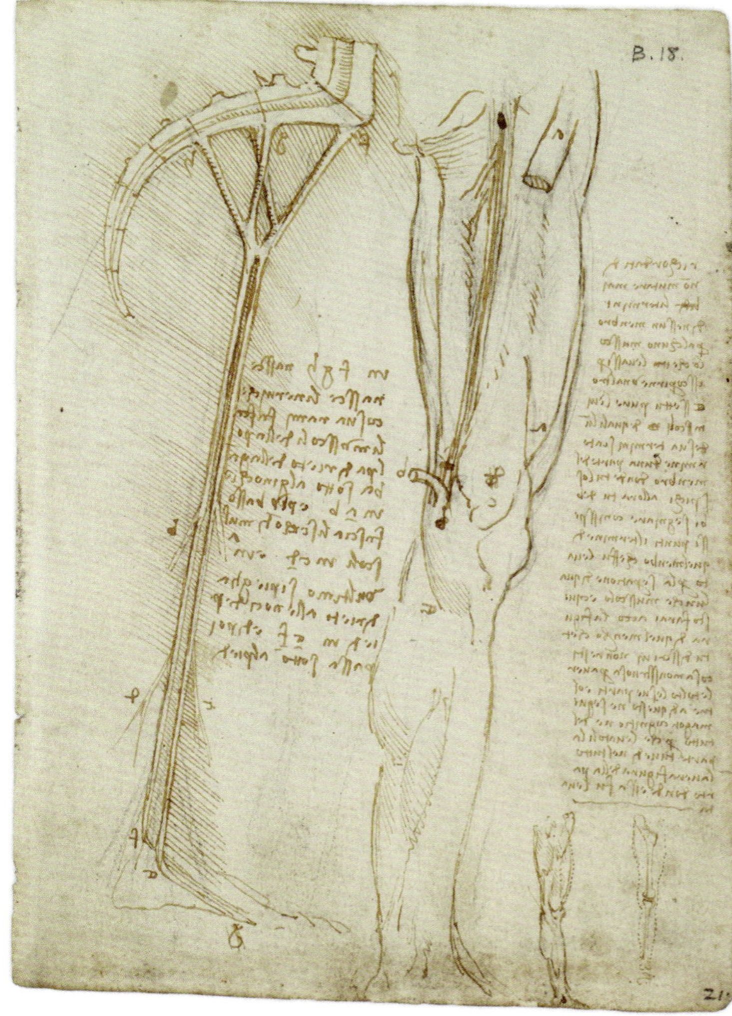

49. *I nervi della coscia e la sua dissezione, e uno schema per l'utilizzo di punti per delineare una gamba.*
Penna e inchiostro, gessetto nero su carta, 19,2 × 14,0 cm.
RL 19035r / K&P 77r

49. *The nerves of the thigh and its dissection, and a scheme for using dots to outline a leg.*
Pen and ink, black chalk on paper, 19.2 × 14.0 cm.
RL 19035r / K&P 77r

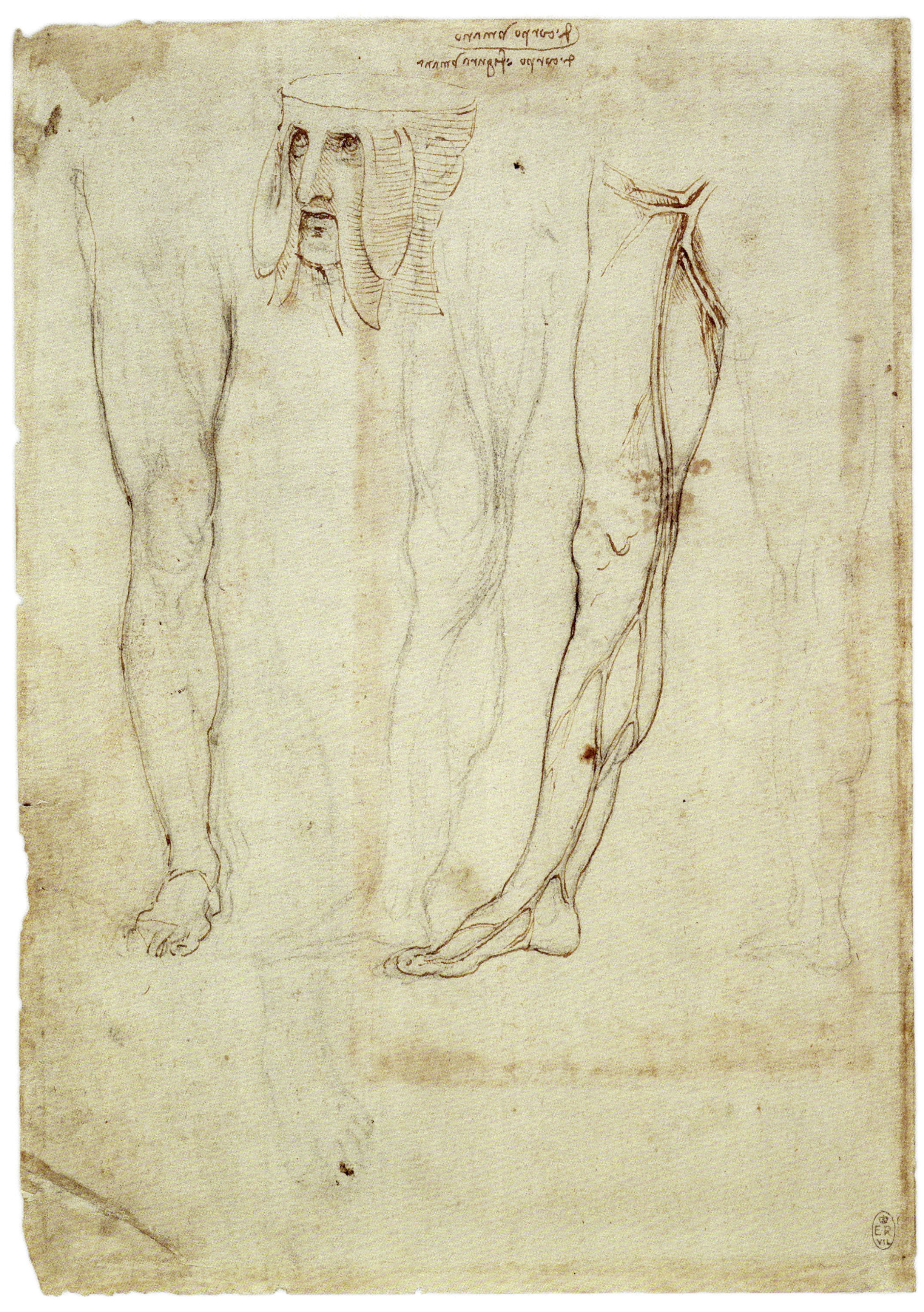

50. *Quattro studi della gamba destra con le vene safene e un uomo grottesco con la parte superiore del cranio rimossa e con lembi di pelle penduli.*
Penna e inchiostro, gessetto nero su carta, 27,5 × 19,5 cm.
RL 12624r / K&P 112v

50. *Four studies of the right leg with the saphenous veins, and a grotesque man with the top of his cranium removed and with pendulous flaps of skin.*
Pen and ink, black chalk on paper, 27.5 × 19.5 cm.
RL 12624r / K&P 112v

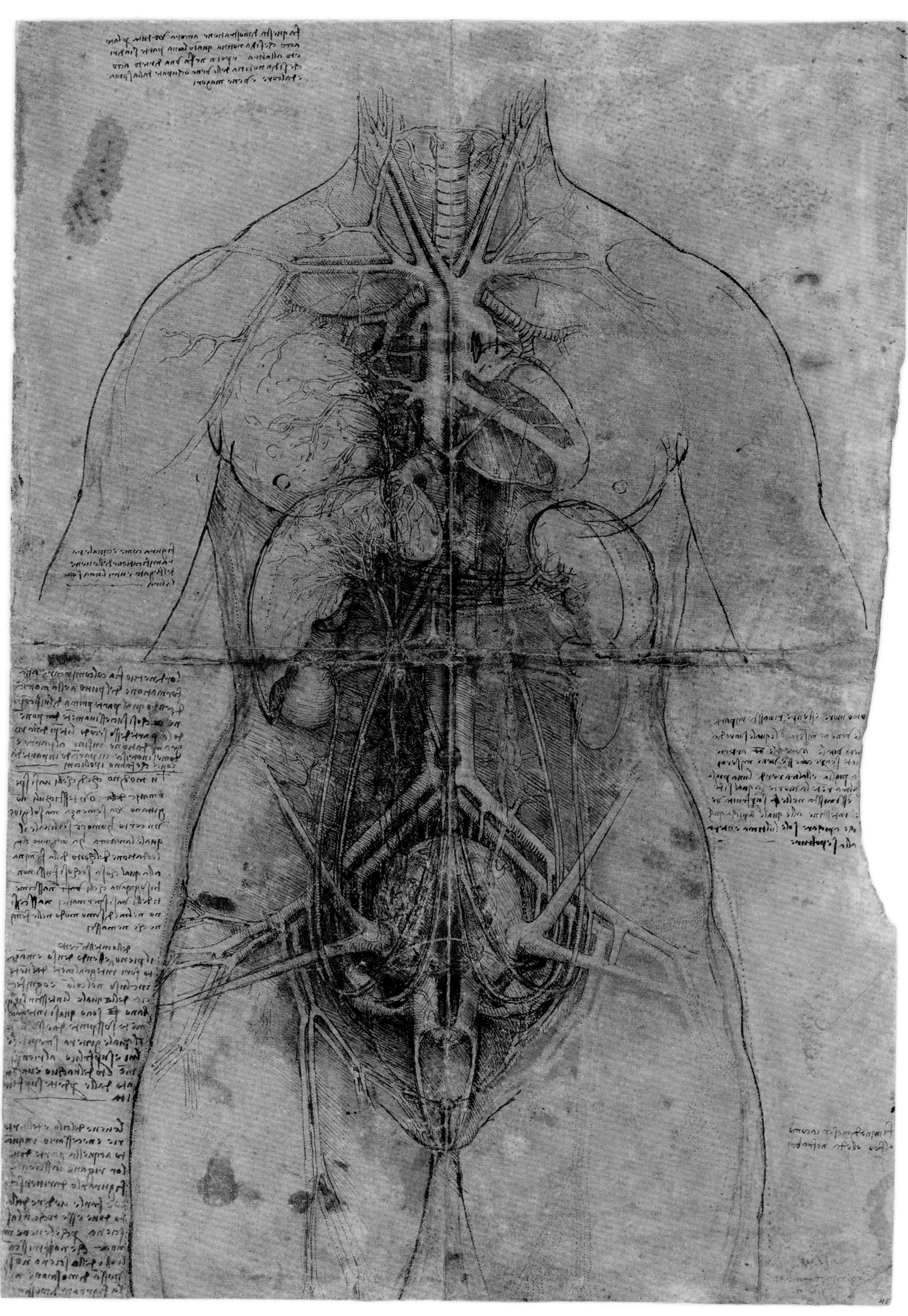

51. *Apparato vascolare, bronchiale, urogenitale e riproduttivo della donna.*
Penna e inchiostro, gessetti nero e rosso e lavatura gialla su carta, 47,6 × 33,2 cm.
RL 12281r / K&P 122r

51. *Vascular, bronchial, urinogenital and reproductive systems of a woman.*
Pen and ink, black and red chalks and yellow wash on paper, 47.6 × 33.2 cm.
RL 12281r / K&P 122r

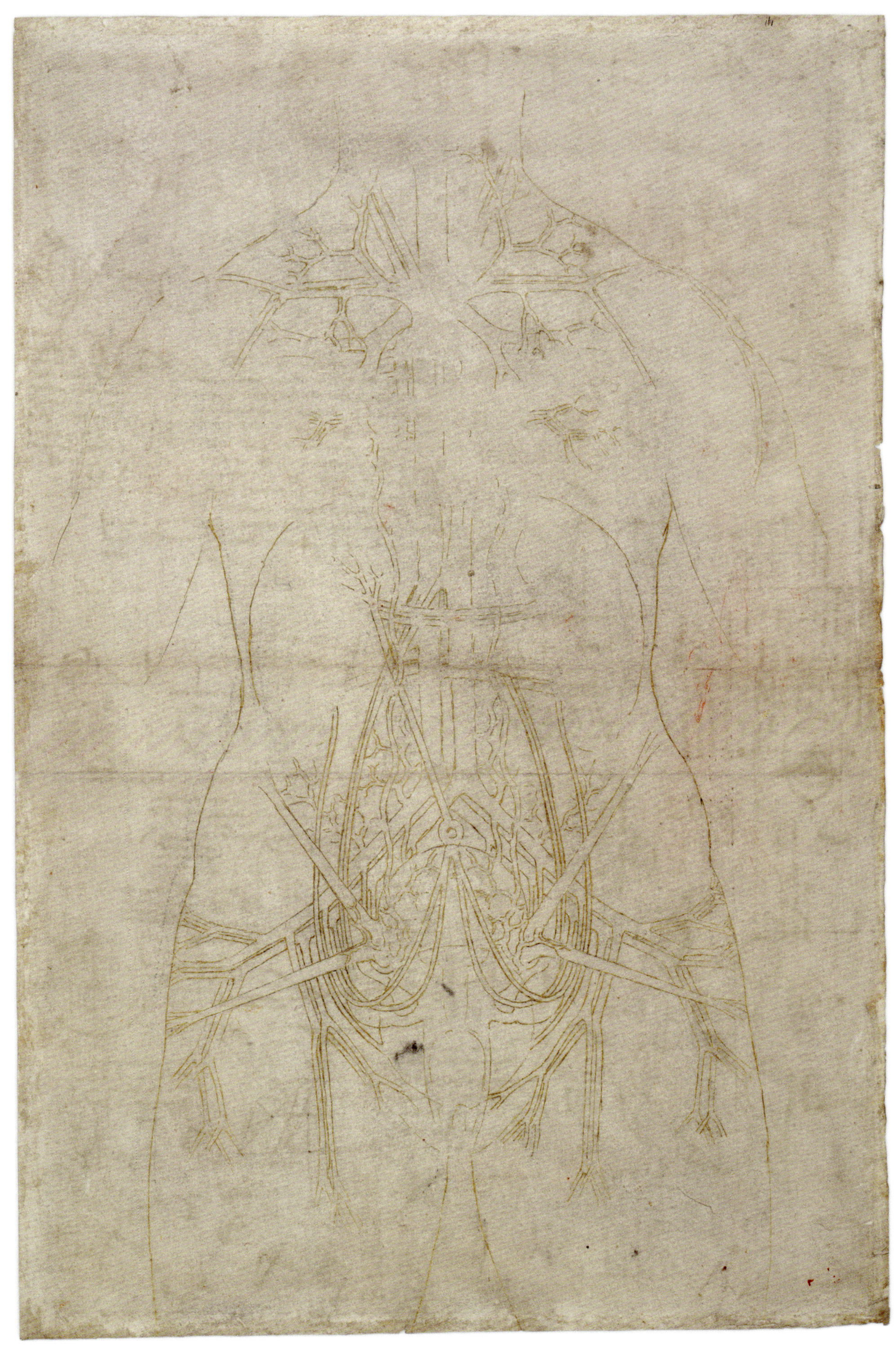

52. *Contorni selezionati di apparati trasferiti con la tecnica dello spolvero.*
Penna e inchiostro su carta, 49,7 × 33,1 cm.
RL 12280v / K&P 121v

52. *Selective outlines of the systems transferred by pouncing.*
Pen and ink on paper, 49.7 × 33.1 cm.
RL 12280v / K&P 121v

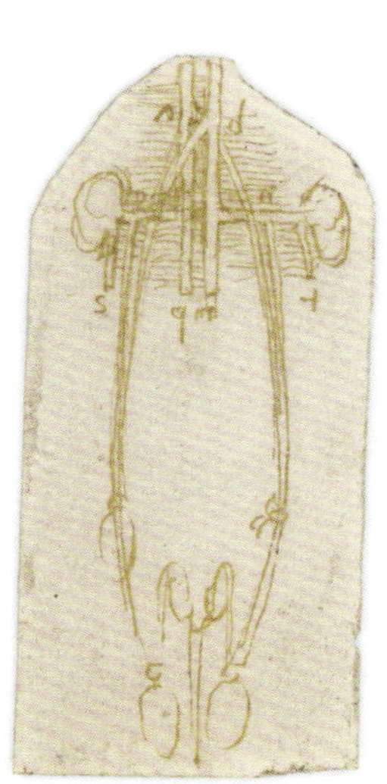

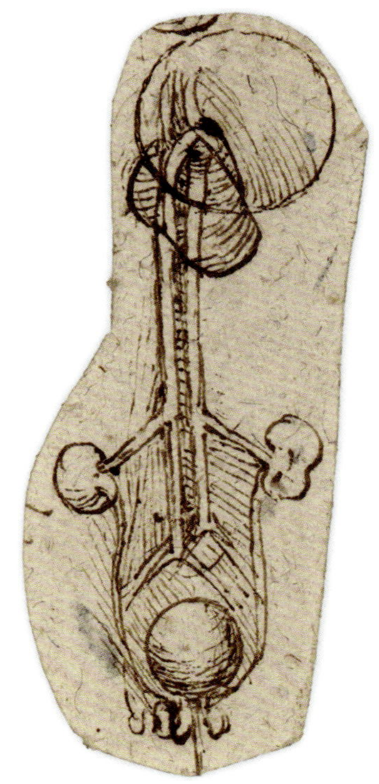

53. *Tre frammenti con studi del sistema vascolare.*
Penna e inchiostro su carta, 6,4 × 3,0 cm, 9,7 x 4,0 cm, 5,9 x 3,9 cm.
RL 19124r, 19125r, 19126r / K&P 193r, 194r, 195r

53. *Three fragments with studies of the vascular system.*
Pen and ink on paper, 6.4 × 3.0 cm, 9.7 x 4.0 cm, 5.9 x 3.9 cm.
RL 19124r, 19125r, 19126r / K&P 193r, 194r, 195r

Studi sull'apparato digerente
Studies of Digestive System

Mario Rende

NEL 1508 LEONARDO, TORNATO a Firenze, è sul letto di morte del centenario ed è proprio sul suo corpo che inizia lo studio anatomico sul sistema digerente, al quale dedica i seguenti disegni (14, 15, 37, 41, 42 e 43) che analizzeremo di seguito.

Bisogna considerare che all'epoca gli organi addominali erano visti come elementi spirituali e la loro funzione rientrava nel movimento degli umori e non come visceri con una reale funzione digestiva. In questo ambito il fegato e la milza occupavano un ruolo primario, il pancreas veniva completamente ignorato e tutto il resto delle strutture cave, dallo stomaco al retto, aveva un ruolo secondario e per lo più passivo, associato alle impurità del corpo e al contenimento dei rifiuti. Galeno influenza tutta la conoscenza medica medioevale e rinascimentale ponendo il fegato come il principale organo umido e caldo produttore del sangue e centro della circolazione delle sostanze materiali nel corpo. La colecisti e la milza erano solo di supporto al fegato impedendo al sangue, che si era lì formato, di contaminarsi con i fluidi più densi e tossici provenienti dagli organi cavi. Questi tre visceri lavorano insieme per produrre e immagazzinare ben tre dei quattro umori del corpo: sangue (fegato), bile gialla (colecisti) e bile nera (milza). Il quarto, il flegma, proveniva invece dal cervello.

La tavola (14) rappresenta la cavità addominale del centenario dopo aver tolto la parete addominale. Si vedono chiaramente il fegato, lo stomaco, la milza, il colon trasverso e le

WHEN HE RETURNED TO Florence, in 1508, Leonardo met a hundred-year-old man on his deathbed and, on his body, he began the anatomical study of the digestive system, to which he dedicated the following drawings (14, 15, 37, 41, 42, and 43), which we will analyze below.

It must be considered that at that time the abdominal organs were seen as spiritual elements and their function was part of the movement of humors and not as internal organs with a real digestive function. In this respect, the liver and spleen occupied a primary role, the pancreas was completely ignored, and all the rest of the hollow structures, from the stomach to the rectum, had a secondary and mostly passive role associated with the impurities of the body and the containment of waste. Galen had influenced all medieval and Renaissance medical knowledge by placing the liver as the main moist and warm blood-producing organ and the center of circulation of material substances in the body. The gallbladder and spleen were only supportive of the liver by preventing the blood, which was formed there, from becoming contaminated with the denser and more toxic fluids from the hollow organs. These three internal organs work together to produce and store as many as three of the body's four humors: blood (liver), yellow bile (gallbladder), and black bile (spleen). The fourth, phlegm, however, came from the brain.

The drawing (14) depicts the abdominal cavity of the hundred-year-old man after removing the abdominal wall. The liver, stomach, spleen, transverse colon, and loops of the small

anse del piccolo intestino insieme ad una serie di grossi vasi che hanno nell'ombelico il loro punto d'incontro. Le strutture cave appaiono dilatate da gas di putrefazione, segno di una dissezione più tardiva rispetto al momento della morte.

Il disegno presenta molti dettagli interessanti e nuovi per l'anatomia dell'epoca. È probabilmente la prima rappresentazione di una cirrosi epatica con l'evidenza di una milza enormemente aumentata di volume e, ancora più interessante, la prima rappresentazione di quel fenomeno vascolare da ipertensione portale che oggi viene chiamato *caput medusae*. L'aumento della pressione del sangue nel sistema portale causato dalla cirrosi epatica spinge il sangue a cercare vie alternative per ritornare nella circolazione generale e una di queste è l'aumento di volume della vena paraombelicale (quella che nel disegno va in alto verso il fegato) e delle vene epigastriche (quelle che vanno in basso dall'ombelico). Nella cirrosi l'aumento del contenuto di sangue in queste vene le fa apparire in superficie attorno all'ombelico come i capelli serpentini di Medusa. Non è quindi un caso che il disegno sulla sinistra rappresenti lo schema del percorso delle vene epigastriche superiori e inferiori coinvolte in questa anastomosi.

Il testo evidenzia un'altra novità, descritta inconsapevolmente. Leonardo osserva che il peritoneo del grande omento, che partendo dalla grande curvatura dello stomaco copre normalmente le anse del piccolo intestino, negli anziani invece "*scopre di sé tutte esse intestine e si ritira intra 'l fondo dello stomaco*". Questo fenomeno reale è legato ai processi di progressiva fibrosi dei tessuti e negli anziani provoca aderenze peritoneali e blocchi intestinali. È probabile quindi che Leonardo avesse già avuto esperienza di apertura dell'addome in soggetti più giovani con un normale grande omento.

Un'altra informazione importante riguarda la terminologia. Leonardo chiama la parete addominale e il peritoneo del grande omento rispettivamente *mirach* e *sifac*, termini della nomenclatura di Avicenna e di Mondino de' Liuzzi che testimoniano la lettura e la conoscenza dei loro testi anatomici.

Il grande omento viene di nuovo rappresentato in un piccolo disegno nella tavola (15), mentre il disegno principale schematizza l'arteria epatica comune e i vasi gastrici che corrono lungo la piccola curvatura dello stomaco. È ben evidente la colecisti e il piccolo omento.

intestine are clearly seen along with a series of large vessels that have their meeting point in the umbilicus. The hollow structures appear dilated by putrefaction gas, a sign of a dissection later than the time of death.

The drawing has many interesting and novel details for the anatomy of the time. It is probably the first depiction of cirrhosis of the liver with evidence of an enormously increased spleen volume and, even more interestingly, the first depiction of the vascular phenomenon from portal hypertension that is now called *caput medusae*. The increased blood pressure in the portal system caused by cirrhosis of the liver prompts the blood to seek alternative routes back into the general circulation, and one of these is the increased volume of the paraumbilical vein (the one that in the drawing goes up toward the liver) and the epigastric veins (those that go down from the umbilicus). In cirrhosis, the increased blood in these veins makes them appear on the surface around the umbilicus like Medusa's serpentine hair. It is therefore no accident that the drawing on the left depicts the pattern of the course of the upper and lower epigastric veins involved in this anastomosis.

The text highlights another novelty, described unwittingly. Leonardo observes that the peritoneum of the greater omentum, which starting from the great curvature of the stomach normally covers the loops of the small intestine, in the elderly instead "*it uncovers all these intestines and withdraws between the bottom of the stomach.*" This actual phenomenon is related to the processes of progressive tissue fibrosis and in the elderly causes peritoneal adhesions and intestinal blockages. Therefore, it is likely that Leonardo had already experienced opening of the abdomen in younger subjects with a normal greater omentum.

Another important piece of information concerns terminology. Leonardo calls the abdominal wall and the peritoneum of the greater omentum *mirach* and *sifac*, respectively, terms from the nomenclature of Avicenna and Mondino de' Liuzzi that confirms his reading and knowledge of their anatomical texts.

The greater omentum is again depicted in a small drawing in (15), while the main drawing schematizes the common hepatic artery and gastric vessels running along the small curvature of the stomach. The gallbladder and lesser omentum are clearly evident.

Nella nota in fondo a destra, Leonardo compara il fegato e i suoi vasi tra un soggetto giovane e uno anziano: il fegato da colorito e con una struttura omogenea diventa scolorito con una consistenza simile a crusca con acqua. Leonardo così descrive per la prima volta l'alterata consistenza del fegato durante una cirrosi nodulare. Osserva come le vene dei giovani sono dritte e piene di sangue mentre negli anziani sono contorte, appiattite e prive di sangue. Di seguito Leonardo aggiunge un'ultima interessante annotazione tecnica: "lavando" il fegato il tessuto epatico si sbriciola, lasciando evidenti e liberi i vasi nel suo interno. Certamente la semplice acqua non fa macerare di per sé il tessuto epatico, ed è quindi probabile ipotizzare che per "lavare" il fegato Leonardo abbia anche fatto una contemporanea manipolazione con le mani del tessuto epatico immerso nell'acqua. Se così fosse, senza saperlo Leonardo descrive una moderna tecnica chirurgica chiamata *digitoclasia* (Finger Fracture Technique) pubblicata nel 1958 dal vietnamita Lin che produsse un grande avanzamento nella chirurgia epatica.

Partendo dal principio galenico del fegato come l'organo principale del nostro corpo, Leonardo pone grande attenzione alla sua vascolarizzazione che viene dettagliata nella tavola (38).

In alto c'è la prima chiara rappresentazione sia del tripode celiaco (arterie epatica comune, gastrica di sinistra e splenica), che nasce dall'aorta addominale, sia delle arterie che derivano dall'epatica comune. Al di sotto dei vasi arteriosi Leonardo disegna la vena porta e la vena splenica.

Anche se non del tutto preciso, il disegno di questa complessa rete vascolare è il più preciso della sua epoca. I due disegni al di sotto descrivono anche le vie biliari e la colecisti e lo sbocco delle vene sovraepatiche nella vena cava inferiore.

Le tavole (41) e (42) anche oggi vengono spesso citate perché entrambe contengono la prima rappresentazione anatomica di diverse strutture: la giunzione ileo-cecale, il cieco e, soprattutto, l'appendice vermiforme così come le appendici epiploiche del colon.

In the note at the bottom right, Leonardo compares the liver and its vessels between a young and an old individual: the liver from being colored and with a homogeneous structure becomes discolored with a bran-like consistency with water. Leonardo thus describes for the first time the altered texture of the liver during nodular cirrhosis. He observes how the veins of the young are straight and full of blood while in the elderly they are twisted, flattened and devoid of blood. Below Leonardo adds a final interesting technical note: "washing" the liver crumbles the liver tissue, leaving the vessels within it obvious and free. Certainly, mere water does not by itself macerate the liver tissue, and it is therefore also likely to assume that in order to "wash" the liver Leonardo also did a simultaneous manipulation with his hands of the liver tissue immersed in the water. If so, without knowing it, Leonardo unknowingly describes a modern surgical technique called *digitoclasia* (Finger Fracture Technique) published in 1958 by the Vietnamese Lin that produced a great advance in liver surgery.

Starting from the Galenic principle of the liver as the main organ of our body, Leonardo gives great attention to its vasculature, which is detailed in the drawing (38).

At the top, the first clear depiction of both the celiac tripod (common hepatic, left gastric, and splenic arteries), which arises from the abdominal aorta, and the arteries that derive from the common hepatic. Below the arterial vessels Leonardo draws the portal vein and splenic vein.

Although not entirely accurate, the drawing of this complex vascular network is the most precise of its time. The two drawings below also describe the biliary tract, the gallbladder and the outlet of the upper hepatic veins into the inferior vena cava.

The drawings (41) and (42) are also often cited today because they both contain the earliest anatomical representation of several structures: the ileo-cecal junction, the cecum and, most importantly, the vermiform appendix as well as the epiploic appendages of the colon.

Studi sul sistema urinario
Studies of Urinary System

Mario Rende

IL DISEGNO CHE ESPRIME nel modo migliore l'interesse di Leonardo per il sistema urinario è la tavola (8). Ci troviamo quasi di fronte ad una pagina di un moderno atlante di anatomia umana: in alto abbiamo tre immagini complete del sistema urinario, in basso un'ordinata didascalia che commenta i tre disegni senza altre divagazioni. La pagina ha addirittura un proprio titolo: *Dimostrazione della vescica nell'uomo*. Guardandola, possiamo quasi immaginare come sarebbe stato il suo trattato se solo avesse avuto costanza e determinazione.

Il primo aspetto peculiare da osservare è che Leonardo presenta l'intero sistema urinario al di fuori del resto del corpo umano in modo che il lettore possa concentrarsi solo sui visceri che lo compongono. Il secondo elemento da notare è la diversa dimensione fra i reni, piuttosto piccoli, e la vescica, grande e rotondeggiante. Alcuni commentatori hanno ipotizzato si tratti di reni atrofici e di una normale vescica. Credo sia possibile una diversa interpretazione.

La vescica *post mortem* è generalmente svuotata e perde il suo aspetto globoso che è invece chiaro in tutti e tre i disegni. È possibile quindi che Leonardo abbia prima isolato l'intero sistema urinario e poi abbia riempito di acqua la vescica. La ragione di questo approccio potrebbe derivare dall'obiettivo di studiare la dinamica dell'urina all'interno del sistema urinario e capire anatomicamente quanto già osservato da Galeno il quale aveva descritto come l'acqua introdotta in vescica non refluisce verso i reni attraverso l'uretere, senza però spiegarne il perché. Leonardo intende quindi colmare questa lacuna esplicativa.

STUDIES OF URINARY SYSTEM The drawing that best expresses Leonardo's interest in the urinary system is (8). We are almost faced with a page from a modern atlas of human anatomy: at the top we have three complete pictures of the urinary system, at the bottom a neat caption commenting on the three drawings without further digressions. The sheet even has its own title: "*Demonstration of the Bladder in Humans*". Looking at it, we can almost imagine what his treatise would have been like if only he had had perseverance and determination.

The first peculiar aspect to note is that Leonardo presents the entire urinary system outside the rest of the human body so that the reader can focus only on the internal organs that make it up. The second element is the different size between the kidneys, which are rather small, and the bladder, which is large and roundish. Some commentators have speculated that these are atrophic kidneys and a normal bladder. I think a different interpretation is possible.

The *post-mortem* bladder is generally emptied and loses its globular appearance, which is clear in all three drawings. It is therefore possible that Leonardo first isolated the entire urinary system and then filled the bladder with water. The reason for this approach could derive from the aim of studying the dynamics of urine within the urinary system and understanding anatomically what had already been observed by Galen, who had described how water introduced into the bladder does not flow back to the kidneys through the ureter, without explaining why. Leonardo therefore intends to fill this explanatory gap.

Nel primo e nel terzo disegno evidenzia abbastanza correttamente l'entrata dei due ureteri nella parete posteriore della vescica, in prossimità del suo collo da cui anche inizia l'uretra. L'idea di rappresentare il sistema urinario completo e isolato e l'idea di rappresentare correttamente lo sbocco dei due ureteri sono novità assolute per l'anatomia dell'epoca. Tuttavia, il valore innovativo maggiore di questa tavola è un piccolo disegno, quasi uno schizzo, a sinistra della prima figura. Se si vede meglio, Leonardo per primo nella storia dell'Anatomia umana descrive il percorso intramurale dell'uretere all'interno degli strati muscolari della vescica che è la base anatomica del meccanismo anti reflusso che ostacola il ritorno in uretere dell'urina. Questo spiega il motivo per cui disegna una vescica piena d'acqua. Nel testo sotto la prima figura scrive che deve ancora disegnare il meccanismo anti reflusso, ma questo implica che l'aveva scoperto e abbozzato a fianco della stessa immagine.

La tavola contiene anche aspetti anatomicamente scorretti come la presenza dei vasi vescicali che partono dall'uretra per poi andare in vescica, mentre è esattamente il contrario. Questo errore potrebbe derivare dall'approccio di dissezione che reputo possa aver fatto: iniziare a dissezionare partendo dall'uretra per poi andare verso l'alto ai reni. Dobbiamo quindi immaginare che Leonardo abbia disteso su un tavolo questi visceri e li abbia poi disegnati guardandoli e avendo l'uretra come l'elemento più vicino, mentre i reni erano prospetticamente più lontani, apparendogli così poco più piccoli del dovuto (in ogni caso, consideriamo che un rene ha la dimensione del mouse di un computer).

Un altro elemento interessante e innovativo nella descrizione del sistema urinario è quello presente nella tavola (34). In mezzo ad una pagina che parla del sistema olfattivo, Leonardo disegna perfettamente il rene di sinistra con i vasi sanguigni e l'uretere nel suo ilo e fa chiaramente vedere la loro disposizione per cui la vena sta sempre al di sopra dell'arteria con l'uretere più posteriore all'arteria stessa. La figura fa vedere anche un altro interessante aspetto che certifica la grande abilità settoria di Leonardo: alla vena renale di sinistra arriva non solo la vena testicolare/ovarica di sinistra, ma anche, scendendo dall'alto, l'anastomosi con la vena frenica inferiore di sinistra. Entrambe queste evidenze

In the first and third drawings he shows quite correctly the entrance of the two ureters into the posterior wall of the bladder, near its neck where the urethra also begins. The idea of correctly representing the complete and isolated urinary system and the idea of correctly representing the outlet of the two ureters are absolute novelties for the anatomy of the time. However, the greatest innovative value of this sheet is a small drawing, almost a sketch, to the left of the first figure. If you look closely, Leonardo is the first in the history of Human anatomy to describe the intramural pathway of the ureter within the muscular layers of the bladder, which is the anatomical basis of the anti-reflux mechanism that hinders the return of urine into the ureter. This explains why he draws a bladder full of water. In the text below the first picture, he writes that he has yet to draw the anti-reflux mechanism, but this suggests he had discovered and sketched it alongside the same picture.

The sheet also contains anatomically incorrect aspects such as the bladder vessels starting from the urethra and going into the bladder, whereas it is exactly the opposite. This error could derive from the dissection approach I think he might have taken: starting dissecting from the urethra and then going upwards to the kidneys. We must therefore imagine that Leonardo stretched these internal organs out on a table and then drew them looking at them and having the urethra as the closest element, while the kidneys were prospectively further away, thus appearing slightly smaller than they should be (in any case, consider that a kidney is the size of a computer mouse).

Another interesting and innovative element in the description of the urinary system is found in (34). In the middle of a sheet that speaks of the olfactory system, Leonardo perfectly draws the left kidney with the blood vessels and ureter in its hilum and clearly shows their arrangement so that the vein is always above the artery with the ureter more posterior to the artery itself. The figure also shows another interesting aspect that certifies Leonardo's great sector practice: not only does the left renal vein reach the left testicular/ovarian vein, but also, coming down from above, the anastomosis with the left inferior phrenic vein. Both of these evidences are a first

sono una novità assoluta per l'anatomia dell'epoca e saranno evidenziate secoli dopo.

La tavola fa vedere il disegno di un rene intero e non sezionato, tuttavia Leonardo scrive accanto una nota tecnica, molto breve, ma significativa per comprendere cosa aveva intenzione di fare successivamente: "*taglialo per mezzo e figuralo come le strade dell'orina se seminano e come destillano*". È una frase molto significativa per varie ragioni. Innanzitutto ci dice che Leonardo aveva tagliato il rene per vederne l'interno, prospettiva che nessun anatomico dell'epoca faceva limitandosi a vedere l'esterno. Dobbiamo aspettare il 1666 con la pubblicazione di Marcello Malpighi per avere una descrizione dell'interno del rene, aspetto che Leonardo aveva già visto ma che nella sua incostanza e frammentarietà non aveva poi disegnato. Se l'avesse fatto, quelle che oggi chiamiamo "piramidi di Malpighi" (midollare del rene) si sarebbe chiamata "piramidi di Leonardo". La parte successiva della frase ("*come le strade dell'orina se seminano e come destillano*") è molto evocativa: Leonardo dall'osservazione visiva dell'interno del rene vede delle strutture che, come delle strade, devono portare l'urina. Oggi le chiameremmo tubuli renali i quali hanno la capacità di riassorbire gran parte della pre-urina, funzione che Leonardo forse intuisce e traduce in "*come destillano*".

for the anatomy of the time and will be highlighted centuries later.

The sheet shows a drawing of a whole kidney and not a dissected one, however Leonardo next to it makes a technical note, very brief but significant for understanding what he intended to do next: "*cut it in half and draw urine routes and how they distillate*". It is a very significant sentence for several reasons. Firstly, it tells us that Leonardo had cut the kidney in order to see the inside, which no anatomist of the time did, limiting himself to seeing the outside. We have to wait until 1666 with the publication of Marcello Malpighi to have a description of the inside of the kidney, which Leonardo had already seen but because of his inconstancy and fragmentary nature had not drawn. Well, if he did, what we now call "Malpighi's pyramids" (medullary of the kidney) would have been called "Leonardo's pyramids". The next part of the sentence ("*urine routes and how they distillate*") is very evocative: Leonardo from visual observation of the inside of the kidney sees structures that, like roads, must carry urine. Today we would call them renal tubules, which have the capacity to reabsorb much of the pre-urine, a function that Leonardo perhaps intuits and translates as "*how they distillate*".

XII

Il cervello revisionato

The Brain revised

DOPO AVER ADOTTATO E adattato la concezione tradizionale dei ventricoli cerebrali quale sequenza orizzontale di tre camere tondeggianti, Leonardo compie uno dei suoi caratteristici salti nell'indagine e nella rappresentazione della forma degli organi corporei. Iniettò della cera nelle cavità interne del cervello, probabilmente quello di un bue (1) per via della piumata *rete mirabile*. La cera fu iniettata dalla base del cervello prima che il cranio venisse segato. Va ricordato che Leonardo aveva una formazione da scultore e conosceva bene l'uso della cera nella fusione delle statue di bronzo.

Egli descrive la sua procedura.

"*Fa' due sfiatatoi ne' corni de' ventriculi maggiori e metti la cera fonduta collo schizzatoio, facendo un buso nel ventriculo della memoria, e empi per tale buso li tre ventriculi del cervello; e poi, quando la cera è rassodata, disfa il cervello e vedrai la figura delli tre ventriculi di punto. Ma prima, metti le canne sottili nelli sfiatatoi, acciò che l'aria che è in essi ventriculi, possa spirare e dar loco alla cera che entra innelli ventriculi.*" (1)

Il disegno principale, tracciato con gesso nero, mostra in sezione orizzontale che il vecchio modello a tre camere era molto impreciso. In particolare, il ventricolo anteriore è una struttura a corna con estensioni laterali ricurve. Disegna poi due diagrammi del ventricolo isolato. Nel diagramma più grande etichetta i due corni come "*imprensiva*" (recettore di impressioni), mentre la cavità centrale contiene il "*senso comune*" ed era la sede dell'output

HAVING EARLIER ADOPTED AND adjusted the traditional conception of the ventricles of the brain as a horizontal sequence of three roundish chambers, Leonardo made one of his characteristic leaps as how to investigate and represent the form of bodily organs. He injected wax into the inner cavities of the brain – probably that of an ox (1) on account of the feathery *rete mirabile*. The wax was injected from the base of the brain before the skull was sawn through. We should remember that Leonardo was trained as a sculptor and knew a good deal about the use of wax in casting bronze statues.

He describes his procedure.

"Make two vent-holes in the horns of the greater ventricles and insert melted wax with a syringe, making a hole in the ventricles of memory [the fourth ventricle, at lower right in each drawing]; and through this hole fill the three ventricles of the brain. Then when the wax has set, dissect off the brain and you will see the shapes of the ventricles exactly. But first put fine tubes into the vent-holes so that the air which is in these ventricles is blown out and makes room for the wax which enters into the ventricles." (1)

The main drawing, mapped out in black chalk, shows in horizontal section that the old three-flask model was notably inaccurate. Most conspicuously, the foremost ventricle is a horned structure with curved lateral extensions. He then draws two diagrams of the ventricles seen in isolation. In the larger diagram he labels the two horns as "*imprensiva*" (receptor of impressions), while the central cavity contains the

sensoriale, dell'input e della correlazione. L'ultima sede è dedicata alla "*memoria*". Nello schizzo più piccolo a destra, sembra privilegiare ancora il senso della vista facendolo passare, da solo, al primo ventricolo. Invece, il senso del tatto si alimenta da e verso il plesso brachiale sotto la testa fino al *senso comune*, attraverso la via più diretta alla base del cervello.

In una pagina danneggiata (2), disegna un piccolo schizzo di un teschio e ricorda a se stesso di procurarsene uno. Questa insistenza sull'osservazione diretta si allinea alla personale, forte diatriba su coloro che trascurano lo studio dal vivo della natura. Comincia così: "*le cose mentali che non son passate per il senso* [comune] *son vane e nulla verità partoriscano se non dannosa*". Come a sottolineare il suo approccio pratico, il *verso* illustra alcuni strumenti per la dissezione. Sull'altro lato del foglio, elenca ulteriori strumenti: un bisturi (un coltello con la punta ricurva), pinze, una sega per ossa e bisturi. Come sempre, Leonardo adotta un approccio pratico rispetto all'apprendimento sui libri.

Nel gruppo di studi sul cervello, si interessa molto ai percorsi dei nervi cranici e al modo in cui convergono nei ventricoli. Esisteva una gerarchia dei cinque sensi, rintracciabile nei loro passaggi nel cervello. Gli occhi sono rappresentati in modo assolutamente prominente (4), serviti da potenti nervi che si incrociano nel chiasma ottico prima di passare in breve tempo nella parte anteriore del cervello. L'insistenza di Leonardo sulla supremazia del senso che serve alle arti visive ha ancora una base anatomica.

Nota sulla datazione

Gli studi sul cervello risalgono probabilmente al 1510 circa.

"*senso comune*" and was the location for sensory output, input and correlation. The final flask is devoted to "*memoria*". In the smallest sketch to the right, it seems that he was still privileging the sense of sight by passing it alone to the first ventricle. The sense of touch feeds to and from the brachial plexus below the head to the *senso comune* via the most direct route into the base of the brain.

On a damaged page (2), he makes a little sketch of a skull and reminds himself to obtain one. This insistence on direct observation is in keeping with his fierce diatribe about those who neglect first-hand study of nature. It begins, "mental matters that have not passed through the [common] sense, they give birth to nothing other than a truth that remains harmful..." As if to underline his hands-on approach, the *verso* illustrates some tools for dissection. On the other side of the sheet, he lists further tools: a bistoury (a knife with a curved tip), forceps, a bone-saw and scalpels. As always, Leonardo advocates a hands-on approach over book learning.

In the group of brain studies, he is much concerned with the paths of the cranial nerves and how they feed into the ventricles. There was a hierarchy of the 5 senses, as witnessed by their passages into the brain. The eyes are represented as assertively prominent (4), served by powerful nerves that cross in the optical chiasma before passing in short order into the front of the brain. Leonardo's insistence in the supremacy of the sense that serves the visual arts is still accorded an anatomical basis.

Note about dating

The brain studies probably date from c. 1510.

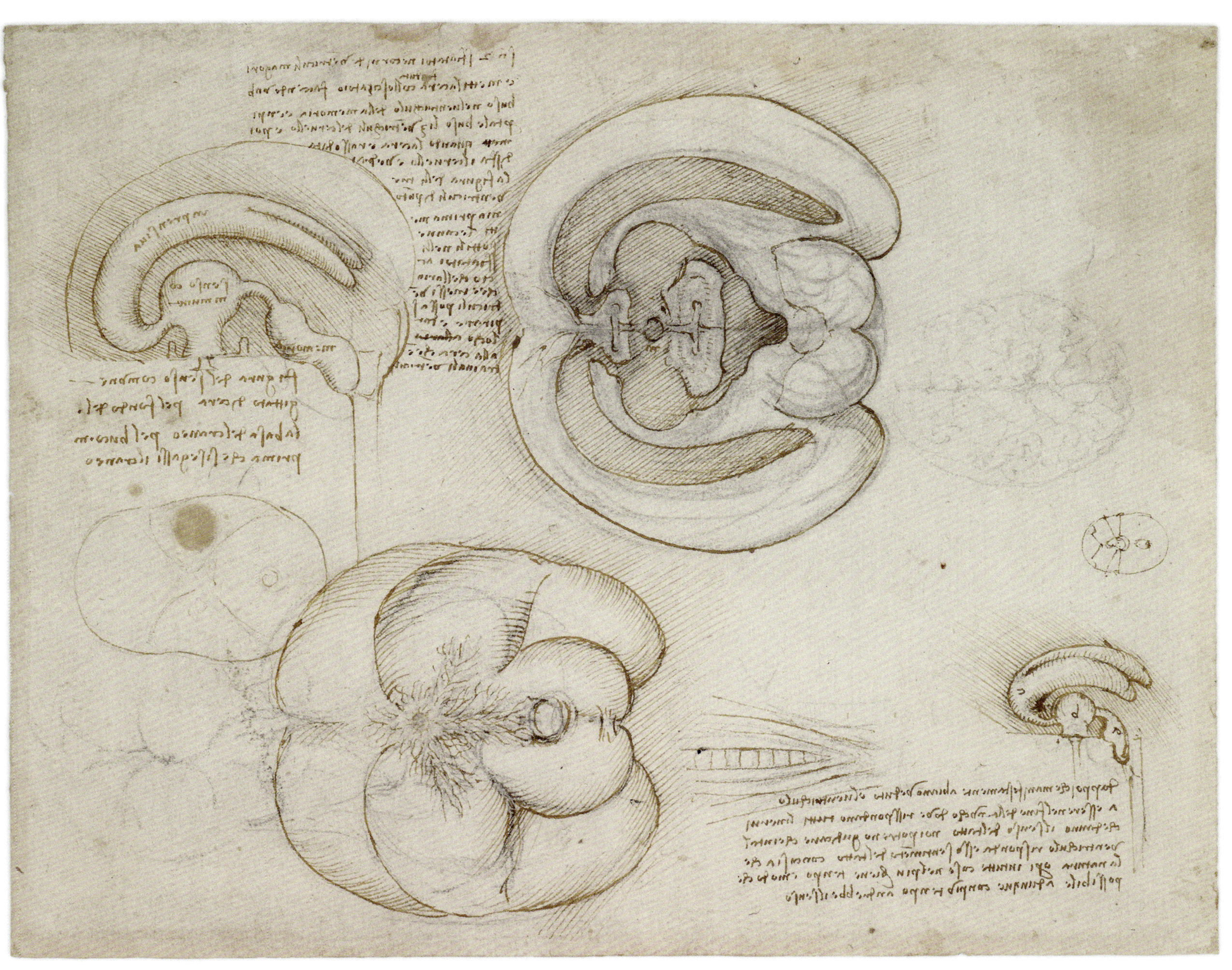

1. *Studi del cervello in sezione orizzontale, visto dal basso e dall'alto, e tre studi dei ventricoli.*
Penna e inchiostro, gessetto nero su carta, 20,0 × 26,2 cm.
RL 19127r / K&P 104r

1. *Studies of the brain from below and above, in horizontal section and three studies of the ventricles.*
Pen and ink, black chalk on paper, 20.0 × 26.2 cm.
RL 19127r / K&P 104r

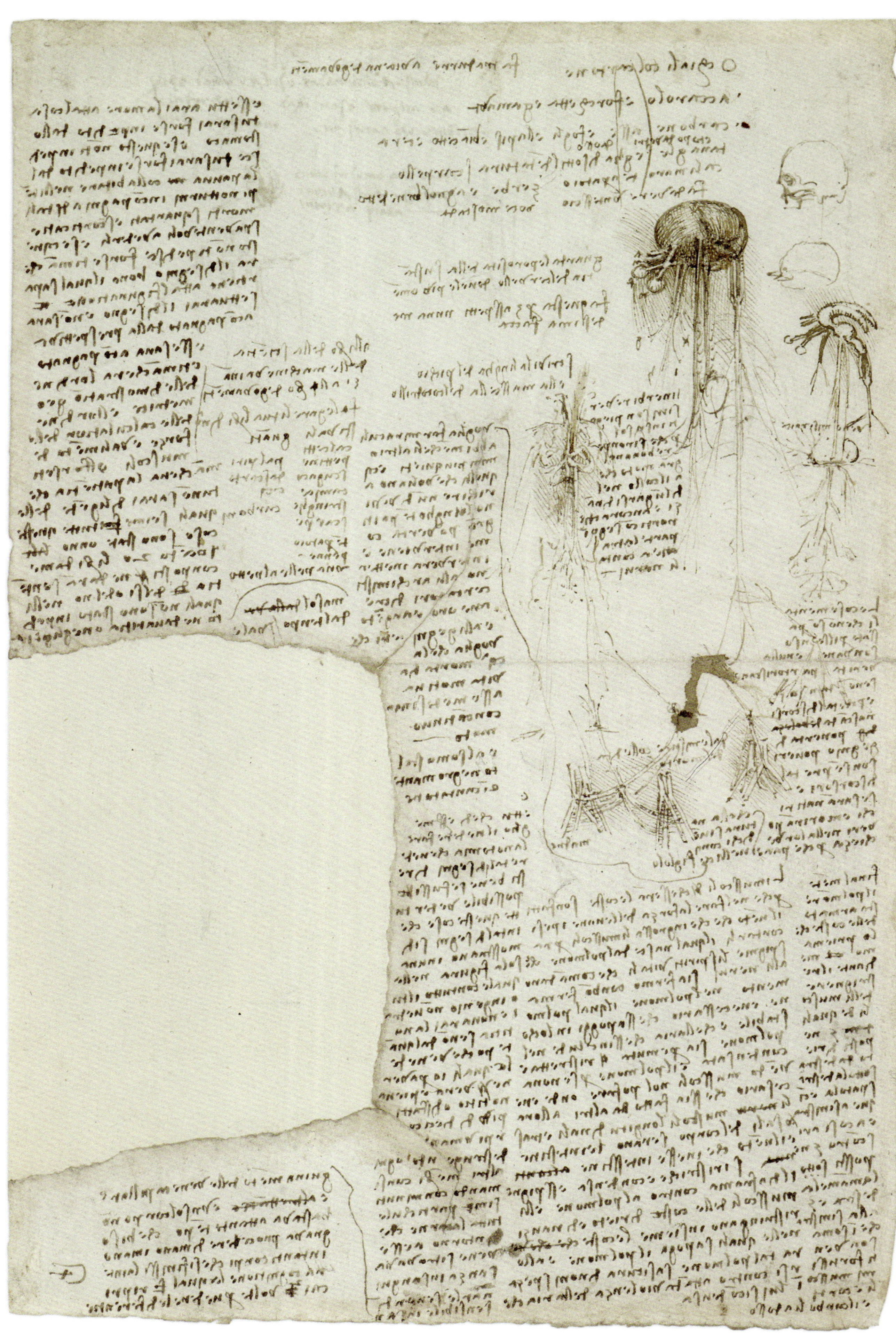

2. *Due studi dei ventricoli e dei nervi cranici, i vasi sanguigni e l'ombelico.*
Penna e inchiostro su carta, 32,0 × 22,1 cm.
RL 19070v / K&P 113r

2. *Two studies of the ventricles and cranial nerves, and abdominal blood vessels, and umbilicus.*
Pen and ink on paper, 32.0 × 22.1 cm.
RL 19070v / K&P 113r

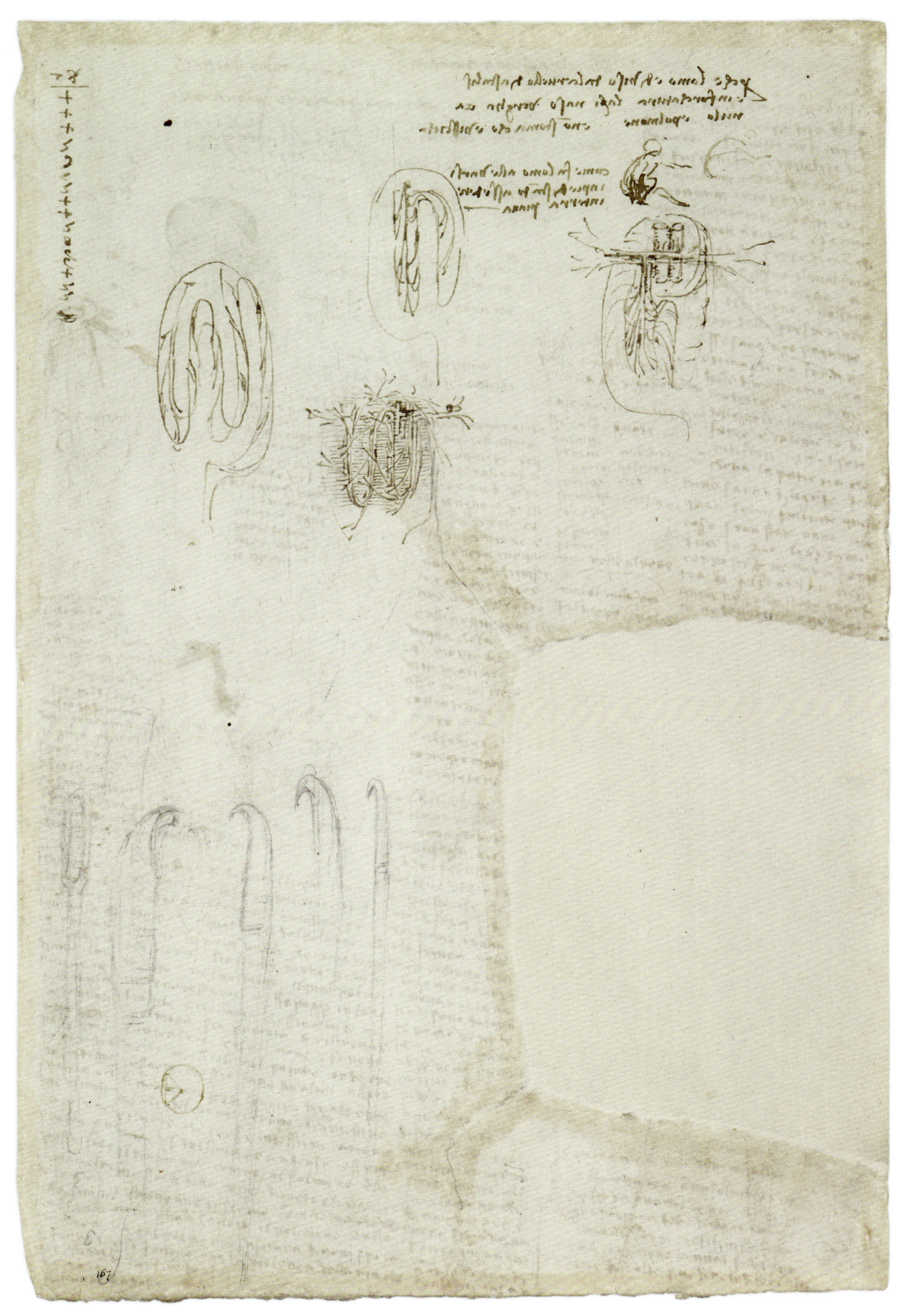

3. *Studi di un uomo accovacciato, vasi sanguigni, intestini e strumenti per la dissezione.*
Penna e inchiostro, gessetto nero su carta, 32,0 × 22,1 cm.
RL 19070r / K&P 113v

3. *Studies of a crouching man, blood vessels, intestines, and tools for dissection.*
Pen and ink, black chalk on paper, 32.0 × 22.1 cm.
RL 19070r / K&P 113v

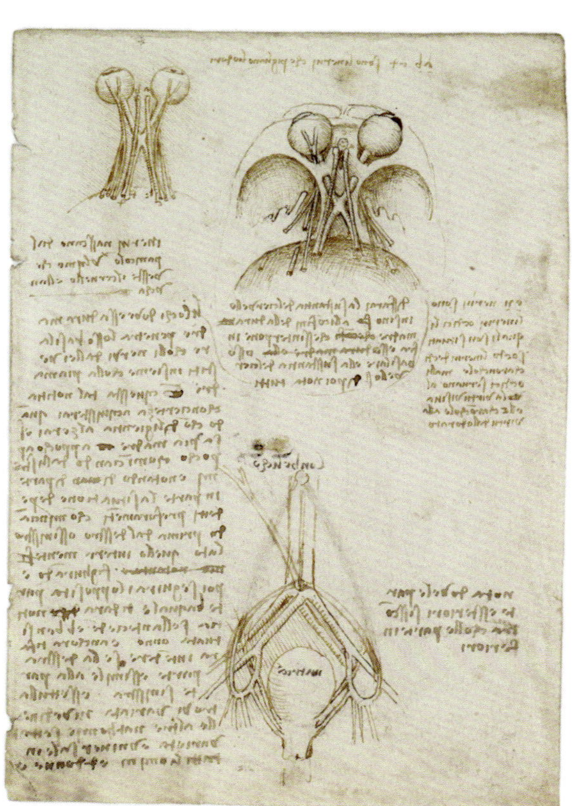

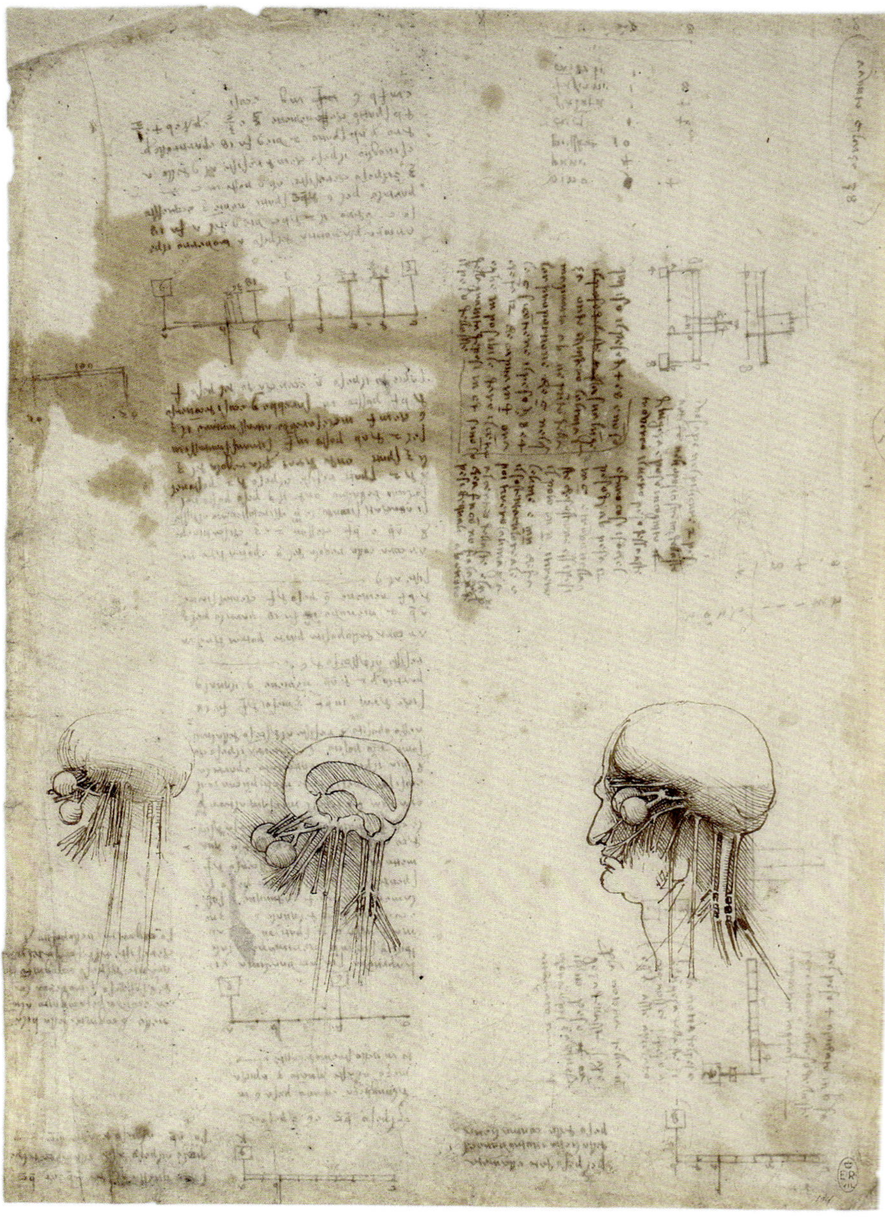

4. *Due studi dei nervi cranici con gli occhi e i vasi sanguigni dell'utero.*
Penna e inchiostro, gessetto nero su carta, 19,0 × 13,6 cm.
RL 19052r / K&P 55r

4. *Two studies of the cranial nerves with the eyes, and blood vessels of the uterus.*
Pen and ink, black chalk on paper, 19.0 × 13.6 cm.
RL 19052r / K&P 55r

5. *Tre studi del cervello e dei nervi cranici.*
Penna e inchiostro, gessetto nero su carta, 29,0 × 21,4 cm.
RL 12602r / K&P 103r

5. *Three studies of the brain and the cranial nerves.*
Pen and ink, black chalk on paper, 29.0 × 21.4 cm.
RL 12602r / K&P 103r

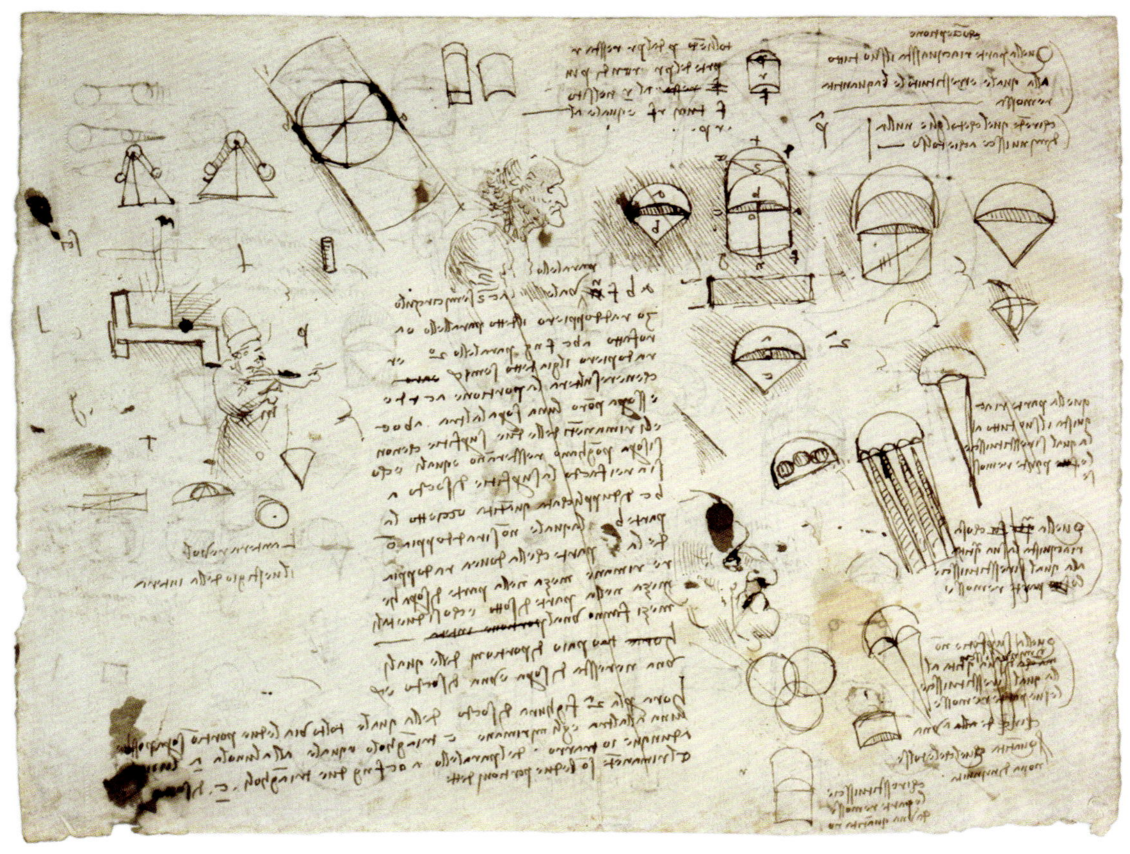

6. *Piccolo studio dei ventricoli, dei vasi sanguigni e geometria delle aree ottiche e statiche.*
Penna e inchiostro, stilo su carta, 22,0 × 29,3 cm.
RL 12669r / K&P 127v

6. *Small study of the ventricles, blood vessels, geometry of areas optics and statics.*
Pen and ink, stylus on paper, 22.0 × 29.3 cm.
RL 12669r / K&P 127v

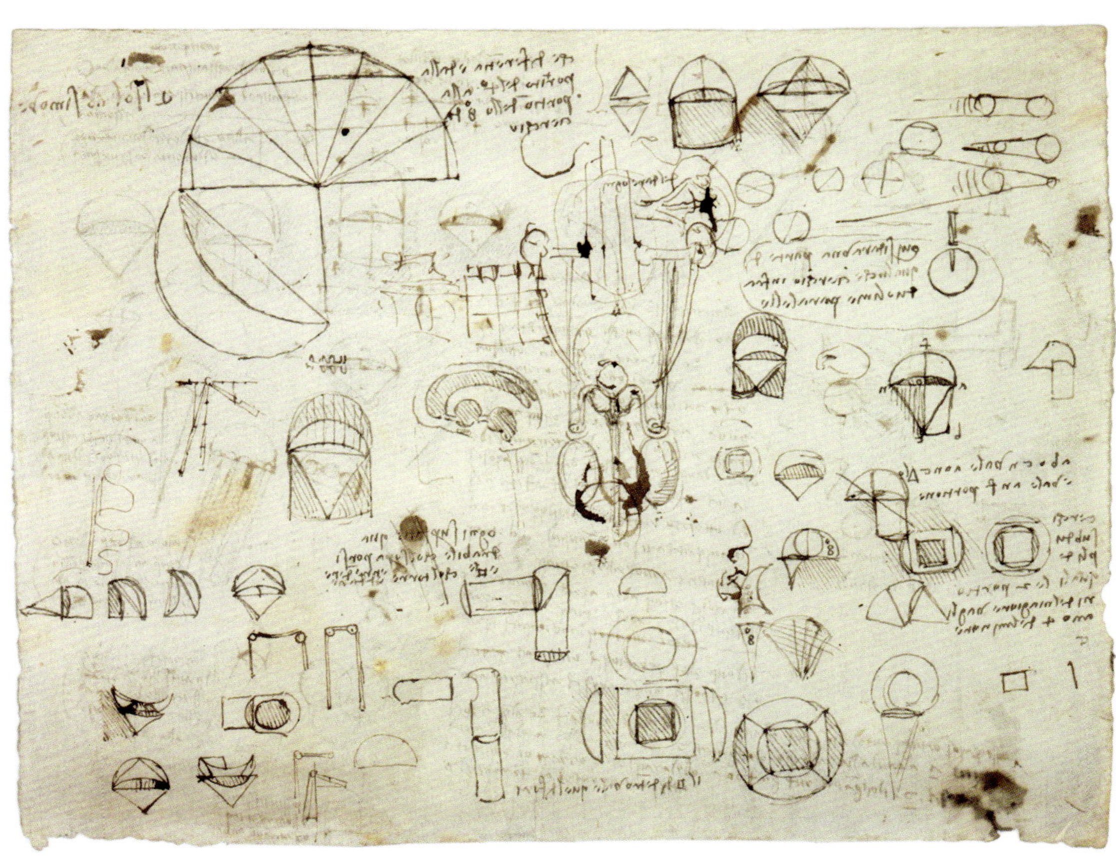

7. *Studi geometrici, il sistema urinario e uno schizzo dei ventricoli del cervello.*
Penna e inchiostro, stilo su carta, 22,0 × 29,3 cm.
RL 12669v / K&P 127r

7. *Geometrical studies, the urinary system, and a sketch of the ventricles of the brain.*
Pen and ink, stylus on paper, 22.0 × 29.3 cm.
RL 12669v / K&P 127r

Studi sul sistema nervoso
Studies of Nervous System

Mario Rende

LA DIRETTA CONSEGUENZA DELLO studio osteologico sul cranio del 1489 è il disegno dell'anno successivo di una sezione sagittale della testa in cui Leonardo schematizza abbastanza correttamente i vari strati di tessuto, partendo dai capelli per arrivare, attraverso due strati di meningi, al tessuto cerebrale (VI, 12). È l'inizio del suo interesse anatomico per il sistema nervoso. Questo suo primo disegno è chiaramente una ricostruzione da studio e non la rappresentazione di una vera dissezione dell'encefalo non potendosi trovare su uno stesso piano sagittale l'occhio, il seno frontale e il naso. Nel disegnare l'interno dell'encefalo Leonardo si adatta alla tradizione di Galeno e di Avicenna tracciando con tocco lieve i tre ventricoli cerebrali posizionati uno dietro l'altro su uno stesso piano con una diretta comunicazione con l'occhio completamente avvolto dalle meningi. Il dogma dell'epoca era quello per cui i ventricoli cerebrali erano delle cavità riempite di aria che ricevevano dagli organi di senso il pneuma psichico (lo spirito animale) e a loro volta lo spingevano ai muscoli attraverso i nervi, in modo da creare il movimento. I tre ventricoli avevano poi specifiche caratteristiche: quello più anteriore, connesso all'occhio, era la sede delle funzioni sensoriali e immaginative, quello centrale aveva le funzioni razionali, il terzo più posteriore era la sede della memoria e capace dei ragionamenti superiori. Questa la base dottrinale e anatomica da cui, accettandola, Leonardo inizia il suo studio del sistema nervoso.

STUDIES OF NERVOUS SYSTEM The direct consequence of the osteological study of the skull in 1489 is the following year's drawing of a sagittal section of the head in which Leonardo fairly correctly schematizes the various layers of tissue, starting with the hair and arriving, through two layers of meninges, at the brain tissue (VI, 12). This is the beginning of his anatomical interest in the nervous system. This first drawing is clearly a studio reconstruction and not a representation of a true dissection of the encephalon since the eye, frontal sinus, and nose cannot be found on the same sagittal plane. In drawing the interior of the encephalon Leonardo conforms to the tradition of Galen and Avicenna by tracing with light touch the three cerebral ventricles positioned one behind the other on the same plane with a direct communication with the eye completely enveloped by the meninges. According to the dogma of the time, the brain ventricles were air-filled cavities that received psychic pneuma (the animal spirit) from the sense organs and in turn pushed it to the muscles through the nerves in order to create movement. The three ventricles then had specific characteristics: the most anterior one, connected to the eye, was the seat of sensory and imaginative functions, the middle one had the rational functions, and the third most posterior one was the seat of memory and capable of higher reasoning. This was the doctrinal and anatomical basis from which, accepting it, Leonardo began his study of the nervous system.

A partire dal 1508 l'interesse di Leonardo per questo sistema fa un importante salto di qualità rispetto al disegno del 1490 e inizia a produrre una serie di disegni dell'encefalo e soprattutto della posizione dei ventricoli cerebrali e dei nervi cranici così dettagliati che chiaramente ci dimostrano che in quel lasso di tempo Leonardo doveva aver fatto molte altre dissezioni dell'encefalo.

Come ogni anatomico, si sarà trovato di fronte al problema di come analizzarlo. Il tessuto cerebrale ha infatti una consistenza completamente diversa da tutti gli altri tessuti: il parenchima fresco non è solo molto più morbido e deformabile, ma estratto dalla cavità cranica perde in gran parte la sua forma originaria. A tutto questo si aggiunge la difficoltà che si decompone velocemente. A causa di questi problemi tecnici lo studio macroscopico del sistema nervoso era rimasto più negletto rispetto ad altri sistemi composti da tessuti più consistenti. I fissativi iniziano infatti ad essere utilizzati solo dalla seconda metà del 1800 e solo alla fine di quel secolo Camillo Golgi scopre il metodo per vedere al microscopio i neuroni.

Tuttavia, proprio affrontando queste difficoltà tecniche, Leonardo dimostra tutto il suo genio. Basandosi sulla sua esperienza artistica per fondere le statue di bronzo partendo da una base di cera (fusione a cera persa) nel disegno (1) dettaglia un'innovativa tecnica per capire come sono realmente posizionati i ventricoli cerebrali: iniettare a pressione della cera fusa nel "ventricolo della memoria" (oggi il quarto ventricolo) dopo aver fatto dei buchi nel ventricolo più superiore "sensitivo" in modo tale che il "pneuma" contenuto potesse uscire man mano che le cavità ventricolari si riempivano di cera. Pur continuando ad accettare il dogma dell'aria nei ventricoli, Leonardo inventa una straordinaria tecnica di calco con la cera fusa che verrà usata diffusamente dagli anatomici ottocenteschi e oggi sostituita con sostanze plastiche (plastinizzazione, vedi le discusse mostre di *Body Worlds* di Gunther von Hagens). Leonardo è così il primo a dimostrare la vera forma dei ventricoli cerebrali e a riportare correttamente la loro posizione all'interno dell'encefalo. Il fatto che Leonardo accetti la teoria del pneuma nei ventricoli non ci deve confondere e farci pensare un Leonardo passiva-

From 1508, Leonardo's interest in the nervous system took a major leap compared to the 1490 drawing. Leonardo began to produce a series of drawings of the encephalon and especially of the position of the cerebral ventricles and cranial nerves that were so detailed that they clearly show us that he must have done many more dissections of the encephalon during that time.

Like any anatomist, he must have been faced with the problem of how to analyze it. Indeed, brain tissue has a completely different texture from all other tissues: fresh parenchyma is not only much softer and more deformable but, extracted from the cranial cavity, it largely loses its original shape. Added to this is the difficulty that it decomposes quickly. Because of these technical problems the macroscopic study of the nervous system had remained more neglected than other systems composed of more substantial tissues. In fact, fixatives have only been used since the second half of the 1800s, and it was not until the end of that century that Camillo Golgi discovered the method for seeing neurons under the microscope.

However, Leonardo shows all his genius just facing these technical difficulties. Based on his artistic experience of casting bronze statues from a base of wax (lost-wax casting), in (1) he details an innovative technique for understanding how the brain ventricles are really positioned: he pressure-injected molten wax into the "memory ventricle" (now the fourth ventricle) after making holes in the uppermost "sensory" ventricle so that the contained "pneuma" could escape as the ventricular cavities filled with wax. While still accepting the dogma of air in the ventricles, Leonardo invented an extraordinary cast technique with molten wax that would be used extensively by nineteenth-century anatomists and now replaced with plastic substances (plastination, see Gunther von Hagens' controversial *Body Worlds* exhibits). Leonardo is thus the first to demonstrate the true shape of the cerebral ventricles and correctly report their position within the encephalon. The fact that Leonardo accepts the theory of pneuma in the ventricles should neither confuse us nor make us think of a Leonardo passively obsequious to tradition as he was in the study of the heart, quite the

mente ossequioso alla tradizione così come è avvenuto per lo studio del cuore, al contrario. Da anatomico sono certo che Leonardo nei suoi vari tentativi avrà sicuramente trovato i ventricoli cerebrali ripieni di un liquido e non di aria, ma possiamo anche immaginare che questo possa essere stato da lui attribuito ai fenomeni di liquefazione da decomposizione: una volta deceduti i sensi non inviavano più lo spirito animale ai ventricoli che quindi si liquefacevano. Accetta Galeno semplicemente perché era l'ipotesi più probabile.

La scoperta di questa tecnica e dei risultati raggiunti spinge Leonardo ad approfondire maggiormente i suoi studi anatomici sul sistema nervoso e lo porta a delle conclusioni sull'origine dei nervi assolutamente rivoluzionarie per il tempo.

La tavola (2) è una sua classica miscellanea dove, pur mescolando disordinatamente problemi cardiovascolari, respiratori e nervosi insieme a liste di materiali e riflessioni varie, traccia due piccoli, ma straordinari disegni del sistema nervoso.

In uno ci mostra l'encefalo e il midollo spinale da cui escono diverse paia di nervi cranici e spinali, fino al plesso lombosacrale. Se si ingrandisce l'immagine si vede chiaramente che Leonardo ha già identificato il nervo vago e i suoi ricorrenti (rami nervosi che dal collo tornano verso l'alto alla laringe permettendo la vocalizzazione). Nelle note accanto scrive della porosità del tessuto cerebrale e spiega il ripiegamento dei nervi ricorrenti come una conseguenza dei movimenti del collo.

Quando disegna questa tavola ancora crede che i nervi periferici, portatori del pneuma, siano direttamente collegati ai ventricoli cerebrali da cui originano e mostra questo dettaglio nella seconda piccola figura. Tuttavia, i suoi successivi studi fanno un ulteriore, importante passo in avanti.

Nella tavola (4) Leonardo scrive chiaramente che i nervi cranici derivano, non più dai ventricoli, ma dal tessuto cerebrale e passano attraverso lo spazio subaracnoideo ("pannicolo ultimo") per poi entrare nell'osso. Descrive minuziosamente la tecnica da lui usata per sollevare delicatamente l'encefalo dalla base cranica così da poter

contrary. As an anatomist, I am sure that Leonardo in his various attempts must surely have found the cerebral ventricles filled with a liquid and not air, but we can also imagine that this may have been attributed by him to the phenomena of liquefaction from decomposition: once the senses died, they no longer sent the animal spirit to the ventricles, which therefore liquefied. He accepted Galen simply because it was the most likely hypothesis.

The discovery of the innovative technique of introducing wax into the body and the results he achieved prompted Leonardo to further his anatomical studies of the nervous system and led him to conclusions about the origin of nerves that were absolutely revolutionary for the time.

(2) is a classic miscellany of his where, while disorderly mixing cardiovascular, respiratory and nervous problems together with lists of materials and various reflections, he draws two small but extraordinary sketches of the nervous system.

In one, he shows us the encephalon and spinal cord from which several pairs of cranial and spinal nerves emerge, up to the lumbosacral plexus. And, if you enlarge the image, you can clearly see that Leonardo has already identified the vagus nerve and its recurrent branches (nerve branches that return upward from the neck to the larynx allowing vocalization). In the notes next to the figure, he writes about the porosity of brain tissue and explains the folding of the recurrent nerves as a consequence of neck movements.

When he draws this drawing, he still believes that the peripheral nerves, carriers of pneuma, are directly connected to the cerebral ventricles from which they originate and shows this detail in the second small figure. However, his later studies take a further, important step forward.

In (4) Leonardo clearly writes that the cranial nerves derive no longer from the ventricles but from the brain tissue, and pass through the subarachnoid space ("ultimate panniculus") and then enter the bone. He meticulously describes the technique he used to gently lift the encephalon from the skull base so that he could study these nerves and see through which bony foramen they

studiare questi nervi e vedere attraverso quale forame osseo passassero per poi uscire in superficie. È una metodica incredibilmente innovativa e raffinata che nessun anatomico prima di lui aveva sviluppato.

Nei suoi disegni del 1508 già identifica adeguatamente i nervi olfattori, ottici, oculomotori e il trigemino. Nella tavola [5] e nella famosa tavola di Weimar, Leonardo dimostra di aver ben acquisito manualità nella sua tecnica e disegna dettagliatamente, in modo molto chiaro e didattico, numerosi gruppi di nervi cranici con la prima dimostrazione compiuta del nervo trigemino. Il riscontro sperimentale ha ormai preso il posto del dogma del pneuma e i nervi cranici sono evidenziati con una prospettiva, purtroppo chiusa nei suoi appunti, che rimarrà unica per molti secoli.

Con la tavola [X, 15] Leonardo fa un ulteriore progresso concettuale ponendosi il problema di associare questi nervi cranici con i muscoli mimici del volto di cui fa una dissezione particolarmente esatta e accurata. Nello stesso periodo si dedica anche alla dissezione e alla descrizione dei nervi spinali periferici, in particolare del plesso brachiale. Con la stupenda tavola [XI, 9], Leonardo ci fa capire che ha perfettamente compreso la differenza fra i nervi cranici e quelli spinali, differenza non scontata fra gli anatomici accademici dell'epoca. In un piccolo disegno in alto a destra della tavola [XI, 10] Leonardo riesce anche a disegnare correttamente l'uscita dei nervi spinali attraverso le meningi che avvolgono il midollo.

Leonardo dedica al plesso brachiale numerose tavole [principalmente XI, 10, 11, 12, 13 e 44] così come ai suoi rami terminali che innervano i muscoli dell'arto superiore. Sono tavole straordinariamente precise e ben disegnate che dimostrano l'interesse e la curiosità che ha Leonardo per questo arto che gli permetteva di disegnare e lavorare.

La tavola [XI, 44] mostra per la prima volta in modo corretto le cinque radici spinali da cui origina questo plesso nervoso. La tavola è particolarmente interessante perché Leonardo, ancora una volta per primo, disegna in modo chiaro il percorso nel torace dei piccoli nervi splancnici toracici la cui dissezione anche oggi necessita di particolare perizia tecnica. Sempre nella stessa tavola, Leonardo chiarisce con l'innovativa sezione trasversale

passed and then came out to the surface. It is an incredibly innovative and refined method that no anatomist before him had developed.

In 1508 drawings, he already adequately identifies the olfactory, optic, oculomotor and trigeminal nerves. In [5] and the famous Weimar drawing, Leonardo demonstrates that he has well acquired dexterity in his technique and draws in detail, in a very clear and didactic manner, numerous groups of cranial nerves with the first accomplished demonstration of the trigeminal nerve. Experimental feedback has now taken the place of pneuma dogma, and the cranial nerves are highlighted with a perspective, unfortunately closed in his notes, that will remain unique for many centuries.

With [X, 15] Leonardo makes a further conceptual advance by posing the problem of associating these cranial nerves with the mimic muscles of the face of which he makes a particularly exact and accurate dissection. In the same period, he also devoted himself to the dissection and description of the peripheral spinal nerves, especially the brachial plexus. With the stupendous [XI, 9], Leonardo shows us that he perfectly understood the difference between cranial and spinal nerves, a difference not taken for granted by academic anatomists of the time. In a small drawing in the upper right-hand corner of RL 19040r Leonardo also succeeds in correctly drawing the exit of the spinal nerves through the meninges that wrap around the spinal cord.

Leonardo dedicates numerous drawings to the brachial plexus [mainly XI, 10, 11, 12, 13, and 44] as well as to its terminal branches that innervate the muscles of the upper limb. These remarkably precise and well-drawn drawings show Leonardo's interest and curiosity in this limb thanks to which he was able to draw and work.

[XI, 44] shows for the first time correctly the five spinal roots from which the nerve plexus originates. The drawing is particularly interesting because Leonardo, once again first, clearly draws the path in the thorax of the small thoracic splanchnic nerves whose dissection even today requires special technical expertise. Also in the same drawing, he clarifies with innovative cross-sec-

la posizione di vasi, nervi e visceri a livello dell'apertura toracica superiore.

In conclusione di questi brevi commenti ad alcune tavole di Leonardo dedicate al sistema nervoso non possiamo che ripetere la stessa osservazione già fatta per altri sistemi da lui studiati. Leonardo era uno straordinario e preciso dissettore anche quando aveva sotto la sua lama un tessuto difficile quale quello nervoso. Descrive parti del sistema nervoso che mai prima di allora erano state studiate ed evidenziate. Crea l'innovativa tecnica dell'introduzione nel corpo di cera (oggi plastica) per studiare il loro calco. Ancora una volta, da anatomici di oggi non possiamo che rammaricarci che la totale mancanza di perseveranza, ordine e determinazione di cui Leonardo soffriva ha privato il mondo medico della presenza del più bello e innovativo trattato di Anatomia Umana della sua epoca che avrebbe fatto avanzare molto più rapidamente la scienza medica stessa. La natura non fa salti e se è questo che il destino ha voluto, rimane tuttavia l'obbligo dell'oggi di ricordare Leonardo anche con questo merito di precursore dell'anatomia moderna e non solo per la *Monna Lisa*.

tioning the position of vessels, nerves, and viscera at the level of the upper thoracic opening.

In conclusion of these brief comments to some of Leonardo's drawings dedicated to the nervous system, we can only repeat the same observation already made for other systems he studied: Leonardo was an extraordinary and precise dissector even when he had such difficult tissue as the nervous system under his blade. He describes parts of the nervous system that had never before been studied and highlighted. He created the innovative technique of introducing wax nowadays plastic, into the body to study their cast. Again, as modern anatomists we can only regret that the total lack of perseverance, order and determination from which Leonardo suffered deprived the medical world of the presence of the most beautiful, innovative treatise on Human Anatomy of his time that would have advanced medical science itself much more rapidly. Nature does not make leaps, and if this is what fate intended, it nevertheless remains the obligation to remember Leonardo also as a forerunner of modern anatomy and not only for the *Mona Lisa*.

XIII

Lingua, labbra e suoni

Tongue, Lips and Sounds

DI NORMA, È POSSIBILE mettere in relazione le ricerche anatomiche di Leonardo con quelle dei suoi predecessori, per quanto egli se ne discosti. Le straordinarie illustrazioni e i testi sul movimento della lingua e delle labbra non hanno precedenti. Lavorando con cantanti e recitando, quasi certamente, testi poetici accompagnandosi con la viola da braccia (un antenato del violino), Leonardo aveva un rapporto speciale con la musica che venerava per le sue armonie matematiche - sebbene, tra le arti, la matematica fosse per lui seconda alla musica. Fu amico del cantante e liutaio Atalante Migliorotti, con il quale emigrò da Firenze a Milano. I due collaborarono a eventi teatrali per la corte degli Sforza, Leonardo come scenografo e Atalante come interprete. È probabile che il ritratto incompiuto di un giovane all'Ambrosiana, che tiene in mano un foglio con annotazioni musicali, raffiguri Atalante. L'uomo non è un "musicista", come viene solitamente chiamato il dipinto.

Il semplice divertimento non era sufficiente per il carattere di Leonardo, che inizia così a ragionare sul funzionamento dell'apparato vocale. Nel meraviglioso disegno di una lingua muscolosa con vasi sanguigni prominenti (1) identifica non meno di ventiquattro muscoli, che lavorando insieme producono un'infinita varietà di configurazioni.

Leonardo osserva che i muscoli della lingua possono sia spingere che tirare, una proprietà unica condivisa solo con alcuni dei muscoli utilizzati durante il parto. Se non avesse questa versatilità, la lingua non sarebbe in grado di compiere movimenti controllati, essendo priva di ossa che fungano da leve.

NORMALLY, WE CAN RELATE Leonardo's anatomical researches to those of his predecessors, however much he departs from them. The extraordinary illustrations and texts on the motion of the tongue and lips are unprecedented. As someone who worked with singers and almost certainly gave vocal recitals of poetic texts while playing the *viola da braccia* (an ancestor of the violin), Leonardo enjoyed a special engagement with the art of music, which he revered for its mathematical harmonies - even if music came second amongst the arts. He was associated with the singer and lute-maker, Atalante Migliorotti, with whom he emigrated from Florence to Milan. They collaborated on theatrical events for the Sforza court, Leonardo as a stage designer and Atalanta as a perfomer. It is likely that the unfinished portrait of a young man in the Ambrosiana, who is holding a sheet a paper on which there are musical notations, is an image of Atalante. The man is not a "musician", as he is usually called.

Characteristically, simple enjoyment is not enough for Leonardo, and he is drawn in into wondering how our vocal apparatus works. Accompanying the marvellous drawing of a muscly tongue with its prominent blood vessels (1), he identifies no less than twenty-four muscles, dedicated to work in concert to produce an infinite variety of configurations.

He notes that the muscles in the tongue can push as well as pull, a property uniquely shared with some of the muscles used during birth. Were this versatility not the case, the tongue would not be able to accomplish controlled motion, since it is devoid of bones to act as levers.

Agendo di concerto con le labbra, i suoni emessi dalla trachea e dalle corde vocali variano in una gamma sorprendente. Leonardo spiega come il palato e le labbra danno forma al suono dell'aria espulsa. Nel riquadro in alto, tabula le unità di suono che costituiscono la base del parlare e del cantare. Inizia con,

a / e / i / o / u
ba / be / bi / bo / bu
ca / ce / ci / co / cu
da / de / di / do / du
(1)

Il meraviglioso strumento della trachea è responsabile dell'intonazione della voce.

"*Ancora descriverai e figurerai in che modo l'uffizio del variare e modulare e articulare la voce nel cantare è semplice uffizio delli anuli della trachea mossi dalli nervi reversivi, e, in questo caso, la lingua in alcuna parte non s'adopera. E questo resto provato nell'avere io prima provato che le canne dell'organo non si fanno più grave o più acute per la mutazione della fistola (cioè quel loco dove si genera la voce) nel farla più larga o più stretta, ma sol per la mutazione della canna in larga o stretta o in lunga o corta, come si vede nell'astensione o rattrazione della tromba torta, e ancora nella canna immobile di larghezza o lunghezza si varia la voce nel darle il vento con maggiore o minore impeto... E il medesimo accade nell'arterie simili in larghezza e varie in lunghezza. Ma qui la più corta fa maggiore e più grave strepito che la più lunga.*" (1)

Solo Leonardo avrebbe fatto un'analogia con i cannoni.

Su fogli strettamente correlati (1 e 2), l'autore esamina in dettaglio l'ingegnosità della muscolatura delle labbra, comparabile con quella della lingua. Disponiamo di un complesso insieme di muscoli la cui interazione produce un'ampia varietà di azioni, che spazia dai soldati urlanti per la *Battaglia di Anghiari* alla sfuggente sottigliezza del sorriso della *Gioconda*.

"*E così sempre fia trovati tanti muscoli quanto sono li accidenti d'essi labbri, e altrettanti più li quali servano al disfare essi accidenti, de' quali qui intendo descrivere*

Acting in concert with the lips, the sounds made by the windpipe and vocal cords vary across an astonishing range. He explains how the palate and lips shape the sound of the expelled air. In the box in the top corner, he tabulates the units of sound that provide the basis for speaking and singing. It begins,

a / e / i / o / u
ba / be / bi / bo / bu
ca / ce / ci / co / cu
da / de / di / do / du
(1)

The marvellous instrument of the windpipe is responsible for the pitch of the voice. He intends to:

"Describe and draw in what way the function of varying, modulating and articulating the voice in singing is a simple function of the rings of the trachea, ... and in this case no part of the tongue is used. This rests on what I have proved before, that the pipes of an organ are not pitched higher or lower by the modulation of the fistula (that is the channel in which the sound is generated) but by making the windpipe wider or narrower. [Its pitch is changed] only by the mutation of the pipe into wide or narrow, or into long or short, as is seen in the extension or shortening of the coiled trumpet. Furthermore, in a pipe of fixed width and length, the pitch is varied by putting into it wind of greater or lesser impetus ... And the same thing happens in pieces of artillery similar in width but varying in length. But here the shorter makes a greater and lower pitched noise than the longer." (1)

Only Leonardo would have drawn an analogy with guns.

On closely related sheets (1 and 2), he looks in detail at the comparable ingenuity of musculature in the lips. We are endowed with a complex set of interacting muscles that achieve a wide range of actions, ranging from the screaming soldiers in his planned *Battle of Anghiari* to the elusive subtleties of *Mona Lisa*'s smile.

"One always finds as many muscles as there are positions taken up by these lips, and as many muscles to undo these positions. And this I intend to describe and illustrate

e figurare, provando tali moti co' li mia princìpi matematici." [6]

Insieme, la trachea, le corde vocali, le labbra, la lingua e il palato agiscono come uno strumento meraviglioso che supera qualsiasi invenzione umana. Non sorprende che, sul foglio dedicato alla lingua, Leonardo abbia espresso lodi entusiastiche sulle invenzioni della natura, citate integralmente nell'Introduzione.

Nota sulla datazione

Gli studi sulla lingua e sulle labbra risalgono al 1511-2 circa.

in full, proving these motions by means of my mathematical principles." [6]

Together, the windpipe, vocal cords, lips, tongue and palate act as a wondrous instrument beyond any human invention. It is not a surprise that he found space on his tongue sheet for his rapturous praise of nature's inventions, quoted in full in the introduction.

Note about dating

The tongue and lip studies date from c. 1511-2.

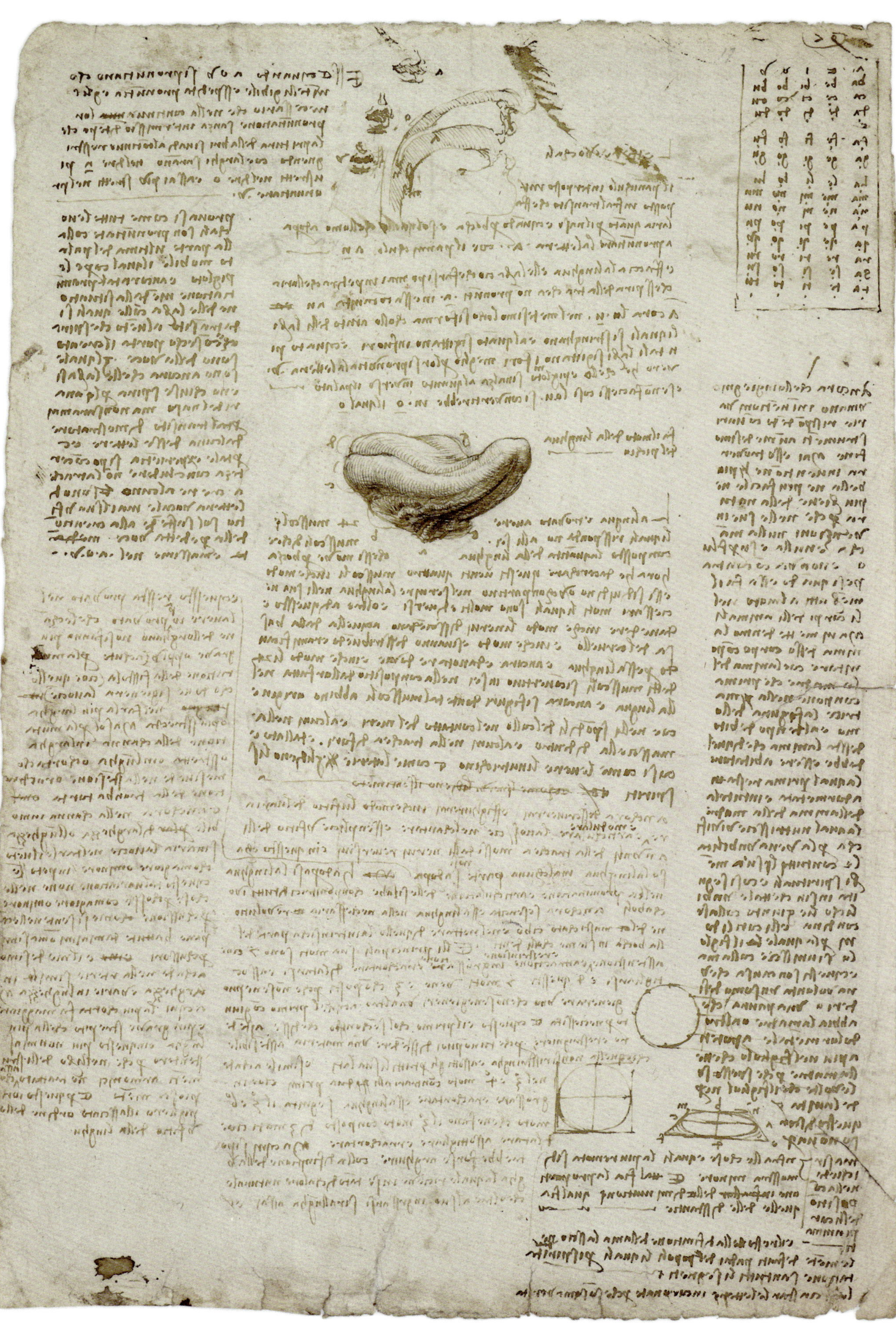

1. *Labbra, lingua e suoni.*
Penna e inchiostro, gessetto nero su carta, 32,1 × 22,7 cm.
RL 19115r / K&P 114v

1. *The lips, tongue and sounds.*
Pen and ink, black chalk on paper, 32.1 × 22.7 cm.
RL 19115r / K&P 114v

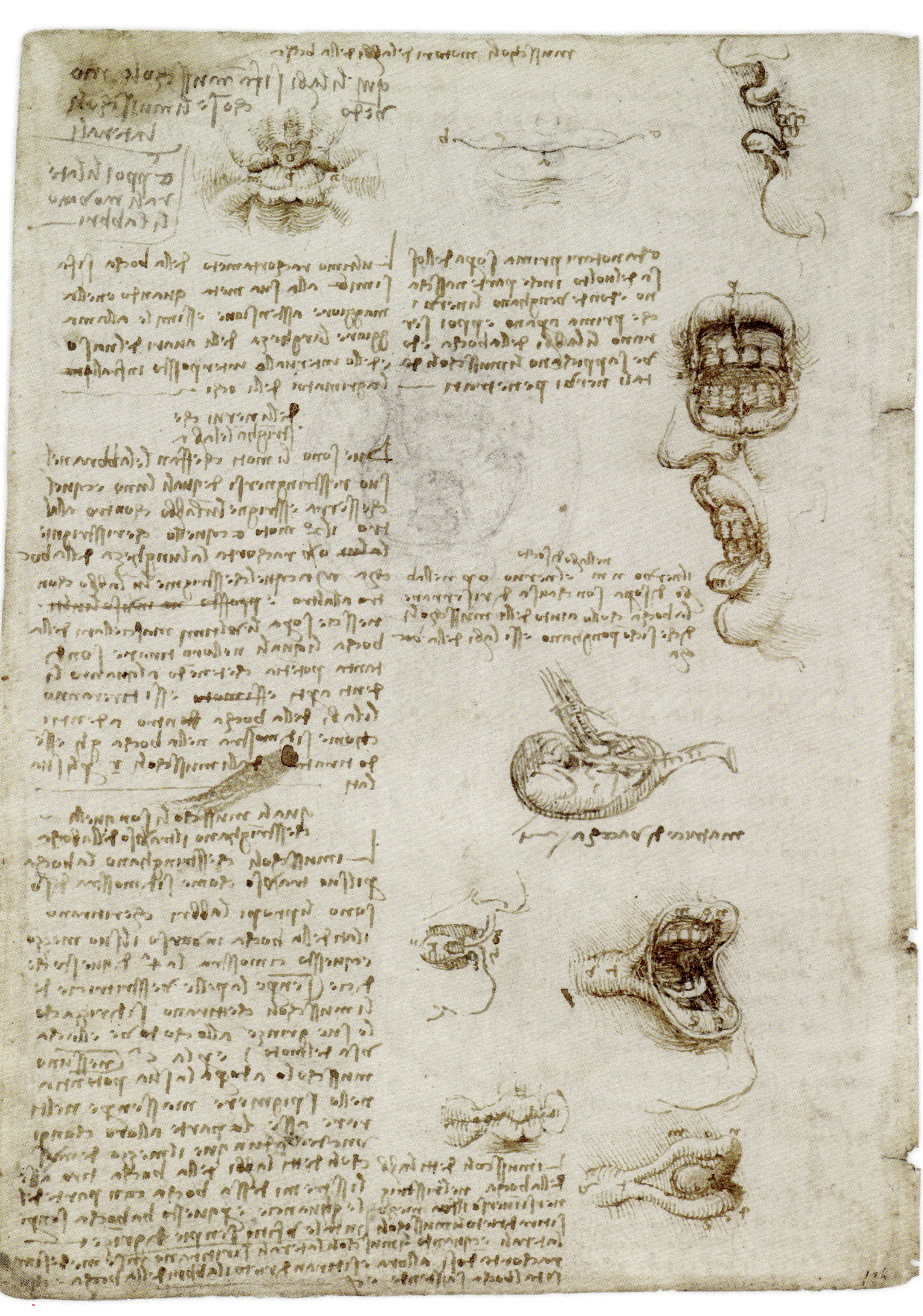

2. *Studio delle labbra e piccolo schizzo dell'utero di una mucca.*
Penna e inchiostro, gessetto nero su carta, 19,2 × 14,2 cm.
RL 19055v / K&P 52v

2. *Study of the lips and small sketch of the uterus of a cow.*
Pen and ink, black chalk on paper, 19.2 × 14.2 cm.
RL 19055v / K&P 52v

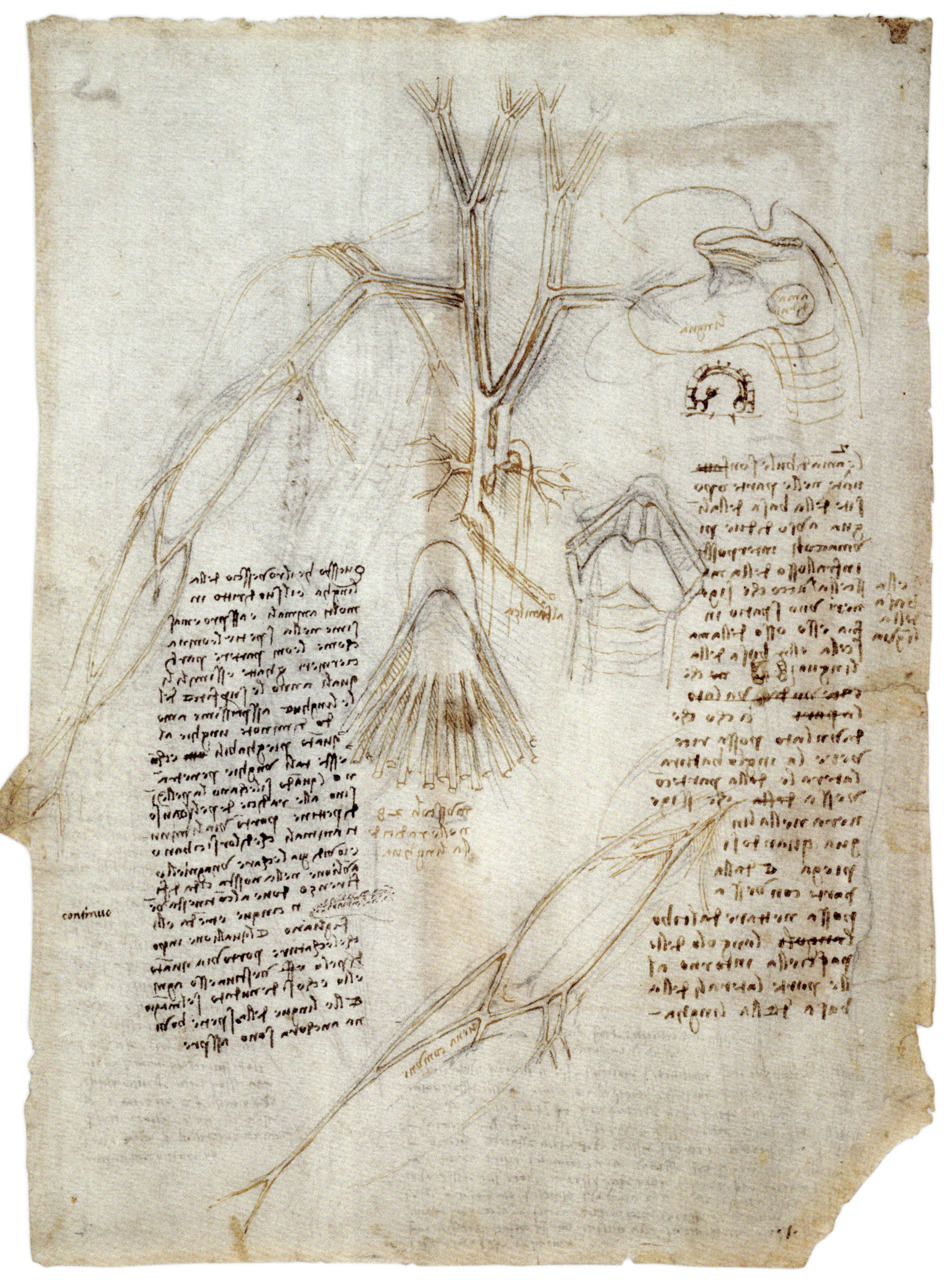

3. *Vasi del braccio e del torace, con lingua e trachea.*
Penna e inchiostro, gessetto nero su carta, 28,2 × 20,7 cm.
RL 19114v / K&P 109r

3. *Vessels of the arm and thorax, with the tongue and trachea.*
Pen and ink, black chalk on paper, 28.2 × 20.7 cm.
RL 19114v / K&P 109r

4. *Note sul passaggio dei fluidi attraverso i canali e sull'intonazione della voce umana.*
Penna e inchiostro su carta, 28,3 × 20,0 cm.
RL 19068r / K&P 161r

4. *Notes on the passage of fluids through channels and the pitch of the human voice.*
Pen and ink on paper, 28.3 × 20.0 cm.
RL 19068r / K&P 161r

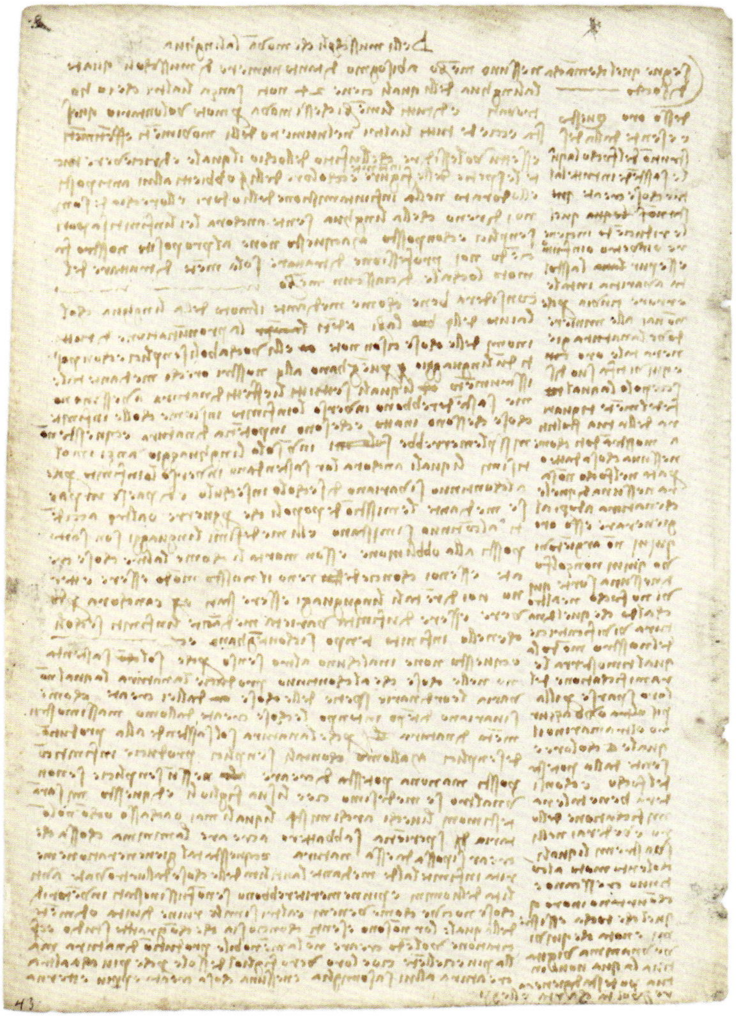

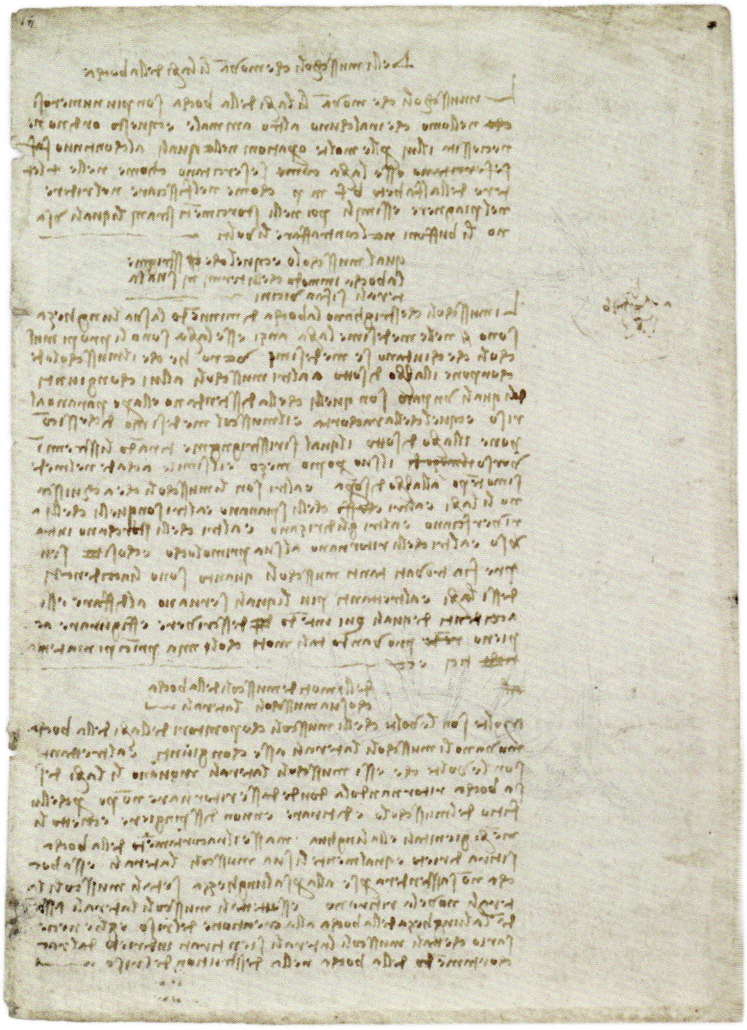

5. *Note sui muscoli della lingua e meditazioni sulle lingue, sulle invenzioni della natura e sulla natura composta delle invenzioni umane.*
Penna e inchiostro su carta, 19,2 × 13,9 cm.
RL 19045v / K&P 50v

5. *Notes on the muscles of the tongue and meditations on languages, the inventions of nature and the compound nature of human inventions.*
Pen and ink on paper, 19.2 × 13.9 cm.
RL 19045v / K&P 50v

6. *Piccolo schizzo della bocca e note sui muscoli della lingua.*
Penna e inchiostro, gessetto nero su carta, 19 × 14 cm.
RL 19046r / K&P 51r

6. *A small sketch of the mouth, notes on the muscles of the tongue.*
Pen and ink, black chalk on paper, 19 × 14 cm.
RL 19046r / K&P 51r

XIV

Diaframma e respirazione, con riflessioni sulla natura degli "spiriti"

Diaphragm and Respiration, with Thoughts about the Nature of "Spirits"

NELLE ANATOMIE SUCCESSIVE LA sua attenzione si focalizza sul complesso meccanico della respirazione. Come sempre, indaga in che modo la vita delle cose operi effettivamente nel corpo. Uno dei disegni su carta azzurra (17) è datato 1513 e raffigura lo strategico castello di Trezzo d'Adda che conobbe durante il soggiorno a Vaprio d'Adda nella villa dei conti Melzi, casa di Francesco Melzi, suo allievo aristocratico. Senza dubbio fu contento di trovare riparo dal conflitto militare che portò alla cacciata dei francesi e alla reintegrazione degli Sforza a Milano nel 1513. La data precisa del foglio è "*9 di gennaio*", a ricordare che la dissezione era idealmente un'attività invernale.

I principali studi sul diaframma, come quelli successivi sul cuore, furono effettuati su buoi, facilmente reperibili in ambiente rurale. In un foglio della serie sul diaframma (18), dichiara di voler fare un "*calco di vetro, per vedere... cosa fa il sangue nel cuore quando chiude le sue aperture* [le valvole]". Tale modello occupa un posto di rilievo in una delle pagine interamente dedicate all'analisi del cuore e delle sue valvole (XVI, 22). È possibile che molti dei suoi disegni sulla respirazione e sul cuore siano stati eseguiti in questo ritiro rurale nel 1513.

La serie sulla respirazione affronta brillantemente l'azione coordinata della cassa toracica e del diaframma per gonfiare e sgonfiare i polmoni. Leonardo osserva che se un uomo è sdraiato prono e un altro è sdraiato supino, la potenza dell'inspirazione è tale da sollevarlo. Le file serrate di muscoli interco-

ANOTHER SPECIAL FOCUS OF attention in his later anatomies is the complex mechanism of respiration. As always, he is searching for how the life of things actually operates in the body. One of the set of drawings on blue paper (17) is dated 1513 and features the strategic castle of Trezzo d'Adda, with which he became acquainted while staying in Vaprio d'Adda at the villa of the Melzi counts, which was the home of Francesco Melzi, his aristocratic pupil. He was no doubt pleased to find shelter from the military conflict that resulted in the expulsion of the French and the re-instatement of the Sforza family in Milan in 1513. The precise date of the sheet is "9th January" – reminding us that dissection was ideally a winter pursuit.

The main studies of the diaphragm, like his later studies of the heart, were undertaken on oxen, which were readily available in the rural setting. On a page in the diaphragm series (18), he declares his intention to make a "mould of glass, to see ... what the blood does in the heart when it shuts its openings [the valves]". Such a model features prominently in one of the pages devoted entirely to analyses of the heart and its valves (XVI, 22). It may well be that a good many of his drawings of respiration and the heart were pursued in this rural retreat in 1513.

The series on respiration grapples brilliantly with the coordinated action of the ribcage and the diaphragm to inflate and deflate the lungs. He notes that if a man lies on his front and another man stands on his back, the power of inhaling is such that it will raise the standing man. The

stali producono una gran quantità di "potenza aggiuntiva" che, sommata a quella della gabbia toracica, solleva quest'ultima verso l'alto e verso l'esterno. Esaminando l'azione collettiva delle costole, scrive:

"*Quante cose son quelle che s'hanno a considerare nel moto del costato; delli quali l'uno è lo alzare delle coste per la obliquità curva a b c [noti questi difinizione dell'obliquità curva]; l'altra è il dilatamento delle coste che si discostan dal torace mediante il piegamento della cartilagine che in forma di supplimento di coste s'interpongan infra le coste e 'l torace; terza, il fare sperienza con una viscica che somma d'aria <vi sia>, e quella ch'è ordinariamente è quella ch'è ricevuta dal polmone; quarta, qual coste han più movimento, o le inferiori o le superiori.*" [18]

Leonardo è altrettanto affascinato dall'azione "composta" del diaframma, simile nella forma a un cucchiaio, che agisce indipendentemente dagli organi addominali. Esso è fortemente appiattito dai suoi stessi muscoli e messo in tensione dall'azione delle costole a cui è ancorato.

La maggior parte dei disegni del torace, sui grandi fogli di questa serie, ha un aspetto notevolmente "carnoso" in contrasto con le "dimostrazioni" dei precedenti studi. Quelli più frastagliati sembrano invece disegni di dissezioni. Questa caratteristica colta dal vivo si legge anche nelle note, dove il diaframma è "*grosso e nervoso*" e ricoperto da "una membrana densa che si compone di membrane molto sottili" [19]. I suoi testi sono una vivida testimonianza delle proprietà fisiche delle parti del corpo.

"*Lo introito che fan l'infime punte delle coste convertite in cartilagine l'una sotto l'altra a uso d'un lato di corda, sol son fatte per fare solida e resistente e sdrucciolente, ovver lubrifica, confregazione della pelle sopra li piegati stremi delle coste nel crescere e discrescere che fan le coste sotto la sua pelle.*" [18]

Addentrandosi in questo territorio in gran parte inesplorato dei meccanismi respiratori, elenca "ciò che deve essere indagato dei polmoni". Tra cui, "se il movimento del polmone derivi o meno dal diaframma... Come i muscoli laterali del diaframma siano la causa del movimento del polmone, dello stomaco e degli altri intestini... Come i tendini del collo elevino l'intera parte anteriore del torace per azione volontaria".

serried ranks of intercostal muscles produce a great deal of "extra power" to supplement that of the ribcage, as it is levered upwards and outwards. He looks at the collective action of the ribs. He writes that,

"There are four things that have to be considered in the motion of the ribs. Of these, one is the elevation of the ribs through the curved obliquity, *a,b,c* [in the small sketch to the right]... The second is the expansion of those ribs that are remote from the sternum owing to the bending of the cartilages, which in the form of a supplement to the ribs are interposed between the ribs and the sternum. Third, the experiments performed with a bladder that is full of the air expelled that is normally received by the lung. Fourth, which ribs possess more movement, the lower of the upper." [18]

He is equally fascinated by the "compound" action of the diaphragm, shaped like a spoon, which acts independently of the abdominal organs. It is powerfully flattened by its own muscles and tensioned by the action of the ribs to which it is anchored.

The majority of drawings of the chest on the large sheets of paper in this set have a notably "fleshy" look in contrast to the "demonstrations" in his earlier studies. The more ragged of them have something of the air of dissection drawings. This first-hand character is sustained in the notes. He records that the diaphragm is "thick and sinewy" and covered by a "dense membrane that is composed of very fine ones" [19]. His texts bear vivid witness to the physical properties of the body parts.

"The connection that the lower end of the ribs, converted into cartilage, make one below the other, like a length of rope, occurs only to make them resistant and solid, and gliding and slippery [to ease] the friction of the skin on the curved end of the ribs." [18]

Entering this largely uncharted territory of respiratory mechanisms, he lays out a series of questions about "what is to be investigated in the position of the lungs". These include, "whether the motion of the lung arises from this diaphragm or not... How the lateral muscles of the diaphragm are the cause of the motion of the lung, the stomach and the other intestines... How the sinews of the neck elevate the entire anterior part of the chest by voluntary action".

Come in casi precedenti, amplia continuamente il suo programma in chiave più familiare.

In più di un'occasione parla di "esperimenti" per verificare le teorie che sta sviluppando. A un certo punto prende in considerazione l'idea di avvolgere ben stretta una fascia non elastica intorno al petto per impedire l'espansione delle gabbie toraciche e così vedere se "*il diaframma si moverà in giù e in su e fia causa dello alitare o no*" [18].

I fogli che descrivono la respirazione sono i meno noti tra i suoi disegni anatomici, probabilmente perché non sono visivamente coinvolgenti come gli altri. Ma sono esempi superbi di come Leonardo applichi le sue mirabili capacità di visualizzazione tridimensionale di strutture in interazione dinamica. Insieme agli studi del cervello e del feto, sono potenti indagini sul mistero supremo della vita del corpo.

Nota sulla datazione

Gli studi del diaframma più carnosi possono essere raggruppati intorno al foglio datato "*9 di gennaio 1513*", quando Leonardo si trovava a Villa Melzi. Altri possono risalire al 1506 circa.

As he precedes, he continuously expands his agenda in a familiar manner.

On more than one occasion he talks of "experiments" to test the theories he is developing. At one point he considers tightly wrapping a non-elastic band "around the chest to prevent the expansion of the ribcages" and to see if "the diaphragm will move up and down and is the cause of respiration." [18]

The respiration sheets are the least well-known of his sets of anatomical drawings, probably because they are not as visually engaging as the other sets. But they are superb examples of how Leonardo applies his great powers of 3-D visualisation of structures in dynamic interaction. They stand alongside the brain and foetal studies as potent investigations into the supreme mystery of the life of the body.

Note about dating

The studies of the more fleshy of the diaphragm studies can be grouped around the sheet dated "9th of January 1513" when Leonardo was in the Villa Melzi. Others may date back to c. 1506.

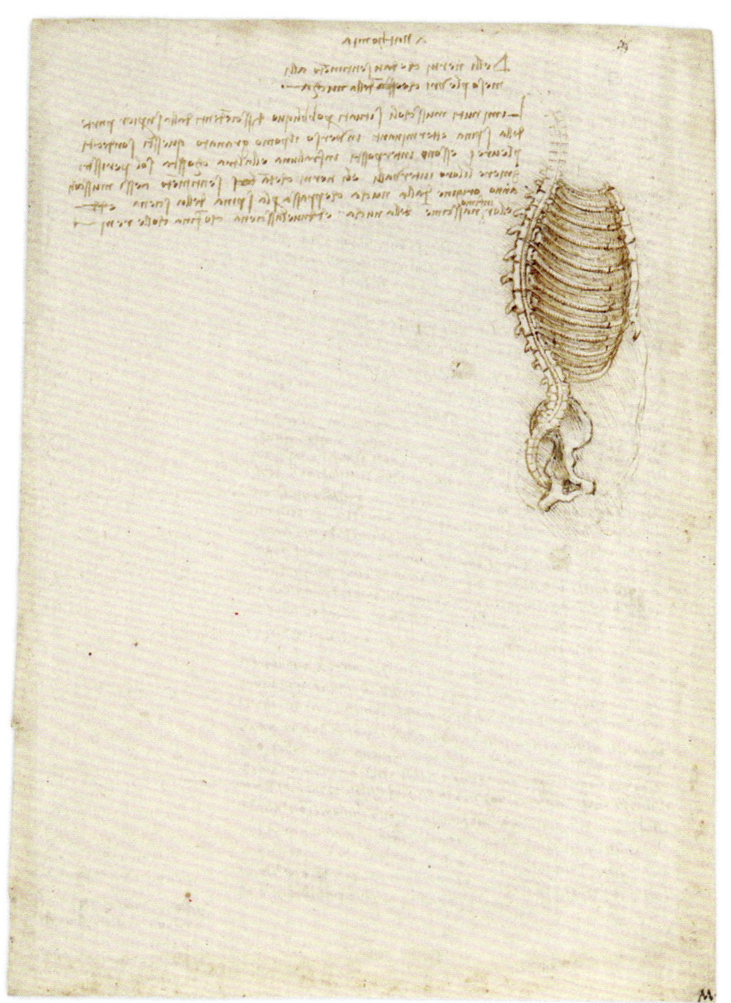

1. *Sezione della colonna vertebrale, con costole, bacino e coscia.*
Penna e inchiostro, gessetto nero su carta, 18,8 × 13,8 cm.
RL 19047r / K&P 48r

1. *Sectioned spine, with ribs, pelvis and thigh.*
Pen and ink, black chalk on paper, 18.8 × 13.8 cm.
RL 19047r / K&P 48r

2. *Discussione sulla natura corporea o non corporea di uno spirito e sulla sua capacità di parlare.*
Penna e inchiostro su carta, 18,8 × 13,8 cm.
RL 19047v / K&P 48v

2. *A debate about the corporeal or non-corporeal nature of a spirit and whether a spirit can speak.*
Pen and ink on paper, 18.8 × 13.8 cm.
RL 19047v / K&P 48v

3. *Dibattito sulla natura degli spiriti in relazione agli elementi.*
Penna e inchiostrc su carta, 19,0 × 13,4 cm.
RL 19048r / K&P 49r

3. *A debate about the nature of spirits in relation to the elements.*
Pen and ink on paper, 19.0 × 13.4 cm.
RL 19048r / K&P 49r

4. *Una diatriba contro la negromanzia (comunicazione con gli spiriti dei morti).*
Penna e inchiostro su carta, 19,0 × 13,4 cm.
RL 19048v / K&P 49v

4. *A diatribe against necromancy (communication with the spirits of the dead).*
Pen and ink on paper, 19.0 × 13.4 cm.
RL 19048v / K&P 49v

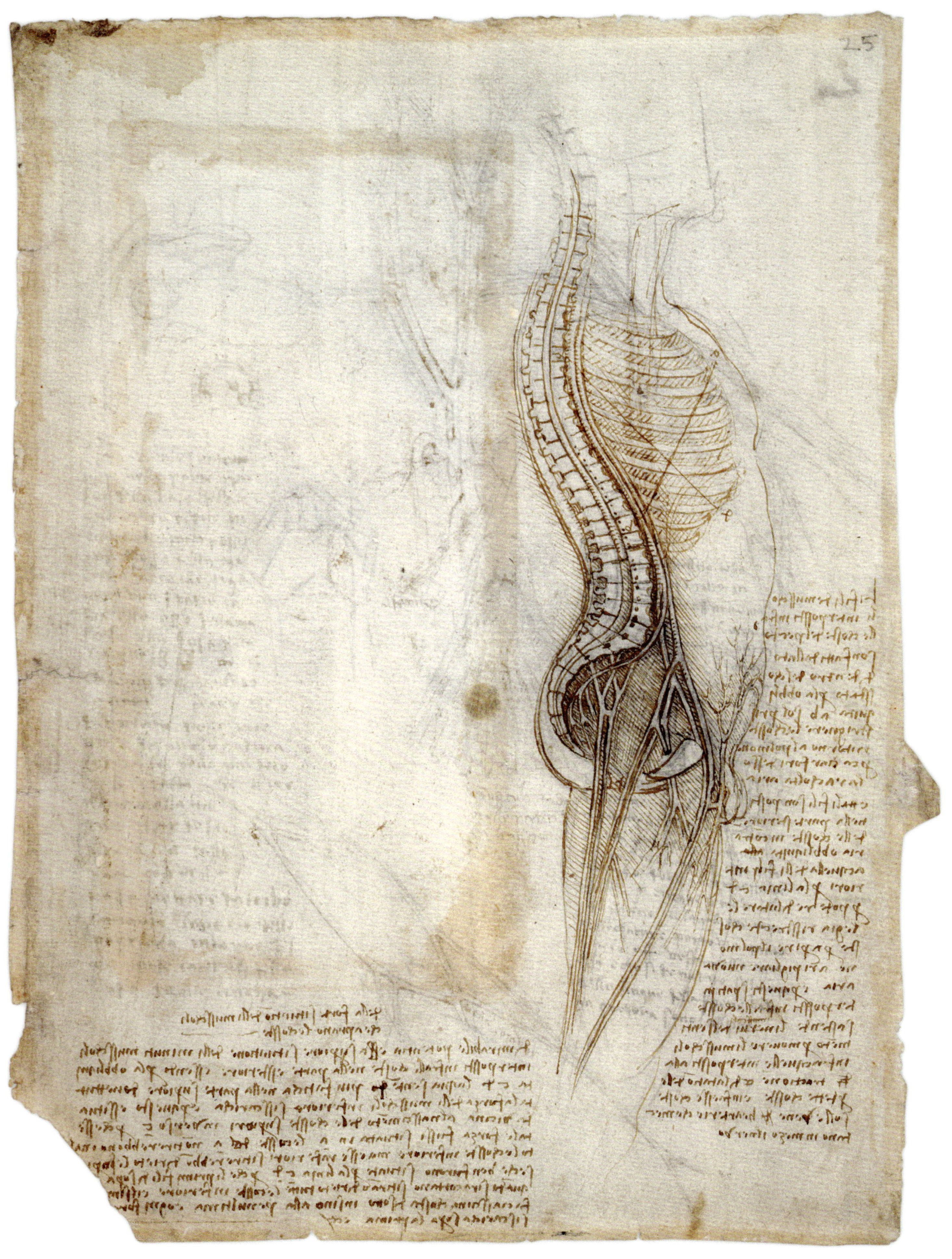

5. *Sezione verticale della colonna vertebrale con costole, vasi principali e nervi.*
Penna e inchiostro, gessetto nero su carta, 28,2 × 20,7 cm.
RL 19114r / K&P 109v

5. *Vertical section of the spine with ribs and major vessels, and nerves.*
Pen and ink, black chalk on paper, 28.2 × 20.7 cm.
RL 19114r / K&P 109v

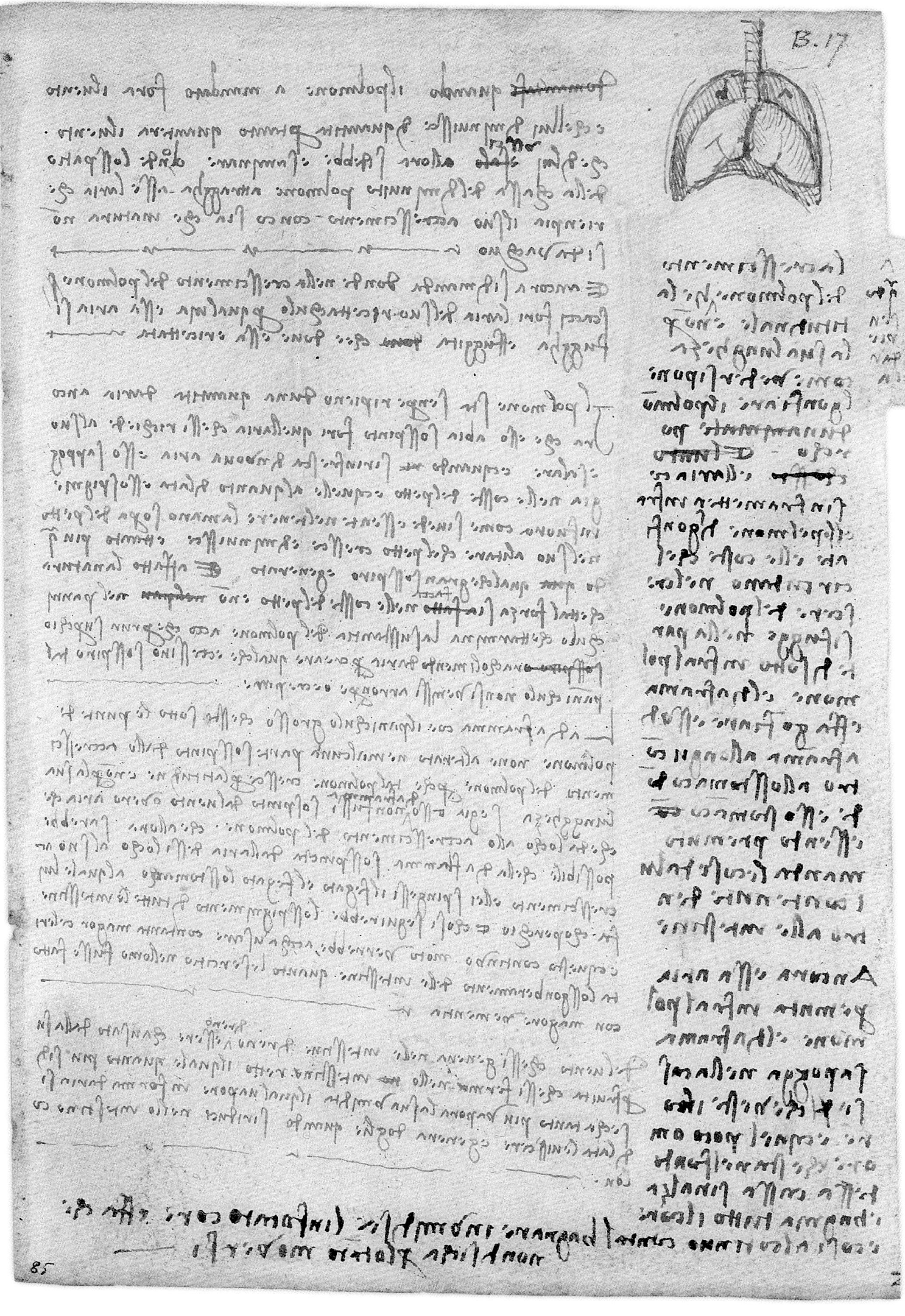

6. *I polmoni e il funzionamento del diaframma.*
Penna e inchiostro su carta, 19,3 × 13,4 cm.
RL 19034r / K&P 76r

6. *The lungs and the operation of the diaphragm.*
Pen and ink on paper, 19.3 × 13.4 cm.
RL 19034r / K&P 76r

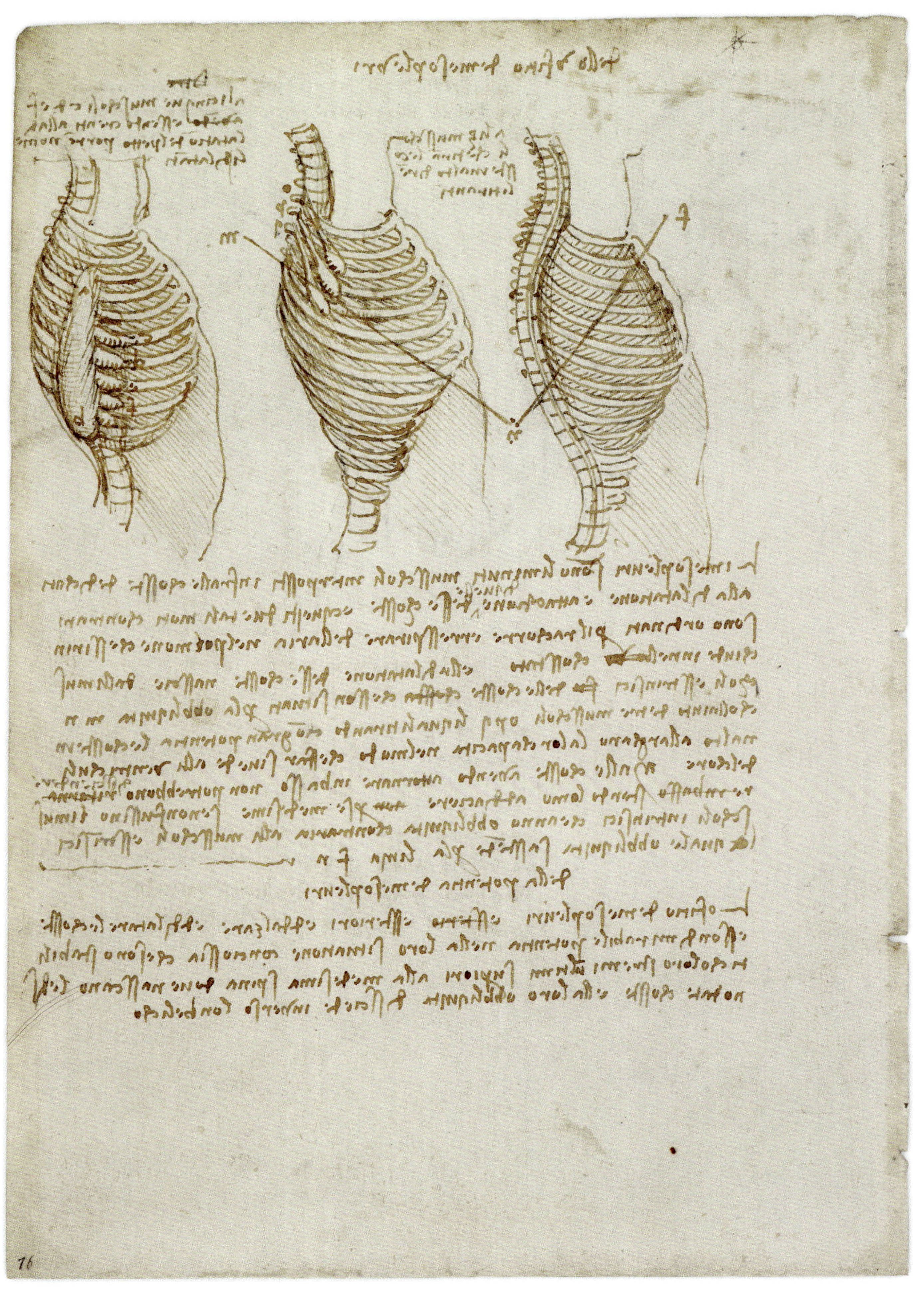

7. *Analisi dell'azione della gabbia toracica.*
Penna e inchiostro su carta, 18,9 × 13,7 cm.
RL 19044v / K&P 47v

7. *Analysis of the action of the ribcage.*
Pen and ink on paper, 18.9 × 13.7 cm.
RL 19044v / K&P 47v

8. *Muscoli della colonna vertebrale e delle costole.*
Penna e inchiostro su carta, 28,6 × 20,4 cm.
RL 19067r / K&P 160r

8. *Muscles of the spine and ribs.*
Pen and ink on paper, 28.6 × 20.4 cm.
RL 19067r / K&P 160r

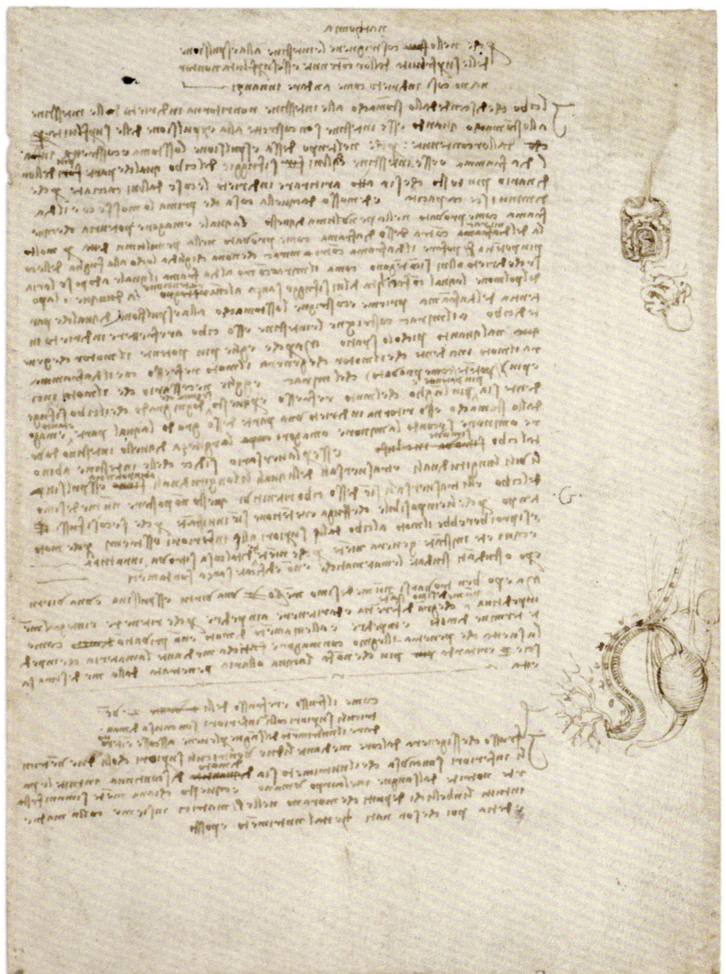

9. *Schizzo degli organi addominali e del sangue nel cordone ombelicale.*
Penna e inchiostro su carta, 28,7 × 21,1 cm.
RL 19066r / K&P 159r

9. *Sketch of abdominal organs and blood in the umbilical cord.*
Pen and ink on paper, 28.7 × 21.1 cm.
RL 19066r / K&P 159r

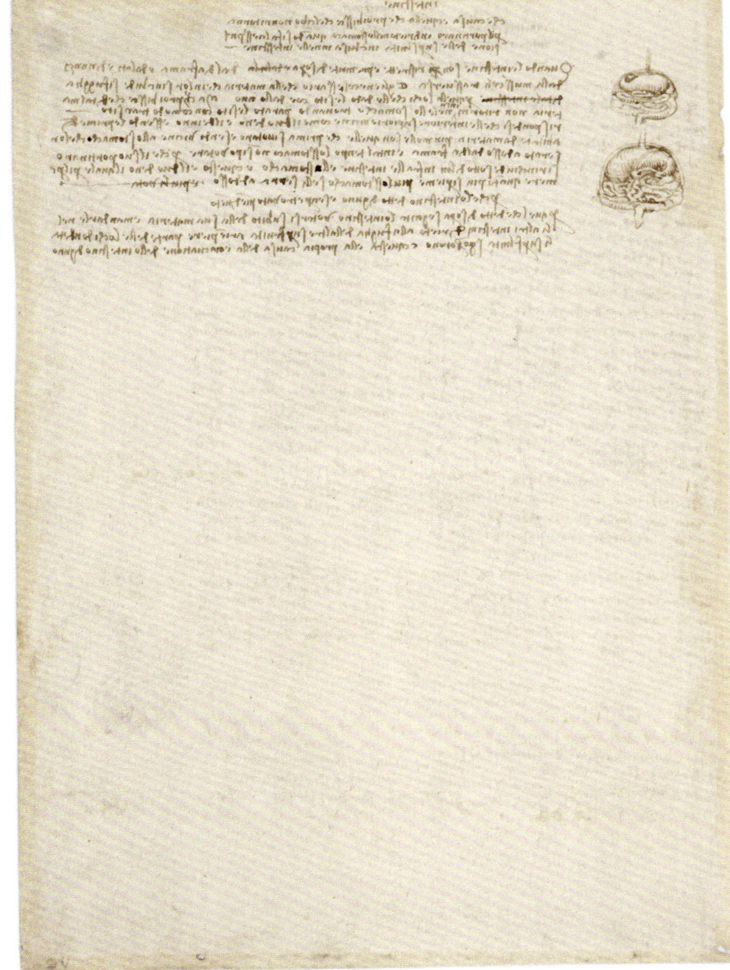

10. *Organi addominali e diaframma.*
Penna e inchiostro su carta, 28,7 × 21,1 cm.
RL 19066v / K&P 159v

10. *Abdominal organs and the diaphragm.*
Pen and ink on paper, 28.7 × 21.1 cm.
RL 19066v / K&P 159v

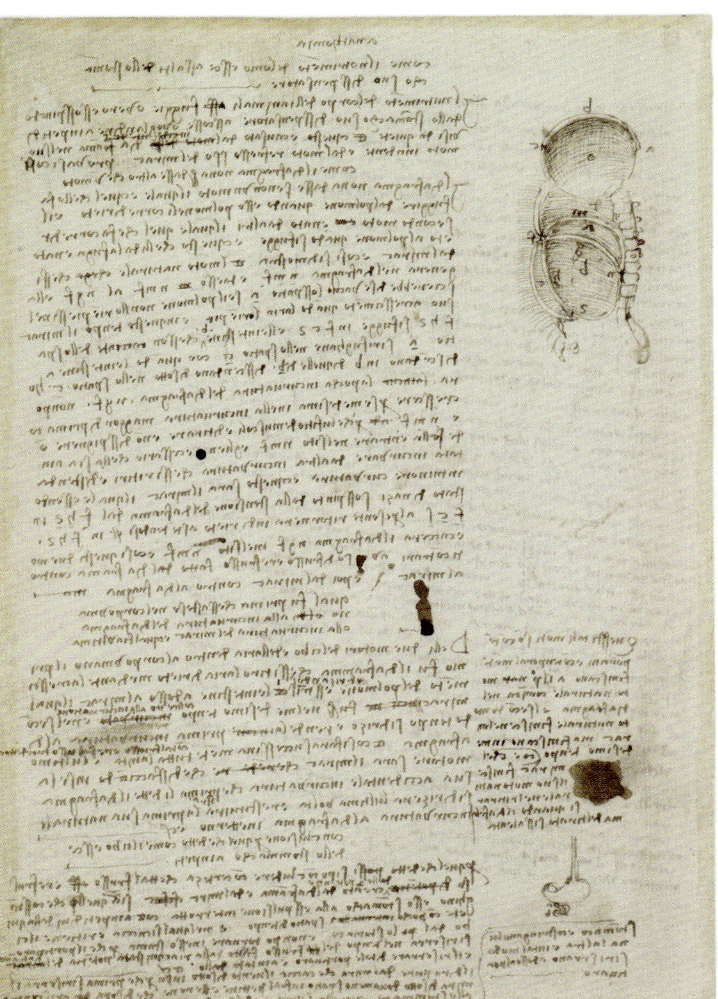

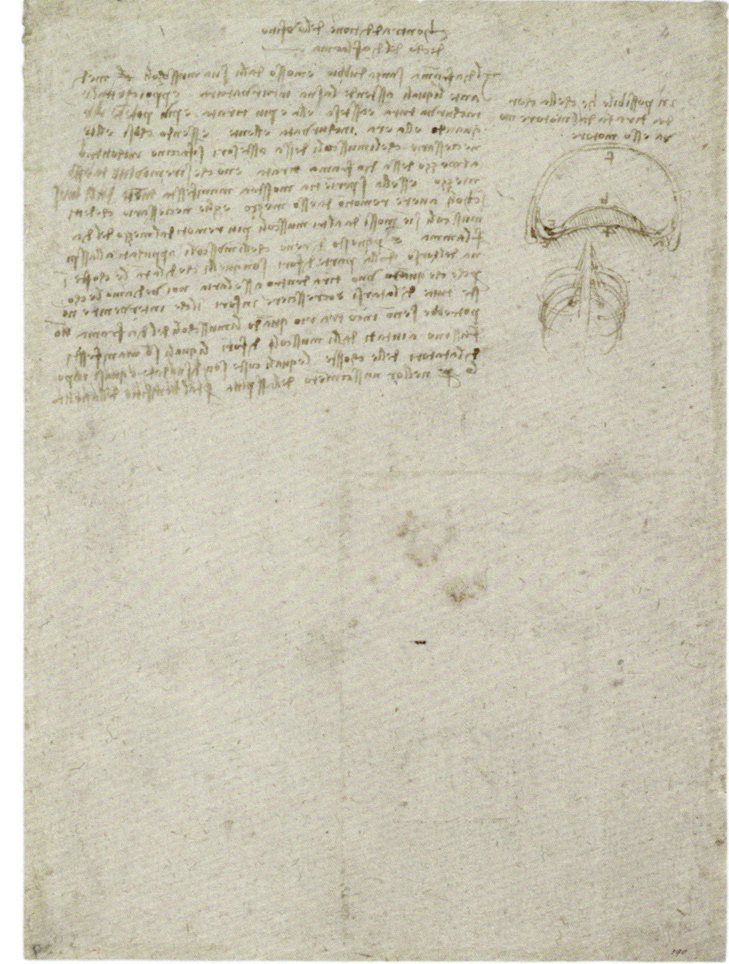

11. *Sezione del torace e dell'addome, del diaframma e dello stomaco.*
Penna e inchiostro su carta, 29,1 × 21,1 cm.
RL 19065v / K&P 158v

11. *Section of the thorax and abdomen, the diaphragm and stomach.*
Pen and ink on paper, 29.1 × 21.1 cm.
RL 19065v / K&P 158v

12. *Il funzionamento del diaframma.*
Penna e inchiostro, su carta, 27,4 × 20,1 cm.
RL 19107r / K&P 184v

12. *The functioning of the diaphragm.*
Pen and ink on paper, 27.4 × 20.1 cm.
RL 19107r / K&P 184v

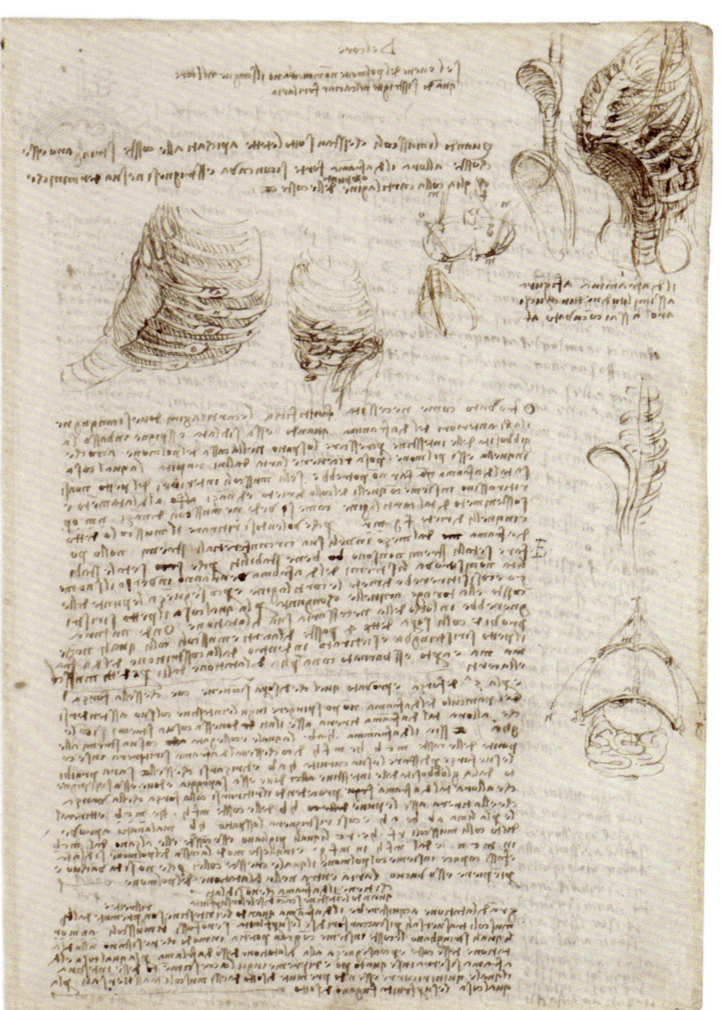

13. *Muscoli della gabbia toracica, diaframma e organi addominali.*
Penna e inchiostro su carta, 29,3 × 20,6 cm.
RL 19064r / K&P 157r

13. *Muscles of the ribcage, the diaphragm and abdominal organs.*
Pen and ink on paper, 29.3 × 20.6 cm.
RL 19064r / K&P 157r

14. *Il diaframma e lo stomaco.*
Penna e inchiostro su carta, 29,3 × 20,6 cm.
RL 19064v / K&P 157v

14. *The diaphragm and stomach.*
Pen and ink on paper, 29.3 × 20.6 cm.
RL 19064v / K&P 157v

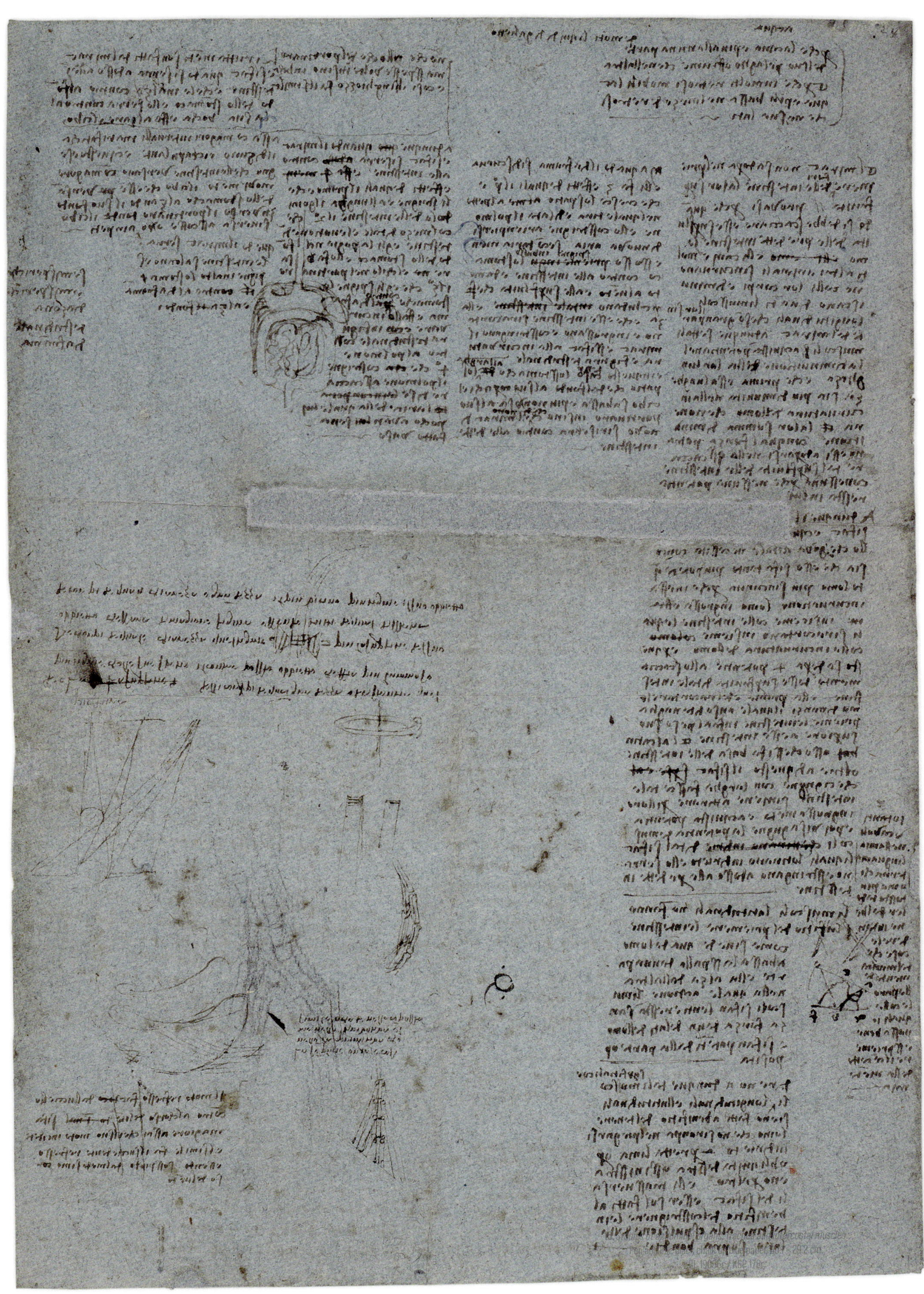

15. *Studio degli organi addominali, della trachea e dei muscoli intercostali.*
Penna e inchiostro, gessetto nero su carta blu, 40,1 × 29,2 cm.
RL 19086r / K&P 178r

15. *Studies of abdominal organs, trachea and intercostal muscles.*
Pen and ink, black chalk on blue paper, 40.1 × 29.2 cm.
RL 19086r / K&P 178r

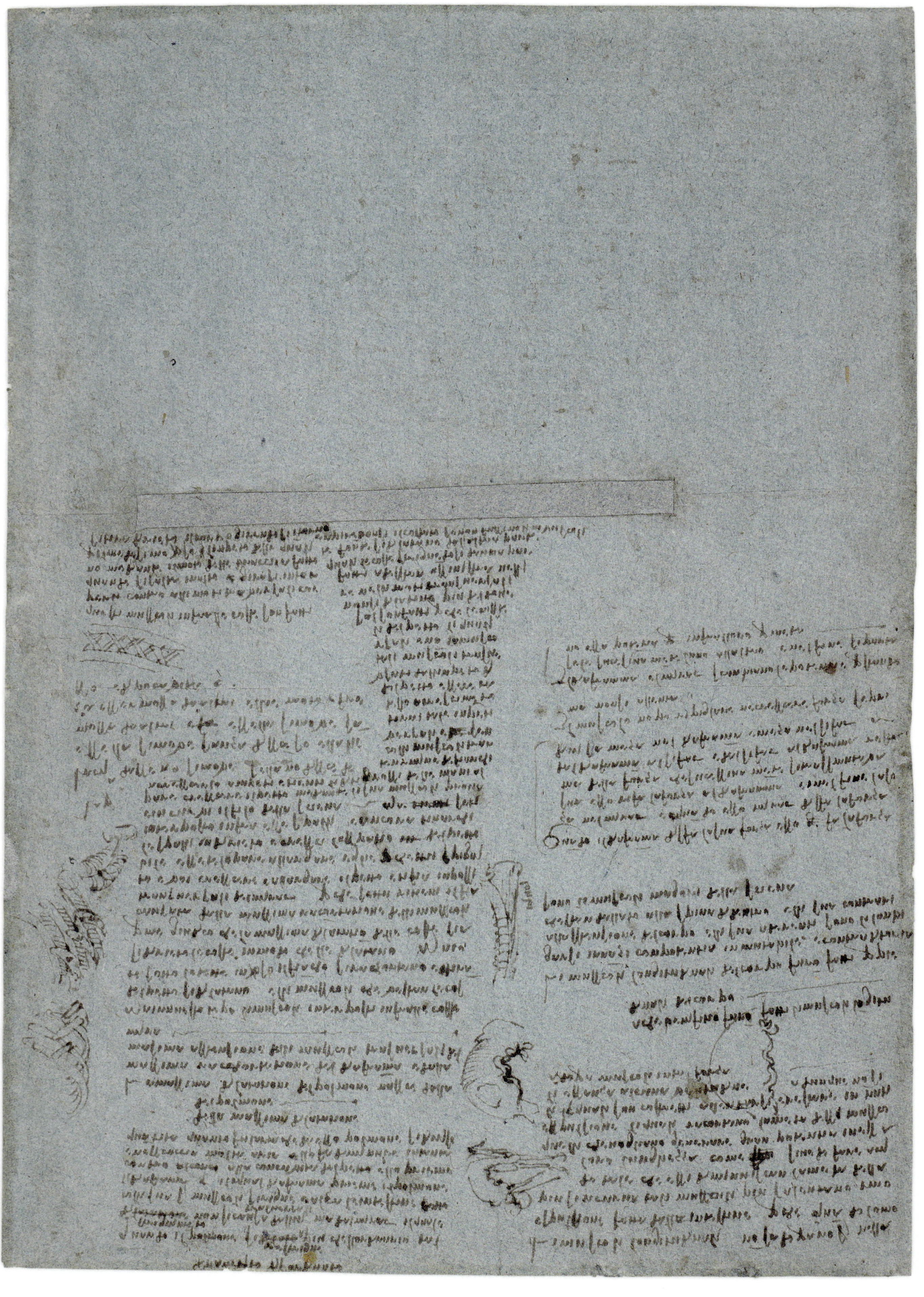

16. *Studi di flessione e muscoli intercostali.*
Penna e inchiostro, gessetto nero su carta blu, 40,1 × 29,2 cm.
RL 19086v / K&P 178v

16. *Studies of bending, and intercostal muscles.*
Pen and ink, black chalk on blue paper, 40.1 × 29.2 cm.
RL 19086v / K&P 178v

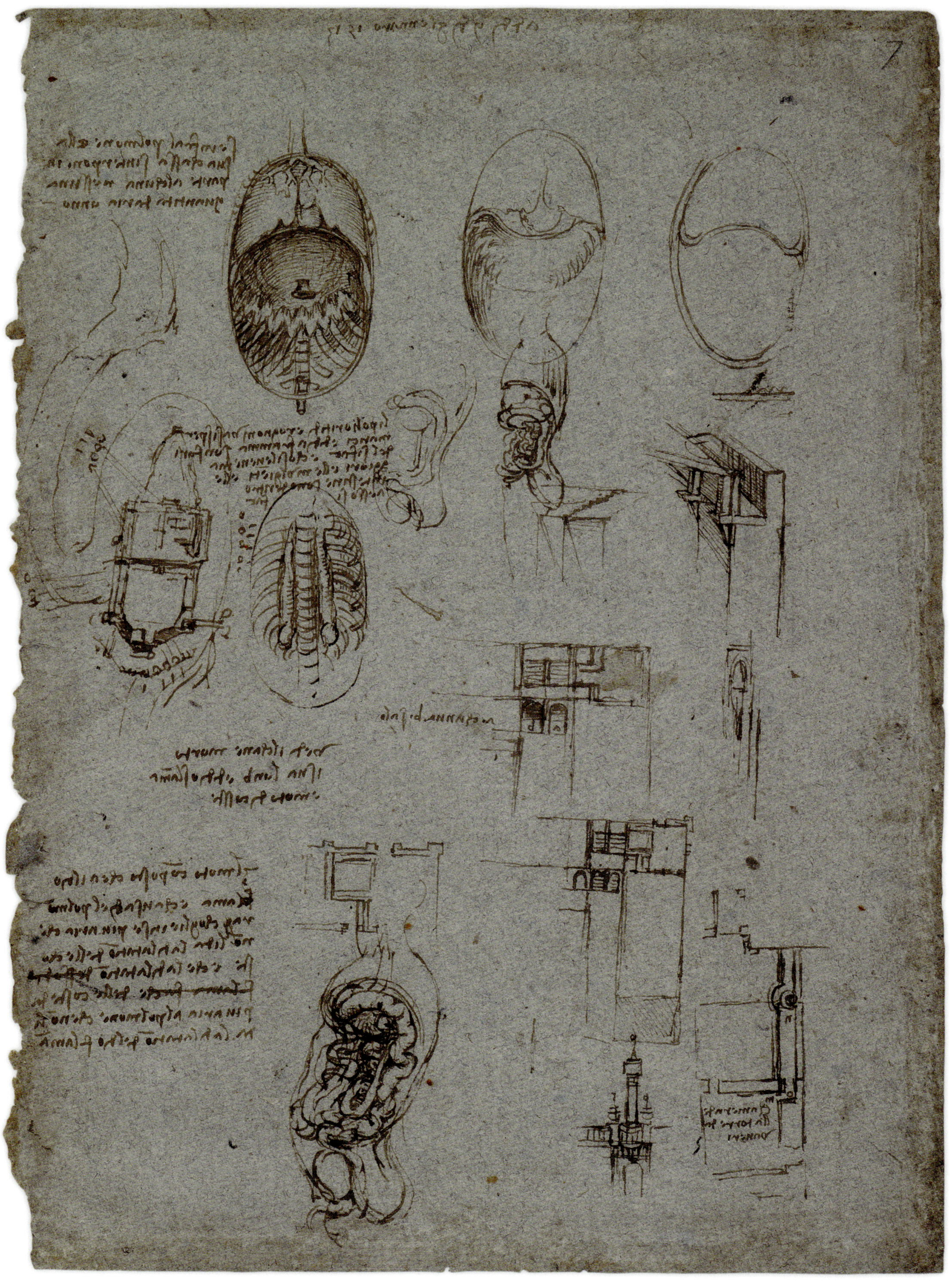

17. *Studio del diaframma, degli organi e dell'architettura corporea.*
Penna e inchiostro su carta blu, 27,5 × 20,7 cm.
RL 19077v / K&P 168v

17. *Studies of the diaphragm, bodily organs and architecture.*
Pen and ink on blue paper, 27.5 × 20.7 cm.
RL 19077v / K&P 168v

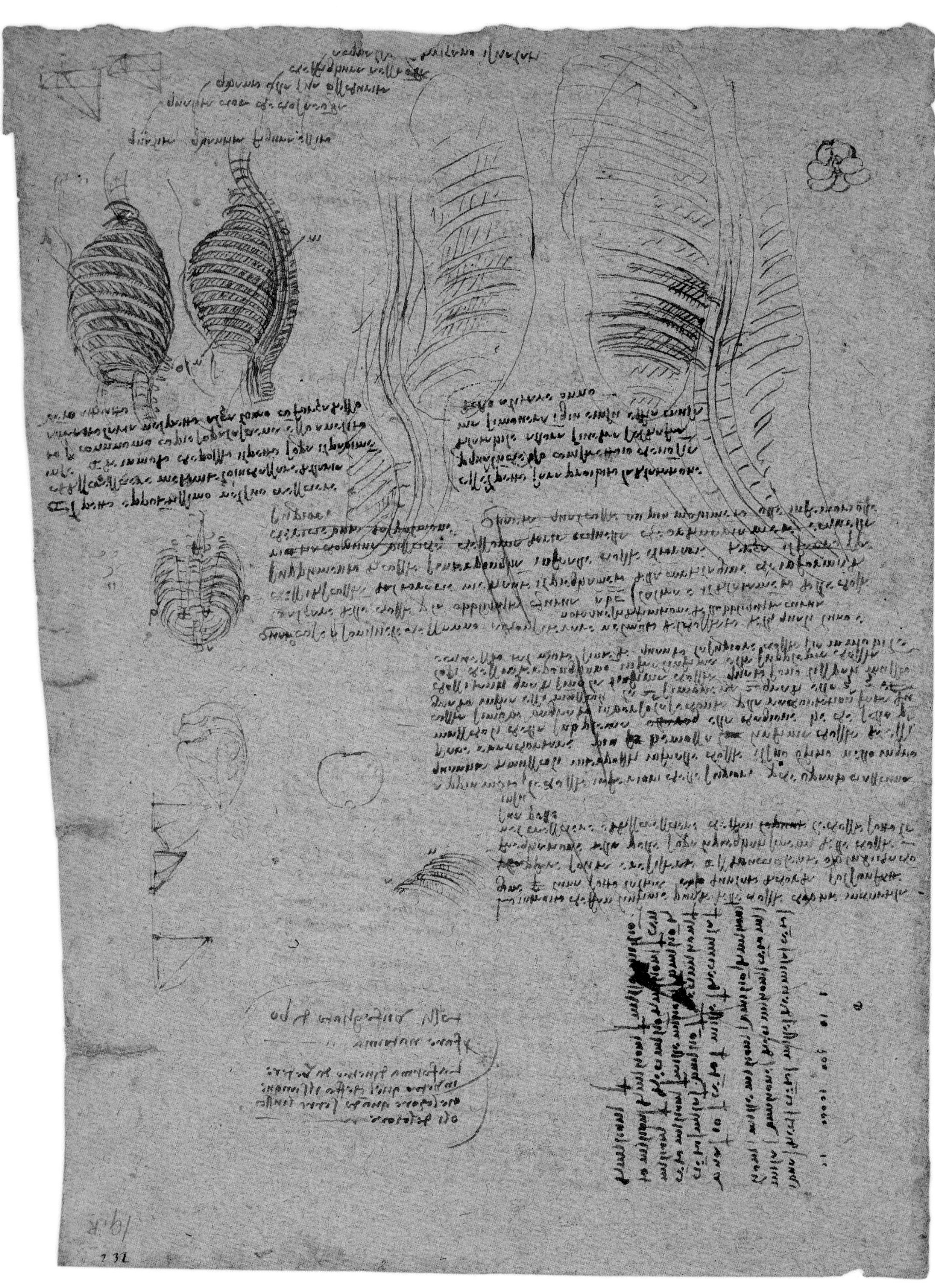

18. *Analisi della gabbia toracica.*
Penna e inchiostro su carta blu, 28,2 × 19,9 cm.
RL 19076v / K&P 167v

18. *Analyses of the ribcage.*
Pen and ink on blue paper, 28.2 × 19.9 cm.
RL 19076v / K&P 167v

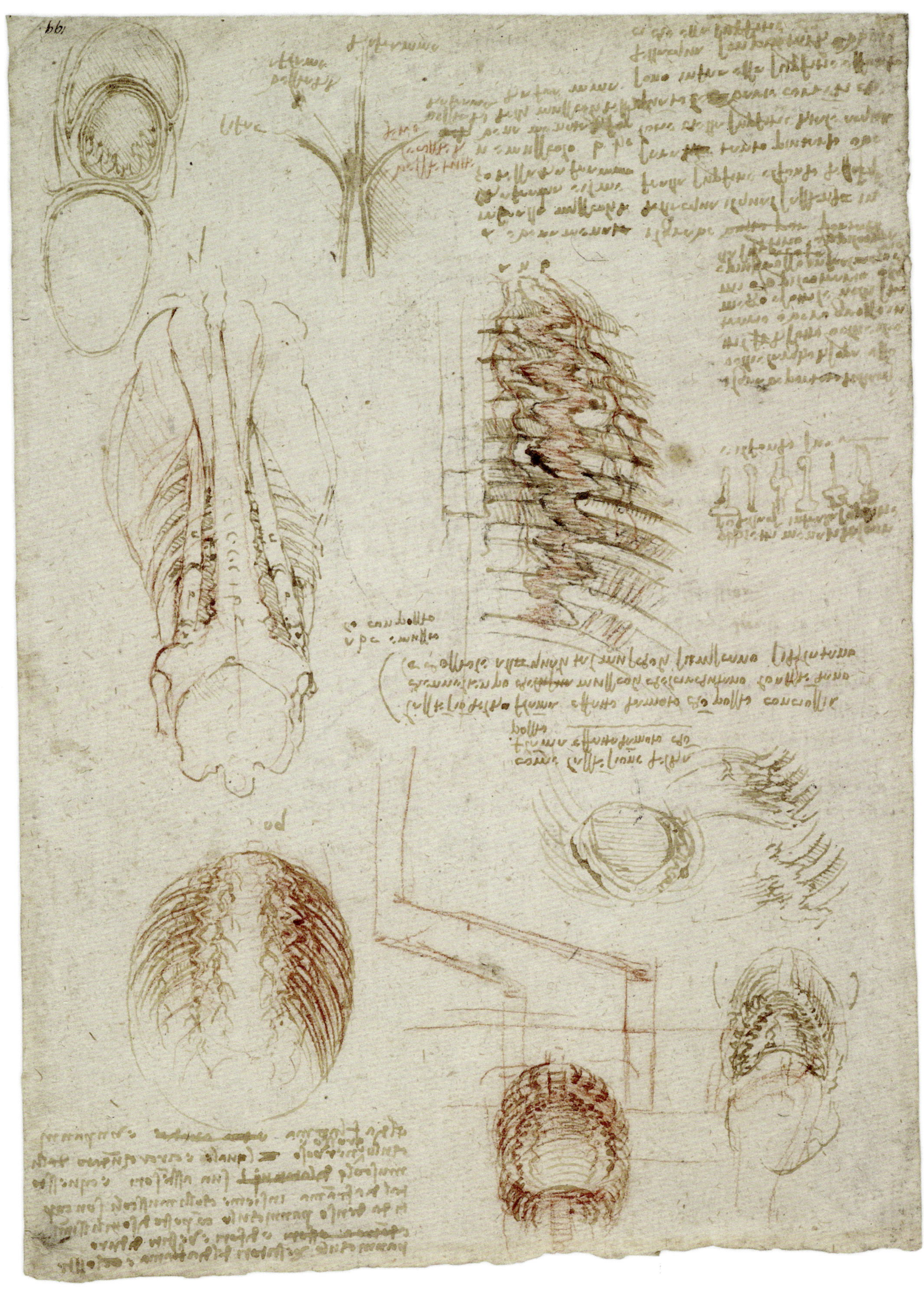

19. *Gabbia toracica e diaframma.*
Penna e inchiostro, gessetto rosso su carta, 28,7 × 20,6 cm.
RL 19108v / K&P 185v

19. *Ribcage and diaphragm.*
Pen and ink, red chalk on paper, 28.7 × 20.6 cm.
RL 19108v / K&P 185v

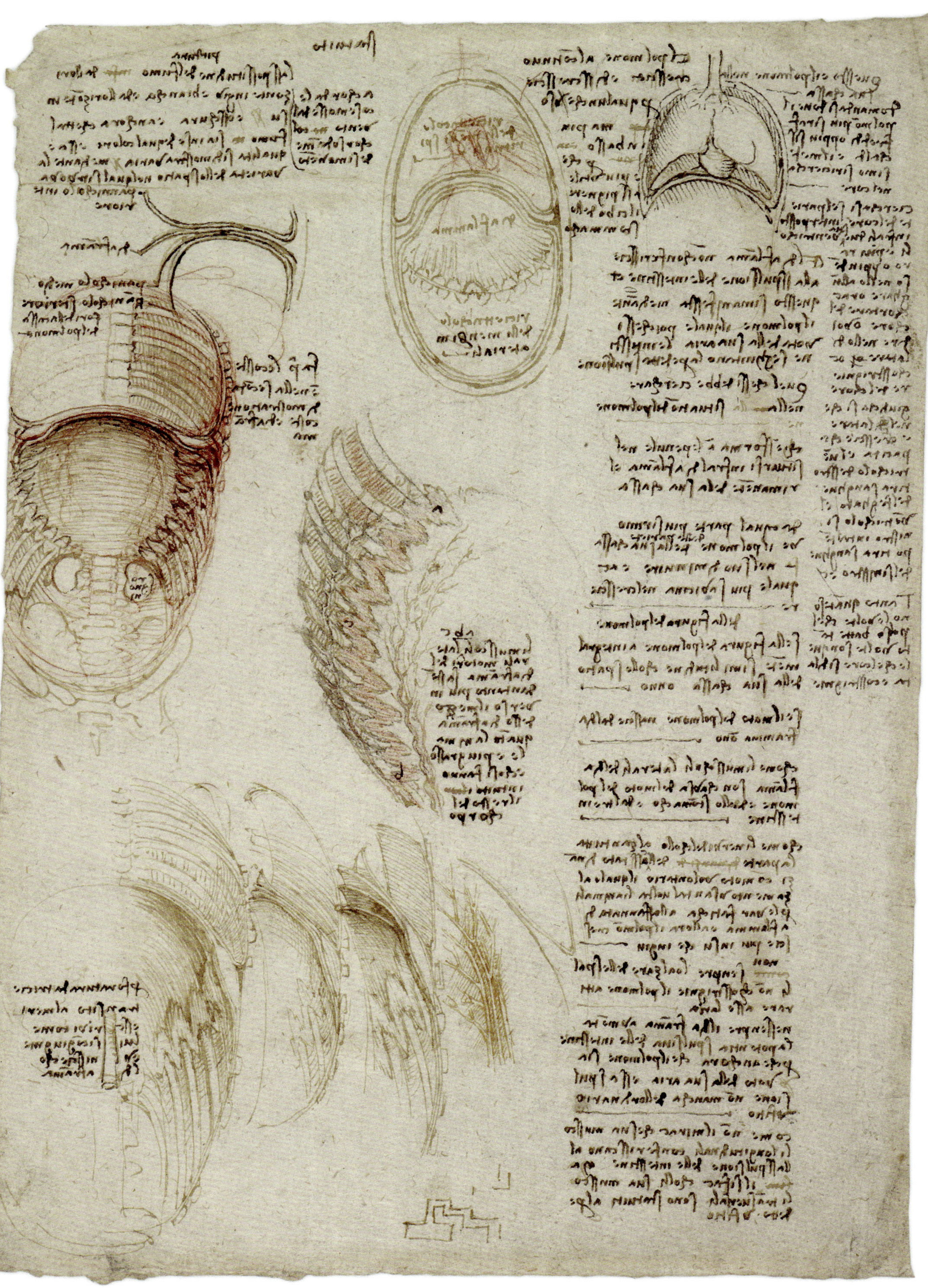

20. *Polmoni, diaframma e gabbia toracica.*
Penna e inchiostro, gessetto rosso su carta, 28,1 × 21,0 cm.
RL 19109r / K&P 186r

20. *Lungs, diaphragm and ribcage.*
Pen and ink, red chalk on paper, 28.1 × 21.0 cm.
RL 19109r / K&P 186r

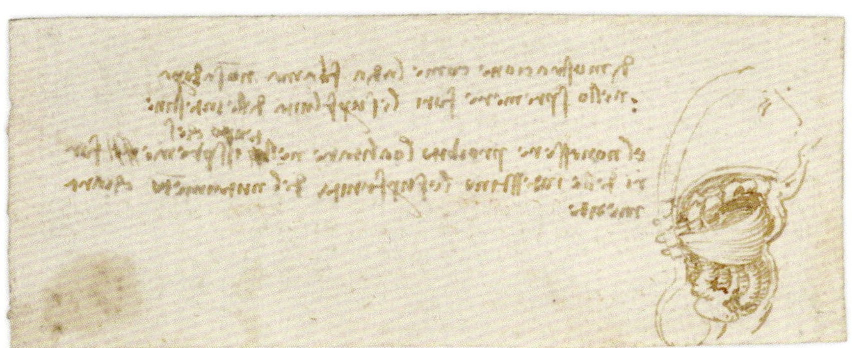

21. *Il diaframma e i muscoli associati (frammento).*
Penna e inchiostro su carta, 5 × 13 cm.
RL 19110r / K&P 191r

21. *The diaphragm and associated muscles (fragment).*
Pen and ink on paper, 5 × 13 cm.
RL 19110r / K&P 191r

22. *Note sull'azione del diaframma (frammento).*
Penna e inchiostro su carta, 6,4 × 7,6 cm.
RL 19111r / K&P 192r

22. *Notes on the action of the diaphragm (fragment).*
Pen and ink on paper, 6.4 × 7.6 cm.
RL 19111r / K&P 192r

Studi sul sistema respiratorio
Studies of Respiratory System

Mario Rende

L'APPROCCIO DI LEONARDO AL sistema respiratorio è contemporaneamente fisiologico e anatomico. Lo si comprende sia per il contenuto e la lunghezza delle sue note rispetto ai pochi disegni, sia considerando gli obiettivi che si pone. Infatti, non intende semplicemente disegnare la struttura dei polmoni, ma anche comprendere la causa delle variazioni di dimensione del torace in base agli atti respiratori, così come la relazione fra questi e la produzione della voce.

Se consideriamo che all'epoca si credeva che i polmoni servissero a raffreddare il sangue riscaldato dal cuore e che, in questo meccanismo, avessero anche il compito di eliminare degli umori velenosi, l'aver identificato obiettivi così diversi dal credo dei suoi tempi pone Leonardo su un livello scientifico molto più moderno. Come è ovvio non potrà spiegare i meccanismi che noi conosciamo dello scambio respiratorio, ma ugualmente i suoi studi su questo sistema producono un netto avanzamento delle conoscenze scientifiche del sistema.

Leonardo dedica moltissima attenzione ai muscoli intercostali e al diaframma, che oggi sappiamo, ma non allora, responsabili degli atti respiratori. Individua anche la funzione dei muscoli scaleni del collo come muscoli respiratori accessori. Le tavole dedicate a questo argomento, sia in forma di nota che di disegno, sono davvero tante: [5, 8, 14, 16, 17 e 18] e [X, 44]. In queste tavole Leonardo non solo disegna correttamente i muscoli intercostali esterni e interni con la

LEONARDO'S APPROACH TO THE respiratory system is simultaneously physiological and anatomical. This can be understood both by the content and length of his notes compared to the few drawings and by considering the objectives he sets himself. In fact, he does not simply intend to draw the structure of the lungs, but also to understand the cause of variations in the size of the thorax based on respiratory acts, as well as the relationship between these and the production of the voice.

If we consider that, at the time, it was believed that the lungs served to cool the blood heated by the heart and that, in this mechanism, they also had the task of eliminating poisonous humors, having identified objectives so different from the beliefs of his time places Leonardo on a much more modern scientific level. Of course he could not explain the mechanisms we know of respiratory exchange, but nevertheless his studies of this system produce a clear advance in scientific knowledge of the system.

Leonardo devotes a great deal of attention to the intercostal muscles and the diaphragm, which we now know, but not then, are responsible for respiratory acts. He also identifies the function of the scalene muscles of the neck as accessory respiratory muscles. There are many drawings dedicated to this subject, both in note and drawing form: [5, 8, 14, 16, 17, and 18] and [X, 44]. In these sheets Leonardo not only correctly draws the external and internal intercostal muscles with their oppo-

loro opposta direzione obliqua, ma per primo assegna a quelli esterni la funzione dell'espansione della gabbia toracica e a quelli interni il ritorno alla situazione iniziale.

Nella tavola [X, 44] Leonardo dà la prova geometrica che è proprio la diversa inclinazione dei muscoli intercostali esterni e interni tra costa e costa che produce i loro opposti effetti sul torace e quindi sulla respirazione. Nella tavola [5] identifica fra i muscoli intercostali anche il loro fascio vascolo-nervoso così come nella tavola [18] identifica la funzione della terminazione cartilaginea delle coste. Nella tavola [XI, 3] Leonardo descrive correttamente l'attacco del diaframma alle ultime coste, nella [8] dimostra come l'abbassamento del diaframma "*cresce il polmone*" e, infine, nella [13] dedica metà della tavola ad un lungo scritto in cui descrive le sue funzioni.

Tuttavia, per descrivere molti di questi aspetti Leonardo non può essersi basato esclusivamente sulle dissezioni, ma anche su osservazioni e prove dal vivo. Questo è un approccio nuovo rispetto ad altri sistemi anatomici. Per lo studio del sistema respiratorio possiamo immaginare un Leonardo che esegue delle prove su un corpo vivente per verificare e capire quanto poteva vedere dal cadavere. La tavola [16] dà la conferma di questa ipotesi perché Leonardo spiega dettagliatamente come fare le prove dal vivo per spiegare la meccanica respiratoria.

La tavola [XI, 7] contiene un iconico disegno della struttura di un polmone animale visto da due prospettive. Il primo disegno ha una straordinaria modernità di approccio visuale: mentre le parti periferiche evidenziano l'esterno del polmone, quella centrale presenta una progressiva penetrazione nel parenchima tale da far vedere le diramazioni dell'albero bronchiale in mezzo al tessuto alveolare. Pur non rispettando la vera divisione in lobi, l'immagine fa chiaramente capire il concetto della struttura tridimensionale dell'organo. Nella nota scrive che il suo parenchima è "*dilatabile e astensibile*" il che significa che Leonardo ha testato la consistenza del tessuto polmonare insufflando dell'aria nella trachea di un pezzo anatomico fresco. Questa prova è descritta nella tavola [6] dove, per la prima volta nella medicina, Leonardo stabilisce anche che il polmone ha sempre un residuo fisso di aria non eliminabile. Leonardo si interessa molto alle diramazioni dell'albero bronchiale e nella tavola [12] ipotizza che la velocità del flusso dell'aria possa variare a seconda del diverso calibro del bronco. Sicuramente

site oblique direction, but he first assigns to the external ones the function of expanding the rib cage and to the internal ones the return to the initial situation.

In [X, 44] Leonardo gives geometric proof that it is precisely the different inclination of the external and internal intercostal muscles between rib and rib that produces their opposite effects on the thorax and thus on respiration. In [5] he also identifies among the intercostal muscles their vascular-nervous bundle, just as in [18] he identifies the function of the cartilaginous termination of the ribs. In [XI, 3]Leonardo correctly describes the attachment of the diaphragm to the last ribs, in [8] he demonstrates how the lowering of the diaphragm "*grows the lung*" and, finally, in [13] he dedicates half of the table to a long writing in which he describes its functions.

However, Leonardo may not have relied solely on dissections to describe many of these aspects, but also on live observations and evidence. This is a new approach compared to other anatomical systems. For the study of the respiratory system, we can imagine a Leonardo performing tests on a living body to verify and understand what he could see from the cadaver. The drawing [16] confirms this hypothesis because Leonardo explains in detail how to do the live tests to explain the respiratory mechanics.

The sheet [XI, 7] contains an iconic drawing of the structure of an animal lung seen from two perspectives. The first drawing has an extraordinary modernity of visual approach: while the peripheral parts show the outside of the lung, the central one presents a progressive penetration into the parenchyma such that the branches of the bronchial tree can be seen amidst the alveolar tissue. While not respecting the true division into lobes, the image clearly conveys the concept of the organ's three-dimensional structure. In the note, he writes that its parenchyma is "*dilatable and extensible*", which means that Leonardo tested the consistency of the lung tissue by insufflating air into the trachea of a fresh anatomical piece. This proof is described in [6] where, for the first time in medicine, Leonardo also establishes that the lung always has a fixed residue of air that cannot be removed. Leonardo is very interested in the branches of the bronchial tree and in [12] he hypothesizes that the speed of air flow may vary depending on the different calibre of the

i suoi disegni dell'albero bronchiale sono più precisi e attendibili rispetto ad ogni altro trattato dell'epoca. In questo studio Leonardo ha cercato anche di spiegare il fenomeno della voce attribuendolo al passaggio di aria lungo la trachea senza però riuscire ad identificare la laringe come l'organo fonatorio.

bronchus. Certainly his drawings of the bronchial tree are more accurate and reliable than any other treatise of the time. In this study, Leonardo also tried to explain the voice phenomenon by attributing it to the passage of air along the trachea without, however, being able to identify the larynx as the phonatory organ.

XV

Gli organi urogenitali e i "misteri dell'utero"

Urinogenital Organs and the "Mysteries of the Womb"

COME NELLE ANATOMIE PRECEDENTI e contemporanee a Leonardo, l'attenzione è rivolta al corpo maschile. Le ragioni sono molteplici. Tra i fattori pratici il più importante era che le dissezioni si eseguivano per lo più su soggetti maschili, in genere criminali giustiziati. Poi, esisteva il problema concettuale secondo cui le anatomie maschili erano considerate la norma, mentre quelle femminili erano oggetto di interesse diretto solo quando si discostavano da tale norma. Osservando gli apparati urogenitali maschili e femminili, Leonardo cerca componenti che presentino caratteristiche analoghe. Ma si sforza anche di rappresentare la particolarità dell'apparato urogenitale femminile, vedasi la rappresentazione sorprendentemente diretta della vulva e dell'ano, ombreggiati con straordinari tratteggi curvilinei (1). Si ha la sensazione che questa sia una delle anatomie di Leonardo più carica di emozioni. È uguagliata per sentimento solo dalle ripetute immagini di un feto piegato su se stesso all'intero di una sagoma rotonda. Con le caviglie incrociate ben strette e le mani a coppa che proteggono il volto, sbirciamo in modo intrusivo ciò che sembra essere la morte silenziosa di una nuova anima. Il feto così piegato è stato apparentemente ritratto durante un parto cesareo.

Con il consueto distacco, Leonardo assegna una funzione specifica a questa posa accovacciata del feto.

"*Una gran parte della età del putto è 'l suo pisciare, e per l'ombelico. E questo nasce perché il calcagno del destro piede nasce infra lo anulo e 'l membro virile e serra il transito al tutto della orina, alla quale è stato provveduto*

IN COMMON WITH EARLIER and contemporary anatomies, the focus was on the male body. There were a number of reasons. The most prominent of the practical factors was that the majority of dissections were performed on male subjects, most typically executed criminals. There was also the conceptual problem that male anatomies were regarded as the norm, and that women's anatomies were only of direct concern when they varied from this norm. Looking at the male and female urinogenital systems, Leonardo sought for components that exhibited analogous features. But he also strove to portray the special nature of the female urinogenital system, not least in the startlingly direct representation of a vulva and anus, which is shaded with curved cross-hatching in a dramatic manner (1). We sense that this is one of the most emotionally laden of all Leonardo's anatomies. It is matched in feeling only by his repeated images of a foetus folded into itself within a round outline. With tightly crossed ankles and cupped hands shielding its face, we peer intrusively into what seems to be the quiet death of a new soul. The folded foetus was seemingly portrayed during a caesarean section.

With typical detachment, Leonardo assigns a specific function to the one aspect of the foetus's coiled pose.

"During a great part of the period of life of the foetus its urination is through the umbilicus. And this happens because the heel of the right foot comes between the anus and the penis and shuts off the passage of all urine. Nature has pro-

dalla natura col fare un canal nel fondo della viscica per il quale l'orina va dalla viscica all'ombelico, e dall'ombelico alla bocca della matrice." (14)

Ma come sempre, la grande questione della vita è alla base delle sue indagini.

"A questo putto non batte il core e non alita, perché al continuo sta nell'acqua, e se alitassi annegherebbe. E lo alitare non li è necessario perché lui è vivificato e nutrito dalla vita e cibo della madre.... E una medesima anima governa questi due corpi; e li desideri e le paure e i dolori son comuni sì a essa creatura come a tutti li altri membri animati. E di qui nasce che la cosa desiderata dalla madre spesso son travate scolpite in quelle membra del figliolo, le quali tien a se medesima la madre nel tempo di tal desiderio. E un sùbita paura ammazza la madre e 'l figliolo. Adunque conclude che una medesima anima governa li corpi e un medesimo notrisce due corpi." (19)

Una componente notevole di questi disegni è il carattere scultoreo. In un foglio (18), disegna diagrammi ottici di luce e ombra su una sfera, come quelli che stava progettando per il suo libro sulla pittura. A prima vista non sembrano avere nessuna correlazione con questa serie. Eppure, la preoccupazione di Leonardo è quella di rendere le forme in *rilievo*, come nelle convincenti rappresentazioni della vescica (piena ed evacuata) e del feto. Nel foglio culminante gli studi sul feto (19), si interroga in una nota sul "perché un oggetto tridimensionale [*rilievo*], se visto con un solo occhio, non mostra lo stesso rilievo di quando è visto con entrambi gli occhi?" (19).

Leonardo spiega quindi che un occhio solo coglie la disposizione di luci e ombre su una sfera da un preciso punto di vista, ma quando entra in gioco il secondo occhio l'oggetto viene visto in due punti diversi rispetto allo sfondo, cioè con la visione binoculare o la parallasse. Questi problemi "artistici" circa una convincente rappresentazione delle forme in rilievo derivano dalla volontà di presentare il feto e l'utero con la massima fedeltà tridimensionale possibile.

Leonardo si preoccupa molto di rendere la vescica, i testicoli e l'utero in un *rilievo* convincente affinché essi possano essere visti nel loro splendore funzionale ed essere inseriti nei contorni dell'addome. Le rappresentazioni della penetrazione (10) riprendono un tema che apparentemente non aveva più

vided for this by making a channel in the fundus of the bladder through which urine goes from the bladder to the umbilicus and from the umbilical cord to the mouth of the uterus." (14)

But as always, the big question of life underlies his investigations.

"In this child the heart does not beat and it does not breathe because it remains continually in water... Breathing is not necessary because it is vivified and nourished by the life and food of the mother.... One and the same soul governs these two bodies, and desires, fears and pains are common to this creature as to all animated parts. From this it arises that a thing desired by the mother is often found imprinted on those parts of the infant that has the same qualities in the mother at the time of her desire; and a sudden terror kills both mother and child. Therefore, one concludes that the same soul governs and nourishes both bodies." (19)

A notable feature of the drawings is their sculptural character. On one of the pages (18), he appends optical diagrams of light and shade on a sphere of the kind he was planning for his book on painting. At first sight, these do not seem to belong. However, he was much concerned to render forms in *rilievo* (relief), as he does with his compelling representations of the bladder (full and evacuated) and the foetus. On the climactic page of his foetal studies (19), he squeezes in a note that asks, "why a three-dimensional object [*relievo*] seen with one eye will not demonstrate as much relief as when it is seen with both eyes?" (19).

He explains that one eye will pick up the disposition of light and shade on a sphere from that viewpoint in a compelling manner, but when second eye is brought into play the object will be seen at two different places relative to the background; i.e. with binocular vision or parallax. These "artistic" issues of portraying forms in convincing relief are triggered by his aspiration to present the foetus and womb with the greatest possible 3-D conviction.

He is much concerned to render the bladder, testes and womb in convincing *rilievo*, so that they can be seen in their functional glory and can be fitted inside the outlines of the abdomen. The portrayals of penetration (10) pick up a theme that he had seemingly not touched since the early and schematic

affrontato dopo la precoce e schematica rappresentazione di due figure che copulano. Il foglio su cui elabora la rappresentazione della vescica e del pene sezionato (8) era originariamente dedicato agli equilibri e alla reiterata ricerca geometrica di figure rettilinee e curvilinee relative alla stessa area. Qui la correlazione tra contenuti anatomici e non anatomici è più generale che specifica. La trasformazione di una forma in un'altra di aspetto diverso è un motivo ricorrente nei suoi studi geometrici. Tale trasformazione avviene quando la vescica si svuota del suo contenuto. Aspetti di questa geometria emergono anche nello studio dei muscoli dell'ano (1), dove egli si diletta a disporre a fiore cinque muscoli che agiscono di concerto alla chiusura dell'orifizio. In realtà, il muscolo responsabile della chiusura dell'ano è lo sfintere, di cui Leonardo avrebbe senza dubbio analizzato la geometria di trasformazione. A ragione o torto, l'intelletto di Leonardo ricerca sempre la causa fondamentale alla base degli effetti osservati.

Come per gli studi sulla respirazione e sul cuore, le dissezioni sembrano essere state eseguite su buoi, mucche e tori. La serie dell'utero si apre con magnifici studi dell'embrione di una mucca visto prima dall'esterno curvilineo dell'utero e poi in raffinata trasparenza (11). La placenta composta della mucca è cotiledonare, cioè costituita da lembi separati attaccati intorno alla parete dell'utero. Leonardo ci spiega come i cotiledoni siano inizialmente separati della placenta e si contraggano dopo la nascita formando un'unica placenta. In maniera schematica, ci mostra come i cotiledoni ovali si aggreghino in un'unica unità composta da elementi esagonali.

Leonardo si sofferma in particolare sul modo in cui le "dita" della placenta si inseriscono saldamente nella parete dell'utero. Le caratterizza come "borselli" o "dita" o "spugnette" che si interdigitano con la parete dell'utero nel modo più efficiente e profondo. In cinque occasioni ritrae singoli cotiledoni su una sezione della parete uterina. Il disegno culminante (19) sperimenta quattro modi di ritrarli. Nella rappresentazione più innovativa, strisce della parete uterina e della membrana fetale vengono staccate come se fossero velcro. Sperimenta anche il dispiegamento delle membrane fetali e uterine come se fossero petali o semi di un fiore. Come dice Leonardo stesso, il cordone ombelicale ha la sua analogia botanica.

depiction of two copulating figures. Here the components fit together more snugly into the abdomen and into each other The sheet on which he is working out how to portray the bladder and sectioned penis (8) was originally devoted to balances and his much-repeated geometrical search for rectilinear and curvilinear figures of the same area. Here the relationship between the anatomical and non-anatomical contents is more general than specific. An obsession in his geometrical studies is the transformation of one form into another of a different shape. Such a transformation happens when the bladder is freed of its contents. There are elements of such geometry in the muscles of the anus (1), where he delights in the flower-like arrangement of five muscles that act in concert to close the aperture. In fact, the anus is closed by a sphincter muscle, of which Leonardo would no doubt have analysed its transformational geometry. When he is being right or being wrong, Leonardo's intellect always searches for the basic cause behind the observed effects.

Like the studies of respiration and the heart, dissections seem to have been performed on oxen, cows and bulls. The womb series opens with magnificent studies of a cow's embryo viewed first from the curvaceous exterior of the womb and then in refined transparency (11). The cow's compound placenta is cotyledonous; that is to say it consists of separate patches that are attached around the wall of the womb. He explains that the separate cotyledons of the placenta contract together after birth to form a single placenta. He shows diagrammatically how the oval cotyledons pack into a single unit composed of hexagonal components.

Leonardo particularly delights in the way in which the "fingers" of the placenta are inserted tightly into the wall of the uterus. He characterises them as "burs" or "fingers" or "little spongers" that interdigitate with the wall of the uterus in the most efficient and intimate manner. He portrays individual cotyledons on a section of the uterine wall on five occasions. The climactic drawing (19) experiments with four ways of portraying them. In the most innovatory of the portrayals, strips of the uterine wall and the foetal membrane are peeled back rather in the manner of Velcro. He also experiments with the unfolding of the foetal and uterine membranes as if they are the petal or seed cases of a flower. As he says, the umbilical cord has its botanical analogy.

"*Tutte le semenze hanno l'ombelico, il quale si rompe quando essa semenza è matura. E, similmente, hanno la matrice e secondina, come mostrano li erbigli e tutte le semenze che nascano in guaine. Ma quelle che nascano in noccioli, come nocciole, pistacchi e simili, hanno l'ombelico lungo, il quale si mostra nella loro infanzia.*" (15)

L'utero è ovviamente sferico. Quale altra forma, se non la più perfetta, sarebbe adeguata alla miracolosa generazione di una nuova vita? La schiusa rapida e rotatoria dà al bambino e all'utero la massima definizione possibile.

Abbiamo già accennato al diagramma ottico. C'è un altro elemento apparentemente estraneo, ovvero lo studio di una sfera su un pendio. Leonardo spiega che una sfera può essere contrappesata sul suo perimetro in modo tale da non rotolare lungo il piano inclinato. Questo sembra connettersi – almeno nella sua mente – all'equilibrio della pesante testa del feto nel grembo materno e alla sua rotazione finale, per emergere a testa in giù dall'utero della madre nel nuovo mondo.

Nessuna immagine dipinta di bambino ha mai superato la potenza della raffigurazione del feto in procinto di nascere realizzata da Leonardo.

Nota sulla datazione

Gli studi sul feto e sull'utero risalgono al periodo 1511-13.

"All seeds have an umbilical cord which is broken when the seed is ripe. Likewise, they have a uterus and membranes, as herbs and all seeds that are produced in pods demonstrate. But those which are produced in nutshells, such as hazelnuts and pistachios, have a long umbilical cord which shows itself in infancy." (15)

The womb is of course spherical. What other than the most perfect form would be adequate for the miraculous generation of a new life? The rapid, rotational hatching gives the baby and womb the maximum possible definition.

We have already mentioned the optical diagram. There is another seemingly alien element, namely the study of a sphere on a slope. He explains that a ball can be counterweighted at its perimeter in such a way that it does not roll down the inclined plane. This seemingly relates – at least in Leonardo's mind – to the equilibrium of the foetus's heavy head in the womb, and its final rotation, ideally to emerge head-first from the mother's uterus into the new world.

No painted image of a baby has ever surpassed the power of Leonardo's portrait of the potentially emergent foetus.

Note about dating

The foetus and womb studies date back to the period 1511-13.

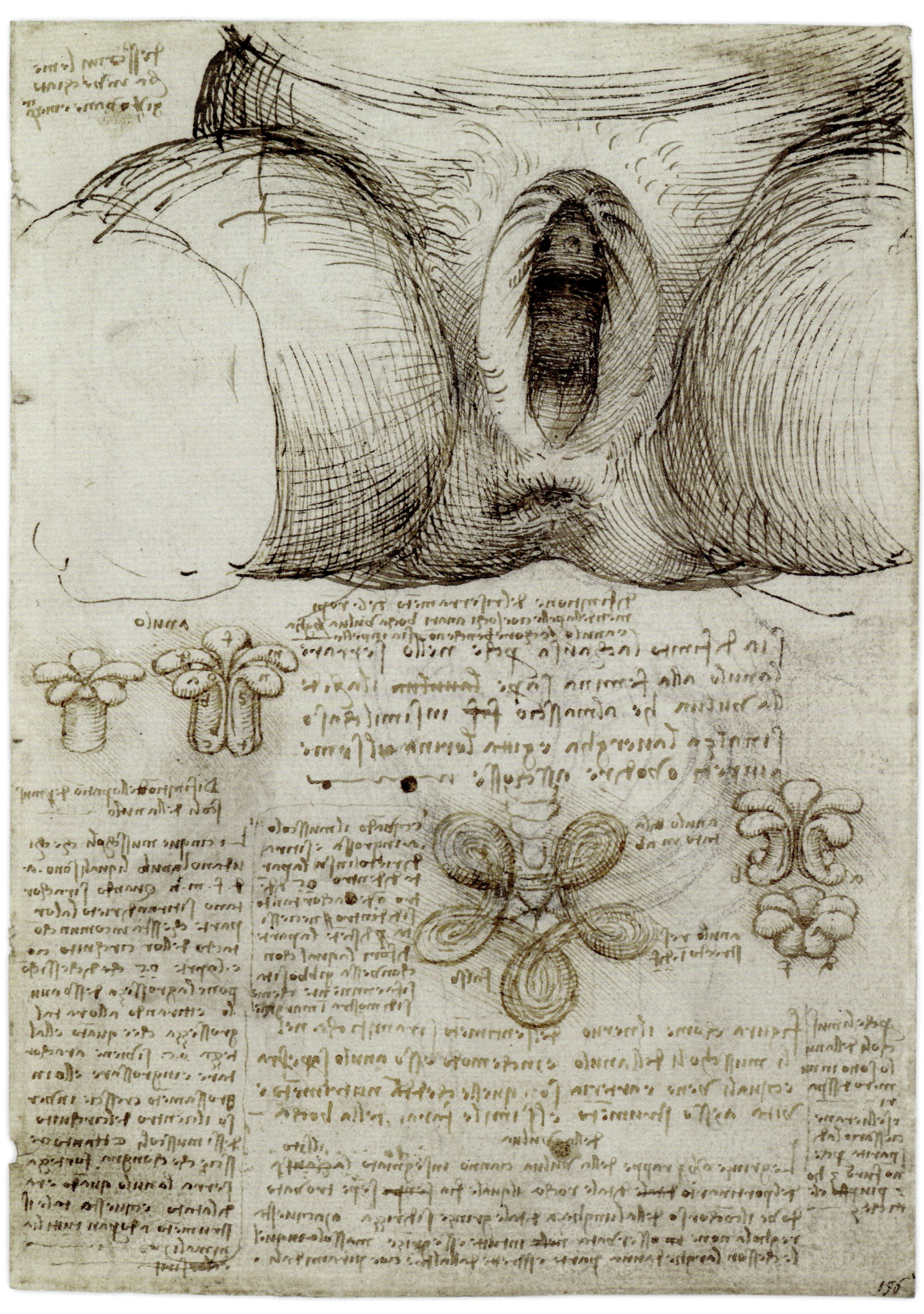

1. *La vulva e i muscoli dell'ano.*
Penna e inchiostro, gessetto nero su carta, 19,1 × 13,8 cm.
RL 19095r / K&P 54r

1. *The vulva and muscles of the anus.*
Pen and ink, black chalk on paper, 19.1 × 13.8 cm.
RL 19095r / K&P 54r

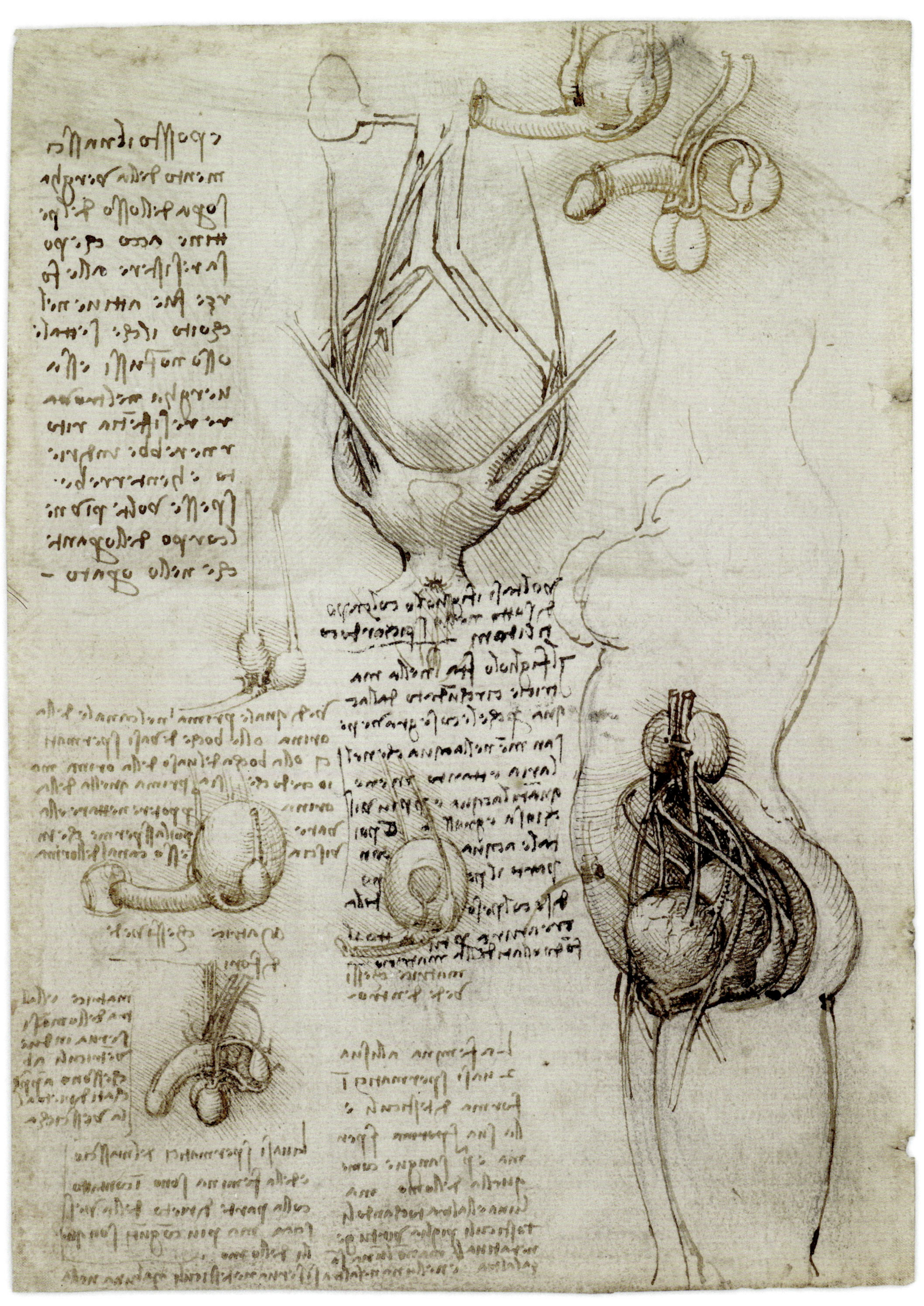

2. *Sistema genitale maschile e sistema urogenitale femminile.*
Penna e inchiostro, gessetto nero su carta, 19,1 × 13,8 cm.
RL 19095v / K&P 54v

2. *Male genital system, and female urinogenital system.*
Pen and ink, black chalk on paper, 19.1 × 13.8 cm.
RL 19095v / K&P 54v

3. *Apporto sanguigno dell'utero.*
Penna e inchiostro su carta, 28,4 × 19,6 cm.
RL 19060r / K&P 153r

3. *Blood supply of the womb.*
Pen and ink on paper, 28.4 × 19.6 cm.
RL 19060r / K&P 153r

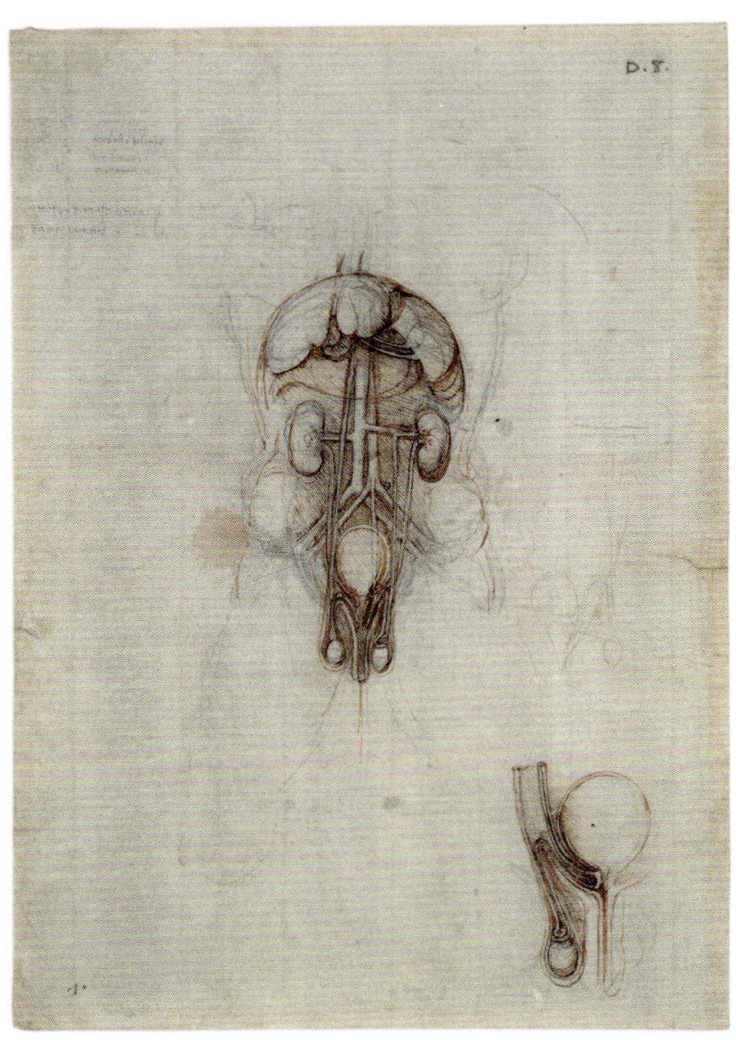

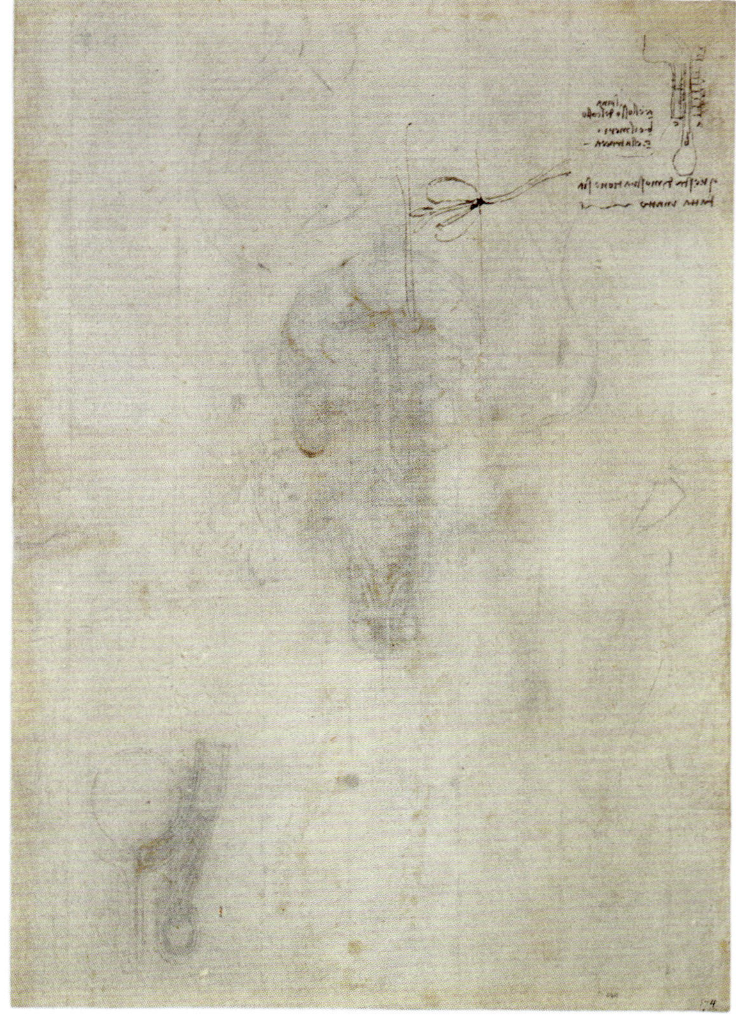

4. *Fegato, reni, uretere, vescica e testicoli.*
Penna e inchiostro, gessetto nero su carta, 26,3 × 18,9 cm.
RL 19099r / K&P 108v

4. *Liver, kidneys, ureter, bladder and testes.*
Pen and ink, black chalk on paper, 26.3 × 18.9 cm.
RL 19099r / K&P 108v

5. *Schizzo per una dimostrazione di collo, esofago e stomaco e una nota sul come rendere la dimostrazione più efficace.*
Penna e inchiostro, gessetto nero su carta, 26,3 × 18,9 cm.
RL 19099v / K&P 108r

5. *Sketch for a demonstration of the neck, oesophagus and stomach, and a note to make it more useful.*
Pen and ink, black chalk on paper, 26.3 × 18.9 cm.
RL 19099v / K&P 108r

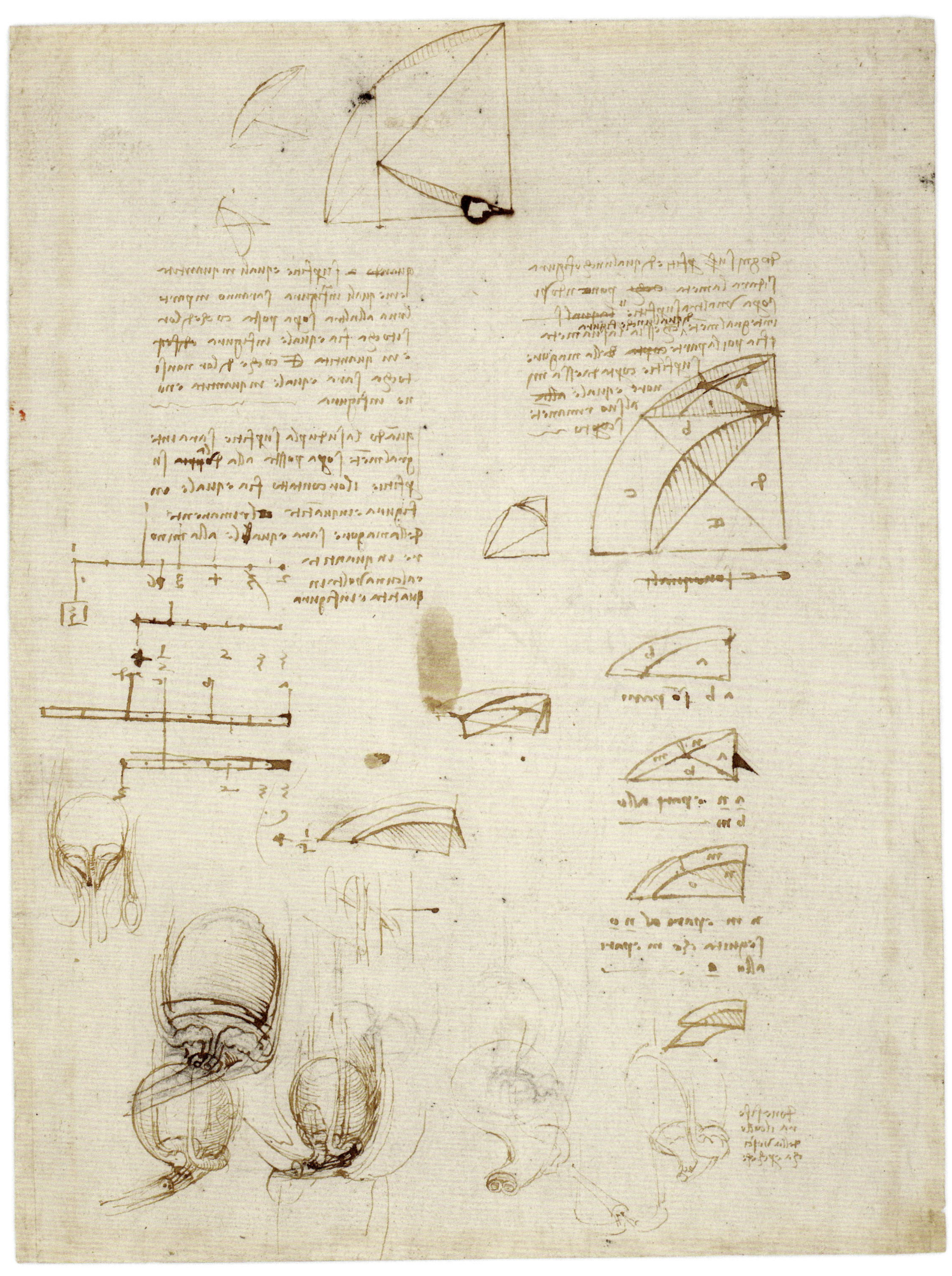

6. *Studi sull'apparato urogenitale maschile e geometrie.*
Penna e inchiostro, gessetto nero e stilo su carta, 27,4 × 20,9 cm.
RL 19105v / K&P 123v

6. *Studies of the male urinogenital system, and geometry.*
Pen and ink, black chalk and stylus on paper, 27.4 × 20.9 cm.
RL 19105v / K&P 123v

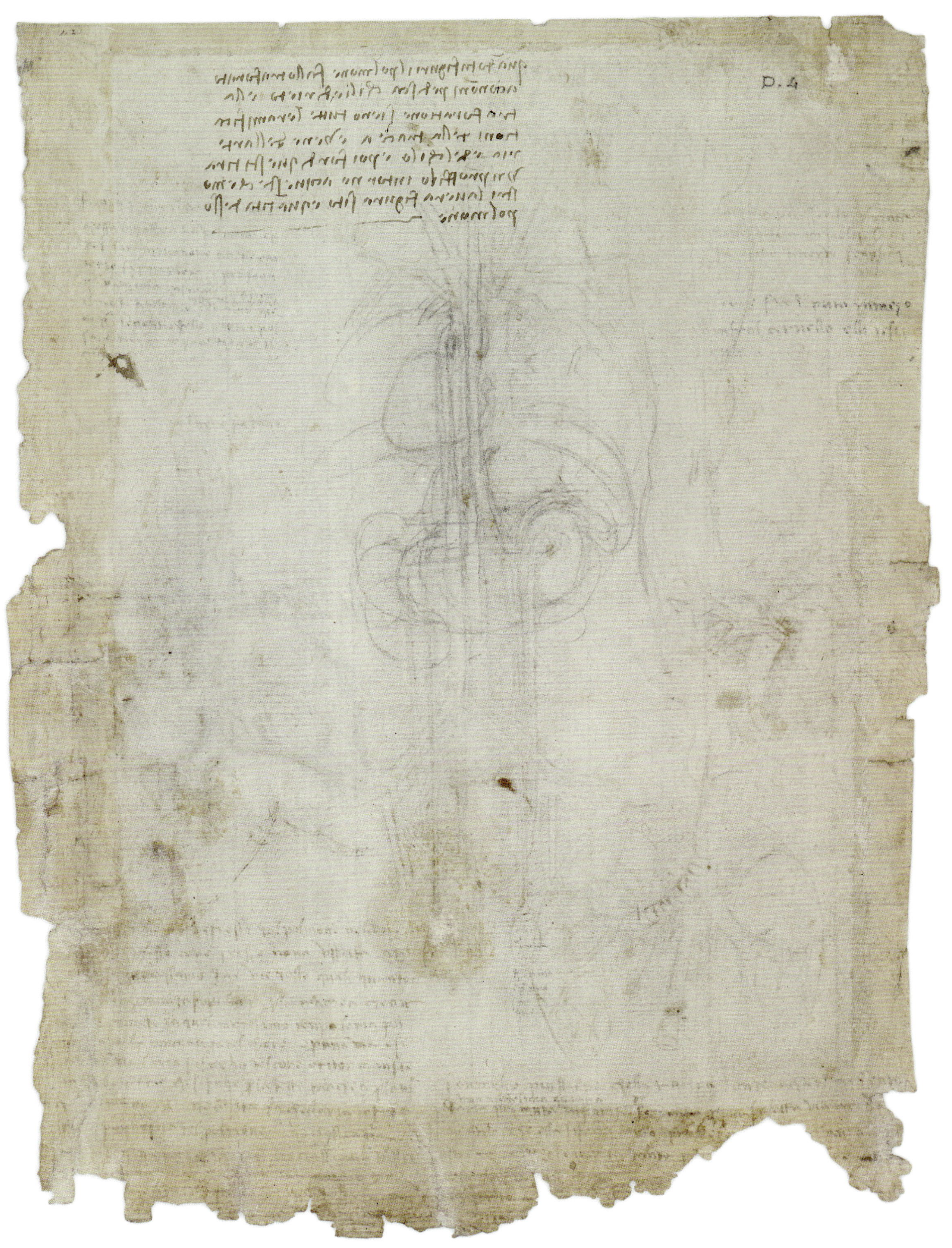

7. *Una nota su come disegnare i polmoni; polmoni copiati dal verso per mostrarli da dietro. Coscia e gamba sinistra.*
Penna e inchiostro, gessetto nero su carta, 28,3 × 21,9 cm.
RL 19104r / K&P 107v

7. *A note on how to draw the lungs; tracing from the verso to show the lungs from behind. A left thigh and leg.*
Pen and ink, black chalk on paper, 28.3 × 21.9 cm.
RL 19104r / K&P 107v

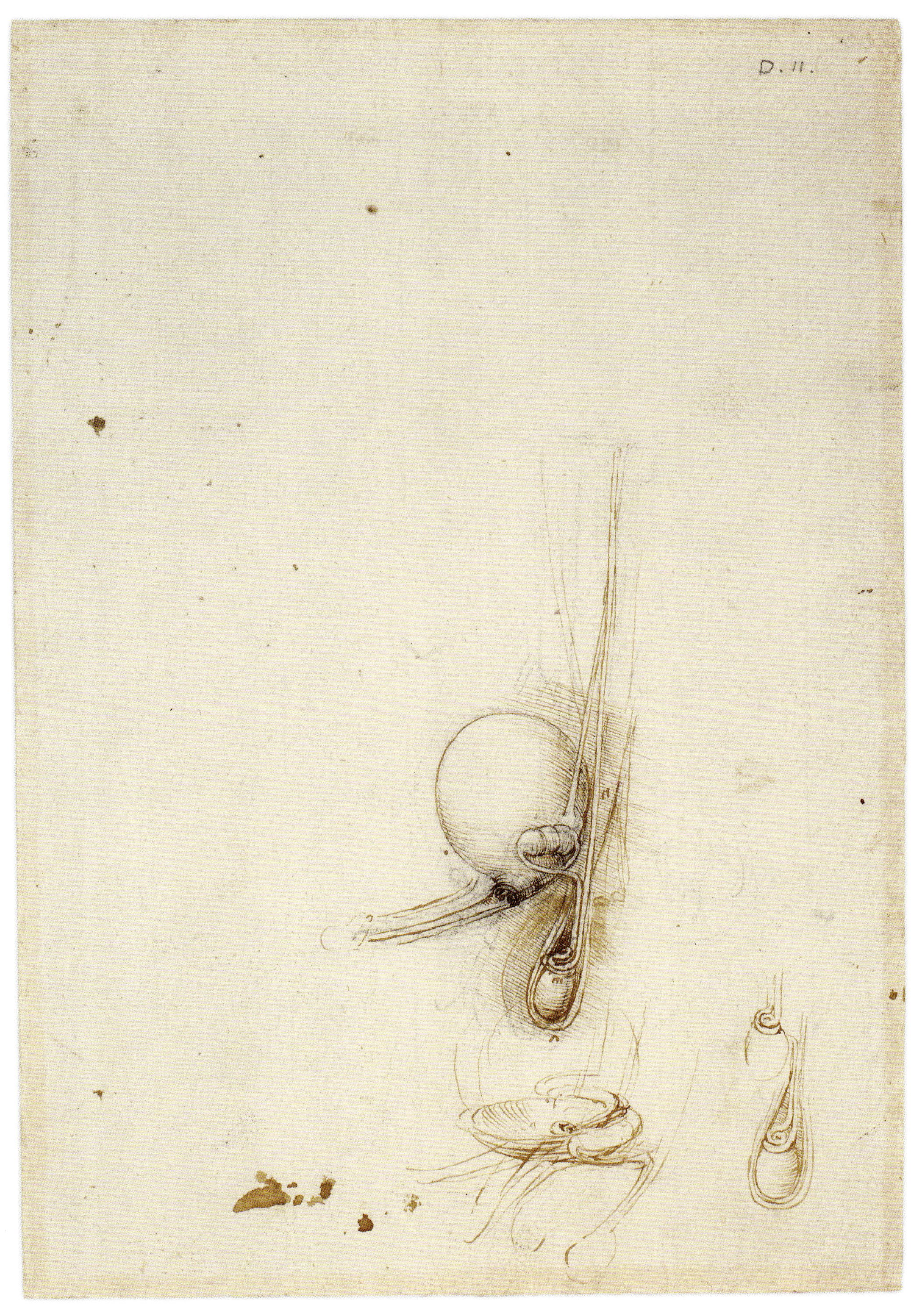

8. *Dimostrazione dell'apparato urogenitale maschile con vescica piena e vuota.*
Penna e inchiostro, gessetto nero su carta, 27,0 × 18,9 cm.
RL 19100r / K&P 124r

8. *Demonstration of the male urinogenital system with a full and empty bladder.*
Pen and ink, black chalk on paper, 27.0 × 18.9 cm.
RL 19100r / K&P 124r

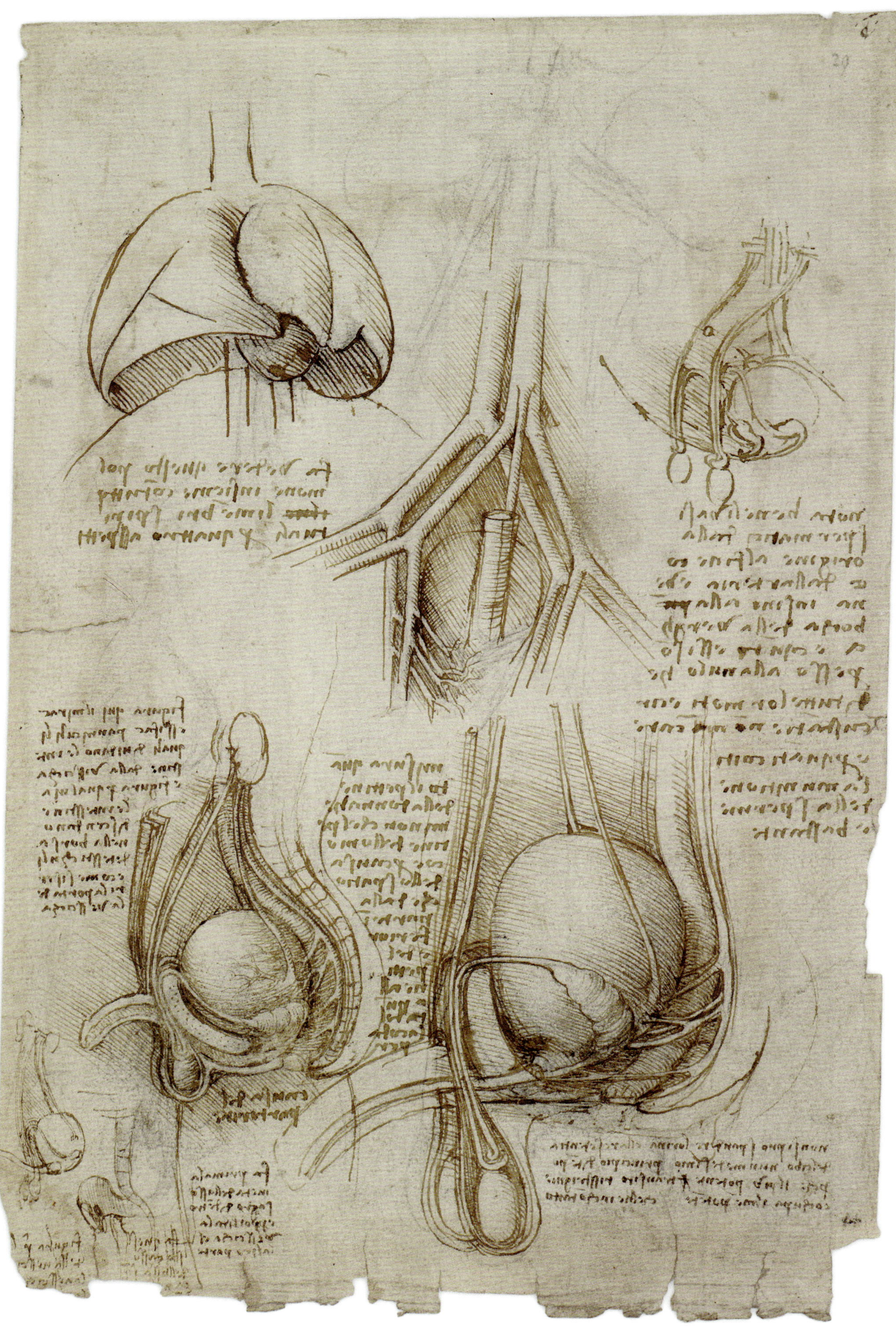

9. *Fegato, vasi pelvici e apparato urogenitale maschile.*
Penna e inchiostro, gessetto nero su carta, 27,2 × 19,2 cm.
RL 19098v / K&P 106v

9. *The liver, pelvic vessels, and male urinogenital system.*
Pen and ink, black chalk on paper, 27.2 × 19.2 cm.
RL 19098v / K&P 106v

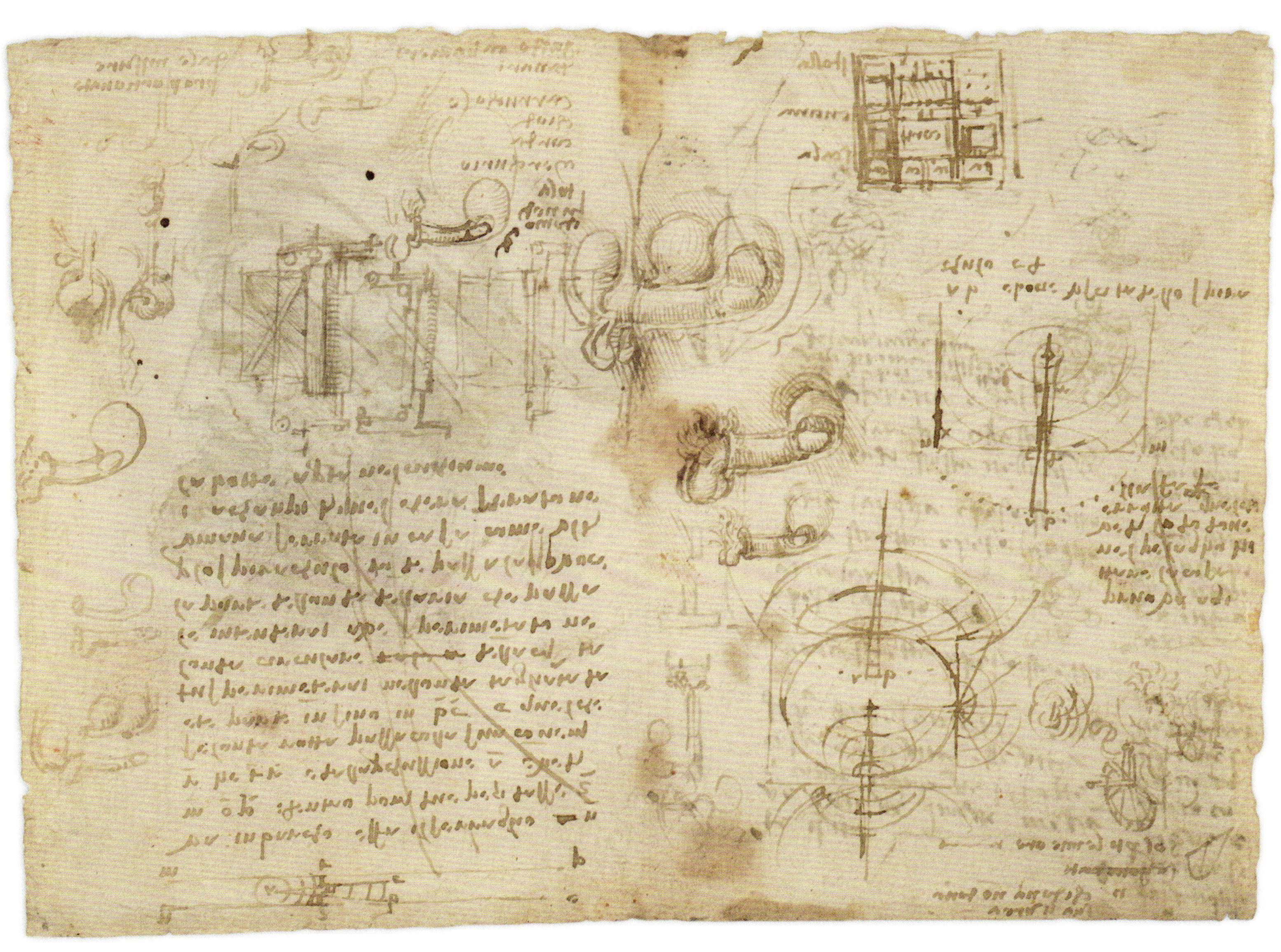

10. *Dimostrazione della copulazione, studi architettonici e diagramma sulla trasmissione del suono rappresentata come increspature che fuoriescono dai buchi di una scatola.*
Penna e inchiostro su carta, 14,6 × 20,9 cm.
RL 19106v / K&P 126r

10. *Demonstration of copulation, architectural studies and diagram of the transmission of sound as ripples from apertures in a box.*
Pen and ink on paper, 14.6 × 20.9 cm.
RL 19106v / K&P 126r

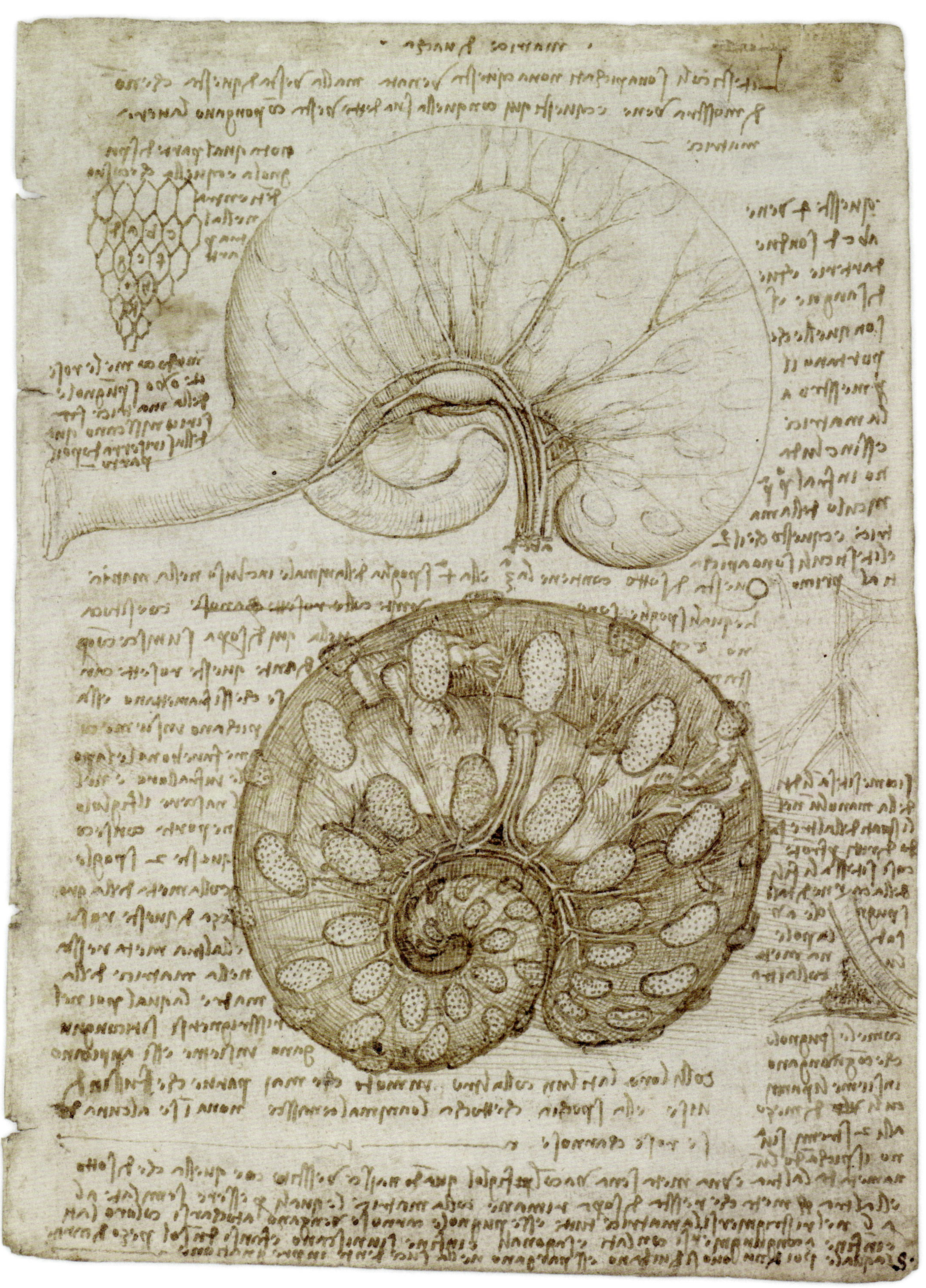

11. *L'utero e il feto di una mucca, la geometria della placenta congiunta, l'apporto di sangue e la sezione di una placenta e della parete uterina.*
Penna e inchiostro, gessetto nero su carta, 19,2 × 14,2 cm.
RL 19055r / K&P 52r

11. *The womb and foetus of a cow, the geometry of the conjoined placenta, the blood supply, and section of a placenta and uterine wall.*
Pen and ink, black chalk on paper, 19.2 × 14.2 cm.
RL 19055r / K&P 52r

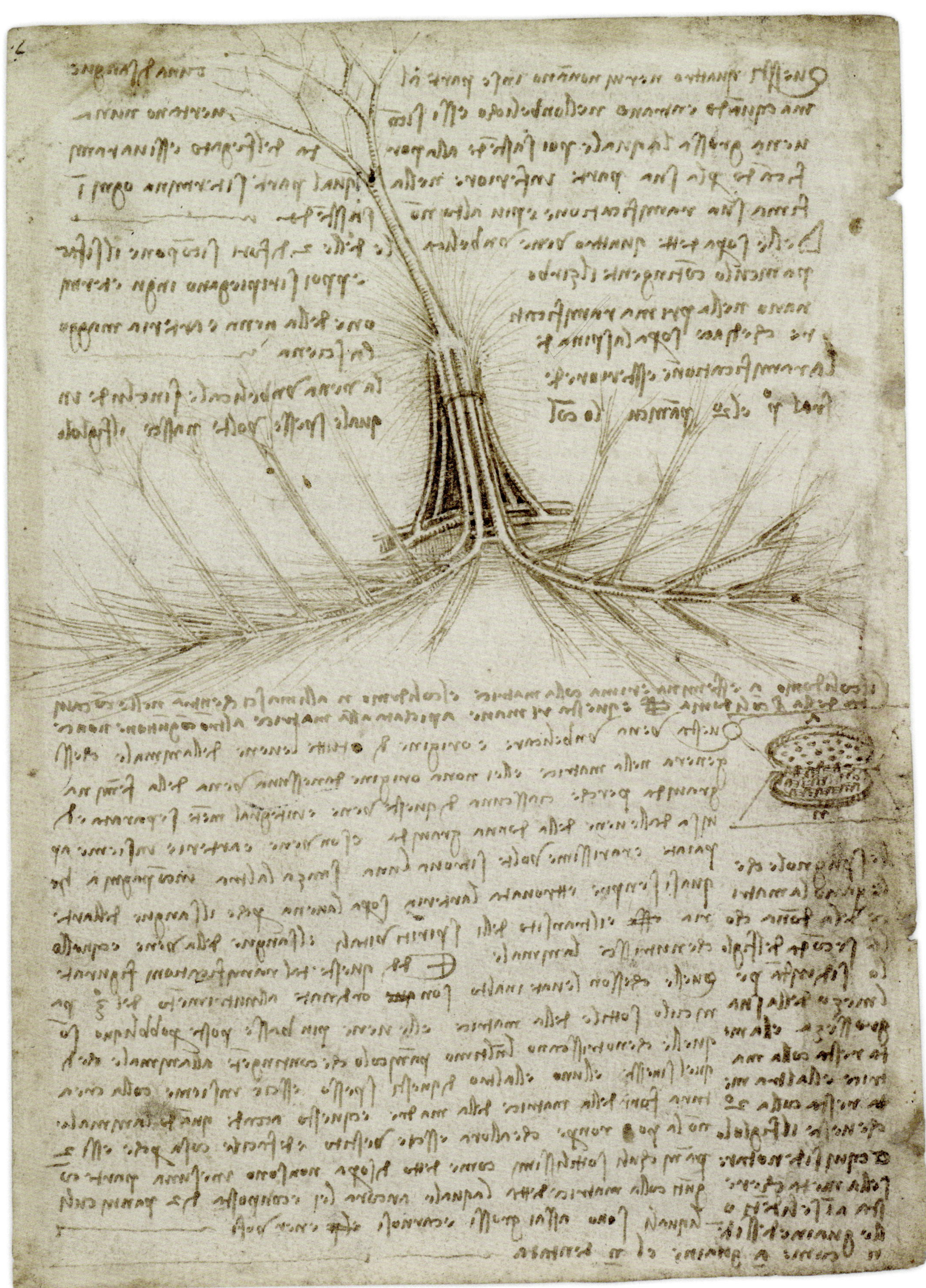

12. *Apporto di sangue ombelicale all'utero e all'embrione, cotiledone dell'utero con sezione della parete uterina.*
Penna e inchiostro su carta, 19 × 14 cm.
RL 19046v / K&P 51v

12. *Umbilical blood supply to the womb and embryo, and a cotyledon of the uterus with a section of the uterine wall.*
Pen and ink on paper, 19 × 14 cm.
RL 19046v / K&P 51v

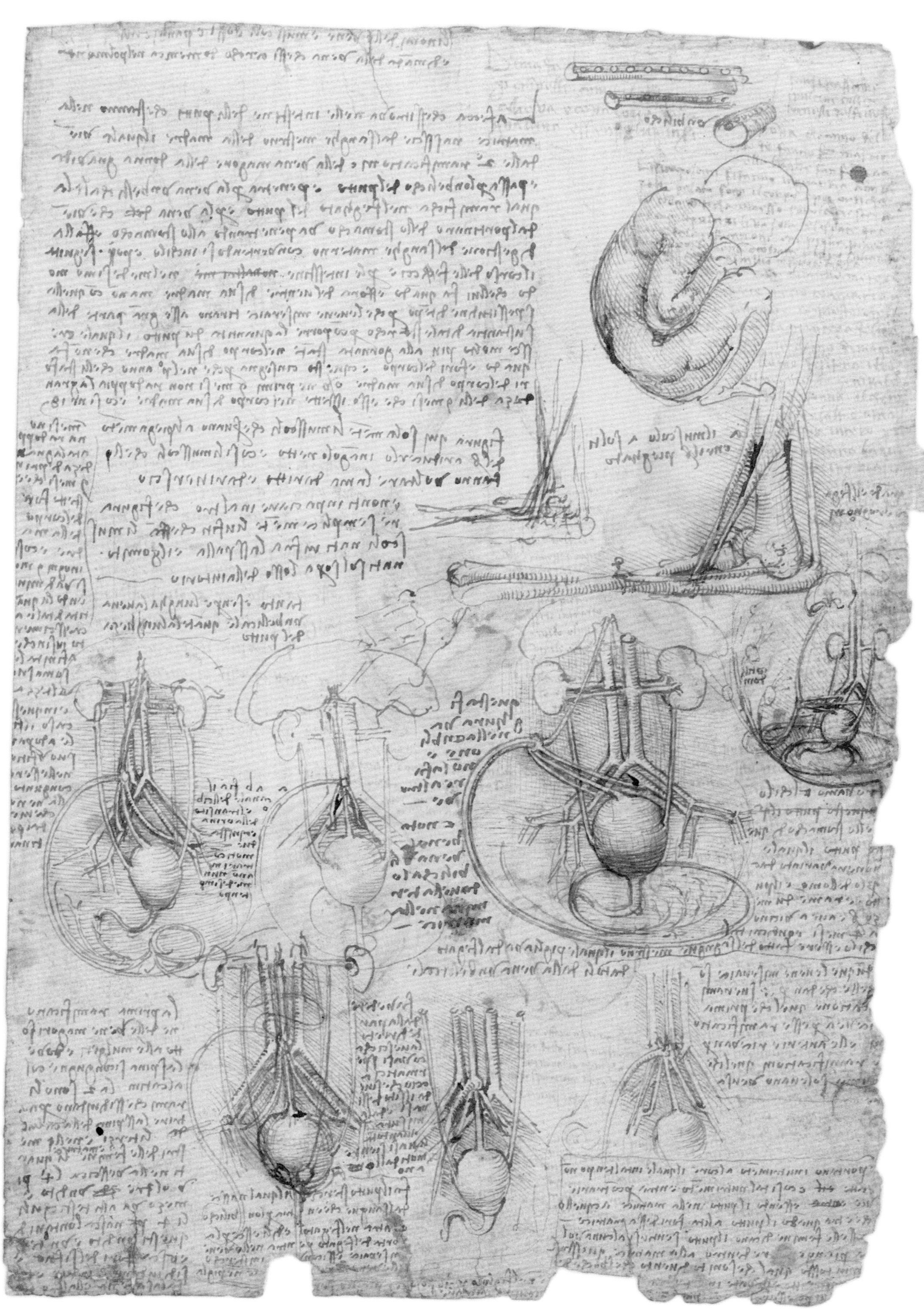

13. *Studi di feto, di ossa e muscoli del gomito e dell'apparato urogenitale femminile.*
Penna e inchiostro su carta, 30,4 × 21,3 cm.
RL 19101v / K&P 197r

13. *Studies of a foetus, bones and muscles of the elbow, and female urinogenital system.*
Pen and ink on paper, 30.4 × 21.3 cm.
RL 19101v / K&P 197r

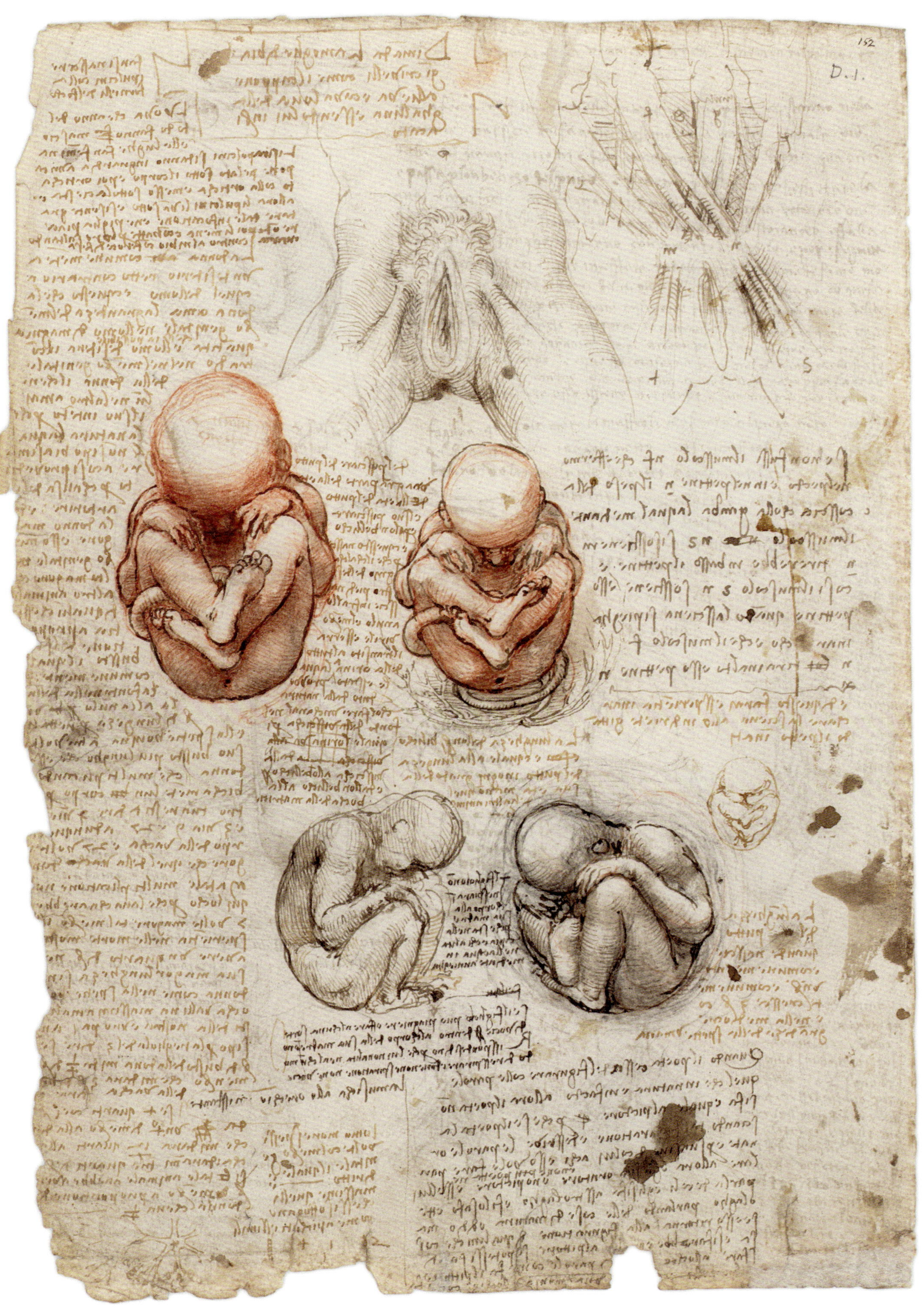

14. *Vulva e muscoli associati e cinque studi di feto.*
Penna e inchiostro, gessetti nero e rosso e lavatura su carta, 30,4 × 21,3 cm.
RL 19101r / K&P 197v

14. *The vulva and associated muscles, and five studies of a foetus.*
Pen and ink, black and red chalks and wash on paper, 30.4 × 21.3 cm.
RL 19101r / K&P 197v

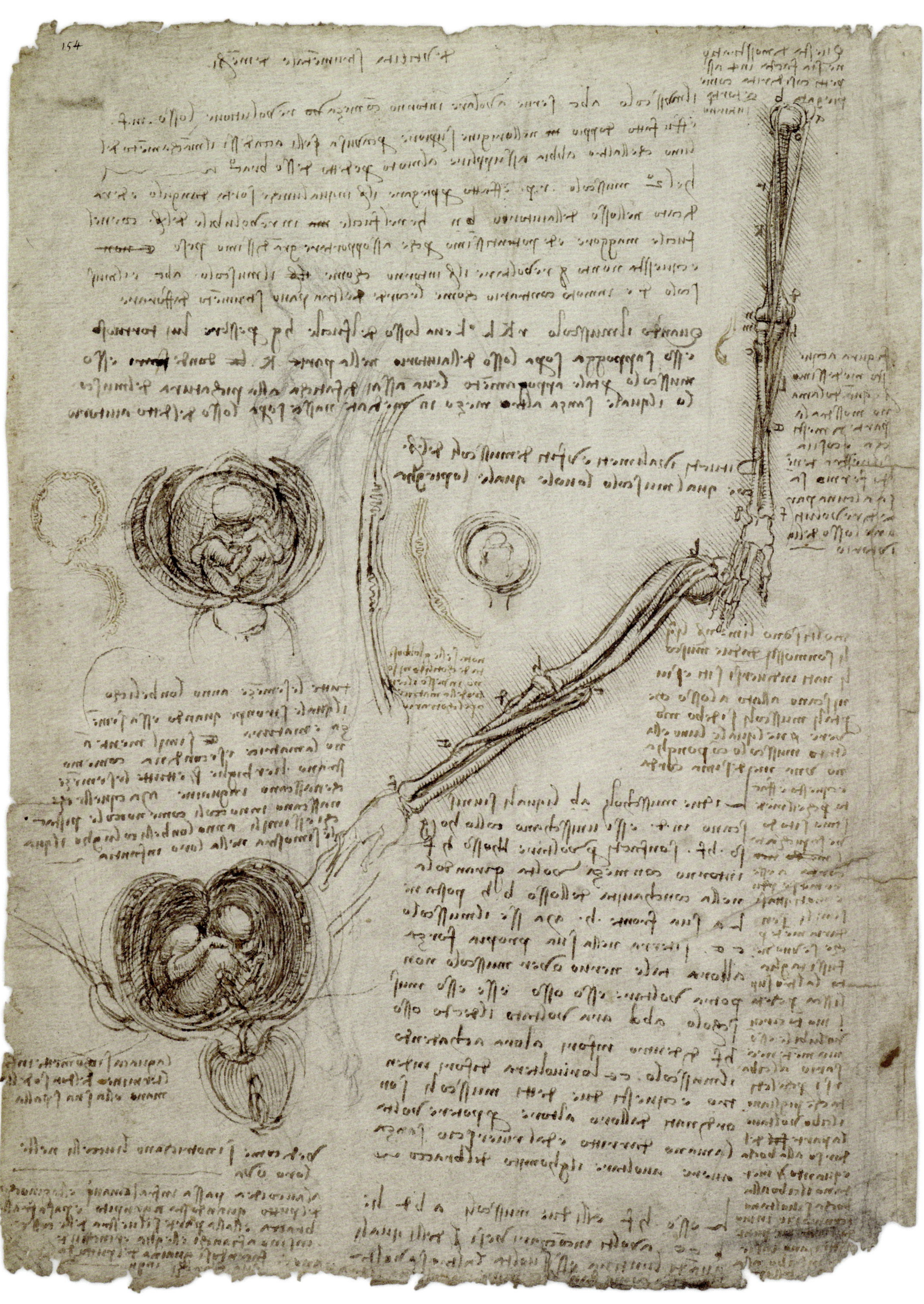

15. *Studi di ossa e muscoli del braccio, della parete dell'utero e tre studi di feto nel grembo materno.*
Penna e inchiostro, gessetto nero su carta, 28,7 × 21,1 cm.
RL 19103v / K&P 196v

15. *Studies of the bones and muscles of the arm, the wall of the uterus, and three studies of a foetus in the womb.*
Pen and ink, black chalk on paper, 28.7 × 21.1 cm.
RL 19103v / K&P 196v

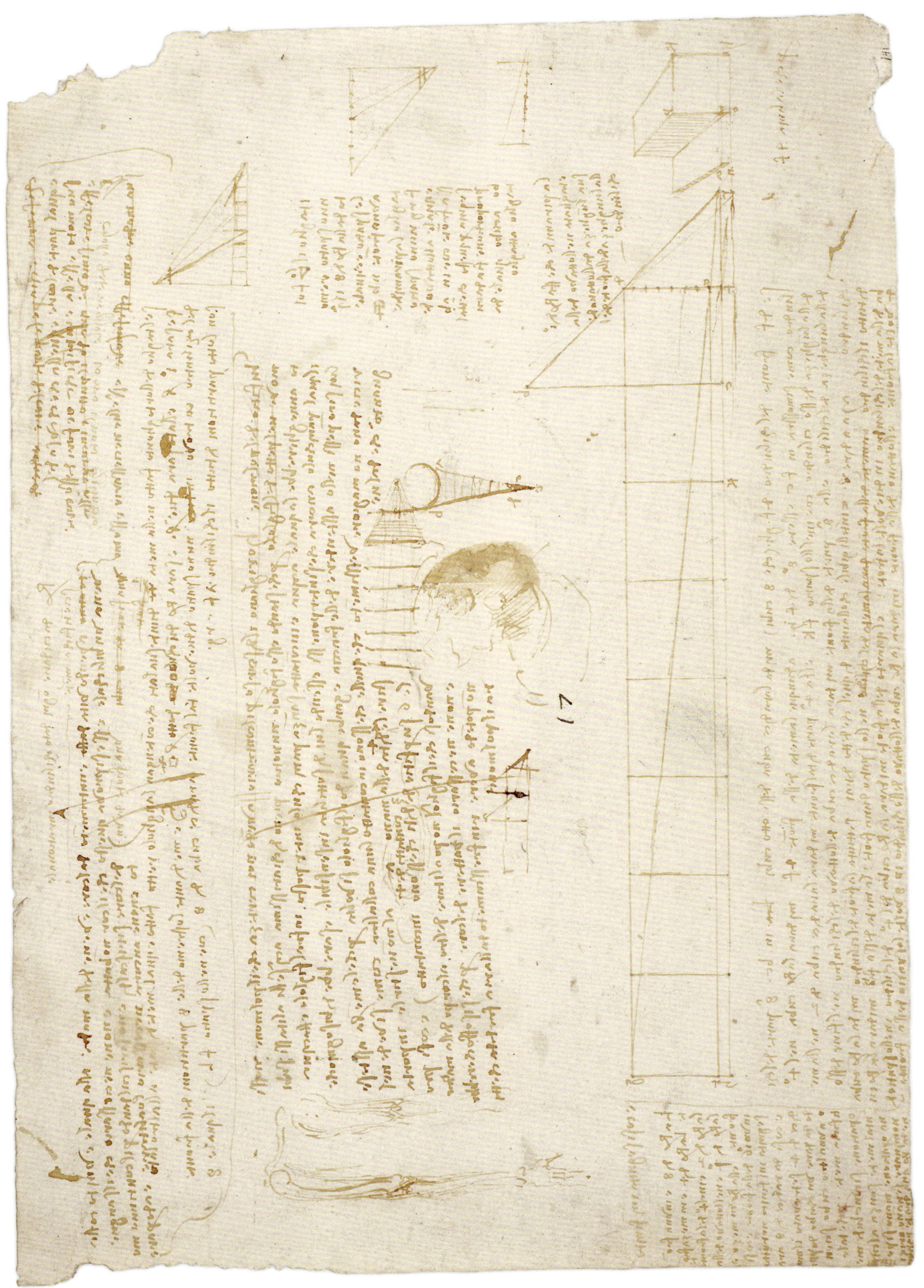

16. *Studi di geometria e ottica, note sul feto nel grembo materno e sull'anatomia del braccio.*
Penna e inchiostro su carta, 21,9 × 30,6 cm.
RL 19128r / K&P 200r

16. *Studies of geometry and optics, notes on the foetus in the womb, and the anatomy of the arm.*
Pen and ink on paper, 21.9 × 30.6 cm.
RL 19128r / K&P 200r

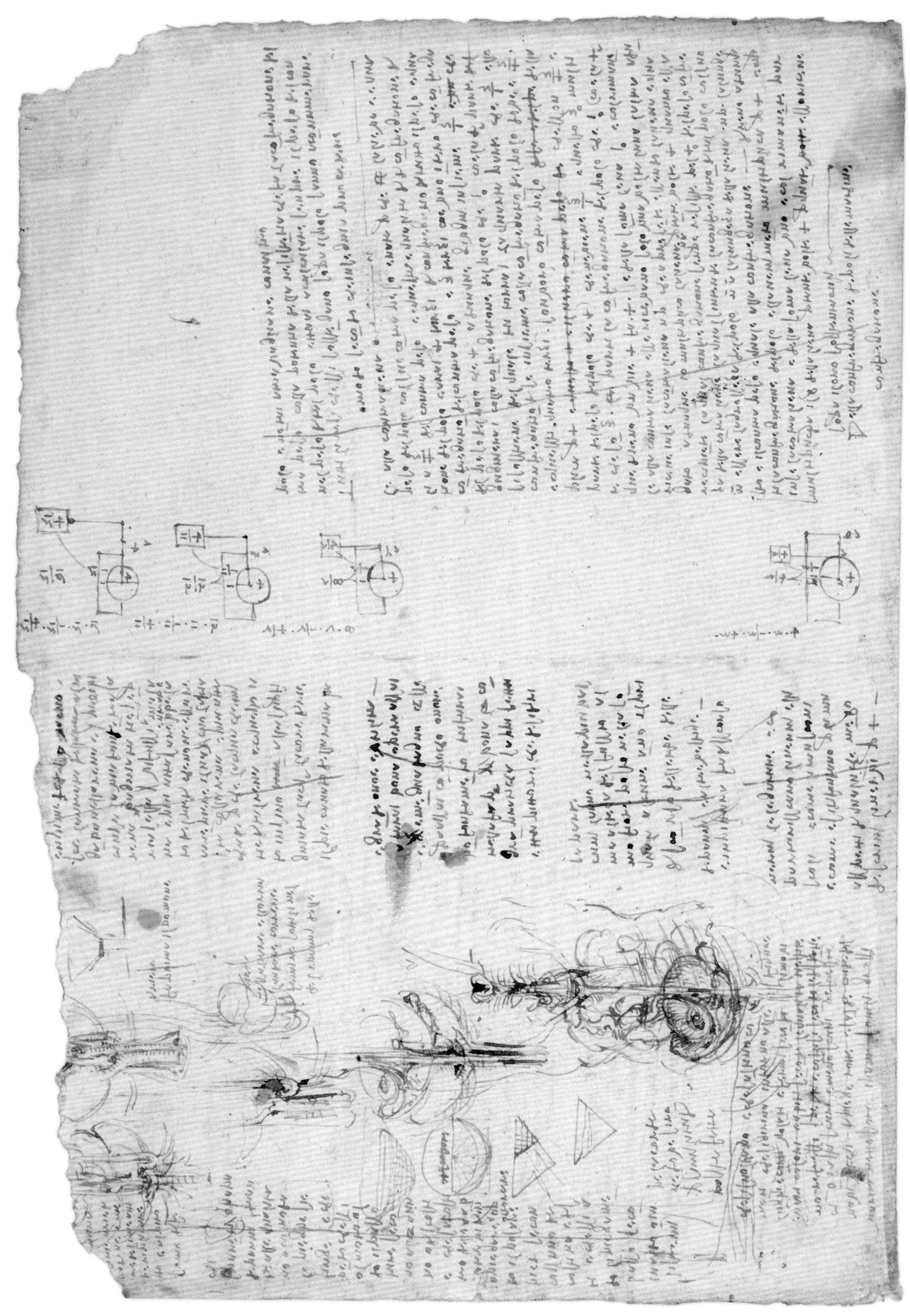

17. *Meccanica e attrito, geometria, organi e vasi del torace e attrito nel cuore. Coscia e gamba sinistra.*
Penna e inchiostro su carta, 21,9 × 31,5 cm.
RL 19120-1r / K&P 117r

17. *Mechanics and friction, geometry, organs and vessels of the thorax, and friction in the heart. Also, a left thigh and leg.*
Pen and ink on paper, 21.9 × 31.5 cm.
RL 19120-1r / K&P 117r

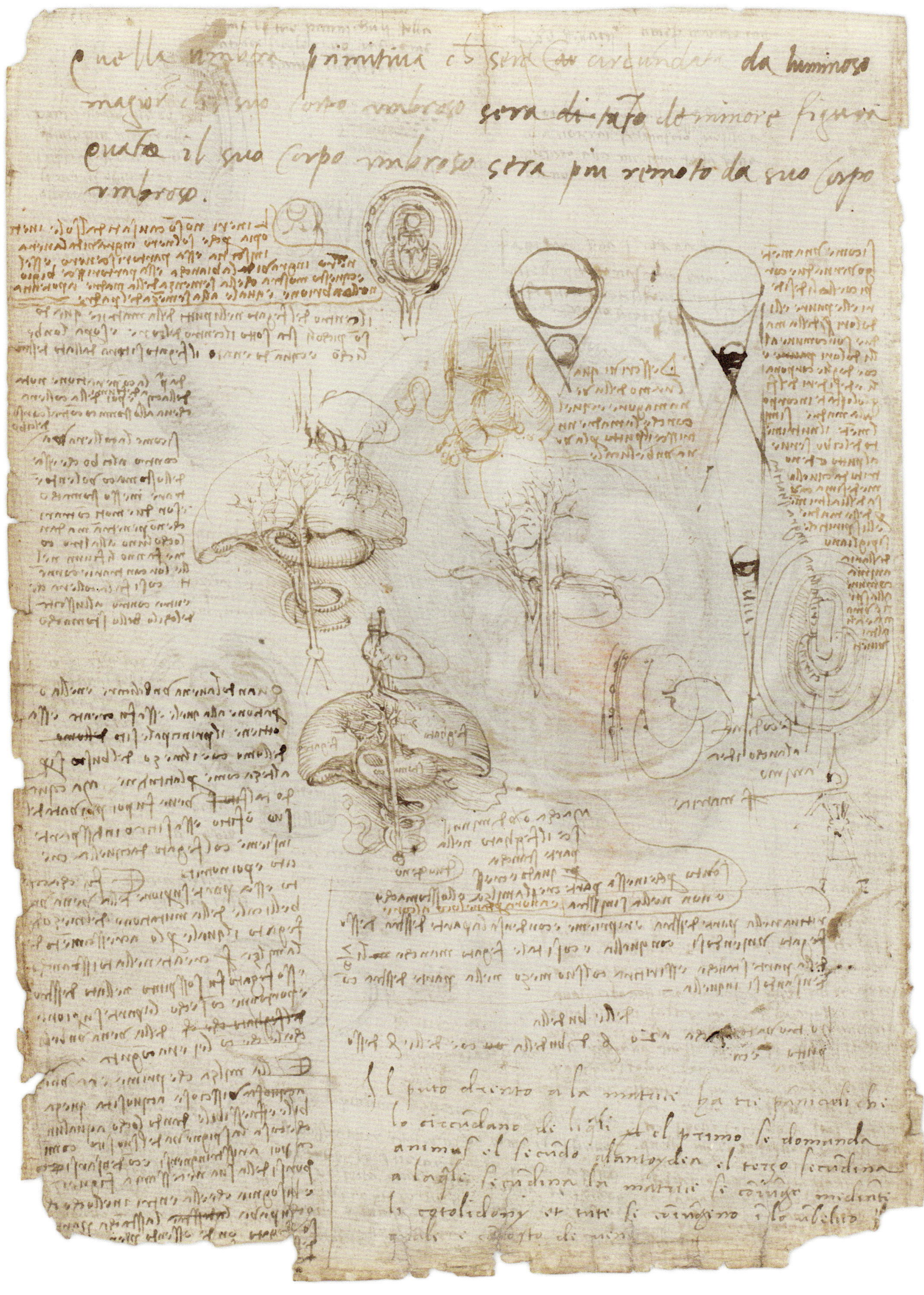

18. *Feto in un utero sezionato, membrane intorno al feto, organi corporei e studi ottici di luce e ombra su una sfera.*
Penna e inchiostro su carta, 30,4 × 22,0 cm.
RL 19102v / K&P 198v

18. *Foetus in a sectioned womb, membranes around a foetus, bodily organs, and optical studies of light and shade on a sphere.*
Pen and ink on paper, 30.4 × 22.0 cm.
RL 19102v / K&P 198v

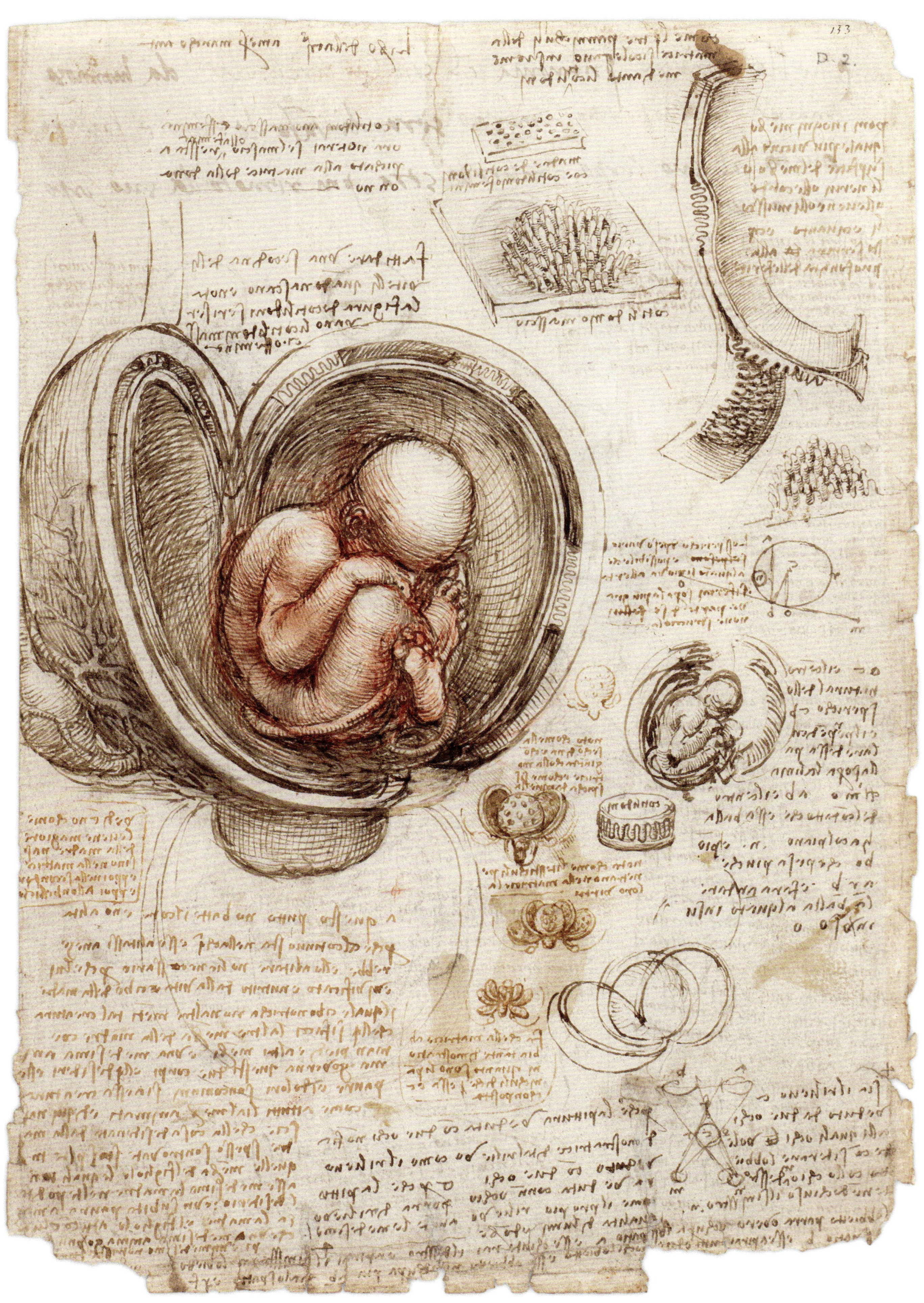

19. *Feto in un utero aperto, interdigitazioni della placenta e dell'utero, diagrammi degli strati dell'utero, sfera su un pendio e diagramma ottico.* Penna e inchiostro, gessetti nero e rosso e lavatura su carta, 30,4 × 22,0 cm. RL 19102r / K&P 198r

19. *Foetus in an opened womb, interdigitations of the placenta and womb, diagrams of the layers of the womb, a sphere on a slope and optical diagram.* Pen and ink, black and red chalks and wash on paper, 30.4 × 22.0 cm. RL 19102r / K&P 198r

Studi embriologici
Embryological Studies

Mario Rende

LEONARDO FU AFFASCINATO DAL mistero della riproduzione e dello sviluppo del feto.

All'epoca, essendo il pensiero anatomico totalmente proiettato e concentrato sul corpo adulto, il feto e il bambino venivano rappresentati come degli adulti in miniatura, ma l'ambizione metodologica innovativa di Leonardo lo porta a riconoscere agli organi fetali aspetti differenti da quelli che avrebbero poi assunto nel corpo adulto.

Nella famosa tavola del *situs viscerum* [XI, 51] Leonardo annota la prima vera declaratoria della moderna embriologia: "*l'ordine tuo fia col cominciare alla formazione del putto della matrice dicendo qual parte prima di lui si compone e così successivamente ponendo le parti d'esso secondo li tempi della ingravidazione, insino al parto e come si notrisce imparando in parte dall'ova che fanno i pollicini*".

Questa sentenza contiene contemporaneamente sia un concetto moderno e originale, cioè la necessità di partire dall'embriologia per capire meglio l'anatomia del corpo adulto, sia la riproposizione del concetto tradizionale galenico per cui esiste un'universalità della riproduzione, trasversalmente simile per ogni essere vivente.

Conseguentemente, il disegnare l'utero in forma di fiore e il feto come il suo frutto o il pensare che la placenta bovina sia identica a quella umana rientrano perfettamente in quel modello concettuale naturalistico dove "*tutte le semenze hanno l'ombelico il quale si rompe quando essa semenza è matura*" [15].

LEONARDO WAS FASCINATED BY the mystery of fetal reproduction and development.

At the time, since the anatomical thinking was totally projected and focused on the adult body, the fetus and child were represented as miniature adults, but Leonardo's innovative methodological ambition led him to recognize different aspects to the fetal organs from those they would later take on in the adult body.

In the famous *situs viscerum* drawing [XI, 51] Leonardo notes the first true declaration of modern embryology: "*first of all, we start from the formation of the baby, indicating which part of the baby forms first and then indicating all the other parts forming as the pregnancy progresses, until birth, and how the baby feeds, learning partially from what happens to chicks in eggs*".

This sentence simultaneously contains both a modern and original concept, namely the need to start from embryology in order to better understand the anatomy of the adult body, and a restatement of the traditional Galenic concept whereby there is a universality of reproduction, transversely similar for every living being.

Consequently, drawing the uterus in the form of a flower and the fetus as its fruit or thinking that the bovine placenta is identical to the human placenta fit perfectly into that naturalistic conceptual model where "*all seeds have a navel which breaks when the seed is ripe*" [15].

Leonardo è così interessato ad esplorare il mistero della riproduzione da disegnare in un libro di anatomia un tema che mai sarebbe stato trattato da un anatomico accademico: una emisezione sagittale di un uomo e di una donna nell'atto del coito [II, 1]. Tuttavia, è necessario considerare la differenza fra le sue tavole di argomento embriologico e tutte le altre riguardanti i vari sistemi anatomici nell'adulto.

Nelle prime è preponderante il Leonardo che immagina e disegna quanto presuppone di sapere e non certo il Leonardo anatomista che descrive quanto osserva in una dissezione. Si tratta di descrizioni e disegni più allegorici che anatomici sebbene, come sempre, egli proponga in ogni caso intuizioni innovative e realistiche.

Le tavole [14] e [19] hanno il paradosso di essere fra le più belle e iconiche fra i suoi tanti disegni anatomici, ma anche quelle più distanti dalla reale anatomia.

La bellezza e la delicatezza del tratto e la colorazione a sanguigna incantano l'osservatore facendogli scordare le inesattezze, fra tutte la rappresentazione del feto umano con una placenta bovina. All'epoca, la mortalità da parto era molto elevata e certamente Leonardo deve aver visto e dissezionato l'utero e il feto a termine di un parto infausto, eppure nel rappresentarli si affida di più a elementi derivanti dal mondo animale, da lui più studiato e conosciuto [11].

Per primo, nelle due tavole suddette, Leonardo rappresenta sia la reale posizione del feto umano nell'utero che l'interdigitazione tra villi della placenta e tessuto uterino, eppure sovrappone all'utero umano la placenta cotiledonare dei bovini e non quella discoidale dell'essere umano. E, sebbene le ovaie siano topograficamente collocate in modo errato, per primo individua correttamente il legamento utero-ovarico.

In questa combinazione tra fantasia, ricordi e poche specifiche dissezioni, nel disegno [14] Leonardo, nel spiegare come la natura abbia favorito l'uscita del feto attraverso una vulva umana proporzionalmente più grande rispetto a quella degli altri animali, la disegna sovrapponendola ad un corpo che, per dimensioni del bacino, è sicuramente maschile e non femminile.

Se da una parte immagina che il cuore fetale non batta e che il sangue mestruale materno attraverso il cordone ombelicale nutra il feto, dall'altra intuisce correttamente che il

Leonardo was so interested in exploring the mystery of reproduction that he drew in an anatomy book a subject that would never have been treated by an academic anatomist: a sagittal hemisection of a man and a woman in the act of coitus [II, 1]. However, it is necessary to consider the difference between his drawing on embryological topics and all the others concerning the various anatomical systems in the adult.

In the former, the Leonardo who imagines and draws what he assumes to know is preponderant compared to the anatomist Leonardo who describes what he observes in a dissection. These are more allegorical than anatomical descriptions and drawings, although, as always, he offers innovative and realistic insights in each case.

The drawings [14] and [19] have the paradox of being among the most beautiful and iconic of his many anatomical drawings, but also the most distant from actual anatomy.

The beauty and delicacy of the stroke and the sanguine coloring enchant the observer, making him forget the inaccuracies, including the depiction of a human fetus with a bovine placenta. Childbirth mortality was very high at the time, and certainly Leonardo must have seen and dissected the uterus and fetus at the end of a dystocic birth, however, in depicting them, he relies more on elements derived from the animal world he studied and knew best [11].

In the above two drawings, Leonardo first depicts both the actual position of the human fetus in the uterus and the interdigitation between the villi of the placenta and uterine tissue, and yet he superimposes on the human uterus the cotyledonary placenta of cattle and not the discoidal placenta of the human being. And, although the ovaries are topographically misplaced, he first correctly identifies the utero-ovarian ligament.

In this combination of imagination, recollection, and a few specific dissections, in a drawing in [14] Leonardo, in explaining how nature favored the exit of the fetus through a human vulva proportionately larger than that of other animals, draws it superimposed on a body that is definitely male and not female because of its pelvic size.

While he supposes that the fetal heart does not beat and that maternal menstrual blood nourishes the fetus passing through the umbilical cord, he correctly guesses

feto non può respirare o vocalizzare. Fra allegoria e anatomia, immagina anche che il liquido amniotico serva solo a ridurre il peso del feto nell'utero e che madre e feto condividano una stessa unica anima che governa le emozioni di entrambi. Tuttavia, descrive correttamente che il fegato fetale ha una posizione e divisione in lobi diverse da quelle che avrà poi in età adulta, per il troppo spazio occupato da milza e stomaco (18).

Infine, annota un concetto importante sulle cellule gametiche femminili e maschili. All'epoca, con il supporto della *Summa Teologica* di Tommaso D'Aquino, la Chiesa approvava la teoria emogenetica di Aristotele secondo cui lo sperma è un filtrato purificato del sangue maschile che, discendendo nei testicoli, da qui sgocciolerebbe sul sangue mestruale all'interno dell'utero creando così una fecondazione in cui il sangue maschile è il principio attivo mentre quello femminile è il passivo. Leonardo ribalta la teoria dominante della disparità dei ruoli fra i gameti annotando invece che i semi del padre e della madre sono coinvolti allo stesso modo e con la stessa importanza e che non è il clima che influenza il colore della pelle, ma i gameti del padre e della madre a qualunque latitudine.

that the fetus cannot breathe or vocalize. Between allegory and anatomy, he also supposes that amniotic fluid serves only to reduce the fetus' weight in the womb and that mother and fetus share a single soul that governs the emotions of both. However, he correctly describes that the fetal liver has a different position and division into lobes than the ones it will have later as an adult, due to too much space occupied by the spleen and stomach (18).

Finally, he notes an important concept about female and male gametic cells. At the time, with the support of Thomas Aquinas' *Summa Theologica*, the Church approved Aristotle's haematogenetic theory according to which sperm is a purified filtrate of male blood that, descending into the testicles, would drip from there onto menstrual blood inside the uterus, thus creating fertilization in which male blood is the active principle while female blood is the passive. Leonardo overturns the dominant theory of disparity of roles between gametes by noting instead that the seeds of the father and mother are involved equally and with equal importance, and that it is not climate that influences skin color but the gametes of the father and mother at any latitude.

Studi sul sistema riproduttivo
Studies of Reproductive System

Mario Rende

QUANTO GIÀ CONSIDERATO PER le tavole embriologiche, lo ritroviamo in gran parte anche nelle tavole che Leonardo dedica al sistema riproduttivo maschile e femminile. Anche in questo caso, infatti, cerca di rappresentare nei suoi disegni quelli che erano i concetti anatomo-filosofici predominanti nella sua epoca più che di descrivere i risultati di una reale dissezione anatomica. Con le sue tavole, quindi, prova a dare un corpo e una base anatomica a quelle credenze allegoriche.

Per millenni, filosofi e medici hanno cercato di dare una spiegazione plausibile al mistero della procreazione e, soprattutto, al contributo specifico degli organi del maschio e della femmina. La natura dei gameti, cioè della cellula uovo e degli spermatozoi, non era neanche lontanamente immaginata per cui si parla sempre botanicamente di "seme" e il dibattito si concentrava sull'origine del seme e se questo fosse presente in entrambi i sessi o solo in uno.

Nei commenti dedicati all'embriologia abbiamo già descritto la teoria emogenetica esposta da Aristotele, secondo la quale il seme è un filtrato del sangue. Per Aristotele solo il maschio, avendo gli organi sessuali perfetti, possedeva questo seme mentre la donna aveva un ruolo minore e di semplice lubrificazione con il secreto ovarico. Al contrario, Ippocrate e Galeno credono che sia il maschio che la femmina hanno i propri semi, sempre derivati dal sangue, ed entrambi condividono strette similitudini nei propri organi riproduttivi. Nel maschio lo scroto è esterno e contiene i testicoli, mentre nella femmina lo scroto è interno e corrisponde all'utero a

WHAT WE HAVE ALREADY considered for the embryological drawings, we also find to a large extent in those ones that Leonardo dedicates to the male and female reproductive system. Here, too, he tries to represent what were the predominant anatomical-philosophical concepts of his time rather than to describe the results of an actual anatomical dissection. With his drawings, therefore, he tries to give a body and an anatomical basis to those allegorical beliefs.

For millennia, philosophers and doctors have tried to give a plausible explanation to the mystery of procreation and, above all, to the specific contribution of the organs of the male and female. The nature of the gametes, i.e. the egg cell and the spermatozoa, was not even remotely imagined, so we always speak botanically of "seed" and the debate focused on the origin of the seed and whether it is present in both sexes or only in one.

In the comments on embryology, we have already described the haematogenetic theory expounded by Aristotle, according to which the seed is a filtrate of the blood. For Aristotle, only the male, having perfect sexual organs, possessed this semen, while the woman had a minor role, merely lubricating it with ovarian secretion. In contrast, Hippocrates and Galen believed that both the male and the female had their own seed, again derived from blood, and both shared close similarities in their reproductive organs. In the male the scrotum is external and contains the testicles, while in the female the scrotum is internal and corresponds to the uterus

cui si attaccano le ovaie che vengono sempre citate, come per il maschio, *testis*, cioè testicoli. Il pene si trasforma nella donna nel collo dell'utero e la cute del pene con il suo prepuzio diventano la vagina. Tuttavia, pur considerando questa idea di una similitudine e reciprocità tra maschio e femmina, l'orientamento maschilista fa in modo di considerare questo "scroto interno" diventato utero anche come un organo nocivo e madre di tutti i malanni della donna.

Inoltre, all'epoca di Leonardo il clitoride non esiste come entità anatomica e rappresenta solo il mero punto di chiusura anteriore delle piccole labbra e da qui il suo termine di "clitoride" dal greco κλείω, cioè chiudere. Bisognerà attendere il 1559 e la descrizione che ne fa Realdo Colombo per vedere legittimata e compresa la vera struttura anatomica del clitoride e il relativo ruolo nel godimento femminile. Anche le tube uterine non erano considerate dal punto di vista anatomico e sarà l'allievo di Colombo, Gabriele Falloppio, a descriverle in tal senso nel 1561. Infine, anche la prostata era un elemento anatomico ancora incerto e dobbiamo aspettare l'opera di Vesalio del 1538 per avere la sua prima immagine mentre l'attribuzione del suo nome proprio come "prostata" (dal greco προστάτης, che sta davanti) avverrà solo nel 1600 da parte del francese André du Laurens.

Tale premessa è necessaria e importante per capire appieno il perché egli disegni in un certo modo gli organi riproduttivi umani e per non designare le sue mancanze o distorsioni anatomiche come meri errori.

Se, come premesso, il clitoride non viene considerato, è alquanto ovvio che Leonardo nel suo disegno della vulva (1) lo abbia omesso completamente.

Così come non è sorprendente considerare che, se si pensava che il pene si trasformasse nella femmina nel collo dell'utero, Leonardo abbia disegnato, nelle tavole del coito (II, 1) e del *situs viscerum* (XI, 51), un collo uterino così lungo da occupare quasi la metà della lunghezza della vagina.

E non c'è dunque da meravigliarsi se Leonardo abbia ignorato completamente la presenza della prostata.

Inoltre, se nel corpo maschile la cultura imperante dell'epoca vedeva la perfezione delle forme, non sorprende neppure che un amante del perfetto, quale era Leonardo, abbia disegnato gli organi interni femminili (XI, 51) o all'esterno la

to which the ovaries are attached, which are always referred to, as for the male, as *testis*, i.e. testicles. The penis turns into the cervix in the female and the skin of the penis with its foreskin becomes the vagina. However, while considering this idea of a similarity and reciprocity between male and female, the male chauvinist orientation makes sure that this "internal scrotum" that has become the uterus is also considered a harmful organ and the mother of all ills in women.

Moreover, in Leonardo's time, the clitoris did not exist as an anatomical entity and was merely the anterior closing point of the labia minora, hence its term "clitoris" from the Greek κλείω, meaning to close. We will have to wait until 1559 and Realdo Colombo's description of it to see the true anatomical structure of the clitoris and its role in female pleasure legitimised and understood. The uterine tubes were also not considered from an anatomical point of view and it would be Colombo's pupil, Gabriele Falloppio, who would describe them as such in 1561. Finally, the prostate was also an anatomical element that was still uncertain and we have to wait until Vesalius' work of 1538 to have its first image, while the attribution of its proper name as "prostate" (from the Greek προστάτης, which stands in front) will only occur in 1600 by the Frenchman André du Laurens.

This premise is necessary and important to fully understand why Leonardo draws human reproductive organs in a certain way and not to designate his anatomical shortcomings or distortions as mere errors.

If, as stated, the clitoris is not considered, it is quite obvious that Leonardo in his drawing of the vulva (1) omitted it completely.

Just as it is not surprising to consider that, if the penis was thought to transform into the female in the cervix, Leonardo drew, in the drawing of the coitus (II, 1) and of the *situs viscerum* (XI, 51), a cervix so long that it occupied almost half the length of the vagina.

It is therefore not surprising that Leonardo completely ignored the presence of the prostate.

Moreover, if the prevailing culture of the time saw in the male body perfection of form, it is natural that a lover of the perfect, such as Leonardo was, drew the female internal organs (XI, 51) or the vulva on the outside (14)

vulva (14) in un corpo che, dalla struttura muscolare e dal bacino, è palesemente maschile.

È, quindi, opportuno considerare e vedere le sue tavole relative al sistema riproduttivo non come l'esito illustrativo di una dettagliata dissezione anatomica, ma come una sorta di infografica moderna che ci spiega con chiarezza un concetto complesso e poco intuibile.

Tuttavia, in questa cornice più allegorica che non anatomica, Leonardo riesce sempre a fornire, forse anche involontariamente, delle novità strutturali che doveva aver notato nelle sue dissezioni e che inserisce proprio perché non contraddicono la visione generale classica e galenica dell'insieme.

Con la tavola (2) Leonardo cerca di rappresentare le somiglianze tra gli organi riproduttivi del maschio e della femmina.

Nella sua nota spiega come in entrambi il sangue venga energizzato in seme nei rispettivi "testicoli". Nella donna il seme entra nell'utero attraverso un canale che oggi corrisponde al legamento proprio dell'ovaio, nell'uomo passa attraverso un simile canale (oggi deferente) nelle ghiandole poste dietro la vescica (oggi vescichette seminali).

Sempre nella tavola (2) e poi nelle tavole (XI, 51 e 52), l'utero è connesso ad alcuni elementi in parte reali, come i legamenti rotondi e quelli ovarici, in parte mitici come il canale che risale verso la ghiandola mammaria e, durante la gravidanza, trasporta il sangue mestruale che quindi diventa latte. Le ovaie-testicoli sono connesse con un lungo canale che si dirige verso l'alto (oggi legamento sospensore dell'ovaio che contiene i vasi ovarici) dentro cui, secondo Leonardo, scorre il sangue che deve trasformarsi in seme.

Egli quasi mai rispetta le proporzioni degli organi riproduttivi femminili: nella tavola (2) è correttamente posto dietro una vescica enormemente ripiena, ma ha una forma allungata e quasi cilindrica che arriva in alto fino a livello dell'ombelico; nella tavola (XI, 51) l'utero è invece sferico, simile ad una vescica riempita, e di dimensioni irrealisticamente grandi e con un lunghissimo collo all'interno della vagina.

Per quanto riguarda gli organi riproduttori maschili, la concezione di Leonardo e la sua maturazione come anatomico vengo-

in a body that, from its muscular structure and pelvis, is patently male.

It is therefore appropriate to consider and view his drawings relating to the reproductive system not as the illustrative outcome of a detailed anatomical dissection, but as a kind of modern infographic that clearly explains a complex and hardly intuitable concept.

However, within this more allegorical than anatomical framework, Leonardo always manages to provide, perhaps even unintentionally, structural novelties that he must have noticed in his dissections and that he inserts precisely because they do not contradict the general classical and Galenic vision of the whole.

In (2) Leonardo attempts to represent the similarities between the reproductive organs of the male and female.

In his note, he explains how in both the blood becomes energized into semen in the respective "testicles". In the woman, the semen enters the uterus through a channel that today corresponds to the ligament proper of the ovary, in the man it passes through a similar channel (nowadays the vas deferens) into the glands located behind the bladder (nowadays the seminal vesicles).

Again in (2) and later in (XI, 51 and 52), the uterus is connected to some partly real elements, such as the round and ovarian ligaments, and partly mythical elements such as the canal that goes up to the mammary gland and, during pregnancy, transports menstrual blood, which then becomes milk. The ovaries-testicles are connected with a long channel that runs upwards (nowadays the suspensory ligament of the ovary containing the ovarian vessels) into which, according to Leonardo, the blood that is to be transformed into semen flows.

Leonardo almost never respects the proportions of the female reproductive organs: in (2) it is correctly placed behind an enormously filled bladder, but it has an elongated and almost cylindrical shape that reaches up to the level of the umbilicus; in (XI, 51) the uterus is instead spherical, similar to a filled bladder, and unrealistically large with a very long neck inside the vagina.

As for the male reproductive organs, Leonardo's conception and maturation as an anatomist are well de-

no ben descritti inizialmente nella famosa tavola del coito (II, 1) del 1490 e successivamente nelle tavole (2) e (9) del 1508.

Nella prima, seguendo la tradizione, disegna un pene con due canali interni collegati uno al midollo spinale per il passaggio dell'elemento animale e l'altro collegato al cuore per il passaggio dell'elemento spirituale. A quest'ultimo si univa sia il collegamento con la vescica che con i testicoli.

Per sottolineare la veridicità anatomica di quanto descritto nell'immagine del coito, Leonardo disegna in modo specifico questi due canali del pene sia in sezione trasversale che longitudinale.

Le dissezioni fatte negli anni successivi modificano questa sua iniziale concezione allegorica e nelle tavole del 1508 disegna correttamente il pene con un solo e unico canale, l'uretra, che offre il passaggio sia all'urina contenuta in vescica che al seme contenuto nelle vescichette seminali erroneamente poste ai lati della vescica.

La prostata non ha una reale descrizione anche se, osservando con più attenzione la tavola (9), la struttura quasi ovoidale posta sotto il collo della vescica e a cui si connettono le vescichette seminali potrebbe essere proprio quella della prostata che inconsapevolmente Leonardo accenna diversi decenni prima di Vesalio.

scribed initially in the famous coitus drawing (II, 1) of 1490 and later in (2) and (9) of 1508.

In the former, following tradition, Leonardo draws a penis with two internal canals connected one to the spinal cord for the passage of the animal element and the other connected to the heart for the passage of the spiritual element. The latter was connected to both the bladder and the testicles.

To emphasize the anatomical veracity of what is described in the image of coitus, Leonardo specifically drew these two penile canals in both transverse and longitudinal sections.

Dissections in later years modified this initial allegorical conception, and in the 1508 drawings, Leonardo correctly draws the penis with one and only one canal, the urethra, which offers passage both to the urine contained in the bladder and to the semen contained in the seminal vesicles erroneously placed at the sides of the bladder.

The prostate has no real description although, looking more closely at (9), the almost ovoid structure placed under the neck of the bladder and to which the seminal vesicles connect could be precisely that of the prostate that Leonardo unknowingly mentions several decades before Vesalius.

XVI
Il cuore
The Heart

LO SPECIALE BINOMIO OSSERVARE-MOSTRARE, tipico di Leonardo, è meglio esemplificato negli studi finali sul cuore, più che altrove. Nell'Introduzione abbiamo definito questa combinazione come "l'intreccio dinamico tra teoria esistente, osservazione diretta, modellazione visiva di cause ed effetti, uso della rappresentazione per analizzare e comunicare, e per interrogare gli assunti più cari fino a distruggerli". Agli studi sul cuore vanno aggiunte con forza le innovazioni interdisciplinari in termini di scienza della dinamica (soprattutto il moto dei fluidi) e di matematica del disegno. È in uno di questi fogli di fitte note con illustrazioni marginali (15) che si legge la severa ingiunzione: "nessuno che non sia un matematico legga i miei principi". La frase è compressa in un minuscolo spazio nella parte superiore del foglio, per giustificare quanto già fatto.

Gli studi sul cuore possiedono un'imponenza formale combinata a una forte sensazione di macchina pompante composta da muscoli possenti, valvole sorprendentemente delicate e vasi sanguigni ramificati. Non si tratta di anatomia descrittiva o fisiologia misurata. Essi presentano una visione avvincente e completa dell'organo che muove il corpo umano così forte da fargli assumere sembianze vitali durante il soggiorno dell'anima sulla Terra.

Il nucleo della sua nuova visione può essere definito osservando una piccola, scialba sezione verticale del cuore intrappolata nel margine superiore di un foglio fitto di appunti (6). Sotto il titolo "*Delli ventriculi del core*", Leonardo

NOWHERE IS LEONARDO'S SPECIAL compound of seeing and showing better exemplified that in his final studies of the heart. In the Introduction we defined this compound as "the dynamic interweaving of existing theory, first-hand observation, the visual modelling of causes and effects, the use of depiction to analyse and communicate, and to interrogate cherished assumptions to the point of destruction". With the heart studies we need to add emphatically the cross-disciplinary innovations in terms of the science of dynamics (above all the motion of fluids) and the mathematics of design. It was one of these sheets of dense notes with marginal illustrations (15) that he added the stern injunction, "let noone who is not a mathematician read my principles". This is squeezed into a tiny space at the top of the sheet, to justify what he has already done.

The heart studies possess formal grandeur coupled with a powerful sense of the pumping machine of mighty muscles, surprisingly delicate valves and ramifying blood vessels. This is not descriptive anatomy or measured physiology. It presents a compelling and total vision of what drives the human body to such great effect that it might assume the trappings of life during the sojourn of the soul on earth.

We can define what lies at the centre of his new vision by looking at a small, unprepossessing, vertical section of the heart trapped in the upper margin of a page of dense notes (6). Under the heading "On the ventricle of the heart", he begins with the

esordisce con un'asserzione lapalissiana, "*Il core ha quattro ventriculi*", per poi continuare dicendo, "*cioè due inferiori nella sustanzia del core e due superiori for della sustanzia del core. E di questi n'è due destri e due sinistri, e li destri son assai maggiori delli sinistri. E li superiori son separati da certi uscioli (ovver porte del core) dalli ventriculi inferiori, e li ventriculi inferiori sono separati da un pariete poroso per il quale penetra il sangue del ventriculo destro nel ventriculo sinistro. E quando esso destro ventriculo inferiore si serra e 'l sinistro inferiore s'apre, e' tira a sé il sangue che il destro gli porge.*" (6)

È la prima volta, documentata, che qualcuno afferma che il cuore sia composto da quattro camere attive e per Leonardo doveva essere una conquista faticosa, tanto più che essa è preceduta da numerosi disegni raffiguranti due soli ventricoli secondo quanto asseriva la tradizione, tra questi anche la "Grande Signora" (52). Eppure, i due "nuovi" ventricoli non risolvevano il problema della comunicazione tra il sistema principale e quello polmonare. Leonardo mantiene l'ipotesi di pori piccoli e non-visibili che penetrano nel setto. Se questo sembra violare la sua pretesa di affidarsi all'esperienza dell'osservazione, possiamo ricordare che William Harvey, il medico che scoprì la circolazione sanguigna, aveva basato la sua teoria sulla presenza di minuscoli capillari che dovevano essere ancora visti. Una teoria può essere ritenuta valida finché non viene smentita. È così che funziona la scienza.

Partendo dall'esterno del cuore, rappresentato con un impatto volumetrico degno di un maestro disegnatore, Leonardo ci mostra l'alimentazione a corto raggio del sangue nei rami organici che avvolgono la parete esterna del cuore (3). Egli aveva già individuato nell'insabbiamento delle arterie coronarie una causa della morte del vecchio, cui aveva assistito nell'ospedale di Santa Maria Nuova, ma in questo caso si concentra sui condotti principali che emergono dall'alto del cuore e in particolare sul ruolo chiave delle valvole nel garantire che il sangue pompato proceda con forti impulsi verso le parti più limitrofe del sistema vascolare. Per presentare le valvole, le "porticine o cancelli", asporta i colli delle aorte proprio laddove le valvole sono meglio visibili *in situ*.

Leonardo inserisce questi piccoli pezzi di geometria vivente nell'interno robusto del cuore, dove infuria una tur-

bald assertion that "The heart has four ventricles", he continues, to say that, "two are lower in the substance of the heart, and the two upper are outside the substance of the heart, and of these ventricles two are on the right and two are on the left. The ones on the right are considerably larger than those on the left. The upper ones are separated by little doors or gateways of the heart from the lower ventricles. And the lower ventricles are separated by a porous wall through which the blood of the right ventricle penetrates into the left ventricle; and when the right lower ventricle closes, the left lower one opens and draws into itself the blood which the right offers it." (6)

This is the first recorded statement by anyone that the heart consists of four active chambers, which was for Leonardo a hard-won and is preceded by numerous drawings of just two such ventricles as tradition dictated, including the "Great Lady" (52). The two "new" ventricles do not however solve the problem of communication between the main and pulmonary systems. He retains the stock assumption of invisibly small pores that penetrate the septum. If this seems to violate his claimed to rely on the experience of observation, we might remember that William Harvey, who discovered the circulation of the blood, relied upon tiny capillaries that were yet to be seen. A theory is liable to be retained until it is falsified. This is how science works.

Beginning with the outside of the heart, displayed with volumetric impact of a master draftsman, he shows the short-range feeding of the blood into the organic branches that wrap around the outer wall of the heart (3). He had already identified the silting of the coronary arteries as playing key role in the death of the old man that he witnessed in the hospital in S. Maria Nuova. But he is here focussing on the emergence of the major conduits, from the top of the heart, and in particular the key role of the valves in ensuring that the pumped blood would progress in strong pulses to the most distant parts of the vascular system. To introduce the valves, his "little doors or gateways", he excises the necks of the aortas at the precise point where the valves can best be seen *in situ*.

He sets these little pieces of living geometry into the cauldron of the heart's rugged interior, within which

bolenza intrappolata. Tale turbolenza fornisce al corpo un cuore vivificante. Come spesso accade, egli guarda a un fenomeno analogo:

"*Intendi se la revoluzion del latte, quando si fa il burro, si riscalda, e con tal mezzo potrai provare la valitudine delli orecchi del core che ricevano e cacciano il sangue delle loro cavernosità e altri meati esser sol fatti per riscaldare e assottigliare il sangue, e fallo più agile alla penetrazione del pariete per il quale lui trapassa del destro nel sinistro ventriculo, dove, mediante la grossezza del suo pariete, cioè del sinistro ventriculo, esso conserva la caldezza che esso sangue gli porta.*" [16]

Le regole che governano la benevola turbolenza all'interno del cuore sono quelle che l'artista aveva esplorato nei suoi continui studi sull'acqua in movimento, effettuati sia in natura che nella vasca sperimentale che aveva costruito per il suo laboratorio. La vasca era costruita con una base in ceramica e le pareti in vetro. Per vedere e descrivere i moti dei fluidi trasparenti, Leonardo buttava in acqua piccoli semi di miglio oppure rivestiva le pareti della vasca con sabbia fine. Una nota sugli studi di ottica [17], che appare nella serie del cuore, racconta come un fuoco vorticoso descriva un cerchio luminoso (secondo quella che chiamiamo persistenza della visione). Nella sua tarda produzione scientifica, Leonardo non era spinto soltanto dal desiderio di vedere un fenomeno, ma anche di capire *come* quel fenomeno potesse essere visto.

Le osservazioni che fece grazie alla sua vasca sperimentale servirono alla teoria della dinamica, che adattò dai filosofi medievali. Il problema principale era: perché un proiettile continua a muoversi quando non viene spinto attivamente? La risposta è che la forza di spinta conferisce all'oggetto un impulso che viene debitamente speso, proprio come accade alla temperatura che si disperde da un corpo riscaldato. La regola di base è quella proporzionale, vale a dire che metà dell'impeto viene speso dal corpo per percorrere metà della sua distanza totale, e così via.

Leonardo è ben consapevole che nella pratica le cose non sono così semplici, tenendo conto di fattori come attrito e resistenza dell'aria. Il corpo messo in movimento "desidera" completare il suo percorso, a meno che non urti un altro oggetto, statico o mobile. L'urto si traduce nella "percussione" di un oggetto sull'altro. L'impeto è equiparato a una "spinta", mentre la "percussione" è equiparata a un "colpo". L'acqua che si muove

trapped turbulence rages. The turbulence endows the body with life-giving heart. As so often, he looks to an analogous phenomenon:

"Observe whether the churning of milk when butter is made, heats it. And by such means you will be able to test the power of the auricles [atria] of the heart, which receive and expel the blood from their cavities... these being made only in order to heat and refine the blood and make it more quickly penetrate the wall through which it passes from the right to the left ventricle". [16]

The rules that govern the benign turbulence within the heart are those that he had explored in his persistent studies of water in motion, both in nature and in the experimental tank he had made for his workshop. The tank was constructed with a ceramic base and glass sides. He infused the water with small seeds of panic grass or coated the walls of the tank with fine sand to see and describe the motions of transparent fluids. A note on optical studies [17] that appears in the heart series tells how a whirling firebrand will describe a luminous circle (by what we call persistence of vision). In his late science, he was not only concerned to see something, but he was also keen to understand *how* something could be seen.

These observations in his tank came to serve the theory of dynamics which he adapted from mediaeval philosophers. The key problem was, why does a projectile continue to move when it was not being actively pushed? The answer is that the force of pushing endows the object with impetus, which it duly expends much like temperature seeps out of a heated body. The basic rule is a proportional one, in which half of the impetus drains from a body over half its total distance of travel and so on.

He knows that things are not quite as simple as this in practice, taking such factors as friction and the resistance of air into account. The body set into motion "desires" to complete its designated course, unless it bumps into another object, static or mobile. The collision results in the "percussion" of one object on the other. Impetus is equated with a "push"; while "percussion" is equated with a "blow". Water moving with impetus within water per-

con impeto al suo interno percuote altri corpi idrici, generando moti a spirale. Tenendo presente questa teoria dell'impeto, possiamo comprendere meglio la descrizione dettagliata e complessa che fa del sangue come vortice nel cuore:

"*Abbiamo dimostrato il battimento del core essere a impeti; il che, se così non fussi, l'usciolo sinistro non si potrebbe riserrare, e 'l sangue che prima si posava sopra tale usciolo subito discenderebbe. Ma, aprendosi tale usciolo per l'impeto e per la percussione del sangue che 'l ventriculo stanco scaccia fori di sé, esso usciolo sta tanto di tempo aperto quanto la poca quantità del sangue che fugge del core lo tiene isbarrato; e, nel medesimo tempo, il sangue superiore a lui non po' discendere, perché l'onda del sangue che lo percote procede in contrario moto per tutte le arterie e, nel medesimo tempo il rimanente dell'impeto del sangue, il quale aperse le porte col suo moto refresso, le riserra e il core si riapre*". [21]

Non avendo muscoli che aiutino l'azione pulsante, le valvole utilizzano i vortici di sangue per riempire le cuspidi carnose, chiudendo le "piccole porte" prima che vengano riaperte dalla successiva percussione dell'impulso, dovuto alla nuova contrazione del ventricolo. Nelle magnifiche esplorazioni sul funzionamento delle valvole a tre cuspidi, lo vediamo prevedere i vortici danzanti sia isolati che in rotazione all'interno delle cuspidi. Poteva spingersi oltre e mostrare ciò che accadeva realmente? In quella che è una delle pagine più notevoli della storia della cardiologia [22], Leonardo non solo esplora anatomicamente e geometricamente una valvola a tre cuspidi, ma propone di fare "uno stampo di gesso da foderare con vetro soffiato trasparente". All'interno della sfera di vetro, poteva così osservare i semi di miglio che seguivano la danza dei vortici. Per determinare l'effettiva configurazione del seno dell'aorta, promette di "versare della cera nella porta del cuore di bue, affinché si possa vedere la vera forma della porta". Afferma che "*la necessità ha provveduto... che la pariete delle due porte crescano l'una contro l'altra, in modo tale che la porta del core è riserrata dalle sue, oltre al serrame delle porte fatti delli predetti sottili panniculi* [di ciascuna cuspide]".

La varietà di disegni presenti su questi fogli abbraccia l'intera gamma di dimostrazioni, dalle esposizioni geometriche ai ritratti carnosi. Leonardo utilizza l'analisi geometrica per mo-

cusses other bodies of water, generating spiral motions. With this theory impetus in mind, we can better understand his detailed and complex description of blood as swirls in the heart:

"We have demonstrated the beating of the heart to be by the impetuses. If this were not so, the left [aortic] valve would not be able to shut, and the blood which was first located above the valve would immediately descend. But the valve being opened by the impetus and percussion of the blood which the left ventricle drives out of itself [in systole], the valve stays open just as long as a small quantity of blood which issues from the heart keeps it free from obstruction. And at the same time the blood above it cannot descend because the wave of blood which percusses it proceeds in an opposite movement throughout all the arterie. And at the same time the remaining impetus of the blood which opened the valves, closes them again with its reflected movement, and the heart opens again [in diastole]." [21]

The valves have no muscles to accomplish their pulsing action, but use the vortices of blood to fill the fleshy cusps, shutting the "little gateways" before they are re-opened by the next percussion of the impetus occasioned by the new contraction of the ventricle. In the magnificent explorations of the operation of the three-cusp valves, we see him envisaging the dancing vortices both in themselves and rotating within the cusps. Could he go further and show what was actually happening? On what is one of the most remarkable pages in the history of cardiology [22], he not only explores a three-cusp valve anatomically and geometrically, he proposes to make "mold of plaster to be blown inside with fine glass". Within the glass flask he could watch panic grass seeds tracking the dance of the vortices. To determine the actual configuration of the constricted sinus of the aorta, he promises to "pour wax into the gate of the of an ox's heart to that you might see the true shape of the gate". He states that "necessity has provided that the walls of the gateway enlarge, one opposite the other, in such a way that the gateway of the heart is closed by these walls as well as the shutting of the orifice of the valves by the fine membranes [of each cusp]".

The range of drawings on these sheets cover the full gamut from geometrical expositions to fleshy portraits. He uses geometrical analysis to show why the cups are three

strare perché le cuspidi siano tre: due non si separerebbero facilmente, mentre quattro tenderebbero a essere deboli nel centro. La valvola mitrale (13) si discosta per qualche motivo da questa regola, con una disposizione squadrata di due cuspidi grandi e due più piccole, brillantemente ritratta in una pagina che registra gli archi delle corde che salgono dai muscoli papillari (13). Non può non ricordare l'interno di una chiesa rinascimentale. Sopra le corde tendinee, che sostengono le cuspidi dal basso, esplora sommariamente cosa si potrebbe ottenere se le sezioni del cuore fossero disposte in modo diverso. In un'altra pagina isola una valvola a tre cuspidi, mostrandola dall'alto e dal basso, aperta e chiusa (20). Anche in questo caso, si tratta di una modalità di visualizzazione inedita, che corrisponde alle dimostrazioni di "elementi meccanici" separati nella sua ingegneria. Per lui l'esposizione dei componenti delle macchine precedeva le analisi anatomiche. In contrasto con queste immagini concettualizzate, Leonardo ritrae le cuspidi membranose nelle loro modalità di collasso con un naturalismo carnoso in una grande doppia pagina di esplorazioni dinamiche del sangue che interagisce geometricamente con il seno dell'aorta.

Le anatomie di Leonardo sondano insistentemente il segreto della vita nella sua realtà carnosa e ossea. Dietro cui si cela l'inevitabilità della morte. Questa ricerca è esemplificata in un macabro *memorandum* di macelleria tradizionale. Sembra il momento giusto per lasciare la ricerca eroica e senza compromessi di Leonardo. Egli si chiede "*se il core muta sito per la sua morte, o no*".

"*La mutazione del core per la sua morte è equale alla mutazione che esso fa nella espulsione del suo sangue e qualche cosa meno. Questo si manifesta quando si vede li porci in Toscana, li quali passano il core alli porci con uno strumento detto spillo, con il qualle si trae il vin delle botti. E così, arroversciando il porco e fermandolo, ben ne li passano i' lato destro insieme col core con tale spillo, e mettendolo in dentro a dirittura. E se tale spillo passa il core quando è allungato, il core nella sua espulsione nel sangue si raccorta e tira la ferita in alto, insieme colla punta dello spillo e, tanto, quanto elli alza la punta dello pillo di dentro, tanto abbassa il manico dello spillo di fora; e, poi, quando il core si distende e spigne in basso essa ferita, allora le parte di fori d'esso spillo fa moto contrario alla parte di dentro che si move insieme col moto del core. E così fa*

in number. Two would not separate readily, while four would tend to be weak towards their narrower centre. The mitral valve (13) departs from this rule for some reason, with a squarish arrangement of two big and two smaller cusps, brilliant portrayed on a page that records the arcaded arrays of the cords that rise from the papillary muscles (13). He cannot but have been reminded of the interior of a Renaissance church. Above the *chordae tendineae*, which brace the cusps from below, he sketchily explores what he might gain from differently disposed sections of the heart. On another page he isolates a three-cusp valve, demonstrating it from above and below, open and closed (20). Again, a novel mode of display, corresponding to his demonstrations of separate "mechanical elements" in his engineering. He saw his exposition of the components of machines as preceding his anatomical analyses. In contrast to these conceptualised images, he portrays the membranous cusps in their collapsed modes with fleshy naturalism on a great double page of dynamic explorations of blood interacting geometrically with the sinus of the aorta.

Leonardo's anatomies insistently probe the secret of life in its fleshy and bony reality. Behind it lurks the inevitability of death. This search is exemplified in a gruesome *memorandum* of traditional butchery. It seems fitting place to leave Leonardo's heroic and uncompromising quest. He asks "whether the heart changes its position at death or not."

"The change of the heart at death is the same as the change that it makes in the expulsion of the blood, or somewhat less. This is shown when they kill pigs in Tuscany, where they pierce the heart of the pigs with an instrument called a spile, with which wine is drawn from casks. Turning the pig on its back and fastening it down firmly, they pierce its right side and its heart with this spile, pushing it straight inside. And if this spile pierces the heart when it is elongated, in its expulsion of blood the heart shortens and draws its wound upwards together with the point of the spile, and as much as it raises the point of the spile inside, so it lowers the handle outside. And then when the heart is distended and pushes its wound downwards, then the part of the spile outside

molte volte in modo che, al fin della vite, esso spillo esteriore rimane in mezzo alli stremi dove eran li ultimi moti contrari del core quando era vivo. E quando il core s'è interamente freddo, elli si ritira una minima parte e si raccorta per quanto era lo spazio occupato dal caldo, perché il caldo cresce o diminuisce quel corpo dov'egli entra o esce. E questo ho veduto più volte e ho osservato tali misure e lasciato stare tale strumento nel core insin che tale animale è sparato." (11)

Nota sulla datazione

Il gruppo tardivo di studi sul cuore probabilmente si sovrappone a quelli sul diaframma, ma sappiamo che Leonardo praticò le dissezioni dopo il suo trasferimento a Roma e alcuni disegni potrebbero risalire a dopo il 1513. Il foglio con *Sezioni del cuore e profilo di un giovane* (5) è precedente.

Nel loro insieme, gli studi sul cuore danno la sensazione di essere le anatomie culminanti in cui si sia impegnato.

makes a movement contrary to that of the part inside.... And this it does many times in such a way that at the end of life the external part of the spile remains in the middle between the two extremes which were the last contrary movements of the heart when it was alive ... And this I have seen many times, and I have observed such measurements, and I have let such an instrument remain in the heart until the animal was cut up." (11)

Note about dating

The late group of heart studies probably overlap with those of the diaphragm, but we know he was active with dissections after he moved to Rome and some may date from after 1513. The sheet with *Sections of the heart and profile of a youth* (5) is earlier.

The heart studies as a whole breathe a sense that they were the climactic anatomies on which he embarked.

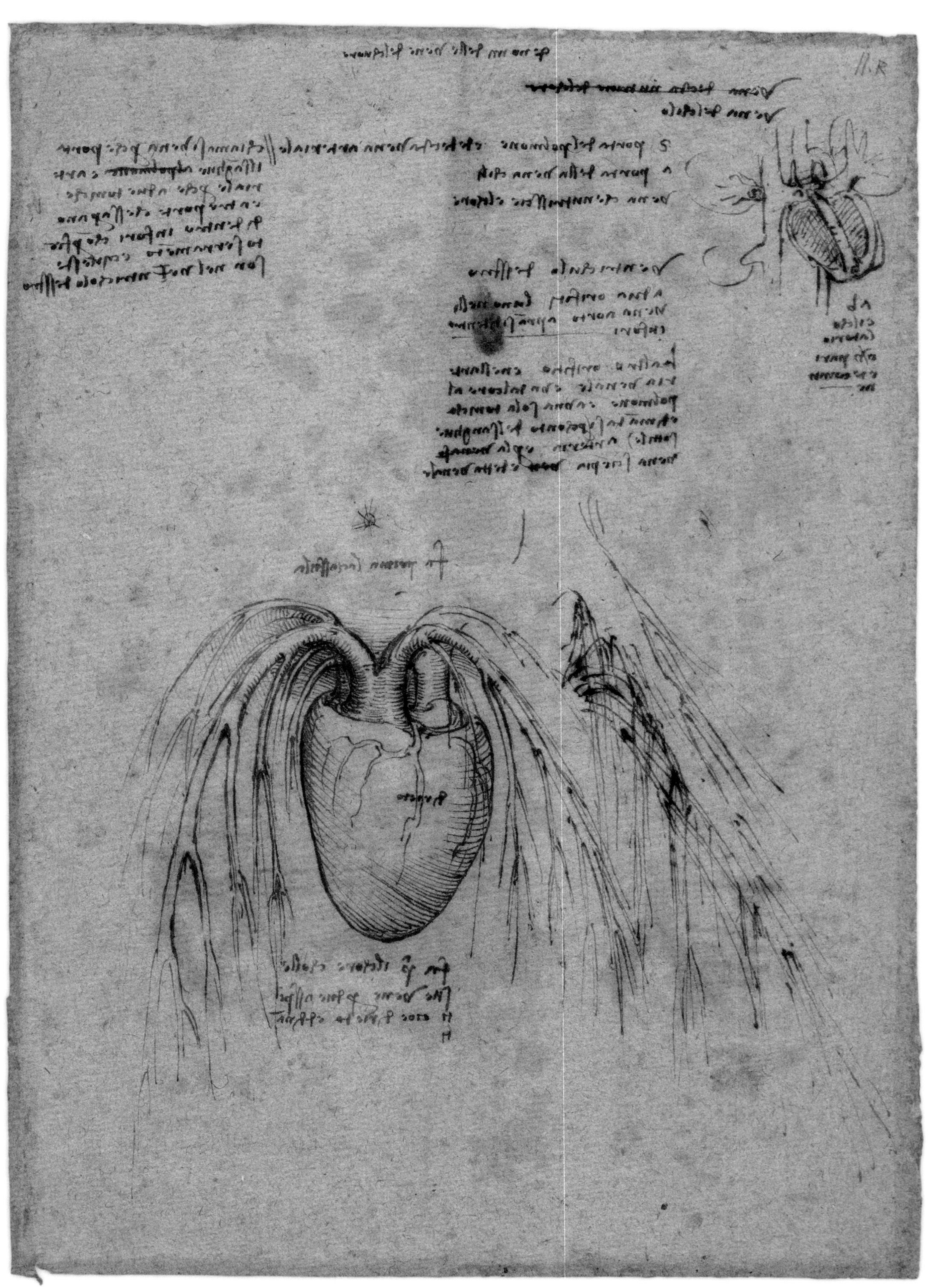

1. *Il cuore con i vasi principali e un cuore sezionato.*
Penna e inchiostro su carta blu, 28,5 × 20.8 cm.
RL 19072v / K&P 163v

1. *The heart with its major vessels, and a sectioned heart.*
Pen and ink on blue paper, 28.5 × 20.8 cm.
RL 19072v / K&P 163v

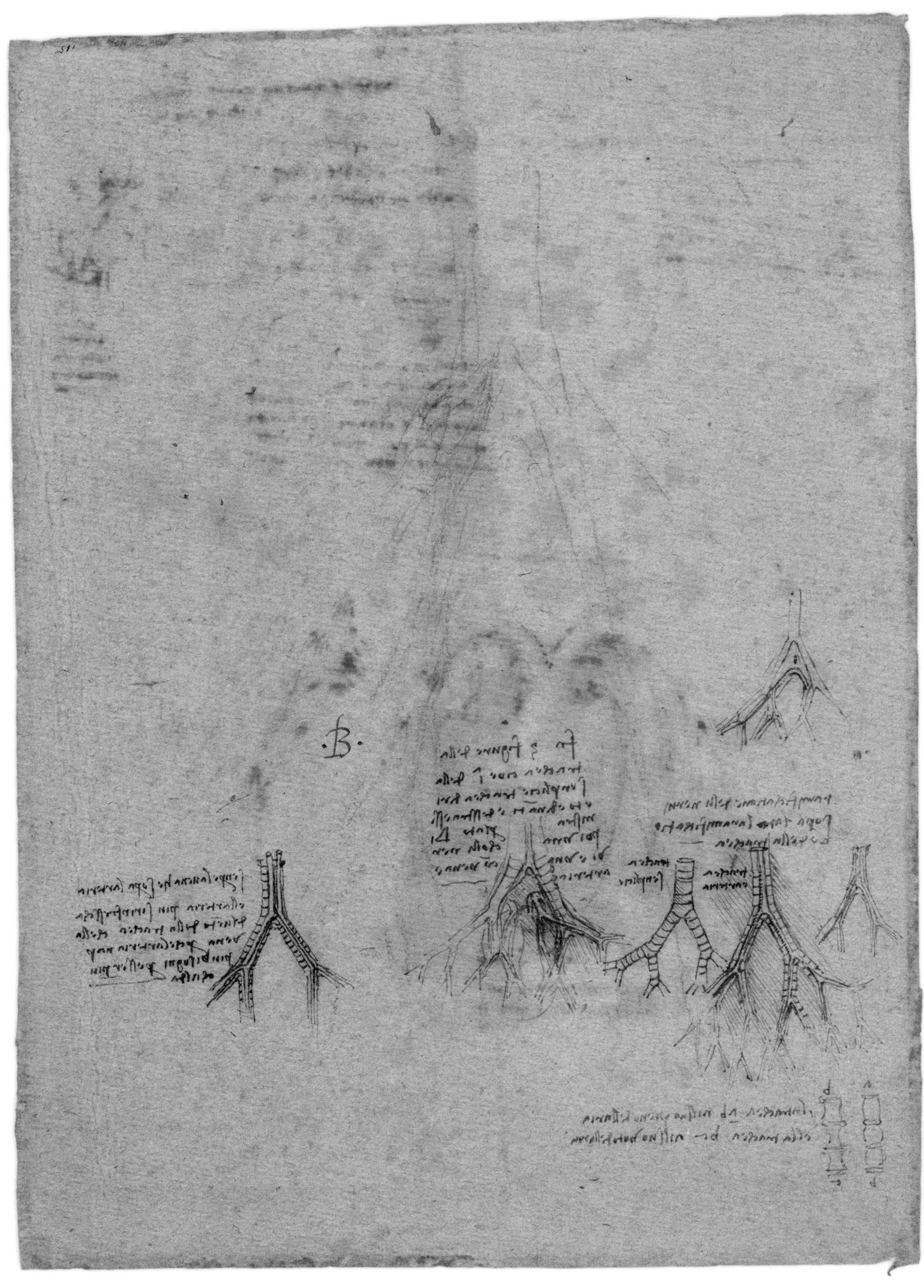

2. *Studi dei bronchi.*
Penna e inchiostro, gessetto nero su carta blu, 28,5 × 20,8 cm.
RL 19072r / K&P 163r

2. *Studies of the bronchii.*
Pen and ink, black chalk on blue paper, 28.5 × 20.8 cm.
RL 19072r / K&P 163r

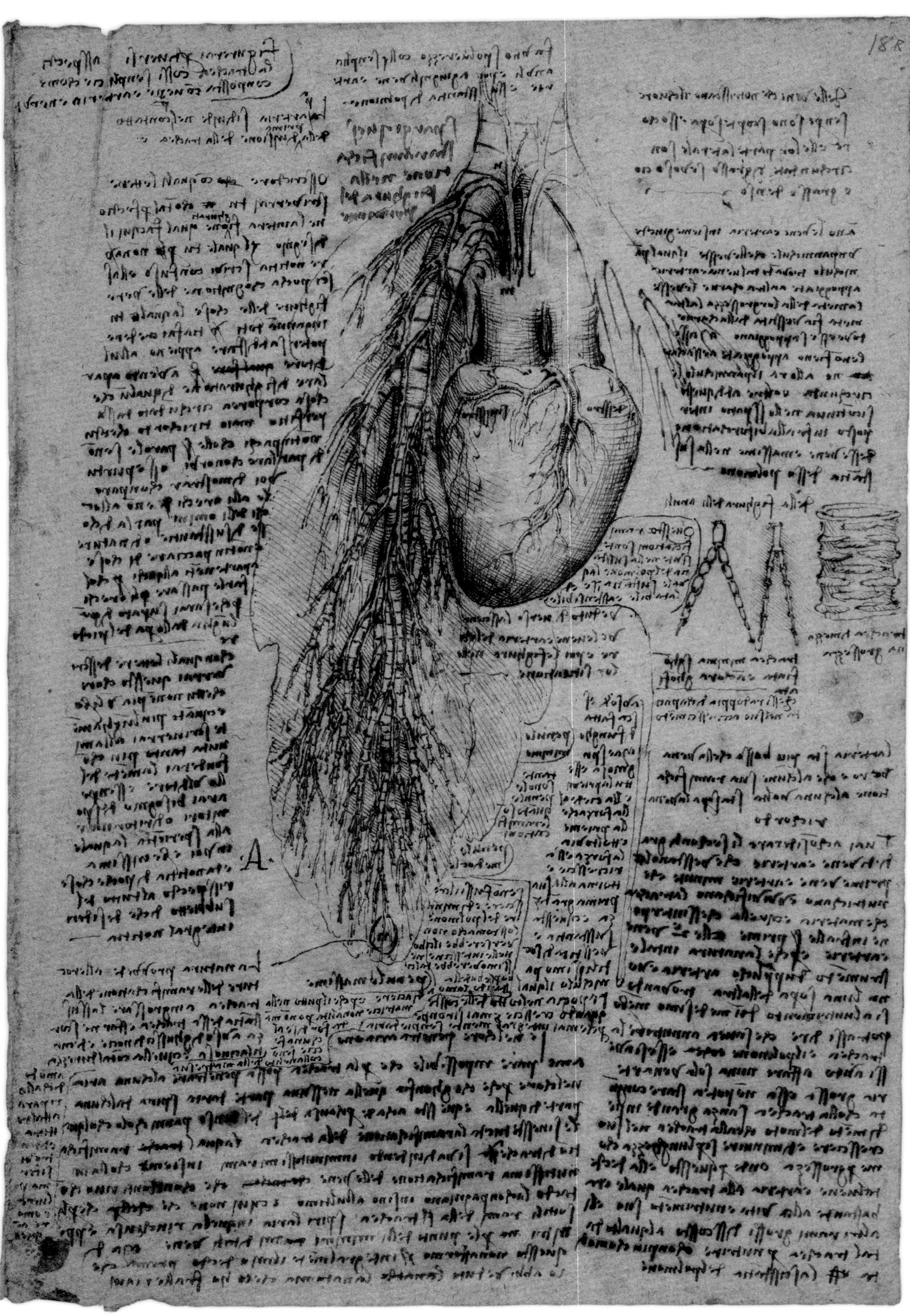

3. *Vista esterna del cuore con studio dei bronchi.*
Penna e inchiostro su carta blu, 28,8 × 20,3 cm.
RL 19071r / K&P 162r

3. *External view of the heart, with studies of associated bronchii.*
Pen and ink on blue paper, 28.8 × 20.3 cm.
RL 19071r / K&P 162r

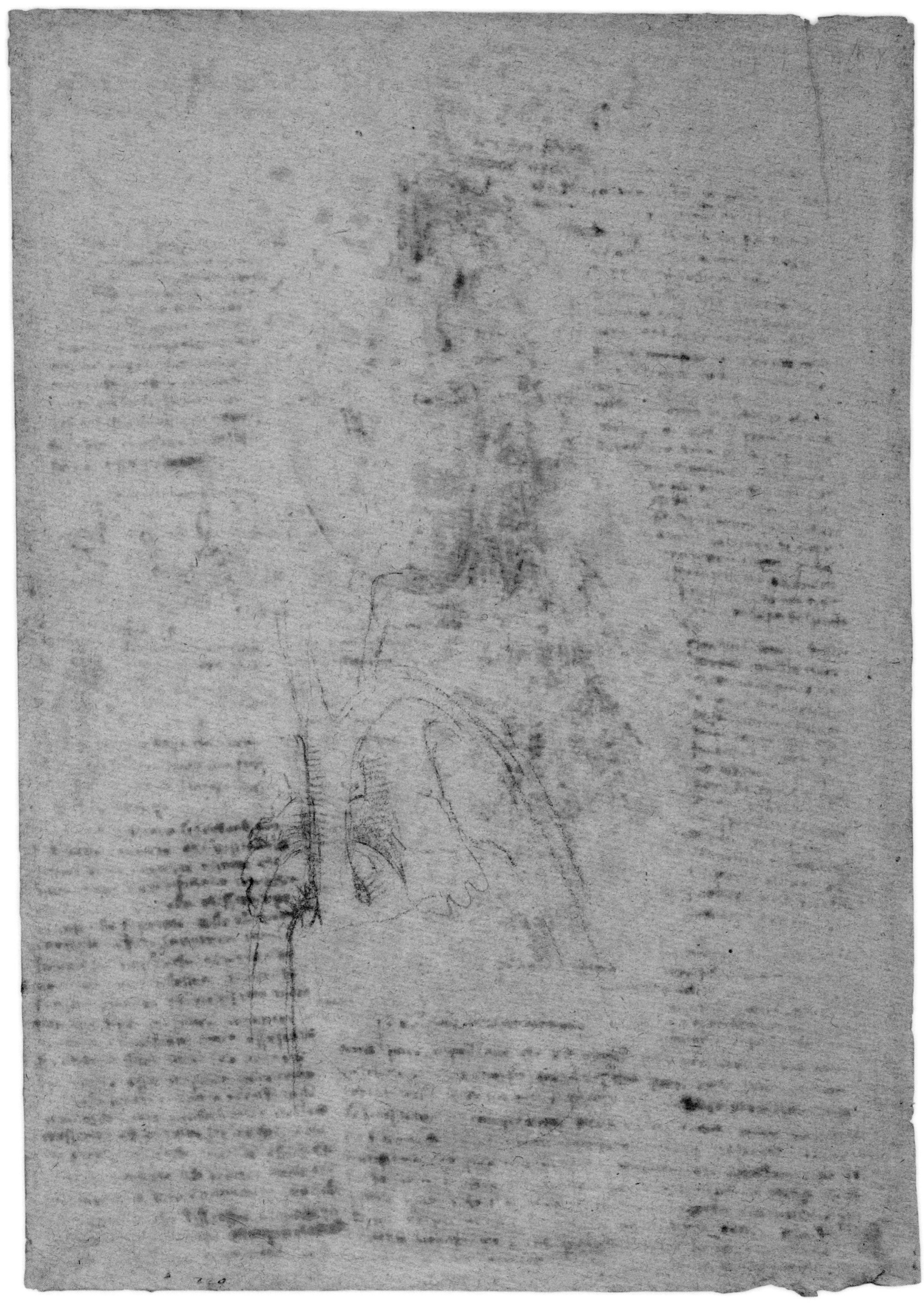

4. *Studi incompiuti sulle radici dell'aorta.*
Gessetto nero su carta blu, 28,8 × 20,3 cm.
RL 19071v / K&P 162v

4. *Unfinished studies of the roots of the aortas.*
Black chalk on blue paper, 28.8 × 20.3 cm.
RL 19071v / K&P 162v

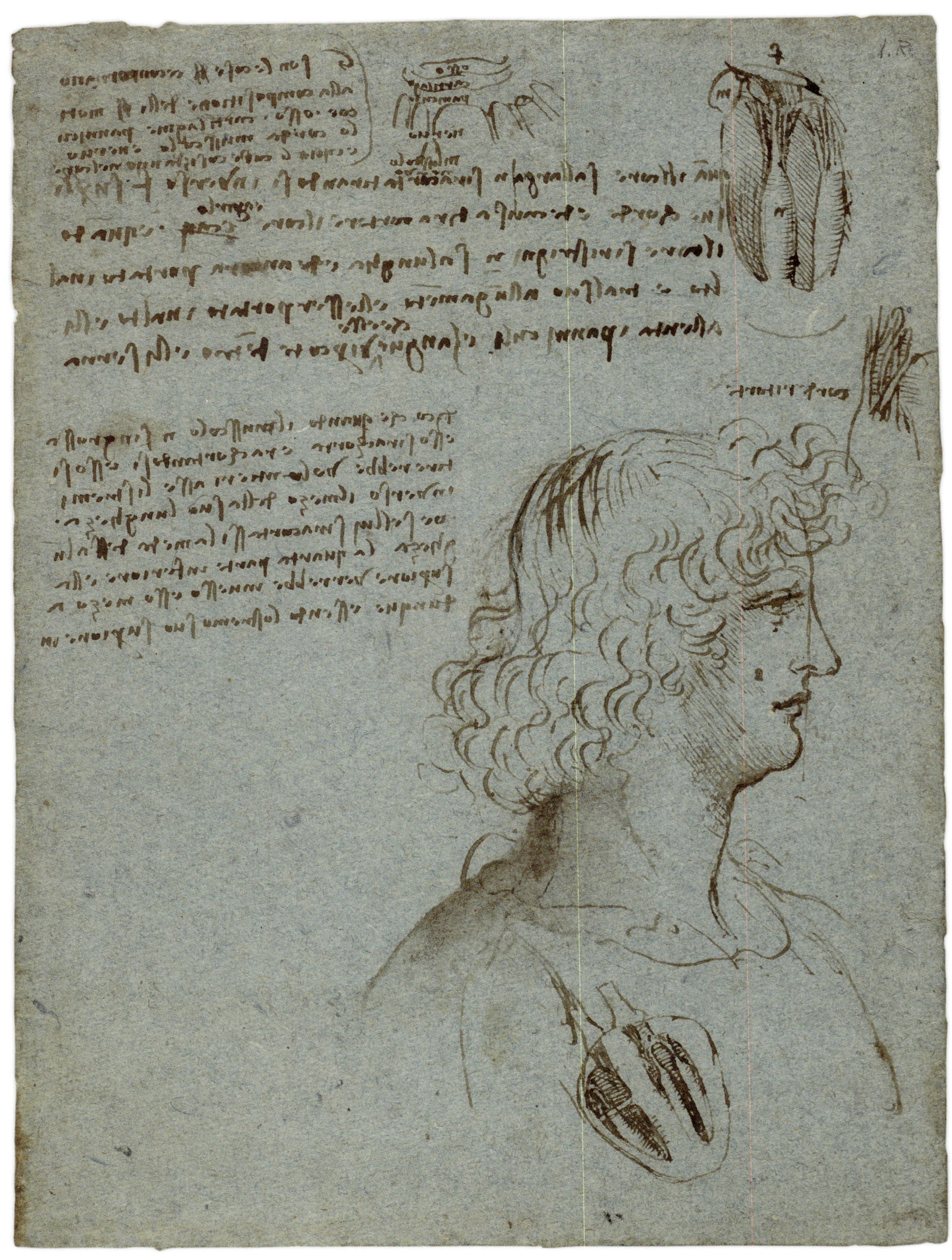

5. *Sezioni del cuore e profilo di un giovane.*
Penna e inchiostro su carta blu, 26 × 20 cm.
RL 19093r / K&P 177r

5. *Sections of the heart and profile of a youth.*
Pen and ink on blue paper, 26 × 20 cm.
RL 19093r / K&P 177r

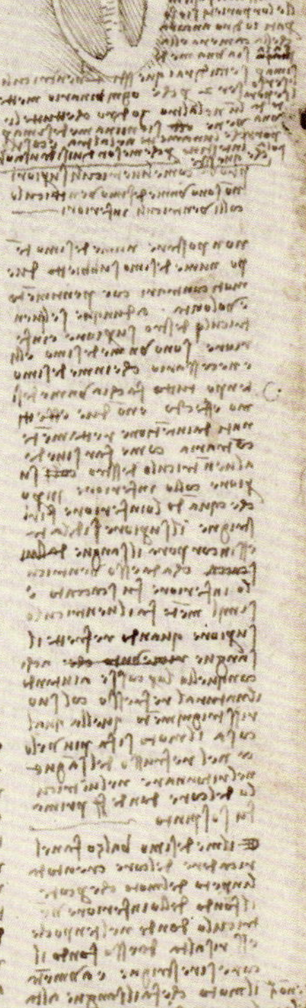

6. *Cuore sezionato in verticale e note su ventricoli e atri.*
Penna e inchiostro su carta, 28,8 × 21,5 cm.
RL 19062r / K&P 155r

6. *Vertically sectioned heart, with notes on the ventricles and auricles.*
Pen and ink on paper, 28.8 × 21.5 cm.
RL 19062r / K&P 155r

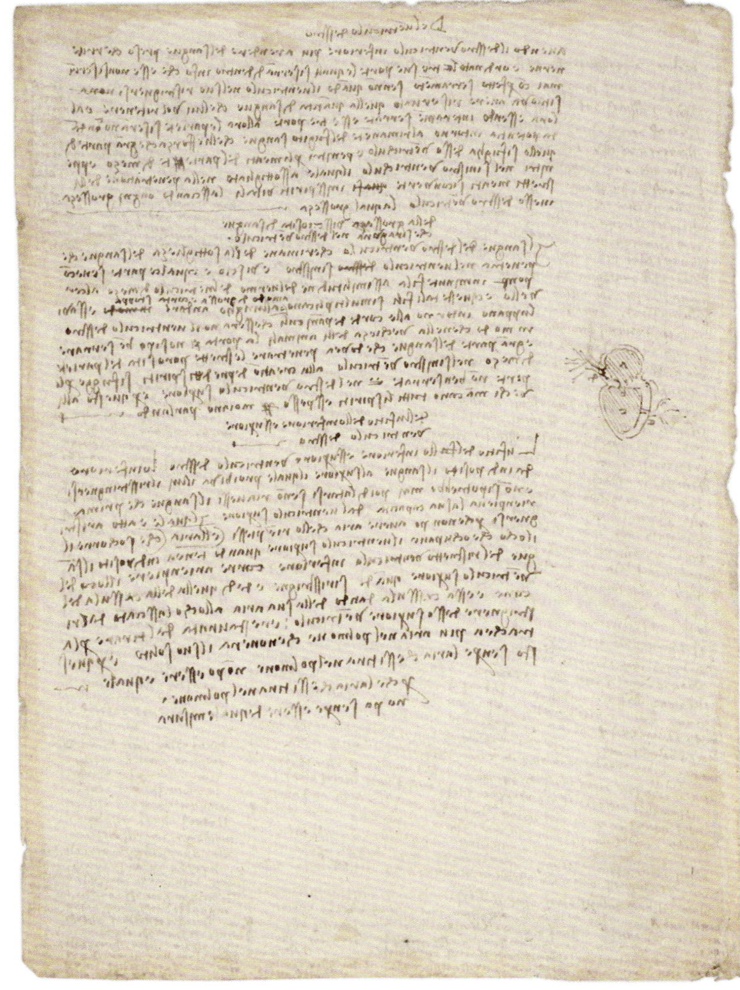

7. *Sezione verticale di atrio e ventricolo e loro funzioni.*
Penna e inchiostro su carta, 28,8 × 21,5 cm.
RL 19062v / K&P 155v

7. *Vertical section of an auricle and ventricle, and their functions.*
Pen and ink on paper, 28.8 × 21.5 cm.
RL 19062v / K&P 155v

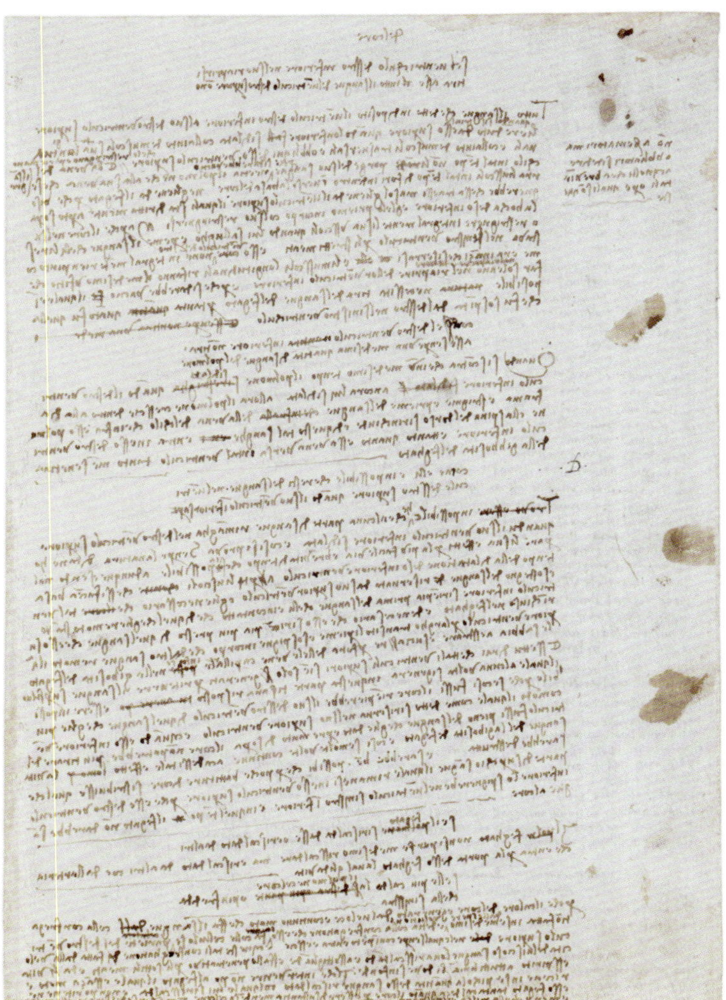

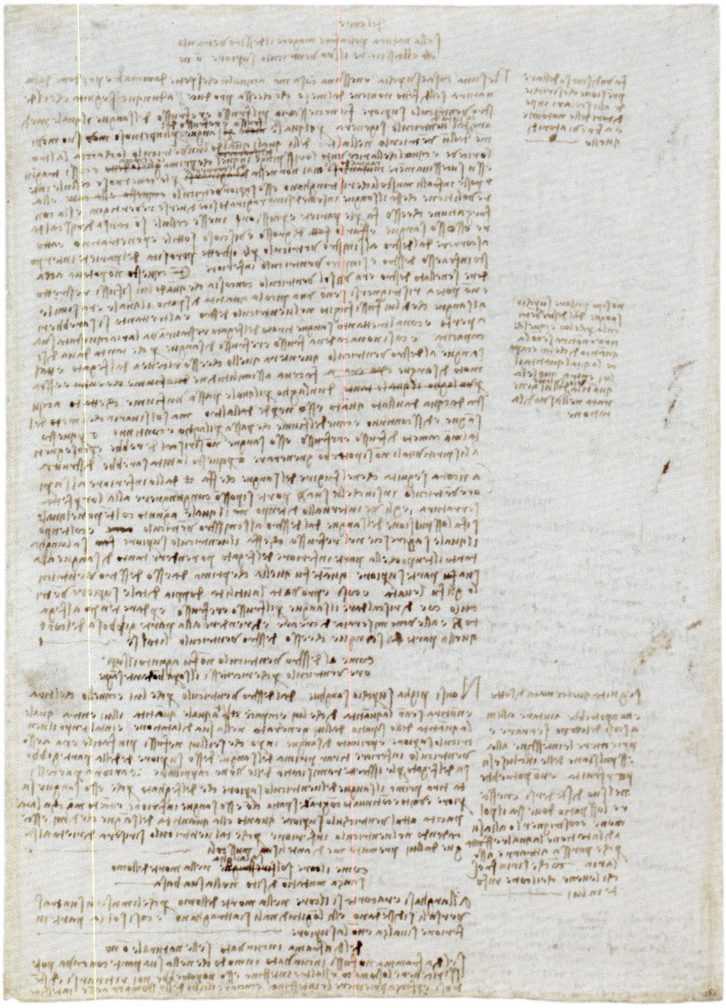

8. *Note sul funzionamento di atri e ventricoli.*
Penna e inchiostro su carta, 29,2 × 21,2 cm.
RL 19063r / K&P 156r

8. *Notes on the functioning of the auricles and ventricles.*
Pen and ink on paper, 29.2 × 21.2 cm.
RL 19063r / K&P 156r

9. *Note su cuore e diaframma, con una diatriba sui "compendiatori" del sapere.*
Penna e inchiostro su carta, 29,2 × 21,2 cm.
RL 19063v / K&P 156v

9. *Notes on the heart and the diaphragm, with a diatribe about the "abbreviators" of knowledge.*
Pen and ink on paper, 29.2 × 21.2 cm.
RL 19063v / K&P 156v

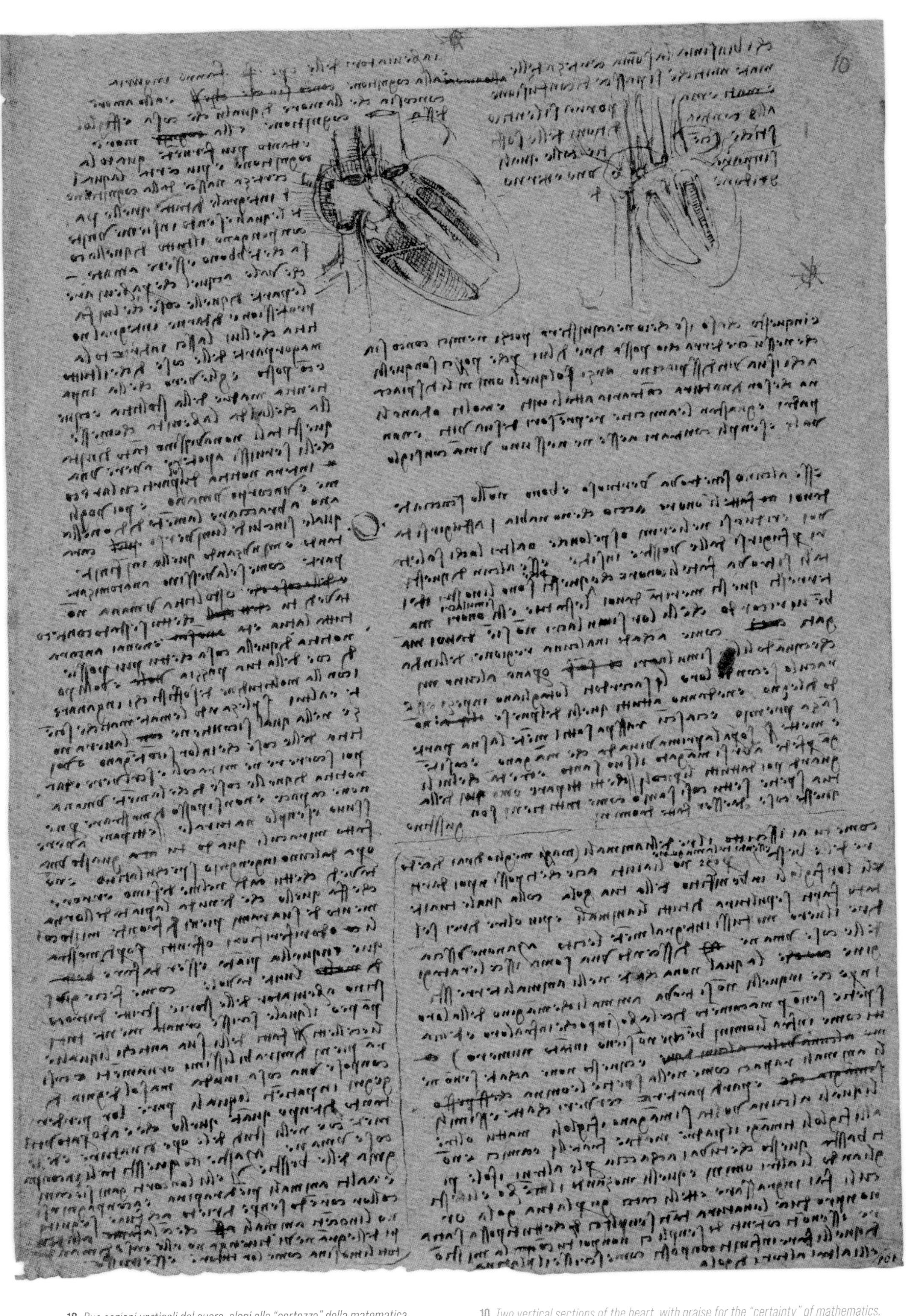

10. *Due sezioni verticali del cuore, elogi alla "certezza" della matematica e diatribe sulla perfidia del genere umano e sui "compendiatori" del sapere.*
Penna e inchiostro su carta blu, 28,3 × 20,4 cm.
RL 19084r / K&P 173r

10. *Two vertical sections of the heart, with praise for the "certainty" of mathematics, and diatribes about the perfidity of humankind and the "abbreviators" of knowledge.*
Pen and ink on blue paper, 28.3 × 20.4 cm.
RL 19084r / K&P 173r

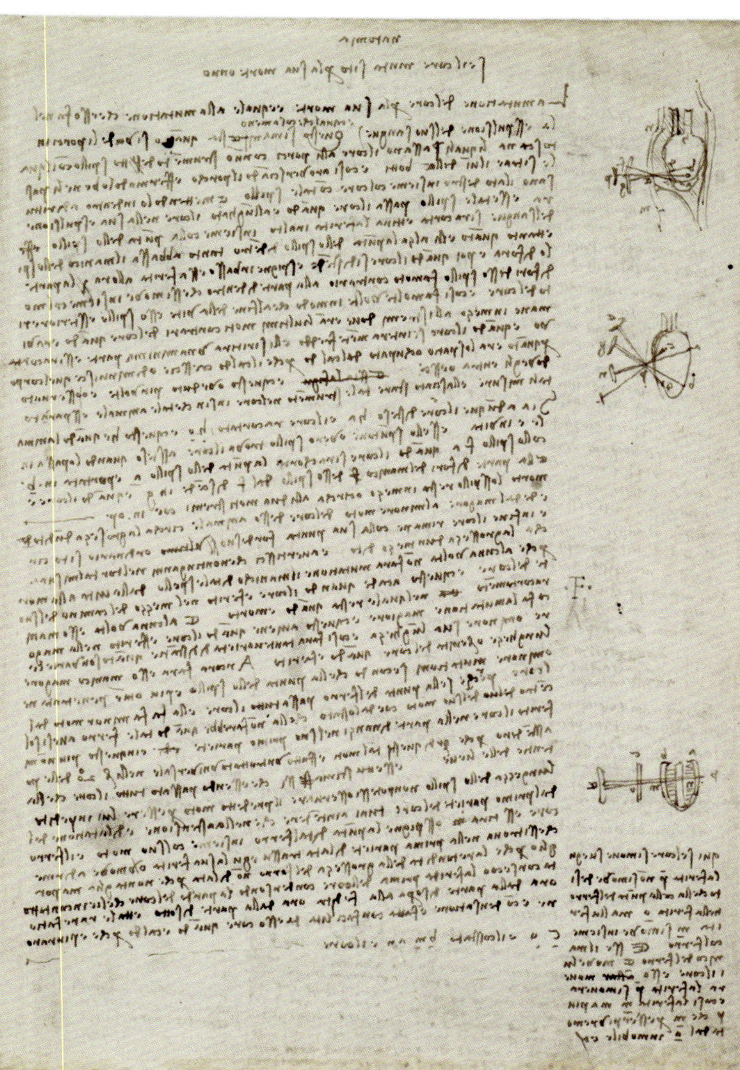

11. *Osservazioni su un cuore che batte e una "spilla" inserita.*
Penna e inchiostro su carta, 29,1 × 21,1 cm.
RL 19065r / K&P 158r

11. *Observations of a beating heart and an inserted "spile".*
Pen and ink on paper, 29.1 × 21.1 cm.
RL 19065r / K&P 158r

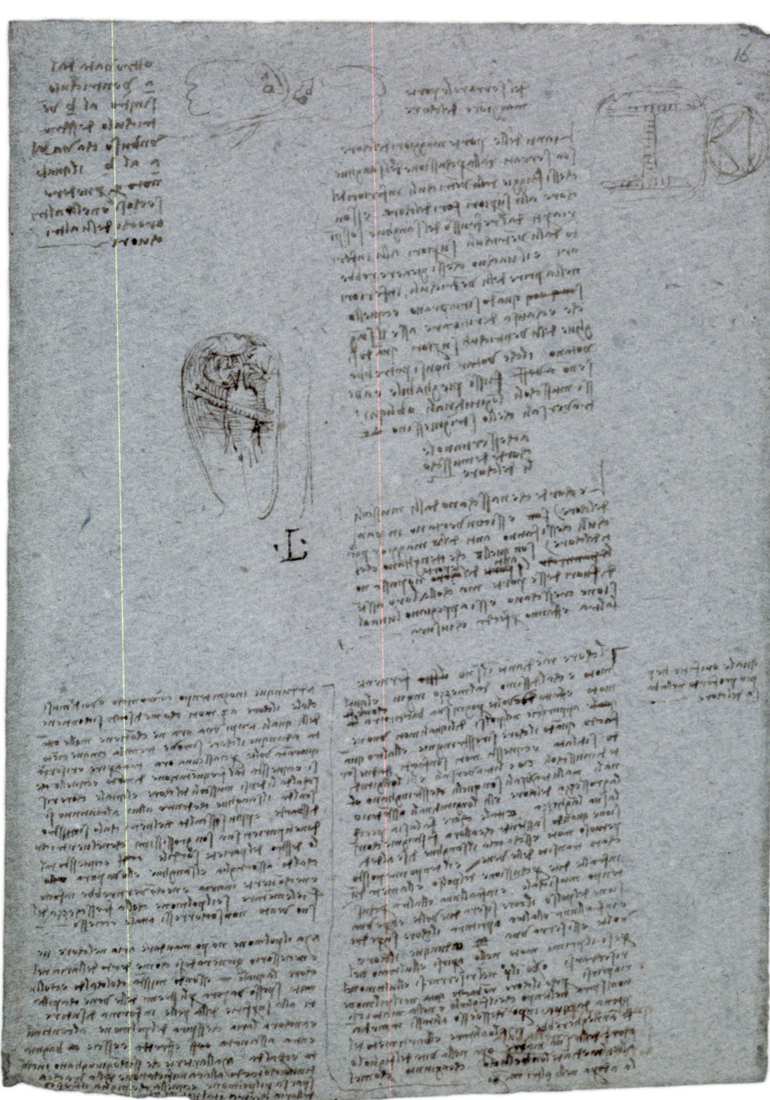

12. *Valvole mitrale e tricuspide, sezione del cuore con la banda moderatrice e discussioni sul battito cardiaco.*
Penna e inchiostro, gessetto rosso su carta blu, 28,0 × 20,5 cm.
RL 19081r / K&P 164r

12. *Mitral and tricuspid valves, and a section of the heart with the moderator band, and discussions of the beating of the heart.*
Pen and ink, red chalk on blue paper, 28.0 × 20.5 cm.
RL 19081r / K&P 164r

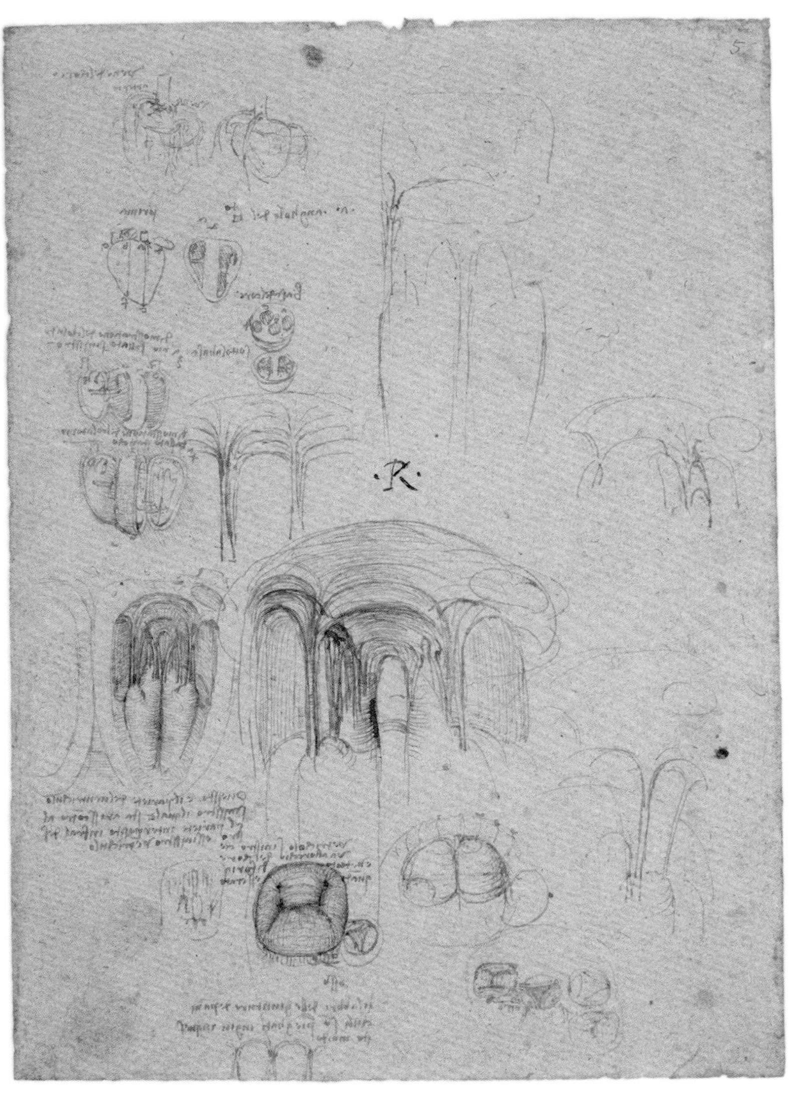

13. *Studi dell'interno del cuore con le corde tendinee, studi della valvola mitrale e una valvola tricuspide.*
Penna e inchiostro su carta blu, 28,4 × 20,9 cm.
RL 19080r / K&P 170r

13. *Studies of the interior of the heart with the chordae tendineae, and studies of the mitral and a tricuspid valve.*
Pen and ink on blue paper, 28.4 × 20.9 cm.
RL 19080r / K&P 170r

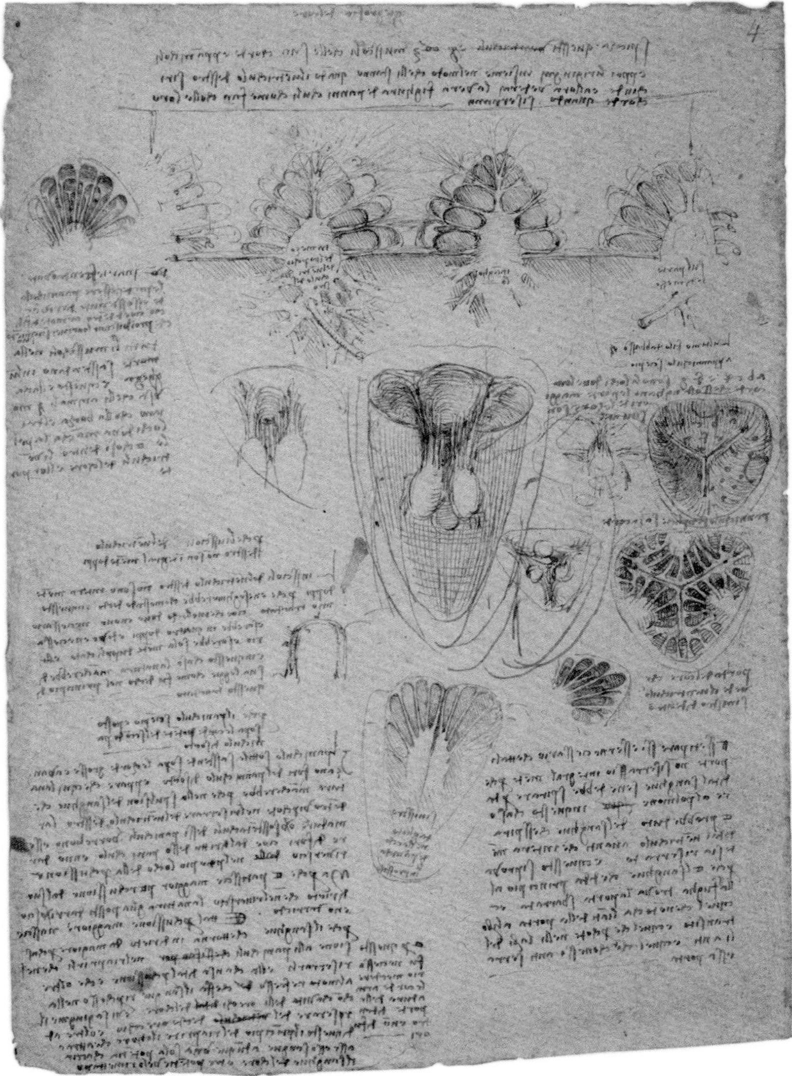

14. *Sezioni dei ventricoli con una valvola tricuspide, muscoli papillari, corde tendinee e banda moderatrice.*
Penna e inchiostro su carta blu, 28,4 × 20,9 cm.
RL 19078v / K&P 165v

14. *Sections of the ventricles with a tricuspid valve, the papillary muscles, chordae tendineae, and moderator band.*
Pen and ink on blue paper, 28.4 × 20.9 cm.
RL 19078v / K&P 165v

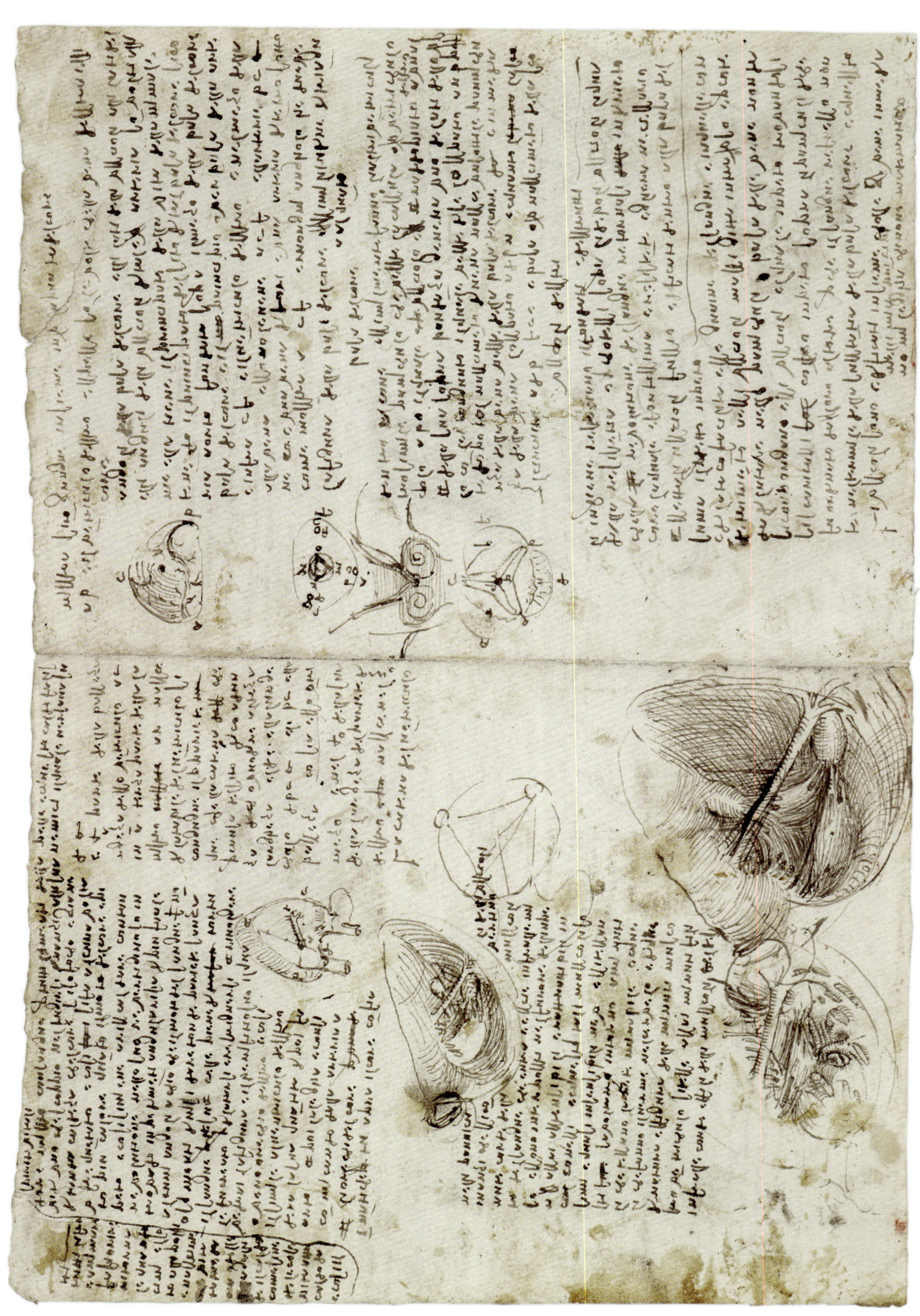

15. *Studi del ventricolo destro e analisi della valvola tricuspide.*
Penna e inchiostro su carta, 22,1 × 31,2 cm.
RL 19118-9r / K&P 116r

15. *Studies of the right ventricle, and analysis of the tricuspid valve.*
Pen and ink on paper, 22.1 × 31.2 cm.
RL 19118-9r / K&P 116r

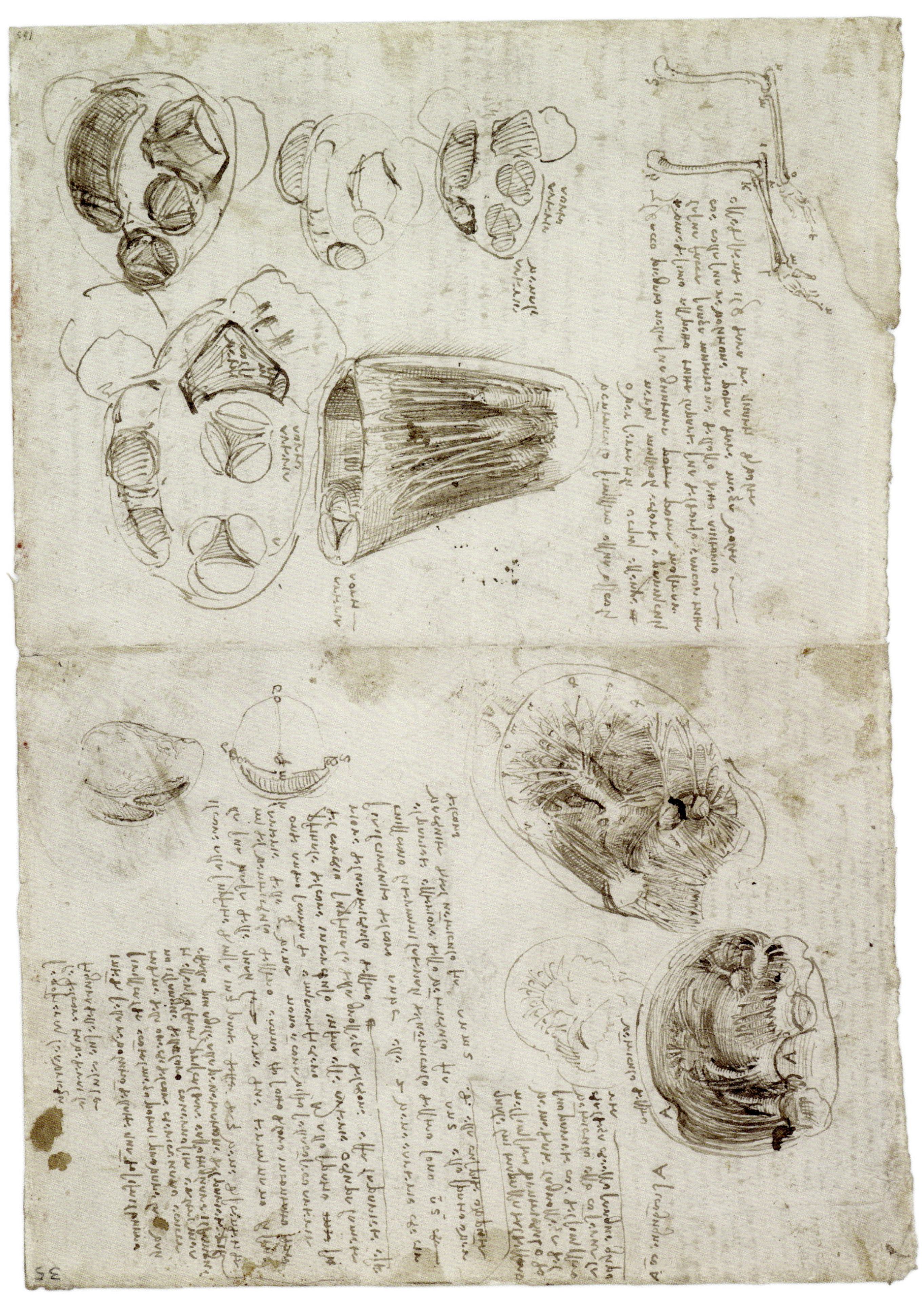

16. *Studi dei ventricoli con le corde tendinee, la fascia moderatrice, la valvola tricuspide e le ossa del braccio.*
Penna e inchiostro su carta, 22,1 × 31,2 cm.
RL 19118-9v / K&P 116v

16. *Studies of the ventricles with the chordae tendineae, moderator band, the tricuspid valve and bones of the arm.*
Pen and ink on paper, 22.1 × 31.2 cm.
RL 19118-9v / K&P 116v

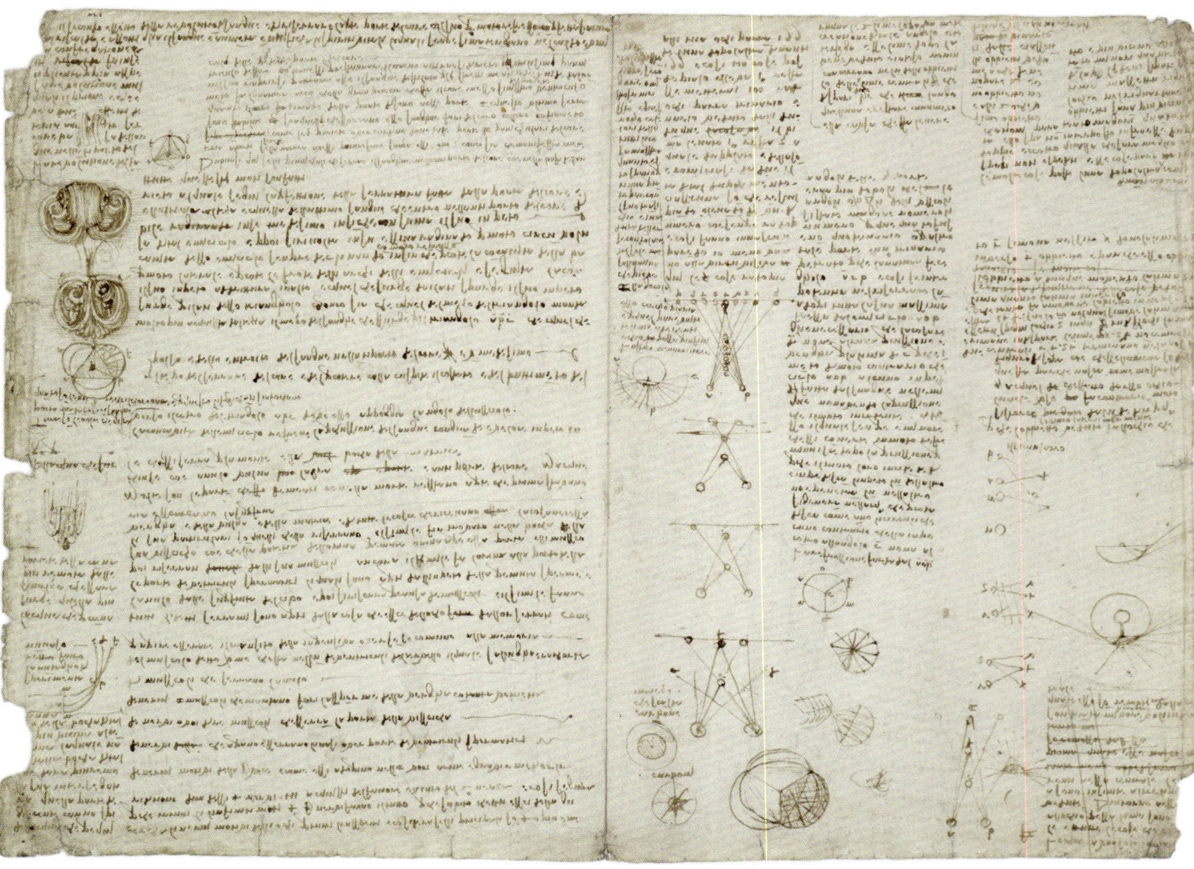

17. *Flusso di liquidi da un tubo, geometria della valvola tricuspide, vortici di sangue al suo interno e studi di ottica.*
Penna e inchiostro su carta, 30,7 × 43,8 cm.
RL 19116-7r / K&P 115r

17. *The flow of liquids from a pipe, the geometry of the tricuspid valve, the vortices of blood within it, and optical studies.*
Pen and ink on paper, 30.7 × 43.8 cm.
RL 19116-7r / K&P 115r

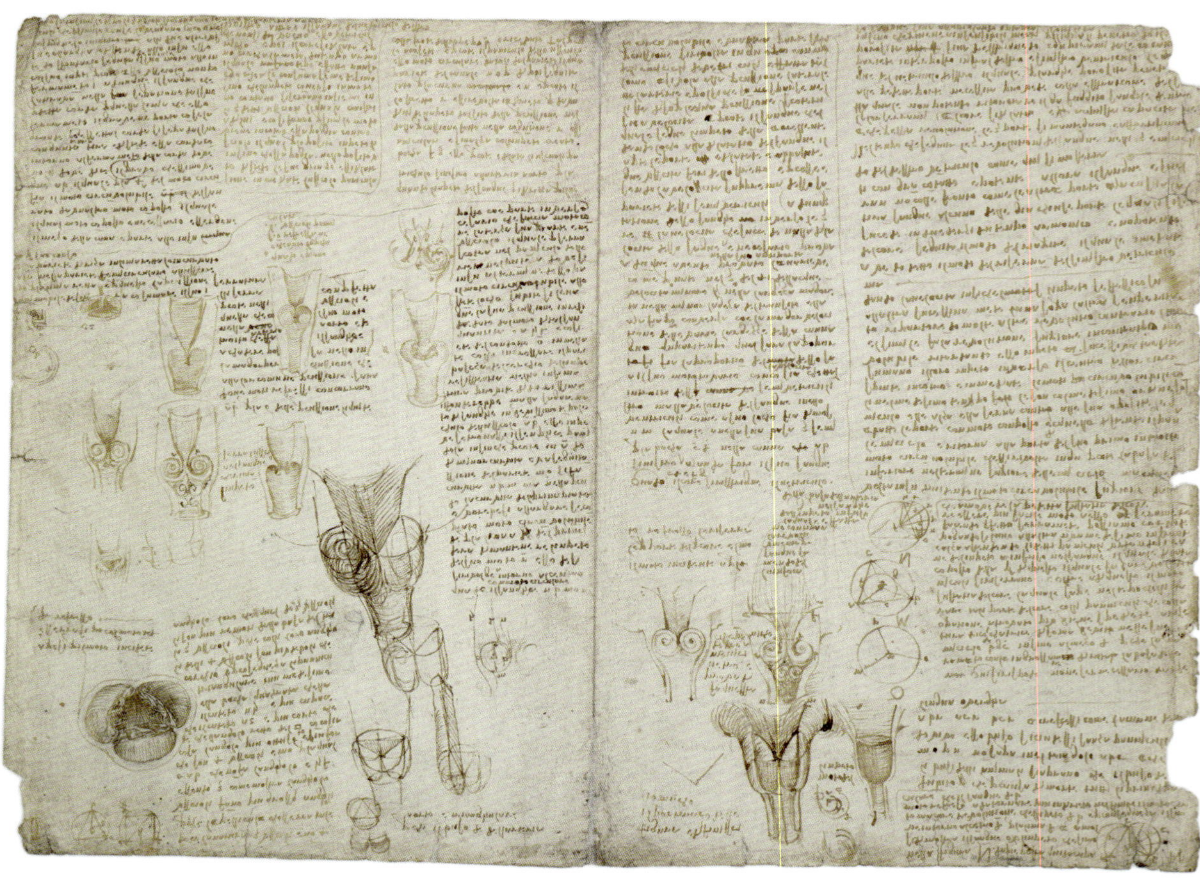

18. *Studi del collo dell'aorta, dei vortici di sangue al suo interno e geometria della valvola.*
Penna e inchiostro, gessetto nero su carta, 30,7 × 43,8 cm.
RL 19116-7v / K&P 115v

18. *Studies of the neck of the aorta, and the vortices of blood within it and its geometry of the valve.*
Pen and ink, black chalk on paper, 30.7 x 43.8 cm.
RL 19116-7v / K&P 115v

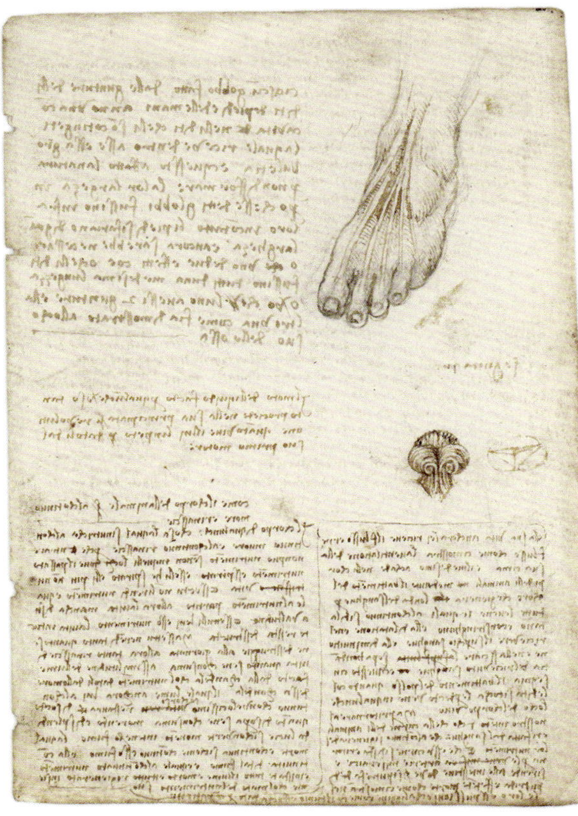

19. *Tendini del piede visti dall'alto, vortici di sangue in una valvola tricuspide e diagramma geometrico della valvola, riflessioni su nutrimento, vita e morte nel corpo umano e nella candela.*
Penna e inchiostro, gessetto nero su carta, 19,2 × 13,9 cm.
RL 19045r / K&P 50r

19. *Tendons of the foot from above, vortices of blood in a tricuspid valve and geometrical diagram of the valve, with thoughts about nourishment, life and death in the human body and the candle.*
Pen and ink, black chalk on paper, 19.2 × 13.9 cm.
RL 19045r / K&P 50r

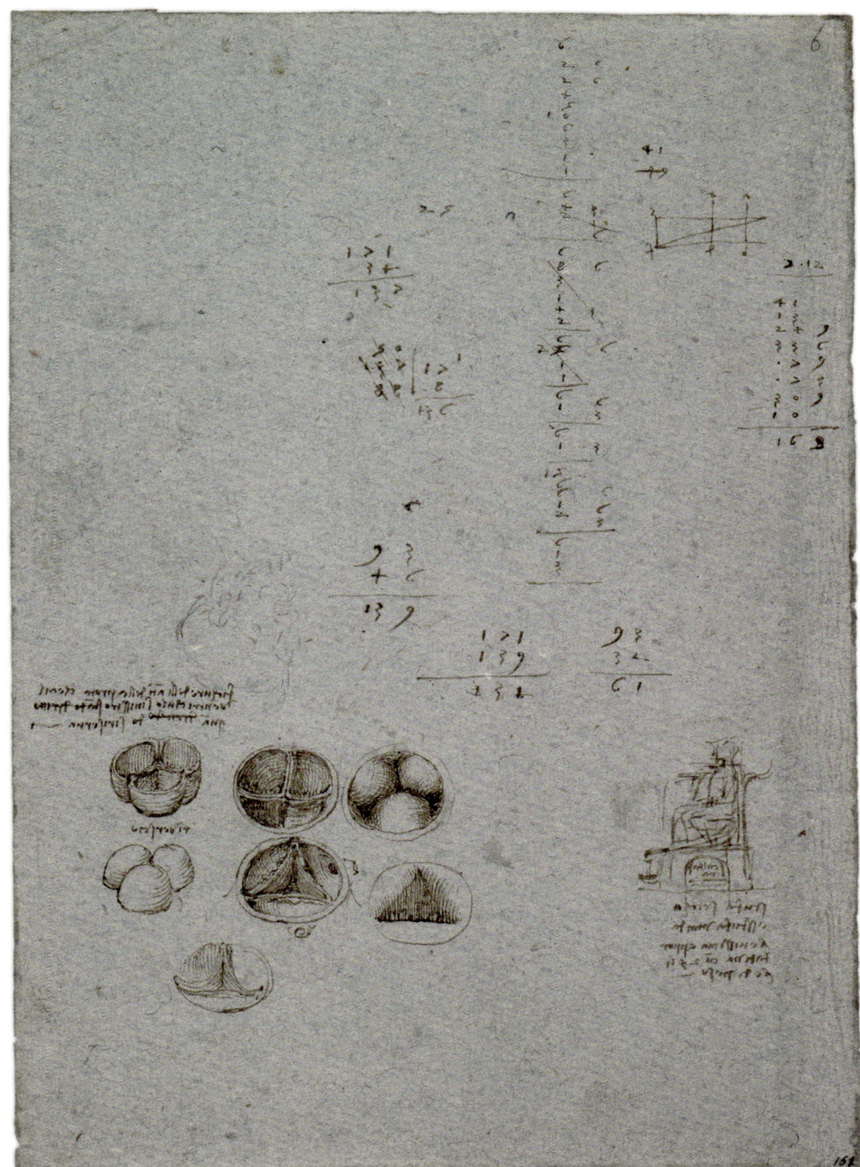

20. *Sette studi della valvola tricuspide isolata, dall'alto e dal basso, aperta e chiusa, e un uomo seduto in una sauna mobile, e calcoli.*
Penna e inchiostro su carta blu, 28,0 × 20,6 cm.
RL 19079v / K&P 169v

20. *Seven studies of the tricuspid valve in isolation, from above and below, open and closed, and a seated man in a portable sauna, and calculations.*
Pen and ink on blue paper, 28.0 × 20.6 cm.
RL 19079v / K&P 169v

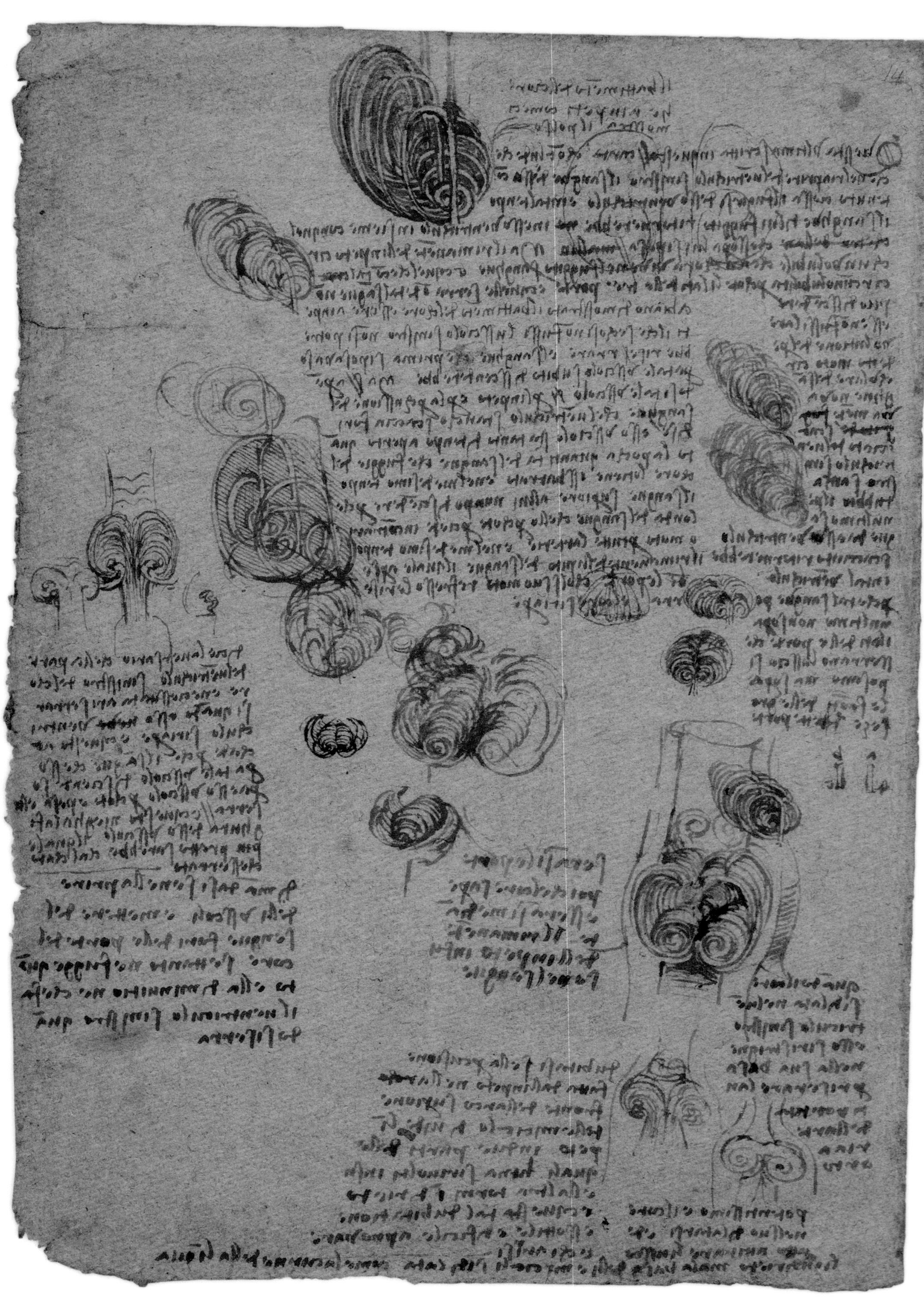

21. *Studi sui vortici all'interno della valvola aortica.*
Penna e inchiostro su carta blu, 28,6 × 20,5 cm.
RL 19083v / K&P 172v

21. *Studies of vortices within the aortic valve.*
Pen and ink on blue paper, 28.6 × 20.5 cm.
RL 19083v / K&P 172v

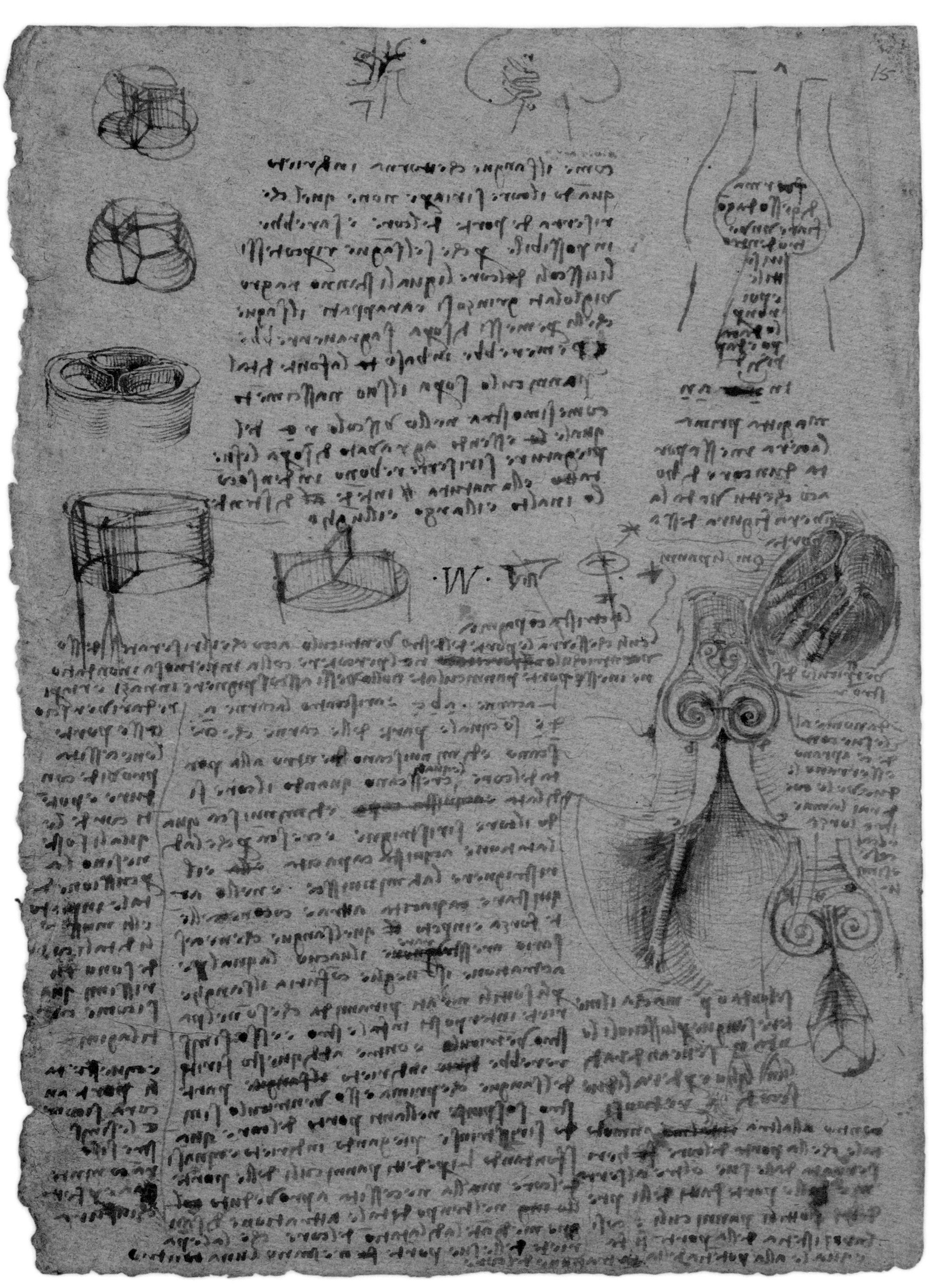

22. *Studi sulla geometria della valvola tricuspide e sui vortici nel collo dell'aorta, con uno schema per la realizzazione di un modello in vetro.*
Penna e inchiostro su carta blu, 28,3 × 20,4 cm.
RL 19082r / K&P 171r

22. *Studies of the geometry of the tricuspid valve and vortices in the neck of the aorta, with a scheme to make a glass model.*
Pen and ink on blue paper, 28.3 × 20.4 cm.
RL 19082r / K&P 171r

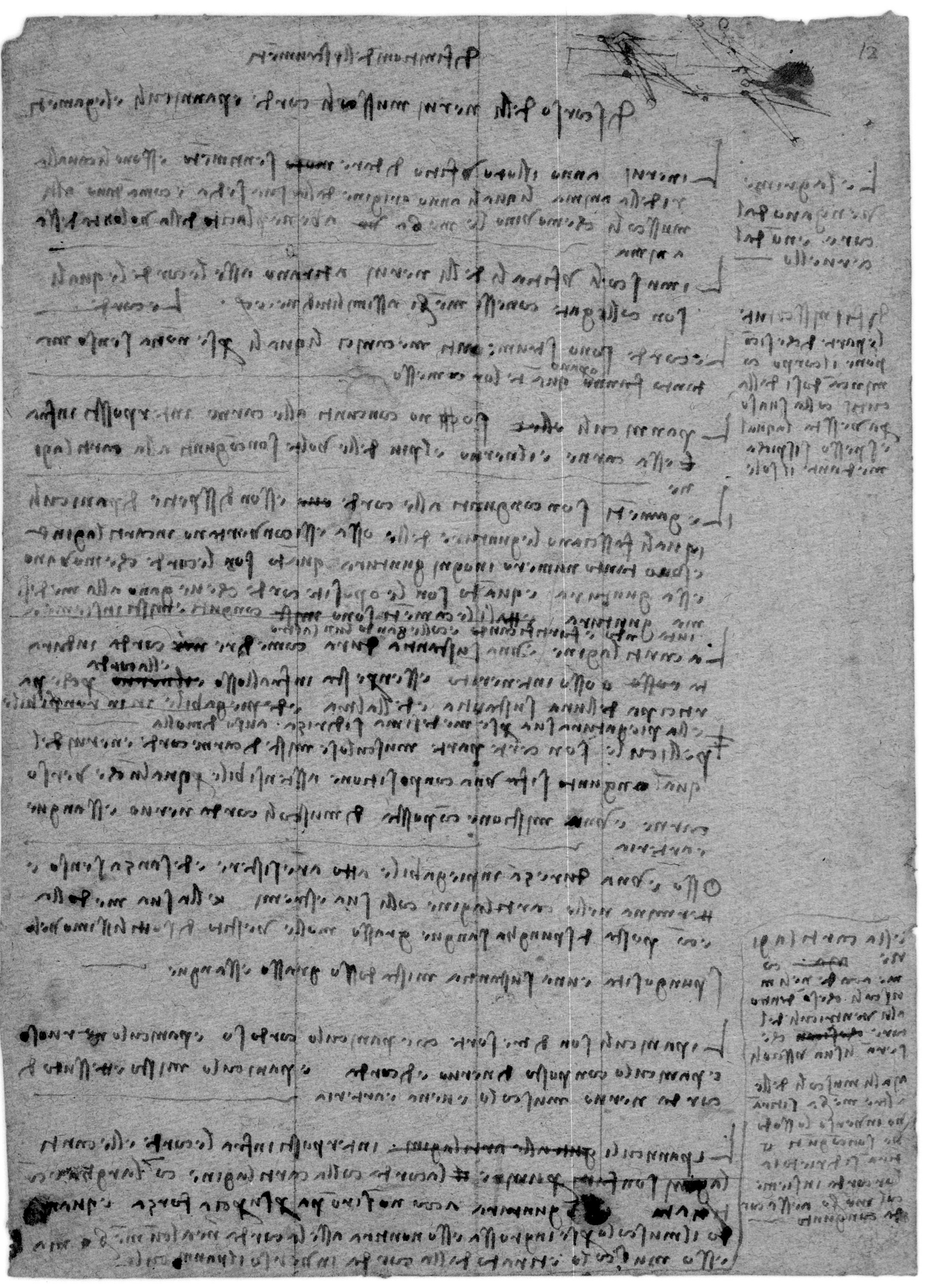

23. *Note sugli "strumenti" del corpo.*
Penna e inchiostro, gessetto rosso su carta blu, 28,0 × 20,4 cm.
RL 19088v / K&P 175v

23. *Notes on the "instruments" of the body.*
Pen and ink, red chalk on blue paper, 28.0 × 20.4 cm.
RL 19088v / K&P 175v

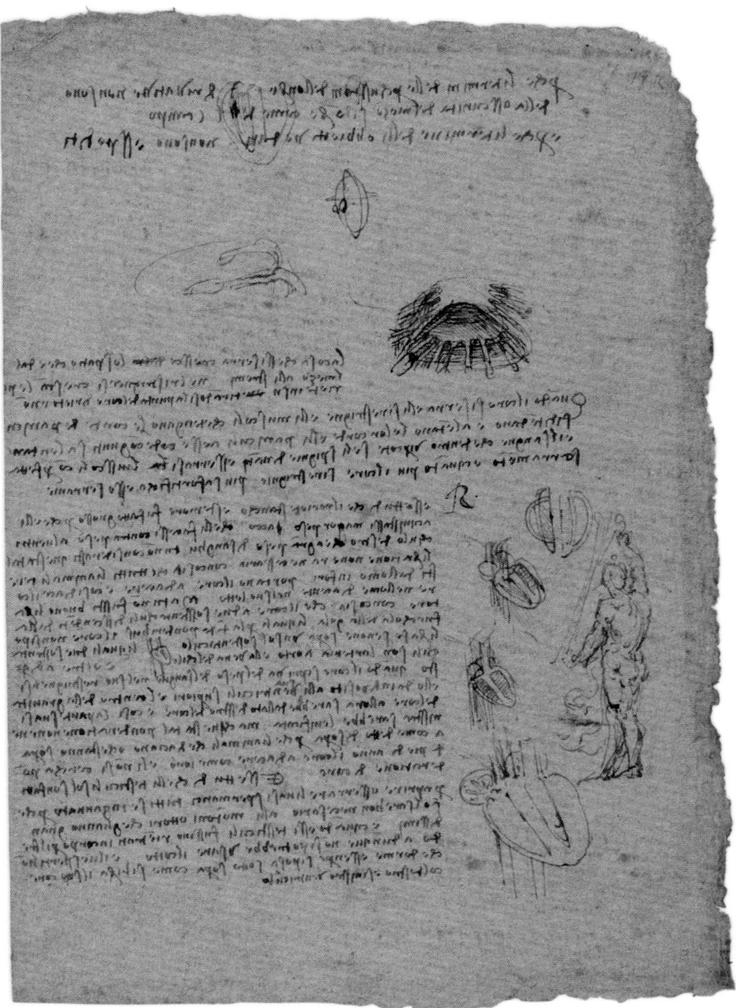

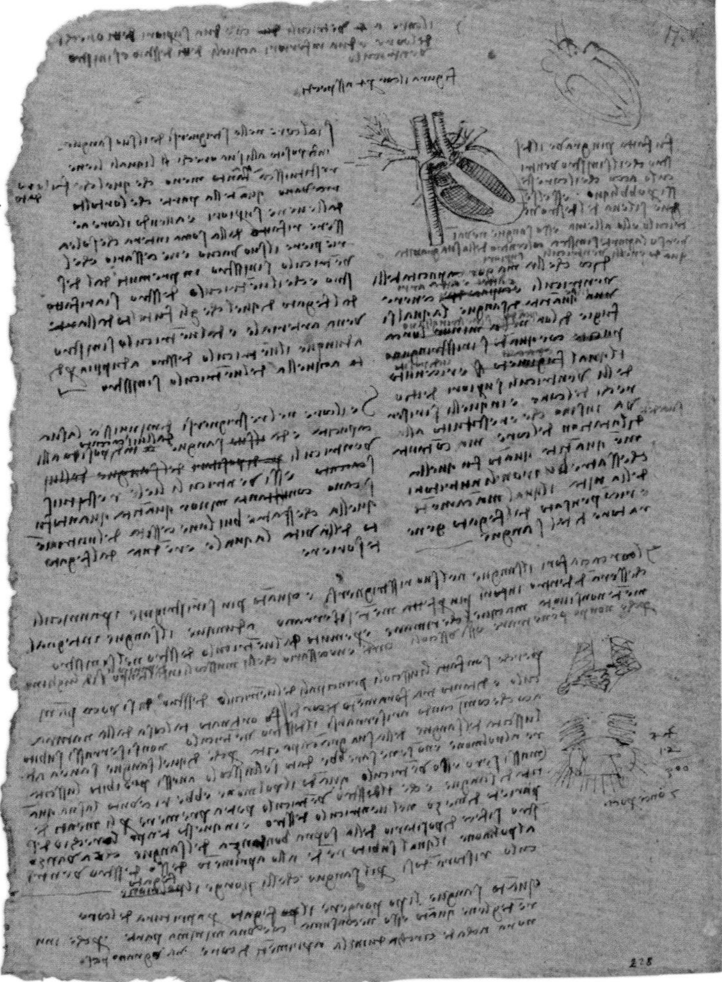

24. *Sezioni e schemi del cuore, con muscoli papillari, corde tendinee e un uomo che allunga una fascia di gomma per renderla più stretta.*
Penna e inchiostro su carta blu, 28,5 × 21,2 cm.
RL 19087r / K&P 174r

25. *Due sezioni verticali del cuore e resoconto dettagliato del passaggio sanguigno al suo interno.*
Penna e inchiostro su carta blu, 28,5 × 21,2 cm.
RL 19087v / K&P 174v

24. *Sections and diagrams of the heart, with papillary muscles, chordae tendineae and a man stretching a strip of rubber to make it narrower.*
Pen and ink on blue paper, 28.5 × 21.2 cm.
RL 19087r / K&P 174r

25. *Two vertical sections of the heart, and a detailed account of the passage of blood within the heart.*
Pen and ink on blue paper, 28.5 × 21.2 cm.
RL 19087v / K&P 174v

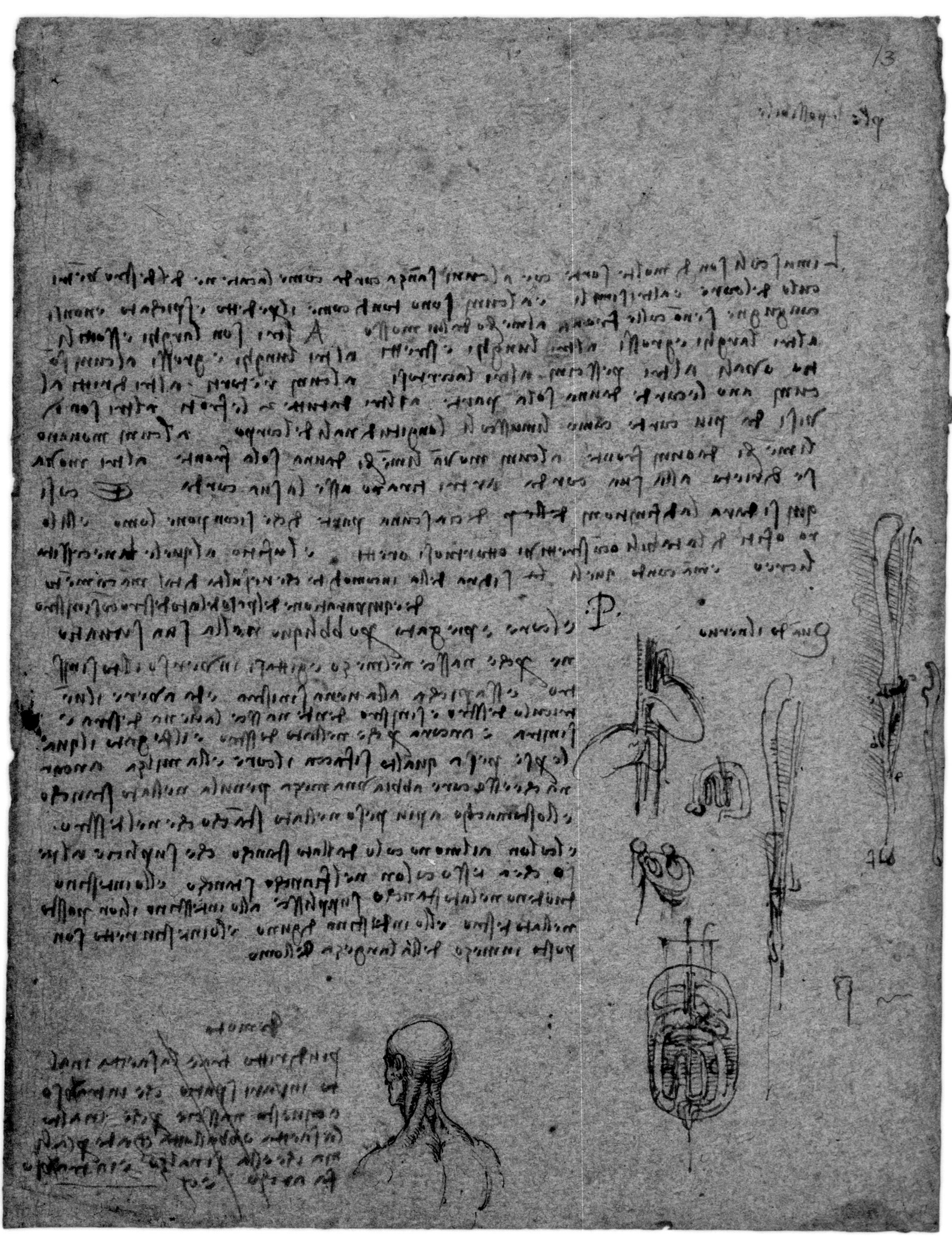

26. *Studi del cuore e del fegato, del torace e dell'addome, delle ossa del braccio e del collo visto da dietro.*
Penna e inchiostro, gessetto rosso su carta blu, 26,9 × 21,0 cm.
RL 19085r / K&P 176r

26. *Studies of the heart and liver, the thorax and abdomen, bones of the arm, and neck from the rear.*
Pen and ink, red chalk on blue paper, 26.9 × 21.0 cm.
RL 19085r / K&P 176r

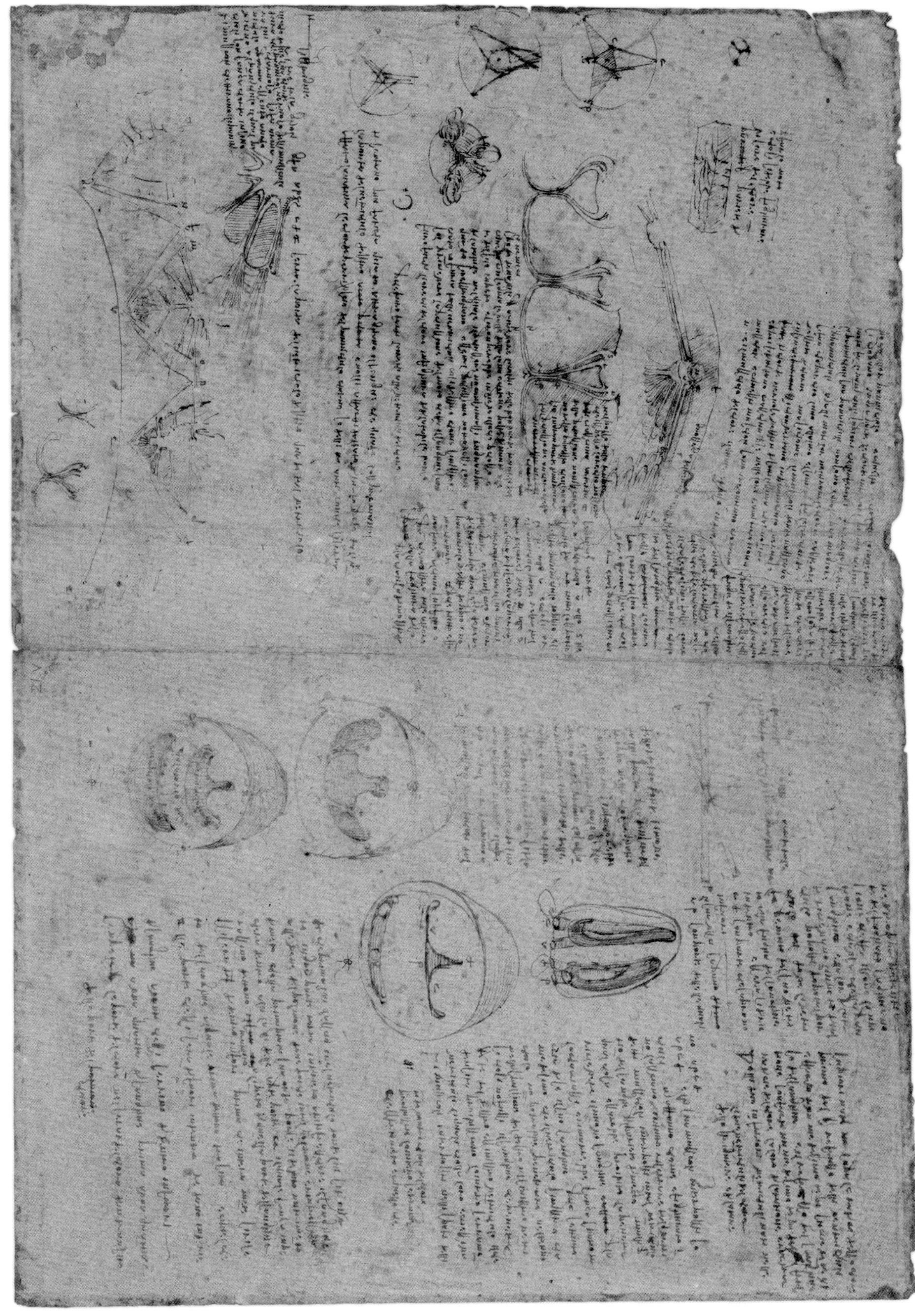

27. *Sezioni del cuore e relative contrazione e dilatazione.*
Penna e inchiostro su carta blu, 28,8 × 41,3 cm (A+B).
RL 19073-4r / K&P 166r A

28. *Studi sulla dinamica sanguigna nei ventricoli e negli atri, valvola tricuspide e relativa geometria, corde tendinee e muscoli papillari.*
Penna e inchiostro su carta blu, 28,8 × 41,3 cm (A+B).
RL 19073-4r / K&P 166r B

27. *Sections of the heart and its contraction and dilation muscles.*
Pen and ink on blue paper, 28.8 × 41.3 cm (A+B).
RL 19073-4r / K&P 166r A

28. *Studies of the dynamics of the blood in the ventricles and auricles, with the tricuspid valve and its geometry, the chordae tendineae and capillary muscles.*
Pen and ink on blue paper, 28.8 × 41.3 cm (A+B).
RL 19073-4r / K&P 166r

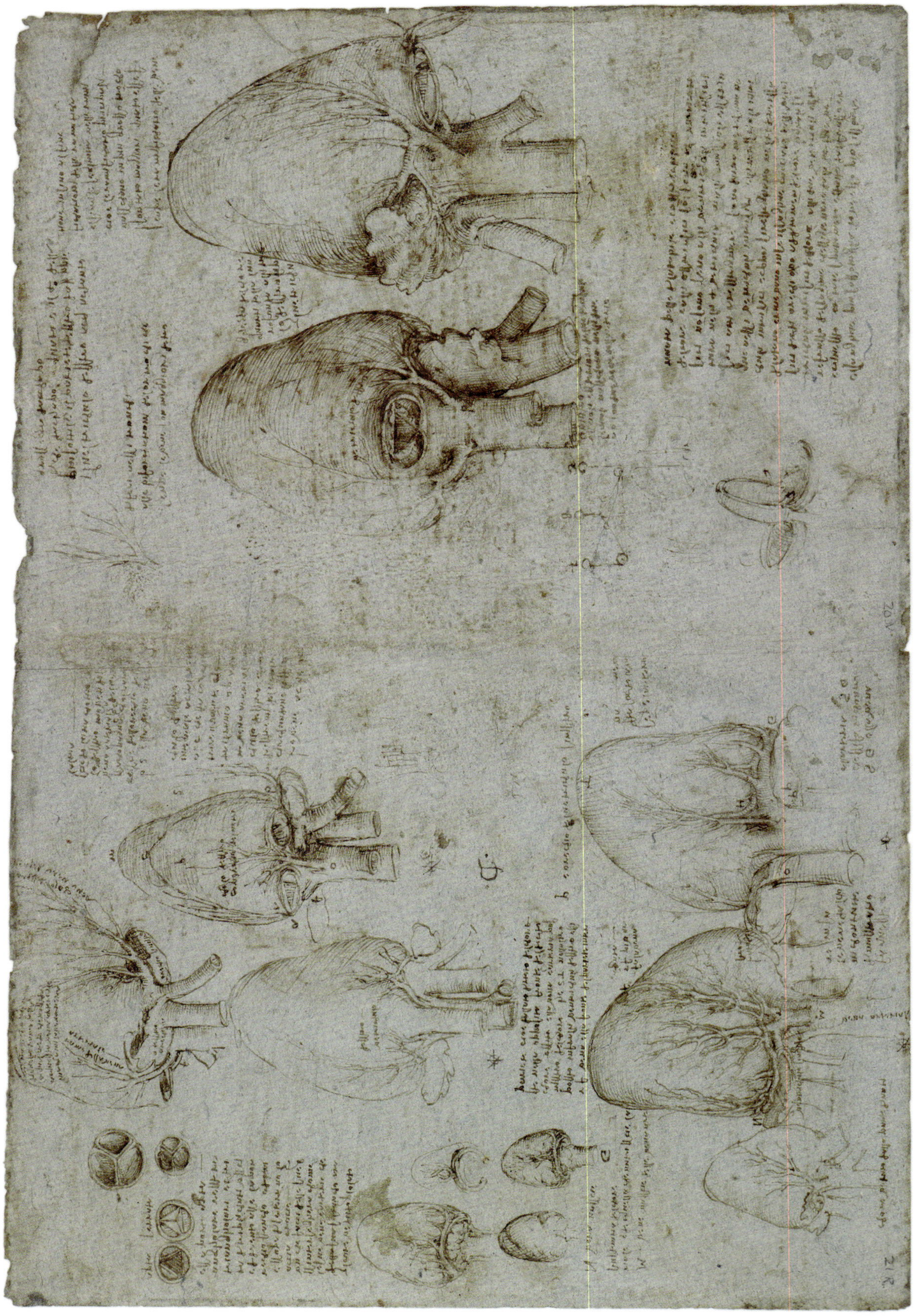

29. *Metodo di sezionamento del cuore per rivelare il setto, studi dell'esterno del cuore, del suo apporto di sangue e delle tre cuspidi della valvola polmonare.*
Penna e inchiostro su carta blu, 28,8 × 41,3 cm (A+B).
RL 19073-4v / K&P 166v A

30. *Studi dell'esterno del cuore e dei suoi maggiori vasi sanguigni, con arterie coronarie e geometria della valvola polmonare.*
Penna e inchiostro su carta blu, 28,8 × 41,3 cm (A+B).
RL 19073-4v / K&P 166v B

29. *Method of sectioning the heart to reveal the septum, studies of the exterior of the heart, its blood supply and the three cusps of the pulmonary valve.*
Pen and ink on blue paper, 28.8 × 41.3 cm (A+B).
RL 19073-4v / K&P 166v A

30. *Studies of the exterior of the heart, and its major vessels, with the coronary arteries and the geometry of the pulmonary valve.*
Pen and ink on blue paper, 28.8 × 41.3 cm (A+B).
RL 19073-4v / K&P 166v B

Studi sul cuore

Studies on Heart

Mario Rende

I DISEGNI ANATOMICI DEDICATI al cuore rappresentano un prezioso *unicum* dove comprendere sia la sua enorme potenzialità di innovazione scientifica che i suoi limiti di pensiero ancora legato ad alcuni canoni tradizionali. Per comprendere questa discrasia è necessario considerare che il cuore, rispetto ad ogni altro organo esaminato e descritto più liberamente da Leonardo, porta con sé il peso di una storia di interpretazioni di migliaia di anni che condiziona chiunque lo vuole investigare. Una storia che ha translitterato un semplice viscere muscolare in una entità spirituale, sede dell'intelligenza e delle emozioni.

Nel momento in cui Leonardo inizia le sue osservazioni sul cuore sopra di lui premono sia le teorie di Aristotele che quelle successive di Galeno. Aristotele lo identifica come un organo a tre camere, centro della vitalità del corpo, sede dell'intelligenza, del movimento, delle sensazioni e origine dei nervi. Il cuore per lui è il viscere principe che riscalda tutto il corpo mentre tutti gli altri organi che lo circondavano, come i polmoni, sono i suoi vassalli che esistono semplicemente per mitigare il suo potere di combustione raffreddando il sangue.

Molti secoli dopo, Galeno in gran parte conferma il cuore sia come fonte del calore sia come sede dell'anima e dell'intelligenza. Tuttavia, a differenza di Aristotele, Galeno lo giudica come un organo secondario rispetto al fegato che era il vero produttore degli umori che, grazie al cuore, poi circolano nel corpo. Attorno al 1508, nel momento in cui inizia a lavorare sull'anatomia del cuore, Leonardo ha così ben presente e accetta queste teorie che nel suo primo disegno del sistema

THE ANATOMICAL DRAWINGS OF the heart represent a valuable unicum because you can understand both his enormous potential for scientific innovation and his limitations in thinking still bound to certain traditional canons. To understand this discord, it is necessary to consider that the heart, compared to any other organ examined and described more freely by Leonardo, bears within itself the weight of a history of interpretations of thousands of years that conditions anyone who wants to investigate it. A history that has transliterated a simple muscular internal organ into a spiritual entity, the seat of intelligence and emotion.

The moment Leonardo began his observations of the heart, he is conditioned by both Aristotle's and Galen's later theories. Aristotle identifies the heart as a three-chambered organ, the center of the body's vitality, the seat of intelligence, movement, and sensation, and the origin of nerves. The heart for him is the princely internal organ that warms the whole body while all the other organs that surrounded it, such as the lungs, are its vassals that exist simply to mitigate its burning power by cooling the blood.

Many centuries later, Galen largely confirmed the heart as both the source of heat and the seat of the soul and intelligence. However, unlike Aristotle, Galen considers it as a secondary organ to the liver, which was the true producer of the humors that, thanks to the heart, then circulate in the body. Around 1508, the moment Leonardo began to study the anatomy of the heart, he was so well aware of and accepted

cardiocircolatorio (XI, 36) si associa passivamente alla teoria di Galeno e rappresenta al centro il fegato che, attraverso un ramo delle vene cave unite al di sopra di esso, manda gli umori al cuore che a sua volta riceve anche dei rami dal polmone di destra per il raffreddamento del sangue. Nello stesso disegno però introduce un particolare anatomico moderno e non precedentemente identificato: la vena testicolare di sinistra termina nella vena renale di sinistra e non direttamente nella vena cava inferiore come quella di destra, aspetto ancora oggi rilevante nella patologia del varicocele.

Leonardo riprende con maggiore dettaglio l'anatomia del cuore tra il 1511 e il 1513, avendo a disposizione molto materiale di origine animale, specie di bue. La rappresentazione del cuore in (6) è emblematica del suo peculiare approccio a questo viscere durante questi anni dove tende a distaccarsi dalla tradizione senza però riuscirci totalmente.

Infatti, da una parte ci offre una visione moderna con la prima descrizione anatomica degli atri come entità autonome rispetto ai ventricoli, quindi un cuore formato correttamente da quattro camere, e in (3) stabilisce come il cuore invii il sangue ai polmoni invece che ricevere aria da essi (come invece aveva descritto nel 1508); dall'altra però continua a pensare che i polmoni in ogni caso hanno la funzione di raffreddare il sangue e, soprattutto, traccia nel setto interventricolare i passaggi invisibili (pori) che avrebbero permesso, secondo la teoria aristotelica, il passaggio del sangue dal ventricolo destro a quello sinistro. Non è comprensibile come un osservatore acuto, razionale e anatomicamente preparato come Leonardo potesse descrivere strutture in realtà inesistenti. L'unica spiegazione è che per quest'organo non sia riuscito a infrangere la tradizione, cercando tuttavia di conciliarla con osservazioni moderne che non ne contraddicessero il dogma di base.

Tutta la sua anatomia cardiaca si muove tra il descrivere modernamente alcuni aspetti strutturali mai evidenziati prima e l'accettare passivamente alcuni dogmi di Aristotele e Galeno. La descrizione dei muscoli papillari dei ventricoli e delle corde tendinee che li legano alle valvole tricuspide e mitrale è corretta ed è una novità assoluta nell'anatomia, ma contemporaneamente accetta la tradizione per cui le valvole non chiudono poi tanto bene e permettono in ogni caso quel continuo flusso e riflusso di sangue tra atri e ventricoli che lo riscalda.

these theories that, in his first drawing of the cardiocirculatory system (XI, 36), he passively associated himself with Galen's theory and depicted in the center the liver which, through a branch of the hollow veins joined above it, sends humors to the heart, that in turn also receives branches from the right lung for cooling the blood. In the same drawing, however, he introduces a modern and previously unidentified anatomical detail: the left testicular vein terminates in the left renal vein and not directly in the inferior vena cava as the right one does, an aspect still relevant today in the pathology of varicocele.

Leonardo took up the anatomy of the heart with more details between 1511 and 1513, having at his disposal much material of animal origin, especially ox. The depiction of the heart in (6) is emblematic of his peculiar approach to this internal organ during these years he tends to break away from tradition without, however, fully succeeding.

In fact, on the one hand he gives us a modern view with the first anatomical description of the atria as autonomous entities with respect to the ventricles, thus a heart properly formed by four chambers, and in (3) he establishes how the heart sends blood to the lungs instead of receiving air from them (as he had described in 1508); on the other hand, however, he continues to think that the lungs in any case have the function of cooling the blood and, more importantly, traces in the interventricular septum the invisible passages (pores) that would have allowed, according to Aristotelian theory, the passage of blood from the right to the left ventricle. It is incomprehensible how such a keen, rational, and anatomically trained observer as Leonardo could describe structures that did not actually exist. The only explanation is that for this organ he failed to break with tradition, yet tried to reconcile it with modern observations that did not contradict its basic dogma.

His entire cardiac anatomy moves between modernly describing certain structural aspects never before highlighted and passively accepting certain dogmas of Aristotle and Galen. His description of the papillary muscles of the ventricles and the chordae tendineae that bind them to the tricuspid and mitral valves is correct and an absolute novelty in anatomy, but at the same time he accepts the tradition for which the valves do not close all that well and, in any case, allow that continuous ebb and flow of blood between the atria and ventricles that warms it.

In [29 e 30] fa la prima descrizione corretta del percorso delle arterie coronarie, identificando in modo appropriato l'origine nella valvola aortica di cui descrive in maniera moderna la struttura e la turbolenza del sangue che vi passa [21 e 22].

Leonardo è il primo a comprendere che le quattro valvole cardiache si pongono su uno stesso piano trasversale [15]. Un disegno quasi simile al suo verrà poi proposto nello storico atlante di anatomia di Frank Netter negli anni '60. È il primo a comprendere, con un ingegnoso sistema basato su uno spillo introdotto nel tessuto cardiaco, che il cuore ha quelle variazioni di forma che chiamiamo sistole e diastole, ma le interpreta in modo scorretto proponendo che quando il cuore si accorcia diventa più largo, e quando si allunga diventa più stretto. Nel 1511 è a un passo dallo scoprire la circolazione polmonare [3], ma se l'avesse fatto avrebbe distrutto la tradizione aristotelica. La circolazione polmonare verrà definita solo un secolo più tardi da Harvey.

In conclusione, Leonardo, pur offrendoci nei sui disegni sul cuore le novità più interessanti e moderne dell'anatomia dell'epoca, non riesce ad affrancarsi *in toto* dal peso che la tradizione antica, greca e latina, hanno imposto a questo organo.

In [29 and 30] he makes the first correct description of the course of the coronary arteries, properly identifying the origin in the aortic valve of which he describes in a modern way the structure and turbulence of the blood passing through it [21 and 22].

Leonardo is the first to understand that the four heart valves are placed in the same transverse plane [15]. A drawing, almost similar to his one, will later be proposed in Frank Netter's historic anatomy atlas in the 1960s. Leonardo is the first to understand, with an ingenious system based on a pin introduced into the heart tissue, that the heart has those variations in shape that we call systole and diastole, but he interprets them incorrectly by proposing that when the heart shortens it becomes wider, and when it lengthens it becomes narrower. In 1511 he is one step away from discovering the pulmonary circulation [3], but if he had done so he would have destroyed the Aristotelian tradition. The pulmonary circulation would not be defined until a century later by Harvey.

In conclusion, Leonardo, while offering us in his drawings of the heart the most interesting and modern innovations in the anatomy of the time, fails to fully free himself from the burden that ancient Greek and Latin tradition imposed on this organ.

Ulteriori approfondimenti

Further Investigations

Fonti

I riferimenti a Leonardo nel testo e nelle didascalie adottano la forma standard delle fonti a stampa ed elettroniche.

Per le immagini digitali e le trascrizioni on-line di tutti i manoscritti, consultare: https://www.leonardodigitale.com

Questa risorsa comprende tutti i MSS a cui si fa riferimento nel testo: MSS *A-M* di proprietà dell'Institut de France e in deposito presso la Bibliothèque Nationale di Parigi; il *Codex Arundel* della British Library e il *Codex Leicester* di proprietà di Bill Gates.

I numeri di inventario dei disegni della Collezione di Sua Maestà la Regina al Castello di Windsor sono elencati come RL 19000 e RL 12000 ecc. L'ultima numerazione all'interno della collezione è RCIN 919000 ecc.
La principale risorsa digitale per le anatomie di Windsor è:
https://www.rct.uk/collection/search#/page/1#who.
Si veda anche l'applicazione:
https://apps.apple.com/gb/app/leonardo-da-vinci-anatomy/id520564038.

Edizioni e studi moderni di anatomie

C.D. O'Malley e J.B. Saunders, *Leonardo da Vinci on the Human Body*, New York, 1952.

K. Clark e C. Pedretti, *The Drawings of Leonardo da Vinci in the Collection of Her Majesty the Queen at Windsor Castle*, 3 vols., 1968.

K. Keele e C. Pedretti, *Leonardo da Vinci: Corpus of Anatomical Studies in the Collection of Her Majesty the Queen at Windsor Castle*, in due volumi con un cofanetto di facsimili, New York, 1979-80. Qui come K&P.

C. Pedretti, *The Temple of the Soul. The Anatomy of Leonardo da Vinci between Mondinus and Berengarius*, 2 ed., Urbino, 2008.

D. Laurenza, *Leonardo. L'anatomia*, Firenze, 2009.

M. Clayton e R. Philo, *Leonardo da Vinci, Anatomist*, Londra, 2012.

F. Wells, *The Heart of Leonardo*, Heidelberg, 2013.

Scritti di Leonardo

I disegni e gli scritti di Leonardo (su fogli separati e rilegati in quaderni) sono sparsi in vari musei/biblioteche.

The Literary Works of Leonardo da Vinci, ed. J. P. Richter, 3 ed., 2 vols., Londra e New York, 1970; con *Commentary* di C. Pedretti, 2 vols., Oxford, 1977.

Sources

The Leonardo references in the text and captions adopt the standard form as in printed and electronic sources.

For on-line digital images and transcriptions of all the manuscripts, see: https://www.leonardodigitale.com

This resource includes all the MSS to which reference has been made in the text: MSS *A-M* owned by the Institut de France and on deposit of the Bibliothèque Nationale, Paris; the *Codex Arundel* in the British Library; and *Codex Leicester* owned by Bill Gates.

The inventory numbers of the drawings in the Collection of Her Majesty the Queen at Windsor Castle are listed as RL 19000 and RL 12000 etc. The latest numbering within the collection is RCIN 919000 etc.
The main digital resource for the Windsor anatomies is:
https://www.rct.uk/collection/search#/page/1#who.
See also the app:
https://apps.apple.com/gb/app/leonardo-da-vinci-anatomy/id520564038.

Modern editions and studies of the anatomies

C.D. O'Malley and J.B. Saunders, *Leonardo da Vinci on the Human Body*, New York, 1952.

K. Clark and C. Pedretti, *The Drawings of Leonardo da Vinci in the Collection of Her Majesty the Queen at Windsor Castle*, 3 vols., 1968.

K. Keele and C. Pedretti, *Leonardo da Vinci: Corpus of Anatomical Studies in the Collection of Her Majesty the Queen at Windsor Castle, in two text volumes with a box of facsimiles*, New York, 1979-80. Here as K&P.

C. Pedretti, *The Temple of the Soul. The Anatomy of Leonardo da Vinci between Mondinus and Berengarius*, 2nd ed., Urbino, 2008.

D. Laurenza, *Leonardo. L'anatomia*, Florence, 2009.

M. Clayton and R. Philo, *Leonardo da Vinci, Anatomist*, London, 2012.

F. Wells, *The Heart of Leonardo*, Heidelberg, 2013.

Leonardo's writings

Leonardo's drawings and writings (on separate sheets and bound at notebooks) are scattered in various museums/libraries.

The Literary Works of Leonardo da Vinci, ed. J. P. Richter, 3rd ed., 2 vols., London and New York, 1970; with *Commentary* by C. Pedretti, 2 vols., Oxford, 1977.

Leonardo on Painting. An anthology of writings by Leonardo da Vinci with a selection of documents relating to his career as an artist, ed. M. Kemp, trad. Kemp e M. Walker, New Haven e Londra, 2001.

C. Farago ed., *Art as Institution. The Fabrication of Leonardo da Vinci's* Trattato della Pittura *1651*, Leiden e Boston, 2016.

Documenti, biografie, cataloghi e compendi

C. Bambach, *Leonardo da Vinci Rediscovered*, 4 vols., New Haven, 2019.

M. Kemp, *Leonardo da Vinci. The Marvellous Works of Nature and Man*, Oxford, 2006.

Giorgio Vasari, *The Life of Leonardo da Vinci*, ed. M. Kemp e trad. M. Kemp e L. Russell, Londra, 2019.

E. Villata, *Leonardo da Vinci. I documenti e le testimonianze contemporanee*, presentazione di P.C. Marani, Raccolta Vinciana, Milano, 1999.

C. Vecce, *Leonardo*, Roma, 2006.

J. Sammer, *Leonardo da Vinci. The Untold Story of his Final Years*, Praga, 2021.

F. Zöllner, con J. Nathan, *Leonardo da Vinci. The Complete Paintings and Drawings*, Colonia, 2017.

P. Marani, *Leonardo da Vinci: The Complete Paintings*, New York, 2003.

Alcune mostre

I libri delle mostre più grandi sono fonti importanti.

Leonardo da Vinci. Artist, Scientist, Inventor, ed. M. Kemp, (saggi di E. H. Gombrich, M. Kemp, J. Roberts, P. Steadman, e catalogo di Kemp e Roberts), Londra, 1989.

M. Kemp, *Leonardo da Vinci. Experience, Experiment, Design*, Londra, 2006.

C. Bambach ed., *Leonardo da Vinci Master Draftsman*, New York, 2003.

L. Syson e L. Keith ed., *Leonardo da Vinci. Painter at the Court of Milan*, Londra, 2011.

M. Clayton, *Leonardo da Vinci: A Life in Drawing*, Londra, 2019.

V. Delieuvin e L. Frank, *Leonardo da Vinci*, Parigi, 2019.

Leonardo on Painting. An anthology of writings by Leonardo da Vinci with a selection of documents relating to his career as an artist, ed. M. Kemp, trs. Kemp and M. Walker, New Haven and London, 2001.

C. Farago ed., *Art as Institution. The Fabrication of Leonardo da Vinci's* Trattato della Pittura *1651*, Leiden and Boston, 2016.

Documents, biographies, catalogues and overviews

C. Bambach, *Leonardo da Vinci Rediscovered*, 4 vols., New Haven, 2019.

M. Kemp, *Leonardo da Vinci. The Marvellous Works of Nature and Man*, Oxford, 2006.

Giorgio Vasari, *The Life of Leonardo da Vinci*, ed. M. Kemp and trs. M. Kemp and L. Russell, London, 2019.

E. Villata, *Leonardo da Vinci. I documenti e le testimonianze contemporanee*, presented by P.C. Marani, Raccolta Vinciana, Milan, 1999.

C. Vecce, *Leonardo*, Rome, 2006.

J. Sammer, *Leonardo da Vinci. The Untold Story of his Final Years*, Prague, 2021.

F. Zöllner, with J. Nathan, *Leonardo da Vinci. The Complete Paintings and Drawings*, Cologne, 2017.

P. Marani, *Leonardo da Vinci: The Complete Paintings*, New York, 2003.

Some exhibitions

Major exhibition books are important sources.

Leonardo da Vinci. Artist, Scientist, Inventor, ed. M. Kemp, (essays by E. H. Gombrich, M. Kemp, J. Roberts, P. Steadman, and catalogue by Kemp and Roberts), London, 1989.

M. Kemp, *Leonardo da Vinci. Experience, Experiment, Design*, London, 2006.

C. Bambach ed., *Leonardo da Vinci Master Draftsman*, New York, 2003.

L. Syson and L. Keith ed., *Leonardo da Vinci. Painter at the Court of Milan*, London, 2011.

M. Clayton, *Leonardo da Vinci: A Life in Drawing*, London, 2019.

V. Delieuvin and L. Frank, *Leonardo da Vinci*, Paris, 2019.

Indice dei disegni

Numero di inventario, capitolo, figura

Index of Drawings

Inventory number, section, figure

RL 19003v	X	8
RL 19004r	X	6
RL 19004v	X	5
RL 19005r	X	11
RL 19005v	X	12
RL 19006r	X	33
RL 19006v	X	32
RL 19007r	X	40
RL 19007v	X	39
RL 19008r	X	14
RL 19008v	X	13
RL 19009r	X	17
RL 19009v	X	18
RL 19010r	X	34
RL 19010v	X	35
RL 19011r	X	10
RL 19011v	X	9
RL 19012r	X	16
RL 19012v	X	15
RL 19013r	X	25
RL 19013v	X	26
RL 19014r	X	27
RL 19014v	X	28
RL 19015r	X	37
RL 19015v	X	38
RL 19016r	X	31
RL 19017r	X	30
RL 19018r	VI	3
RL 19018v	VI	4
RL 19019r	VI	5
RL 19019v	VI	6
RL 19020r	XI	43
RL 19020v	XI	44
RL 19021r	XI	13
RL 19021v	XI	12
RL 19022r	XI	29
RL 19022v	XI	30
RL 19023r	XI	27
RL 19023v	XI	25
RL 19024r	XI	23
RL 19024v	XI	24
RL 19025r	XI	18
RL 19025v	XI	22
RL 19026r	XI	19
RL 19026v	X	43
RL 19027r	XI	1
RL 19027v	XI	2
RL 19028r	XI	3
RL 19028v	XI	4
RL 19029r	XI	40
RL 19029v	XI	39
RL 19030r	XI	35
RL 19030v	XI	34
RL 19031r	XI	42
RL 19031v	XI	41
RL 19032r	VIII	20
RL 19032v	VIII	21
RL 19033r	VIII	23
RL 19033v	VIII	24
RL 19034r	XIV	6
RL 19034v	XI	9
RL 19035r	XI	49
RL 19035v	VIII	25
RL 19036r	VIII	12
RL 19036v	VIII	14
RL 19037r	VIII	26
RL 19037v	VIII	27
RL 19038r	IX	2
RL 19038v	IX	1
RL 19039r	XI	15
RL 19039v	XI	14
RL 19040r	XI	10
RL 19040v	XI	11
RL 19041r	VI	11
RL 19042r	VI	15
RL 19043v	VIII	15
RL 19044r	VIII	16
RL 19044v	XIV	7
RL 19045r	XVI	19
RL 19045v	XIII	5
RL 19046r	XIII	6
RL 19046v	XV	12
RL 19047r	XIV	1
RL 19047v	XIV	2
RL 19048r	XIV	3
RL 19048v	XIV	4
RL 19049r	XI	16
RL 19049v	XI	17
RL 19050r	XI	47
RL 19050v	XI	46
RL 19051r	XI	37
RL 19051v	XI	38
RL 19052r	XII	4
RL 19053r	XI	48
RL 19053v	XI	45
RL 19054r	XI	8
RL 19054v	XI	7
RL 19055r	XV	11
RL 19055v	XIII	2
RL 19056v	VIII	13
RL 19057r	VI	7
RL 19057v	VI	8
RL 19058r	VI	9
RL 19058v	VI	10
RL 19059r	VI	1

RL 19059v	VI	2
RL 19060r	XV	3
RL 19061r	X	45
RL 19061v	X	44
RL 19062r	XVI	6
RL 19062v	XVI	7
RL 19063r	XVI	8
RL 19063v	XVI	9
RL 19064r	XIV	13
RL 19064v	XIV	14
RL 19065r	XVI	11
RL 19065v	XIV	11
RL 19066r	XIV	9
RL 19066v	XIV	10
RL 19067r	XIV	8
RL 19068r	XIII	4
RL 19069r	XI	32
RL 19070r	XII	3
RL 19070v	XII	2
RL 19071r	XVI	3
RL 19071v	XVI	4
RL 19072r	XVI	2
RL 19072v	XVI	1
RL 19073-4r	XVI	27
RL 19073-4r	XVI	28
RL 19073-4v	XVI	29
RL 19073-4v	XVI	30
RL 19075r	X	42
RL 19076v	XIV	18
RL 19077v	XIV	17
RL 19078v	XVI	14
RL 19079v	XVI	20
RL 19080r	XVI	13
RL 19081r	XVI	12
RL 19082r	XVI	22
RL 19083v	XVI	21
RL 19084r	XVI	10
RL 19085r	XVI	26
RL 19086r	XIV	15
RL 19086v	XIV	16
RL 19087r	XVI	24
RL 19087v	XVI	25
RL 19088v	XVI	23
RL 19089r	X	41
RL 19093r	XVI	5
RL 19094r	X	36
RL 19095r	XV	1
RL 19095v	XV	2
RL 19096r	II	2
RL 19096v	II	3
RL 19097r	II	4
RL 19097v	II	1
RL 19098v	XV	9
RL 19099r	XV	4
RL 19099v	XV	5
RL 19100r	XV	8
RL 19101r	XV	14
RL 19101v	XV	13
RL 19102r	XV	19
RL 19102v	XV	18
RL 19103v	XV	15
RL 19104r	XV	7
RL 19104v	XI	36
RL 19105v	XV	6
RL 19106v	XV	10
RL 19107r	XIV	12
RL 19107v	X	47
RL 19108v	XIV	19
RL 19109r	XIV	20
RL 19110r	XIV	21
RL 19111r	XIV	22
RL 19112r	XI	31
RL 19113r	XI	21
RL 19114r	XIV	5
RL 19114v	XIII	3
RL 19115r	XIII	1
RL 19116-7r	XVI	17
RL 19116-7v	XVI	18
RL 19118-9r	XVI	15
RL 19118-9v	XVI	16
RL 19120-1r	XV	17
RL 19124r	XI	53
RL 19125r	XI	53
RL 19126r	XI	53
RL 19127r	XII	1
RL 19128r	XV	16
RL 19129r	VII	13
RL 19130r	VII	9
RL 19130v	VII	10
RL 19131r	VII	3
RL 19131v	VII	4
RL 19132r	VII	5
RL 19132v	VII	6
RL 19133r	VII	16
RL 19133v	VII	17
RL 19134-5r	VII	15
RL 19136-9r	VII	7
RL 19136-9v	VII	8
RL 19140r	VII	19
RL 19141r	VIII	7
RL 19143r	VIII	30
RL 19144r	VIII	31
RL 19147-8r	VII	20
RL 19149-52r	IX	5

Sommario

Content